Architekturführer Münster

Architectural Guide to Münster

von/by
Sylvaine Hänsel und Stefan Rethfeld

Mit Architekturaufnahmen von / with architectural shots by
Roland Borgmann

Übersetzt und zusammengefasst von /
Translated and condensed by
Lucinda Rennison

mit 630 Fotos sowie
210 Grund-, Aufrissen und Plänen /
with 630 photos as well as 210 ground-plans, elevations and plans

Reimer

Bibliografische Information der Deutschen Nationalbibliothek
Die Deutsche Nationalbibliothek verzeichnet diese Publikation in der Deutschen Nationalbibliothek; detaillierte bibliographische Daten sind im Internet über http://dnb.d-nb.de abrufbar.

Kartengrundlagen: Stadt Münster, Vermessungs- und Katasteramt, Deutsche Grundkarte 1:5.000 (erweiterte Innenstadt) / Übersichtskarte Münster
Vervielfältigt mit Genehmigung des Vermessungs- und Katasteramtes der Stadt Münster vom 5.8.2016; Kontrollnummer: 6222.332.16

Kartengraphik: Jörg Albano-Müller

Reihenlayout Architekturführer: Bayerl & Ost, Frankfurt am Main
Umschlag- und Innenlayout: Nicola Willam, Berlin
Umschlagabbildungen:
Haus Lütkenbeck (Nr. 375, © Stefan Rethfeld),
Stadttheater, um 1956 (Nr. 107.1, © Erwin Schwarzer),
Hafen (Nr. 243 f., © Presseamt Münster/Tilman Roßmüller),
Leonardo-Campus – Bibliothek für Architektur, Design und Kunst (Nr. 308, © Roland Borgmann) und
4 Tore/Daniel Buren, Tor an der Domgasse (Nr. 1, © Stefan Rethfeld)

Redaktionsschluss: 31.10.2016

1. Auflage 2008
2., überarbeitete und erweiterte Auflage 2017

ISBN 978-3-496-01488-1

Inhaltsverzeichnis/Table of contents

Stadtteile

Karten/Maps

Vorbemerkung zur 2. Auflage

Zu unserer Freude hat die erste Auflage des Architekturführers Münster (2008) großes Interesse gefunden, so dass nun, acht Jahre später, eine Neuauflage erscheint, die überarbeitet und aktualisiert und auf 400 Objekte erweitert wurde. Die rege jüngere Bautätigkeit im gesamten Stadtgebiet wird mit zahlreichen qualitätvollen Beispielen dokumentiert, hinzukommen auch intelligente An- und Umbauten sowie Umnutzungen – ein Aufgabenbereich, dessen Bedeutung in den nächsten Jahren noch zunehmen wird. Auch einige historische Gebäude, die wir gerne schon in die erste Auflage aufgenommen hätten, finden nun in dem Band ihren Platz.
Erneut haben wir zahlreichen Unterstützern zu danken. Mechthild Mennebröcker half stets freundlich und geduldig bei allen Anfragen im städtischen Denkmalamt. Dank gilt in besonderer Weise auch wieder den Architekturbüros und Bauherren für Auskünfte und das zur Verfügung gestellte Foto- und Planmaterial. Ebenso fanden wir stets ein offenes Ohr bei Archiven und Unternehmen, so dass architektonische Entdeckungen erneut möglich wurden. So unterstützte u. a. die Wohn+Stadtbau die Recherche zu zwei bedeutenden, aber bislang wenig beachteten Mietshausanlagen des Neuen Bauens.
Auch diesmal überließ uns das Vermessungs- und Katasteramt großzügigerweise die Karten, in die Jörg Albano-Müller die nun 400 Objekte eintrug; für seine Geduld und Akribie möchten wir ihm von Herzen danken. Roland Borgmann erwies sich erneut als Fotograf, der nicht nur unsere Ideen verständnisvoll im Bild umsetzte, sondern oft die Objekte so zum Strahlen brachte, dass wir selbst ganz überrascht waren. Ihm zu danken ist uns eine besondere Freude.
Beate Behrens und Anna Felmy haben die Neuauflage mit Freundlichkeit, Umsicht und Nachdruck betreut und dafür gesorgt, dass wir uns im Reimer Verlag gut aufgehoben gefühlt haben. Ihnen, wie auch Nicola Willam und Lucinda Rennison, die auch diesmal die Texte übersetzt hat, wissen wir uns zu Dank verpflichtet.
Das Projekt einer Neuauflage wurde jedoch grundsätzlich erst möglich durch engagierte Sponsoren, die sich der Baukultur in Münster verpflichtet fühlen. Hier gilt unser besonderer Dank erneut dem Unternehmen Brillux, das auch schon die Erstausgabe unterstützte, sowie dem Universitätsklinikum Münster / UKM Infrastruktur Management. Gemeinsam sicherten sie das Zustandekommen des Projektes.
Die Kommentare, kritischen Hinweise und Anregungen, aber auch Lob und Ermutigung unserer Kollegen, Freunde und Familien waren uns wie immer Ermutigung und Ansporn: herzlicher Dank auch Ihnen!

Sylvaine Hänsel und Stefan Rethfeld, 2016

Preface to the Second Edition

To our immense pleasure, the first edition of the Architectural Guide to Münster (2008) met with great interest, so that now, eight years later, a new edition is being published: revised, updated, and enlarged to cover 400 buildings. The lively recent building activity across the whole of the city is documented with many high-quality examples, along with intelligent extensions and conversions as well, and some re-uses – a challenging field of architecture whose significance will increase still more in the near future. Some historic buildings that we would have liked to have included in the first edition have also found a place in this volume.
Again, we owe a debt of gratitude to a large number of supporters. Mechthild Mennebröcker assisted with constant cordiality and patience whenever we had questions for the Municipal Office of Monuments. Particular thanks also go to the architectural offices and builders for providing information and making photographic material and plans available to us. We also found ready listeners in archives and companies, meaning that once again it has been possible to make some architectural discoveries. We received assistance with our research on two significant but previously little regarded housing estates of Neues Bauen from Wohn+Stadtbau, for example.
The Land Surveying and Registry Office also generously provided us with maps on this occasion, into which Jörg Albano-Müller entered the 400 objects; we would like to express our appreciation for his patient, meticulous work. Roland Borgmann proved his worth as a photographer once again, not only realizing our ideas in images with considerable understanding but often managing to highlight the objects in a way that even surprises us as the authors. We take great pleasure in extending our thanks to him.
Beate Behrens and Anna Felmy have supervised this new edition with cordiality, circumspection and authority, ensuring that we have felt well looked after at Reimer Verlag. We owe a debt of gratitude to them, as well as to Nicola Willam, and to Lucinda Rennison, who translated the texts once more on this occasion.
The project of a new edition, however, only emerged as conceivable due to our sponsors, who feel such a commitment to architectural culture in Münster. Here, very special thanks go once again to the Brillux company, which supported the first edition, as well as to the University Clinic Münster / UKM Infrastructure Management. Together, they have ensured the realization of the project.
As always, the comments, critical leads and suggestions as well as praise and encouragement from our colleagues, friends and families has been a great support and incentive to us: may we express our warmest appreciation to them all!

Vorwort

Architektur in Münster – dabei denkt man zunächst an die mittelalterliche Stadt mit dem Dom und den romanischen und gotischen Kirchenbauten. Doch auch das barocke Münster, das sich vor allem mit dem Namen des Architekten Johann Conrad Schlaun verbindet, hat spätestens seit den großen Schlaun-Ausstellungen 1973 und 1995 seinen festen Platz in der Kunstgeschichte. Noch zu entdecken ist die münstersche Baukunst des 19. und frühen 20. Jahrhunderts, die sich vielfach an lokalen, „heimatgebundenen" Leitbildern orientierte. Seit die kunstgeschichtliche Forschung auch die sogenannte konservative Moderne in den Blick genommen hat, wächst das Verständnis für deren spezifische Qualitäten. So besitzt Münster nicht nur einige hervorragende expressionistische Bauten, sondern zählt auch zu den Protagonisten der Gartenstadtbewegung und des Siedlungsbaus.

Breite Würdigung fand hingegen der Wiederaufbau Münsters, bei dem es in exemplarischer Weise gelang, die stadträumliche Identität zu bewahren. Auch wer das Diktum vom Prinzipalmarkt als der „guten Stube" Münsters nicht unbedingt als Kompliment verstehen möchte, muss zugestehen, dass die urbane Qualität der Altstadt ihresgleichen sucht. Die qualitätvollen Bauten der fünfziger, sechziger und siebziger Jahre haben Akzente gesetzt, die kontrapunktisch wirkten, ohne die gewachsene Struktur zu zerstören.

In neuerer Zeit haben Münsters Beiträge zum Thema ‚Bauen im historischen Bestand' weithin Aufsehen erregt. Die Stadtbücherei oder die Diözesanbibliothek führten beispielhaft vor, wie traditionelle und zeitgenössische Architektur eine harmonische Verbindung eingehen können, ohne ihre Eigenständigkeit aufzugeben.

Seit 1977 gibt die Stadt Münster alle zehn Jahre Künstlern die Gelegenheit, Skulptur-Projekte zu realisieren, und so das Verhältnis von Kunst und städtischem Raum zu hinterfragen, zu erproben und immer wieder neu zu entdecken. Ein Teil der Projekte verblieb in der Stadt und prägt ganz wesentlich den öffentlichen Raum. Die Qualität der Arbeiten und die internationale Bedeutung der Skulptur-Projekte bewogen uns, diese Skulpturen mit in den Architekturführer aufzunehmen.

Max Geisberg hat die Bau- und Kunstdenkmäler der Stadt Münster mustergültig erforscht und mit umfassenden Quellenbelegen 1932–1941 in sechs Bänden vorgelegt. Kaum zwei Jahre nachdem der letzte Band erschienen war, hatten Bombenangriffe das Münster, das Geisberg vor Augen gehabt hatte, weitgehend zerstört. Der von Nils Gutschow und Gunnar Pick verfasste Überblick über das „Bauen in Münster", der 1983 die Gebäude des 20. Jahrhunderts vorstellte, erwies sich als unschätzbares Hilfsmittel für die Architektur der neueren Zeit. Den Arbeiten von Renate Richard-Wiegand verdanken wir wichtige Hinweise vor allem zu städtebaulichen Fragen.

Der nun vorliegende Führer kann in gewisser Weise als erste aktuelle Architekturgeschichte der Stadt Münster von ihrer Gründung bis in die Gegenwart gelten. Er dokumentiert 365 ausgewählte Bauwerke aus dem gesamten Stadtgebiet und bietet ein möglichst breites Spektrum aus den verschiedenen Stadtteilen, Epochen und Baugattungen.

Dieser Architekturführer hätte nicht geschrieben werden können, hätten wir nicht Unterstützung durch die städtische Denkmalbehörde erhalten, die uns bereitwillig den Einblick in ihr Archiv gewährte. Unsere Erkenntnisse fußen wesentlich auf den Vorarbeiten der ungenannten Mitarbeiter, die diese Materialien in der Vergangenheit zusammengetragen haben. Wir danken Mechthild Mennebröcker, Michael Kappel und vor allem Gunnar Pick, die unsere Arbeit interessiert und immer auskunftsfreudig begleitet haben. Dass bei den Recherchen die Entdeckerfreude die Mühsal des Suchens weit überwog, ist nicht zuletzt ihrer Hilfsbereitschaft und Anteilnahme geschuldet.

Für die Architektur der Nachkriegszeit mussten wir zumeist bei den Architekturbüros selbst Auskünfte erbitten. Darüber hinaus sei für die Gespräche mit Dieter G. Baumewerd, Manfred Bukowski, Harald Deilmann († 2008), Christoph von Hausen, Paul Clemens Kemper, Stefan Lorenz,Thomas Mense, Jan Rinke, Werner Ruhnau, Wolfgang Türk, Konrad Wohlhage († 2007) und viele andere, die hier nicht einzeln genannt werden können, herzlich gedankt.

Ein Dank auch an Walter Kutsch, dessen „Münster Datenbank" sich als große Hilfe bei der Literatursuche erwies. Ihr Autor lies uns zudem in die von ihm gesammelten, oft nur schwer oder gar nicht mehr greifbaren Materialien generös Einblick nehmen und hat so zum Gelingen des Architekturführers beigetragen.

Das Vermessungs- und Katasteramt überlies uns großzügigerweise das Kartenmaterial, in das Jörg Albano-Müller akribisch die 365 Einzelobjekte eintrug. Ihm ist es zu danken, dass die beschriebenen Objekte für die Leser leicht aufzufinden sind.

Um Anschaulichkeit und Aktualität zu sichern, hatten wir uns entschlossen, zahlreiche Neuaufnahmen anfertigen zu lassen. Die Fotografien von Roland Borgmann, dem wir zu großem Dank verpflichtet sind, erwiesen sich als so überzeugend, dass der Reimer Verlag sich entschloss, den Architekturführer mit Farbabbildungen zu drucken. Überhaupt hat der Reimer Verlag das Projekt mit Engagement, Geduld und freundlichem Nachdruck begleitet. Insbesondere Beate Behrens und Hans-Robert Cram sei hierfür von ganzem Herzen gedankt. Für das sorgfältige Lektorat danken wir Sigrid Wollmeiner und besonders Barbara Thiele, ebenso Nicola Willam für die ansprechende Gestaltung des Bandes und Lucinda Rennison für die Übersetzung ins Englische.

Nach Redaktionsschluss präsentierte Holger Gräf zusammen mit dem Institut für vergleichende Städtegeschichte der Westfälischen Wilhelms Universität Münster die von ihm entdeckte, früheste Darstellung von Domimmunität und Prinzipalmarkt. Die wissenschaftliche Publikation dieses Fundes wird Ende 2008 erfolgen. Ihr Einverständnis, das Blatt vorab zu publizieren, verpflichtet uns zu großem Dank, der auch an Astrid Krüger und Beate Datzkow vom Stadtarchiv Bad Homburg geht, die uns unbürokratisch und schnell die Abbildungsvorlage zur Verfügung stellten.

All unsere Aktivitäten wären jedoch umsonst gewesen, hätten wir nicht tatkräftige Sponsoren für unser Projekt gefunden. In Oberbürgermeister Berthold Tillmann hatten wir einen Fürsprecher und in dem Dezernenten für Planung und Marketing, Hartwig Schultheiß, sowie Bernadette Spinnen engagierte Förderer, die den finanziellen Grundstein legten. Die Sparda-Bank und die Firma Brillux sicherten schließlich mit ihren Zuschüssen das Zustandekommen des Projekts. Ihnen allen sei für ihr Engagement gedankt.

Während der vier Jahre, über die sich das Projekt hinzog, hat uns das Interesse zahlreicher Kollegen, Freunde und unserer Familien begleitet. Ihnen allen dürfen wir versichern, dass es nicht zuletzt ihre Anteilnahme war, die uns immer wieder beflügelt hat. Ihren inspirierenden Hinweisen und ihrer liebenswürdigen Begleitung gilt unser herzlichster Dank.

Sylvaine Hänsel, Stefan Rethfeld, 2008

Foreword

Architecture in Münster: The mediaeval city, cathedral, and Romanesque or Gothic churches spring to mind. But Münster also flourished in the Baroque era, when its architecture was inextricably linked to the name of Johann Conrad Schlaun. The city of the 19th and early 20th centuries is less well-known; building then was often oriented on "staunchly local" models. In later decades of the 20th century, Münster gained some outstanding Expressionist buildings, and also participated in the garden city movement, for example.
Post-war reconstruction here was much praised, Münster's urban identity having been preserved in an exemplary way. Top-quality buildings in the 50s, 60s and 70s created striking accents without destroying historically developed structures. More recently, the municipal and diocesan library buildings provide examples of how traditional and contemporary architecture may be combined to create new harmony.
This architectural guide differs from others in the series. Since 1977, Münster has hosted the Sculpture Projects, giving fine artists an opportunity to question and rediscover the interrelations of art and urban space. Some projects have remained in the city, and their quality prompted us to include them here.
Documenting 365 buildings and featuring a wide spectrum of districts, epochs and architectural genres, this guide may seen as the first architectural history of Münster from its foundation to the present day.
It could not have been written without support from the municipal office for the protection of monuments, which provided access to its archives. Thanks are due to Mechthild Mennebröcker, Michael Kappel and Gunnar Pick for their encouragement and information.
Most material on post-war architecture came from the architectural offices themselves, for which we are most grateful. We would also like to thank: Dieter G. Baumewerd, Manfred Bukowski, Harald Deilmann († 2008), Christoph von Hausen, Paul Clemens Kemper, Stefan Lorenz, Thomas Mense, Jan Rinke, Werner Ruhnau, Wolfgang Türk, Konrad Wohlhage († 2007).
Walter Kutsch's "Münster database" helped in the search for relevant literature. We much appreciate this and the insights he provided into other, often rare material.
The land surveying and registry offices provided the maps, into which Jörg Albano-Müller painstakingly entered the 365 buildings, and Roland Borgmann took some outstanding new photos, prompting the use of colour in this guide. Thanks are due to them all.
We appreciate the commitment of our publishers, in particular Beate Behrens and Hans-Robert Cram. Thanks to Sigrid Wollmeiner and Barbara Thiele for meticulous editing, Nicola Willam for the guide's attractive design, and Lucinda Rennison for the English translations.
We are grateful to Holger Gräf and the Institute of Comparative Urban History at Münster University for permission to reproduce the earliest known drawing of the cathedral sanctuary and Prinzipalmarkt, not due for publication until the end of 2008.
Without sponsors, our work would have been in vain. We received support and initial financial backing from Lord Mayor Berthold Tillmann, the city's planning/marketing representative, Hartwig Schultheiß, and Bernadette Spinnen. Funds from the Sparda-Bank and Brillux safeguarded the project's ultimate realisation. We appreciate their help enormously.
Finally, we are grateful to our colleagues, friends and families for their consistent encouragement over the last four years.

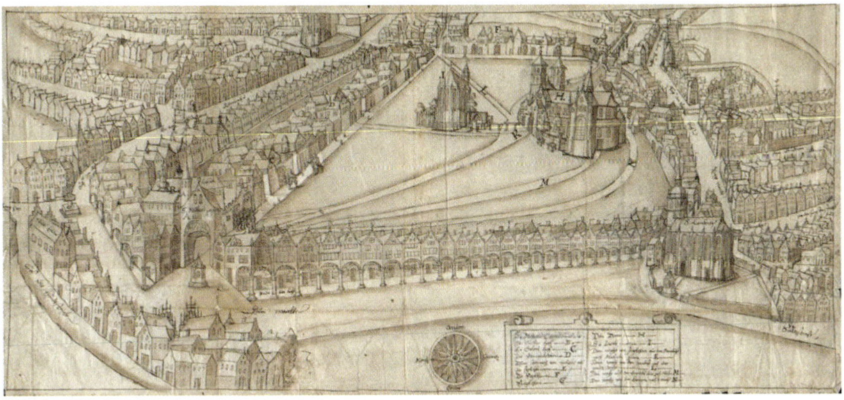

Ansicht von Münster Blick auf Domimmunität und Prinzipalmarkt, um 1600
© Stadtarchiv Bad Homburg v. d. Höhe

Geschichte, Architektur und städtebauliche Entwicklung in Münster

Lange Zeit galt der Domhügel (Nr. 1) als die eigentliche Ursprungszelle der heutigen Stadt Münster. Tatsächlich war aber das Gebiet östlich der sumpfigen Aa-Niederungen als erstes in vorgeschichtlicher Zeit von Menschen bewohnt. Archäologische Untersuchungen für den Zeitraum 750–450 v. Chr. erbrachten dort klare Hinweise auf menschliche Niederlassungen. Diese gingen jedoch in der Folge zurück, denn die Funde von Münzen und Scherben aus römischer Zeit lassen nur noch auf eine spärliche Besiedlung schließen.[1]
Eine Ansiedlung auf dem Domhügel bezeugen erst im 2. und 3. Jh. n. Chr. Scherben sowie auch Spuren von Grubenhäusern, die für handwerkliche Tätigkeiten und Lagerzwecke genutzt wurden. Diese scheinen aber spätestens im 3. Jahrhundert wieder aufgegeben worden zu sein.

Die Anfänge: Mimigernaford und Klostergründung

Im 8. Jahrhundert ist das Gehöft eines gewissen Mimigern und seiner Leute namentlich überliefert, das an der Furt über der Aa lag. „Mimigernaford" gehört zu den wenigen authentischen Ortsbezeichnungen dieser Zeit im Münsterland. Lokalisieren lässt sich der Hof mit einiger Wahrscheinlichkeit an der Stelle des späteren Überwasserstifts. Womöglich gab es hier schon vor dem Eintreffen des heiligen Liudger 792/95, dem späteren ersten Bischof von Münster, eine Missionsstation und eine Kirche.
Liudger nutzte diese Örtlichkeit als Ausgangspunkt, als er auf dem Domhügel ein Kloster errichten ließ, um das sich Handwerker und Händler ansiedelten. Es war der Kern des nun stetig wachsenden Mimigernaford. Durch Liudgers Weihe zum Bischof am 3. März 805 wurde Mimigernaford auf Betreiben von Karl dem Großen in den Rang eines Bistums erhoben. Ein Vorgang, der insofern überrascht, als eigentlich die päpstliche Empfehlung galt, dass als Bistümer nur einigermaßen bedeutende Städte mit entsprechender Infrastruktur in Frage kämen. Vielleicht darf man diesen Akt als gezielte Fördermaßnahme zur Besiedlung des sächsischen Draingau verstehen. Es etablierte sich ein zweiter Klerikerkonvent, um die juristischen und ökonomischen Aufgaben bewältigen zu können, was wiederum ein Wachstum der Händler- und Handwerkersiedlung zur Folge hatte.
Über die Baulichkeiten der karolingischen Klosteranlage weiß man wenig.[2] Sicher ist, dass die Weihe den Bau einer repräsentativen Kirche erforderte. Grabungsergebnisse deuten auf eine dreischiffige Saalkirche ohne östlichen Querbau, an die im Westen ein ausladendes Querhaus mit Chor anschloss. Das Pauluspatrozinium ist seit 819 durch Quellen belegt (Nr. 3). Nördlich davon, unter dem heutigen Domherrenfriedhof, befand sich eine hölzerne Kapelle, die nach einem Brand 820 als steinerne Saalkirche wiederaufgebaut wurde.[3] Um 900 errichtete man zur Sicherung des Areals eine Wallanlage, die etwa hundert Jahre später durch eine Bruchsteinmauer ersetzt wurde.
Die Versorgung der Bewohner der Domburg übernahmen unter anderem der heute noch als Straßenname präsente Bispinghof sowie ein namenloser Hof im Bereich des Überwasserviertels, vielleicht jenes ehemalige Anwesen des Mimigern, das zwar an Bedeutung gegenüber der Domburg verloren hatte, ihr jedoch weiterhin den Namen gab. Erst 1065 ist erstmals die Bezeichnung „Monasterium" belegt, von der sich der Name Münster herleitet. Doch bis 1144/46 findet sich weiter die Benennung Mimigernaford. Das heutige „Münster" wird dann 1206 zum ersten Mal gebraucht.[4]

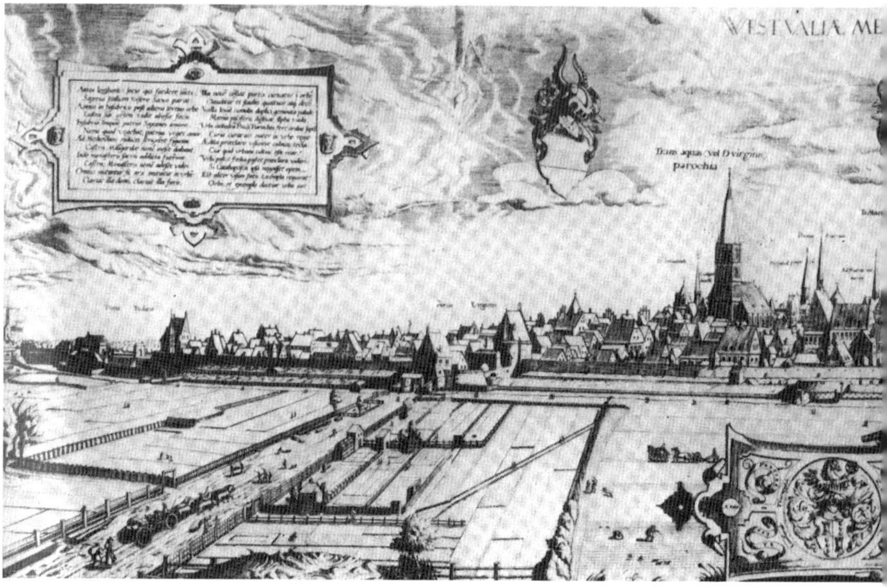

Stadtansicht von Westen, Kupferstich von Remigius Hogenberg nach Hermann tom Ring, 1570
© British Museum, London

Domburg und Stadt im Mittelalter

Außerhalb der Domburg etablierte sich im Bereich von Roggenmarkt und Altem Fischmarkt der erste Markt. Hier, am späteren Drubbel, wo sich die Friesische und Rheinische Fernstraße kreuzten,[5] befanden sich auch die bischöfliche Münze und eine Kirche, die Vorgängerin der heutigen Lambertikirche (Nr. 83). Im Verlauf des 12. Jh. dehnte sich der Markt dann Richtung Prinzipalmarkt (Nr. 67) und Salzstraße aus.
Um das Jahr 1000 war zunächst die güterrechtliche und dann auch räumliche Trennung von Bischof und Domkapitel erfolgt. Dabei teilte man nicht nur die Höfe, sondern auch das Areal der Domburg unter den Parteien auf. Der Bereich der Ansiedlung um den Markt gehörte zum Domkapitel. Bischof Hermann I., der die Konkurrenz zum Domkapitel suchte, gründete seinerseits ein Damenstift außerhalb der Domburg, dessen Marienkirche 1040 in Anwesenheit des Königs und späteren Kaisers Heinrich III. geweiht wurde (Nr. 11). Die zugehörige Siedlung „Überwasser" wurde ein juristisch eigenständiges Suburbium mit eigenen Marktrechten. Noch heute deutet der Straßenname „Katthagen" darauf, dass sie ursprünglich mit einem Palisadenzaun gesichert war.
Auf eine Stiftung Bischof Friedrichs I. geht die außerhalb der Stadt gelegene Kirche St. Mauritz (Nr. 215) zurück,[6] der die Kirche zu seiner Grablege bestimmte. Den hohen repräsentativen Anspruch lassen die wohl ursprünglich am Eingang angebrachten Reliefs erkennen, die unter anderem den heiligen Mauritius zeigen.
Die kriegerischen Auseinandersetzungen im Verlauf des Investiturstreits zwischen Kaiser Heinrich V. und dem Papst zeitigten auch für die urbane Entwicklung Münsters einschneidende Folgen. In der Stadt standen Domkapitel und Bischof auf Seiten des Kaisers, doch konnte 1118 Lothar von Supplinburg als Anführer der papsttreuen sächsischen Fürsten durchsetzen, dass sein Parteigänger Dietrich von Winzenburg Bischof wurde. Zwar vertrieb ihn schon im folgenden Jahr das Domkapitel, doch 1121 erzwangen sein Bruder Hermann sowie Lothar von Supplinburg seine Rückkehr. Bei den Kämpfen zerstörte eine Feuersbrunst die Siedlung und die Kirchen. Im Zuge des Wiederaufbaus reservierte man das Gelände der Domburg für die Kleriker und verhinderte eine erneute Ansiedlung von Handwerkern und Händlern (Nr. 1). Eine Immunitätsmauer grenzte den Bereich ab. Die ehemaligen Bewohner der Domburg zogen in den Bereich der Siedlung, die sich südlich der Lambertikirche (Nr. 83) gebildet hatte.[7]
Das Wachsen der Stadt machte auch die Bildung neuer Kirchspiele erforderlich. Ende des 12. Jh. wurden die Gemeinden, die zu den als bischöfliche Schenkungen errichteten Kirchen St. Ludgeri (Nr. 55), St. Aegidii (Nr. 40) und St. Martini (Nr. 112) gehörten, von der Lambertigemeinde abgepfarrt. Im 13. Jh. folgte St. Servatii (Nr. 102), möglicherweise als Eigenkirche der Kaufleute.
Juristisch hatte sich aus der Marktsiedlung ein „concivium", eine Bürgergemeinde herausgebildet, mit einer Bürgerversammlung (colloquium) und einem Schöffenkollegium, das juristische Aufgaben wahrnahm und dem die Lenkung der Stadt oblag. Auch war in Münster nicht das Landgericht zuständig, sondern es existierte eine eigene hohe Gerichtsbarkeit.[8] Im Jahr 1173 erwarb Bischof Ludwig von Wippra die Vogteigewalt über das Stift Münster. Sein Nachfolger, Hermann von Katzenelenbogen, wurde als erster Fürstbischof noch

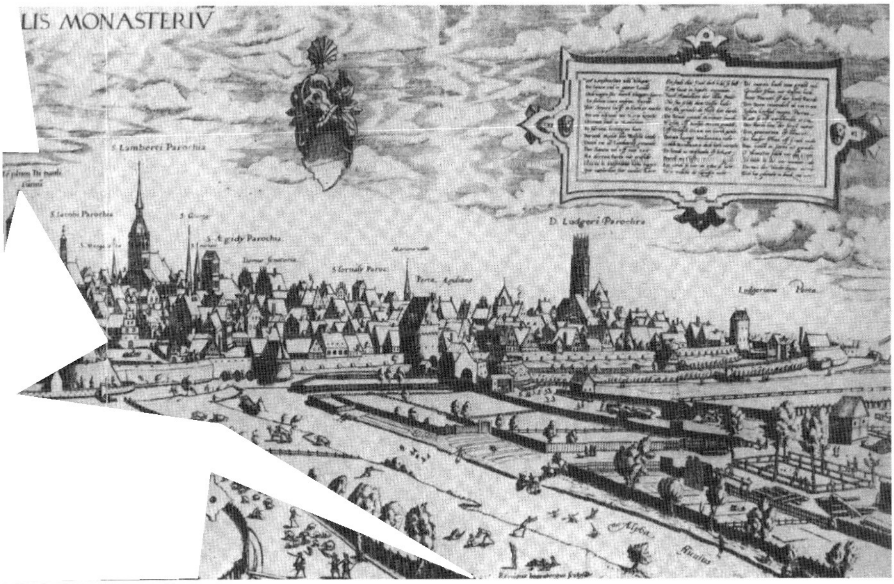

im selben Jahr Landesherr des Fürstbistums Münster und verlieh der Stadt auch offiziell die Stadtrechte. Als eindrucksvolles Zeichen städtischen Selbstbewusstseins errichtete man eine ebenso wehrhafte wie repräsentative, vier Kilometer lange und acht bis zehn Meter hohe Stadtmauer mit vorgelagertem Graben.[9] Einer ihrer ehemals sechs Wehrtürme ist der Buddenturm (Nr. 118).

1197 vernichtete ein Stadtbrand einen Großteil der Bebauung. Das dem Wiederaufbau zugrundeliegende, planmäßig das Gebiet erschließende Straßennetz prägt bis heute die Topographie der Münsteraner Altstadt. An der Ostseite des Prinzipalmarkts (Nr. 67) baute man, etwas zurückgesetzt von der Straße, das Rathaus, das 1250 erstmals genannt wird (Nr. 69). Es dürfte sich wohl zunächst um einen Fachwerkbau gehandelt haben, der dann durch einen vermutlich zweigeschossigen Steinbau ersetzt wurde. Um 1314–28 setzte man vor dieses Gebäude eine Halle zur Versammlung der Bürger; die Bürgerhalle mit dem Schaugiebel entstand um 1400.[10]

Auch Klöster siedelten sich im Stadtgebiet an.[11] So ermöglichte 1184 eine Grundstücksschenkung die Anlage eines Zisterzienserinnenklosters bei der Aegidiikirche (Nr. 40). Um 1260/70 errichteten die Franziskanerminoriten ein Kloster, dessen Kirche, heute die evangelische Apostelkirche (Nr. 105), sich bis heute erhalten hat. Von der 1282 gegründeten Johanniterkommende zeugt die Johanneskapelle an der Bergstraße (Nr. 108). Eine ganze Reihe wohltätiger Stiftungen kümmerte sich um die Armen und Kranken. Auch die noch bestehende Anlage des Leprosenheims in Kinderhaus (Nr. 355) geht bis ins Jahr 1333 zurück.[12]

Bis Mitte des 14. Jh. war die Bevölkerung ebenso wie der allgemeine Wohlstand, der vor allem auf dem Fernhandel beruhte, stetig gewachsen. Handwerker und Kaufleute organisierten sich in insgesamt 17 Gilden, die je zwei Vertreter in die Gesamtgilde entsandten. Politisch wuchs ihr Einfluss stetig an.

Architektonisch bewiesen nicht nur die bedeutenden Kirchen(neu)bauten, die in dieser Zeit entstanden, den Wohlstand der Stadt,[13] sondern auch die Bürger errichteten seit dem 13. Jahrhundert entlang der Marktstraße repräsentative Wohn- und Geschäftshäuser (Nr. 67).[14] Sie standen als giebelständige, mindestens zweigeschossige Bauten auf schmalen Grundstücken dicht an dicht auf dem verfüllten Domburggraben. Ab dem 14. Jahrhundert ließ man, um Platz zu gewinnen, die Obergeschosse vorspringen und im Erdgeschoss durch gemauerte Bögen abstützen. Die bis heute für das Bild der Innenstadt charakteristische Reihe der Bogenhäuser mit den verzierten Schaugiebeln zog sich von der Rothenburg bis zum Horsteberg. Nur am Michaelistor und am Drubbel, wo die Enge der Straße die Erweiterung der Häuser verbot, erfuhr die Arkade eine Unterbrechung.

Reformation und Täuferreich in Münster

Die Reformation konnte in Münster erst Fuß fassen,[15] als Bernhard Rothmann 1528/29 Kaplan von St. Mauritz wurde. Die Schar seiner Zuhörer und einflussreichen Unterstützer wuchs stetig, so dass er, als er wegen seiner evangelischen Predigten auf kaiserlichen Befehl des Landes verwiesen werden sollte, im Haus der

Kramergilde Zuflucht suchen konnte. Die beiden Vorsteher der Gesamtgilde vertraten Rothmanns Sache vor dem Rat. Im Februar 1532 predigte er auf dem Kirchhof von St. Lamberti (Nr. 83) und wurde per Akklamation der Gemeinde zum Pfarrer gewählt. Ein Bürgerausschuss, bestehend aus den 34 Gildevorstehern und weiteren 36 Bürgern, bereitete darauf die Einsetzung weiterer evangelischer Prediger für die Stadtpfarrkirchen vor. Als Fürstbischof Franz von Waldeck die Rücknahme der Maßnahmen forderte, eskalierte der Streit zur gewaltsamen Auseinandersetzung. Unter Vermittlung des protestantischen Landgrafen Philipp von Hessen fand man am 14. Februar 1533 im Dülmener Vertrag zu einem Kompromiss. Der Rat erhielt das Recht, die Pfarrstellen der Stadt mit evangelischen Predigern zu besetzen, während das Domkapitel und die Klöster katholisch bleiben sollten. In der Folge kam es in den Stadtkirchen zu „Purifizierungen", die in Entfernung und Zerstörung von Kirchenschmuck bestanden.

Schon bei der Ausarbeitung einer neuen Kirchenordnung zeigte sich, dass Rothmann auch zu den protestantischen Theologen in Widerspruch geriet, insbesondere in seiner Auffassung der Sakramente. Als entscheidender Konfliktfall erwies sich seine Befürwortung der Erwachsenentaufe, eine Haltung, zu der er wohl durch Kontakte zu niederländischen Täufertheologen gefunden hatte, die das Ende der Welt für Ostern 1534 prophezeiten. In Münster, wo sich im Gefolge Rothmanns eine große Gemeinde hatte taufen lassen, sahen sie den Ort für das künftige „Neue Jerusalem". Im Januar 1534 kam Jan van Leiden, im Februar gefolgt von Jan Mathijs, in die Stadt, wo die Täufer inzwischen eine so große Anhängerschaft gewonnen hatten, dass der Fürstbischof eine militärische Intervention vorbereitete.

Nachdem bei der Ratswahl am 24. Februar die Anhänger der Täufer die Mehrheit gewonnen hatten und die Erwachsenentaufe obligatorisch geworden war, begann am folgenden Tag die Inbesitznahme des Dombezirks. In einem Bildersturm zerstörte man die Altäre und den Schmuck der Kirchen; unter den Skulpturen nicht nur Madonnen- und Heiligenfiguren, sondern vor allem auch die Wahrzeichen der bischöflichen Herrschaft, etwa die Bischofsskulpturen des Rathausgiebels oder die Darstellungen von Petrus und Paulus.[16] Einige der Steinfiguren nutzte man zur Verstärkung der Wälle. So entdeckte Max Geisberg bei Erdarbeiten über dem alten Kreuztor Fragmente von Skulpturen aus der Überwasserkirche.[17]

Wohl auch, um die große Zahl von Zuwanderern zu versorgen, beschloss man im März die Beschlagnahme des Emigrantenvermögens und die Einführung der Gütergemeinschaft. Inzwischen baute der Fürstbischof einen aus sieben Söldnerlagern bestehenden Belagerungsring auf. Als das angekündigte Weltende ausblieb, propagierte Jan van Leiden das münstersche Täuferreich als ein Instrument zur Strafe der Gottlosen. Diesem Ziel dienten organisatorische Reformen in Verwaltung und Schulwesen. Die spektakulärste Maßnahme war sicherlich die Einführung der Polygynie, der „Vielweiberei". Im September 1534 ließ sich Jan van Leiden dann zum König ausrufen.

Den Belagerern gelang es weder im Mai noch im August 1534, die Stadt zu erobern. Die Täufer hatten die ohnehin beachtlichen Verteidigungsanlagen verstärken lassen. Auch stürzte man die Helme der Kirchtürme, um dort Geschützstände einzurichten. Trotzdem zeichnete sich ab, dass die Situation der Stadt unhaltbar war, da Franz von Waldeck inzwischen weitere Unterstützung erhalten hatte, die ihm die vollständige Isolation der Stadt und deren Einnahme am 25. Juni 1535 ermöglichte. Die Protagonisten des Täuferreiches wurden hingerichtet; die Leichname Jan van Leidens, Bernd Knipperdollincks und Bernd Krechtings hing man in eisernen Körben an den Turm der Lambertikirche (Nr. 83), an dem sie auch nach dem Neubau des Turms 1897–99 bis heute ihren Platz haben.

Wiederherstellung der katholischen Ordnung – Das Stadtbild am Beginn der Neuzeit

Am 30. April 1535 erließ Franz von Waldeck eine neue Satzung, durch die die Rechte des Domkapitels und der Klöster erneuert wurden, während die Stadt Münster ihre Privilegien verlor. Der Rat wurde nicht mehr gewählt, sondern seine Mitglieder vom Bischof ernannt, die Gilden wurden aufgelöst. Ein Gewaltmeister sorgte für Ruhe und Ordnung. Den Zwinger und das Neuwerk ließ der Fürstbischof als gegen die Stadt gerichtete Festung ausbauen. Die Protestanten mussten entweder zum Katholizismus konvertieren oder wurden von öffentlichen Ämtern ausgeschlossen. Trotzdem duldete man sie, so dass sich, nachdem durch die Restitutionsedikte von 1541 und 1553 die städtischen Rechte wiederhergestellt und die Gilden wieder zugelassen worden waren, eine Koexistenz ergab.[18]

Erst unter Ernst von Bayern begann ab 1585 die konsequente Durchsetzung des katholischen Glaubens.[19] Einen nicht unwesentlichen Beitrag dazu lieferten die Jesuiten,[20] die 1588 mit Unterstützung des Rates, aber gegen Proteste der Gilden den Unterricht an der am Horsteberg gelegenen Domschule übernahmen, nachdem der Domdechant Gottfried von Raesfeld ein Vermächtnis von 30.000 Talern zur Gründung eines Jesuitenkollegs hinterlassen hatte.[21] Da der Unterricht kostenlos erteilt wurde und seine Qualität durch ein verbindliches Curriculum gesichert war, wuchs die Schülerschaft sprunghaft an. Die sich daraus ergebenden Raumprobleme führten zur Errichtung eines Gymnasialgebäudes an der Aa. Das 1593 fertiggestellte, dreigeschossige Schulgebäude flankierten Türme, der offenen Arkade im Untergeschoss entsprach im Obergeschoss eine Galerie.

Vor allem aber die 1598 geweihte Petrikirche (Nr. 29) setzte mit ihrer Architektur ein Zeichen für den wieder erstarkten Katholizismus.[22] So orientierte sie sich nicht an lokalen Gegebenheiten, sondern nahm programmatisch Gestaltungselemente der Kölner Jesuitenkirche St. Achatius auf. Johann Roßkott schuf mit dem Münsteraner Bau eine Art Prototyp für die Jesuitenkirchen der rheinischen Ordensprovinz, der nicht nur für

St. Maria Himmelfahrt in Köln, sondern vor allem auch für die Kirchen Anton Hülses in Coesfeld und Paderborn Vorbildfunktion hatte.[23] Über Hülse gelangte hundert Jahre später das Motiv des großen, die Westfassade dominierenden Maßwerkfensters nach Münster zurück, wo er mit der ehem. Observantenkirche 1687–98 seinen einzigen nicht-jesuitischen Bau schuf (Nr. 15).

Mit ihren breit gelagerten Proportionen im Innern und der Verwendung von Roll- und Beschlagwerk für die Portale repräsentiert die Petrikirche zugleich den einzigen Sakralbau der Renaissance in der Stadt. In der Profanarchitektur finden sich ähnliche dekorative Tendenzen. Ein Musterbeispiel dafür bildet das Ohmsche Haus am Roggenmarkt 11/12, für das Lorenz von Brachum eine reich mit Rollwerk und Grotesken ornamentierte Fassade schuf (Nr. 77).[24]

Zwar hatte schon Mitte des 16. Jahrhunderts die Werksteinfassade des ehem. Heeremannschen Hofes (Nr. 63) mit ihrer Pilastergliederung und den Konsolen ein antikisierendes Gliederungssystem aufgenommen, doch bevorzugte man in Münster einen dekorativen Umgang mit diesen Gestaltungselementen, zu denen an den Giebeln Voluten, Ranken oder Obelisken hinzukamen. Obwohl viele dieser Bauten dem Krieg zum Opfer fielen, vermittelt der Giebel des Stadtweinhauses (Nr. 68) einen guten Eindruck davon, ebenso wie das etwas schlichtere Haus Prinzipalmarkt 48 (Nr. 74).

Auch als die Familie Mervelt in Wolbeck 1545–57 ihren Burgmannshof errichtete, schmückte sie das Torhaus mit einem Erker, dessen Dekoration mit Kopfmedaillons und Wappen diesen Vorlieben entspricht (Nr. 384). Am Herrenhaus bekrönen die Staffeln des Giebels Halbkreisrosetten mit Kugeln, ein typisches Element der Weserrenaissance, das sich bald auch an Münsteraner Bürgerhäusern wie dem Guldenarm, Rothenburg 44 fand (Nr. 46). 1588 griffen die Kramer das Motiv bei der Gestaltung ihres Amtshauses am Alten Steinweg auf (Nr. 85),[25] ein Bau, der deutlich das wieder erwachte Selbstbewusstsein der Gilde dokumentiert und repräsentativ genug schien, der niederländischen Gesandtschaft während des Kongresses zur Vorbereitung des Westfälischen Friedens als Quartier zu dienen.

Der Westfälische Friede und der Konflikt mit Christoph Bernhard von Galen

Dieses politisch bedeutendste Ereignis der Münsteraner Historie hat architektonisch keine Spuren hinterlassen. Die Gesandten, die mit großem Gefolge eintrafen, brachte man in den vorhandenen Häusern unter, die standesgemäße Ausstattung mit Wandteppichen, Gemälden, Tafelsilber- und Geschirr führten die Delegationen mit sich. Die Gäste bewunderten einerseits Dom (Nr. 3) und Prinzipalmarkt (Nr. 67), mokierten sich jedoch über die Haustiere, insbesondere die zahlreichen Schweine, die auf den Straßen herumliefen, so dass der Rat per Erlass die Bürger aufforderte, ihr Vieh in den Ställen zu behalten.[26]

Juristisch hatte die Stadt vom Kaiser einen Sonderstatus erhalten, der ihr faktische Unabhängigkeit vom Landesherrn verschaffte und den sie auch nach Ende des Kongresses 1648 zu erhalten hoffte. Nachdem sich Christoph Bernhard von Galen bei der Wahl zum Bischof 1650 durchgesetzt hatte, gab es schon bald Aus-

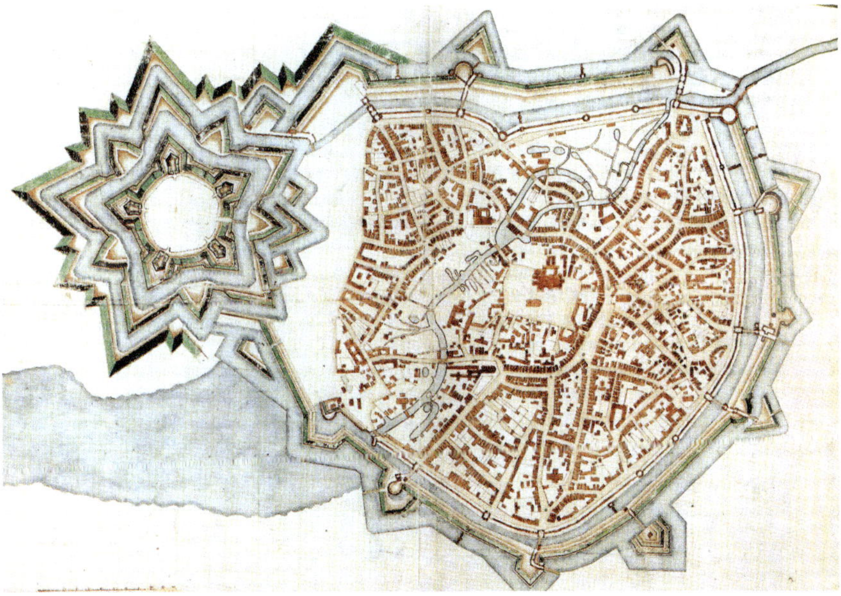

Stadt und Zitadelle, Zeichnung von Peter Pictorius d. Ä., um 1680

einandersetzungen um Münzrecht, Gerichtskompetenz und Besatzungsrecht.[27] Als im Februar 1655 der Plan Christoph Bernhards ans Licht kam, die Stadt militärisch zu besetzen, beschwerte sich der Rat über diesen geplanten Landfriedensbruch beim Kaiser. Die Gegensätze verschärften sich, als Christoph Bernhard zur Errichtung einer Residenz eine Steuer erhob. Die Stadt wandte sich erneut an Kaiser und Reichsgericht, suchte nun aber auch Unterstützung durch die Hanse- und die niederländischen Generalstaaten. Als der Fürstbischof den Unterhändler Nikolaus Drachter abfangen und festsetzen ließ, schloss die Stadt die Tore und Christoph Bernhard begann am 20. August 1657 die Belagerung, wobei er die Stadt mit Feuerkugeln, die verheerende Schäden anrichteten, beschießen ließ. Als sich abzeichnete, dass aus den Niederlanden Unterstützung kommen und auch im Hinblick auf das Besatzungsrecht ein Kompromiss gefunden werden könnte, beendete er zwar die Belagerung, aber der Konflikt schwelte weiter.

Im Januar 1660 sprach der Kaiser der Stadt das Besatzungsrecht ab; diese führte jedoch ihre Verhandlungen mit den Niederlanden weiter und lehnte auch ein Vermittlungsangebot ab. Ab Juli 1666 belagerte der Fürstbischof Münster erneut. Allerdings scheuten die Niederlande letztlich einen Konflikt, dessen Konsequenzen unabsehbar waren. Ohne Unterstützung sah sich die Stadt am 26. März 1661 zur Kapitulation gezwungen. Zwar bestätigte Christoph Bernhard der Stadt alle ihre Privilegien außer dem Besatzungsrecht, faktisch jedoch übte er ein absolutistisches Regiment aus. Zur Sicherung seiner Herrschaft ließ er im Westen der Stadt die Befestigungsanlagen niederreißen und eine Zitadelle mit sternförmigen Befestigungsringen errichten. Das Gelände zur Stadt hin ließ man als Schussfeld frei (Nr. 122).

Münster auf dem Weg zur Residenzstadt

Unter Christoph Bernhards Nachfolger Ferdinand von Fürstenberg entspannte sich ab 1678 das Verhältnis von Stadt und Landesherr.[28] So erhielt die Stadt das Wahlrecht für den Rat zurück, auch regelte er die Verteilung der Steuerlasten neu. Bei der Wahlkapitulation Friedrich Christians von Plettenberg war erstmals die Rede davon, die Zitadelle zu schleifen und ein Schloss zu errichten.[29] Auch wenn dieser Plan noch nicht zur Ausführung kam, wandelte sich Münster langsam zur Residenzstadt. Landesherrliche Verfügungen untersagten Misthaufen vor den Haustüren, stellten das Wegwerfen von Tierkadavern auf die Straßen oder in die Aa unter Strafe, regelten die Abfuhr der Abfälle und verpflichteten die Hausbesitzer zur Reinigung der Abflussrinnen und Kanäle.

Nun errichteten auch Adlige in der Stadt repräsentative Bauten; als einer der ersten Christian von Beverfoerde, der 1699 Gottfried Laurenz Pictorius mit Errichtung eines Palais nach Pariser Vorbild betraute (Nr. 62).[30] Die in Backstein ausgeführte Dreiflügelanlage mit architektonischer Gliederung in Sandstein sollte vorbildlich für die Münsteraner Barockarchitektur werden. Schon im folgenden Jahr überbot Dietrich Burchard Freiherr von Merveldt dieses Projekt, indem er ebenfalls durch Pictorius an der Ludgeristraße den größten der Münsteraner Adelshöfe errichten ließ. Auch hier handelte es sich um eine in Backstein ausgeführte Dreiflügelanlage mit Mittelrisalit, Ehrenhof und Garten. Heute vermittelt vor allem die Landsbergsche Kurie an der Pferdegasse einen Eindruck von Pictorius' Formensprache (Nr. 6).

Neben Pictorius gab es weitere, namentlich heute nicht mehr greifbare Baumeister, die für adlige Bauherren repräsentative Höfe errichteten, ein Beispiel dafür ist der 1705 begonnene Sendesche Hof an der Königstraße (Nr. 60). Auch am Domplatz entstanden etliche Neubauten. Als Architekt der Kettlerschen Doppelkurie (Nr. 4) wirkte ab 1712 Lambert Friedrich Corfey, der zwar keine reguläre Ausbildung durchlaufen, aber auf einer ausgedehnten Studienreise nach Italien, Frankreich und in die Niederlande solide Kenntnisse der zeitgenössischen Baukunst erworben hatte.[31] Möglicherweise stammt von ihm auch die benachbarte Domdechanei (Nr. 2). Nach langen Jahren architektonischer Stagnation konnte endlich ein Zeitgenosse vermelden: „In diesem seculo seint sehr viele kostliche paläste alß von 1700 bis 1722 sowohl in als außerhalb der statt Münster gebauet worden."[32] Corfeys bedeutendstes Projekt ist jedoch die in Konkurrenz zu Gottfried Laurenz Pictorius geplante Dominikanerkirche, die mit ihrer Werksteinfassade Reminiszenzen an den Romaufenthalt des Architekten erkennen lässt (Nr. 95).[33]

Der bedeutendste Architekt, der das Stadtbild Münsters des 18. Jahrhunderts entscheidend prägte, war Johann Conrad Schlaun.[34] Der junge Artillerieleutnant wurde anlässlich eines Feuerwerks von Ferdinand von Plettenberg und dem neu gewählten Fürstbischof Clemens August entdeckt und auf Studienreise über Würzburg nach Rom, Paris und in die Niederlande geschickt. Nach seiner Rückkehr 1723 übertrug ihm Plettenberg nicht nur die Bauleitung von Nordkirchen, sondern beauftragte ihn mit dem Bau der Kirche des Kapuzinerklosters (Nr. 40), die zugleich als Kirche seines geplanten Stadtpalais fungieren sollte. Clemens August wiederum beauftragte ihn mit der Planung von Schloss Augustusburg in Brühl.[35]

In Münster folgten zunächst unspektakuläre Projekte. So konnte er 1731 beim Entwurf für einen Kran am geplanten Max-Clemens-Kanal sein ingenieurtechnisches Können unter Beweis stellen und mit dem Zuchthaus, zu dem auch der Umbau des Zwingers (Nr. 119) zum Gefängnis gehörte, einen Zweckbau errichten. Doch schon 1733, als Clemens August für den Orden der barmherzigen Brüder des Johannes de Deo ein Hospital am Neuplatz plante, das die karitative Absicht mit repräsentativem Nutzen verband, begann Schlaun, dieses Projekt mit der in Münster lang ersehnten Residenzplanung zu verbinden. Allerdings wurde das Unternehmen in der Folge zu den Akten gelegt. Schlaun konzentrierte seine Energien auf die Planung des Jagdschlosses Clemenswerth und plante gleichzeitig für Friedrich Christian von Plettenberg den Umbau von Haus Dyckburg zu einem Maison de Plaisance. (Nr. 365).[36] Erst elf Jahre später realisierte man das Hospital, nun allerdings im Zentrum der Stadt zwischen Loerstraße und späterer Klemensstraße (Nr. 100).

Komödienhaus am Roggenmarkt
© Westfälisches Amt für Denkmalpflege, Münster

Das Ansehen, das Schlaun genoss und den gesellschaftlichen Status, den er für sich beanspruchen konnte, zeigt sich nicht zuletzt in der Planung seines Landhauses. In Haus Rüschhaus (Nr. 348) kombinierte Schlaun 1745 das Modell eines westfälischen Bauernhofes mit dem einer italienischen Villa und schuf so einen ebenso originellen wie repräsentativen Sommersitz.

Erneut bewies Schlaun sein städtebauliches Geschick, als er 1753 das Palais, das er für den Erbdrosten Adolph Heidenreich Droste zu Vischering auf dem extrem ungünstig geschnittenen, spitzwinklig zur Salzstraße liegenden Grundstück errichten sollte, diagonal stellte und die Fassade mit dem Werksteinmittelrisalit konkav einschwingen ließ (Nr. 94). Den vorgelagerten, trichterförmigen Hof begrenzte Schlaun mit einem Gitter, dessen Eingang an der Spitze lag und so dem Eintretenden ein Ensemble von viel größeren Dimensionen suggerierte.

Im siebenjährigen Krieg stand Münster unter seinem Landesherrn, der zugleich Kölner Kurfürst war, auf Seiten des Kaisers und Frankreichs gegen Preußen und England.[37] Die Stadt diente 1757 zunächst als französischer Stützpunkt, wurde aber 1758 von den preußischen Truppen unter Ferdinand von Braunschweig besetzt. Im Juli gelang den Franzosen die Rückeroberung, doch schon im August wendete sich das Blatt ein weiteres Mal. Ferdinand schlug die französischen Truppen bei Minden und belagerte Münster erneut, wobei er mit glühenden Granaten und Pechkränzen die Stadt in Brand zu schießen suchte. Das Feuer, das daraufhin bei den Lotharinger Chorfrauen ausbrach, zerstörte das ganze Martiniviertel.

Trotzdem dauerte die Belagerung, bei der Wälle und Zitadelle schwer beschädigt wurden, noch bis zum Abzug der Franzosen im November des Jahres. Seuchen und Kontributionsleistungen, die mit harten Repressalien eingetrieben wurden, verschärften die Situation.

Aufklärung und Reformen unter Franz von Fürstenberg

Der 1762 neu gewählte Fürstbischof Maximilian Friedrich von Königsegg-Rothefels ernannte mit Franz von Fürstenberg einen leitenden Minister, der das kulturelle Leben der Stadt in den nächsten Jahren bestimmen sollte.[38] Fürstenbergs wichtigste Maßnahmen neben der Sanierung der Finanzen und Neuregelung der Steuern bildeten zunächst Maßnahmen zur staatlichen Gesundheitsvorsorge und eine Brandordnung, zu der auch eine Feuerversicherung gehörte, die eine Zwangsmitgliedschaft aller Hausbesitzer vorsah. Vor allem aber betrieb Fürstenberg die Reform des Schulwesens und die Gründung einer Universität, deren Finanzierung durch Aufhebung des Überwasserstifts, dessen Vermögen in einen Fonds überführt wurde, gesichert werden sollte. Weiteres Geld kam aus den Besitztümern des 1773 aufgehobenen Jesuitenordens. Am 28. Mai 1773 unterzeichnete Papst Klemens XIV. die Stiftungsurkunde, im Oktober des Jahres Kaiser Joseph II. das Privileg zur Einrichtung der Universität.[39]

Im Martiniviertel entstanden in den siebziger und achtziger Jahren nicht nur zahlreiche Wohnhausneubauten, sondern auch das Lotharinger Kloster wurde 1764 von Schlaun neu errichtet (Nr. 113). Doch die Krönung seines Lebenswerks bildete die Realisierung des münsterschen Schlosses, die ab 1766 in Gang gebracht wurde, sicherlich auch, um nach dem Desaster der Kriegsjahre ein Zeichen für die landesherrliche Stabilität zu setzen (Nr. 123). Obwohl der Bau das routinierte, architektonische Können Schlauns beweist, der die unterschiedlichen Wünsche von Fürstbischof, Landständen und Domkapitel unter eine Hut zu bringen wusste, blieb die Gestaltung des Platzes, durch die die Anbindung an die Stadt hätte erfolgen sollen, in den Anfängen stecken. Ein Grund dafür lag sicherlich in dem Umstand, dass das Schloss ein rein münstersches Prestigeprojekt darstellte, das keine realen Funktionen erfüllte, zumal der Landesherr, der hier hätte residieren sollte, nur selten in der Stadt weilte.

Schon 1764 hatte man mit der Abtragung und Umgestaltung der militärisch veralteten Festungswerke begonnen. Zwar kritisierte man, dass in der angespannten finanziellen Situation so viel Geld aufgewendet wurde, doch der Jurist Anton Matthias Sprickmann hielt als Mitglied des Regierungskollegiums dem entgegen, dass die reinen Verschönerungsmaßnahmen nur einen kleinen Teil der Kosten ausmachten und argumentierte ganz im aufgeklärten Sinn: „Wem wird es einfallen eine Zierde der Stadt von dieser Art gleichgültig anzusehen?"[40] Die Zeit sollte ihm recht geben, denn die 1772 von Schlaun auf dem niedergelegten Wall geplante Promenade mit vierreihigen Baumpflanzungen prägte das Stadtbild und trägt bis heute wesentlich zur Attraktivität der Stadt bei (Nr. 117).

Nach dem Tod Schlauns im Jahr 1773 avancierte Wilhelm Ferdinand Lipper zum wichtigsten Architekten der Stadt.[41] Lipper führte nicht nur den Schlossbau zu Ende, sondern kann als der eigentliche Architekt Franz von Fürstenbergs gelten, der dessen aufgeklärten Ideen architektonisch Gestalt verlieh. Vor allem das 1775 eingeweihte Komödienhaus am Roggenmarkt setzte mit seiner klaren, klassizistischen Formensprache im Zentrum der Stadt einen wichtigen städtebaulichen Akzent.

Die meisten von Lippers Bauten sind zerstört; von seinem Hauptwerk, dem Romberger Hof zeugt nur noch die Ruine im Innenhof des Stadttheaters (Nr. 107.1). Mit diesem 1779 begonnenen, im Sinne des Klassizismus durch Säulen und Pilaster strukturierten Bau setzte er sich deutlich von Schlauns Architektursprache ab. Der Druffelsche Hof, den sein Schüler, August von Vagedes, 1784–88 errichtete,[42] gibt einen Eindruck der von Lipper geprägten Baukunst in Münster am Ende des 18. Jahrhunderts (Nr. 65.1).

Münster in napoleonischer Zeit

Sowohl die französische Revolution als auch die seit 1792 mit dem revolutionären und später dem napoleonischen Frankreich geführten Kriege gingen an Münster weitgehend spurlos vorüber. Preußen, das 1795 den Baseler Sonderfrieden geschlossen hatte, fungierte für den norddeutschen Raum als Schutzmacht. Im Pariser Vertrag erhielt Preußen unter anderem den östlichen Teil des Fürstbistums Münster mit der Hauptstadt zugesprochen. Das Verhältnis der Münsteraner zu dem neuen Landesherrn war, nicht zuletzt wegen der unterschiedlichen Konfessionszugehörigkeiten, von Anfang an konfliktbelastet.

Als Münster im Oktober 1806 von französischen Truppen besetzt wurde, reagierte die Bevölkerung zunächst positiv. Doch die Belastungen, die sich aus Steuerforderung und Einquartierungen ergaben, ließen die Stimmung bald umschlagen. Nach der von Napoleon betriebenen territorialen Neuordnung gehörte Münster ab 1808 kurzzeitig zum neu gebildeten Großherzogtum Berg und wurde 1810 zu französischem Staatsgebiet erklärt.[43] Nach dem Ende der napoleonischen Herrschaft in Deutschland 1813 fiel die Stadt erneut an Preußen. Nach dem Wiener Kongress 1815 wurde Münster zur Hauptstadt der preußischen Provinz Westfalen. Als Oberpräsidenten setzte man Ludwig von Vincke ein.[44]

Münster wird preußisch

Für die öffentliche Bautätigkeit in Münster bedeutete dies, dass nun die Oberbaudeputation in Berlin Planung und Gestaltung beeinflusste.[45] Bestimmte anfangs vor allem der Aspekt der Zweckmäßigkeit die Planung, gewann in der zweiten Hälfte des 18. Jahrhunderts der repräsentative Aspekt immer größere Bedeutung.

Das erste Projekt, bei dem sich die Einflussnahme der Oberbaudeputation nachvollziehen läst, ist das Mauritztor (Nr. 117).[46] Da die preußische Militärverwaltung den Ausbau Münsters zum Garnisonstandort betrieb, entstanden zunächst Kasernenbauten. Wilhelm Salzenberg entwarf zusammen mit dem Ingenieur-Hauptmann von Bütow 1828 die Aegidiikaserne, eine zweiflügelige, zur Straße dreigeschossige, klassizistische Anlage, die an der platzartig verbreiterten Einmündung zur Rothenburg einen markanten Akzent setzte. Die anderen Militärbauten der sechziger Jahre, Garnisonlazarett und Hörsterkaserne, errichtete man im charakteristischen Rundbogenstil der preußischen Zweckbauten.[47]

Neben den Kasernen ließ die preußische Regierung einen weiteren Bau errichten, der zwar nach modernsten Erkenntnissen konzipiert, jedoch wenig geeignet war, Sympathien zu wecken. Die Justizvollzugsanstalt, die der auf solche Bauten spezialisierte Carl Ferdinand Busse in den vierziger Jahren des 19. Jahrhunderts plante, wurde 1848–51 errichtet und bis 1869 erweitert (Nr. 179).[48] Nach außen gibt sich der am Vorbild von Pentonville orientierte Bau schlicht; seiner Nutzung angemessen erinnert er an eine Burg mit Zinnenkranz.

Auf dem Domplatz (Nr. 1), der bislang der Kurie und dem Fürstbischof vorbehalten war, begann seit den sechziger Jahren der Umbau zum Verwaltungszentrum. 1860 beschloss man, für den Provinziallandtag durch den Bauinspektor Keil auf dem Domplatz einen repräsentativen Neubau errichten zu lassen.[49] Die architektonische Formensprache des dreigeschossigen Gebäudes auf annähernd quadratischem Grundriss folgt dem Kölner Gürzenich, der in den fünfziger Jahren des 19. Jahrhunderts durch Carl Julius von Raschdorff umgebaut worden war.[50] Zudem ließ es ganz allgemein an mittelalterliche Burgen denken und entsprach damit einer Mode, die nicht zuletzt auch die Berlin-preußische Architektur der Zeit prägte.

Königliche Akademie am Domplatz, 1875-87 durch Hilger Hertel d.Ä. errichtet, wurde 1943/45 zerstört
© Westf. Amt für Denkmalpflege, Münster

Gewissermaßen als kirchliche Antwort errichtete Emil von Manger[51] kurz darauf das Diözesanmuseum. Die Initiative zur Gründung ging von dem Bischof Johann Georg Müller (im Amt 1846–70) und dem Diözesankonservator Kaplan Bernhard Zehe aus. Die Baukosten für das Museum wurden auch durch eine großzügige königliche Zuwendung bestritten. Als Diözesanbaumeister hatte sich von Manger bereits durch den Neubau des Langhauses von St. Mauritz (Nr. 215) empfohlen. Nachdem Münster 1848 mit der Verbindung nach Hamm an das Eisenbahnnetz angeschlossen worden war, entwickelte sich im Osten der Stadt langsam aber stetig die Bahnhofsvorstadt. Für die wachsende Pfarrgemeinde reichte das Fassungsvermögen der zuständigen St. Mauritzkirche, der einzige Pfarrkirche Münsters außerhalb des Promenadenrings, nicht mehr aus, so dass man 1859 von Manger beauftragte, das romanische Langhaus durch einen dreischiffigen Neubau zu ersetzen. Hatte sich die preußische Regierung zunächst mit der Errichtung repräsentativer Bauten zurückgehalten, änderte sich dies 1871 nach der Reichsgründung. Als 1873 der Bau eines Kollegialgerichts geplant wurde, kam es zwischen der Stadt Münster und den obersten preußischen Baubehörden fast zum Streit, da sich der Magistrat bei den Planungen übergangen fühlte. Als Standort wählte man nicht den Domplatz, sondern zog in die Nähe des Schlosses, das man offenbar als Verwaltungszentrum betrachtete. Obwohl man mit Kersten einen münsterschen Architekten wählte, signalisiert das Backsteingebäude im Rundbogenstil unverkennbar seine preußische Herkunft (Nr. 326).[52]
Im Stadtzentrum, am Domplatz (Nr. 1) hatte inzwischen die Akademie Ansprüche angemeldet, die nach Auflösung der Universität als philosophisch-theologische Akademie weitergeführt worden und so gewachsen war, dass schon 1855 Erweiterungsbauten erwogen wurden.[53] Nach einem längeren Planungsvorlauf übertrug man die Ausführung Hilger Hertel d. Ä., der mit seiner Fassadengestaltung erstmals die münsterschen Giebelhäuser als identitätsstiftendes Element nutzte.
Noch vor Einweihung und feierlicher Übergabe des Akademiegebäudes am 3. August 1880 begann man am Domplatz 1878 mit dem Neubau des Oberpost- und Telegraphengebäudes. Es steht in einer Reihe von Postpalästen, die in den siebziger und achtziger Jahren auf Initiative Hinrich von Stephans (dem Leiter der Postverwaltung) entstanden. Dabei ging es nicht nur um reine Zweckbauten, sondern auch um die Selbstdarstellung der Institution. Entsprechend zentralisiert verlief die Planung. In Berlin konzipierte August von Kind die Grundrissdisposition, während man die Fassadengestaltung dem inzwischen nach Berlin berufenen Carl Julius Raschdorff übertrug, der als Spezialist für den gotischen Stil galt, den von Stephan für das Gebäude festgesetzt hatte.[54] „Im Hinblick auf den baulichen Charakter der Stadt Münster, so wie die Lage des Grundstücks gegenüber der berühmten Domkirche, habe ich [= von Stephan] beschlossen, das Post- und Telegraphengebäude in gothischem Style erbauen zu lassen."[55] Raschdorff habe er als Architekt herangezogen, weil dieser „mit den Eigentümlichkeiten dieses Stils, namentlich in seiner Anwendung für moderne Verhältnisse und praktische Bedürfnisse", besonders vertraut sei.

1886 wünschte man schließlich auch ein neues Regierungsgebäude zu errichten, da die Raumnot im bislang genutzten Fürstenhof immer ärgerlicher wurde. Die Entscheidung für den Neubau fiel nach einem Treffen der Vertreter des Finanz- und Innenministeriums sowie der Ministerien der geistlichen Angelegenheiten und der öffentlichen Arbeiten am 20./21. Februar 1885 in Münster.[56] Im Verlauf des Sommers wurden Bauskizzen aus Berlin übersandt, die Ausarbeitung der Spezialentwürfe und Kostenanschläge erfolgte in Münster. Der Regierungsbaumeister Karl Hesse wurde 1886 von Berlin nach Münster versetzt, um die Bauleitung zu übernehmen. Am 29. September 1886 korrigierte der aus Berlin angereiste geheime Baurat Karl Friedrich Endell die Gestaltung der Hauptfassade, indem er eine ausgewogenere Verteilung von Ziegel und Hausteinflächen anregte. In dem Bericht, den die Baubeamten Hesse und Balzer 1886 für die Veröffentlichung im Zentralblatt für Bauwesen entwarfen, heißt es, der Entwurf von Endell „schließe sich dem Charakter der an älteren, in architektonischer Hinsicht bedeutenden Gebäuden reichen Stadt"[57] an.

Kriegerheimstätte, Schaubild von Reihenhäusern inmitten des Gartenblocks (1920)

Hatten wir es am Domplatz schon im Falle der Post mit Architektur zu tun, die als Repräsentant einer Institution fungieren, aber auch den lokalen Kontext berücksichtigen sollte, ging Max Hasak mit der 1892/93 errichteten Reichsbank (Nr. 9) einen Schritt weiter und signalisierte mit der an italienischen Renaissancepalästen orientierten Architektur die Zugehörigkeit zur Gruppe der Reichsbankneubauten; ein Zusammenhang, der, allen Einwendungen zum Trotz, wichtiger war als der lokale Kontext.[58]
Einen Höhepunkt in der Adaption münsterscher Giebel stellt das Landesmuseum am Domplatz dar. (Nr. 8) Nach jahrzehntelangem Vorlauf, in dem unzählige Standorte und Konzepte für ein Museum „Vaterländischer Altertümer“ vorgeschlagen wurden, schrieb man 1901 einen Wettbewerb aus. Diesen konnte in einem zweiten Durchgang Hermann Schaedtler für sich entscheiden, nachdem man die Forderung, das alte Landeshaus von 1861/62 einzubeziehen, fallengelassen hatte.[59] Dessen „preußische“ Formensprache erwies sich in allen Entwürfen als kaum integrierbar in ein architektonisches Konzept, das explizit auf „münstersche Architektur“ abhob und damit die Giebelhäuser meinte.

Münster wächst zur Großstadt

Schaut man über den Rand des Domplatzes hinaus, stellt man fest, dass die Stadt Münster in diesen Jahren ein beständiges Wachstum erlebte. Erste Erweiterungskonzepte entwickelte der preußische Bauinspektor Teuto, als sich abzeichnete, dass nach Anschluss an die Bahnlinie nach Hamm die Stadt sich immer deutlicher in Richtung Osten ausdehnte.[60]
Das wichtigste städtebauliche Regulativ bildete zum einen das preußische Fluchtliniengesetz von 1875, das das Recht zur Festsetzung der Fluchtlinien in die Hand der Gemeinden legte, zum anderen die planerische Arbeit des Stadtbaumeisters Sebastian Bender. Obwohl ihn sicherlich die Pariser Großstadtplanungen mit rektangulär geordneten Straßenzügen, die durch Diagonalen zusätzlich erschlossen wurden, beeindruckten, ging Bender von dem vorhandenen Netz der kleinen Wege und Gartenstiegen aus und schuf ein relativ klar geordnetes Straßensystem, auf dessen Grundlage die Bebauung im Norden, Osten und Süden vonstatten ging. Ein wichtiges Element bildete dabei die Ringstraße, die gewissermaßen die neue Stadtgrenze vorgab.
Im Süden entwickelten sich entlang der Ausfallstraßen gründerzeitliche Wohnviertel. Begünstigt wurde diese Entwicklung nicht zuletzt durch die Industriebetriebe, die sich entlang der Eisenbahnstrecke Münster-Hamm

Blick in die Ludgeristraße mit Haus Hettlage, um 1930

ansiedelten. Während an der Hammer Straße repräsentative Mietshäuser und Läden das Bild bestimmten, entstand zwischen Weseler Straße und Aawiesen eine Art Arbeiterviertel mit entsprechend bescheidenerer Bebauung.

Das Gelände des Kreuzviertels (Nr. 130) im Norden, heute eines der beliebtesten Wohnviertel der Stadt, wurde wegen der ungünstigen infrastrukturellen Anbindung an die Stadt erst relativ spät erschlossen. Das Zentrum des regelmäßigen Straßennetzes bildet die Kreuzkirche. Bauunternehmer, allen voran Hermann Borchard, errichteten auf eigene Rechnung Häuser und suchten für diese dann Käufer. Dies erklärt, weshalb einerseits die kleinen, schlicht gehaltenen Bauten der ersten Besiedlungszeit bald zugunsten repräsentativer, mehrstöckiger Ein- und Mehrfamilienhäuser verschwanden und andererseits das Erscheinungsbild bis heute einheitlich gründerzeitlich geprägt ist.

In den Geschäftsstraßen der Innenstadt orientierte man sich an großstädtischen Vorbildern. Die Läden präsentierten ihre Waren über zwei Geschosse in Schaufenstern; die Fassaden schmückten historisierende Stuckornamente. Wilhelm Rawe modernisierte 1910 sein Warenhaus in der Salzstraße nach dem Schema, das unverwechselbar in zahlreichen deutschen Städten die Kaufhausarchitektur dieser Zeit prägt (Nr. 86).[61]

Entscheidend für Münsters Entwicklung zur Großstadt war der Ausbau und die Vereinheitlichung der Eisenbahnlinien, ein Unternehmen, das 1890 in dem prächtigen Bahnhofsbau Raschdorfs einen vorläufigen Höhepunkt fand.[62] Planungen, die Windhorststraße als Verbindung in die Stadt repräsentativ auszugestalten, wurden jedoch nur zögerlich umgesetzt. Die Verlängerung der Bahnhofstraße nach Osten führte als großzügig angelegte Allee parallel zur Promenade an der Eisenbahndirektion vorbei, entlang der Erlöserkirche zum Landeshaus am Mauritztor.

Neben der Eisenbahn erwies sich auch die Anlage des Dortmund–Ems-Kanals und des 1900 eingeweihten Stadthafens als folgenreich. Einerseits siedelten sich im Hafengebiet zahlreiche Industrie- und Handwerksbetriebe an, zum anderen wurde das Gelände zur Ringstraße hin in kurzer Zeit mit Mietshäusern bebaut.[63]

Je mehr sich Münster zur Großstadt entwickelte, die sich architektonisch an anderen Metropolen orientiert, desto stärker dachte man, wie in anderen Großstädten auch, über regionale Spezifika von Architektur nach. Als die Stadt Münster Ende Dezember 1900 eine Stelle ausschrieb, um den Bau des Stadthauses (Nr. 66) ins Werk zu setzen, bewarb sich Alfred Hensen und trat im August des folgenden Jahres seinen Dienst an.[64] Nachdem er dann 1907 aus dem städtischen Dienst ausgeschieden war, konnte er schon bald danach mit der Kreissparkasse einen neuen, viel beachteten Bau vorweisen, der zugleich einen Neuanfang in Bezug auf die Frage, was „münstertypische" Architektur sei, bedeutete (Nr. 65.2). Für die Kreissparkasse griff Hensen erstmals in der Wahl der Materialien, Ziegelmauerwerk und Sandstein, auf Johann Conrad Schlaun zurück. Auch die Wandgliederung mit Lisenen stammt aus dessen Repertoire, ebenso wie der leicht konkave Schwung der Fassade, und das Portal mit dem gesprengten Rundbogengiebel. Hensen folgte hier den Anregungen von Engelbert von Kerckering zur Borg, der, ausgehend von der heimischen Architektur des 17. und 18. Jahrhunderts, einen spezifisch münsterschen Heimatstil propagierte.[65]

Auch die preußische Regierung wusste die Wiederentdeckung der münsterschen Barockarchitektur für sich zu nutzen, als sie am projektierten „Prachtboulevard", dem Hohenzollernring, 1914 die Oberzolldirektion errichten ließ (Nr. 214). Die Architektur der Zweiflügelanlage entspricht den monumentalen neobarocken Formen wilhelminischer Prägung, vermittelt jedoch durch die ortstypischen Materialien Sandstein und Ziegel. Nicht zuletzt im Bereich der Einfamilienhäuser erwies sich dieser an Schlaun orientierte Heimatstil als besonders erfolgreich.[66] Das gilt ebenso für die Villa (Nr. 198), die sich die Familie von Bönninghausen nordöstlich der Engelschanze von den Architekten Rüschenschmidt und Schräder 1914/15 errichten ließ,[67] wie für die Villen von Johannes Nellissen (Nr. 220) am Hohenzollernring.

Modell „Villenvorort Münster-West“
© Stadtarchiv Münster

Neben der Auseinandersetzung mit der heimischen Tradition verfolgte man aber auch in Münster das architektonische Geschehen jenseits der Stadtgrenzen. So finden sich in der Stadt einige herausragende Beispiele expressionistischer Baukunst. Geradezu theatralisch könnte man zwei Krankenhausbauten nennen, die Ende der zwanziger Jahre in Münster entstanden, das Missionskloster und Krankenhaus der Genossenschaft der Schwestern vom Heiligen Herzen Jesu in Hiltrup (Nr. 391) und die Raphaelsklinik (Nr. 99) im Zentrum der Stadt. Als Protagonist dieses Stils sei der für die Stadt tätige Architekt Felix Sittel genannt. Sein erster Bau in Münster, die mit Karl Schirmeyer geschaffene Adolf-Kolping-Schule (Nr. 116), zeigt sich noch der Schlaunrezeption verbunden. Ganz eigenständig tritt Sittel jedoch 1929 mit der Städtischen (Nr. 242) Feuerwache in Erscheinung. Als sein eindrucksvollster Bau können die Städtischen Handelslehranstalten an prominenter Stelle am Hansaring gelten (Nr. 235). Die Fassade des über einem Hausteinsockel viergeschossig aufragenden Backsteinbaus bildet bis heute das architektonische Glanzstück des Rings.

Wohnungsbau nach dem Ersten Weltkrieg

Die größten architektonischen Anstrengungen nach dem Ersten Weltkrieg galten der Schaffung von preisgünstigem Wohnraum für die schnell wachsende Bevölkerung.[68] Zwar gab es hier keine ähnlich spektakulären Großprojekte wie in Berlin, Frankfurt oder Hamburg, doch besitzt auch Münster eine ganze Reihe durchaus gelungener Siedlungsbauten, die sich zumeist einer konservativen Moderne, wie sie Paul Schmitthenner oder Tessenow vertraten, zuordnen lassen.
Schon 1913 hatte der Beamtenwohnungsverein die zwischen Warendorfer Straße und Kanal liegende Kleinhaus-Siedlung Blitzdorf begonnen und 1919 zur vollen Zufriedenheit der Stadt fertig gestellt.[69] Diese Bauten waren architektonisch anspruchslos und für städtische Arbeiter, Angestellte oder untere Beamte gedacht. Zur Bekämpfung der Wohnungsnot plante man im Süden Münsters Siedlungen, die dem Modell „Gartenstadt“ folgten, indem sie auch der Selbstversorgung der Bewohner dienen sollten. Die Ausführung übernahmen verschiedene Baugenossenschaften. 1920 hatte der Stadtvermessungsdirektor Clemens Brand mit dem Bebauungsplan Geist ein Konzept vorgestellt, das ein ausgewogenes und gleichberechtigtes Verhältnis von Grünflächen und Baugrund vorsah.[70]
Die Kriegerheimstättengenossenschaft erwarb für rund 180.000 Reichsmark ein Gelände am Düesberg,[71] für das der Architekt Rudolf Henting Häuser mit Gärten und Kleinviehstallungen konzipierte, die sich deutlich an Schmitthenners Planung für die Gartenstadt Staaken bei Berlin orientieren. Die Ausführung erfolgte jedoch in stark vereinfachter Form. (Vgl. Nr. 250) Auch auf dem Gelände Wörthstraße/Straßburger Weg errichtete 1920–22 die Siedlungsgenossenschaft Heimstätte für Angestellte 54 Häuser mit 70 Wohnungen, die ihre Mitglieder mieten oder kaufen konnten. Die Bauten sind erhalten, jedoch im Laufe der Jahre nach den unterschiedlichsten Vorstellungen modernisiert und verkleidet worden.
Das spektakulärste Projekt genossenschaftlichen Wohnens in Münster entstand mit der Gartenstadt Habichtshöhe ebenfalls im Süden der Stadt.[72] Die „Westfälische Heimstätte“ beauftragte 1924 ihren leitenden Architekten mit der Planung (Nr. 263). Gustav Wolf hatte als Mitarbeiter von Schmitthenner Erfahrungen bei der Errichtung der Gartenstadt Staaken sammeln können, die er nun auf Münsteraner Verhältnisse übertrug.[73] Zur Senkung der Kosten hatte Wolf Typenhäuser entwickelt, die eine standardisierte Bauweise erlaubten.
Um die an einen Dorfanger erinnernde große Grünfläche reihten sich zweigeschossige Ein- und Mehrfamilienhäuser, so dass Arbeiter und Angestellte unterschiedlicher Einkommensgruppen und Ansprüche hier Wohnraum finden konnten. Die zugehörigen Gärten waren vor allem als Nutzgärten zur begrenzten Selbst-

versorgung konzipiert. Weniger spektakulär, aber in der städtebaulichen Konzeption und architektonischen Qualität vergleichbar erscheinen auch die anderen Siedlungen Wolfs an der Kinderhauser Straße (Nr. 166) oder der Arndtstraße.
Auch der neben Wolf wichtigste Siedlungs-Architekt Wilhelm Jung orientierte sich bei der Gestaltung seiner Bauten für den Beamtenwohnungsverein an Tessenow und Schmitthenner.[74] Das gilt insbesondere für die Siedlung an der Görrestraße, die 1924–26 entstand (Nr. 136). In ihrer städtebaulichen Qualität kann auch die Siedlung mit viergeschossigen Mietshäusern an der Ostmarkstraße überzeugen (Nr. 211). Vor allem aber das Wohnviertel, das 1926–31 zwischen Schnorrenburg und Kaiser-Wilhelm-Ring errichtet wurde, lässt erkennen, dass Jung die Wohnqualität einer Gartenstadt mit dem großstädtischen Mietwohnungsbau zu verbinden suchte (Nr. 178).
Ab Mitte der zwanziger Jahre verlor das Modell „Gartenstadt" an Bedeutung zugunsten des Mietwohnungsbaus. Auf dem nahe dem Güterbahnhof gelegenen Gelände an der geplanten Friedrich-Ebert-Straße, in Nachbarschaft zur Fabrik Stille am Dahlweg (Nr. 258), baute die Stadt Münster mit der Baugesellschaft Deutsches Heim das Schützenhofviertel 1926–28, eine Miethausanlage für kinderreiche und einkommensschwache Familien (Nr. 256). In Blockrandbebauung umschließen dreigeschossige Putzbauten mit sparsamem expressionistischem Dekor einen großen begrünten Innenhof, der als gemeinschaftlicher „Erholungsraum" und Spielplatz für die Kinder diente. Die Siedlung wurde in den folgenden Jahren erweitert, wobei man mit Georg Diening & Söhnen ein Architekturbüro verpflichtete, das vorsichtig Elemente des Neuen Bauens in die Anlage einzubringen suchte (Nr. 257).[75] In der Ludgeristraße entstand mit dem Kaufhaus Hettlage ein Bau, der unverkennbar an die dynamischen Entwürfe Erich Mendelsohns anknüpfte. Das Neue Bauen hatte es jedoch schwer in Münster; nur vereinzelt nutzten Unternehmen die Möglichkeit, so ihre Modernität zu signalisieren. Eine Ausnahme bildete die Firma Kiffe, für die Nellissen 1927 ein Gebäude errichtete, das mit den halbrunden Kopfbauten und den Fensterbändern die Dynamik der dort angebotenen Automobile widerspiegelte (Nr. 248). Überraschenderweise gehört auch eine Kirche zu diesen avantgardistischen „Einzelgängern". Walter Kremers Heilig Geist Kirche, die für die neuen Wohnsiedlungen errichtet worden war, ließ denn auch prompt die Zeitgenossen an eine Fabrik denken (Nr. 260).[76]
Es gab aber auch private Bauherren, die mit ihren Häusern auf die Avantgarde setzten.[77] Neben Strupp und Mönig, die neben dem Wohnhaus Wiedemann (Nr. 19) auch Am Krug noch ein ähnlich modernes Einfamilienhaus errichteten,[78] baute Georg Diening mit dem Wohnhaus des Zahnmediziners Prof. Dr. Rudolf Müller ein qualitätvolles Musterbeispiel des Neuen Bauens in unmittelbarer Nachbarschaft zum neu geschaffenen Universitätsviertel (Nr. 315).[79]
Nicht vergessen seien in diesem Zusammenhang auch die Wohnhäuser von Dominikus Böhm, die stilistisch in keine der gängigen Schubladen passen (Nr. 280, 325).[80] In ihrer sorgfältig durchdachten Funktionalität und der ebenso schlichten wie harmonischen Gestaltung ihrer Fassaden gehörten sie zu architektonischen Glanzstücken der Uferbebauung am neu angelegten Aasee.
Dieser war in seinem ersten Abschnitt 1925–31 geplant und angelegt worden. Er erstreckte sich bis zu der von Hensen errichteten Torminbrücke,[81] einer funktionalen, betonsichtigen Konstruktion in expressionistischen Formen, und sollte als Rückstaubecken Überflutungen verhindern. Außerdem wollte man die sumpfigen Aawiesen in ein Naherholungsgebiet umwandeln.
Das Areal auf der Sentruper Höhe südwestlich der Universitätsklinik hatte man 1931 als Gelände für den Bau von vorbildlichen Einfamilienhäusern ausgewählt, die Interessenten aus dem gehobenen Mittelstand ansprechen sollten.[82] Das im Foto überlieferte Modell zeigt nun auch zahlreiche Bauten, die mit ihren Flachdächern und den kubischen, gestaffelten Baukörpern dem Neuen Bauen zuzurechnen sind. Auch der inzwischen 62-jährige Hensen plädierte bei dieser Gelegenheit dafür, die Vorbehalte gegen und die Streitereien um das Flachdach aufzugeben. Zur Ausführung kam diese Münsteraner „Bauausstellung", die auf private Initiative Münsteraner Architekten zurückging, jedoch nicht.[83]

Die Zeit des Nationalsozialismus

Obwohl die Nationalsozialisten im Oktober 1932 ihre Parteizentrale nach Münster verlegt hatten, hielten die konservativ katholisch geprägten Münsteraner auch nach der Reichstagswahl vom 5. März 1933 zunächst vorsichtig Distanz.[84] Wegen der andauernden Wohnungsnot förderte man weiterhin den gemeinnützigen Wohnungsbau, etwa am Kappenberger Damm mit der Horst Wessel Siedlung, ohne dass jedoch städtebaulich oder architektonisch markante Ensembles entstanden wären.[85] Trotzdem kam Münster als Gauhauptstadt auch stadtplanerisch besondere Aufmerksamkeit zu. Hatte sich das neue Regime zunächst auf die Wehrmachtsbauten konzentriert und sich 1936–39 mit dem Luftkreiskommando (Nr. 222) an der Ringstraße neben den preußischen Verwaltungsbauten von Oberzolldirektion (Nr. 240) und Post (Nr. 211) positioniert,[86] begannen der Gauleiter Meyer und der Architekt Bartels 1938 mit Überlegungen für ein „neues" Münster.[87] Am Aasee sollte das Parteiforum seinen Platz finden. Insgesamt greift die Planung deutlich Elemente des 1931 von Theodor Suhnel geplanten Universitätsviertels auf, dessen Bauten sich in Art einer barocken Schlossachse entlang einer Straße, die von den Universitätskliniken zum Aasee führte, gruppieren sollten.[88] Auch dort gab es beispielsweise einen Glockenturm, der nun aber bei Bartels die Höhe von sechzig Metern erreichen sollte. Von den Bauten wurde jedoch nur das Gauforum realisiert, das in veränderter Form heute u. a. von der Universität genutzt wird.

Neugestaltung der Gauhauptstadt Münster, 1941

Ausgeführt wurden militärische Objekte,[89] unter denen das Standortlazarett an der Von-Esmarch-Straße sicher das repräsentativste ist (Nr. 302).[90] Mit der Verwendung von Ziegel und Werkstein und dem übergiebelten Mittelrisalit bietet es die monumental-technokratische Variante für die Rezeption münsterscher Barockarchitektur. Der von Edmund Scharf 1941 errichtete Bunker an der Lazarettstraße (Nr. 121) gibt sich nach außen als Ritterburg und wirkt trotz seiner wehrhaften Formen völlig unangemessen angesichts der Katastrophe des Bombenkriegs, der Münsters Altstadt wenig später bis auf wenige Reste zerstören sollte.

Sylvaine Hänsel

History, Architecture and Urban Development in Münster

For a long time, the Domhügel (cathedral hill, no. 1) was regarded as Münster's original nucleus. In fact, the area east of the marshy flatlands by the Aa was the first to be populated in prehistoric times (750–450 B. C.). Roman coins and pottery suggest that by that time, settlement had become sparse.
First indications of habitation on cathedral hill are pottery fragments and traces of pit-houses from the 2nd and 3rd centuries A.D.; however, these appear to have been abandoned in the 3rd century.

The Beginnings: Mimigernaford and the Foundation of the Monastery

8th century records mention a farmstead by the ford over the Aa ("Mimigernaford"), belonging to a certain Mimiger. There may have been a mission house and church here before 792/95 and the arrival of St. Liudger – later the first bishop of Münster.
Liudger built a monastery on the Domhügel, around which craftsmen and traders settled. This was the centre of the now steadily expanding Mimigernaford. Liudger's consecration as bishop on 3rd March 805 was followed by Charlemagne's elevation of Mimigernaford to a bishopric.
We know little about the Carolingian monastery. Excavations suggest that it had a three-nave hall church with no eastern transept (no. 3). The Church of Our Lady cited in the story of Liudger's life is thought to have been in the area of the old Überwasser settlement. About 900, a system of protective moats and ramparts was constructed, replaced by a rough stone wall ca. 100 years later.
First record of the name "Monasterium", from which Münster derives, was 1065. However, mention of Mimigernaford can still be found until 1144/46, and "Münster" not used until 1206.

The Cathedral Burg and City in the Middle Ages

The first market outside the cathedral burg was in the area of Roggenmarkt and Alter Fischmarkt. This was also the site of the bishop's mint and a church; predecessor to the Lamberti Church (no. 83). This market grew towards Prinzipalmarkt (no. 67) and Salzstraße in the 12th century.
The property rights of bishop and cathedral chapter were separated in 1000, followed by a territorial separation. Even the cathedral burg was divided between the parties. The settled area around the market place belonged to the cathedral chapter. Bishop Hermann I founded a convent outside the cathedral burg; its Church of Our Lady (no. 11) was consecrated in the presence of future Emperor Heinrich III in 1040, and the "Überwasser" settlement around it became a legally autonomous *suburbium* with market rights.
The Church of St. Mauritz, outside the city, was founded by Bishop Friedrich I, who chose to be buried there (no. 215).
Battles during the Investiture Conflict between Emperor Heinrich V and the Pope had a decisive impact on Münster's urban development. The cathedral chapter and the bishop supported the Emperor, but in 1118, Lothar von Supplinburg – leader of the Saxon princes loyal to the Pope – managed to appoint his follower Dietrich von Winzenburg as bishop. Next year, he was driven out by the cathedral chapter, but his brother Hermann and von Supplinburg enforced his return in 1121. Fire destroyed the settlement and its churches during the struggle. After rebuilding, the cathedral burg (no. 1) was reserved for clerics, a sanctuary wall enclosing the area.
In legal terms, a "concivium" developed from the market settlement; a civic community with its own assembly (colloquium) and lay assessors to settle legal matters. In 1173, Bishop Ludwig von Wippra took over the bailiwick of Münster. His successor, Hermann von Katzenelenbogen, became prince bishop and governor of the area of Münster, and granted the city official civic rights.
A huge fire destroyed the majority of buildings in 1197. The street network then established still shapes the topography of Münster's old city today. A town hall (no. 69) was built east of Prinzipalmarkt (first record 1250). It was probably a timber-frame building, later replaced by stone. A civic assembly hall was built near this ca. 1314–28; the gabled citizen's hall dates from ca. 1400.
A number of convents and monasteries settled in the city. A Cistercian nunnery was built close to the Church of Aegidi in 1184 (no. 40). In ca. 1260/70, the Franciscan Minorites built a monastery whose church is now the protestant Apostles' Church (no. 105). Various charitable foundations cared for the sick and poor; a leper's home in today's Kinderhaus was founded in 1333 (no. 355).
The population grew steadily into the 14th century, and craftsmen and merchants were organised in a total of 17 guilds.
The new churches dating from this period are not the only architectural evidence of Münster's prosperity; from the 13th century onwards, fine houses and commercial properties sprung up along Marktstraße (no. 67). As from the 14th century, space was saved by building overhanging top floors resting on stone arcades. Such houses with arcades and decorated gables, characteristic of the inner city even today, extended from Rothenburg to Horsteberg.

Reformation and the Kingdom of Anabaptists in Münster

The Reformation only gained a foothold in Münster when Bernhard Rothmann became chaplain of St. Mauritz in 1528/29. His support grew, and in February 1532 he was elected parish priest of St. Lamberti (no. 83) per acclamation. A citizens' council then prepared to appoint more protestant priests for the city's churches. Prince Bishop von Waldeck demanded the retraction of these measures and a violent conflict ensued. On 14th February 1533, a compromise was agreed in the Treaty of Dülmen. The cathedral chapter and monasteries remained catholic.
Rothmann's view of the sacraments alienated many protestant theologians as well. The key issue was his advocacy of adult baptism, probably a result of his contact with Dutch Anabaptist theologians, who also prophesied the end of the world at Easter 1534. In January 1534, Jan van Leiden came to Münster, where the Anabaptists had won such influence that the prince bishop was preparing an armed intervention.
After Anabaptist followers had won council elections in February and adult baptism became obligatory, the occupation of the cathedral district began. Church altars and décor were destroyed in a wave of iconoclasm. Meanwhile, the prince bishop began a siege. Jan van Leiden propagated the Kingdom of Anabaptists in Münster, introducing various reforms; the most spectacular being legal polygamy. In September 1534, van Leiden proclaimed himself king.
Meanwhile, Franz von Waldeck was able to isolate the city and subdue it on 25th June 1535. The protagonists of the Kingdom of Anabaptists were executed and the bodies of Jan van Leiden, Bernd Knipperdollinck and Bernd Krechting were displayed on the tower of Lamberti Church (no. 83), in cages that still hang there today.

Restoration of the Catholic Order – The City at the Start of the Modern Age

On 30th April 1535, Franz von Waldeck passed statutes renewing the rights of the cathedral chapter and monasteries; Münster city council lost its privileges and the guilds were dissolved. Protestants had to convert to Catholicism or refrain from public office. After the Restitution Edicts of 1541 and 1553, however, civil rights were restored and the guilds re-established.
Stricter enforcement of the Catholic faith began in the reign of Ernst of Bavaria, from 1585. A key role was played by the Jesuits, who took over the cathedral school on Horsteberg in 1588. As teaching was free and good quality, the number of pupils grew and a new school had to be built by the Aa (1593).
The architecture of the St. Peter's Church (no. 29), consecrated in 1598, was indicative of Catholicism's new strength. Roßkott created a "prototype" for the Jesuit Order in the Rhineland with this church in Münster. Its generous interior proportions and the use of scroll- and strapwork make it the only Renaissance religious building in the city, but similar decorative tendencies may be found in secular architecture, e.g. the Ohmsche Haus (no. 77) at Roggenmarkt 11/12 (Lorenz von Brachum) with its richly decorated façade.
The ashlar facade of the Heeremannscher Hof (mid 16th century, no. 63) was divided in a classical manner, but decorative handling of such design elements was preferred in Münster, supplemented by scrolls or obelisks on the gables. Though many such buildings were destroyed in WW2, the gable of the Stadtweinhaus (no. 68) gives an impression of their style.

The Peace of Westphalia and Conflict with Christoph Bernhard von Galen

Politically the most decisive in Münster's history, this event had no architectural impact. The envoys, though arriving with huge entourages, were accommodated in existing houses.
The Emperor had granted the city a special legal status; now largely independent of the state governor, it hoped to retain this status after the congress in 1648. However, after Christoph Bernhard von Galen became bishop in 1650, conflict ensued over the right to mint coins, judicial competency, and occupying forces' law. When von Galen's plan to occupy the city by force came to light in February 1655, the council appealed to the Emperor. Matters escalated when von Galen levied a tax to build a residence. The city turned to the Emperor again, but also to the Hanseatic and Dutch states for support. When the prince bishop imprisoned mediator Drachter, the city closed its gates and von Galen began a siege on 20th August 1657. He gave up when it seemed that support was on the way from the Netherlands, and a compromise was found with respect to occupation law, but the conflict still smouldered.
The prince bishop besieged Münster again in July 1660. The Netherlands shied from intervention and the city – unsupported – had to capitulate on 26th March 1661. Though confirming the city's privileges (except occupation law), Christoph Bernhard practised an absolutist regime. The city's western ramparts were razed and the citadel was built (no. 122).

Münster on the Way to a Royal Residence

From 1678 onwards, under von Galen's successor Ferdinand von Fürstenberg, relations between city and state governor became better and the right to elect a council was restored.
The nobility began to erect representative buildings; e.g. Christian von Beverfoerde commissioned G. L. Pictorius to build him a Parisian style *palais* in 1699 (no. 62). Realised in brick with divisions in sandstone, this became a model for Baroque architecture in Münster. In the following year, the project was surpassed by Dietrich Freiherr von Merveldt; Pictorius built him the biggest of Münster's courts on Ludgeristraße. It was also brick-built with a central projection, cour d'honneur and garden. Today, the Landsbergsche Kurie on Pferdegasse conveys the best impression of Pictorius' style (no. 6).
New buildings were also erected on Domplatz. The Kettlersche Doppelkurie (1712) was designed by L. F. Corfey, who derived his knowledge of contemporary architecture from a trip to Italy, France and the Netherlands (no. 2). Corfey's most important project was the Dominican Church; its ashlar-clad façade reveals echoes of the architect's visit to Rome (no. 95).
But the most important architect to shape 18th century architecture in Münster was Johann Conrad Schlaun. The young military officer was discovered by Ferdinand von Plettenberg and the newly elected prince bishop, Clemens August. Plettenberg commissioned him to build a church for the Capuchin monastery in Münster (1723), also intended as the church of his future palace. Clemens August commissioned Schlaun to design Augustusburg Castle in Brühl.
In 1733, Clemens August planned a hospital on Neuplatz, and Schlaun began to link this project with ideas for the long-desired residence in Münster. Subsequently, the undertaking was set aside; Schlaun concentrated on planning Hunting Lodge Clemenswerth and converting Haus Dyckburg into a *maison de plaisance* for F. C. von Plettenberg (no. 365). The hospital was realised 11 years later, in the city centre (no. 100).
Schlaun's social status is revealed by his own home, Haus Rüschhaus (1745), which combines the model of a Westphalian farm with an Italian villa (no. 348).
Schlaun demonstrated his planning skills once again when – in 1753 – he had the *palais* that he was building for A. H. Droste zu Vischering erected on a diagonal (no. 94). Its ashlar-built central projection curved inward, and the court in front terminated with railings. By positioning the entrance at the "point" of the plot, Schlaun was able to suggest an ensemble of bigger dimensions.
In the Seven Years War, Münster supported the Emperor and France against Prussia and England. In 1757, the city was a French base, but Prussian troops under Ferdinand von Braunschweig occupied it in 1758. In July, it was retaken by the French – the situation was reversed again in August. Ferdinand defeated French troops at Minden and besieged Münster again, attempting to raze it. The resulting fire destroyed the Martini district.
Despite severe damage to the ramparts and citadel, the siege continued until the withdrawal of the French in November of that year.

Enlightenment and Reform under Franz von Fürstenberg

Prince Bishop Maximilian Friedrich von Königsegg-Rothefels, elected in 1762, appointed Franz von Fürstenberg as his leading minister; he was to shape the city's cultural life during the following years. Fürstenberg's most important measures were health care and fire statutes including compulsory fire insurance. But above all, Fürstenberg reformed the school system and founded a university. Considerable sums for this came from the estates of the Jesuit Order, which was suspended in 1773. Pope Clemens XIV signed the deed of foundation on 28th May 1773.
In the 1770s and 80s, many houses were built in the Martini district, but also a new building for the Lotharingian monastery (Schlaun, 1764, no. 113). But the climax of Schlaun's career was Münster's palace, on which work began in 1766 (no. 123). Although the palace highlighted Schlaun's architectural skill, the design of a square to link it to the city was delayed; perhaps because the palace, though a prestige object for Münster, served no real practical purpose.
The Promenade (1772) planned by Schlaun to replace the ramparts became an attractive feature of the city and remains so today (no. 117).
W. F. Lipper, who completed the palace, was the city's most important architect after Schlaun's death in 1773. The clear, classicist forms of his comedy theatre on Roggenmarkt (1775), set an important urban emphasis.
Most of Lipper's buildings have been destroyed; only a ruin in the theatre courtyard remains of his main work, Romberger Hof. Begun in 1779, this building – divided by Classicist pillars and pilasters – was a marked contrast to Schlaun's architectural language (no. 107.1). Druffelsche Hof, built by his pupil von Vagedes (1784–88), highlights the impact Lipper made on architecture in late 18th century Münster (no. 65.1).

Münster in the Napoleonic Era

The French Revolution and the wars waged (from 1792) against revolutionary and Napoleonic France left few visible traces in Münster. Prussia, which had concluded the Peace of Basel in 1795, acted as a protective power for the North of Germany. In the Paris Treaty, Prussia was granted areas including the eastern part of the prince bishopric of Münster, but opposing religious confessions made the Münster people's relations with the new governing state difficult.

When Münster was occupied by French troops in October 1806, the population reacted positively at first, but taxation and billeting soon caused the mood to swing. Under the new territorial order imposed by Napoleon, Münster was finally declared French state territory in 1810. After the end of Napoleonic rule over Germany in 1813, the city returned to Prussia. At the Vienna Congress in 1815, Münster became the capital of the Prussian province of Westphalia, with Ludwig von Vincke as president.

Münster Becomes Prussian

The main building council in Berlin subsequently influenced the design of public building in Münster. At first, functionalism defined planning, but in the second half of the 18th century, the representative aspect became more important.

The Prussian military administration planned to make Münster a garrison city, and so barracks were built initially; e.g. Aegidi Barracks (1828, Wilhelm Salzenberg and von Bütow). Other military buildings of the sixties – a military hospital and Hörster Battacks – were built in the characteristic round-arch style of Prussia's functional buildings.

In addition to the barracks, the Prussian government also erected a juvenile prison on the model of Pentonville (1848–51, no. 179).

The Domplatz (no. 1), which had been reserved for the curie and prince bishop, was gradually converted into an administrative centre from the 1860s onwards. In 1860, the decision was made to erect a representative new building (by Keil) for the provincial government on Domplatz. It conveys the impression of a mediaeval castle, so complying with the fashion characteristic of Berlin-Prussian architecture of that period. Quasi as an ecclesiastical response, Emil von Manger built the Diocese Museum, paid for by a generous royal donation. As chief architect of the diocese, von Manger had already made his mark with a new building for St. Mauritz. (no. 215) After Münster had been linked to the railway network by the Hamm line in 1848, the eastern city area of Bahnhofsvorstadt gradually developed. St. Mauritz Church became too small, and von Manger was commissioned to design a new, three-nave building in 1859.

At first, the Prussian government showed reserve with respect to representative buildings, but this changed after the foundation of the Reich in 1871. Plans for a collegial court (1873) almost led to a major conflict between the city of Münster and the Prussian authorities. Although the selected architect Kersten was from Münster, the brick structure in round-arch style certainly signalised its Prussian origins (no. 326).

Meanwhile, the Academy had made a claim on Domplatz (no. 1); after the university's dissolution, it had continued as a philosophical-theological academy and grown so much that extensions had already been considered in 1855.

Before the dedication of the new Academy building on 3rd August 1880, work began on a central Post Office on Domplatz in 1878. This was not just a functional building; it represented the institution *per se*. Planning was thus organised centrally. August von Kind conceived the ground plan; the facade was designed by C. J. Raschdorff.

Finally, in 1886, plans for a new government building began, as the formerly utilised Fürstenhof was too small. That summer, planning sketches were sent from Berlin, but the development of specific designs and estimation of costs took place in Münster. Government architect K. Hesse was transferred from Berlin to Münster to direct building work in 1886.

The Post Office was an example of architecture representing an institution, but it also took the local context into account. Max Hasak went further with the Reichsbank (1892/93), signalising its place among the group of new Reichsbank buildings with an architecture oriented on Italian Renaissance palaces (no. 9).

The State Museum on Domplatz represented a climax in the adaptation of Münster gables (no. 8). Hermann Schaedtler won the competition for its design (1901), but his "Prussian" formal language proved almost impossible to integrate into an architectonic concept emphasising "Münster architecture" – i.e. gabled houses.

Münster Develops into a Big City

Beyond Domplatz, the city of Münster grew constantly during those years. The first development concepts were conceived by Prussian building inspector Teuto when it emerged that the Hamm railway was causing expansion to the east.

Key influences on development were the Prussian law on building alignment (1875), which gave communities the right to define the line of building, and planning by city architect Sebastian Bender. Bender created an ordered street system; the basis of building in the north, east and south. An important element was Ringstraße, which provided the new city "boundary".

In the south, *Gründerzeit* housing developed along the roads out of town. This development was encouraged by the settlement of manufacturing companies along the Münster-Hamm railway.

The Kreuzviertel (no. 130) in the north, one of the city's most popular housing areas today, developed fairly late due to its unfavourable infrastructural links to the centre. Here building companies – first and foremost Hermann Borchard – built houses at their own expense, searching for buyers later.

The shopping streets of the inner city were oriented on big-city models: goods were presented in display windows, and shop facades embellished with historicising stucco.

The standardisation of the railways was decisive for Münster's development into a big city; it experienced a high point in 1890 with the opening of Raschdorf station.

As well as the railway, the construction of the Dortmund-Ems-Canal and the urban port, opened in 1900, brought far-reaching changes. Many businesses settled by the port, and the area towards Ringstraße soon filled with apartment houses.

As Münster developed into a big city oriented on other metropolises, more consideration was given to regional specifics in architecture. Hensen supervised the construction of the Stadthaus as from 1901. 64) After leaving the city's employment in 1907, he designed another much-acclaimed building, the Kreissparkasse (no. 65.2). It signified a new beginning for "typical Münster" architecture: Hensen was the first to echo J. C. Schlaun's choice of materials, using brick and sandstone. In doing so, he followed Engelbert von Kerckering zur Borg, who propagated a specific Münster style.

The Prussian government also exploited the rediscovery of Münster Baroque in the customs offices on Hohenzollernring (1914, no. 214). They display the monumental neo-Baroque forms typical of the Wilhelmine era, but are realised in the typical local materials of sandstone and brick.

This local style oriented on Schlaun proved very successful for detached private houses, e.g. the villa that Rüschenschmidt and Schräder built for the Bönninghausen family north-east of Engelschanze in 1914/15 (no. 198).

However, architectural trends from outside were also echoed in Münster; there are outstanding examples of Expressionist architecture in the city, e.g. two hospitals from the late 20s, the hospital of the Sisters of the Sacred Heart of Jesus in Hiltrup (no. 391) and Raphael's Clinic (no. 99) in the centre. One protagonist of this style was municipal architect Sittel. His first building in Münster – the Adolf Kolping School (no. 110) co-designed with Karl Schirmeyer – still reveals their reception of Schlaun, but Sittel produced a more independent work in the fire station (1929, no. 242). His most impressive building is surely the trade school on Hansaring (no. 235).

Housing after the First World War

But the main effort after WW1 went into the creation of reasonably priced housing. There were no spectacular, large-scale projects here to compare with Berlin, Frankfurt or Hamburg, but Münster has several estates that can be attributed to a conservative Modernism, as represented by Schmitthenner or Tessenow.

In 1919, the civil servants' housing association completed Blitzdorf, a settlement of small houses between Warendorfer Straße and the canal. They had few architectonic pretensions and were intended for lower ranking civil servants; in Münster's south, on the Geist, the Heimstätten AG was building rather nobler apartments.

The war veterans' cooperative was founded in June 1919; it acquired a plot on the Düesberg, where architect Hentig built small houses with fruit and vegetable gardens. The housing corporation Heimstätte built 54 houses with 70 apartments for sale or rent to municipal employees in Wörthstraße/Straßburger Weg (1920–22). These have survived – now modernised.

The most spectacular project of cooperative housing in Münster was garden city Habichtshöhe. City surveyor Clemens Brand presented a concept for building on the Geist in 1920, balancing green areas and building land. The "Westfälische Heimstätte" commissioned its leading architect Gustav Wolf to build an estate here in 1924. Detached and apartment houses were laid out around a grassy area reminiscent of a village green (no. 263). Gardens provided some self-sufficiency. Wolf's other settlements, e.g. Kinderhauser Straße (no. 166), were less spectacular but display comparable architectonic quality.

Wilhelm Jung also oriented his buildings for the civil servants' housing association on Tessenow and Schmitthenner, e.g. the settlement on Görrestraße (1924–26, no. 136). Above all, the housing area between Schnorrenburg and Kaiser-Wilhelm-Ring (1926–31) shows Jung's aim to combine the quality of life in a garden city with big-city apartment blocks (no. 178).

On a plot near the goods station, the city of Münster – together with the association Deutsches Heim – built the Schützenhofviertel (1926–28): apartment houses for big, poorer families. 3-storey buildings with sparing Expressionist decor were built in a perimeter block development around a green courtyard (no. 256). The settlement was later extended; architects Georg Diening & Sons cautiously attempted to introduce elements of Neues Bauen (New Building, no. 257). But Neues Bauen gained little ground in Münster. One exception was the Kiffe building, erected by Nellissen in 1927 (no. 248). Its semicircular head structures and window bands echoed the dynamics of the cars on sale. Surprisingly, the solitary examples of avant-garde architecture include a church: Walter Kremer's Heilig Geist Kirche (no. 260).
But there were also private houses oriented on avant-garde ideas. As well as Strupp and Mönig (no. 19), Diening also built a fine example of Neues Bauen for dentist Prof. Dr. Rudolf Müller (no. 315) close to the university district.
The outstanding work of Dominikus Böhm is hard to categorise stylistically. His houses' functionalism and harmonic design made them into highlights of lakeshore housing by the newly created Aasee (first section planned and completed 1925–31, no. 280, 325). The lake extended to Tormin Bridge (Hensen), a functional, exposed concrete construction with Expressionist forms.
An area on Sentruper Höhe, south-west of the university clinic, was chosen for the construction of some outstanding detached homes in 1931. Photographs of the model show many with flat roofs and cubic, graduated volumes; clearly Neues Bauen. On this occasion, even Hensen opposed the traditional prejudice against flat roofs, but the Münster "building exhibition" was never realised.

The National Socialist Era

Although the National Socialists moved their party headquarters to Münster in October 1932, initially Münster's conservative, Catholic inhabitants maintained a cautious distance, even after the Reichstag election on 5th March 1933. Due to the shortage of apartments, public housing was still a priority, e.g. the Horst Wessel estate on Kappenberger Damm. But as district capital, Münster was also the focus of urban planning attention. First, the new regime financed army buildings, positioning its command headquarters (no. 222) on Ringstraße in 1936–39, but *Gauleiter* Meyer and architect Bartels also began to plan a "new" Münster in 1938.
The party forum was envisaged by the Aasee. As a whole, planning adopted elements of the university district conceived by Theodor Suhnel in 1931, with buildings along a road from the university clinics to the Aasee. Only the district forum was realised; though altered, it is now part of the university.
The most representative military object to be realised was surely the military hospital on Von-Esmarch-Straße (no. 302). Its use of brick and ashlar and the central gabled projection make it a monumental-technocratic reception of Münster Baroque. Edmund Scharf's bunker on Lazarettstraße (1941) evokes a mediaeval castle (no. 121); however, it seems pitifully inadequate considering the catastrophic bombing of Münster's old city only a short time later.

Münster 1945

Architektur in Münster: Vom Wiederaufbau bis heute

Nach der ersten Bombardierung 1940[1] wurden für die Bevölkerung nach Plänen des Stadtbaurates Peter Poelzig und des ihm zugeordneten Edmund Scharf in den Jahren 1941–44 zehn Hochbunker für insgesamt 13.000 Personen errichtet, drei weitere führte die Reichsbahn in Münster aus.[2] Noch bis 1943 blieb Münster eine verhältnismäßig wenig zerstörte Stadt und war mangels größerer Industrie- und Militäranlagen weitgehend verschont geblieben. Anfang 1943 änderten die Alliierten ihre Strategie. Um den Durchhaltewillen der Zivilbevölkerung zu brechen, sollten gerade die historischen deutschen Altstädte zerstört werden – ebenso wie die deutschen Truppen es schon 1940 in zahlreichen Städten Südenglands gehalten hatten. So wurde bei dem Luftangriff am 10. Oktober 1943 die Münsteraner Altstadt[3] innerhalb von nur 15 Minuten zerstört. Weitere schwere Angriffe folgten noch bis zum März 1945. Als Münster am 3. April 1945 kapitulierte, war die Altstadt nach insgesamt 102 Luftangriffen zu 91 Prozent zerstört, die Gesamtstadt zu 63 Prozent. Keine der alten Kirchen, kaum eines der Bogenhäuser, keiner der Adelshöfe und kaum ein Universitätsinstitut blieben verschont. Münster zählte damit neben Dresden, Köln und Kassel zu den am härtesten getroffenen deutschen Großstädten.

1945–60: Wiederaufbau und Neubeginn

Eine nach dem Zweiten Weltkrieg von den Briten eingesetzte Militärregierung bezog große Teile der Infrastruktur und versuchte, für das Nötigste zu sorgen. Bereits im Winter 1944/45 hatten Poelzig und Scharf auf Burg Sternberg, dem kriegsbedingten Ausweichquartier des Stadtplanungsamtes, Wiederaufbaupläne für Münster erstellt. Schon diese sahen vor, die Altstadt auf überliefertem Grundriss wieder aufzubauen und weitgehend fußläufig mit „platzigen Straßen“ im Sinne Heinrich Tessenows zu gestalten.[4] Auch wurde erwogen, die Promenade zu einer Ringstraße für den Autoverkehr auszubauen. Als Poelzig aufgrund seiner NSDAP-Mitgliedschaft im Juli 1945 sein Amt niederlegen musste, folgte ihm der in Münster aufgewachsene Architekt Heinrich Bartmann als Stadtbaurat, der zügig die Struktur einer neuen Stadtbauverwaltung entwickelte. Als herausragende Ämter richtete er für die Gesamtplanung der Stadt ein Stadtplanungsamt ein und speziell für die Altstadtplanung ein Baupflegeamt.[5] Auch schlug er vor, als Grundlage für den Wiederaufbau den alten Stadtgrundriss „mit Ehrfurcht und gesundem Gefühl entsprechend unserer heutigen Lebensweise“[6] abzuwandeln. Im Gegensatz zu anderen Städten verlief die Diskussion um den Wiederaufbau in Münster

Altstadtplanung, 1946
© Stadtplanungsamt, Stadt Münster

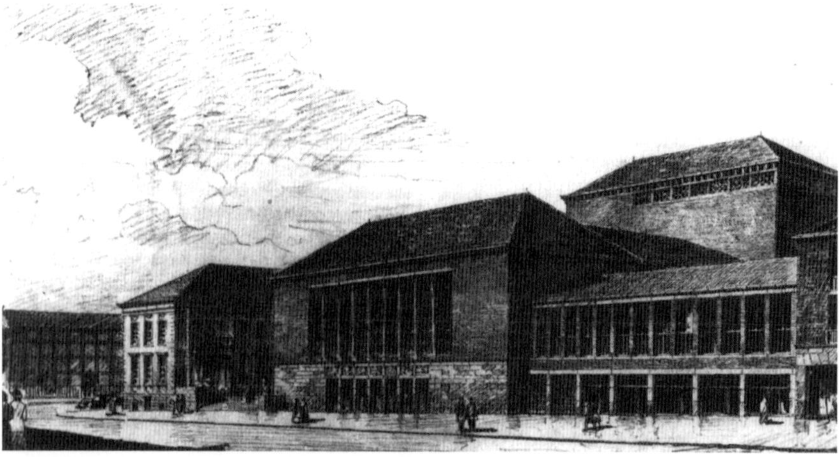

Theaterentwurf Scharf, 1952
© Hochbauamt, Stadt Münster

nicht kontrovers. Von vornherein bestand ein großer Konsens zwischen Bürgerschaft und Stadtplanung, die Stadt auf altem Grundriss wieder aufzubauen. Mit dieser Entscheidung wich Münster deutlich vom Weg anderer Städte wie Hannover, Kassel oder Düsseldorf ab und wurde seinerzeit in Fachkreisen als konservatives Negativ-Beispiel zitiert und in Hochschulseminaren eher mitleidig belächelt.[7]

Der frühe Konsens führte dazu, dass die Planung ab 1945 kontinuierlich betrieben werden konnte und in ihren wesentlichen Unterlagen schon Ende 1946 vorlag. Die entscheidende Illustration zum Wiederaufbau lieferte Edmund Scharf mit einem von Ruth Lohmann liebevoll gezeichneten Altstadtplan. Dieser zeigte in isometrischer Darstellung erstmals wieder Münsters Altstadt als räumlichen Stadtkörper auf tradiertem Grundriss mit seinen Plätzen, Straßen und Häuserfluchten.

Von besonderer Bedeutung waren auch erste Verkehrskonzepte. Dazu gehörte der Entschluss, die Promenade als Grüngürtel zu erhalten und den innerstädtischen Bereich weitgehend vom Durchgangsverkehr freizuhalten. Um dies zu erreichen, schlug Scharf vor, ein Tangentenviereck (Münzstraße/Breul, Bahnhofsstraße/Gartenstraße, Hindenburgplatz/Am Stadtgraben, Hafenstraße/Moltkestraße) um die Altstadt zu legen. Zur inneren Erschließung der Altstadt sollte eine Schlaufe dienen (Universitätsstraße, Prinzipalmarkt, Überwasserstraße), von der die historischen Radialstraßen, wie Aegidiistraße, Ludgeristraße etc., wiederum abzweigen sollten.

Beide Pläne, der Altstadtplan wie das Verkehrskonzept, wurden später auch beschlossen und zur Grundlage aller weiteren Maßnahmen. Da jedoch einzelne Grundstücke am Neubrückentor/Breul der Stadt nicht zur Verfügung standen, ließ sich letztlich anstelle des Tangentenvierecks nur ein Straßendreieck realisieren. Entgegen der Absicht, die Altstadt zu zerschneiden, wurde sie sodann doch mit einem Straßendurchbruch vom Mauritztor über die Vossgasse zur Bergstraße getrennt, mit der Folge, dass Areale wie das Tibus- und Martiniviertel heute peripher wirken.

Nicht nur große Straßendurchbrüche veränderten den Grundriss, auch im Kleinen erfolgten zahlreiche Umformungen. Wie Gutschow/Stiemer[8] belegen, zeigt ein Grundrissvergleich 1945–80 sogar eine erstaunlich geringe räumliche Kontinuität. Lediglich wenige Straßen, wie Prinzipalmarkt, Drubbel, Roggenmarkt, Alter Fischmarkt, Ludgeristraße/Marienplatz, Breite Gasse und das Kuhviertel (Nr. 17), blieben in ihrem mittelalterlichen Profil unangetastet. Sämtliche andere Straßen wurden zugunsten des Verkehrs neu geordnet und wie mit einer Feile geglättet: sie erhielten neue Radien, wurden verbreitert, verlegt oder entstanden gänzlich neu.

Während die städtebaulichen Grundsätze also in kurzer Zeit festgelegt werden konnten, führten architektonische Fragen zu deutlich mehr Diskussionen. 1947 wurden erstmals alle historischen Bauten auf Grundlage des Werkes von Max Geisberg[9] durch das Baupflegeamt systematisch erfasst und gesichert. Währenddessen begann eine breite Diskussion denkmalpflegerischer Ziele, da es keine konsistente Methode gab, mit den Zeugnissen der Vergangenheit umzugehen. Um beschädigte Baudenkmäler wiederaufzubauen, mussten denkmalpflegerische, funktionale und wirtschaftliche Belange in Einklang gebracht werden, was in jedem Einzelfall eine große Herausforderung darstellte. So wurde beispielsweise die Mehrheit der wieder aufgebauten Adelshöfe einer neuen Nutzung zugeführt, meist als Behörden- oder Bankhaus, als Instituts- oder Schulbau: der Druffelsche Hof (Nr. 65.1) wurde Teil eines Geldinstitutes, der Heeremannsche Hof (Nr. 63) zum Sitz des Oberverwaltungsgerichts. Über den Wiederaufbau des stark zerstörten Erbdrostenhofes (Nr. 94) wurde sogar über Jahre gestritten – bis er schließlich als öffentliches Kulturgebäude 1968 wiedereröffnen konnte.

Neben den Möglichkeiten der Rekonstruktion, Kopie oder Nachschöpfung, argumentierten einige Architekten auch für das Verbleiben von Ruinen. So beispielsweise Otto Bartning, der 1949/50 eine Notkirche, die Erlöserkirche (Nr. 190), aus Trümmersteinen errichtete.

Ein zentrales Element im Aufbauplan von Edmund Scharf stellte das für Münster charakteristische Giebelhaus dar, das seit dem 15. Jahrhundert das Stadtbild prägt. Die meisten der 976 Giebelhäuser, über die Münster 1934 verfügte, waren im Krieg zerstört, als Ruine zusammengefallen oder später abgerissen worden. Nun, im Zuge der Neuordnung sollte an diesen Haustyp wieder angeknüpft werden, um nicht nur im Grundriss, sondern auch im Aufriss ein charakteristisches Bild von Münster wiederzugewinnen. Die Mehrzahl der Giebelhäuser entstand zumeist im Zeitraum zwischen 1948 und 1960, vorwiegend entlang alter historischer Altstadtstraßen. Darüber hinaus wurden einzelne Giebelhäuser an stadträumlich wichtigen Stellen mit Fernwirkung errichtet. Ein markantes Beispiel stellt hier das Alte Gasthaus Leve (Nr. 90) dar. Die Giebelhäuser des Prinzipalmarktes (Nr. 67) wurden gesondert diskutiert und unterlagen strengen Regeln des Baupflegeamtes. Auch sie wurden nicht detailgetreu rekonstruiert, sondern vereinfacht nachempfunden, so dass sich ein geschlossenes Gesamtbild ergab.

Die aus dem Krieg heimgekehrten jungen Architekten sahen die Wiederaufbaustrategien skeptisch. Diese junge Generation, die den Wiederaufbau auch als Neuanfang für stadträumliche und gesellschaftliche Überlegungen auffasste, zeigte sich nicht nur mit der Architekturdiskussion unzufrieden, auch litt sie darunter, dass es – wie in anderen Städten auch – in Münster ebenfalls keine „Stunde Null" gegeben hatte. Denn beruflich herrschte in manchen Ämtern und privaten Architekturbüros Kontinuität.[10] So drängten 1945 Aufbauexperten aus dem Umfeld von Albert Speer aus Berlin auch nach Münster. Darunter Hans Malwitz, der ab 1946 das Staatsneubauamt für den Universitätsbau leitete, und Theodor Dierksmeier, der den Hauptbahnhof und das Stadthaus an der Klemensstraße mit entwickelte. Auch erhielten Cäsar Pinnau (Bankhaus Lampe, Nr. 10), Werner March (Landeshaus, Nr. 188) und Helmut Hentrich (Neue Oberfinanzdirektion, Nr. 223) prominente Bauaufträge. Zudem wurden ehemalige Vertrauensmänner von Speer später gerne als städtische Gutachter herangezogen, so Wilhelm Wortmann, der 1956–60 den ersten Leitbild-Plan für Münster entwickelte oder Hanns Dustmann, der 1948 den 1. Preis beim Wettbewerb Bahnhofsviertel errang.

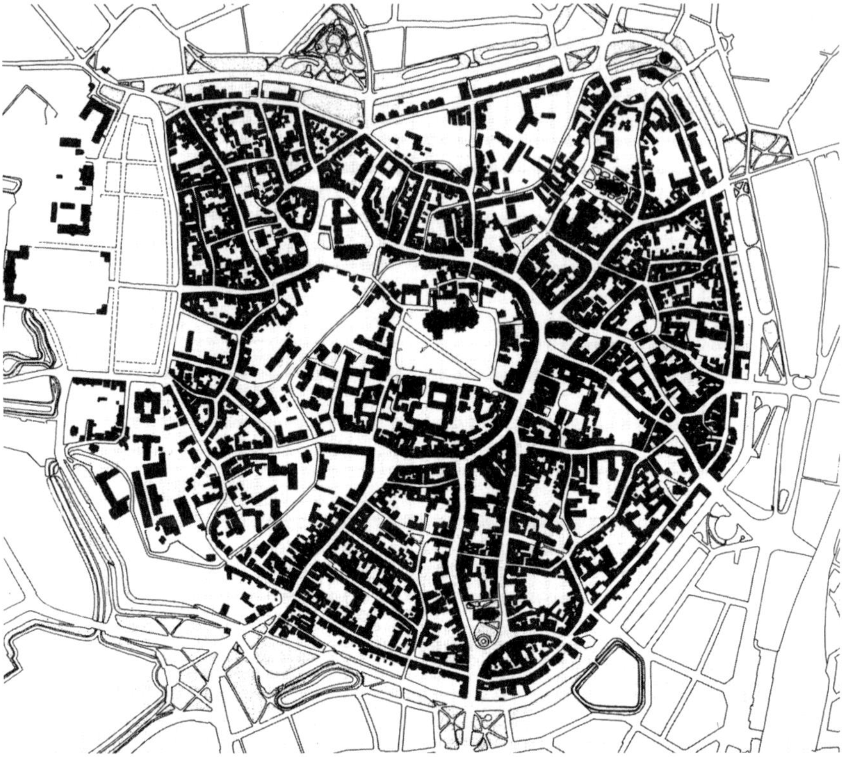

a/b: Altstadtbebauung, Vergleich 1934–1980
© Stadtplanungsamt, Stadt Münster

Der Unmut der jungen Architekten sollte insbesondere beim Theaterprojekt (Nr. 102) offenkundig werden. Harald Deilmann, Max von Hausen, Ortwin Rave und Werner Ruhnau wollten dem historisierenden Weiterbauen ein Ende setzen und hatten zusammen mit engagierten Kulturredakteuren der Lokalzeitungen (Anton Henze u.a.) eine Bürgerinitiative ausgelöst, die nach einigen öffentlichen Architekturvorträgen, Gesprächen und Protesten erreichte, dass die Stadt einen Wettbewerb auslobte, der sich an alle fachkundigen Bürger richtete. Innerhalb von sechs Wochen sollten Entwürfe eingereicht werden. Zur Überraschung aller Beteiligten wurde der Entwurf des Architektenteams durch ein unabhängiges Fachgremium unter dem Vorsitz von Werner Kallmorgen zur Realisierung empfohlen, vom Rat der Stadt beschlossen und nach nur 18 Monaten Bauzeit im Februar 1956 feierlich eröffnet. Nicht nur die Architektur des Theaters überraschte, auch die forsche Initiative der jungen Architekten war für die Münsteraner ungewöhnlich gewesen. Der Theaterbau von Münster fand als erstes neu errichtetes Theater in der Bundesrepublik nach 1945 weltweit Beachtung und wurde als „befreiender Donnerschlag“ (Ernst May) gefeiert.
Zeitgleich machte auch ein anderer, kleinerer Bau in der Fachwelt von sich reden: der Kiffe-Pavillon (Nr. 89) von Hans Walter Rüschenschmidt. Mit seinen großen Glasscheiben und der filigranen Betonkonstruktion stand er ebenso mutig wie das Theater im Kontrast zur damaligen Altstadtplanung.
Auch die Universität begann nach dem Kriegsende zügig mit dem Aufbau. Seit ihrer Gründung war sie im Umfeld der Petrikirche, zwischen Pferdegasse und Krummer Timpen, ansässig und war erst 1925/26 durch den Neubau der Medizinischen Fakultät (Nr. 300) im Westen der Stadt baulich erweitert worden. Sie konnte jedoch bereits im Wintersemester 1945/46 den Lehrbetrieb sowie den Klinischen Betrieb provisorisch wieder aufnehmen. Eine grundlegende Entscheidung wurde unter Malwitz sodann 1948 getroffen: die Trennung der bislang gemeinsam geführten Philosophisch-Naturwissenschaftlichen Fakultät in zwei eigenständige Bereiche. Während die Geisteswissenschaften weiterhin auf dem Altstadtgelände verbleiben sollten, sah man für die Mathematisch-Naturwissenschaftliche Fakultät nun das Areal Schlossplatz vor, in unmittelbarer Nähe zum stark zerstörten Schloss (Nr. 123), das fortan als Hauptgebäude dienen sollte. Ebenso wurde auch neu gebaut: mit dem Juridicum (Nr. 28) entstand 1953 der größte Neubau im Altstadtbereich. Auf dem historischen Grund der kriegszerstörten Akademie am Domplatz folgte der Neubau des Fürstenberghauses für die Philosophische Fakultät, in unmittelbarer Nachbarschaft die Neubauten für die Evangelisch-Theologische Fakultät (1958) und die Katholisch-Theologische Fakultät (1960).

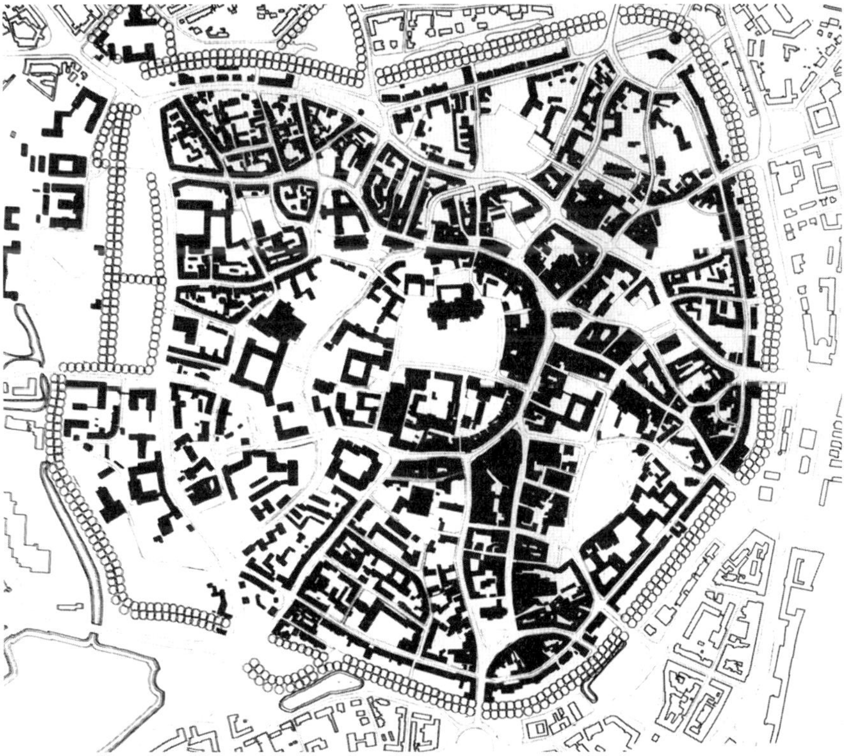

Auch in den angrenzenden Innenstadtvierteln wurden die Lücken bis Ende der fünfziger Jahre weitgehend geschlossen, zumeist mit schlichten, mehrgeschossigen Mietshäusern. Zudem entstanden zahlreiche Wohnsiedlungen durch Wiederaufbaugemeinschaften und Wohnungsbaugesellschaften. In den fünfziger Jahren ging der Anteil des Wiederaufbaus immer mehr zugunsten der Neubautätigkeit zurück. Die Einwohnerzahl war bereits 1955 auf 151.000 angestiegen und hatte somit den Vorkriegsstand von 1939 überschritten.

1960–90: Wachstum und Erweiterung

Nach dem Abschluss des Wiederaufbaus rechnete Münster mit weiterem, kräftigem Wachstum. Um diesen Ausbau gerade auch in den Bereichen außerhalb der Altstadt steuern zu können, beauftragte die Stadt den Stadtplaner Wilhelm Wortmann mit der Erarbeitung eines Leitplanes. Dieser wurde 1960 als Flächennutzungsplan vom Rat beschlossen und war für die nächsten zwanzig Jahre und eine Bevölkerungszahl von 225.000 Einwohnern ausgelegt – eine Zahl, die tatsächlich auch zutreffen sollte.[11]
Er zielte darauf, die bereits bebauten Flächen im Stadtgebiet klarer abzugrenzen und neue Areale für Gewerbe und Freizeit auszuweisen sowie die radial in den Stadtbereich hineinreichenden Grünzüge zu kennzeichnen und zu sichern. Auf seiner Grundlage entstanden neue Siedlungen in unmittelbarer Nähe zu alten Ortskernen (Kinderhaus, Gievenbeck, St. Mauritz) und auch erste vollkommen neue Wohngebiete, so die noch im Sinne einer Gartenstadt konzipierte Aaseestadt (Nr. 283) und die Trabantenstadt Coerde (Nr. 363), jeweils mit eigenen zentralen Einrichtungen. Erstmals wurden auch wieder neue, freie Grundstücke für Ein- und Zweifamilienhäuser ausgewiesen, was in Einzelfällen bis heute inspirierende Lösungen ermöglichte. Erwähnt seien nur die Atriumhäuser Lückertz und Hüffer (Nr. 369) und die mit offenem Grundriss konzipierten Häuser Richter (Nr. 371) und Naumann (Nr. 331).
Mit gleicher Experimentierfreude entstanden parallel nach *nordischem Vorbild* auch neue kleine Wohnsiedlungen in verdichteter Form, wie die Atriumsiedlung Schlesienstraße (Nr. 378). Als sich Mitte der sechziger Jahre auf internationaler Ebene ein Leitbildwechsel im Städtebau vollzog, führte dies auch in Münster zum Umdenken.
Vielerorts waren die Folgen der „aufgelockerten und gegliederten Stadt“ offenbar geworden. Statt Dezentralisation plädierten die Fachplaner nun für Zentralisation, statt Auflockerung für eine Urbanität verheißende

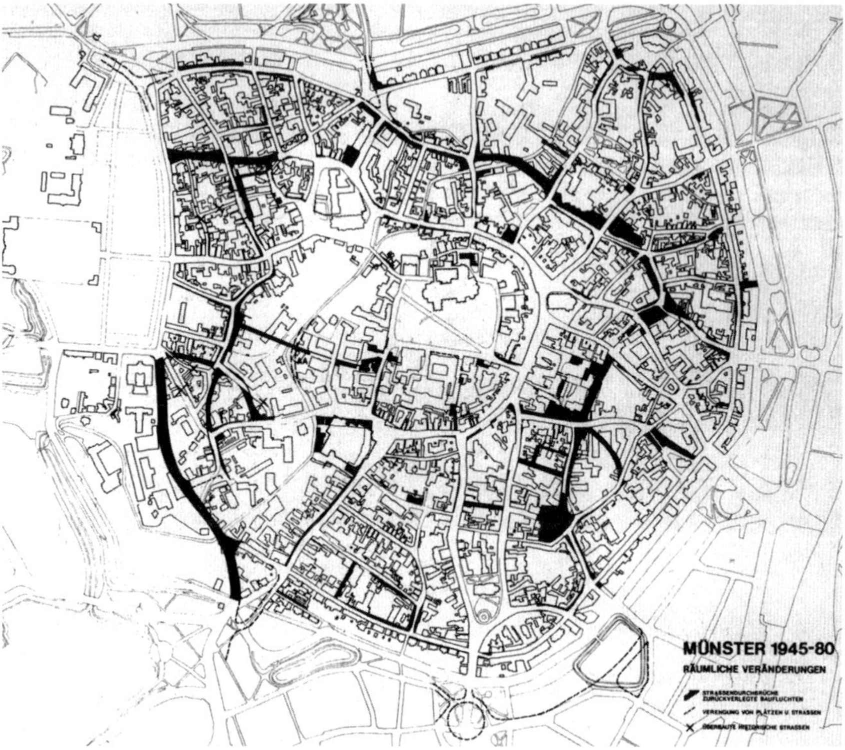

Räumliche Veränderungen 1945–1980
© Stadtplanungsamt, Stadt Münster

Modellentwürfe des Naturwissenschaftlichen Zentrums am Coesfelder Kreuz, 1974
© Staatliches Bauamt Münster II /BLB

Dichte. Die Stadt folgte diesem neuen Ansatz und erhöhte in einigen neuen, laufenden Bauvorhaben die Geschossflächenzahlen, so beispielsweise in den Projekten Kinderhaus (Nr. 358) und Berg Fidel (Nr. 400. Mittlerweile hatte die Stadt in ihren Planungen auch die angrenzenden Umlandgemeinden miteinbezogen. Der 1971 vorgestellte „Plan 2000" rechnete bis zum Jahr 2000 mit einer Bevölkerungszunahme von 64.000 auf 324.000 Einwohner. Impulse erwartete die Stadt insbesondere vom Universitäts- und Dienstleistungssektor sowie von einem geplanten Großflughafen „Münster/Hamm" südöstlich von Münster. Folgerichtig sollte die historisch bedingte Radialstruktur der Stadt langfristig in eine Band-Struktur in Nord-Süd-Richtung geändert werden. Entlang der bereits nord-süd-gerichteten Verkehrsachsen (Eisenbahn, Kanal, Autobahn) waren schwerpunktmäßig neue Wohn- und Industriegebiete beabsichtigt.

Wie vorgesehen trat am 1. Januar 1975 die kommunale Gebietsreform in Kraft, der Landkreis Münster wurde aufgelöst und Umlandgemeinden wie Handorf, Hiltrup oder Roxel eingegliedert. Nach den Eingemeindungen von 1875, 1903 und 1956 vergrößerte sich die Stadtfläche dabei nochmals um das Vierfache. Münster wurde nach Köln flächenmäßig die zweigrößte Stadt Nordrhein-Westfalens und auch die Zahl der Einwohner erhöhte sich mit einem Schlag von 200.448 auf 262.567 Einwohner.

Mit der Erweiterung des Stadtgebietes und dem Entstehen neuer Stadtteile ging auch für die Altstadt ein Strukturwandel einher. Neue zentrale Institutionen des tertiären Sektors, wie Verwaltungsgebäude, Banken,

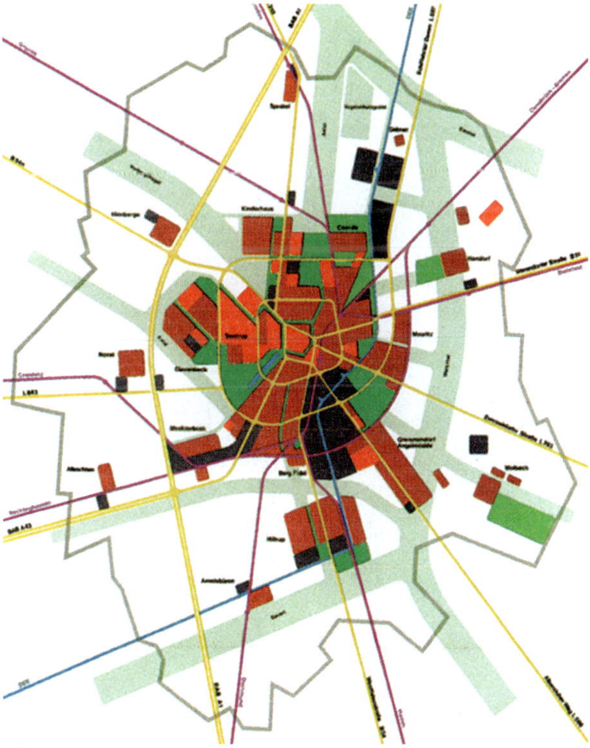

Strukturplan, 1981
© Stadtplanungsamt, Stadt Münster

Versicherungen und Kaufhäuser, drängten in den Bereich innerhalb der Promenade. So wurden beispielsweise das Bankhaus Lampe (Nr. 10) am Domplatz wie auch das Oberverwaltungsgericht (Nr. 42) am Aegidiikirchplatz mit stadträumlichem Gewinn in den überlieferten Grundriss eingefügt. Zudem zeigten zwei Geschäftshäuser, das Volkswohlbund-Haus am Roggenmarkt (Nr. 79) und das Einrichtungsgeschäft Rincklake van Endert (Nr. 45) an der Rothenburg bemerkenswert moderne Giebelhaus-Interpretationen. Anderen Neubauten dagegen mussten zunächst bauhistorisch wertvolle Häuser weichen, so 1959 die von Alfred Hensen errichtete Sparkasse dem Horten-Kaufhaus und 1965 das im niederländischen Renaissancestil errichtete, weitgehend unbeschädigte Regierungsgebäude am Domplatz dem neuen silbergrauen, kubischen Regierungspräsidium von Bernhard Dierksmeier und Heinz Richter (1972) sowie der wichtigste Bau von Mangers, das neoromanische Diözesanmuseum am Domplatz.
Auch die Westdeutsche Landesbank (Nr. 323) sorgte für Wechsel, führte doch ihr Neubau zur Verlagerung des Zoologischen Gartens, was sich im Nachhinein jedoch als äußerst positiv darstellte. Nicht nur konnte so ein neuer, moderner Allwetterzoo errichtet werden, auch der 1925–36 nach einer Idee von Hermann Landois angelegte Aasee konnte in diesem Zuge 1972–75 zu einem wichtigen, zentralen Freizeitgebiet erweitert werden. Mittlerweile hatte die Stadt erkannt, dass neue Verwaltungen und Unternehmen mehr Baufläche nachfragen würden, als die künftige Innenstadt baulich und funktional verkraften konnte. Sie entwickelte daher mit dem Zentrum Nord (Nr. 360) einen eigenen monofunktionalen Bürostandort. Ebenso wurde die Weseler Straße, die Autobahn und Altstadt direkt verbindet, mit den Jahren immer stärker zur Dienstleistungsmeile ausgebaut. Oftmals konnten ehemals innerstädtische Unternehmen hier einen verkehrs- und preisgünstigeren, dazu erweiterbaren Standort finden.
Ein Kind jener Zeit stellt auch der 1979 eröffnete Aegidiimarkt (Nr. 35) dar, der die verschiedenen Ansprüche an eine lebendige Innenstadt funktional zu vereinen sucht: neben Parken auch Arbeiten, Einkaufen und Wohnen. Eine heftige Debatte löste seinerzeit das Karstadt-Kaufhaus (1986) aus. Kritisiert wurden neben dem Volumen vor allen Dingen städtebauliche Belange, da es sich in unmittelbarer Nachbarschaft zu den beiden 1968 bzw. 1974 rekonstruierten Barockbauten Erbdrostenhof (Nr. 94) und Clemenskirche (Nr. 100) befand. Der Karstadt-Bau verbaute förmlich die Option, die rahmenden Flügel der Clemenskirche einst wieder zu ergänzen. Dennoch muss attestiert werden, dass sich der Bau in weiten Teilen geschickt einfügt und, was für ein reines Warenhaus zu jener Zeit ungewöhnlich war, es auch ein urbanes Umfeld ermöglicht.
In den 1970er-Jahren begannen viele bis dahin in der Innenstadt wohnende Familien in die neuen Stadtteile und die Umlandgemeinden umzuziehen. Um diesen Trend abzuschwächen, beschloss der Rat der Stadt 1978 ein Stadterneuerungsprogramm. Nach und nach wurden das Nord- bzw. Kreuzviertel (Nr. 130), das Ost- und das Südviertel (Nr. 250) erneuert. Gleichzeitig begann die Stadt auch, neue kosten- und flächensparende Stra-

Neubauprojekte im Hafen: OSMO-Areal (Bukowski) und Hafentor (Kleihues + Kleihues)

tegien für den Hausneubau zu entwickeln, wofür die Siedlung Am Dill (Nr. 336) in Mecklenbeck ein anschauliches Beispiel liefert. Weiteres Wachstum erlebte auch die Universität. Für die Naturwissenschaftliche Fakultät plante man 1959 in einem ersten großen Architekturwettbewerb ein eigenes neues Zentrum am Coesfelder Kreuz. Der prämierte Entwurf bot durch Pavillonbauten mit Verbindungsgängen zu Hörsälen und Werkstätten eine stadträumlich gänzlich neue Lösung. Aufgrund mangelnder Finanzierung erfolgte die Umsetzung jedoch schleppend und wurde durch die Jahre mehrfach im Sinne einer höheren Ausnutzung verändert und bis in die 1970er-Jahre hinein um weitere Komponenten wie Parkhäuser, Heizkraftwerk und Mensa ergänzt.
In der Altstadt ließ die Universität 1967 ein Hörsaalgebäude (Nr. 25) mit dem größten Hörsaal der Universität (H1) als Verbindungsgebäude zwischen Schloss und Domplatz errichten. Um den Blick auf die Stadtsilhouette freizuhalten, wurde das an sich große Volumen hier geschickt eingegraben. Das größte Projekt der Universität jedoch, dessen Planungsgeschichte sich über vier Jahrzehnte erstreckte, stellte das 1982 eröffnete Zentralklinikum (Nr. 301) mit seinen charakteristischen Bettentürmen dar, die schnell zu einem neuen Wahrzeichen der Stadt wurden.

Seit 1990: Stadtumbau und Erneuerung

Nach 1990 nahm die Bevölkerung stetig zu. Von seinerzeit 260.000 Einwohnern stieg sie 2012 auf 300.000 Einwohner und mit weiteren 30.000 Zuzügen bis 2030 wird gerechnet. Schon damals war sich die Stadt der Konkurrenz preisgünstiger Umlandgemeinden bewusst. 1993 beschloss sie mit dem „Handlungsprogramm Wohnen" kurzfristig, 8.000 Wohnungen und bis zum Jahr 2010 weitere 14.000 Wohnungen zu bauen. Weitere Programme und damit neue Wohngebiete, zumeist in den Stadtteilen, folgten. Durch Aktivierung letzter Reserven im Flächennutzungsplan sollte jeder Bauwillige in Münster selbst fündig werden. Das größte Areal stellte hierbei das Gievenbecker Auenviertel mit allein 2070 Wohnungen dar. Aus der Altstadt wurde folgerichtig das Freiherr-vom-Stein-Gymnasium (Nr. 344) dorthin verlagert.
Während im Außenraum der Stadt – den Stadtteilen angegliedert – viele Baugebiete ohne große Öffentlichkeit entstanden, sorgte im innersten Zentrum der Stadt ein Bau für Beruhigung und Belebung gleichermaßen. Denn mit der Stadtbücherei (Nr. 86) von Bolles-Wilson und Partner gelang der Stadt 1986–93 ein identitätsstiftender Bau von großer Ausstrahlung. Sie wurde zum Geschenk an die Bürger im Jahr des 1200-jährigen Stadtjubiläums. Selbstbewusst zeigt diese sich in moderner Gestalt inmitten der historischen Umgebung und bindet jedes Nachbargebäude respektvoll mit ein. Der Bau bedeutete für Münster nach dem Stadttheater (Nr. 107.2) einen erneuten Aufbruch in der hiesigen Stadt- und Architekturentwicklung. Ein Leitplan zur Stadterneuerung der Innenstadt (Zlonicky/Wachten/Ebert 1989) wurde aufgestellt – mit einem Betrachtungsfeld, das über die Altstadt hinaus bis zum Ring reichte. In diesem wurden die wichtigsten Strategieorte untersucht. Ein weiterer vertiefter Rahmenplan wurde 1995 für die Altstadt samt Bahnhofsviertel daraus abgeleitet.
Beide Planwerke lieferten sodann die Grundlage für eine große Anzahl von Projekten, die ab dem Jahr 2000 sodann in der Stadt entstehen konnten.
Wer heute nach Münster kommt, wird daher viele Orte der Altstadt kaum wieder erkennen. Von höchster Qualität zeugt das LWL-Museum für Kunst und Kultur (Nr. 8), das Staab Architekten für den Domplatz als Sequenz von vier Höfen entwickelte. Ebenso verwandelt die Diözesanbibliothek (Nr. 12) von Max Dudler benachbart zur Überwasserkirche Gebäude aus mehreren Jahrhunderten in einen vielstimmigen, öffentlichen Ort. Mit den Münster Arkaden (Nr. 49) entstand 2005/06 ein zentraler Passagenraum, der das Umfeld aufwertet – mit gelungenem Anschluss zum Picasso-Museum (Nr. 65.3). Zusammen mit der Neukonzeption der Stubengasse gelang eine Belebung der östlichen Altstadt zwischen Ludgeri- und Salzstraße. Neben der Platzbebauung sind vor allem die synergetischen Projekte Hanse Carré (Nr. 98) und der Umbau des Parkhauses Stubengasse zum vitalen Stadtbaustein (Nr. 97) in ihrer konzeptionellen Raffinesse hervorzuheben. Von hier aus liegt in nur 500 Metern Entfernung der Hauptbahnhof, der fußläufig über die Windthorststraße direkt an die Altstadt angebunden ist. Auch das Bahnhofsviertel wurde in den letzten Jahren erheblich aufgewertet. Mit dem Neubau bzw. der Modernisierung des Hauptbahnhofes (Empfangs- und Verkehrsstation) (Nr. 197) wird 2017 für die Stadtgesellschaft ein langgehegter Wunsch in Erfüllung gehen. Bei einem Wettbewerb für den Bremer Platz konnte sich das Büro Kada Wittfeld mit einem neuen rückwärtigen Zugangsgebäude durchsetzen, dessen Umsetzung derzeit jedoch noch ungewiss ist. Ein ganz anderer Stadtraum eröffnet sich in weiteren 500 Metern Entfernung im Stadthafen. In mehreren Stufen wurde und wird dieses einstige Industrieareal seit 1990 zum urbanen Gebiet entwickelt. Leider sind seitdem bis zuletzt eine Reihe von erhaltenswerten Gebäuden (Hafendirektion, alte Post, OSMO-Hallen, u.a.) dort abgerissen worden, so dass immer mehr Neu-

Stadt im Diskurs: Das Münster Modell in der Dominikanerkirche, 2016

bauten sich nur noch wenigen historischen Gebäuden gegenübersehen. Zu diesen zählen die Alte Städtische Feuerwache (Nr. 242), ehemalige Speichergebäude (Nr. 246) sowie der Flechtheim- und Rhenusspeicher (Nr. 247), die jeweils Büros, Atelier- und Ausstellungsräume sowie ein Theater aufnehmen – und für eine baulich atmosphärische Spannung am Wasser sorgen. Die ehemaligen Hill-Hallen könnten durch das Projekt „B-Side" als weitere Kulturadresse noch hinzukommen. Während die Uferpromenade nahezu vollständig von Neubauten gesäumt wird, stellt die Entwicklung des OSMO-Areals und der Hafenspitze noch eine Herausforderung dar. Hier ist nach Plänen von Manfred Bukowski und Kleihues+Kleihues eine blockhafte Uferbebauung mit einigen Turmbauten für Hotel- bzw. Wohnnutzung vorgesehen, die sich neben dem Fernmeldeturm (Nr. 373) und der Herz-Jesu-Kirche (Nr. 234) als neue Dominanten im Hafengebiet verstehen.

Herausragende Beispiele, die bestehende Innenstadt zu verdichten, liefern die Infill Apartments (Nr. 252) und die Wohnanlage Havichhorststraße (Nr. 187), die jeweils leere Hofräume nutzten. Von hoher Qualität zeugt auch die auf einem ehemaligen Sportplatz entstandene Wohnsiedlung Merschkamp (Nr. 371) in St. Mauritz. Sie wurde als „Siedlung in der Stadt" im Rahmen der Regionale 2004 konzipiert.

Ganz eigene Quartiere stellen auch die ehemaligen Kasernenareale nach Abzug der britischen Streitkräfte dar. Gleich vier Anlagen standen nach 1990 plötzlich für neue Wohn- und Gewerbegebiete zur Verfügung. Während sich die Lincoln-Kaserne (Nr. 169) und die Portmouth-Kaserne heute als weitläufige Wohnparks darstellen, konnte sich die Winterbourne-Kaserne inzwischen als moderner Büro- und Archivstandort der neuen Speicherstadt (Nr. 362) etablieren. Ebenso wurden das ehemalige Militärgebiet Loddenheide nach 1994 wieder zugänglich und ist in ein Gewerbegebiet (Nr. 276) umgewandelt worden. Mit der Oxford-Kaserne und der York-Kaserne stehen zwei weitere Konversionsgebiete vor der Entwicklung. Diese sollen ebenso als attraktive Wohngebiete mit großen Freiräumen gestaltet werden.

Verdichtung, Neubau, Weiterbau: Die wachsende Stadt zeigt sich an vielen Stellen im Stadtgebiet – mit ihren Licht- und Schattenseiten. Nicht selten muss erhaltenswerte Bausubstanz für renditeträchtigere Projekte weichen. Gerade in einer stark kriegszerstörten Stadt, in der nur wenig Vorkriegssubstanz überlebt hat, kann jedoch nur Behutsamkeit die Devise lauten. Dies gilt vor allem für die denkmalgeschützte Justizvollzugsanstalt (Nr. 179), die im Sommer 2016 überraschend aus Sicherheitsgründen leergezogen wurde – und nun einer ungewissen Zukunft entgegensieht. Als sternförmige Anlage zählt diese zu den ersten modernen Gefängnisbauten in Preußen. Einst am Rande der Altstadt gelegen, befindet sie sich heute höchst zentral in der Innenstadt – als Seismograph des Wachstums. Eine Umnutzung wäre nur folgerichtig.

Das jahrhundertealte und nach dem Zweiten Weltkrieg neu aufgebaute Münster stellt sich heute als Synthese unterschiedlicher Schichtungen und Identitäten dar. Die Zukunft der Stadt wird davon abhängen, wie sehr es gelingt, gemeinsam mit der Stadtgesellschaft weiterhin dialogfähige Häuser mit städtebaulicher Substanz zu entwickeln und die Stadt als kulturelles Speichermedium zu verstehen.

Stefan Rethfeld

Architecture in Münster: From Reconstruction to the Present Day

As it was neither an industrial nor a military centre, Münster was spared major wartime bombing until early 1943, when the allies changed their strategy. To break civilian will, the intention was to destroy old German city centres – a policy already practised on English cities by German troops in 1940. The old city of Münster was destroyed during an air raid on 10th October 1943, and more raids followed. When Münster capitulated on 3rd April 1945, 91 percent of the old city and 63 percent of the city as a whole had been destroyed. None of the old churches, few arcade houses, none of the noble courts and few university buildings were left standing.

1945–60: Reconstruction and a New Beginning

After WW2, a British-appointed military government took over most of the infrastructure, aiming to meet basic needs. As early as winter 1944/45, Poelzig and Scharf conceived reconstruction plans for Münster. They envisioned rebuilding the old city on its traditional outlines. The development of the Promenade into a ring-road was considered. In July 1945, Poelzig was forced to resign because of his NSDAP past, and Münster architect Heinrich Bartmann became councillor for building. He founded urban planning offices and a conservation office especially for the old city. By contrast to other cities, debate on reconstruction was uncontroversial in Münster. Citizens and planners agreed on a policy to rebuild the city on its former ground plan. Münster thus adopted an approach contrary to other cities like Hanover or Kassel and was seen as a negative, conservative example in professional circles.

But consensus meant that planning was consistent after 1945, and the basics had been laid down by the end of 1946. Scharf provided a key illustration of reconstruction; a plan of the old city drawn by Ruth Lohmann. For the first time, Münster's old city was depicted in three-dimensions with its traditional outlines, streets and squares. Initial traffic concepts were also vital. They included a decision to retain the Promenade as a green belt, and keep the old city largely free of through traffic. To this end, Scharf suggested a rectangle (Münzstraße/Breul, Bahnhofsstraße/Gartenstraße, Hindenburgplatz/Am Stadtgraben, Hafenstraße/Moltkestraße) around the old city, which would be accessed via a loop (Universitätsstraße, Prinzipalmarkt, Überwasserstraße) from which the old streets e.g. Aegidiistraße, Ludgeristraße radiated. Both plans – for the old city and traffic – were later passed. But only a few streets like Prinzipalmarkt, Drubbel, Roggenmarkt, Alter Fischmarkt, Breite Gasse and the Kuhviertel (no. 17) kept their mediaeval profile. All other roads were reorganised to benefit motor traffic.

The fundamentals of urban planning were soon defined, but architectural issues led to more debate. In 1947, the conservation office systematically registered all the city's historical buildings and discussion began on the future aims of conservation. In order to rebuild damaged monuments, a balance had to be found between conservational, functional and economic interests. Most of the noble courts were reutilised – e.g. as offices or banks, institutes or schools. The reconstruction of the Erbdrostenhof (no. 94) led to long-term disagreement – it finally reopened as a cultural institution in 1968. As an alternative to rebuilding or facsimile, some architects favoured the keeping of ruins; e.g. Otto Bartning's Church of the Holy Redeemer (no. 190) in 1949/50. A key element in Scharf's reconstruction plan was the gable house typical of Münster since the 15th century. Most of Münster's 976 gable houses had been razed in the war or later demolished. Now this house type was to be re-adopted so that not only the city's ground plan, but also its elevation recalled the traditional model. Most new gabled houses in the old city were built from 1948 to 1960. Those on Prinzipalmarkt (no. 67) were discussed separately and subject to strict conservational stipulations. Most gabled houses were reconstructed in a simpler form.

Young architects were sceptical of this reconstruction strategy. They had hoped for a new beginning and regretted the fact that there had been no "zero hour" in Münster – as in other cities. Instead, many public institutions and private architectural offices practised a high degree of professional continuity. In 1945, reconstruction experts from Albert Speer's circle moved from Berlin to Münster: Hans Malwitz directed the new state office for university building from 1946, and Theodor Dierksmeier helped to develop the main station and the Stadthaus in Klemensstraße. The young architects' displeasure heightened in the context of the theatre project (no. 107). Harald Deilmann, Max von Hausen, Ortwin Rave and Werner Ruhnau sought an end to historicising reconstruction and launched a citizens' initiative, which led to the announcement of a municipal competition. Surprisingly, the young architects' design was selected by an independent jury under W. Kallmorgen, passed by the city council, and the building officially opened in February 1956. This first new theatre in the FRG after 1945 met with international acclaim. Another, smaller building also became a talking point in professional circles: the Kiffe Pavilion (no. 89) by H. W. Rüschenschmidt. Its big panes of glass and filigree concrete framework make it a contrast to most contemporary urban planning. The university also began to rebuild soon after the war. Since its foundation, it had been located near St. Peter's Church; the only extension was the medical faculty, built in 1925/26 (no. 300). Under Malwitz, a decision was taken to separate the faculties of natural sciences and philosophy in 1948. While the humanities remained in the old city, the palace area (no. 123) was chosen for the sciences, with the palace as their main building. The law faculty (no. 28) is the biggest new university building in the old city (1953). Fürstenberghaus was built for the faculty of philosophy, close to buildings for Protestant theology (1958) and Catholic theology (1960). Gaps in building had also been filled in the nearby inner-city districts by the late fifties – mainly with simple apartment blocks. During the fifties, the level of reconstruction gradually dropped by comparison to new building. The population rose to 151,000 by 1955, surpassing pre-war figures.

1960–90: Growth and Expansion

Münster expected more growth after reconstruction, and Wilhelm Wortmann was commissioned to develop an overall planning concept; in 1960, the council passed this as the land utilisation plan for the next 20 years.

The plan defined built-up areas more clearly and allocated future industry and leisure areas. On this basis, new housing was built close to old district centres (Kinderhaus, Gievenbeck, St. Mauritz), as well as new housing estates such as Aaseestadt (no. 283) and the satellite Coerde (no. 363). Striking single properties were built, e.g. atrium houses by Lückertz and Hüffer (no. 369) and houses with open ground plans by Richter (no. 371) and Naumann (no. 331). The same readiness to experiment was shown in small settlements built on the Nordic model, e.g. Schlesienstraße (no. 378). When a change in international urban planning models emerged in the 60s, it also led to new ideas in Münster. Planners now pleaded for centralisation rather than fragmentation. The city increased gross floor areas in current building projects, e.g. Kinderhaus (no. 358) and Berg Fidel (no. 400). Meanwhile, the surrounding parishes were incorporated into municipal planning. New housing and industry were planned along the NS traffic axes (railway, canal and motorway). The expected district reforms came into effect on 1st January 1975, and surrounding parishes like Handorf and Hiltrup joined Münster. It became the city with the second biggest surface area in NRW after Cologne, and the population rose abruptly from 200,448 to 262,567. Expansion and the growth of new districts also brought structural change in the old city. New third sector institutions such as administration, banks, insurance etc. moved into the area within the Promenade. The Volkswohlbund-Haus on Roggenmarkt (no. 79) and the furnishers Rincklake van Endert (no. 45) on Rothenburg provided striking modern interpretations of the gabled house. By contrast, some historical buildings had to give way to new construction work, e.g. the largely undamaged, Dutch Renaissance-style government building on Domplatz to the new silver-grey, cubic government offices by Dierksmeier and Richter (1972). The zoo was moved to make way for a new Westdeutsche Landesbank (no. 323); a modern, all-weather zoo was then built and the Aasee, designed by Hermann Landois in 1925–36, was extended. The city developed Zentrum Nord (no. 360) into a mono-functional office location. Weseler Straße, linking the motorway and the old city, was developed into a services area. The Aegidi Market (no. 35) opened in 1979; it attempts to unite the demands made on a lively inner city with workplaces, parking, housing and shopping. The new Karstadt department store (1986) triggered controversy. Close to two reconstructed Baroque buildings, Erbdrostenhof (no. 94) and Clemenskirche (no. 100), it raised urban planning issues, but actually fits into the historical context quite well despite its mass. In the 1970s, many families began to move from the inner city to new districts and surrounding parishes. To oppose this trend, the council passed an urban renewal programme in 1978. Bit by bit, the Kreuzviertel (no. 130), the Ost- and the Südviertel (no. 250) were restored. New cost- and space-saving strategies for building were also developed, e.g. the estate Am Dill (no. 336) in Mecklenbeck. The university's new science centre was planned at Coesfelder Kreuz in 1959. However, the prize-winning design was realised slowly due to a shortage of funds; plans were altered and added to well into the 1970s. In the old city, the university had a lecture hall (no. 25) built in 1967, linking the palace and Domplatz. Its massive volume is cleverly concealed in a trench to avoid blocking views over the city. The university's biggest project was the central clinic (no. 301) with its characteristic ward towers, built in 1982.

1990 to the Present Day: Urban Restructuring and Renewal

The population rose steadily after 1990. In 2012 it was 300,000; estimates suggest 330,000 by 2030. To compete with the periphery, a program was initiated to build 8,000 apartments in 1993, and 14,000 more by 2010. Similar plans followed: biggest is Gievenbecker Auenviertel with 2,070 apartments. Freiherr-vom-Stein-Gymnasium (No. 344) moved there to meet new demand.

Central city library (Bolles-Wilson, no. 86) triggered protest but also renewal (1986–93). Boldly modern in historic surroundings, after Stadttheater (No. 107.2) it marked a new departure for Münster's urban development. A master plan for inner-city renewal (Zlonicky/Wachten/Ebert 1989) examined key sites. Further plan for Altstadt and station in 1995 formed a basis for many projects in the city post-2000. LWL-Museum for Art and Culture (No. 8) is a sequence of 4 courts by Staab. Diocesan Library (No. 12) by Max Dudler, near Überwasser Church, forms a lively public space intertwining several centuries. Münster Arcades (No. 49) are a top-quality mall (2005/06) – with new link to Picasso-Museum (No. 65.3). Eastern Altstadt rejuvenated between Ludgeri- + Salzstraße: buildings on the square, Hanse Carré (No. 98) and conversion of Stubengasse car park (No. 97) are worth highlighting. Nearby main station now linked directly to Altstadt via Windthorststraße: station district also improved in recent years. New building and modernisation of station (No. 197) due for completion 2017. Competition for Bremer Platz won by Kada Wittfeld with new access building at rear; realization as yet uncertain. The industrial area/city harbour is being developed in stages, since 1990. Interesting buildings razed (incl. harbour offices, old post office), meaning that the new now dominate. Old Fire Station (No. 242), former warehouses (No. 246) and Flechtheim + Rhenus warehouses (No. 247) remain, with fresh usage. Former Hill Halls now a cultural project, "B-Side". Uferpromenade almost all new buildings, development of OSMO site + harbour head still a challenge: plans by Manfred Bukowski and Kleihues+Kleihues envisage waterside block with high-rise towers; with Radio Tower (No. 373) + Herz-Jesu-Church (No. 234) it will dominate the harbour area.

Infill Apartments (No. 252) and housing on Havichhorststraße (No. 187) help densify city centre. High-quality housing at Merschkamp (No. 371), former sports field in St. Mauritz, conceived in context of Regionale 2004.

Former British barracks provide new housing: 4 sites became housing and commercial areas after 1990. Lincoln Barracks (No. 169) + Portmouth Barracks are housing estates, Winterbourne Barracks a new Speicherstadt (No. 362) with modern offices etc. Loddenheide converted into a commercial estate (No. 276). Oxford + York Barracks still need developing; housing with wide open spaces is planned.

Denser development, new building: there is good and bad in a growing city. Buildings worth preserving often give way to more profitable plans. But care is vital in a city that lost so much in the war. Especially true of the listed prison (No. 179) that fell empty in 2016 – its future is uncertain. The star-shaped site was one of Prussia's most modern prisons, and its key location means re-use is the only viable solution.

Centuries old, rebuilt after WW2, today Münster is a synthesis of layers and identities. Its future depends on how well urban development and the local community achieve structures capable of dialogue, grasping the city as a cultural storehouse.

George Rickey: Rotierende Quadrate, 1973, Engelenschanze © Stefan Rethfeld

Die „Skulptur Projekte“ – ein künstlerisches Langzeitexperiment

Münster verdankt seine Bekanntheit nicht nur den Wiedertäufern, dem Westfälischen Frieden oder seinem Prinzipalmarkt, sondern auch den alle zehn Jahre stattfindenden „Skulptur-Projekten", die kunstinteressierte Besucher aus aller Welt anziehen.[1] Klaus Bußmann bezeichnete sie als „eine Art Laborversuch", der darin besteht, „in einer mittelgroßen, von Geschichte und Wiederaufbau geprägten Stadt etwas zu wagen, was in den meisten westdeutschen Städten kaum möglich“ wäre.[2]
Am Beginn stand allerdings eine Provinzposse. Obwohl es in Münster durchaus ein aufgeschlossenes, kunstinteressiertes Publikum gab, dominierte in der Bürgerschaft und den Institutionen eine recht bornierte Haltung gegenüber den Ausdrucksmöglichkeiten zeitgenössischer Kunst. Nachdem sowohl der Ankauf einer Skulptur von Henry Moore blockiert worden war, als auch Giacomo Manzùs Denkmal für den Kardinal von Galen an Widerständen gescheitert war, gelang die von der Kunstkommission vorgeschlagene Erwerbung der „Rotierenden Quadrate“ von George Rickey an der Engelen Schanze nur, weil Ludwig Poullain als damaliger Chef der Westdeutschen Landesbank die Arbeit der Stadt schenkte.

Anstatt zu resignieren, entschloss sich Bußmann als Mitarbeiter des Westfälischen Landesmuseums, kreativ mit der Situation umzugehen und den Münsteranern **1977** in einer Ausstellung zum einen die Entwicklungsgeschichte der Plastik im 20. Jahrhundert vorzuführen und zum anderen aktuelle Positionen zeitgenössischer Skulptur zur Diskussion zu stellen. Kaspar König übernahm es, in einem „Projektbereich“ zehn Künstler einzuladen, die mit ihren Arbeiten den traditionellen Kunstbegriff sprengten. Als Vertreter von Land Art und Minimal Art lud er Richard Long, Carl André, Richard Serra und Bruce Nauman[3] ein. Donald Judd schuf mit seinen zwei Kreisen am leicht abschüssigen Ufer des Aasees eine Arbeit, die in den folgenden Jahren immer wieder Künstler zu „Kommentaren“ herausforderte (Nr. 291). Claes Oldenburgs „Giant Pool Balls“ (Nr. 286) provozierten gar Handgreiflichkeiten und sollten in den Aasee gerollt werden. Auch um Ulrich Rückriems „Dolomit zugeschnitten“ (Nr. 29) gab es heftige Diskussionen, obwohl das Kunstwerk wie kaum eine andere Arbeit auf den historischen Ort, an dem es aufgestellt wurde – die Petrikirche – Bezug nahm.
An Stelle einer autonomen Skulptur, die unabhängig von ihrer Umgebung existierte, dadurch jedoch auch beliebig und austauschbar zu werden drohte, postulierten die Künstler, dass der Kontext, sei es die Land-

Richard Serra: Trunk, J. Conrad Schlaun Recomposed, 1987, vor dem Erbdrostenhof

schaft, der Stadtraum, die historische oder soziale Situation, Teil der künstlerischen Intervention sein müsse. So wollte Joseph Beuys am H 1 (Nr. 25) die prekäre Verbindung von Stadt und Areal der Zitadelle symbolisch „heilen", indem er plante, einen Hohlraum unter einer Rampe mit Rindertalg energetisch „aufzuladen". Aus technischen Gründen konnte das Projekt nicht in situ realisiert werden. Stattdessen baute man den Hohlraum als Gussform nach und stellte die Einzelteile des erkalteten Fettkeils im Landesmuseum aus.[4] Ortsbezogenheit als ständige Veränderung thematisierte Michael Asher mit seinem Wohnwagen, den er wöchentlich wechselnd an unterschiedlichen Stellen in der Stadt platzierte.
Das Konzept, die Skulptur Projekte aus dem Museum herauszuholen und im Stadtraum zu erproben, erregte weit über die Region hinaus Aufmerksamkeit, ein Umstand, der auch in Münster selbst ein langsames Umdenken beförderte. Von den Arbeiten, die blieben, avancierten Oldenburgs Billardkugeln (Nr. 286) gar zu einem Wahrzeichen der Stadt.

Wie sehr die Ausstellung auf der Höhe der Zeit gewesen war und Diskussionen auf- oder auch vorweggenommen hatte, die in der Folgezeit das Verhältnis von Kunst und Öffentlichkeit bestimmten, erwies sich 1987, als Bußmann und König erneut eine Positionsbestimmung von ‚Kunst im öffentlichen Raum' unternahmen. Das Spektrum reichte von autonomen Skulpturen, die wie die Eisenplastiken von Chillida (Nr. 69) in der Stadt eine geeignete Bühne für ihren „Auftritt" fanden, oder ortsbezogenen „Statements", wie Ian Hamilton Finlays Epitaph für Annette von Droste Hülshoff (Nr. 128), und kritischen Ergänzungen zu einem Kriegerdenkmal auf den Marmorbänken von Jenny Holzer (Nr. 125), über ironische Kommentare, wie sie Richard Artschwager mit seinem Fahrradständermonument (Nr. 122) und Franz West mit seiner „eo ipso" betitelten Sitzgruppe lieferten, bis zu einer grundsätzlichen Hinterfragung der Legitimation von Kunst im öffentlichen Raum, die bei Rémy Zaugg in die Wiederaufstellung des 1935 von Karl H. Bernewitz geschaffenen Skulpturenpaars (Nr. 251) auf dem Ludgeriplatz mündete.
Die Kontinuität stellten einerseits die im Stadtbild integrierten Arbeiten von 1977 her, andererseits hatte man auch damals beteiligte Künstler erneut um einen Beitrag gebeten. Asher stellte seinen Caravan an denselben Plätzen auf. Beuys plante, sein Konzept der sozialen Plastik weiterführend, ein ökologisches Projekt für die Rieselfelder, verstarb jedoch, bevor mit der Realisierung hätte begonnen werden können. Serra intensivierte

Tobias Rehberger: Günter's (wiederbeleuchtet), 1997, Hörsaalgebäude und Dachterrasse am Hindenburgplatz, Ecke Bäckergasse
© Roman Mensing

seine Auseinandersetzung mit der Raum bildenden Architektur Johann Conrad Schlauns. Die beiden gebogenen Stahlplatten, die er auf dem dreieckigen ‚Cour de honneur' des Erbdrostenhofes aufstellte, antworteten in Proportion und Kubatur so perfekt auf die konkave Fassade und die geschwungenen Begrenzungen des Platzes, dass ein städtischer Raum von hoher Intensität entstand.[5]
Provokant, aber witzig hat Walter Grasskamp bemerkt, dass „der Charme der Kampagne [...] wohl hauptsächlich darin" lag, „dass die Kollision der Künstler mit einer ihnen unbekannten, wenn nicht irrelevanten Provinzstadt einen intensiven Austausch über ihre Topographie provozierte, die sich als durchaus inspirierend herausstellte".[6] Hatte Judd 1977 jede Anbindung an historische oder emotionale Gegebenheiten verweigert (Nr. 291) und Ortsspezifik als rein topographische Kategorie aufgefasst, so bot nun gerade die münstersche Geschichte Anregungen. Grasskamp hat sicher zu Recht auf „den Anteil der Kuratoren Bußmann und König in diesem Vermittlungsprozess" hingewiesen, die für die eingeladenen Künstler „die Stadt als Erzählraum" aktivierten.[7]
So nahmen die Künstler einerseits städtebauliche Gegebenheiten zum Ausgangspunkt, wie Susana Solano, die am Buddenturm eine begehbare Stadtmauer plante (Nr. 118), oder Daniel Buren, der die im Stadtbild bis heute ablesbare Domimmunität mit vier Toren (Nr. 1) markierte. Auch Dan Graham und François Morellet (Nr. 125) griffen in unterschiedlicher Weise die Gegebenheiten des Schlossgartens auf. Andererseits wirkte die Historie als Inspirationsquelle. So ließ Lothar Baumgarten mit subtiler Ironie in den Wiedertäuferkäfigen kleine „Seelenlichter" brennen (Nr. 83), während Sol LeWitt nach einer Diskussion mit Studierenden der Universität seinen schwarzen Kubus vor dem Schloss den verfolgten und ermordeten Juden widmete.
Auch Dennis Adams' Bushaltestelle erinnerte mit Fotos vom Prozess gegen Klaus Barbie an die Zeit des Nationalsozialismus (Nr. 33), jedoch so unspezifisch, dass man kaum von Ortsbezogenheit in strengem Sinn sprechen konnte. Eindringlicher (und präziser) gedachte Rebecca Horn mit ihrem „Gegenläufigen Konzert" nicht nur der Opfer des Nationalsozialismus, sondern verwandelte die Ruine des schon von Schlaun zum Zuchthaus umgebauten Zwingers in einen Ort, an dem das dort geschehene Grauen ohne Voyeurismus oder Sentimentalität erlebbar wird (Nr. 119).
Wenn auch wenige Arbeiten an die Komplexität dieser Installation heranreichten, so weckten doch auch die Arbeiten von Olaf Metzel und Katharina Fritsch heftige Emotionen. Während jener, gewissermaßen in Anlehnung an den Bildersturm der Wiedertäufer, in der Taufkapelle der Erphokirche durch partielles Abschlagen

Allen Ruppersberg: Die beste aller möglichen Welten, 1997
© Roman Mensing

des Putzes ein Bild von Leid und existenzieller Gefährdung schuf, stellte Fritsch eine quittegelbe Madonnenfigur zwischen Dominikanerkirche und Karstadt in die Fußgängerzone. Diese triviale Erscheinung provozierte völlig disparate Emotionen, von Gewalt bis zu Verehrung, die Künstlerin und Ausstellungsmacher gleichermaßen überraschte.
„Site specificy“, das Schlagwort in der Diskussion um Kunst im öffentlichen Raum, konnte einfach in einer gewissen thematischen Affinität bestehen, wie bei Giovanni Anselmos „Verkürztem Himmel“ neben der theologischen Fakultät. (Nr. 30) Große Sensibilität für die Atmosphäre eines Ortes hingegen bewies Siah Armajani, als er den Garten im Hof hinter der Landsbergschen Kurie „entdeckte“ und dort Bänke und Tische für einen „Study Garden“ installierte (Nr. 6). Giuseppe Pennones Brunnen in Gestalt eines kahlen Astes verschmilzt mit der Parklandschaft des Alten Hörster Friedhofs (Nr. 184).
Hatte schon 1977 Andre seine „Steel Line“ dem Gründer des Münsteraner Zoos, Hermann Landois, als Wissenschaftler ebenso wie als Original bekannt und beliebt, gewidmet, setzte ihm diesmal Keith Haring mit einem aus dem Rasen herauskommenden roten Hund auf dem ehemaligen Zoogelände ein Denkmal. Auf Judds radikale Abkoppelung von allen Traditionen (Nr. 291) antwortete Ludger Gerdes' „Schiff für Münster“ (Nr. 307), das explizit an die reiche Ikonographie der europäischen Gartenkunst mit Freundschaftstempeln oder Rousseauinseln anknüpfte.
Doch auch für städtebauliche Widersprüche zeigten sich die Künstler sensibel. Fischli/Weiss stellten ein 08/15-Nachkriegsbürohaus im Kleinformat in die Baulücke zwischen Imbiss und Kino am Hauptbahnhof, während Thomas Struth Dias banaler, quasi ungestalteter Wohnhausarchitektur auf Fassaden der Altstadt projizierte und so die kulissenhaft touristische Altstadt mit den Stadträumen für den Alltagsgebrauch konfrontierte.
Es spricht für die Münsteraner Bürger, dass es mit Hilfe unterschiedlicher Förderer wiederum gelang, Arbeiten auf Dauer für die Stadt zu erwerben. Der Erfolg der Ausstellung und die internationale Resonanz ermutigten den Rat der Stadt außerdem zu dem Entschluss, das Experiment in zehn Jahren erneut zu wagen.

So folgten Bußmann und König auch **1997** dem Motto „invite global, act local“ und luden etwa achtzig Künstler ein, diesmal allerdings mit der besucherfreundlichen Vorgabe, sich möglichst auf den Bereich innerhalb des Promenadenrings zu beschränken. An die Stelle künstlerischer Setzungen traten nun vielfach Handlungsangebote. Marie-Ange Guilleminot bot im Innenhof des Theaters eine Fußmassage an, während Tadashi Kawamata das Floß zur Erprobung brachte, das er mit Patienten der Brijder-Klinik für Suchtkranke in Alkmar gebaut hatte. Reinhard Mucha unterrichtete acht Münsteraner Schulklassen, die dann mit selbst inszenierten Gruppenfotos im Katalog firmierten.

Dominique Gonzalez-Foerster: Roman de Münster, 2007, am Aegidiitor
© Roman Mensing

Neben der „Kunst als Dienstleistung"[8] bildete der Übergang von Architektur zu Skulptur ein immer wiederkehrendes Motiv. Jorge Pardos Pier verknüpfte beides und bot dem Spaziergänger einen Ruheplatz, Schutz vor dem Wetter und eine wunderbare Aussicht über den Aasee auf die Stadt (Nr. 287). Die Caravans des Atelier van Lieshout oder die Inseln von Andrea Zittel machten Vorschläge für alternatives Wohnen. Per Kirkeby, dessen Backsteinskulpturen schon 1987 auf dem Hindenburgplatz in diesem Grenzgebiet angesiedelt waren (Nr. 124), verschaffte nun der Bushaltestelle gegenüber mit einer Mauer visuelle Präsenz (Nr. 24), die zweckhaft war, sich aber architektonischer Typologisierung entzog. Wolfgang Winter und Berthold Hörbelt errichteten temporäre Info-Häuschen in organisch geschwungenen Formen aus Flaschentransportkästen und Herman de Vries gestaltete sein „sanctuarium" (Nr. 126) in einer dem Münsteraner Barock entlehnten Formensprache.
Manche Themen und Motive von 1987 wurden nun zehn Jahre später erneut aufgegriffen. So weckte die Persönlichkeit Landois' das Interesse von Rirkrit Tiravanija, der Fotografien der Theateraufführungen der Zoologischen Abendgesellschaft entdeckte und die „Wiederaufnahme" der Stücke in einem aus einer Gruppe von Amateuren gebildeten Marionettentheater plante. Ebenso regten erneut die Kirchen der Stadt zu kreativen Vorschlägen an. Ayşe Erkmen etwa legte mehrere Varianten für eine Aktivierung der Domfassade vor, die jedoch alle abgelehnt wurden[9], und Huang Yong Ping stellte dem armlosen Kruzifix der Ludgerikirche sein vielarmiges Guan-yin-Readymade auf dem Marienplatz an die Seite (Nr. 56). Während Reiner Ruthenbeck 1987 Fahrräder unter einer Lodenfahne versammelt hatte, erfuhren diese nun durch Elin Wikström und Anna Brag eine grundlegende Modifikation, die dazu führte, dass sich das Rad rückwärts statt vorwärts bewegte.
Nicht nur Ilya Kabakov suchte für seine poetische Installation (Nr. 288) bewusst die Nachbarschaft zu der Arbeit von Judd (Nr. 291), auch Tobias Rehbergers rote Bar sollte zunächst dessen Ringe am Aasee reaktivieren, wurde dann aber auf dem H 1 (Nr. 25) realisiert – eine Belebung dieses „toten" Raums, die durchaus in der Nachfolge von Beuys' „Unschlitt" stand.
Auffällig scheint, dass einige Künstler sich ins Museum zurückzogen; so Thomas Schüttes und seine „Großen Geister", Hermann Pitz mit seiner Installation „Innen/Außen" (Nr. 8), Maurizio Cattelans Bremer Stadtmusikanten oder Rachel Whiteread mit einer abgegossenen Bücherwand (Nr. 8). Manche Arbeiten entzogen sich weitgehend der Betrachtung, entpuppten sich aber bei näherem Hinsehen letztlich als weitere Varianten der Duchampschen Überlegungen, dass Kunst erst in einem bestimmten Kontext als solche zu erkennen ist. Das gilt für Andreas Slominskis von einer Giraffe angeleckte Briefmarke ebenso wie für Raymond Hains' fotografierte „sculptures de trottoir".
Ganz deutlich zeigte die Münsteraner Schau auch die Auflösung der Gattungsgrenzen. Zwar gab es durchaus noch Skulpturen im traditionellen Sinn, doch genauso zählten Videoinstallationen oder Performances zum

Repertoire. Auf visuelle Elemente konnte im Extremfall ganz verzichtet werden. So entwickelte Janett Cardiff ihren „Walk Münster" ganz aus Geräuschen, die sich erst im Bewusstsein des Spaziergängers zu Bildern formten. Maria Eichhorn verzichtete auf eine ästhetische Setzung und dokumentierte den Erwerb eines Grundstücks. Der Punkt schließlich, mit dem Karin Sander den Mittelpunkt Münsters markierte, bildet nur das relativ banale Ergebnis umständlicher Berechnungen, die im Katalog abgedruckt Geodäten und Mathematikern ihren Reiz offenbaren (Nr. 267).
Nicht zuletzt setzten die Ausstellungsmacher auf eine gewisse personelle Kontinuität. Unter anderen platzierte Asher erneut seinen Wohnwagen. Serra nahm seinen „Dialog mit Schlaun" vor Haus Rüschhaus auf (Nr. 348). Dan Graham schuf mit dem „Fun House" an der Promenade ein Pendant zu seinem oktogonalen Gartenpavillon von 1987 im Schlossgarten. Franz West verlieh der Leibnizschen Frage „Warum ist etwas und nicht Nichts?" mit einem rosa gestrichenen Metallklops eine ganz eigentümliche Anschaulichkeit.[10]
Leibniz stand auch für die „beste aller möglichen Welten" Pate, die auf runden Leuchtschildern, die Allen Ruppersberg an verschiedenen Häusern der Altstadt anbrachte, annonciert wurde. Ruppersberg berief sich allerdings auf „Candide", der „in Westfalen, auf dem Schloss des Herrn Baron von Thunder-ten-tronckh" lebte, und dessen Lehrer Pangloß. Diese „generelle Würdigung der historischen und visuellen Freude an Münster selbst" setzt Ruppersberg in Bezug zur Geschichte der ausgezeichneten Orte, deren Daten und Fakten er in Materialsammlungen konkretisierte, wobei er zu dem Schluss kam, dass der Gedanke, dass „alles was ist, gut ist" heutzutage „noch grotesker erscheint als zu Voltaires Zeiten".[11]

Der Erfolg der Ausstellung, der Scharen von Besuchern in die Stadt lockte, barg zugleich die Gefahr, dass das Experiment zum touristischen Event pervertieren könnte. So beschlossen Kaspar König, Brigitte Franzen und Carina Plath, das Programm der vierten „Skulptur Projekte" **2007** zu straffen. Nur noch 33 Künstler bzw. Künstlerpaare ließen sich intensiv auf eine Auseinandersetzung sowohl mit der Stadt als auch mit den vorangegangenen Skulptur Projekten ein.
Dominique Gonzalez-Foerster installierte am Kanonengraben eine Miniaturübersicht mit ausgewählten Arbeiten der letzten Skulptur Projekte, die ebenso als ironischer Kommentar zur „Spielwiese" Münster wie als Hommage an die Experimentierfreude der Stadt verstanden werden konnte. Isa Genzken, die zum dritten Mal teilnahm, zeigte (nach der architektonisch strengen Toranlage an der Universitätsbücherei sowie dem romantischen „Mond" am Ufer des Aasees) eine bizarr-bedrückende Installation neben der Überwasserkirche, die aus einer Ansammlung von grellen Schirmen, Klappsesseln und Puppen bestand, deren Deformationen erst auf den zweiten Blick zutage traten.
Mit dieser gesellschaftskritischen Stellungnahme stand Genzken nicht allein. Auch Annette Wehrmann, Andreas Siekmann, Tue Greenfort und Silke Wagner zielten in diese Richtung, wobei letztere mit ihrer Figur Paul Wulfs[12] eine der beliebtesten Arbeiten der Schau schuf.[13] (Nr. 192) Der zweite Teil von Wagners Arbeit bestand in einer Veröffentlichung von Materialien aus dem Umweltzentrum-Archiv, das über eine große Sammlung „grauer Literatur", also Flugblätter, Broschüren etc., verfügt. Dabei diente einerseits die Wulf-Figur als Litfasssäule, die wechselnd mit Materialien zu verschiedenen Themen beklebt wurde, andererseits begann man mit der Digitalisierung der Bestände des Umweltarchivs und dem Aufbau einer Webseite.
Ganz deutlich unterschieden sich die Skulptur Projekte 2007 von ihren Vorgängern dadurch, dass die Vermittlung und Nachvollziehbarkeit nicht nur für die Kuratoren und ihr Team, sondern auch für die Künstler eine große Rolle spielten. Martha Rosler lieferte an der Stadtbücherei gewissermaßen eine „Lesehilfe" für ihr „Unsetteling the Fragments" mit. Pawel Althamers Trampelpfad oder Mark Wallingers fast unsichtbarer Faden, der kreisförmig eine „Zone" markierte, lebten gerade davon, dass man ihnen Schritt für Schritt nachspürte.
König hatte in der Pressekonferenz zur Eröffnung betont, dass die Arbeiten nicht in erster Linie auf die auswärtigen Gäste zielten, sondern nach und nach, quasi beiläufig auf dem Weg zur Arbeit, beim Einkaufen oder Spazierengehen ins Bewusstsein der Münsteraner dringen sollten. Wie ernst das gemeint war, sei dahingestellt, sicher ist, dass gerade eine Arbeit wie Gustav Metzgers „Aequivalenz-Shattered Stones", die an Bombardierung und Wiederaufbau der Städte Coventry und Münster erinnern wollte, genau so funktionierte. Die Steine, die ein Gabelstapler täglich an verschiedenen Stellen der Stadt ablegte, blieben anfangs unbemerkt, gewannen aber immer deutlichere Präsenz und wurden gewissermaßen zu Wegmarken.
Auch Konzepte der vorangegangenen Skulptur Projekte wurden weitergeführt. Dem Motto ‚Kunst als Dienstleistung' folgend, ließ etwa Hans-Peter Feldmann die öffentlichen Toiletten auf dem Domplatz sanieren und durch Kachelbilder und bunte Kronleuchter aufwerten (Nr. 1). Maria Pasks „Beautiful City" lässt sich in einer Traditionslinie mit Bert Theis' „Philosophischer Plattform" von 1997 sehen.
Mit der Videoinstallation von Guy Ben-Ner, die zeigt, wie seine beiden Kinder aus berühmten Kunstwerken der Moderne von Duchamp bis Tinguely ein funktionierendes Rad zusammenbasteln und damit eine Fahrt durch Münster unternehmen, war auch das Fahrrad-Thema wieder vertreten. Eine in einem Hügel versteckte Kirche steuerte Guillaume Bijl mit seiner „Sorry Installation", einer künstlichen archäologischen Grabung bei. Die Nachbarschaft zu Judds Ringen (Nr. 291) suchte Rosemarie Trockel, der mit ihrer Eibenhecken-Skulptur (Nr. 290) ein minimalistisches Gegenstück zu der Betonskulptur von 1977 gelang.
Die umgekehrte Pyramide, die Bruce Nauman damals zwar entworfen, aber aus technischen Gründen nicht realisiert hatte, wurde nun dreißig Jahre später ausgeführt und avancierte zu einem Publikumsmagneten (Nr. 306). Dass die Anknüpfung an die konzeptionellen Vorgaben der ersten Skulptur Projekte nicht reibungslos funktionierte, zeigt der Umstand, dass der Wohnwagen Michael Ashers zeitweilig entwendet wurde. Gebeten oder ungebeten, mit einer Einmischung des Publikums muss gerechnet werden.

Silke Wagner, münsters GESCHICHTE VON UNTEN,
Skulptur Paul Wulf, 2007
© Roman Mensing

Wie sehr eine Skulptur tatsächlich die Wahrnehmung eines Ortes und schließlich den Ort selbst verändern kann, zeigt exemplarisch auch die Kirschensäule (Nr. 53). Thomas Schütte hatte sie als ironisch verspieltes Echo zu den bunt lackierten Autos auf dem damals als Parkfläche genutzten Harsewinkelplatz postiert, wo sie den Münsteranern so ans Herz wuchs, dass man die Autos verbannte und den Platz mit Cafés reurbanisierte. Als schmückendes I-Tüpfelchen installierte man einen Brunnen, dekoriert mit Kugelsegmenten. Dieser Verniedlichung setzte Schütte 2007 deutliche Grenzen, indem er den Brunnen mit einem „Scheewittchensarg“ überbaute und ihn so gleichzeitig optisch marginalisierte und im Sockel seines „Modells für ein Museum“ ausstellte. Auch einige Skulptur-Projekte von 2007 blieben in der Stadt. Trockels Eibenhecke (Nr. 290) steht fest verwurzelt am Aasee. Sonntags kann der Besucher unter der benachbarten Tormin-Bücke den Klängen von Jaques Offenbachs „Barcarole“ aus der Oper „Hoffmanns Erzählungen“ lauschen, einer Klanginstallation von Susan Philipsz. Die Künstlerin selbst singt beide Stimmen des Duetts, die aus an beiden Ufern installierten Lautsprechern erklingen und dem schattigen Raum unter der Brücke einen geheimnisvollen, unwirklichen Charakter geben.

Die öffentlichen Toiletten auf dem Domplatz (Nr. 1) sind dank Feldmanns Intervention ein Geheimtipp. Von Roslers dreiteiliger Arbeit „Unsetteling the fragments“, bei der sie Kopien markanter Objekte blieb an verschiedenen Stellen im Stadtgebiet installierte und ihnen durch die so entstehende Irritation neue Aufmerksamkeit verschaffte, blieb nur der Adler des ehemaligen Luftkreiskommandos von 1935 (Nr. 50), der seltsam verloren vor den Münster-Arkaden (Nr. 49) steht und den Verdacht weckt, hier solle der strenge „Klassizismus“ der kleihuesschen Architektur diffamierend in die Tradition nationalsozialistischer Architektur gerückt werden.

Zwischen Tuckesburg und Musikschule lädt Martin Boyce mit seiner Bodenplastik „We are still and reflective“ weiterhin zum Innehalten ein (Nr. 321). Das „Mosaik“ ist von den Bäumen aus gegossenen Betonplatten, die Jan und Joel Martel 1925 für den Garten von Robert Mallet-Stevens auf der „Exposition Internationale des Arts Décoratifs et Industrielles Modernes“ entworfen hatten, inspiriert und reagiert auf den traditionsreichen Ort, der Teil der Festung und ehemaliger Zoo war, mit einer poetischen Reflexion über Natur, Zeit und Vergänglichkeit.

Nicht alle verbleibenden Arbeiten überdauern „für immer“. Sturmschäden haben dem „Auto Office House“ (Nr. 36) so zugesetzt, dass sein Verbleib nicht gesichert ist. Matt Mullicans „Cosmology“, ein Bodenrelief zwischen Instituten für organische und anorganische Chemie, muss wegen der anstehenden Neubauprojekte weichen und auch für die Figur Paul Wulfs (Nr. 192) wird wohl in nicht allzu ferner Zeit ein neuer Platz gefunden werden müssen.

Sylvaine Hänsel

The "Sculpture Projects" – A Long-Term Artistic Experiment

Münster is not only famous for Anabaptists, the Peace of Westphalia or its Prinzipalmarkt, but also for the "Sculpture Projects", which take place every ten years. Klaus Bußmann referred to them as "a kind of experiment", which "risks something [...] that would be impossible in most West German cities".
Initially, however, a rather bigoted attitude to contemporary art forms was prevalent in Münster, even in its institutions. Purchase of a sculpture by Henry Moore was blocked, like Giacomo Manzù's memorial to Cardinal von Galen, and the art committee's suggestion to acquire George Rickey's "Rotating Squares" (Engelen-Schanze) was only met because the director of the Westdeutsche Landesbank, Ludwig Poullain, donated the work to the city.

Bußmann, who was working at the State Museum of Westphalia at the time, approached the situation with an exhibition of 20th century sculpture in 1977, triggering discussion on contemporary positions. Kaspar König invited 10 artists working outside the traditional art concept to join a "Project Section". They included representatives of Land and Minimal Art such as Richard Long, Carl André, Richard Serra and Bruce Nauman. Donald Judd's two concrete circles by the Aasee challenged future artists to make a fitting "comment" (no. 291). Attempts were made to roll Claes Oldenburg's "Giant Pool Balls" (no. 286) into the lake. Even Ulrich Rückriem's "Dolomite Cut Up" (no. 29), referring to its historical site (Petrikirche), was controversial.
These artists regarded the autonomous sculpture as obsolete, postulating that the context – landscape, urban space, the historical or social setting – should be involved in artistic interventions. Joseph Beuys sought a symbolic "healing" of the precarious link between city and citadel by "charging" the hollow space beneath a ramp with beef tallow (no. 25). The project could not be realised *in situ*, but the space was re-cast and the resulting tallow piece exhibited in the State Museum. Michael Asher's mobile caravan, meanwhile, examined the issue of site-specificity through constantly changing locations.
The Sculpture Projects were brought out of the museum into urban space, so drawing outside attention and promoting a gradual change of attitude in Münster itself. Today, Oldenburg's pool balls (no. 286) have become a hallmark of the city.

The projects' approach to public art was clearly still relevant in 1987, when Bußmann and König sought to define the position of 'art in public space' for a second time. The diverse works included iron sculptures by Chillida (no. 69), using the city as a stage for their "performance", site-related "statements" like Ian Hamilton Finlay's epitaph for Annette von Droste Hülshoff (no. 128) and Jenny Holzer's critical additions to a war memorial (no. 125), but also ironic commentaries like Richard Artschwager's cycle-stand (no. 122) and Franz West's seats "eo ipso". Some even questioned the legitimacy of art in public space *per se*, notably Rémy Zaugg with his re-erection of K. H. Bernewitz's sculpture (1935) on Ludgeriplatz (no. 251).
To underline continuity, some artists were invited back again. Asher set up his caravan in the same places. Beuys died before he could realise a new idea, but Serra continued to investigate J. C. Schlaun's architecture. His curved steel panels in the 'cour de honneur' of the Erbdrostenhof respond perfectly to its concave facade, creating an intense urban space.
As Walter Grasskamp remarked, "the charm of the campaign [...] probably lay" in the fact "that the artists' collision with a provincial city unknown to them, if not irrelevant, prompted an intense exchange via its topography, which proved rather inspiring". Judd had interpreted site-specific work in a purely topographical way in 1977 (no. 291), but now Münster's history was a stimulus. Grasskamp rightly highlighted "the part played in the mediation process by curators Bußmann and König", who activated "the city as a narrative space" for the artists invited.
Some artists started out from existing city conditions, like Susana Solano with her accessible city wall by the Buddenturm (no. 118), or Daniel Buren, whose four gates marked the cathedral sanctuary (no. 1). Dan Graham and François Morellet (no. 125) responded to the Palace Gardens in different ways. History also inspired others like Lothar Baumgarten, who lit lamps in the Anabaptists' 'cages' (no. 83), while Sol LeWitt dedicated a black cube near the palace to Münster's murdered Jews.
Dennis Adams' bus shelter recalled National Socialism with its photos of Klaus Barbie's trial (no. 33), but without being site-specific in the strictest sense. In her "Contrary Concert", Rebecca Horn not only remembered the victims of National Socialism, but also transformed the Zwinger prison ruin into a site where past horror could be experienced without voyeurism (no. 119).
Works by Olaf Metzel and Katharina Fritsch also triggered powerful emotions. Metzel created an image of suffering by knocking plaster off walls of the Erphokirche; Fritsch set up a bright yellow Madonna in a pedestrian precinct, provoking emotions from violence to worship.
In some cases, "Site specificity" – the motto of debate on art in public space – was evident in a certain thematic affinity, e.g. Giovanni Anselmo's "Shortened Sky" near the Theology Faculty (no. 30). Siah Armajani "discovered" the garden behind the former Landsbergsche Curia and installed benches and tables here for a "Study Garden" (no. 6). Giuseppe Penone's branch-shaped fountain blends into the park landscape of an old cemetery (Hörster Friedhof) (no. 184).

In 1977, Andre dedicated his "Steel Line" to the founder of Münster Zoo, Hermann Landois, and ten years later Keith Haring erected a second memorial to this popular figure with his red dog on the old zoo site. Ludger Gerdes' "Ship for Münster" (no. 307) responded to Judd's radical break with tradition (no. 291) by explicitly referring to the rich iconography of European garden art.
Many artists showed sensitivity to contradicting urban features: Fischli/Weiss set a banal miniature office building in the gap between the main station's snack bar and cinema, while Thomas Struth projected slides of modern housing onto facades in the old city, contrasting the tourist backdrop of the Altstadt with every day urban housing areas.
Sponsors helped to acquire works for the city on a permanent basis, and the exhibition's success encouraged the city council to repeat the experiment ten years later.

Bußmann and König chose the motto "invite global, act local" for ca. eighty artists in 1997, when proposals for artistic action often replaced concrete sculptures. Marie-Ange Guilleminot offered foot massage in the theatre courtyard, while Tadashi Kawamata experimented with a raft constructed together with patients at the Brijder-Clinic, Alkmar. Reinhard Mucha taught Münster school classes, whose self-staged group photos appear in the catalogue.
The transition from architecture to sculpture was a popular motif alongside "art as the provision of services". Jorge Pardo's pier combined both (no. 287), and Studio van Lieshout's caravans or the Islands by Andrea Zittel suggested alternative housing. Per Kirkeby's brick sculptures on Hindenburgplatz (1987, no. 124) were supplemented by a bus-shelter wall evading all architectonic typology (no. 24). Wolfgang Winter and Berthold Hörbelt built temporary info-huts from plastic crates; Herman de Vries designed his "Sanctuary" in a style echoing Münster Baroque (no. 126).
Some themes and motifs from 1987 were readopted. Landois also inspired Rirkrit Tiravanija, who found photos of the Zoological Society's theatre productions and planned performances of the same plays with an amateur puppet theatre. The city's churches provided renewed stimulus: Ayse Erkmen suggested ways to activate the cathedral facade, none realised, and Huan Yong Ping erected his Guan-yin-Readymade on Marienplatz (no. 56) as a counterpart to the armless crucifix of Ludgerikirche. Reiner Ruthenbeck assembled bicycles under a loden flag in 1987; now Elin Wikström and Anna Brag made a modified cycle that moved backwards. Ilya Kabakov oriented a poetic installation (no. 288) on Judd's work (no. 291), and Tobias Rehberger's Red Bar was also planned as a reactivation of the rings by the Aasee, though finally realised in the H 1 (no. 25). Some artists withdrew to the museum; Thomas Schütte and his "Great Minds", Hermann Pitz with his installation "Inside/Outisde" (no. 8), Maurizio Cattelan's Bremen Musicians or Rachel Whiteread (no. 8), who produced a cast bookcase. Some works shunned public view almost entirely, further variations on Duchamp's idea that art is only recognisable in a specific context; e.g. Andreas Slominski's postage stamp and Raymond Hains' photos of "sculptures de trottoir".
This Münster exhibition highlighted the crossing of genre boundaries; some works were still sculptures in the traditional sense, but video installations or performances were also included. In extreme cases, visual elements were superfluous: Janett Cardiff developed her "Walk Münster" from sounds alone, Maria Eichhorn rejected the aesthetic setting, documenting the acquisition of a plot of land. Finally, Karin Sander's dot marking Münster's absolute centre was only the rather banal outcome of complex calculations (no. 267).
Not least, the curators backed continuity among the artists: Asher set up his caravans again; Serra took up his "Dialogue with Schlaun" in front of Haus Rüschhaus. (no. 348) Dan Graham's "Fun House" on the Promenade echoed his octagonal pavilion of 1987. Franz West responded to Leibniz' question "Why is there something rather than nothing?" with a pink metal ball.
Leibniz was also reflected in the "Best of all Possible Worlds" that Allen Ruppersberg proclaimed with neon signs on various houses in the Altstadt. Ruppersberg referred this "general appreciation of historical and visual pleasure in Münster" to "Candide", also presenting a collection of data and concluding that today the idea of "all that exists is good [...] seems even more grotesque than in Voltaire's day".

The exhibition attracted so many visitors that its organisers feared the experiment could be perverted into a tourist event. Thus Kaspar König, Brigitte Franzen and Carina Plath decided to tighten the "Sculpture Projects" programme in 2007, when only 33 artists were invited.
Dominique Gonzalez-Foerster created a miniature cityscape with selected works from previous Sculpture Projects on the Kanonengraben; ironic comment on Münster as a "playground", or homage to cheerful experimentation? Isa Genzken, contributing for the third time, presented a bizarre work by the Überwasser Church; an assemblage of brightly-coloured umbrellas, chairs and dolls that only reveal their deformation at a second glance.
Genzken was not alone with this social criticism: works by Annette Wehrmann, Andreas Siekmann, Tue Greenfort and Silke Wagner shared the same orientation, Wagner's figure of Paul Wulf being one of the year's most popular works. (Nr. 192) It also involved publication of material from the archives of the Environmental Centre. Wulf's figure functioned as an advertising pillar on which relevant, changing material was posted. The Sculpture Projects 2007 differed from previous shows inasmuch as mediation and clarity were essential not only to the curators, but also to the artists. At the city library, Martha Rosler provided a "reading aid" for her "Unsettling the Fragments", and visitors were expected to trace the almost invisible thread round Mark Wallinger's "Zone" step by step.

At the opening press conference, König emphasised that the projects were for Münster's residents rather than guests, aiming to permeate their awareness during daily tasks. Works like Gustav Metzger's "Aequivalenz-Shattered Stones", recalling the bombing and reconstruction of Coventry and Münster, certainly functioned in this way. Initially, the stones – deposited in various places by forklift – were not noticed, but developed a growing presence in the city.

Previous concepts were continued. Following the motto of 'art as the provision of services', Hans-Peter Feldmann had the public toilets on Domplatz (no. 1) improved with tiled pictures and brightly-coloured chandeliers. Maria Pask's "Beautiful City" continues a line of tradition from Bert Theis' "Philosophical Platform" (1997).

Echoing the cycling theme, Guy Ben-Ner's video installation shows his children building a bicycle from famous modern artworks, from Duchamp to Tinguely, and riding it through Münster. Guillaume Bijl's "Sorry Installation" supplements an artificial archaeological dig; Rosemarie Trockel's minimal hedge sculpture (no. 266) is a counterpart to Judd's concrete rings (no. 291).

The reverse pyramid Bruce Nauman conceived in 1977 was finally realised thirty years later, drawing crowds of interested visitors (no. 306). But links to the concepts of the first Sculpture Projects did not always succeed; Michael Asher's caravan was even stolen for a short time. Public intervention may be expected, in a positive and negative sense.

Thomas Schütte's Cherry Column (no. 53) illustrates the possible impact of a sculpture on our perception of a site, even changing the site itself. Placed as an ironic, playful echo of the brightly-coloured cars parked on Harsewinkelplatz, it became so popular with residents that cars were banned from the square, which was re-urbanised with cafés. A new, decorative fountain was installed, but Schütte called a halt to this 'cuteness' in 2007, erecting a Snow White coffin over the fountain and exhibiting his "Model for a Museum" in its plinth.

Some 2007 Sculpture Projects remain. Trockel's Yew Hedge (no. 290) is rooted by the Aasee. At nearby Tormin Bridge, Sunday visitors can hear part of Offenbach's "Tales of Hoffmann" in Susan Philipsz' sound installation.

Feldmann's intervention draws tourists to the public toilets on Domplatz (no. 1). The 1935 Air Command eagle (no. 50) from Rosler's work "Unsettling the fragments", copies of key objects set around the city, is now oddly lost beside the Münster Arcades (no. 49).

Between the Tuckesburg and Music School is M. Boyce's "mosaic": "We are still and reflective", inspired by Jan and Joel Martel's trees for Mallet-Stevens' garden at the 1925 "Exposition Internationale des Arts Décoratifs et Industrielles Modernes", is still a poetic reflection on nature and transience. (no. 321)

Not all the remaining works can stay "for ever". The "Auto Office House" (no. 36) suffered storm damage. Matt Mullican's "Cosmology" will give way to new building between the chemistry institutes, and P. Wulf's figure (no. 192) must also be removed.

Anmerkungen

Geschichte, Architektur und städtebauliche Entwicklung in Münster

1 Vgl. hierzu und zum Folgenden die Einzelbeiträge des Ausst. Kat. Liudger wird Bischof. Spuren eines Heiligen zwischen York, Rom und Münster, Münster, Stadtmuseum, 2005; dort auch Hinweise auf die ältere Literatur. – Grundlage für jede Beschäftigung mit der Geschichte der Architektur in Münster ist Max Geisberg: Die Stadt Münster (Bau- und Kunstdenkmäler von Westfalen Bd. 41), Münster 1932–1941. Reprint mit Marginalen von Karl Heinz Kirchhoff zur Kennzeichnung der 1977 noch erhaltenen Bauten, 6 Bde., Münster 1977. Die jeweiligen Einträge werden im Folgenden nicht eigens aufgeführt.
2 Paul Pieper: Der Dom zu Münster, Münster 1965. – Martin Kroker: Die Domburg. Archäologische Ergebnisse zur Geschichte der Domimmunität vom 8.–18. Jahrhundert, Mainz 2007.
3 Die in der Vita des heiligen Liudger genannte Marienkirche, in der dessen Leichnam vor seiner Überführung nach Werden aufgebahrt wurde, vermutet man seit Neuestem wieder außerhalb der Domburg im Bereich der alten Siedlung Überwasser.
4 Bernd Thier in: Ausst. Kat. Liudger (wie Anm. 1), S. 247 f.
5 Der Verlauf der Friesischen Straße entsprach im Wesentlichen dem Verlauf von Bogenstraße, Roggenmarkt und Altem Steinweg, die Rheinische Straße entsprach der Aegidiistraße, Rothenburg, Prinzipalmarkt, Alter Fischmarkt, Hörsterstraße. – Vgl. hierzu und zum Folgenden: Martin Balzer: Die Stadtwerdung – Entwicklungen und Wandlungen vom 9. bis 12. Jahrhundert, in: Franz-Josef Jakobi (Hg.): Geschichte der Stadt Münster, Bd. 1, Münster 1993, S. 53–89.
6 Joachim Poeschke: St. Mauritz, in: Joachim Poeschke/Candida Syndikus/Thomas Weigel: Mittelalterliche Kirchen in Münster, München 1993, S. 94–114. Vier der Reliefs wurden durch Repliken ersetzt und befinden sich heute im Westfälischen Landesmuseum in Münster.
7 Nicht weit vom Michaelistor, hinter dem heutigen Rathaus, entstand auch unter bischöflichem Schutz eine jüdische Siedlung, die Immunität genoss. Sie bestand bis zur Pestepidemie 1349/50, die auch in Münster zu Pogromen führte, in deren Folge die jüdische Bevölkerung aus der Stadt vertrieben wurde.
8 Eine Urkunde mit dem Stadtrecht hat sich nicht erhalten, doch werden wichtige Partien daraus in einer Bielefelder Urkunde des Jahres 1326 zitiert, vgl. Wilfried Ehbrecht: Rat, Gilden und Gemeinde zwischen Hochmittelalter und Neuzeit, in: Geschichte (wie Anm. 5), Bd. 1, S. 91–144.
9 Vgl. Der Zwinger in Münster 1528 - 1732 - 1945 - 1997, Münster 2003. – Ausst. Kat. Der Zwinger, Münster, Stadtmuseum, 2007.
10 Der Oberstadtdirektor der Stadt Münster (Hg.): Das Rathaus, Texte: Monika Bröcker/Alfred Pohlmann, Münster 1988. – Otto Ehrenfried Selle: Rathaus und Friedenssaal zu Münster (Westfälische Kunststätten, Heft 93), mit Beiträgen von Karl-Heinz Kirchhoff, Géza Jázai, Bernd Haunfelder, Münster 2002.
11 Karl Hengst: Westfälisches Klosterbuch. Lexikon der vor 1815 errichteten Stifte und Klöster von ihrer Gründung bis zur Aufhebung, Münster 1994, Bd. 2.
12 Vgl. Franz-Josef Jacobi (Hg.): Stiftungen und Armenfürsorge in Münster vor 1800, Münster 1996. – Ders.: Stiftungen, cariatas und memoria im spätmittelalterlichen und frühneuzeitlichen Münster, in: Hans Joachim Behr (Hg.): Geschichte in Westfalen, Warendorf 2002, S. 61–77.
13 Poeschke/Syndikus/Weigel, Mittelalterliche Kirchen in Münster (wie Anm. 6). – Vgl. auch: Uwe Lobbedey: Die Kirchenbauten des Mittelalters im Bistum Münster, in: Ausst. Kat. Imagination des Unsichtbaren. 1200 Jahre Bildende Kunst im Bistum Münster, Münster, Westfälisches Landesmuseum, 1993, 172–213. – Hans-Jürgen Lechtreck: Kirchenschätze. 1200 Jahre Bistum Münster, Bd. 1: Kirchen, hg. von Udo Grote/Reinhard Karrenbrock, Münster 2005.
14 Karl E. Mummenhoff: Die Profanbaukunst im Oberstift Münster von 1450–1650, Münster 1961. – Karl E. Mummenhoff: Bürgerliches Bauen und Wohnen im Wandel der Jahrhunderts, in: Geschichte (wie Anm. 5), Bd. 3, S. 523–568.
15 Die Geschichte des Täuferreichs kurz zusammengefasst mit der Forschungsliteratur bei Ernst Laubach: Reformation und Täuferherrschaft, in: Geschichte (wie Anm. 5), Bd. 1, S 144–247; – vgl. auch: Ausst. Kat. Das Königreich der Täufer, 2 Bde., Münster Stadtmuseum, 2000.
16 Vgl. u.a. Martin Warnke: Durchbrochene Geschichte? Die Bilderstürme der Wiedertäufer in Münster 1534/1535, in: Ders. (Hg.): Bildersturm. Die Zerstörung des Kunstwerks, München 1973, S. 65–98.
17 Weitere Funde 1961 am Neuwerk und 1974 am Mauritztor. Noch 1979 entdeckte man an der Hörsterstraße 50 Fragmente von Skulpturen und Architekturteilen, die allerdings erst nach Ende des Täuferreichs, um 1541/42 verbaut worden waren.
18 Vgl. hierzu Ronnie Po-chi Hsia: Gesellschaft und Religion in Münster 1535–1618, Münster 1989. – Heinz Duchardt: Protestanten und „Sektierer“ im Sozial- und Verfassungsleben der Bischofsstadt im konfessionellen Zeitalter, in: Geschichte (wie Anm. 5), Bd. 1, S. 217–247.
19 Alwin Hanschmidt: Zwischen Stadtautonomie und fürstlicher Stadtherrschaft (1580–1661), in: Geschichte (wie Anm. 5), Bd. 1, S. 250–299.

20 Vgl. Eduard Hegel: Die Jesuiten in Westfalen (16.–18. Jahrhundert), in: Ausst. Kat. Köln-Westfalen 1180–1980, Münster, Westfälisches Landesmuseum, Köln, Josef-Haubrich-Kunsthalle 1980/81, S. 363–368. Karl Hengst, Jesuiten in Westfalen – Geschichte, Wirkung und Bedeutung, in: Ausst. Kat. Monastisches Westfalen. Klöster und Stifte 800–1800, Münster, Westfälisches Landesmuseum, 1982, 227–233.

21 Günter Lassalle: 1200 Jahre Paulinum in Münster 797–1997, Münster 1997.

22 Karl Josef Schmitz: Die Grundlegung eines neuen Kirchenbautyps in der Jesuitenkirche St. Peter zu Münster, in: Ders.: Grundlagen und Anfänge barocker Kirchenbaukunst in Westfalen, Paderborn 1969, S. 30–54. Candida Syndikus: St. Petri, in: Poeschke/Syndikus/Weigel, Mittelalterliche Kirchen in Münster (wie Anm. 6), S. 232–240.

23 Jochen Luckhardt: Jesuitenkirchen des 16. und 17. Jahrhunderts in Köln und Westfalen, in: Ausst. Kat. Köln- Westfalen (wie Anm. 20), S. 425–433. – Karl Josef Schmitz, Die Kirchenbaukunst der Jesuiten in Westfalen, in: Ausst. Kat. Monastisches Westfalen (wie Anm. 20), S. 473–483. – Siegfried Rudigkeit: Die Baumeister der Jesuiten in Westfalen, in: Ausst. Kat. Johann Conrad Schlaun 1695–1773. Architektur des Spätbarock in Europa, Münster, Westfälisches Landesmuseum, 1995, S. 638–645.

24 Vgl. zur Architektur der Neuzeit in Münster: Klaus Bußmann: Architektur der Neuzeit, in: Geschichte (wie Anm. 5), Bd. 3, S. 463–524.

25 Franz-Josef Jakobi (Hg.): Das Krameramtshaus zu Münster 1589–1989. Zeugnis für 400 Jahre Stadtgeschichte, Münster, Stadtarchiv 1989.

26 Vgl. Helmut Lahrkamp: Münster als Schauplatz des europäischen Friedenskongresses (1643–1649), in: Geschichte (wie Anm. 5), Bd. 1, S. 301–324, hier: S. 304 – Ausst. Kat. 30jähriger Krieg. Münster und der Westfälische Frieden, 2 Bde., Münster, Stadtmuseum, 1998.

27 Ausst. Kat. Bommen Berend, Peter Berghaus (Bearb.), Münster, Westfälisches Landesmuseum, 1972. – Norbert Reimann: Die Haupt- und Residenzstadt an der Wende zum 18. Jahrhundert, in: Geschichte (wie Anm. 5), Bd. 1, S. 325–363.

28 Norbert Reimann: die Haupt- und Residenzstadt an der Wende zum 18. Jahrhundert, in: Geschichte (wie Anm. 5), Bd. 1, S. 325–36; hier: S. 346–363. – Norbert Börste (Hg.): Ferdinand von Fürstenberg, Fürstbischof von Paderborn und Münster, Friedensfürst und Guter Hirte, Paderborn 2004. – Jörg Ernesti: Ferdinand von Fürstenberg (1626–1683), Paderborn 2004.

29 Klaus Bußmann: Zur Planungs- und Baugeschichte der münsterschen Residenz, in: Ausst. Kat. Johann Conrad Schlaun 1695–1773, Ausstellung zu seinem 200. Todestag, Münster, Landesmuseum, 1973 (Schlaunstudie 1, S. 178–194).

30 Helmut Lahrkamp: Corfey und Pictorius. Notizen zur Münsters 1700–22, Westfalen 58, 1980, S. 139–152. – Mummenhoff, Karl E.: Beiträge zum architektonischen Œuvre des Lambert Friedrich Corfey, in: Westfalen 62, 1984, S. 93–128.– Hans Josef Böker: Vorläufer und Konkurrenten – Pictorius und Corfey, in: Ausst. Kat. Johann Conrad Schlaun 1695–1773. Architektur des Spätbarock in Europa, Münster, Westfälisches Landesmuseum, 1995, S. 622–637. – Jörg Niemer: Gottfried Laurenz Pictorius, Diss., Münster 2002. – Die Baumeisterfamilie Pictorius, Coesfeld 2005. – Vgl. auch: Eugen Müller: Die Adelshöfe der Stadt Münster, Münster 1930.

31 Böker, Vorläufer und Konkurrenten (wie Anm. 30), S. 632 f. – Gerd Dethlefs „weylen dieses Werk zur Splendeur der Kirchen gereichet". Die Planungen von Corfey und Pictorius für die Kettlersche Doppelkurie am Domplatz, in: Udo Grote (Hg.): Westfalen und Italien. Festschrift für Karl Noehles, Petersberg 2002, S. 153–171. – Vgl. auch: Lambert Friedrich Corfey: Reisetagebuch 1698–1700, hg. von Helmut Lahrkamp, Münster 1977.

32 Zitiert nach: Bußmann, Architektur der Neuzeit (wie Anm. 24), S. 477.

33 Jochen Luckhardt: Die Dominikanerkirche des Lambert Friedrich Corfey zu Münster. Studien zu Geschichte, Form und Funktion einer Ordenskirche „um 1700", Münster 1978.

34 Für das Œuvre und die umfangreiche Literatur zu Schlaun sei verwiesen auf: Florian Matzner/Ulrich Schulze: Johann Conrad Schlaun 1695–1773. Das Gesamtwerk, hg. von Klaus Bußmann, Stuttgart 1995. – Ausst. Kat. Schlaun (wie Anm. 30).

35 Zu Clemens August vgl. Ausst. Kat. Kurfürst Clemens August. Landesherr und Mäzen des 18. Jahrhunderts, Brühl, Schloss Augustusburg, 1961. – Ausst. Kat. Clemens August. Fürstbischof, Jagdherr, Mäzen. Katalog zu einer Kulturhistorischen Ausstellung aus Anlass des 250jährigen Jubiläums von Schloss Clemenswerth, Bramsche 1997.

36 Karin Elisabeth Zinkann: Der Typ der Maison de Plaisance im Werke von Johann Conrad Schlaun, Münster 1989 (Schlaunstudie 4), S. 43 f.

37 Rudolfine Freiin von Oer: Residenzstadt ohne Hof, in: Geschichte (wie Anm. 5), Bd. 1, S. 365–409.

38 Alwin Hanschmidt: Franz von Fürstenberg als Staatsmann, Münster 1969. – Ders.: Franz von Fürstenberg, in: Ausst. Kat. Amalia Fürstin von Gallitzin. Meine Seele ist auf der Spitze meiner Feder, hg. von Petra Schulz/Erpho Bell, Universitäts- und Landesbibliothek Münster 1998, S. 43–51.

39 Ders.: Die erste Münstersche Universität 1773/80–1818. Vorgeschichte, Gründung und Grundzüge ihrer Struktur und Entwicklung, in: Heinz Dollinger (Hg.): Die Universität Münster 1780–1980, Münster 1980, S. 3–28.

40 Zitiert nach Oer (wie Anm. 37), S. 387.

41 Klaus Bußmann: Wilhelm Ferdinand Lipper, Münster 1972.

42 Walter Kordt: Adolph von Vagedes. Ein rheinisch-westfälischer Baumeister der Goethezeit, Ratingen 1961.

43 Monika Lahrkamp: Jahre des Umbruchs – Säkularisation und Französische Herrschaft, in: Geschichte (wie Anm. 5), Bd. 2, S. 1–45. – Vgl. Ausst. Kat. Napoleon. Trikolore und Kaiseradler über Rhein und Weser, hg. von Veit Veitzke,Wesel/Minden, Preußen-Museum Nordrhein-Westfalen, Köln 2007.

44 Von Vincke hatte schon 1804 den Freiherrn vom Stein als Leiter der preußischen Verwaltung in Münster abgelöst. Vgl. Hans-Joachim Behr/Jürgen Kloosterhuis (Hg.): Ludwig Freiherr Vincke. Ein westfälisches Profil zwischen Reform und Restauration in Preußen, Münster 1994, S. 365–388.

45 Die Architektur des 19. Jh. in Münster ist bislang nur lückenhaft erforscht. Vgl. u.a. Martin D. Sagebiel: Das öffentliche Bauwesen in Westfalen zu Vinckes Zeit, in: Behr/Kloosterhuis, Vincke (wie Anm. 44), S. 365–388. – Ders.: Preußische Verwaltungsbauten in Münster 1814–1918 in Karten und Plänen, Ausst. Kat. Münster, Staatsarchiv, 1992. – Ursula Richard-Wiegand: Münster von der Provinzial- zur Gauhauptstadt. Siedlungsstrukturelle Entwicklung von 1815 bis 1939, Siedlungswachstum der Stadt Münster vom 19. Jahrhundert bis zum Zweiten Weltkrieg, Münster 1991.

46 Ludwig Schreiner: Westfalen (Karl Friedrich Schinkel. Lebenswerk, Bd. 13), München 1969, S. 20–27.

47 Eva Börsch-Supan: Berliner Baukunst nach Schinkel, München 1977, S. 661–663, hier: S. 663, Nr. 18. – Bernhard Sicken, Münster als Garnisonstadt – Allgemeine Wehrpflicht und Kasernierung, in: Geschichte (wie Anm. 5), S. 727–766.

48 Ludwig Schreiner, Westfalen (wie Anm. 46), S. 282–283. – Börsch-Supan, Berliner Baukunst (wie Anm. 47), S. 560–563, hier: S. 562, Nr. 25. – Sagebiel, Preußische Verwaltungsbauten (wie Anm. 45), S. 92–103, Nr. 12. – Patrick Schmitz: Die Architektur des neuen Zuchthauses zu Münster, Magisterarbeit, Münster 2000. – Dieter Wever: 150 Jahre Justizvollzugsanstalt Münster, Münster 2003. – Angelika Oelgeklaus: Das Gefängnis in Münster (1845–1853) von C. F. Busse, Magisterarbeit, Bonn 2004; Zusammenfassung in: Peter Johanek (Hg.): Forschungsbericht 2006, Institut für vergleichende Städtegeschichte, S. 25 f.

49 Vgl. Gisela Noehles: Zum Bildprogramm des Landesmuseums in Münster von 1908, in: Westfalen 54, 1976, S. 167–203; hier: S. 173–180.

50 Klaus Peters: Leben und Werk des Architekten Julius Carl Raschdorff (1823–1914), Hannover 2004, S. 36–41.

51 Jörg A. E. Heimeshoff: Historistische Architektur in Theorie und Ausführung: Der Baumeister Emil von Manger, Bonn 1982, berücksichtigt nur die neogotischen Kirchenbauten, weshalb weder Diözesanmuseum noch das Langhaus von St. Mauritz berücksichtigt werden.

52 Sagebiel, Preußische Verwaltungsbauten (wie Anm. 45), S. 84–93, Nr. 11.

53 Vgl. Dollinger, Universität (wie Anm. 39). – Erhard Obermeyer: Universität Münster. Ein Porträt, Münster 1992. – Sagebiel, Preußische Verwaltungsbauten (wie Anm. 45), S. 110–121, Nr. 15. – Zu Hilger Hertel d. Ä. vgl. Martin Dondrup: Materialien zum Kirchenbau des 19. Jahrhunderts im Münsterland. Studien zu Bauten Hilger Hertels d. Ä., Münster 1981. – Ursula Markfort: Die Sakralbauten der Baumeisterfamilie Hertel, Aachen/Mainz 1996, bes. S. 13–15.

54 Agnes Seemann: Die Postpaläste Heinrich von Stephans, Zweckbauten für den Verkehr oder Architektur im Dienste des Reiches?, Diss., Kiel 1990. – Peters, Raschdorff (wie Anm. 50), S. 140–142.

55 Ebd. S. 140.

56 Sagebiel, Preußische Verwaltungsbauten (wie Anm. 45), S. 61–71.

57 Zitiert nach: Sagebiel, Preußische Verwaltungsbauten (wie Anm. 45), S. 66. Die Passage fehlt merkwürdigerweise in der Publikation im Zentralblatt der Bauverwaltung 7, 1887, S. 386 f. – Offenbar ließ man sich aber weniger von der örtlichen Architektur anregen, sondern orientierte sich u.a. an August Ortwein/ August Scheffers: Deutsche Renaissance, Leipzig 1875, und an dem suggestiven Mappenwerk von K.E.O. Fritsch: Denkmäler deutscher Renaissance, Berlin 1891; Mappe 3, Taf. 199–202 zeigen Bauten am Prinzipal- und Roggenmarkt. – Vgl. Sagebiel, Preußische Verwaltungsbauten (wie Anm. 45), S. 64.

58 Vgl. Margit Heinker: Die Architekur der deutschen Reichsbank, Münster 1988.

59 Heiko K. L. Schulze: Das Westfälische Provinzialmuseum Münster. Planung, Entwürfe, Wettbewerbe 1879–1908, Ausst. Kat. Münster, Westfälisches Landesmuseum für Kunst und Kulturgeschichte, 1983.

60 Hierzu und zum Folgenden grundlegend: Richard-Wiegandt, Münster von der Provinzial- zur Gauhauptstadt (wie Anm. 45).

61 Eberhard Grunsky: Beispiele früher Waren- und Kaufhausbauten im Ruhrgebiet und ihre großen Vorbilder, in: Westfalen 72, 1994, S. 406–488.

62 Vgl. Peters, Raschdorff (wie Anm. 50), S. 158 f.

63 Zur wirtschaftlichen Entwicklung der Stadt vgl. Richard H. Tilly: Handel, Banken, Handwerk und Industrie (1815–1854), in: Geschichte (wie Anm. 5), Bd. 2, S. 543–585.

64 Karl E. Mummenhoff: Bemerkungen zu Bauten Alfred Hensens in Münster, in: Westfalen 56, 1978, S. 193–212. – Otto Sarrazin, Regierungsbaumeister Alfred Hensen (1869–1931), in: Westfalen 56, 1978, S. 188–192. – Resi Kreis/Franz-Josef Nordmann: Alfred Hensen 1867–1931, Abschlussarbeit FH Münster, 1979/80. – Sylvia Schildheuer: Der Münsteraner Architekt Alfred Hensen (1869–1931), Magisterarbeit, Münster, Institut für Kunstgeschichte, 1992.

65 Gerhard Kratzsch: Freiherr von Kerckerinck zu Borg und die westfälische Kommission für Heimatschutz, in: Behr, Geschichte (wie Anm. 12), S. 135–143. – Ders.: Engelbert Reichsfreiherr von Kerckerinck zu Borg, Münster/Aschendorff 2004.

66 Vgl. Ernst Hövel: Münster im Backsteinbau, in: Deutschlands Städtebau. Münster/Westf./Berlin Halensee

1920, S. 13–18. – Axel Schollmeier: Abgelehnt und nachgeahmt – Zur Rezeption Johann Conrad Schlaun, in: Ausst. Kat. Johann Conrad Schlaun in Münster, Münster, Stadtmuseum, 1995, S. 114–125.

67 Vgl. Hugo Busch: Architekturen. Rüschenschmidt & Schräder, Düsseldorf 1926.

68 Eugen Lauffer: Das Siedlungswesen, in: Erwin Stein (Hg.): Monographien deutscher Städte. Darstellung deutscher Städte und ihrer Arbeit in Wirtschaft, Finanzwesen, Hygiene, Sozialpolitik und Technik, Bd. XXXV: Münster in Westfalen, Berlin 1930, S. 185–194. – Ludger Grevelhörster: Münster zu Anfang der Weimarer Republik. Gesellschaft, Wirtschaft und kommunalpolitisches Handeln in der westfälischen Provinzialhauptstadt 1918–1924 (Paderborner Historische Forschungen 4), Schernfeld 1993, bes. S. 154–172.

69 Die erste Siedlung, errichtet durch den Beamtenwohnungsverein entstand 1912–1914 an der Liboristraße. Vgl. Richard-Wiegandt, Münster von der Provinzial- zur Gauhauptstadt (wie Anm. 45), S. 115.

70 Vgl. Lauffer, Siedlungswesen (wie Anm. 68). – Andreas Daniel, Heinrich Kempel, Birgitta Ringbeck: Heimstätten sind besser als Heilstätten. 100 Jahre Wohnungsförderung der Landesversicherungsanstalt Westfalen, Ausst. Kat. Landesversicherungsanstalt Westfalen, Münster 1993. – Birgitta Ringbeck: Architektur und Städtebau unter dem Einfluß der Heimatschutzbewegung, in: Edeltraud Klueting (Hg.): Antimodernismus und Reform: Zur Geschichte der deutschen Heimatbewegung, Darmstadt 1991, S. 216–287.

71 Josef Wiefeld: Die Kriegerheimstätte auf der Geist, in: Deutschlands Städtebau. Münster/Westf./Berlin Halensee 1920, S. 24–27. Sylvaine Hänsel: Westfalens gepriesene Gartenstadt. Siedlungsbau in Münster nach dem Ersten Weltkrieg, in: Neue Tradition. Europäische Architektur im Zeichen von Traditionalismus und Regionalismus, Kai Krauskopf u.a. (Hg.), Dresden 2012, 65–86.

72 Stadt-Vermessungsdirektor Brand: Der Bebauungsplan für das Siedlungsgelände auf der Geist, in: Deutschlands Städtebau (wie Anm. 71), S. 19 f.

73 Zu Wolf vgl. Martin Neitzke: Gustav Wolf. Bauen für das Leben. Neues Bauen zwischen Tradition und Modern, Tübingen/Berlin 1993.

74 Wolfgang Hoffmann: Rückblick auf ein Jahrhundert genossenschaftlicher Bautätigkeit. Der Wohnungsverein Münster von 1893 eingetragene Genossenschaft, Münster o. J. [1993], bes. S. 55–59.

75 Vgl. Lauffer, Siedlungswesen (wie Anm. 68), Abb. S. 191.

76 Vgl. Karl Hagemann: Münster – Stadt der Kirchen. 70 Gotteshäuser und ihre Gemeinden im Porträt. Münster 1983, S. 28–30.

77 Vgl. Jost Schäfer: Neues Bauen in Westfalen – Wohnhäuser der 20er Jahre, in: Westfalen 72, 1994, S. 89–519. – Jost Schäfer: Wohnhäuser aus der Tradition der Bauhaus-Moderne in Westfalen. Beispiele zur Vielfältigkeit eines Ideals, in: Ausst. Kat. basis bauhaus ... westfalen, hg. von Ulrich Hermanns, Münster, Westfälisches Museumsamt, Ahlen, Kunstmuseum, 19962, S. 39–48.

78 Christoph Hüsing: Untersuchungen zu den Bauten des münsterschen Architekturbüros Mönig und Strupp, Magisterarbeit, Münster, Institut für Kunstgeschichte, 1996.

79 Vgl. Georg Diening & Söhne, Münster i.W., Nordhorn (Hannover), Martin Richard Möbius (Einl.), Berlin/Leipzig1932.

80 Ausst. Kat. Dominikus Böhm 1880–1995, Frankfurt am Main, Deutsches Architekturmuseum/Köln, Museum für angewandte Kunst, 2005, Nr. 217, 241, 330.

81 Die Brücke wurde 1988 durch einen Neubau ersetzt. Isolde Maria Weineck: Torminbrücke, Baugeschichte, Planungen, Neubau, Münster 1988. – Isolde Maria Weineck/Christian Schröder: Torminbrücke, Neubau. Rückblick. Zur Diskussion gestellt, Münster 1989.

82 Vgl. Das schöne Münster 3, 1931, Heft 9.

83 Vor dem Zweiten Weltkrieg wurden nur die Häuser Waldeyer und Eupener Straße gebaut.

84 Vgl. Joachim Kuropka: Münster in nationalsozialistischer Zeit, in: Geschichte (wie Anm. 5), S. 285–330.

85 Vgl. Geschichte (wie Anm. 5), Bd. 2, S. 318.

86 Jost Schäfer: Das ehemalige Lufftkreiskommando IV in Münster von Ernst Sagebiel, in: Westfalen 76, 1998, S. 380–401.

87 Diese erhielten am 31.3.1939 die Bestästigung durch den „Erlaß des Führers und Reichskanzlers über städtebauliche Maßnahme in der Stadt Münster (Westf.)".

88 Das schöne Münster 3, 1931, Heft 23, S. 353–365.

89 Vgl. z.B. Unterkünfte für die motorisierte Gendarmerie im Münsterland, in: Zentralblatt der Bauverwaltung 63, 1943, S. 131–139.

90 Vgl. Neue Bauten des Heeres, in: Moderne Bauformen 42, 1943, 109–124.

Architektur in Münster: Vom Wiederaufbau bis heute

1 Der Angriff ereignete sich am 16.05.1940, bei dem 6 Bomben die Dortmunder Straße trafen.

2 Folgende Hochbunker aus der Bauzeit 1941–44 haben sich bis heute erhalten: Emsstraße, Hammer Straße (Schützenhofbunker), Hermannstadtweg, Lazarettstraße (Nr. 139), Möllmannsweg, Ottostraße/Lambertistraße, Schaumburgstraße, Von-Kluck-Straße sowie ein Lazarettbunker am Franziskus-Hospital. Ein Bunker an der Lotharinger-Straße wurde 2001 im Zuge des Neubaus einer Dreifachsporthalle (Nr. 108) abgerissen. Weitere Informationen: www.7grad.org (Georg Sehrbrock).

3 Vgl. hierzu: Herbert Mainusch: Vorwort, in: Ian Hawkins, Münster, 10. Oktober 1943 – Alliierte und deutsche Kampfflieger und Betroffene in der Stadt schildern die schrecklichen Ereignisse während des Luftangriffs, Münster 1983. Der Befehl lautete, die Stufen des Doms zu treffen.
4 Durth, Werner/Gutschow, Niels: Träume in Trümmern – Stadtplanung 1940–1950, München 1993, S. 947.
5 Der Leiter des Stadtplanungsamtes war 1946/47 Wolfgang Pantenius, dann übernahm Josef Wolff 1948/49 das Amt. Im Zeitraum 1949–1956 folgte Edmund Scharf, der ebenso von 1946–61 das Baupflegeamt leitete. 1956–77 war Karl Brinkmann Leiter des Stadtplanungsamtes (Quelle: Gutschow, Niels/ Stiemer, Regine: Wiederaufbau – Dokumentation der Stadt Münster 1945–1961, Münster 1982).
6 Durth, Werner/Gutschow, Niels: Träume in Trümmern – Stadtplanung 1940–1950, München 1993, S. 948.
7 Harald Deilmann im Interview mit Stephan Strauss, in: Der Architekt, Ausgabe 9/00, Köln 2000, S. 43.
8 Gutschow, Niels/Stiemer, Regine: Wiederaufbau – Dokumentation der Stadt Münster 1945–1961, Münster 1982, S. 41.
9 Geisberg, Max: Bau- und Kunstdenkmäler von Westfalen, 41, 6 Bände, Münster 1932–1941.
10 Pehnt, Wolfgang: Deutsche Architektur seit 1900, Ludwigsburg/München 2005, S. 247.
11 Einwohnerzahl Münster: 180.117 (1960), 200.448 (1974), 264.546 (1975, nach Gebietsreform), 269.696 (1980) – Quelle: Stadtverwaltung.

Die „Skulptur Projekte" – ein künstlerisches Langzeitexperiment

1 Die Literatur zum Thema „Kunst im öffentlichen Raum" oder gar zum Problem des sich erweiternden Kunstbegriffs ist abundant und kann in diesem Zusammenhang unmöglich diskutiert werden. Der Überblick will als Ergänzung zu der Einführung in die Geschichte und Architektur die Geschichte der Skulptur Projekte skizzieren, um eine Einordnung der im Stadtbild noch präsenten Arbeiten zu erleichtern. – Vgl. vor allem die Kataloge: Ausst. Kat. Skulptur. Ausstellung in Münster, Westfälisches Landesmuseum, 1977. – Ausst. Kat. Skulptur Projekte in Münster 1987, hg. von Klaus Bußmann, Kasper König, Köln 1987. – Skulptur. Projekte in Münster 1997, hg. von Klaus Bußmann, Kasper König, Florian Matzner, Stuttgart 1997. – skulptur projekte münster 07, hg. von Brigitte Franzen, Kasper König, Carina Plath, Köln 2007. – Claudia Büttner hat außerdem im Katalog 2007 eine vorzügliche, kommentierte Bibliographie zum Thema Kunst und Öffentlichkeit vorgelegt.
2 Klaus Bußmann: Skulpturprojekte 1977–1977. Erinnerungen, in: Ausst. Kat. Skulptur Projekte Münster 1997. Fotografien von Barbara Klemm, Münster, Stadtmuseum, Berlin 2007, S. 13–24, hier: S. 16.
3 Bruce Naumans „Square Depression" konnte damals aus technischen Gründen nicht realisiert werden.
4 Beuys' Angebot, die Arbeit dem westfälischen Landesmuseum zu schenken, wurde, allerdings gegen den Widerstand der Kuratoren, abgelehnt. Sie bildet heute das Zentrum des Beuys-Saales im Hamburger Bahnhof in Berlin.
5 Auch dabei waren die Künstler Carl Andre und Ulrich Rückriem. Nicht realisiert wurden Claes Oldenburgs zwei weitere Kugeln und Donald Judds Loch im Aasee.
6 Walter Grasskamp: Kunst und Stadt, in: Ausst. Kat. Münster 1997 (wie Anm. 1), S. 7–41, hier: S. 35.
7 Ebd.
8 So Grasskamp, ebd. S. 37.
9 Ausgeführt wurde das Projekt „Sculpture on the Air"; vgl. Ausst. Kat. Münster 1997 (wie Anm. 1), S. 142–149.
10 Vgl. Gottfried Wilhelm Leibniz: Die philosophischen Schriften, hg. von C. I. Gerhardt, 7, (1890[1]), Hildesheim/New York 1978, S. 289, § 1. West in Ausst. Kat. Münster 1997 (wie Anm.1), S. 442, beruft sich allerdings auf Parmenides, B 6, zitiert nach d. Ausg. von Ernst Heitsch, München 1974, S. 23.
11 Vgl. Ausst. Kat. Münster 1997 (wie Anm.1), S. 347–353.
12 Wulf, gleichermaßen tragische Figur und Sonderling, war 1938 als schwachsinnig abgestempelt und zwangssterilisiert worden. Nach dem Ende des Dritten Reichs kämpfte er dreißig Jahre lang für Anerkennung des angetanen Unrechts und Zahlung einer Entschädigung. Dabei entstand ein umfangreiches Archiv, dessen Bestände er der Öffentlichkeit zugänglich machte. 1991 erhielt Paul Wulf für sein Lebenswerk das Bundesverdienstkreuz. Sein Nachlass befindet sich im Polizeimuseum in der Villa ten Hompel.
13 Vgl. die entsprechenden Umfragen in der Münsteraner Tagespresse.

Führer durch die Stadt

1
Domplatz

4 Tore
1987
Daniel Buren
Art and Music
1987
Richard Tuttle
WC-Anlage
2007
Hans-Peter Feldmann

Bezirksregierung

Domvikarie am Horsteberg, 1775

Remise der früheren Dompropstei, 1724

Daniel Buren, Tor, Standort Domgasse; im Hintergrund ein Teil der Immunitätsmauer

Das Gebiet des Domplatzes entspricht der östlich über der Aa gelegenen, um 792/93 gegründeten Klosteranlage, die sich nach der Weihe Liudgers zum Bischof 805 rasch ausweitete und um 900 durch eine Wallanlage als Domburg befestigt wurde. Den Verlauf des Walls zeichnen noch heute Rothenburg, Prinzipalmarkt, Roggenmarkt, Bogenstraße und Spiekerhof nach. Nach den verheerenden Bränden 1121 und 1197 blieb dieses Areal den Mitgliedern der Domkurie vorbehalten. Diese eigentümliche Situation, dass das Zentrum der Stadt zugleich aus dieser ausgegliedert und sowohl juristisch als auch städtebaulich unabhängig war, nahm Daniel Buren zum Ausgangspunkt seiner Arbeit für das Skulpturenprojekt 1987. Von den vier Aluminiumtoren, die am Geisbergweg, an der Domgasse, am Spiegelturm und am Jesuitengang Schnittstellen von Stadt und Zentrum markierten, rahmt das rot-weiß gestrichene Tor an der Domgasse bis heute den Durchblick vom Domplatz auf einen Rest der Immunitätsmauer des 12. Jahrhunderts.
Die Domherren errichteten repräsentative Höfe. Der älteste erhaltene Teil einer solchen Kurie ist der Westflügel des Nagelschen Hofs (Domplatz 34 a) nordöstlich des Domchores, den hofseitig ein Doppelwappen von 1629/37 schmückt. Neben den Bauten von Pictorius (Nr. 2, 6) und Corfey (Nr. 2, 4) steht am Geisbergweg 8 noch die Remise der früheren Dompropstei, die ab 1832 das Lehrerinnenseminar beherbergte. Der Wappenstein nennt den Bauherrn und das Jahr 1724. Das Gebäude wurde im 19. Jh. aufgestockt und mehrfach verändert. Als nach dem Wiener Kongress Münster zur Provinzialhauptstadt wurde, war auch das Ende der Domfreiheit gekommen. Die preußische Regierung ließ nach und nach am Domplatz repräsentative historistische Architekturen errichten, die den Ort zum politischen und kulturellen Zentrum der Stadt wandelten. Von diesen Bauten haben sich nur das Reichsbankgebäude (Nr. 10) und das Westfälische Landesmuseum (Nr. 8) erhalten.
Das Regierungspräsidium im Stil der Neorenaissance (Spolien im Hof am Geisbergweg erhalten) musste 1967 dem Neubau von B. Dirksmeier und H. Richter weichen, der 2005/06 durch Kresing modernisiert wurde. Anders als dieser geben sich sowohl das zur Universität gehörende Fürstenberghaus (1950 nach einem Entwurf von Hans Malwitz) an der Westseite und die Post (1956, Hans-Joachim Orth) als auch die Darlehnskasse des Bistums Münster Am Horsteberg (1975–78, Karl Terhechte) betont zurückhaltend.

Richard Tuttle, Art and Music

Die Wand des schmalen Durchgangs am Fürstenberghaus wählte Richard Tuttle 1987 für seine zweiteilige Arbeit mit dem Titel „Art and Music". Ein zwei Meter hoher, hölzerner „Bassschlüssel", gestützt auf konsolartig angebrachte Doppelpunkte, versteckt sich auf der einen Seite der Backsteinmauer an der Ausfahrt zum Markt. Die gleiche Figur, um 90 Grad gedreht und von einer quadratischen Stahlplatte hinterfangen, hängt auf der anderen Mauerseite, am Fuß der zur Aa hinunterführenden Treppe.
Eine Attraktion ganz eigener Art bieten die Toiletten, die Hans-Peter Feldmann als Beitrag zu den Skulptur Projekten 2007 renovieren und opulent ausgestalten ließ, ein nützlicher und angenehmer Gegenentwurf zur sonstigen Tristesse öffentlicher Bedürfnisanstalten.

The area of Domplatz corresponds to the early settlement East of the Aa with the monastery (792/93) at its centre. After fires (1121 and 1197), the cathedral curia took it over. This strange situation – the city's very centre was separate from it, legally and developmentally independent – inspired Daniel Buren's sculptural project 1987. Aluminium gates marked interfaces between city and centre; the red/white gate on Domgasse still frames the vista from Domplatz to remains of a 12th century sanctuary wall. The oldest relic of the curia's courts is the W. wing of Nagelscher Hof (Domplatz 34 a). Geisbergweg 8 belonged to the provost's house; used as a teaching seminary from 1832 and altered in the 19th century. Münster became a provincial capital after the Vienna Congress, and the Prussians built on Domplatz: of the prestigious, historicising structures, the imperial bank (no. 10) and the Westphalian State Museum (no. 8) survive.
The neo-Renaissance government headquarters was replaced by B. Dirksmeier and H. Richter in 1967, modernised 2005/06 (Kresing). It emphasises material and formal contrasts; by contrast, the Fürstenberghaus (1950, H. Malwitz), post office and the Bank of the Bishopric of Münster, Am Horsteberg (1975–78, Karl Terhechte) are deliberately restrained. In 1987, Tuttle chose a wall by the Fürstenberghaus for his work "Art and Music": a wooden "bass clef" (2 m) is set on one side of the brick wall by the market place. The same figure, turned 90° and backed by a steel panel, hangs by the steps to the Aa.

2
Ehem. Bischöflicher Hof

Domplatz 27
1732
Lambert Friedrich Corfey oder Peter Pictorius d. J.

Zustand vor 1943

Der dreiflügelige Backsteinbau wurde im Zweiten Weltkrieg zerstört und von Eberhard-Michael Kleffner in stark vereinfachter Form wieder aufgebaut, so dass seine architektonische Qualität nur andeutungsweise zu erkennen ist. Während die Seitenflügel mit den rustizierten Eckeinfassungen und den Fensterrahmungen aus Sandstein dem Original relativ nahe kommen, erfuhr das Corps de Logis starke Veränderungen, indem man die Zahl der Achsen erhöhte, und Dachgauben einfügte. Als Blickfang fungierte ursprünglich der Mittelrisalit, der wie ein ionischer Tempel gestaltet war, ein seltenes Zeugnis für die Nachwirkung der Architektur Palladios auch in Münster. Da man zeitweilig Schlaun, von dem das Ehrenhofgitter stammt, auch für die Architektur in Anspruch nehmen wollte, schienen diese klassizistischen Elemente nicht ins Bild zu passen, so dass man sie nicht wiederherstellte. Inzwischen nimmt man P. Pictorius d. J. oder, wahrscheinlicher, Corfey als Baumeister an. Zusammen mit der ehem. Kettlerschen Doppelkurie ergibt sich hier der beste Eindruck der historischen Situation am Domplatz.

The 3-wing brick building was destroyed in the WW2 and rebuilt more simply by Kleffner. The side wings with rustic cornering and sandstone window frames reflect the original, but axes and dormers were added to the Corps de Logis. The central projection in Ionic temple style is rare evidence of Palladio's influence in Münster. Such Classicist elements did not comply with former attribution to Schlaun and were not reconstructed. Evidence now suggests Pictorius or Corfey as the architect. Together with the Kettlersche Doppelkurie, it conveys a fine impression of the historical Domplatz.

3
Dom St. Paulus
Domplatz 33
1225–64

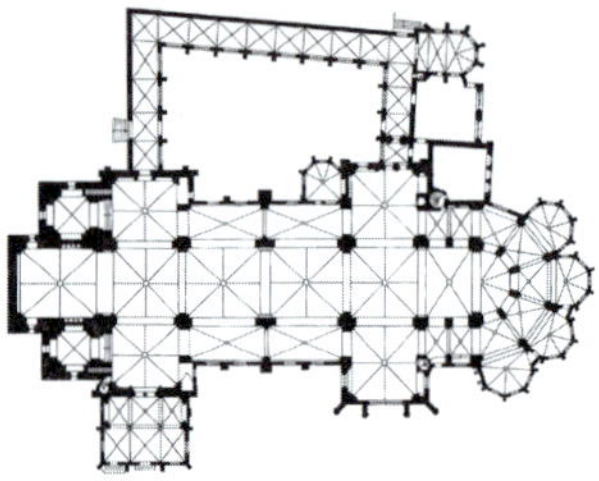

Der auf den 805 zum Bischof geweihten Liudger zurückgehende Ursprungsbau ist ebenso wie der 1090 von Bischof Erpho geweihte Nachfolgbau nur ansatzweise archäologisch rekonstruiert. Das gilt auch für die nördlich davon im Bereich des Domherrenfriedhofs gelegene Saalkirche des 9. Jh., die im 12. Jh. vergrößert und 1377 abgebrochen wurde. Die 1225 begonnene und 1264 geweihte dreischiffige Basilika mit Chor und Querhaus im Osten und Westen nutzt zum Teil die Fundamente des Vorgängerbaus. Sie ist der größte der westfälischen Dome und wurde im Zweiten Weltkrieg stark zerstört und unter weitgehender Beseitigung späterer Zutaten, insbesondere der Ausmalung des 19. Jh., wiederaufgebaut. Westchor und Türme lassen sich schon durch das Bruchsteinmauerwerk und die schweren, wenig gegliederten Formen im Außenbau leicht als die ältesten Teile des Doms erkennen. Das prächtige Westportal des 16. Jh. wollte man nach dem Zweiten Weltkrieg nicht rekonstruieren; den im Tympanon angebrachten Einzug in Jerusalem von Heinrich Brabender findet man heute im Landesmuseum. Stattdessen entwarf Emil Steffann eine Fassade mit „welt-abgrenzendem Charakter", die an die romanischen Ursprünge erinnern will, ohne die Schrecken der jüngeren Geschichte vergessen zu machen. Die anschließenden Teile des Doms sind in Sandstein ausgeführt, wobei vor allem die prunkvollen Südfassaden der Querhäuser ins Auge fallen. Die westliche Querhausfassade öffnet sich in einer großen Rosette, die das Blendradfenster im Tympanon wiederholt. Ihr vorgelagert ist das Paradies. Die ursprünglich nur ein Joch tiefe, offene Halle wurde vor 1486 erweitert und aufgestockt, um die Bibliothek aufzunehmen. Dem Figurenzyklus im Innern liegt kein homogenes Gesamtprogramm zugrunde. Die Apostel entstanden um 1230 und lassen Reimser Einflüsse erkennen. Die Mitte des 13. Jh. datierten Türsturzreliefs entstammen wohl einem anderen Zusammenhang. Die Paulusstatue am Mittelpfeiler des Portals schuf Johann Brabender um 1540. Die Fassade des östlichen Querhauses wurde 1512–15 umgestaltet. Ein riesiges Maßwerkfenster bildet das Zentrum, flankiert von zwei seitlichen Blendfenstern. Die Strebefeiler sind mit Blendfeldern und Fialen geschmückt. Die Nischen im Tympanon mit Szenen aus dem Leben Jesu von Albert Reining sind 1905 geschaffene Kopien der Originale von 1565. Die Bronzefigur des Salvator Mundi auf der Giebelspitze von Bernd Schmedding gab dem Giebel seinen Namen. Auch der Kranz aus vier polygonalen Kapellen wurde erst spät angebaut. 1512 entstand die nördliche Kreuzkapelle, an die man 1663 die sog. Galenschen Kapellen fügte. Der nördliche Kreuzgang wurde 1395 errichtet. Betont sachlich und zurückhaltend gibt sich die 1981 von B. Dierksmeier Am Horsteberg 7 errichtete Domkammer, in der der Domschatz ausgestellt wird.

Consecrated in 1264, the three-nave basilica is the largest cathedral in Westphalia. Damaged in WW2 and reconstructed.
Rough stone masonry and plain forms mark the West quire and towers as the oldest part. 16th century West door unrestored; tympanum's Entry into Jerusalem (H. Brabender) is now in the State Museum. Emil Steffann's new façade "distances the world" and recalls Romanesque origins.
The rest is sandstone. West transept façade with large rosette window. Open hall extended for a library before 1486. Cycle of apostles here dates from c.1230, influenced by the cathedral of Reims. East transept façade altered c. 1512. Huge tracery window at the centre, flanked by two blind windows. Flying buttresses decorated with facing and pinnacles. Tympanum niches: scenes from the life of Jesus by A. Reining (1905) – copies of originals from 1565. The bronze of Salvator Mundi (B. Schmedding) gave the gable its name.
A ring of 4 polygonal chapels was added later: northern, cruciform chapel 1512, so-called Galen Chapel 1663. Northern cloisters date from 1395.

4
Ehem. Kettlersche Doppelkurie
Dompropstei
Domplatz 28–31
1712–16
Lambert Friedrich Corfey

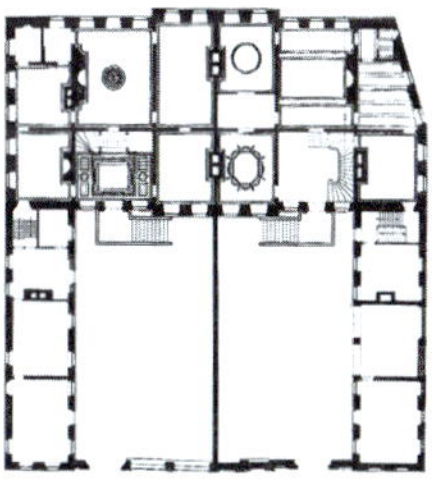

Grundriss EG nach Geisberg II, 1933

Im Jahr nach seiner Ernennung zum Generalvikar schloss Nikolaus Hermann von Ketteler mit dem Domkapitel einen Vertrag über den Abbruch der Altbebauung und Errichtung einer neuen Kurie. Mit der Planung beauftragte man Corfey, der auf dem abschüssigen Gelände einen auf einem Sockelgeschoss zweigeschossigen, zehnachsigen Backsteinbau mit sehr hohem, steilem Walmdach über dem Sandsteingesims errichtete. Die mittleren vier Achsen bilden einen Risalit, den ein Dreiecksgiebel bekrönt. Die rundbogigen Portale in der zweiten Achse links und rechts, zu erreichen über jeweils eine Freitreppe, rahmt eine Sandsteinädikula mit ionischen Pilastern auf rustizierten Wandvorlagen. Zwei niedrigere, ebenfalls zweigeschossige Flügelbauten, die an den Corps de Logis schließen, begrenzen den Ehrenhof. Die deutliche Absetzung der einzelnen Baukörper zeigt, dass Corfey hier nicht seine Italien-Erfahrungen einbrachte, wie bei der Dominikanerkirche (Nr. 95), sondern an niederländische Vorbilder anknüpfte. Im Zweiten Weltkrieg zerstört und in der alten Form wiederaufgebaut.

When appointed general curate, Nikolaus Hermann von Ketteler agreed to demolish the old buildings and erect a new curia. Planning was in Corfey's hands; he erected a 2-storey brick building with 10 axes and a high, steep hip roof above a sandstone cornice. The central 4 axes protrude and are crowned by a pediment. Round arch doors in the 2nd axes from left and right are accessed via steps, framed by sandstone aedicula with Ionic pilasters. Two low side wings form the cour d'honneur. Here Corfey did not incorporate his Italian experience, as in the Dominikanerkirche (no. 95), but adopted Dutch models. Destroyed in WW2 and rebuilt.

5
Collegium Borromäum
Domplatz 8
1913–15
Carl Brocker

Die Dreiflügelanlage über unregelmäßigem Grundriss tritt trotz ihrer Größe städtebaulich kaum in Erscheinung. Nur ein schmaler Eingang zwischen Landesmuseum und Post ermöglicht einen Zugang zum Ehrenhof des viergeschossigen Backsteinbaus mit Mansarddach. Das Sockelgeschoss ist in Sandstein ausgeführt, ebenso wie Bauschmuck, Gesimse, Fenster- und Türrahmungen. Der übergiebelte Mittelrisalit und die kolossale Pilastergliederung an den Eckpavillons der Seitenflügel lassen zwar die Anlehnung an den Schlossbau von Schlaun erkennen, die Umsetzung erscheint jedoch mechanisch und schablonenhaft. Hierzu passt die Marienfigur im Giebelfeld von Wilhelm Bolte.
Im Zweiten Weltkrieg erfuhr vor allem der Mittelrisalit mit Aula und Kapelle schwerwiegende Zerstörungen. Die Neugestaltung der Kapelle, zu der u. a. D. Böhm und R. Schwarz Entwürfe lieferten, fand unter engagierter Beteiligung auch der Studierenden statt. Die Ausführung übertrug man schließlich Alfons Boklage; Max von Hausen unternahm 1978 die Umgestaltung im Sinne der Liturgiereform, die jedoch keine Akzeptanz fand, so dass 2000 ein erneuter Umbau folgte.

Initially, this complex is not striking; a narrow path between the State Museum and P.O. leads to the court of a brick building with a mansard roof and sandstone basement, cornices, window and door frames. Central projection with pediment and pilasters on the corner pavilions echo Schlaun's work, but mechanically; the impression is one of pedantry underlined by Bolte's Mary (pediment).
The façade, hall and chapel were damaged in WW2. New chapel design by A. Bocklage. Max von Hausen's conversion after liturgical reform (1978) was unpopular and led to renewed alteration (2000).

6

Ehem. Landsbergsche Kurie
Geomuseum Münster
Pferdegasse 3
1703–07
Gottfried Laurenz Pictorius

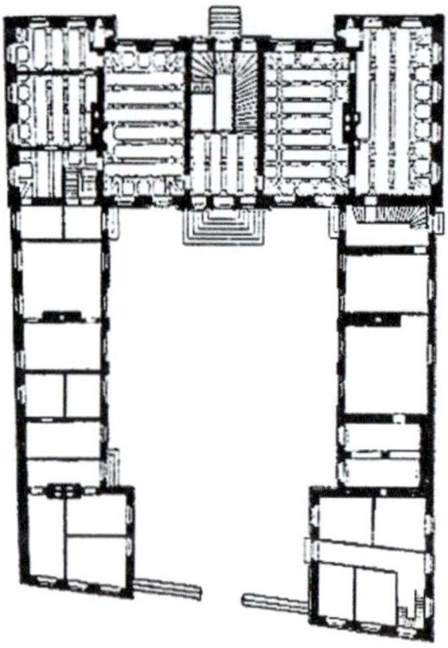

Grundriss EG nach Geisberg II, 1933

Corps de Logis und anschließende, niedrigere Seitenflügel mit abschließenden Pavillons unter Walmdächern begrenzen einen tiefen Ehrenhof. Die sparsame Gliederung des Backsteinbaus beschränkt sich auf Fensterlaibungen und Eckquaderungen aus Sandstein. Nur der von einem Dreiecksgiebel bekrönte, dreiachsige Mittelrisalit setzt einen gestalterischen Akzent. Eine Freitreppe führt zu dem von korinthischen Pilastern gerahmten Portal mit Girlandenschmuck sowie rundbogiger Bekrönung mit darauf lagernden Figuren. Die Friesinschrift lautet „DILEXI DECOREM DOMUS TUAE". In der Kartusche darüber erscheinen der Name des Domherrn Franz von Landsberg sowie die Jahreszahl 1705, im Tympanon das Landsbergsche Wappen. Nachdem schon im 19. Jh. die rundbogigen Eingänge der

Study Garden
1987
Siah Armajani

Siah Armajani, Study Garden

Wirtschaftsräume in den Seitenflügeln geschlossen worden waren, baute man das Gebäude nach dem Zweiten Weltkrieg in der alten Form wieder auf. Seit 1880 beherbergt es das Geologische Museum der Universität, das derzeit durch das Büro DBCO saniert und modernisiert wird.
Der Garten des Museums, der 1912 mit dem Bau des „Neuen Unterrichtsgebäudes" (Nr. 32) angelegt worden war, bildete damals „einen wesentlichen Anziehungspunkt für die studierende Jugend".
Hier findet sich der Beitrag von Siah Armajani zu den Skulptur Projekten 1987. Bänke, Hocker und ein Tisch aus grün gestrichenem Holz und weiß lackiertem Aluminium sind zu einer lockeren Runde zusammen geschoben. Die konstruktivistisch anmutenden Elemente besitzen durchaus skulpturale Wirkung – auffälligstes Detail ist etwa das stehende Dreieck auf dem Tisch –, sind jedoch ausdrücklich zur Benutzung gedacht.

Corps de logis and low wings with hip roofs surround a cour d'honneur. The central 3 axes are crowned by a pediment. Steps to a door with Corinthian pilasters. Frieze inscription: DILEXI DECOREM DOMUS TUAE. Cartouche names Canon Franz von Landsberg and gives date 1705; tympanum with his coat of arms. After WW2 damage, the building was rebuilt in its early form. University Geology Museum since 1880.
Gardens date from 1912, when the "new teaching building" (no. 32) was erected. Siah Armajani's work for the "Sculpture-Projects 1987": benches, stools and table arranged casually. Its constructivist elements create a sculptural effect – a striking detail is the triangle on the table – but are for use.

7
Ehem. Collegium Ludgerianum
Philosophikum

Domplatz 23/24
1901–03; 2011–17
Franz Wucherpfennig d. Ä.; Peter Böhm

Ansicht vor 1943

Wettbewerbsperspektive 2011

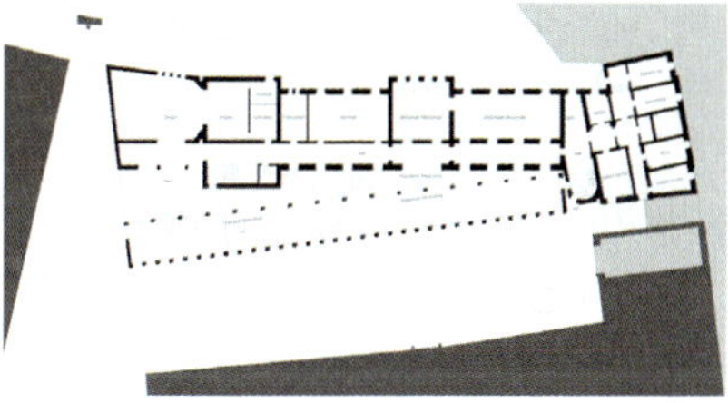

Grundriss nach dem Umbau

Das Internat, das Jugendliche auf den Priesterberuf vorbereiten sollte, versuchte ursprünglich mit seiner Fassade eine Synthese von münsterscher Architektur und historistischem „Reichsstil". Über den risalitartig vorgezogenen drei mittleren der fünf Achsen erhob sich ursprünglich ein mit Fialen geschmückter Stufengiebel mit reichen gotisierenden Zierformen. Von diesen geben heute nur noch die Ornamente an Portal und Fensterbrüstungen sowie die beiden die Zentralachse flankierenden Statuen der heiligen Bonifatius unter Fialbaldachinen eine Ahnung. Diese repräsentative, aber relativ schmale Fassade lässt kaum vermuten, wie weit sich das Kolleg nach hinten erstreckte, wobei das zur Aa hin stark abschüssige Gelände ausgeglichen werden musste. Dieser rückwärtige, leicht abknickende Flügel war früher durch das rechts anschließende neoromanische Diözesanmuseum verdeckt und erscheint daher trotz der hohen Fenster eher schlicht. Das Gebäude wird heute von der Universität genutzt, die 2011 einen Wettbewerb zur Erweiterung ausschrieb, in dem sich Peter Böhm durchsetzte. Vor den hinteren Trakt stellte er einen schmalen, fünfgeschossigen hellgeschlämmten Backsteinriegel, der in seiner Höhe dem gegenüberliegenden Fürstenberghaus entspricht und mit diesem einen leicht Richtung Aa abfallenden Platz bildet. Das gleichmäßige Rechteckraster der Fassade öffnet sich am hinteren Ende im Erdgeschoss in eine Pfeilerhalle. Der Eingang führt in eine hohe Halle, deren Dreieckform sich aus dem Raum zwischen Alt- und Neubau ergibt.
In letzterem befindet sich die Bibliothek; das Raster der Fassade wiederholt sich im Innern, wobei zwei symmetrisch schräg über die ganze Breite verlaufende Treppen die Stockwerke erschließen. Die gegenüberliegende Ziegelwand des Altbaus blieb in ihrer Materialität erhalten und erhielt eine helle, leicht fleckige unregelmäßige Schlämme, so dass sie als ehemalige Außenwand erkennbar bleibt.

The façade of this college to prepare boys for life as priests sought to unite Münster architecture and the historicising "imperial style". Originally, it had a crow gable with pinnacles and rich, Gothic-style décor above the 3 central projecting axes.
The representative but narrow façade gives no indication of the extent of the college at the back. The rear was hidden by the neo-Romanesque Diocesan Museum on the right and is thus very simple despite high windows. Now used by the university.

8

LWL-Museum für Kunst und Kultur
Domplatz 10
1904–08; 2004–14
Hermann Schaedtler; Volker Staab

Untitled (Books)
1997
Rachel Whiteread
Innen, außen
1997
Hermann Pitz

Zustand 1908

Rachel Whiteread, Untitled, 1997

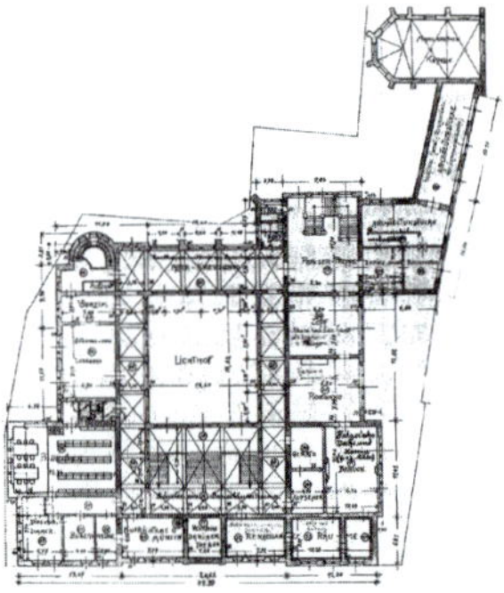

Grundriss OG 1908

Nach jahrzehntelangem Vorlauf mit unzähligen Vorschlägen für Standorte und Konzepte für ein Museum ‚Vaterländischer Altertümer' schrieb man 1901 einen Wettbewerb aus. Diesen konnte in einem zweiten Durchgang Schaedtler für sich entscheiden, nachdem man die Forderung, das alte Landeshaus von 1861/62 einzubeziehen, fallengelassen hatte. Verweist die Verwendung von Sandstein für den dreigeschossigen Bau auf seinen repräsentativen Charakter, sollte die architektonische Formensprache der in ihm bewahrten Sammlung westfälischer Kunst Rechnung tragen. So griffen die im Zweiten Weltkrieg zerstörten Giebel Formen der Giebel an Drubbel und Prinzipalmarkt auf und schufen damit eine Art monumentalisiertes Musterbuch münsterscher Bauornamentik aus Gotik und Renaissance.
Während Hermann der Cherusker und Wittukind vom Landeshaus als Fassadenschmuck Verwendung fanden, bekrönt das Hauptportal eine allegorische Frauengestalt, mit der Wilhelm Bolte eine Synthese aus Athena und Westfalia versuchte. Dies deutet auch darauf hin, dass schon während der Planung eine Erweiterung des Konzepts von einer regional bestimmten zu einer umfassenderen Ausrichtung des Museums wirksam wurde. Das zeigt sich auch bei der Gestaltung der Ostseite, an der Schaedtler ursprünglich das westfälische Wappen anbringen wollte. Stattdessen schuf 1907 Hugo Lederer die Reiterfigur des hl. Georg. Dessen Bezug zum Museum erschließt sich allerdings nicht; auch die denkbare Anspielung auf Bismarck als Drachentöter bleibt vage.
Im Innern hat sich vor allem der Lichthof mit umlaufender Galerie und Treppenanlage erhalten. Über dem Balkon im 2. OG hat Rachel Whiteread einen Negativ-Abguss von Bücherregalen installiert, ein Motiv, das auch ihr Holocaust-Mahnmal in Wien prägt und die Themen Wissen, Verlust und Gedenken zu einem eindringlichen Bild zusammenfasst. Die Glasfenster von Melchior Lechter aus dem im Zweiten Weltkrieg zerstörten „Pariser Treppenhaus" finden sich im Bestand des Landesmuseums.
1958 gewann Spiertz den Wettbewerb für einen 1962–65 begonnenen Erweiterungsbau. Den zweiten Abschnitt und die Überbauung des Altbaus führten Kösters und Balke bis 1972 aus. Zum Domplatz zeigte die Fassade eine Arbeit von Josef Albers (Strukturale Konstellationen – Zwei Supraporten); zu Rothenburg und Pferdegasse die „Silberne Frequenz" von Otto Piene, bestehend aus Kugeln, die abends Licht in unterschiedlichen Phasen auf die Wand projizieren. Beide Arbeiten wurden auch an den Neubau übernommen; die „Silberne Sequenz" allerdings in einer mit dem Künstler neu erarbeiteten Version mit LED-Leuchten und Edelstahlkugeln, in die auf Wunsch des Bauherrn das etwas deplatziert wirkende LWL-Logo eingefügt wurde.

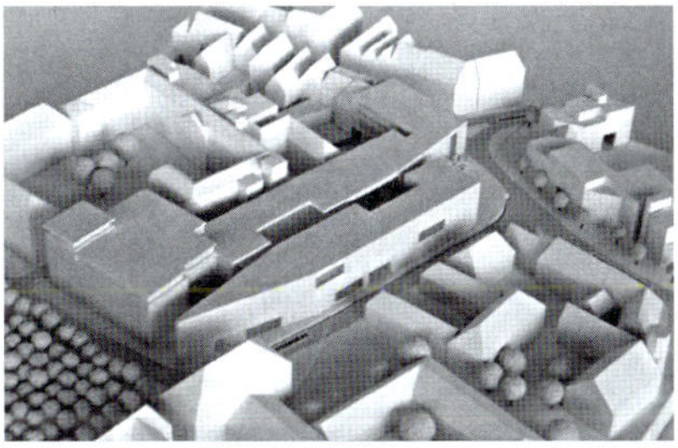

Wettbewerbsmodell Volker Staab, 2005

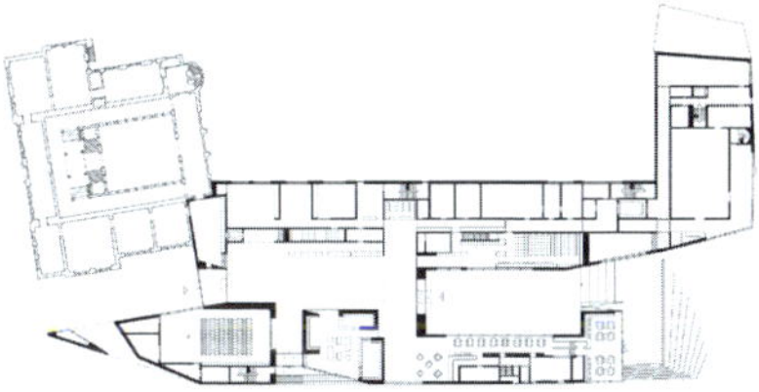

Nachdem sich herausgestellt hatte, dass der Anbau den Anforderungen an einen modernen Museums- und Ausstellungsbetrieb nicht mehr genügte, schrieb man 2004 einen Wettbewerb aus, in dem sich der Entwurf von Volker Staab nicht zuletzt wegen seiner städtebaulichen Qualität durchsetzte. Der mit hellem Sandstein verkleidete Neubau läuft zum Domplatz in einer langgezogenen Spitze aus, die mit dem Altbau einen Vorplatz eingrenzt und in einem Schaufenster Skulpturen von der ehemaligen Domfreiheit präsentiert. Ein schräg verlaufender Durchgang stellt die Verbindung zu Pferdegasse her. Ganz unprätentiös präsentiert sich der Skulptur-Projekte-97-Beitrag von Hermann Pitz, der das Licht zum Thema seiner Arbeit machte. Er verkleidete eines der Altbaufenster mit Platten aus demselben Glimmerschiefer, der auch für die Erweiterungsbaufassade der sechziger Jahre Verwendung fand. Der funktionslose Fensterrahmen lehnt in dem zugehörigen, von Scheinwerfern beleuchteten Innenraum an der Wand; eine riesige Reprokamera ergänzt die Installation.
Über diesen Vorplatz gelangt man in die Eingangshalle, in der die hellen, seitlichen Treppenaufgänge wie Wandreliefs wirken. Sie fungiert zugleich als Durchgang zu dem an der Rothenburg gelegenen großen Patio, an den links die Bibliothek und rechts das Museumsrestaurant angrenzen. Nach Einbruch der Dämmerung werden hier für diesen Ort geschaffene Videoarbeiten gezeigt. Den Zugang an der Rothenburg markiert Ulrich Rückriems „Granit (Normandie) gespalten, geschnitten, geschliffen" von 1985, eine Dauerleihgabe des Westfälischen Kunstvereins, dessen bedeutende Sammlung den Gründungsbestand des Landesmuseums bildete und der seine Ausstellungen zeitgenössischer Kunst in den zur Rothenburg liegenden Erdgeschossräumen zeigt, die sich in einem verglasten Foyer zur Straße und zu dem vorgelagerten Platz mit Stufen öffnen.

A competition to design a museum of national antiquities' was held in 1901 and eventually won by Schaedtler. Use of sandstone underlines the structure's representative character; formally, it sought to reflect the collection of Westphalian art it housed. The gables, destroyed in WW2, thus echoed gables e.g. on Prinzipalmarkt.
The main entrance was crowned by W. Bolte's attempted allegorical synthesis of Athena and Westfalia. This suggests the museum's progress from a regional to a wider base was planned from the outset. The eastern façade confirms this: rather than the Westphalian crest first planned, Lederer's figure of St. George was added in 1907, although his relevance to the museum is uncertain. One possibility is a reference to Bismarck, who was sometimes portrayed as a dragon-slayer.
Rachel Whitcread installed her negative cast of bookcases above the 2nd floor balcony of the atrium inside – a motif from her Vienna Holocaust memorial. Stained glass by M. Lechter from a staircase destroyed in WW2 is now kept in the state museum. Spiertz won a competition for an extension built in 1962–65: a second section was implemented by Kösters + Balke. On the façade to Domplatz was a work by J. Albers; above the Rothenburg and Pferdegasse was Piene's "Silver Frequence". The new building kept both works, Piene having revised his with LED lamps and steel balls.
There was a new competition in 2004, as the extension no longer complied with modern museum requirements. Staab's design was selected. Sandstone-clad, it comes to a point at Domplatz; here, sculptures from the cathedral's war-damaged façade (no. 3) are shown in a display case. Pitz's Sculpture-Projects 97 entry covers a window of the old building in the mica slate used for the 1960s façade. The entrance hall here is also a way through to a patio on the Rothenburg; the library is on the left, the museum restaurant on the right. Video work are is shown here at dusk. Access to the Rothenburg is marked by Rückriem's "Granite (Normandy) split, cut, polished" from 1985, on loan from the Westfälischer Kunstverein.

9
Ehem. Reichsbank
Domplatz 36
1892–93
Max Hasak

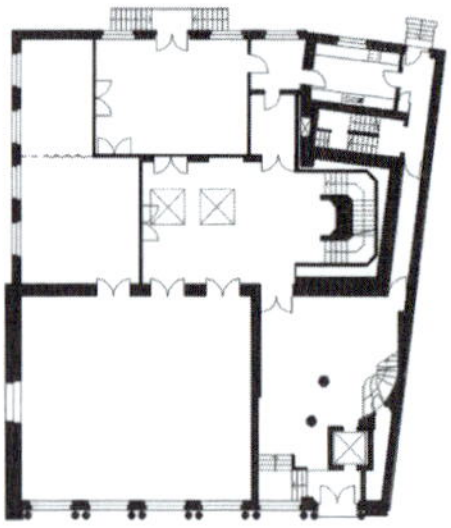

Nachdem die Reichsbank zunächst die an diesem Ort befindliche Domherrenkurie genutzt hatte, erteilte sie 1892 der Berliner Firma Regierungsbaumeister Havestadt und Contag den Auftrag für einen Neubau. Die dreigeschossige, sechsachsige Fassade folgt nicht, wie die anderen neoromanischen oder -gotischen „Neubauten" des Domplatzes, deutschen oder gar münsterschen Vorbildern, sondern orientiert sich mit den Arkaden über gekuppelten Säulen, den Fenstern mit Ädikularahmen im Hauptgeschoss und abschließendem Mezzanin unter einem kräftig ausgebildeten Gesims an der Formensprache italienischer Paläste der Hochrenaissance. Damit signalisiert das Gebäude seine Zugehörigkeit zur Gruppe der Reichsbankneubauten; ein Zusammenhang, der, allen Einwendungen zum Trotz, wichtiger war als der lokale Kontext. Die Ähnlichkeit mit dem Karlsruher Reichsbankgebäude lässt vermuten, dass Max Hasak, der „Hausarchitekt" der Reichsbank, für den Entwurf verantwortlich war.

The Reichsbank used the canon's residence here before commissioning a new building in 1892. The 3-storey façade fails to echo German or Münster models, like other neo-Romanesque or Gothic buildings on Domplatz. Its arcades, main-floor aediculas and mezzanine below a striking cornice suggest Italian Renaissance palaces. This signalised its position as a Reichsbank – more important than the local context. Similarity with the Reichsbank in Karlsruhe suggests Max Hasak as architect.

10
Bankhaus Lampe
Domplatz 40/41
1962
Cäsar F. Pinnau

Innenansicht 2007

Bereits zur preußischen Zeit veränderte sich die Bautypologie am Domplatz grundlegend: kleinteilige, vielgestaltige Kuriengebäude wurden abgerissen und durch repräsentative Großbauten ersetzt. Mit der Reichsbank (Nr. 9) zieht zum ersten Mal ein Geldhaus an den Domplatz. Die Privatbank Lampe knüpft an diese Tradition an. Sie formuliert an prominenter Stelle zwischen Dom und Rathaus einen repräsentativen Eckbau, der sich zum Michaelistor hin über eine beschauliche Platzanlage mit Brunnen öffnet. Ein aus der Fassade heraustretender, verglaster Windfang lädt ein in ein großzügiges Foyer mit Innenhof. Der dreigeschossige Bau lebt von kraftvoll gesetzten Linien in der strengen Rasterfassade. Dazu treten spielerische Details in Kontrast, wie etwa die schwarz-goldenen Brüstungsgitter oder der goldene Namenszug der Bank, die die neoklassizistische Architektursprache verfeinern. Cäsar F. Pinnau, der bereits während des Dritten Reiches in Berlin als junger Architekt von Albert Speer entdeckt wurde und für die Innenarchitektur der Neuen Reichskanzlei verantwortlich zeichnete, zählte nach 1945 zu den vielbeschäftigsten Architekten in Deutschland. Unter anderem diente er als Hausarchitekt der Familie Oetker, die auch heute noch das Bankhaus führt.

Domplatz changed in the Prussian era: small curia buildings were razed and replaced by representative structures. The Reichsbank (no. 9) was the first bank; the private bank Lampe, on a prominent site between cathedral and town hall, followed this tradition. A glazed vestibule leads to a foyer with inner court. The grid façade has playful contrasting details – e.g. black-gold parapet grilles. C. F. Pinnau – discovered by Speer – was a key post-war German architect. He often worked for the Oetker family, who still run the bank.

11
Liebfrauen-Überwasser
Überwasserkirchplatz 4
Um 1340–46

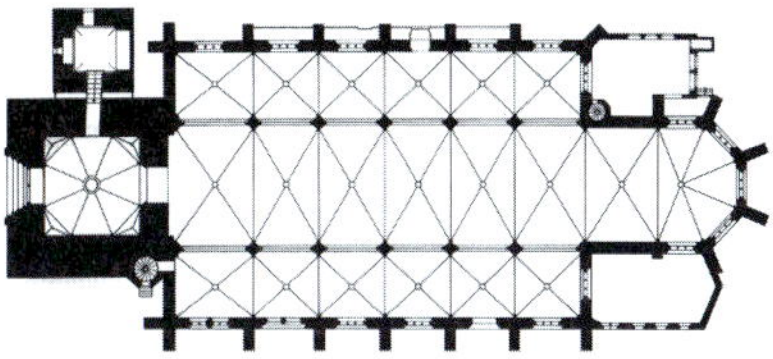

Errichtet über zwei Vorgängerbauten des 11. Jh. beherbergt der Turmstumpf von Bau II (Weihe 1085/88) heute die Ludgeruskapelle nördlich des Turms. Dieser erhebt sich auf 3,4 Meter dicken Grundmauern vor dem Langhaus der dreischiffigen Hallenkirche, deren Wirkung heute insofern verändert ist, als das Terrain des Platzes ursprünglich tiefer lag und der schmale Sockel, der den ganzen Bau umläuft, dadurch ca. 1 Meter höher war. Im Norden verstellte das zugehörige Damenstift den Blick, so dass die West- und Südseite als eigentliche Schauseiten reicher ausgestaltet waren. Am Turm bildet das in den zweiten Stock hinaufragende Eingangsportal mit ehemals reichem Figurenschmuck den Blickfang. Die Wände der drei Geschosse über dem schmucklosen Sockel haben jeweils vier Maßwerk(blend)fenster. Nur das oberste Stockwerk erscheint reich mit Fialen, Maß- und Strebewerk gegliedert. Die ursprüngliche Turmhaube stürzten die Täufer herab, um einen hochgelegenen Schießstand einzurichten; eine weitere Haube des 16. Jh. fiel einem Orkan zum Opfer. Die Täufer entfernten 1534 auch den bedeutenden figürlichen Schmuck des Portals und verwendeten ihn zur Verstärkung der Kreuzschanze. Nachdem die Skulpturen (Maria und Apostel) 1898 bei Ausgrabungen wieder aufgefunden wurden, gelangten sie 1908 ins Westfälische Landesmuseum. Die heutigen Figuren schuf 1903 Anton Rüller.
Im Gegensatz zum Quadermauerwerk des Turmes erscheinen die Mauern von Langhaus und Chor in Werkstein mit Bruchsteinmauerwerk. Die Wände gliedern schlanke Strebepfeiler und dreiteilige Maßwerkfenster. Ein Teil von ihnen besitzt ein aus Drei- und Vierpässen gebildetes Couronnement, ein anderer weist zudem (nach Geisberg erstmals in Münster) Fischblasen auf.
Im Innern trennen kantonierte Pfeiler die sechs querrechteckigen Joche nach dem Vorbild der ehem. Minoritenkirche (heute Apostelkirche). Ein weiteres, um die Breite der Seitenschiffe eingezogenes Joch bildet den Chor mit Fünfachtel-Schluss. Wichtigstes Schmuckelement bilden die Schlusssteine mit floralem und figürlichem Dekor.

Erected over two 11th century buildings. Tower remains of No. II (1085/88) now house a chapel. Hall church with 3 naves; pediment was originally c. 1m higher. West and south fronts were most decorative. The tower's key feature is a high, once richly decorated portal. Walls over the pediment have 4 tracery windows per floor. Upper floor divided by pinnacles, tracery, buttresses. Baptists removed tower lantern and important portal figures (1534). The sculptures (Mary and Apostles) were found in 1898; in the Landesmuseum since 1908. Present figures by A. Rüller (1903).
Walls of nave and quire are quarrystone with rubble masonry; divided by buttresses and tracery windows, some with trefoil or quatrefoil couronnement.
Interior: pillars divide 6 bays, modelled on Minoritenkirche (Apostelkirche). Another bay forms the quire. Most important decorative element: keystones with floral and figurative motifs.

12
Diözesanbibliothek und Verwaltungsgebäude Bischöfliches Generalvikariat Münster

Katthagen/Überwasserkirchplatz
1866–69; 1886; 1955–58; 2002–05
Emil von Manger; August Hanemann; Alfons Boklage; Max Dudler

Innenhof

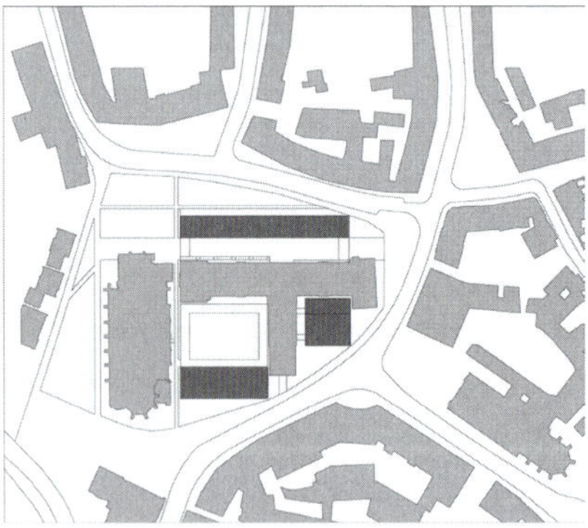

Das Grundstück neben der Überwasserkirche (Nr. 11) wurde bereits erstmals im Jahre 1040 mit einem adeligen Damenstift bebaut. Ab 1773 diente es als Priesterseminar und wurde 1866–89 durch einen neoromanischen drei- bis viergeschossigen Neubau des damaligen Diözesanbaumeisters Emil von Manger ersetzt. Kopfbauten im Süden und Norden bildeten den Abschluss. Der südliche hohe Kopfbau mit Treppengiebel ist erhalten, der nördliche nach Zerstörung im Zweiten Weltkrieg im Jahr 1955–58 in moderner Form ergänzt. Aufgrund der rückläufigen Zahl von Priesterseminarkandidaten wurde das Gebäude seit Anfang der 1970er-Jahre zunehmend als Verwaltungsgebäude genutzt, ab 1978 auch als Diözesanbibliothek. Mit der Zeit wuchs der Raumbedarf. 2002 setzte sich Max Dudler in einem Wettbewerb mit einem überraschend klaren städtebaulichen Konzept durch. Durch Abriss einiger Nebengebäude schuf er Platz, und positionierte drei neue Sandsteinquader mit durchgängig gleichen Fensterformaten so, dass neue Gassen, Höfe und damit kontrastreiche Ansichten und Durchblicke entstehen konnten. Der mit 70 Metern längste Riegel am Katthagen nimmt hierbei die öffentliche Diözesanbibliothek auf. Sehenswert sind insbesondere der zweigeschossige Lesesaal und der Saal der Santini-Sammlung – einer Sammlung von Weltruf mit Kirchenmusik des 16.–19. Jahrhunderts. Das Ensemble wurde mehrfach ausgezeichnet und gilt als vorbildliches Beispiel für neues Bauen in alter Umgebung.

First building beside the Überwasser church (no. 11) was a convent (1040). A seminary after 1773, it was replaced 1866–89 by a neo-Romanesque structure with N. and S. head buildings by Emil von Manger. The S. head building survived WW2; N. extension was added (1955–58). Used as offices since early 1970s, also diocese library from 1978. In 2002, Dudler won the competition for a new extension and arranged 3 sandstone blocks to create new alleys and courts. Long block on Katthagen is now library with impressive reading room and space for Santini collection of 16th–19th century church music. The ensemble has won awards as exemplary new building in a historic context.

13
Wohn- und Geschäftshaus Rosenhof

Rosenstraße 9/Schlaunstraße 2–4
1926/27
Alfred Hensen, Johannes Reiche

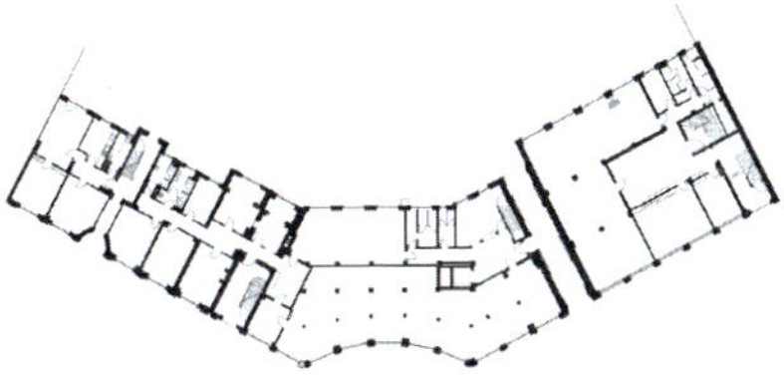

Die Dreiflügelanlage des dreigeschossigen Stahlbetonskelettbaus mit Mansarddach gehört zu Hensens überzeugendsten architektonischen und städtebaulichen Lösungen. Die in stumpfem Winkel aufeinander zulaufenden Flügel treffen auf einen konkav einschwingenden Mitteltrakt nach dem Muster von Schlauns Erbdrostenhof. Wo dieser jedoch durch reiche Schmuckformen das Zentrum der Fassade betonte, verzichtete Hensen fast ganz auf Ornamentik und Hierarchisierung. Die Gliederung der Fassade übernehmen allein die Sprossenfenster, deren senkrechte Streben vom Mauerwerk aufgenommen und über die Geschosse verbunden werden, so dass der breit gelagerte Baukörper ein vertikales Gegengewicht erhält. Ursprünglich besaßen die Fensterarkaden des Untergeschosses im Bogenfeld radiale Sprossen und akzentuierten so deutlicher die Geschäftsräume im Erdgeschoss. Die Gauben über dem kräftig hervortretenden Gesims wirken als Attikazone. Hensen zeigt sich mit dem Rosenhof als Kenner der modernen, norddeutschen Backsteinarchitektur und den Rosenhof gewissermaßen als münstersche Variante eines Hamburger Kontorhauses.

The reinforced concrete structure with mansard roof is one of Hensen's best works. Wings converge on a concave central block, echoing Schlaun's Erbdrostenhof, but Hensen avoids ornament. Astragal windows divide façades, vertical struts counterbalancing the great width. Ground floor arches once had accentuating radial struts. Dormers and prominent cornice form a parapet zone. Rosenhof echoes modern Northern German brick architecture; Münster's equivalent to Hamburg's shipping offices.

14
Wohn- und Geschäftshaus Fischbrathalle

Schlaunstraße 8
1926/27
Alfred Hensen

Ansicht von 1926

Innenansicht von 1926

Der dreigeschossige Backsteinbau schließt unmittelbar an den ebenfalls von Hensen errichteten Rosenhof an und greift dessen Fassadengliederung auf. Vier übereck gestellte, auf Kunststeinkonsolen ruhende Pfeiler gliedern die Fassade, die sich im Erdgeschoss in drei großen Rundbögen dergestalt öffnet, dass zwei Schaufenster die Vorhalle des zentralen Eingangs flankieren. Im ersten Stock erscheinen zu Dreiergruppen zusammengefasste hochrechteckige Fenster. Darüber setzt das Traufgesims mit angedeutetem Walmdach an. Die Öffnungen der Attikazone entsprechen denen des ersten Geschosses. Ein Walmdach bildet den Abschluss.

Adjacent to Rosenhof, also by Hensen. 4 pillars on cast-stone corbals divide the façade with 3 round arches; 2 display windows, central doorway. 1st floor: tall rectangular windows in groups of 3. Eaves moulding and suggestion of a hip roof above. Attic openings correspond to 1st floor. Roof is hipped.

15
Ehem. Observantenkirche
Ev. Universitätskirche
Schlaunstraße 3
1687–98
Anton Hülse

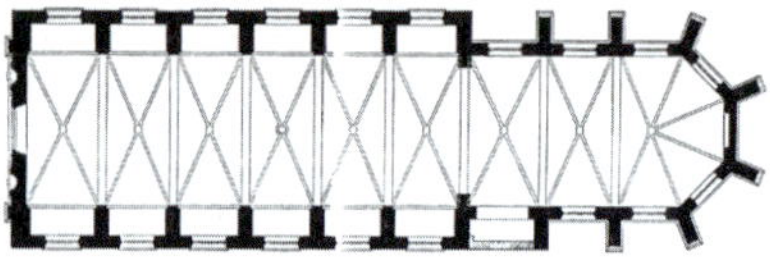

Die zu dem 1629–34 erbauten Franziskanerkloster gehörige Kirche St. Antonius von Padua ist genordet. Ihr Architekt, der Jesuit Anton Hülse, errichtete auch die Kirchen seiner Bruderschaft in Paderborn, Coesfeld und Siegen. Die schlichte in Backstein gemauerte Wandpfeilerkirche in gotisierenden Formen besitzt eine repräsentative Sandsteinfassade. Hier tragen Pilaster auf hohem Sockel das Gebälk mit Dreieckgiebel, dem eine Aedikula mit gesprengtem Segmentbogenabschluss vorgeblendet ist, in deren Zentrum sich eine kleinere rundbogige Nische befindet. Als dominierendes Element erscheint das große, aus vier Lanzetten gebildete Fenster über dem schmucklosen Eingang, das von zwei reich ornamentierten Aedikulen mit Segmentbogengiebel flankiert wird. 1807 profaniert, wurde die Kirche zu unterschiedlichen Zwecken genutzt und im Krieg ebenso wie das Kloster schwer beschädigt. Während man letzteres abriss, baute man die Kirche als evangelische Universitätskirche wieder auf.

Church of St. Anthony of Padua was part of a Franciscan monastery (1629–34): brick with Gothic forms, sandstone façade. Façade has pilasters bearing a triangular pediment and aedicule with segmental arch termination; central, round-arched niche. Dominant 4-lancet window over a simple door; flanked by 2 ornamental aedicules. Secularised 1807. Damaged in WW2, like the monastery, which was demolished. Rebuilt as the University Protestant Church.

16
Doppelgadem
Buddenstraße 27/28
Um 1800

Ansicht von 1983

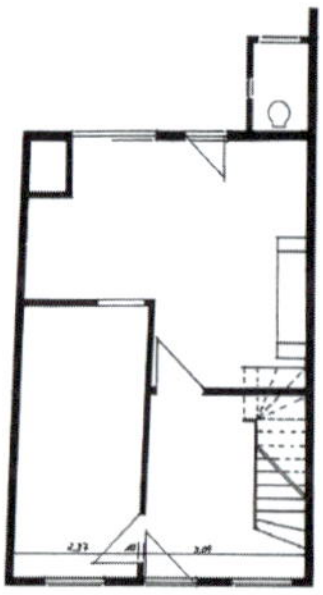

Typisches Beispiel der ursprünglichen Wohnbebauung dieses von Handwerkern und Kleingewerbetreibenden bewohnten Gebiets. Es handelte sich meist um zweigeschossige Fachwerkbauten, die seit dem 18. Jh. häufig mit Ziegelstein ausgefacht und verputzt waren. Jeweils zwei Häuser teilten sich einen Kamin und einen Dachaufbau mit Lastenaufzug. Trotz dieser recht einfachen Disposition gehörte es zu den anspruchsvolleren Bauten der Straße. Im Vergleich zu dem benachbarten Haus Buddenstr. 26 ist das Doppelgadem höher; auch besaß es ursprünglich eine Wandgliederung mit profilierten Gesimsen und Fensterrahmungen.

Typical house in area of craftsmen and small businesses: 2-storey timber-frame structures, bricked in and rendered post 18th century. 2 houses shared chimney and roof with hoist. A representative house for the street: taller than most, and originally with moulded cornices and window frames.

17
Wohnhaus

Kreuzstraße 16/17
Mitte 18. Jh.; Aufstockung um 1860

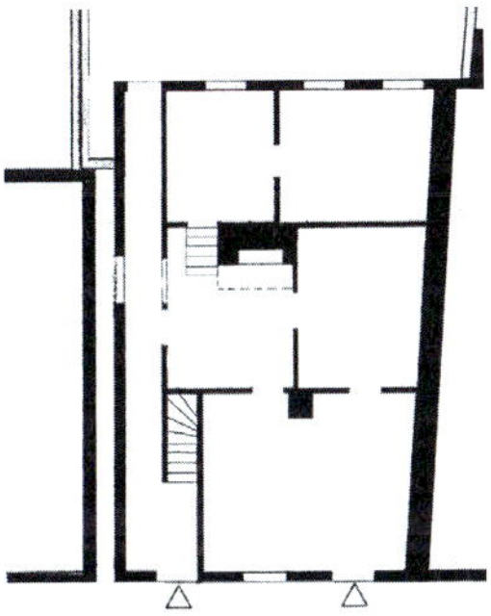

Als das ursprünglich zweigeschossige Gebäude mit zwei Eingängen, die das tiefgezogene Mittelfenster flankieren, um ein Obergeschoss mit annähernd quadratischen Fenstern aufgestockt wurde, verzichtete man auf die Werksteinrahmungen und setzte einfach die Fenster im 2. Stock und im Dachgeschoss farblich von der Wand ab.
Auch die Raumdisposition entspricht einem gängigen Typus der Zeit. Zum Vorderhaus gehörte nach hinten hinaus ein Steinwerk, das unterkellert war, so dass die Stube, die „Upkammer", höher lag und über Stufen zu erreichen war.
Die Bebauung der Kreuzstraße vermittelt insgesamt einen guten Eindruck vom Erscheinungsbild der historischen Altstadt vor den Zerstörungen des Zweiten Weltkriegs. Es finden sich hier sowohl Gademe (Nr. 15), als auch Bauten des 19. Jh., die sich teils dem älteren Bestand anpassen Nr. 28, 29, teils den charakteristischen Fassadenschmuck des Historismus aufweisen.

Original house had 2 floors. Later 3rd floor with square windows added and ashlar window frames removed.
Room layout typical of the period. Stone-built section at back with cellar; living room is thus higher, reached by steps.
Kreuzstraße gives an idea of the old city's appearance before WW2 damage. Includes "Gadem" (single storey) no. 15 and 19th-century houses, some adapted to older structures nos. 28, 29, some with typical Historicist façades.

18
Ehem. Finanzamt

Münzstraße 10
1928/29; 1952/53
Max Elle

Ansicht ca. 1930

Der dreigeschossige Klinkerbau auf dem Gelände der abgebrochenen Münzkaserne, an der Stelle, wo sich im 18. Jh. die fürstbischöfliche Münze befand, wirkte vor allem durch die sorgfältige Verarbeitung des Klinkermauerwerks, zu dem ursprünglich die weißen Sprossenfenster einen lebendigen Kontrast bildeten. Die Folge der halbrunden Kellerfenster mit Radialsprossen milderten die Schwere des Blocks, ebenso wie die Folge der Gauben, die den oberen Abschluss auflockerten. Regenrinnen teilten die Fassade in drei Abschnitte, ein simples, aber wirksames Mittel, dem Baukörper seine Massigkeit zu nehmen und die Aufmerksamkeit auf das Eingangsportal in einer breiten Werksteinrahmung, flankiert von Reliefs mit expressionistisch-floralen Motiven, zu lenken. Ähnliche Reliefs schmücken auch den Hintereingang. Leider hat man in den letzten Jahren bei den Umbauten und Erweiterungen wenig Sensibilität im Umgang mit dem Gebäude gezeigt. Seit dem Auszug des Finanzamts 2013 dient das Gebäude bis auf weiteres als Wohnheim.

3-storey building on site of 18th century mint. White cross windows originally contrasted with striking brickwork. Semicircular cellar windows with radial struts and a row of dormers reduced the block's heaviness. Guttering divided the façade into 3, focusing attention on portal with ashlar frame, flanked by reliefs (Expressionist, floral motifs). Similar reliefs at rear. Unfortunately, the building has been altered insensitively in recent years!

19

Wohnhaus Wiedemann

Münzstraße 9
1931/32
Franz Mönig, Peter Strupp

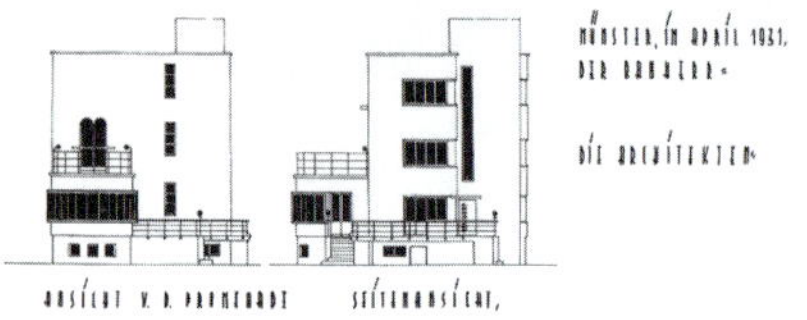

Über einem dunkel abgesetzten Sockelgeschoss erhebt sich der weiß verputzte, dreistöckige Kubus, in den zur Straße hin der etwas höhere Treppenhausturm eingeschoben ist. Zur Promenade gibt es einen halbrunden, eingeschossigen Erker mit Terrasse. Die Fenster mit ihren schmalen, blauen Profilen rhythmisieren die Wandflächen, so dass sich vier ganz unterschiedliche, spannungsvolle Ansichten ergeben, verklammern sie und führen den Blick des Betrachters um das Haus herum. Eine witzige Reverenz an den *Genius loci* bildet an der Gartenseite die Terrassentür in Form eines Zwillingsfensters, ein Motiv aus der mittelalterlichen Architektur. Die darüber befindliche Konsole sollte ursprünglich eine Statue tragen.

Das Haus überstand nicht nur die Zeit des Nationalsozialismus, sondern auch die Zerstörungen des Zweiten Weltkriegs unbeschadet. In seiner ebenso rationalen wie eleganten Formensprache gehört es zu den Hauptwerken der Architektur des 20. Jh. in Münster.

White rendered, 3-storey cube over darker English basement. Stairwell to street is a little higher. Semicircular bay with terrace. Windows with blue profiles lend rhythm to the façade, creating 4 different aspects. Terrace door in form of gemel window facing the garden is a mediaeval motif – a reference to the *genius loci*.

Survived NS era and WW2 undamaged. Its rational, elegant formal language makes it a key work of 20th century Münster architecture.

20

Wohn- und Geschäftshaus

Münzstraße 36/Hollenbeckerstraße 36/37
1991
John + Röhm

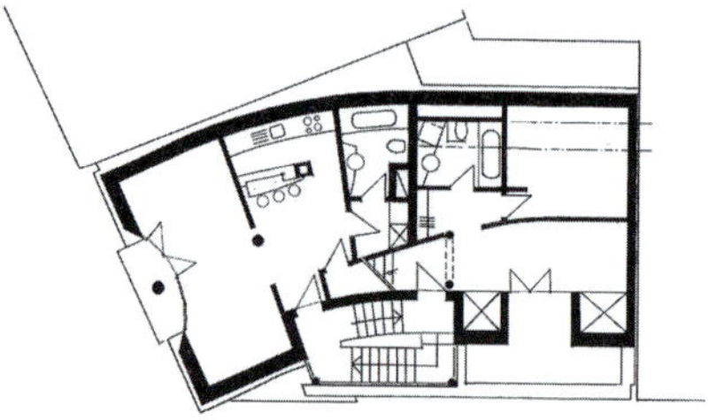

Grundriss 2. OG

Das viergeschossige Eckhaus unternimmt den Versuch, die unterschiedlichen Haustypologien seiner Nachbarhäuser zu kombinieren. Zur Hollenbeckerstraße zeigt es sich als Giebelhaus, zur Münzstraße traufständig. Dieses Ineinandergreifen auf zudem leicht gebogenen Grundriss führt zu spannungsvollen Übergängen im Fassadenbild wie auch zu individuellen Grundrissen auf jeder einzelnen Ebene.

Die laut Bebauungsplan geforderten Stellplätze finden im Erdgeschoss Platz, Büros in zwei Obergeschossen, Wohnräume als Maisonette im Dachgeschoss samt Spitzboden. Während der Neubau gerade in seiner innerräumlichen Organisation vielfach positiv überrascht, zeigt sich das Äußere in seinem Materialmix und seiner Formenvielfalt (Bandrustika, Säulen, Fenster) deutlich dem Geist der späten Postmoderne verhaftet.

Ein weiteres Wohn- und Geschäftshaus des Architekten (mit Ralf Licht) befindet sich unweit an der Ecke Münzstraße/Kreuzstraße (1995).

The house is gabled to Hollenbeckerstraße; eaves-fronted to Münzstraße. Its interlocking types and curved plot lead to exciting façade transitions and varied ground plans.

Parking is on ground floor; offices on upper floors; living space in the attic. The interior offers positive surprises, but the exterior's mixed materials and formal diversity still reflect late Postmodernism.

Another house by the architects is on the corner of Münzstraße/Kreuzstraße (1995).

21

Wohnhaus

Hollenbeckerstraße 25
1783/84
Friedrich Merz

Ansicht ca. 1983

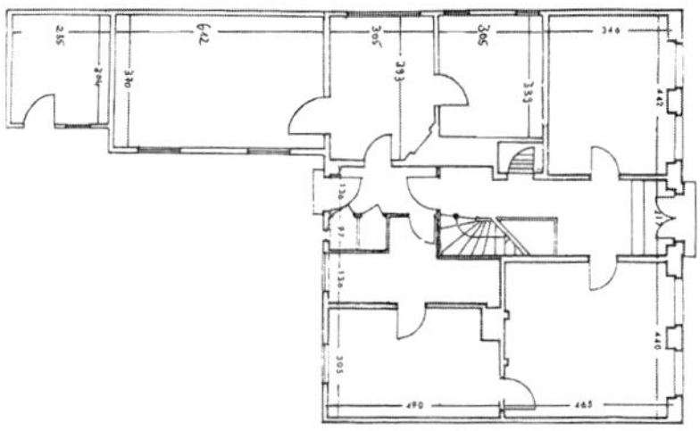

Der Artillerieleutnant Merz, ein Mitarbeiter Schlauns, erbaute das zweigeschossige Haus, um, wie andere Offiziere auch, durch Vermietung oder Verkauf Geld zu verdienen. In der Gestaltung verrät es einen gewissen Anspruch, denn während die übrigen Seiten in Fachwerk ausgeführt wurden, entstand die fünfachsige Fassade in Ziegelmauerwerk. Die Mittelachse mit dem Eingang wird risalitartig hervorgehoben und durch die Dachluke mit Lastenaufzug zusätzlich betont. Ansonsten bilden die Reihen der Fenster das einzige Gliederungselement. Im Innern haben sich Teile der ursprünglichen Raumausstattung erhalten, denen angesichts der durch die Zerstörungen des Zweiten Weltkriegs entstandenen Verluste besondere Bedeutung zukommt. Vor allem die reich ornamentierten Stuckdecken verdienen Beachtung. Ebenso stammt das Treppengeländer mit durchbrochenen Brettbalustern im Obergeschoss aus der Erbauungszeit.
Übrigens erbaute auch Schlaun sein Wohnhaus in der Hollenbeckerstr. 9. Ein kleines Wandbild gibt eine Ansicht des repräsentativen Gebäudes wieder.

The 2-storey house was built by Merz, Schlaun's employee, for sale or rent. It reveals certain pretensions; the façade with 5 axes is brick-built, the other sides timber-framed. The central entrance axis projects and is further emphasised by a roof hatch with hoist. Part of the interior decor survived WW2: ornamented stucco ceilings, handrail of stairs are original. Schlaun built his own house at Hollenbeckerstr. 9. A view of the fine property hangs on the wall here.

22

Wohnhaus

Hollenbeckerstraße 30
1777
Falger

Ansicht ca. 1983

Gartenansicht ca. 1983

Der fünfachsige, zweigeschossige Bau des Steinhauers Falger gehörte von Anfang an zu den ambitioniertesten Häusern der Straße. Die von gequaderten Lisenen begrenzte Fassade ahmt eine Dreiflügelanlage nach. Den dreiachsigen Mittelrisalit mit geschweiftem Giebel flankieren gequaderte Pilaster. Der Eingang lag ursprünglich in der Mittelachse und erhielt eine zusätzliche Betonung durch den Kranbalken und das bogenförmige Fenster mit dem Baujahr auf der Brüstung im Dachgeschoss. Zwar hat sich die ursprüngliche Putzgliederung nicht erhalten, doch weisen auch die abgerundeten Fensterrahmungen im Obergeschoss auf den repräsentativen Anspruch.
Diese aufwendige Gestaltung betraf allerdings nur die Straßenfront. Die anderen Seiten sind in Fachwerkbauweise ausgeführt.

2-storey house with 5 axes; façade conceived to imitate a 3-winged property. Ashlar pilasters flank the central 3 axes with curved gable. Original entrance in central axis, emphasised by the gantry and dated, arched window. Division by rendering lost, but rounded window frames on upper floor indicate representative pretensions.
Street front is designed in this way; rest is timber-framed.

23
Ehem. Katholische Volksschule
Katthagen 7
1910/11
Sebastian Bender

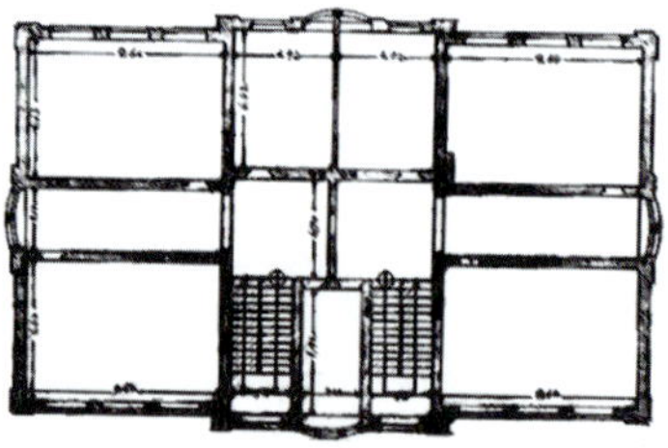

Grundriss von 1910

Das über einem Werksteinsockel mit Kellerfenstern errichtete dreigeschossige Backsteingebäude dominiert ein Mittelrisalit mit geschweiftem Giebel. Kolossale ionische Pilaster markieren die Kanten. Die dreiachsige Zentralachse ist risalitartig vorgewölbt; im Giebel führt sie ein Doppelfenster sowie darüber ein Wappen optisch fort. Links und rechts von ihr führen Stufen zu den Eingängen, in deren Giebelfeldern Eichhörnchen und Bienen Fleiß und Lerneifer der Kinder symbolisieren. Die um ein halbes Geschoss versetzten Fenster darüber, das oberste bogenförmig und kleiner, lassen erkennen, dass hier zwei Treppenhäuser verlaufen. Dieser etwas merkwürdige Umstand erklärt sich daraus, dass ursprünglich eine geschlossene Mauer das Gebäude halbierte und in zwei identische Schulen, die eine für Mädchen, die andere für Jungen teilte. Auf der Rückseite ist der Risalit wiederholt, allerdings in vereinfachter Form. An den ansonsten schmucklosen Schmalseiten belichten in einem Werksteinstreifen zusammengefasste Fenster die Flure.

3-storey brick building on natural stone basement; central projection (3 axes) with curved gable, framed by Ionic pilasters. Double window in gable, coat of arms above. Pediments above entrances show squirrels and bees, symbolising hard work. Above: windows of 2 separate stairwells, as building originally housed 2 identical schools for girls and boys. Simpler central projection at rear. Both ends have windows within an ashlar strip, providing light in corridors.

24
Bushaltestelle
Schlossplatz
1997
Per Kirkeby

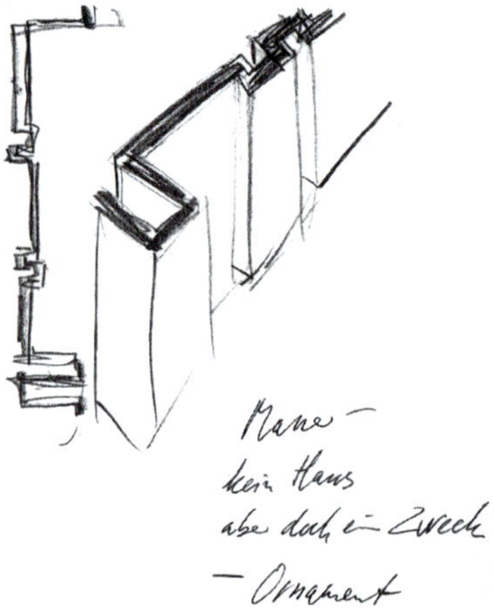

Zeichnung aus dem „Lehrbuch zur Konstruktion der Bushaltestelle", 1997

Die plastischen Arbeiten von Per Kirkeby bewegen sich in einem Grenzbereich von Skulptur und Architektur, so auch die „Bushaltestelle" vor dem ehem. Freiherr-vom-Stein-Gymnasium. Die knapp 2 m hohe Mauer trennt den Schulhof von der Straße. Vor- und Rücksprünge akzentuieren sie, bilden Nischen aus und markieren den Wartebereich. Kirkeby notierte auf einer Skizze: „Mauer – kein Haus – aber doch ein Zweck – Ornament". Diese Konzentration auf das Wesentliche und der Verzicht auf alles „Künstlerische" sind für ihn vor allem auch ein moralisches Anliegen und Ausdruck seiner Bereitschaft gesellschaftliche Verantwortung zu übernehmen.

Kirkeby's work operates in the border area between sculpture and architecture, e.g. "Bus Stop" in front of the Freiherr-vom-Stein-Gymnasium; 2m wall between schoolyard and road accentuated by projections and indentations, marking the waiting area. Concentration on essentials and rejection of the "artistic" is also a moral aim for him; expressing a readiness to accept social responsibility.

25
Hörsaalgebäude
Schlossplatz 46
1963–66
Friedrich Wilhelm Kraemer, Günther Pfennig, Ernst Sieverts

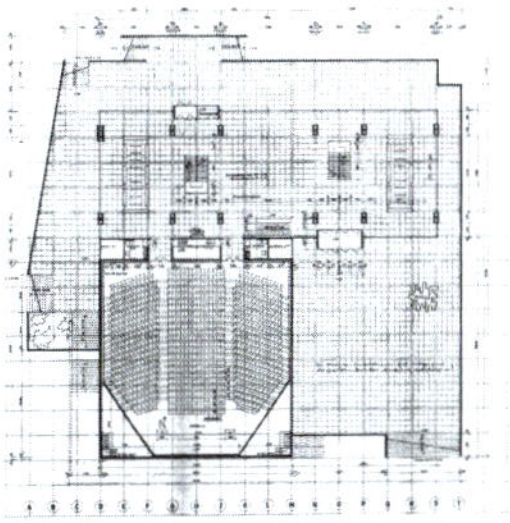

Der im Zuge des Universitätsausbaus errichtete Komplex liegt direkt an einer fußläufigen Achse zwischen den beiden Hochschulvierteln Schloss und Dom. Die Architekten, denen Münster bereits durch den Bau des Iduna-Hochhauses (Nr. 193) am Servatiiplatz (1960/61) bekannt war, gliederten den Ort ganz im Stil der von ihnen mitbegründeten „Braunschweiger Schule" räumlich funktional und grafisch. Das Zwei-Kuben-Haus steht dabei auf einem abgesenkten, gerasterten Baufeld: ein vorderer Kubus nimmt den mit 880 Plätzen größten Hörsaal (H1) der Universität auf, ein dahinter liegender dient mit seinem gläsernen Eingangsgeschoss der Erschließung. Drei weitere Hörsäle liegen im Obergeschoss. Als Fassadenmaterial kommt Wasch- bzw. schalungsroher Sichtbeton zum Einsatz, ein zeittypisches Material, mit dem sich bewusst der Bau gegenüber der Barockästhetik des nahen Schlosses abgrenzt. Das an Treppen, Tunneln und Rampen reiche Bauwerk zog auch wiederholt internationale Künstler an als Ort für ein Skulptur-Projekt. Zuletzt installierte 1997 Tobias Rehberger eine rote Kunstrasenbar auf dem Hörsaaldach.

The complex is a short walk from the 2 university areas, palace and cathedral. The architects – known for the Iduna tower (no. 193) on Servatiiplatz – divided the plot in the functional style of the "Braunschweig School". The structure consists of 2 cubes; large auditorium and glazed rear access block. The façade is exposed concrete with an aggregate finish; a deliberate aesthetic contrast to the baroque palace. The location often attracts sculpture projects by international artists: in 1997, T. Rehberger installed a red, artificial grass bar on the roof.

26
Ehem. Adelshof
Georgskommende 7
Um 1720
Gottfried Laurenz Pictorius (?)

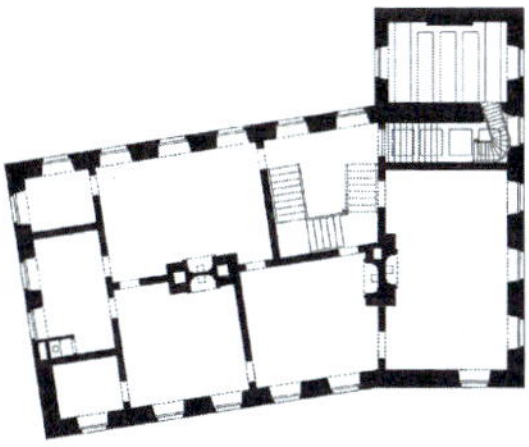

Grundriss nach Geisberg IV, 1935

Der dreigeschossige, zweiflügelige Bau erscheint äußerst schlicht. Über einem Werksteinsockel gehen die in Backstein gemauerten Wände ohne weitere Gliederungselemente auf und zeigen an beiden Flügeln jeweils fünf Fensterachsen in Werksteinrahmung. Die Quaderung an den Ecken betont die Kontur und gibt dem Bau halt. Den Abschluss bildet ein Walmdach, das an der Georgskommende in ein Satteldach übergeht. Die korbbogige Durchfahrt trägt im Schlussstein das Wappen der Droste zu Hülshoff, die den Adelshof Ende des 19. Jh. von der Familie Westrum übernahmen.
Die Zuschreibung an Pictorius erfolgte aus stilistischen Gründen, die jedoch schon Geisberg nicht überzeugten. Die Innendisposition wurde im Zuge des Wiederaufbaus nach dem Zweiten Weltkrieg völlig verändert.

3-storey brick structure with natural stone pediment; 2 wings, each 5 axes of windows with ashlar frames. Hip roof runs into a saddle roof on Georgskommende. Basket-handle arch with Droste zu Hülshoff coat of arms in keystone; family took over Adelshof from the Westrums late 19th century. Attribution to Pictorius for style reasons is disputed. Interior altered post WW2.

27
Ehem. Landesversicherungsanstalt
Universität
Bispinghof 2–4
1892/93; 1909/10; 1956

Neubau von 1892–93

Erweiterungsbau von 1956

Erweiterungsbau von 1909–10

Der Straßenname erinnert an den bischöflichen Burgmannhof, der nach 1121 hier errichtet wurde. Als dieser seine strategische Bedeutung verlor, ging das Gelände an die Stadt, blieb jedoch bis zum Ende des 18. Jh. ein selbstständiger Rechtsbezirk. Ab 1429 erwarben die von Kerckering sukzessive das Gelände. Von diesem Hof, der 1789–93 durch einen Neubau ersetzt wurde, stammt wohl der Wappenstein, der, 1950 gefunden, in der Nähe des Eingangs angebracht wurde.
Die Invaliditäts- und Altersversicherungsanstalten gründete man 1889 nach Verabschiedung des Invaliditäts- und Altersversicherungsgesetzes. Die schnell wachsende Behörde erhielt 1892/93 einen repräsentativen dreigeschossigen Neubau in Ziegel und Werkstein, mit Sockel, kolossaler Pilastergliederung und Mansarddach, der an den von Kerckeringschen Hof anschloss und auch architektonisch auf ihn Bezug nahm. Nachdem letzterer 1908 abgebrannt war, errichtete Hubert Holtmann einen zweiflügeligen Erweiterungsbau im Reformstil, dessen Blickfang das den Winkel der Flügel akzentuierende Eingangstürmchen bildet, dem links ein dreiachsiger Risalit mit Ziergiebel zur Seite steht.
Nach dem Zweiten Weltkrieg wuchs der Raumbedarf der Landesversicherungsanstalt, so dass weitere Erweiterungsbauten angefügt und schließlich sogar eine Mietshauszeile in der Georgskommende 25/26 in Beschlag genommen wurden. Von diesen verdient vor allem der 1956 errichtete viergeschossige teils mit Klinker, teils mit Naturstein verkleidete Bau Bispinghof 9–19 Interesse, dessen eingeschossiger halbrunder Eingangspavillon einerseits auf den Turm des Altbaus von 1909–10 antwortet und andererseits einen markanten Akzent an der Ecke zur Georgskommende setzt.

Street name recalls the Episcopal Burgmannhof (1121). Site was an independent legal district until 1800, successively acquired by the von Kerckerings; coat of arms on a stone by the entrance.
Provision for old age and invalidity was made in 1889 and insurance offices founded here. New building 1892/93; 3-storey, brick and ashlar with pediment, pilasters and mansard roof, abutting Kerckeringscher Hof. The latter burnt down in 1908; a 2-wing, Reform-style extension was built by Hubert Holtmann with striking tower, 3 projecting axes and decorative gable.
After WW2, more space was needed. Extensions were added and housing taken over at Georgskommende 25/26. 4-storey extension (1956); brick, natural stone (Bispinghof 9–19) with semicircular pavilion – echo of old (1909–10) building's tower and striking feature at the corner of Georgskommende.

28

Juridicum

Universitätsstraße 10–16
1952–55
Hans Malwitz

Die Wiese lacht oder das Gesicht in der Wand

1987
Harald Klingelhöller

Hans Malwitz, der unter Albert Speer den Bau der Wehrtechnischen Fakultät der Technischen Universität Berlin plante, bekam nach Flucht und Kriegsgefangenschaft in Münster die Leitung des Staatsneubauamtes für Universitätsbauten übertragen. Fortan ist er für die gesamte bauliche Erscheinung der Universität zuständig, insbesondere für den Schloss-Wiederaufbau (1954), das Fürstenberghaus (1958), zahlreiche Institutsgebäude – und für das Juridicum. Dieses vereint die Rechts- und Staatswissenschaftliche Fakultät und fungiert als zentrales Gelenk zwischen den beiden Hochschularealen Schloss und Domplatz. Im Grundriss gleicht das wehrhafte Gebäude einem Quadrat mit verlängerten Flügelbauten. Mit dem Abknicken eines Flügelbaus reagiert der Bau auf den Verlauf der Universitätsstraße wie auch den der rückwärtigen Aa, deren Bachauenidylle im harten Kontrast zur starren Architektur steht. Das Gebäude öffnet sich dreiseitig für Fußgänger, ein Innenhof ist als Wegraum und Innenhof angedacht. Ein triumphbogenartiger Durchlass an der Universitätsstraße weckt Assoziationen an die überwunden geglaubte NS-Architektur. Auch der verwendete münstersche Backstein als Fassadenmaterial kann dies nicht kaschieren.
1987 nutzt Harald Klingelhöller notwendige Sanierungsmaßnahmen und bestimmt das Erscheinungsbild des Innenhofes neu: seine Rasenflächen und Steinplattenwege folgen nicht mehr länger der Symmetrie der „Unarchitektur", sondern wirken durch diagonale Anordnung der hierarchischen Strenge entgegen. Auf die Mittelachse positioniert er eine Skulptur, die aus kugelförmig und pyramidal zugeschnittenen Eiben sowie einem gläsernen Geländer besteht. Es entsteht ein Wechselspiel der perspektivischen Wahrnehmung von Grundriss, Skulptur und Umraum mit den zahlreichen Linien der Architektur und Natur. Der Titel „Die Wiese lacht oder das Gesicht in der Wand" ermuntert dazu, weitere Assoziationen zu finden.

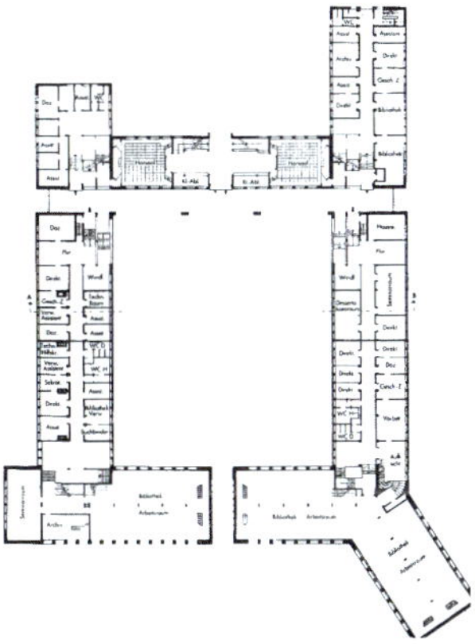

After WW2, Malwitz – who had worked under Albert Speer – was made responsible for university buildings in Münster. He supervised the Palace reconstruction (1954), Fürstenberghaus (1958), many institutes and the Juridicum – the faculty of law and political science. This quasi-military building is square with long wings; one bends to follow the road and Aa, where a riverside idyll contrasts with the rigid architecture. The building is open on 3 sides, with an inner court. Even the façade's Münster brick cannot prevent associations with NS architecture prompted by a "triumphal arch" to Universitätsstraße.
In 1987, Klingelhöller redefined the court; lawns and paths no longer echo the symmetry of the "unarchitecture", but oppose it with diagonals. A central sculpture – "The meadow laughs or the face in the wall" – consists of cut yews and a glass balustrade and prompts further associations.

29

St. Petri
Johannisstraße 5
1590–97
Johannes Roßkott

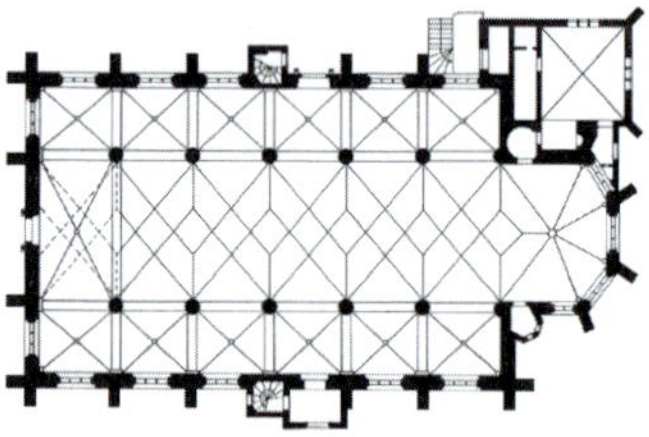

Dolomit zugeschnitten
1976
Ulrich Rückriem

Nachdem 1585 der Kölner Kurfürst Ernst von Bayern zum Bischof von Münster gewählt worden war, übernahmen 1588 die von ihm gerufenen Jesuiten die Domschule, das Gymnasium Paulinum. Ein Vermächtnis des Domdechanten Gottfried von Raesfeld ermöglichte ihnen den Bau eines Kollegs mit Kirche und Schule. Schule und Kirche wurden gleichzeitig begonnen, erstere aber wegen der starken Nachfrage vorangestellt und zuerst beendet. Das Kolleggebäude, gewissermaßen Keimzelle der Universität, entstand erst nach 1610.
Von dem im Zweiten Weltkrieg zerstörten Jesuitenkolleg, das etwa an der Stelle des heutigen Fürstenberghauses lag, wurde nur die Petrikirche durch Hans Malwitz rekonstruiert. Diese erste eigenständige Jesuitenkirche der rheinischen Ordensprovinz fand eine breite Nachfolge. Die sechsjochige, dreischiffige aus Backstein errichtete Basilika mit von achteckigen Türmchen flankiertem Dreiachtelchor ermöglichte mit ihren Emporen einer großen Anzahl Gläubiger die Teilnahme an den Gottesdiensten. Man betrat sie über Treppentürme, die, an der Mitte der Langseiten gelegen, jeweils einen Strebepfeiler ersetzen. Die Disposition des Innenraumes ist an der Westfassade genau ablesbar. Eckverstärkungen aus Sandstein grenzen die Seitenschiffe ab; die dreiteiligen Fenster beider Geschosse fasst ein Bogen zusammen. Die Wand des Mittelschiffs öffnet ein rundbogiges Maßwerkfenster, unter dem sich ein relativ zurückhaltendes Sandsteinportal befindet. Während die Maßwerkfenster noch dem gotischen Formenrepertoire entstammen, entsprechen die Portalrahmungen mit Säulen und Beschlagwerk Renaissanceformen. Am aufwendigsten gestaltete man das von drei Figuren, Petrus, Paulus und Maria, bekrönte Nordportal, möglicherweise ein Werk des Bildhauers Bernd Katman. Sprechend ist auch der Schmuck der Chorpfeiler, deren Abdeckung Bücher und Evangelistensymbole bilden. Im Norden ist neben dem Chor eine zweigeschossige Sakristei angebaut.
Im Innern bestimmen die auf gedrungenen Rundpfeilern ruhenden Arkaden, die durchlaufende Emporenbalustrade und das Netzgewölbe den Raumeindruck. Im Mittelschiff blicken über den Pfeilern angebrachte lebensgroße Apostelfiguren, geschaffen 1599 bis 1601 von dem Bildhauer Johann Kroeß, in Richtung zum Altar. Von diesem sind nur zwei Alabasterfiguren des Petrus und Paulus sowie vier Reliefs mit Darstellungen der Kirchenväter desselben Meisters erhalten.
Rückriems Skulptur besteht aus neun Granitrohlingen, die so geschnitten sind, dass sie sich im Norden der Kirche zu einer Mauer fügen und in ihrer abgeschrägten Form auf das Kirchengebäude Bezug nehmen. Zwischen diesem und der Skulptur entsteht gewissermaßen ein Raum mit quadratischem Grundriss, der in der architektonisch eher chaotischen Situation des Campus eine Zäsur setzt.

Elector Ernst v. Bayern became Bishop of Münster in 1585, and his Jesuits took over the cathedral school, Gymnasium Paulinum (1588). A legacy from Dean Gottfried v. Raesfeld was used to build a new college, school and church. Origin of the university, this Jesuit College was built post 1610.
All that remains is the Petrikirche; a 6-bay, 3-nave, brick basilica, its quire flanked by octagonal towers. West façade echoes interior: sandstone corner braces mark the transepts; arches over the 3-part windows of each floor. Nave wall with Gothic-style, round-arched tracery window, below it a simple sandstone door; door frame, pillars and strapwork are Renaissance. Above the N. door are figures of Peter, Paul and Mary (poss. by Bernd Katman). North of quire is a 2-storey sacristy.
Interior characterised by arcades on squat columns, balcony and tracery vaulting. Above nave buttresses were life-sized Apostles (1599–1601) by Johann Kroeß, but only 2 alabaster figures of Peter and Paul and reliefs of church fathers have survived.
Rückriem's sculpture is by a path N. of the church; 9 rough granite slabs form a wall, the shape echoing the church building. A square space emerges between church and sculpture, conveying the significance of space and volume.

30
Verkürzter Himmel
Aa-Promenade
1987
Giovanni Anselmo

Projekt für Münster, 1987

Das Verhältnis von sichtbaren und unsichtbaren Phänomenen bildet ein immer wiederkehrendes Thema im Werk des Künstlers. Der an einen Betonsockel montierte Stahlbalken, den Anselmo neben der Theologischen Fakultät aufstellte, trägt die eingravierte Schrift „Verkürzter Himmel". So erscheint Himmel als „Objekt", sei es naiv in materieller Form oder als theologisch bestimmbarer Ort, doch zugleich verdeutlicht der Anspruch, hier sei ein greifbares Stück aus der Distanz zwischen Erde und Himmel herausgeschnitten, die Unfassbarkeit dessen, was der Begriff „Himmel" für den jeweiligen Betrachter bedeutet.

Relations between visible and invisible phenomena are a recurrent theme in Anselmo's work. His steel girder on a concrete pedestal beside the Theology Dept. is engraved with the words "Shortened Heaven". Heaven thus appears as a tangible "object", while the intangibility of its significance for the individual is underlined.

31
Ehem. Universitätsbibliothek
Bispinghof 24/25
1904–06
Georg Thür, Eugen Lucas, Karl Imand
(Ministerium der öffentlichen Arbeiten)

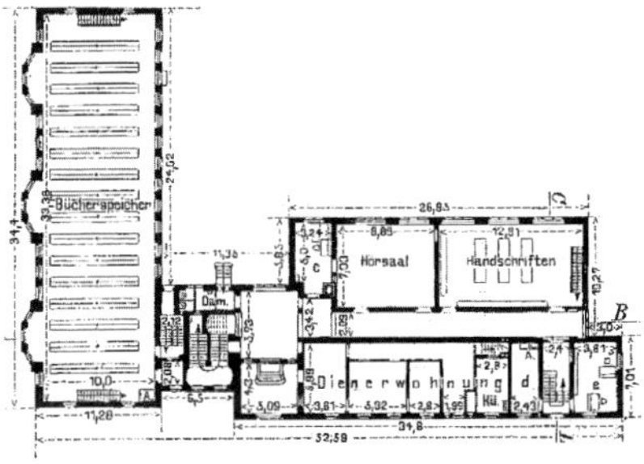

Grundriss von 1904

Für die nach 1902 schnell wachsende Universität wurden schon bald die Bibliotheksräumlichkeiten in der Alten Akademie zu eng. So errichtete man auf dem Gelände der Gardehotelkaserne einen Neubau, der im Krieg zerstört und dann ohne die Renaissancegiebel wieder aufgebaut wurde. Ein dreigeschossiger Kopfbau begrenzt zur Aa den über dem Hausteinsockel zweigeschossigen Putzbau. An diesen schließt zum Krummen Timpen der in einem zweiten Bauabschnitt errichtete Magazinbau, der mit den hohen, schmalen Fenstern, die in der Attika über dem breit akzentuierten Hauptgesims weitergeführt werden, einen ganz eigenen Reiz besitzt, der sich jedoch wegen der unstrukturierten Umgebung erst auf den zweiten Blick erschließt.

As the Old Academy library became too small for the university, a new one was built in the grounds of Gardehotelkaserne. Destroyed in WW2, rebuilt without Renaissance gables. 3-storey front to the Aa with adjacent 2-storey, rendered structure. Storage area on Krumme Timpen built later with narrow windows continuing into a parapet over the cornice.

32
Ehem. „Neues Unterrichtsgebäude"
Johannisstraße 12–17
1912/13
Georg Thür, Hausmann, Otto Weißgerber
(Ministerium der öffentlichen Arbeiten)

Grundriss von 1912

Seit Münster 1902 wieder den Status einer „Volluniversität" besaß, wuchs der Raumbedarf, so dass die (nicht erhaltenen) Gebäude des ehem. Jesuitenkolleg (alte Akademie) und der Neuen Akademie hinter St. Petri nicht ausreichten. Schon 1906 war das Mathematische Seminar in die benachbarte ehem. evangelische Mädchenschule gezogen, die dann in das „Neue Unterrichtsgebäude" integriert wurde. Die Anlage gliedert sich in zwei Flügel, von denen der eine Hörsäle, der andere die Seminare beherbergte. Architektonisch schloss der Backsteinbau mit den schlichten Neorenaissancegiebeln an die Alte Akademie an. Den Blickfang bildet der polygonale Treppenturm mit dem zweistöckigen, von rustizierten, ionischen Pilastern flankierten Portal mit Inschrift und Wappensteinen. Über einer von dicht gereihten Konsolen getragenen Plattform ragt die Laterne des Observatoriums auf. Die ursprüngliche hölzerne Drehkuppel fiel dem Krieg zum Opfer. Beim Umbau der gegenüberliegenden Gebäude ordneten das Büro DBCO mit brandenfels landscape + environment den Freiraum überzeugend neu, indem sie eine lange Rampe aus Beton zwischen die Gebäude legten, die geschickt in die Freitreppe zur Petrikirche übergeht.

When Münster became a "full university" in 1902, the (destroyed) Jesuit College and the New Academy were too small. Mathematics seminar moved (1906) to an adjacent girls' school, which was later integrated into a new, 2-wing university building; brick with neo-Renaissance gables, this adopts the architectural style of the Jesuit Academy. Striking polygonal stairwell; 2-storey portal with inscription and coats of arms, Ionic pilasters. Observatory lantern above a platform on consoles. Revolving wood dome lost in WW2.

33
Bus Shelter
Johannisstraße
1987
Dennis Adams

In seinen Arbeiten thematisiert Adams urbanistische Strukturen. Den Strom des öffentlichen Nahverkehrs, mit dem sich Menschen unterschiedlicher Generationen fortbewegen, möchte er mit dem „sozialpolitischen Gedächtnis" verbinden. So gestaltet er eine Bushaltestelle im Zentrum Münsters als Ort der Begegnung mit der Geschichte. Die Architektur des Wetterhäuschens erscheint als komplexes Gebilde, ein Abkömmling der Rednertribünen und Kioske der russischen Konstruktivisten. Die Fotos zeigen Szenen aus dem Prozess gegen den SS-Mann Klaus Barbie, doch nicht im didaktisch-propagandistischen Sinne, sondern als Irritation, als Anlass Fragen zu stellen, die sich nicht nur auf das Dargestellte beziehen, sondern auch auf die überbordende Präsenz medialer Ansprache, der vor allem in den städtischen Zentren Menschen ausgesetzt sind.

Adams' work examines urban structures. He links the flow of public transport with "socio-political memory"; the bus stop is a place to encounter history. A complex shelter echoes tribunes and kiosks made by Russian Constructivists. Photos show the trial of SS man Klaus Barbie; aiming to trigger questions that relate not only to what is shown, but to the media's overwhelming presence in modern urban life.

34
Wohnhaus
Johannisstraße 21
Vor 1782
Franz Broschard (Maurermeister)

Das über einem Steinsockel zweigeschossige Backsteinhaus mit Krüppelwalmdach ist das letzte Zeugnis der einst kleinteiligen Bebauung an der Johannisstraße. Den Eingang erreicht man über eine kleine Treppe in der zweiten der insgesamt vier Achsen. Die Giebelseite zur Pferdegasse ist nur einachsig, wird jedoch durch die leicht geschweifte Führung des Daches optisch aufgewertet. Auch die Differenzierung der Geschosshöhen und die Werksteinrahmung der Fenster lassen einen repräsentativen Anspruch erkennen, der den benachbarten Kurienbauten geschuldet sein dürfte.

Brick, 2-storey house with hip-gable roof; stone pediment, 4 axes, steps to door in 2nd axis. Gable end (Pferdegasse) with single axis, but roof curvature lends visual appeal. Differentiated floor heights and ashlar window frames show representative pretensions, probably due to nearby curia buildings.

35
Aegidiimarkt
Aegidiimarkt 1–7
1976–79
Dieter und Ulrike Kälberer

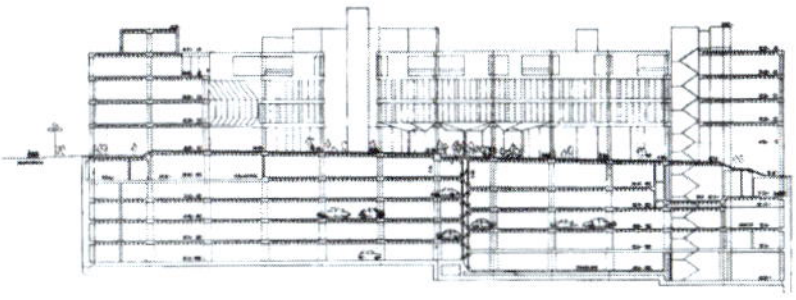

Das Gelände der kriegszerstörten Aegidiikaserne diente lange als Parkplatz und sollte zunächst mit einem Parkhaus bebaut werden. Doch nachdem das Architektenehepaar Kälberer den Wettbewerb für sich entscheiden konnte, besann man sich und suchte nach einer urbaneren Lösung, die der innerstädtischen Lage angemessener erschien. Im Ergebnis verlegte man die 795 Parkplätze auf zehn Halbgeschossen unter die Erde. In 18 Meter Tiefe entstand zudem der größte, 3000 Personen fassende Bunker der Stadt. Oberirdisch wurden drei- bis sechsgeschossige mit rötlichen Kacheln verkleidete Baukörper ringförmig zusammengesteckt und bilden einen marktähnlichen Innenhof, den neun Zugänge mit dem Stadtraum verbinden. Die Anlage bietet Raum für 56 Wohnungen sowie für zahlreiche Läden, Büros und die Volkshochschule. Obwohl sich die Architektur des Aegidiimarkts von der Bautradition der Stadt löst, stellt er ein wichtiges und mutiges Experiment in der Stadtentwicklung dar und ist bis heute in der Innenstadt durch seinen multifunktionalen Charakter einzigartig.

The plot of the former Aegidi Barracks was used as a car park for many years. Competition winners Kälberer conceived an idea more suited to the site. 795 parking places are now below ground, like the city's biggest bunker (for 3000). Above ground, 3- to 6-storey volumes clad in reddish tiles form a rounded court offering space for 56 apartments, shops and Adult Education Centre. Though it defies local building tradition, the complex is an important experiment in urban planning.

36

Auto Office Haus

Aegidiistraße 45
1997
Kim Adams

Ansicht der Tankstelle um 1955

Als Kim Adams seine Installation konzipierte, diente die ehemalige Tankstelle als Taxizentrale. Heute beherbergt sie ein Café. Auf ihrem Dach steht wie ein Penthouse ein vorgefertigtes Getreidesilo, auf dessen Dach ein Gestänge montiert ist, das wie bei einem Karussell als Aufhängung für verschiedene Fahrzeuge dient. Sie erinnern an einen Hochsitz oder an einen Balkon. Auch ein Dreirad findet sich, das jedoch zum „Vierrad" verdoppelt ist und so ein zwiespältiges, widerständiges Objekt darstellt. Es kann als Schlüssel zum Verständnis der Arbeit dienen, denn Adams hatte es 1990 als selbstständiges Objekt mit dem Titel „He/He" konzipiert. Mobilität und Stillstand, Bewegung, die sich selbst bremst, Ruhe und „Sich im Kreis Drehen", solche Gegensätze sieht Adams als Charakteristika der modernen Industriegesellschaft. Die Irritation, die sie auslösen, ist das Thema seiner Installation.

When Kim Adams conceived this work, the former filling station was a taxi depot: now a café. On the roof is a grain silo with various rods on top, from which vehicles are hung as if on a carousel. Mobility and standstill, motion that curbs itself, calm and "running round in circles"; Adams sees such contradictions as characteristic of modern industrial society. The irritation triggered is the subject of his installation.

37

Wohnprojekt Grüne Gasse

Grüne Gasse 6–10
2003–06
Gruppe MDK

Die Stiftung Magdalenenhospital, die hier als Bauherr auftritt, unterhält bereits seit dem 19. Jahrhundert eine Reihe von Altenheimen und -wohnungen im Stadtgebiet. Das Neubauprojekt an der Grünen Gasse stellt vor dem Hintergrund steigender Lebenserwartung mit seinem Ansatz „Gemeinsam Wohnen – Gemeinsam Älter Werden" ein Pilotprojekt mit Modellcharakter dar. Das Ensemble wurde auf einem kriegsbedingt noch leeren Grundstück im zentralen Aegidiiviertel errichtet und besteht aus 5 Einzelhäusern mit insgesamt 38 Wohneinheiten auf gemeinsamer Tiefgarage. Drei Straßen- und zwei Hofhäuser sind so angeordnet, dass Licht und Luft alle Wohnungen (50–100 Quadratmeter) erreicht. Bei gleicher Dach- und Wandbehandlung erscheinen die monolithischen Satteldachhäuser wie „Monopolyhäuser". Die Vorhangfassaden und Dachflächen aus Eternit-Tafeln sind hausweise farbig gestaltet. Alle Wohnungen sind barrierefrei und verfügen über Balkon oder Terrasse. Am Eingang liegt ein Gemeinschaftsraum für Bewohner und Besucher.

The Foundation Magdalene Hospital supports a number of old-people's homes in Münster today. The complex on Grüne Gasse – 5 separate houses with 38 units and an underground car park – is a pilot project based on the model "Living Together – Growing Older Together". An optimal layout ensures all units (50–100 m^2) have light and fresh air. The same eternit panels are used for roofs and façades, reminding one of "Monopoly houses".

38
Wohnen an der Aa
Aegidiistraße 63
2010–12
Rainer M. Kresing

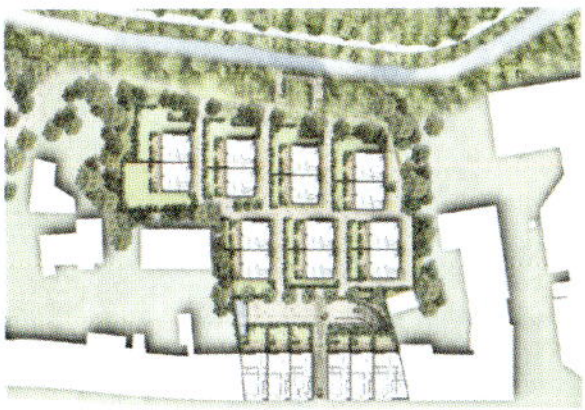

Das neue Wohnquartier entstand auf historischem Grund. Bereits im 16. Jahrhundert ist an der Aegidiistr. 63 ein Renaissancebau nachgewiesen, den Johann Conrad Schlaun 1752 zum Velenschen Hof umbaut und erweitert. Im Zweiten Weltkrieg zerstört, folgte diesem in den 1950er-Jahren ein Wohn- und Geschäftshaus mit Tankstelle samt Garagenhof. 2009 stellte das Domkapitel den Bestand zur Disposition und führte ein Akquisitionsverfahren für eine wohnbauliche Entwicklung durch, das Kresing gewann. Die Neubebauung gliedert sich in zwei Bereiche: In ein dreigeschossiges Vorderhaus mit 8 Wohnungen (45–132 Quadratmeter) und eine Gartenbebauung, die aus vier Doppelhäusern mit je zwei Wohnungen (je 123 Quadratmeter) besteht. Alle Baukörper sind einheitlich mit einer dunklen Ziegelfassade ausgeführt. Die Gesamtkomposition der Fassaden bestimmen weiß gerahmte Fenster, die sich am Vorderhaus zu schwebenden Gauben steigern und bei den Hofhäusern als Eckverglasungen für ein mehrdimensionales Volumenspiel sorgen. Die Zwillingshaus-Typologie im Hofbereich stellt im Altstadtbereich eine Überraschung dar und unterstreicht die exklusive Lage am Ufer der Aa. Die geplante Entwicklung des benachbarten Garagenkomplexes für weitere drei Doppelhäuser blieb bislang unrealisiert.

Schlaun extended a 16th cent. house on this historic plot in 1752. Destroyed in WW2, it was replaced by a multipurpose block in the 50s. Kresing acquired the site after its owners, the cathedral chapter, released it for housing in 2009. A new 3-storey block with 8 apartments was set at the front; 4 semi-detached houses at the back. White-framed windows define the dark-brick façades; at the front they rise to dormers; at the back glazed-over corners create a play with structural volumes. The double-house type is rare in the old city, underlining the exclusive location by the Aa.

39
Appartementhaus Segger
Schützenstraße 28–29
1967–73
Harald Deilmann

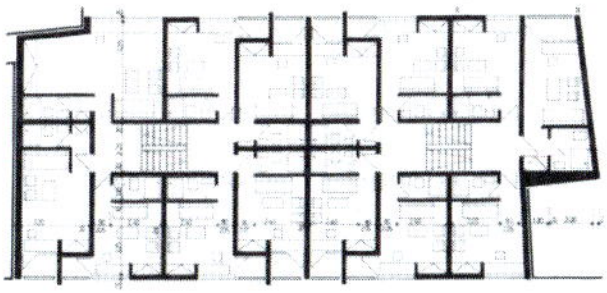

Das in rauer Sichtbetonweise gefügte Haus lässt im plastischen Fassadenbild vier schmale Häuser erkennen, die ineinander versetzt sind. Sie führen den Rhythmus der wechselnden Traufhöhen und Hausbreiten in der Nachbarschaft weiter. Im Inneren sind die ca. 28 Appartments im Split-Level-System organisiert. Jedes Appartment (ca. 15 Quadratmeter) verfügt über ein eigenes Bad und zumeist auch Balkon. Die Einheiten wurden komplett möbliert an Studierende vermietet. Im Dachgeschoss liegt ein großer Gemeinschaftsraum mit geräumiger Küche. Über dem einstöckigen Hofgebäude steht eine weitere Dachveranda für die Gemeinschaft zur Verfügung. Die Haupterschließung erfolgt über zwei offen beginnende Treppenhäuser im aufgeständerten Erdgeschoss, das auch als Fahrradraum und Parkplatz dient. Das luftige Parterre ist hierbei als „offenes Wohnzimmer" gestaltet: Mit wohnlicher Holzdecke, plastisch hervortretenden Betonträgern und Treppen samt Beleuchtung. Die Balkontrennwände und Unterdecken sind farbig, der ursprünglich unbehandelte Sichtbeton der Fassade inzwischen hell gestrichen. Das Haus stellt ein frühes Experiment für „Verdichtete Wohnformen" in der Innenstadt dar.

At first, the concrete structure is inconspicuous. But there are 4 narrow houses set into the façade, continuing the rhythm of diverse building heights and widths nearby. Approx. 28 small, split-level apartments – each with a bathroom, many with a balcony – are let out furnished to students. On the top floor are a large common room and kitchen. Access is via 2 staircases from the elevated ground floor, which is also a bike store and parking space. The airy ground floor is designed as an "open living room": with wood ceiling, concrete pillars and stairs: an early experiment in urban "concentrated housing".

40

St. Aegidii
Ehem. Kapuzinerkirche
Aegidiikirchplatz 1/2
1724–29
Johann Conrad Schlaun

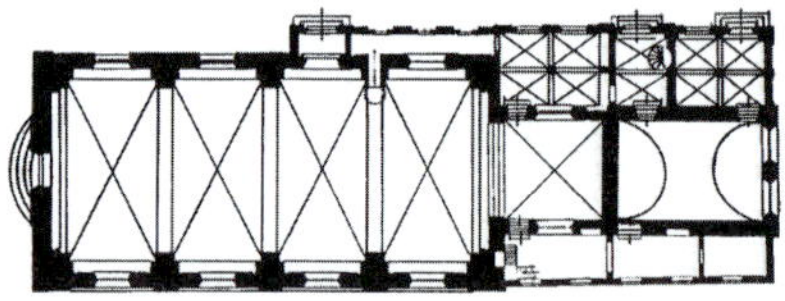

Gegen anfängliche Widerstände der Stadt erhielten die Kapuziner 1619 die Erlaubnis, in Münster ein Kloster zu gründen. Drei Jahre später erfolgte die Grundsteinlegung für die Kirche, während das Kloster erst 1644 fertiggestellt war. Da der Bau sich bald als zu klein erwies, beauftragte 1721 Clemens August den Architekten Gottfried Laurenz Pictorius mit der Neuplanung. Zur Ausführung kam jedoch nur der Westflügel. Ferdinand von Plettenberg stiftete 1724 einen Neubau der Kirche, die gewissermaßen als Hauskirche für sein (nicht ausgeführtes Stadtpalais) fungiert hätte. Schlaun entwarf eine vierjochige Wandpfeilerkirche mit Kreuzrippengewölben und eingezogenem, gerade abschließendem Chor. An diesen grenzen der von Osten zugängliche, heute als Marienkapelle genutzte Psallierchor sowie einfache Nebenräume, von denen die nördlichen aus dem 19. Jh. stammen und den Zugang zur Kanzel ermöglichen. Die Längswände des aus Backstein errichteten Baus weisen einfache, hohe Rundbogenfenster und eine Blendarkade als einzige Gliederungselemente der Längswände auf. Für die Fassade entwarf Schlaun eine schlichte, dreiachsige Sandsteinverblendung. Während die Seiten als einfache Blendfelder gestaltet sind, dominiert die werksteinverkleidete Fassade eine risalitartig vorspringende Mittelachse mit Portal, Rundbogenfenster und ovalem Okulus in der Blendädikula der Attikazone, deren Dreiecksgiebel die Arma Christi bekrönen. Die geschweiften Giebelflanken zieren Vasen mit Lilien, sicher ein Hinweis auf das ursprüngliche Marienpatrozinium der Kirche.
Nach der Säkularisierung und dem Einsturz der benachbarten Aegidienkirche überwies man 1823 deren Gemeinde die Kapuzinerkirche, die zwischenzeitlich der preußischen Militärregierung als Zeughaus gedient hatte, als Ersatz. Das Kloster wurde 1828 abgebrochen. Von der ursprünglichen Ausstattung hat sich nur die von Schlaun entworfene, in Eichenholz geschnitzte Kanzel erhalten.
1857 beauftragte die Gemeinde den Leiter des Städel Museums in Frankfurt, Eduard von Steinle, mit der Ausmalung des leeren Kirchenraumes. Dieser entwarf einen Zyklus, dessen Thema biblische Opferszenen und Sakramentsverehrung bilden. Die Ausführung übernahmen zum großen Teil Steinles Schüler A. Settegast, D. Mosler und C. F. Welsch. Die gestalterische Orientierung an der italienischen und deutschen Kunst der Frührenaissance weist die Künstler als Nazarener aus, die eine Rückkehr zu altchristlicher Frömmigkeit propagierten. Die Ausmalung von St. Aegidii ist eines der wenigen erhaltenen Großprojekte dieser Kunstrichtung.

In 1619, Capuchins were allowed to found a monastery in Münster. Church foundation stone laid in 1622 (monastery finished 1644). In 1721, Clemens August commissioned new plans from Pictorius; only west wing was completed. Ferdinand v. Plettenberg donated a new church in 1724: Schlaun built 4 bays with cross-rib vaulting and a retracted quire. Adjacent to present St. Mary's Chapel. Brick building with round-arch windows, blind arcade as only wall divisions. Façade has 3 axes, sandstone facing. Central axis projects; portal, round-arch windows and oval oculus in aedicule of pediment zone. Gable decorated with lilies – reference to the Virgin Mary. Nearby St. Giles' church was ruined, and Capuchin church was given to the parish. Monastery dismantled in 1828. Only oak chancel remains of Schlaun's interior. In 1857, E. v. Steinle – director of Frankfurt Städel Museum – was commissioned to paint the interior. He designed a cycle of biblical scenes, realised mainly by his pupils A. Settegast, D. Mosler and C. F. Welsch. Oriented on early-Renaissance Italian and German art; style of Nazarenes, who propagated return to old Christian piety. Painting of St. Giles' Church is a rare surviving large-scale project by that movement.

41
St. Aegidii-Kaplanei
Krumme Straße 45/46
18. Jh.

Das zweigeschossige, unterkellerte Wohnhaus mit Krüppelwalmdach war ehemals von der dichten Bebauung umgeben, die zu dem an dieser Stelle befindlichen Bereich des Kapuzinerklosters gehörte. Während die Rückseite unverputzt blieb, bildet die verputzte, zum Garten liegende Seite mit fünf Achsen werksteingerahmter Fenster die eigentliche Schauseite. Hier befindet sich auch die Ladeluke auf dem Dach. Die asymmetrische Anordnung und die beiden Eingänge deuten auf eine unterschiedliche Entstehungszeit der Haushälften. Der südliche, rechte Teil und das gemauerte Untergeschoss entstanden in einer ersten Bauphase. Das Obergeschoss in Fachwerk und der linke, nördliche Teil, dessen Schmalseite ebenfalls unverputzt blieb, entstanden wohl 1829, als das Klostergebäude niedergelegt wurde. Das Haus diente fortan als Kaplanei der Aegidii-Pfarrei, die die Kapuzinerkirche seit 1822 übernommen hatte.

2-storeys with half-hip roof; once surrounded by Capuchin monastery buildings. Garden side with 5 axes of ashlar-framed windows is rendered and the true façade. Asymmetry, 2 doors indicate different dates for 2 halves. Right-hand section and ground floor date from 1st phase. Timber-framed 1st floor and left section from c. 1829, when monastery was dismantled. Used by curate of St. Giles' parish, which took over Capuchin church (1822).

42
Oberverwaltungsgericht
Aegidiikirchplatz 5
1959–63, 1975–76
Wilhelm und Dieter G. Baumewerd, P. Koller (Staatshochbauamt)

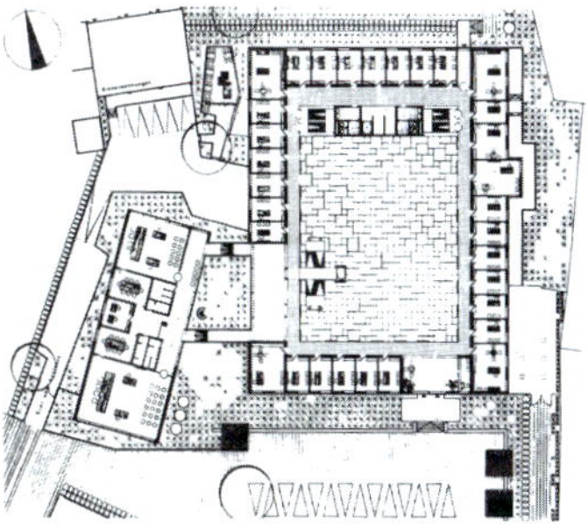

Das klar gegliederte Gerichtsgebäude stellt das Erstlingswerk des Architekten Dieter Baumewerd dar. Noch als Student an der Kunstakademie Düsseldorf gewann er diesen Wettbewerb zusammen mit seinem Vater. Der Bau wurde 1963 in Zusammenarbeit mit dem Staatshochbauamt fertiggestellt und bestand ursprünglich aus einem dreigeschossigen quadratischen Hauptgebäude und einem zweigeschossigen Nebengebäude, das mit dem Hauptgebäude auf zwei Ebenen durch verglaste Verbindungsgänge verbunden war. Es nahm die beiden Sitzungssäle, die Bibliothek und den Präsidententrakt auf. Als 1971 der Raumbedarf stieg, wurde das Hauptgebäude um ein weiteres Geschoss aufgestockt und der Präsidentenflügel kompakt mit diesem verbunden. Die Gestaltung des Vorplatzes (1965) übernahm der Düsseldorfer Künstler Rolf Krummenauer. Neben einem Hauptbrunnen und neun kleineren Springbrunnen, die der Zahl der damaligen Senate entsprachen, gestaltete er auch den Fußboden der heute noch erhaltenen und sehenswerten Eingangshalle, in die Baumewerd 2011 eine gläserne Bibliothek fügte.

The court building is D. G. Baumewerd's first work (1963). He and his father won the competition while he was studying at Düsseldorf Art Academy. Originally, 2 glazed corridors linked the square, 3-storey main block to a lower auxiliary building. A floor was added to the main volume in 1971. Forecourt (1965) is by Düsseldorf artist R. Krummenauer.

43
Gadem Central Hotel
Lütke Gasse 17
1564, 1993
Wilhelm John, Ralf Licht

Zentral und doch versteckt liegt dieses Gadem, ein mittelalterliches Einraumhaus, in einer Seitengasse der Rothenburg. Um ca. 1564 errichtet, hat es sämtliche Wechselfälle der Stadt überstanden und wurde mindestens seit 1873 bis weit in die Nachkriegszeit von einem Fuhrunternehmer genutzt. Nachdem das schiefwinklige, zweigeschossige Fachwerkhaus sodann über Jahre unverändert leer stand, erwarb es 1991 der Kunstsammler Horst Heiringhoff und ließ es als Gästehaus für sein nahes Hotel durch die Architekten Wilhelm John und Ralf Licht umbauen. Sie entkernten es bis auf die sich selbst tragende, verputzte Fachwerkhülle und stellten eine neue Stahltragkonstruktion hinein. Nur ein neues Treppenhaus samt WC-Kern gliedert die zwei Apartmentebenen, auf Zwischenwände wurde verzichtet. Bei der Materialwahl setzten sie auf Kontrast: neben Holz verwendeten sie auch rauen Stahl, neben roh belassenen Eichendielen auch lackierten Beton. Im oberen Appartement liegt die Schlafebene erhöht im Spitzgiebel. Die beiden Gästeapartments sind anmietbar.

The mediaeval one-room house, built c. 1564, survived intact and was used into the post-war years. Then empty until 1991, when art collector Heiringhoff had architects John and Licht convert it into a guest house. Gutting the timber-frame structure, they inserted a steel load-bearing frame. The 2 apartment levels have no inner walls; only division is a stairwell. Contrasting materials were used, e.g. natural oak and varnished concrete. Sleeping area of top level is in the pointed gable.

44
Geschäftshaus Rincklake
Rothenburg 14/16
1912
Alfred Hensen

Die Gliederung des viergeschossigen Geschäftshauses mit zentralem, risalitartig ausgeprägtem Erker, flankiert von dreiachsigen Wandabschnitten erinnert vielleicht an die drei Vorgängerbauten, an deren Stelle Hensen einen betont modernen Stahlbetonskelettbau errichtete, der heute wie damals einen Blickfang darstellt. Große Fenster öffnen die Fassade; im Erker reihen sie sich als schmale Streifen aneinander. Die darunter liegenden Brüstungen schmücken mehrfach eingetiefte Wandfelder bzw. reliefierte Medaillons. Formklinker an den Kanten der senkrechten Wandfelder verdeutlichen die Konstruktion und betonen die Vertikale. Die Gauben des steilen Mansarddachs nehmen diesen Vertikalzug auf.
Lohnend ist auch der Blick in das über eine schmale Seitengasse zu erreichende Ladenlokal, in dem eine neobarocke Treppe und ein Kamin mit Delfter Kacheln zur ursprünglichen Ausstattung gehören. Teile des Mobiliars, insbesondere die Kronleuchter stammen hingegen aus dem in Münster legendären Café Schucan, das sich früher am Prinzipalmarkt befand. Sie gelangten nach der grundlegenden Renovierung des Gebäudes 1997 hierher.

4-storey property, central bay with 3 axes each side; echo of 3 earlier buildings on site. Hensen's precast concrete skeleton construction is still striking.
Large windows open up façade, narrow rows in bay. Balustrades with impressed fields, relief medallions. Shaped bricks edge wall sections, emphasise verticals – also taken up by dormers.
Shop accessed at side has original neo-Baroque stairs and fireplace of Delft tiles. Some furnishings, incl. chandeliers, from legendary Münster Café Schucan on Prinzipalmarkt; moved here after renovation (1997).

45
Ehem. Rincklake van Endert-Haus
Rothenburg 35
1965–67
Max von Hausen, Ortwin Rave

Ansicht um 1967

Bereits 1836 richtete Kaspar Rincklake einen Kunstwerkstättenbetrieb im Haus Rothenburg 14 ein, 1912 folgte im Auftrag des Enkels Theodor an gleicher Stelle ein prächtiger Neubau als Stammsitz (Nr. 44). Als Gregor van Endert, der einzige Schwiegersohn von Theodor Rincklake, das Unternehmen 1933 übernahm, folgten kriegsbedingt schwere Zeiten. In der Wiederaufbauzeit florierte das Geschäft rasch wieder, zahlreiche Aufträge, unter anderem für erste Repräsentationsgebäude in Bonn sowie Botschaften in aller Welt, gingen ein, so dass neue Geschäfts- und Werkstattflächen notwendig wurden. Gegenüber dem Stammhaus ließ er daher 1965 ein Teppichhaus durch die jungen ambitionierten Architekten Max von Hausen und Ortwin Rave errichten. Sie entwickelten ein Giebelhaus eigener Prägung, das sich im Gegensatz zu den Schaugiebel-Häusern am Prinzipalmarkt in moderner Formensprache und Raumatmosphäre darstellte. Das gläserne Erdgeschoss war offen gestaltet, der Pflasterfußboden verlief bis ins Innere. Sichtbetonträger und -wände begrenzten den tiefen, schmalen auf verschiedenen Ebenen gegliederten Raum, in dem die edlen Teppiche leuchten konnten. Drei Obergeschosse werden in der Fassade durch eine tapetenartige Backsteinfläche zusammengefasst, das Dachatelier erscheint spielerisch als Dreieckklotz auf dem Haus. 1987 wurde das Haus verkauft, die ursprünglich großzügige Eingangssituation ist heute nur noch schwer ablesbar.

Kaspar Rincklake opened his furnishing studios at Rothenburg 14 in 1836; grandson Theodor commissioned a new building in 1912 (no. 44). Van Endert took over in 1933, but war led to recession. Business boomed with post-war reconstruction. Architects von Hausen and Rave built a carpet centre opposite in 1965. Its modern formal vocabulary contrasts with gabled houses on Prinzipalmarkt. Ground floor is a deep, narrow space with exposed concrete pillars and walls, ideal to display carpets. 3 upper floors are linked by a field of brick; attic studio is a playful triangular block. Sold in 1987; the house's entrance area is now less striking.

46
Bogenhaus „Guldenarm"
Rothenburg 44
1583, 1974 (Restaurierung)

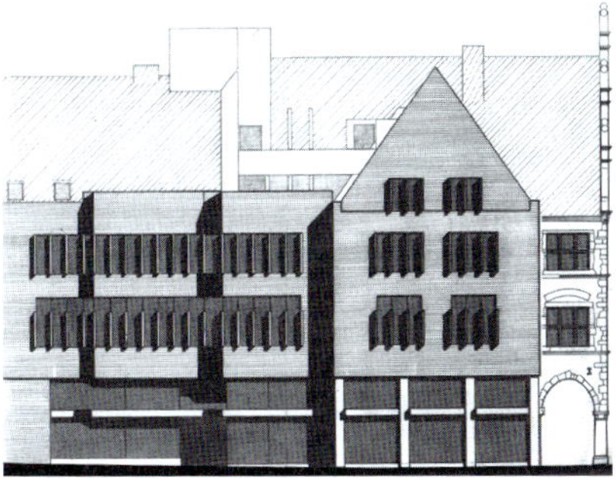

Ansicht Geisbergweg 1974

Von der Königsstraße bildet der dreigeschossige, aus der Flucht heraustretende Backsteinbau mit Zierformen aus Sandstein einen repräsentativen Blickfang und eine Einstimmung auf die charakteristische Bebauung des seit dem Mittelalter an die Domimmunität anschließenden Straßenzugs. Errichtet für den Juristen Hermann Korthues erfuhr das Haus 1774 eine einschneidende Veränderung, bei der auch der Stufengiebel durch einen etwas ungeschickten Schweifgiebel ersetzt wurde.
1974 brach man das Gebäude bis auf die Schaufassade und Teile der Seitenwände ab. Der Fassade gab man aufgrund sorgfältiger Bauuntersuchungen den ursprünglichen Staffelgiebel, den Fenstern die Steinkreuze zurück. Die Radzinnen, ein geläufiges Schmuckmotiv der Münsteraner Bauten der Zeit, wurden rekonstruiert. Die Eisenanker sind original.

3-storey brick house with sandstone decoration; typical building in street abutting cathedral sanctuary since the Middle Ages underwent key change in 1774; e.g. stepped gable replaced by curving gable. Demolished apart from façade and part of side walls in 1974. Original stepped gable restored, stone crosses added to windows. Wheel merlons, common in Münster at the time, were reconstructed. Iron anchors are original.

47
Wohn- und Geschäftshaus
Rothenburg 45
Um 1500

Seiner exponierten Lage trug das vierachsige, dreigeschossige Backsteingebäude mit einer Sandsteinfassade Rechnung, die ursprünglich ein Staffelgiebel bekrönte. Von den Gestaltungselementen der gotischen Fassade haben sich nur die schlichten Anker und der Wasserschlag unter den Fenstern des dritten Stockwerks erhalten. Schon im 18. Jh. modernisierte man das Gebäude, entfernte die steinernen Kreuze in den Fenstern und versah es mit einem Krüppelwalmgiebel. Das dreiachsige Dachgeschoss wurde dadurch zu einem eigenständigen vierten Stockwerk. Dem Haus kommt auch deshalb besondere Bedeutung zu, weil es zu den wenigen Bauten der Münsteraner Innenstadt gehört, die den Zweiten Weltkrieg relativ unbeschadet überstanden haben.

3-storey brick house with 4 axes, sandstone façade; originally with stepped gable. Only relics of Gothic façade are simple anchors and dripstone under 3rd floor windows. Modernised in 18th century; most striking change the addition of gambrel roof, making attic (3 axes) into 4th storey. One of few buildings in Münster centre to survive WW2 almost intact.

48
Wohn- und Geschäftshaus
Rothenburg 53/54
Um 1910

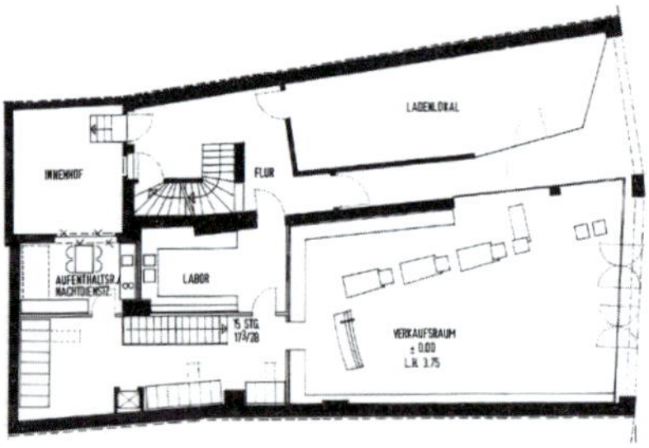

Grundriss EG um 1980

Ein schönes Beispiel für die normative Kraft der Prinzipalmarktbebauung bildet das Doppelhaus mit Quersatteldach, das als Straßenfront jedoch zwei unterschiedliche, giebelbekrönte Fassaden ausbildet. Die rechte erscheint schmucklos mit Steinkreuzfenstern und Stufengiebel, die linke schmücken ein zentraler Erker mit Balkon und ein geschweifter Giebel. Dessen Jugendstilornamentik prägt auch die rundbogigen Doppelfenster im obersten Stockwerk und den Architrav über den ionischen Säulchen der wie eine Loggia gestalteten Hauptgeschossfenster. Als verbindendes Element fungiert die über beide Fassaden reichende Reihe der Bogenfenster im ersten Stock.

Exemplifying the normative influence of building on Prinzipalmarkt, this double house has transverse saddle roof, 2 different façades with gables to street. Right – simple stone cross windows, stepped gable. Left façade – central bay, balcony, curving gable; art nouveau decor. Linking element is a row of arched windows on 1st floor.

49
Münster Arkaden
Ludgeristraße 100
2002–06
Kleihues+Kleihues

Modell

Ein nur knapp durch Bürger verhindertes Shopping-Center („Preußen Park") im Süden der Stadt ließ die Stadt umdenken und die Notwendigkeit für ein integriertes Einkaufszentrum in der Innenstadt erkennen. Als Folge trat die Stadt selbst als Bauherr auf in Form der regionalen Sparkasse. Das Büro Kleihues+Kleihues konnte sich im Jahr 2000 gegen sieben weitere geladene Teilnehmer durchsetzen – insbesondere aufgrund einer großzügigen Passagenidee. Diese verbindet heute Ludgeristraße und Rothenburg; die Königsstraße ist geschickt über den verglasten Picasso-Hof (s. Nr. 65) angebunden. Für die größte Baumaßnahme in Münsters Altstadt nach dem Wiederaufbau wurden bis zuletzt noch Parzellen dazugekauft, Bestandshäuser sowie eine Vorgängerpassage der Sparkasse aus den 1970er-Jahren abgerissen. Das viergeschossige Passagenwerk füllt einen ganzen Block aus und wird über drei langgestreckte Travertinfassaden für den Fußgänger sichtbar. Trotz Material- und Fenstervariationen erscheint das im Detail hochwertig ausgeführte Bauwerk letztendlich starr und dogmatisch. Die Bezeichnung „Münster Arkaden" wirkt gerade in Nachbarschaft des Prinzipalmarkts überhöht, umgeben den Neubau doch allenfalls Pfeilerhallen.

When citizens stopped a centre ("Prussia Park") south of the city, the authorities had to rethink, planning an inner-city shopping precinct. After a competition (2000), the city commissioned Kleihues+Kleihues. Their rather rigid design links Ludgeristraße and Rothenburg by a passageway, Königsstraße via the glazed Picasso Court (no. 60). "Münster Arcades" seems an exaggeration so close to Prinzipalmarkt; at best, the new centre is surrounded by pillared halls.

50
Unsetteling the Fragments
Rothenburg/Königsstraße
2007
Martha Rosler

Das auf eine Stange montierte Architekturfragment mit dem Relief eines Adlers mit ausgebreiteten Schwingen ist ein Teil des Projekts, bei dem Rosler markante Elemente des Münsteraner Stadtbildes kopierte und an anderen Orten in der Stadt aufstellte. Das Selbstverständliche und Vertraute wird, wie der Titel sagt, destabilisiert und erschüttert; ein neuer und aufmerksamer Blick auf die Stadt und ihre Geschichte soll möglich werden. Der Adler stammt von Sagebiels 1935 errichtetem Luftkreiskommando (Nr. 222); das Hakenkreuz in den Krallen wurde nach dem Zweiten Weltkrieg abgeschlagen. Die anderen, nicht erhaltenen „Fragmente" waren die Wiedertäuferkäfige am Lambertikirchturm, deren Pendants vor die Stadtbibliothek gestellt wurden, und der Bambustunnel aus dem botanischen Garten, dessen Kopie hinter der Apsis von St. Lamberti wuchs. Erschien schon das Gesamtprojekt arg simpel, wirkt der einsame Adler auf der Stange harmlos-dekorativ, wie ein vergessenes römisches Legionärszeichen aus einem Historienfilm. Als mahnende Erinnerung an die nationalsozialistische Vergangenheit taugt er jedenfalls nicht.

The relief fragment of an eagle mounted on a pole was part of Rosler's project copying and re-erecting key elements of the Münster cityscape. The familiar is – as the title indicates – thus unsettled, granting a fresh perspective. The eagle was from Sagebiel's Air Command (no. 222) built in 1935; a swastika it carried was removed post war. Other "fragments", like the Anabaptists' cage from St. Lambert's, have not survived. The whole project was rather facile; now the eagle seems merely decorative, no longer a warning reminder of the Nazi past.

51
Wohn- und Geschäftshaus Jansen
Ludgeristraße 26
Um 1928/30
Ludwig Kölling

Das Eckhaus an der Einmündung der Windhorstraße zeigt, dass man auch in Münster vorsichtige Versuche unternahm, der modernen Großstadtarchitektur im Stadtbild Geltung zu verschaffen. Zwar bleibt die Dimensionierung mit zwei Geschossen im Rahmen, doch der völlige Verzicht auf Ornamente und die schwungvolle Rundung der Ecke, die zudem noch auf vier Geschosse erhöht ist, zeigen, dass hier wohl Bauten von Erich Mendelsohn Pate standen. Sowohl das Stuttgarter Kaufhaus Schocken (1926–28) als auch der Erweiterungsbau des Duisburger Kaufhauses Cohen und Epstein reagieren auf den schnell vorbeifließenden Verkehr, dessen Dynamik sie in dem Schwung der kurvig geführten Fensterbänder und Brüstungen aufnehmen. Zugleich ziehen sie als Sichtmarke schon von weitem die Aufmerksamkeit auf sich.
In Münster vertrat z. B. das im Zweiten Weltkrieg zerstörte Kaufhaus Hettlage, Ludgeristr. 77/78, diesen Stil. Obwohl das Wohn- und Geschäftshaus Jansen weit entfernt von dem Modernitätspathos der Mendelsohnschen Bauten ist, setzt es einen deutlichen Akzent. Auch im Detail (Turmfenster und Balkongitter) gibt es sich als kleines, aber feines Musterbeispiel des Neuen Bauens in der eher konservativ gestimmten Münsteraner City.

The corner house shows attempts made to integrate modern big-city architecture into Münster's image. Dimensions fit the site, but lack of ornament and curves of the corner, raised to 4 storeys, point to E. Mendelsohn as role model. For example the Schocken store (Stuttgart, 1926–28) responds to traffic, adopting its dynamics in curved window bands and balustrades.
The Münster building stands out on Ludgeristraße. Details (tower window and balcony rail) make it into a small but prime example of New Building.

52
Wohn- und Geschäftshaus Stupperich
Ludgeristraße 23
1912
Hermann Heuring

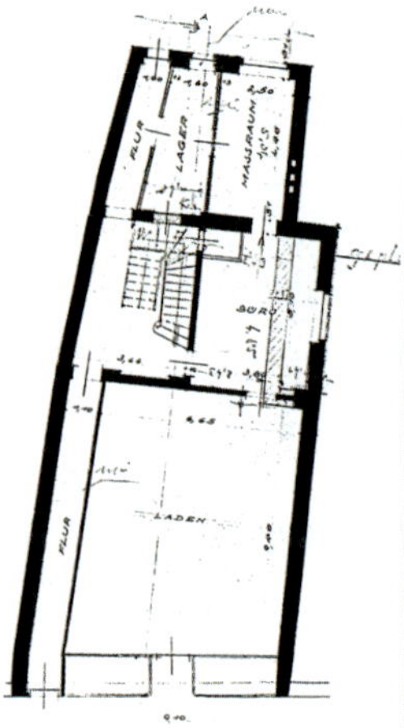

Erdgeschoss um 1983

Ansicht um 1983

Das dreigeschossige, für den Schuhmacher Franz Stupperich errichtete Wohn- und Geschäftshaus ist fast vollständig im Original erhalten und kann so stellvertretend die bis auf wenige Ausnahmen (vgl. Ludgeristr. 80 und 110/111) zerstörte Gründerzeitarchitektur dieser wichtigen Geschäftsstraße repräsentieren. Die plastisch bewegte Fassade ist über der Ladenzone zweigeschossig. Die seitlichen Fensterachsen wölben sich erkerartig vor, während vor der demgegenüber zurücktretenden Mittelachse schmiedeeiserne Balkone angebracht wurden, deren unterer die Jahreszahl 1912 trägt. Seitlich begrenzen Lisenen die Fassade, über denen sich das Kranzgesims verkröpft. Über dem Dachansatz bildet ein von Blendfeldern und Voluten begrenztes Attikageschoss mit Dreieckgiebel den Abschluss.

3-storey house in near original state; typical of *Gründerzeit* architecture in the street, with few exceptions (Ludgeristr. 80, 110/111). 2 floors above shop level; side windows project like bays, retracted central axis has cast iron balconies. Façade edged with pilaster strips, reverse cornice. Attic floor framed by blind panels and scrolls, crowned by triangular gable.

53
Kirschensäule
Harsewinkelplatz
1987
Thomas Schütte

Ansicht 1987

Als sich Schütte 1987 entschied, auf dem Harsewinkelplatz ein Projekt zu realisieren, präsentierte sich dieser als eine Art „Abstellplatz“ ohne jede urbane Qualität. Im Süden begrenzen ihn die spärlichen Reste des Merveldter Hofes, des einst größten Adelshofes in Münster. Den Zweiten Weltkrieg überlebten ein Anbau von 1890 (Harsewinkelgasse 19) und der Wappenstein von 1708 an dem durch Hans Ostermann in veränderter Form wieder aufgebauten Stallgebäude.
Schütte setzte der Tristesse des Platzes ein ironisches Denkmal entgegen. Auf einer hohen Säule, vergleichbar etwa der Säule des Marienplatzes, präsentierte er ein Paar monumentale Kirschen. Diese sind schon durch die schiere Größe des sechs Meter hohen Monuments unübersehbar. Appetitlich rot bieten sie sich dem Blick des Betrachters dar, verweigern aber jeden Anhaltspunkt für eine Interpretation. Sie fungieren als reine Garnierung und persiflieren damit vergnügt die oft traurige Existenz von „Kunst am Bau“, die nicht selten Gebäuden als „Deko“ appliziert wird.
Ironie des Schicksals: mit der Kirschensäule entdeckte man den Harsewinkelplatz als innerstädtischen Raum. Man sperrte ihn für Autos und fügte zur Dekoration einen Brunnen hinzu. Kein Wunder, dass Schütte hier den Ansatz für seinen Beitrag zu den Skulptur Projekten 2007 sah.

In 1987, Harsewinkelplatz lacked urbanity. After WW2, all that remained of Merveldter Hof in the South was an extension (1890, Harsewinkelgasse 19) and coat of arms (1708) on a stone in stables rebuilt by Ostermann.
Schütte met the square's desolation with irony, setting 2 huge cherries on a high column. Red and inviting, they evade interpretation, mocking the often sad fate of "Art in an Architectural Context" as pure "deco".
Ironically, the column led to the revival of Harsewinkelplatz as an inner-city pedestrian area; a fountain was also added. No wonder Schütte saw it as a starting point for his work for Sculpture Projects 2007.

54
Gadem Strotkamp
Marievengasse 6
Um 1770/80; 2005–07
Architekturwerkstatt Mennemann, Heithoff + Partner

Brücke zwischen Alt- und Neubau

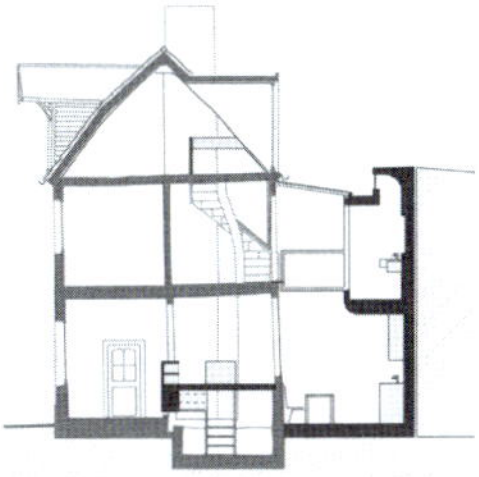

Erweiterung 2007

Das Gadem in der Marievengasse stellt eines der letzten erhaltenen Gademe in Münster dar. Das zweigeschossige, traufständige Fachwerkhaus diente einst einfachen Bürgern oder Bediensteten der nahen Adelshöfe als Wohnstätte. Seit den 1920er-Jahren wurde es durch einen Handwerksbetrieb („Polsterei Strotkamp“) genutzt. Nach 1945 wurde es im Hofbereich aufgestockt. Über Jahrzehnte fristete das Haus mit der Polsterei unweit der starkfrequentierten Ludgeristraße ein Schattendasein, bis es 1986 unter Denkmalschutz gestellt und jüngst für neue Wohn- und Bürozwecke eines Architekturliebhabers umgebaut wurde. Alle neuinstallierten Räume (Bad, Küche) wurden im freigeräumten Hof positioniert, wodurch im Erdgeschoss eine großzügige Wohnküche entstand und die Rückfassade des Fachwerkhauses als Innenwand freigestellt wurde. Eine Glasbrücke im Obergeschoss erschließt das Bad. Der Kontrast von historischem und zeitgenössischem Raum lässt diesen Ort zu einem Architekturerlebnis besonderer Art werden.

One of the last "gadem" (single-room houses) in Münster. From 1920s, it was used by an upholsterer. Listed in 1986, recently converted into an apartment and office. All newly installed rooms (bathroom, kitchen) are in the yard; ground floor is now a spacious living area, one inner wall being the exposed, timber-frame rear façade of the old house. The contrast between historical and contemporary space makes for fascinating architecture.

55
St. Ludgeri
Königstraße 27
Um 1180; 1383; 1875

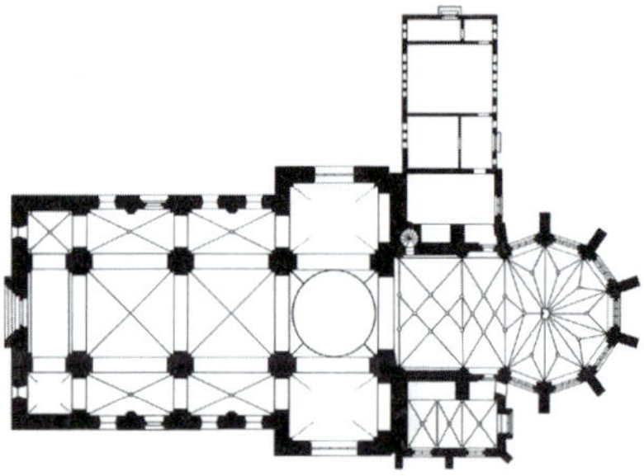

Die ursprüngliche Disposition dieser ältesten münsterländischen Stufenhalle lässt sich noch gut im Grund- und Aufriss des Innenraumes erkennen. Der dreischiffige Bau in gebundener Ordnung mit einfachem Stützenwechsel besitzt nach einem Vorjoch zwei Joche, auf die ein Querhaus folgt, an das einst drei Apsiden anschlossen. Auch die Vierungskuppel über dem mit den Pfeilern durch Rippen verbundenen Wulstring gehört in diese Zeit. Nach dem Stadtbrand vom 23.11.1383, dem die Westtürme zum Opfer fielen, entfernte man die Zwischenstützen, fasste je zwei Seitenschiffjoche zusammen und errichtete die heute den Raumeindruck prägenden weiten Scheidbögen sowie die Domikalgewölbe.
Die Kapitelle der in den Winkeln der Kreuzpfeiler angebrachten Dienste schmücken figürliche und vegetabile Motive.
Der spätgotische Chor findet seine Steigerung in dem sich verbreiternden 7/10 Schluss mit hohen Maßwerkfenstern, deren Fischblasencouronnement sich am Chor von St. Lamberti orientiert. Die Skulpturen zwischen den Fenstern (Christus, Maria, der heilige Ludger mit Kirchenmodell u. a.) fertigte Bernd Katmann 1603–07. Die heutigen Chorfenster schuf 1961 Vincenz Pieper.
Den Außenbau dominiert der Vierungsturm mit den beiden unteren romanischen Stockwerken, der im 15. Jh. erhöht wurden. Die Turmkrone erneuerte man 1900 in einem anderen, heute stark gedunkelten Material. 1875 errichtete man die Westtürme nach dem Vorbild von St. Gereon in Köln. Das ehemalige Kapitelhaus, die heutige Herz-Jesu-Kapelle im Südosten, stammt aus dem Jahr 1535.

Oldest stepped hall in Münsterland; original state discernible in ground plan and elevation. 3 naves, simple column and pier construction; 2 bays, transept once abutted by 3 apses. Crossing dome also dates from earliest period. W. towers burnt down 23.11.1383, after which 2 aisle bays were joined to form today's striking dividing arch and cloister vaulting.
Late Gothic quire with 7/10 termination and tracery windows; crown echoes St. Lamberti. Sculptures between windows (Christ, St. Ludger with church model etc.) by B. Katmann 1603–07.
Exterior dominated by crossing tower; 2 Romanesque levels extended in 15th century. Crown steeple renewed 1900. New W. towers built 1875. Former chapterhouse in SE, now Herz-Jesu-Chapel, from 1535.

56
100 Arme der Guan-yin
Marienplatz
1997
Huang Yong Ping

Zustand 1997

Mit großer Leichtigkeit bringt die Skulptur höchst disparate, komplexe Vorstellungen und Konzepte in ein Bild. Den Ausgangspunkt bildet ein auf vier Stützen montierter überdimensionaler Flaschentrockner, eine monumentale Version jenes berühmten Ready-made von 1914, das Marcel Duchamp 1914 mit seiner Signatur versehen ließ und damit zum Kunstwerk erklärte. Die Frage, was „Kunst" eigentlich ausmache, hat seitdem nicht aufgehört, die Künstler und ihr Publikum umzutreiben. Der „Profanierung" des Kunstwerks entspricht auf der anderen Seite die „Aura" und diesen Schritt geht auch Huang Yong Ping, wenn er auf den Haken die Arme des tausendarmigen Buddhas wachsen lässt. Diese stehen für „unerschöpfliche Verwandlung und unbehinderte Tatkraft" und finden ihren Gegenpol, aber auch ihre Entsprechung in dem Kruzifix der benachbarten Ludgerikirche, das im Zweiten Weltkrieg seine Arme einbüßte. Auf den Kreuzbalken liest man nun „Ich habe keine anderen Hände als die Euren". Das bedeutet jedoch, dass diese „spirituellen" Hände zugleich ganz alltägliche sind und so gab ihnen der Künstler ganz banale Dinge wie Tassen, Kannen oder eine Spülbürste, womit sich der Kreis gewissermaßen schließt. Abstraktion und Konkretion gehören notwendig zusammen, genauso wie Materialität und Spiritualität oder Profanes und Sakrales. 2007 erfolgte eine Restaurierung. Die Arme erscheinen nun silbern. Die Attribute verweisen auf den buddhistischen Kulturkreis.

The sculpture unites disparate ideas in one image. Starting point is a bottle-rack; monumental version of Duchamp's ready-made (1914). Yong Ping also questions what constitutes art by mounting arms of Buddha on it. They represent "untiring transformation and unhindered activity" – contrasting to the Ludgerikirche crucifix that lost its arms in WW2. On the cross: "I have no arms other than yours", meaning that the spiritual arms are also ordinary. So the artist adds banal objects e.g. cups or bottle brush, coming full circle. Abstract and concrete belong together, like materiality and spirituality, or profane and sacred. Restored in 2007.

57
Ludgeripastorat
Königsstraße 25
1895
Wilhelm Rincklake

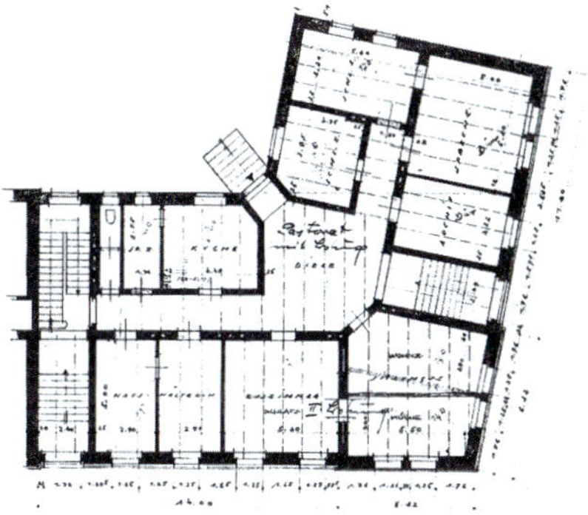

Grundriss EG von 1895

Das über einem Sockel mit Kellerfenstern zweigeschossige, sandsteinverkleidete Eckgebäude in neoromanischem Stil erscheint heute durch das nach dem Krieg aufgesetzte Mansarddach stark verändert. Die durch ein breites, florales Gesimsband getrennten Stockwerke öffnen Rundbogenfenster, die an der leicht vortretenden Ecke Königsstraße/ Ludgeriplatz zu Doppelfenstern mit eingestellter Säule zusammengefasst werden. Diese Ecke war ursprünglich als turmartiger Risalit deutlich höher und besaß ein eigenes Satteldach. Zur Königsstraße bildete ursprünglich ein Staffelgiebel den Abschluss. Auch die Rückseite war als Staffelgiebel gestaltet, an den das Satteldach des zum Ludgeriplatz traufständigen Flügels angrenzte, dessen Schmalseite wiederum mit einem Staffelgiebel schloss. Das Gebäude erschien also kleinteiliger gegliedert. Die kompakte, blockhafte Form ist das Ergebnis des Wiederaufbaus von 1951.

Sandstone faced, neo-Romanesque building much altered by a post-war mansard roof. Floors divided by floral cornice have round-arch windows; double with central pillar at corner Königsstraße/Ludgeriplatz. Originally had stepped gable to Königsstraße and corner tower-like projection with saddle roof. Rear had 2nd stepped gable abutting saddle roof of an eaves-fronted wing to Ludgeriplatz. Block-like form now due to reconstruction in 1951.

58
Wohn- und Geschäftshaus Hassenkamp
Ludgeristraße 58/59
1911/13
Sebastian Bender

Innenansicht um 1930

Die 1840 gegründete Weinhandlung Hassenkamp hatte ihre Geschäftsräume in einem der beiden Giebelhäuser, die 1911 für den von Stadtbaumeister Bender geplanten Neubau abgerissen wurden. Über der Ladenzone im Erdgeschoss folgen drei weitere werksteinverkleidete Geschosse mit acht Fensterachsen. Den rechten vier ist ein dreistufiger Giebel mit Rollwerk und Voluten zugeordnet, bekrönt von einer „Germania" und einer Maske im abschließenden Bogenfeld. Ein asymmetrisch darunter angebrachter, über das erste und zweite Obergeschoss reichender Erker mit Pultdach setzt einen markanten Akzent. Links befindet sich über dem Dachansatz ein weiteres, niedrigeres Geschoss, das seitlich mit einem Türmchen abschließt. Ihren einheitlichen und harmonischen Charakter verdankt die Fassade nicht zuletzt dem Umstand, dass die Fenster mit der originalen Sprossenteilung erhalten wurden. Auch die Weinhandlung, die Eingangstür und das Treppenhaus sind noch weitgehend im ursprünglichen Zustand.

New building for wine merchant Hassenkamp (1911). Above shop zone; 3 ashlar-faced storeys with 8 axes. 4 axes on right have 3-stepped gable with scrollwork, "Germania" and a mask in upper arch. Striking asymmetrical bay with single-pitch roof over 1st, 2nd floors. Another low floor with lateral tower above roof level on left. Façade's uniform, harmonic character is due not least to original cross windows. Wine merchant's shop, doorway and stairwell also largely original.

59
Ehem. Apollo-Theater
Königsstraße 32/33
1937
Ernst Horst, Hans Ostermann

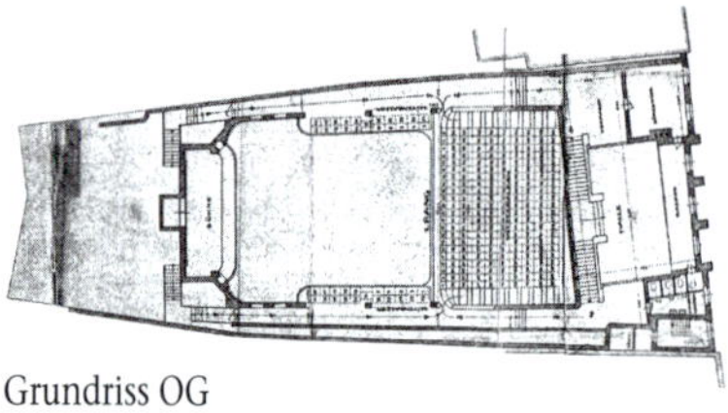

Grundriss OG

Nachdem der Filmvorführer Wilhelm Wiedau in der Ludgeristraße 28 A am 11.11.1906 sein „Neuestes Theater lebender Figuren" eröffnet hatte, folgten schnell weitere Spielstätten, unter anderem die von Christian Winter, der ab 1910 die Gunst der Zuschauer durch „reichhaltige und dezente Auswahl der Sujets" zu erringen wusste. Er erwies sich als gewiefter Geschäftsmann, der vor allem auf ein anspruchsvolles Publikum zielte. Nach seiner „Schauburg" plante er 1937 den Bau eines neuen Filmtheaters in der Königsstraße. Ostermann gestaltete den Mittelrisalit des zweigeschossigen Gebäudes wie eine Tempelfront und verdeutlicht so den kulturellen Anspruch des Unternehmens. Wie sehr Winter sich von dem Image des Schaustellers zu distanzieren wünschte, zeigt nicht zuletzt der Umstand, dass er sein Haus als „erstes Lichtspieltheater ohne jegliche Außenreklame" ankündigte; ein Kuriosum, denn gerade die neu entdeckten Möglichkeiten der Lichtreklame inspirierten die avantgardistischen Architekten der internationalen Filmpaläste zu Aufsehen erregenden Kreationen. Trotzdem präsentiert sich das Apollo-Theater unverkennbar als Kino. Das gilt auch heute noch, obwohl hier seit einigen Jahren Skateboards und Mode verkauft werden. Die Architektur hat man jedoch nicht angetastet.

After Wiedau had opened his "theatre of living figures" (Ludgeristraße, 1906), more cinemas soon followed. The success of C. Winter's "Schauburg" led him to plan the Apollo Theatre in Königsstraße (1937). The central projection echoes a temple, underlining its cultural pretensions. Winter heralded it as "the first film theatre without outside advertising"; an odd claim at a time when neon ads inspired avantgarde designs by cinema architects. The Apollo's architecture is untouched despite new use.

60

Ehem. Droste zu Sendenscher Hof
Commerzbank
Königsstraße 39
1754, 1873; 1972–74
Göcke; Harald Deilmann

Ansicht vom Hof

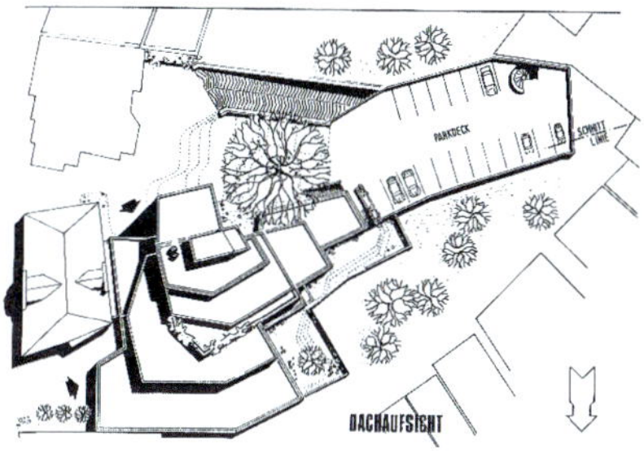

Der Ludgerikirche gegenüberliegend eröffnet der Sendensche Hof die Reihe der Adelshöfe, die einst die Königsstraße säumten. Neben den Backsteinpilastern bildet die Sandsteinrustika an den Ecken das wichtigste Schmuckmotiv. Mit dem Betongebäude, das Deilmann im rückwärtigen Teil für die Commerzbank errichtete, setzte er einen Kontrapunkt. Er stapelte Kompartimente wie eine Berglandschaft zu einem stark plastisch gebildeten Baukörper, der mit einer 300 Jahre alten Platane eine Symbiose eingeht. Aus bautechnischen Gründen wurde das Barockpalais dann doch abgerissen, jedoch im Zuge des Neubaus als Kopie wiedererrichtet. Man mag das Ensemble ambivalent bewerten, sicher ist, dass hier Alt und Neu eindrucksvoll um Hoheit und Präsenz ringen.

Opposite St. Ludger's, Sendenscher Court was one of many on Königsstraße. Key motifs are brick pilasters and sandstone ashlars. Deilmann's bank building sets a counterpoint; its compartmentalised concrete volume is like a mountain entering into symbiosis with the ancient tree. The Baroque court was razed but copied in 1974. Like it or not, this is a striking contest between old and new.

61

Ehem. Oerscher Hof
Königsstraße 42–43
1748–53
Johann Conrad Schlaun
Nördlicher Torhausflügel nach 1798

Ansicht 1935

Als Bauherr fungierte der Freiherr Nikolaus Herrmann von Beverfoerde. Der zweigeschossige, vierachsige, giebelständige Bau mit Krüppelwalmdach zeigt die für Schlaun charakteristische Kombination von Ziegelmauerwerk und Fensterlaibungen aus Baumberger Sandstein. Letzterer fand auch Verwendung für den schmalen Sockel. Lisenen, an den Seiten sowie in der Mitte verdoppelt, und horizontale Bänder rahmen die Achsen und binden optisch die Giebelfenster mit den darunter befindlichen zusammen. Schlaun gelingt so eine diskrete Reminiszenz an die traditionellen Münsteraner Giebelhäuser. Der fünfzig Jahre später angefügte vierachsige Flügel mit Tordurchfahrt greift diese Gliederungselemente auf. Als einziger Bau Schlauns unversehrt über den Krieg gekommen, blieb er auch im Innern bis auf die Treppen unverändert. Aus der Nachkriegszeit stammen auch die Schleppgauben und die Fenster der ursprünglich nicht freistehenden Südwand.

2-storey house with 4 axes, gambrel roof and combination of brickwork and sandstone scuncheons typical of Schlaun. Sandstone also used for pediment. Pilaster strips and horizontal bands frame the axes; echo of traditional gabled houses in Münster. 4 axes of new wing (50 years later) with gateway arch adopt same dividing elements.
Only Schlaun building to survive WW2; interior also unchanged, except stairs. Post-war shed dormers and windows on S. wall.

62
Ehem. Beverfoerder Hof
Königsstraße 46
1699–1703
Gottfried Laurenz Pictorius

Zustand vor 1943

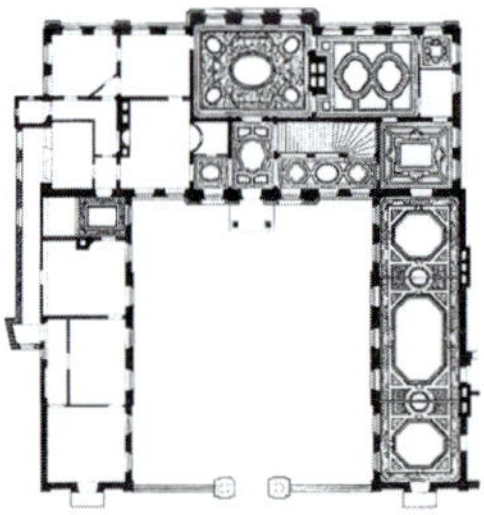
Grundriss nach Geisberg III, 1934

Erst als gegen Ende des 18. Jh. die Landesherren in Münster residierten, errichtete auch der Adel in der Stadt repräsentative Bauten. Die im Auftrag von Friedrich Christian von Beverfoerde errichtete Dreiflügelanlage orientierte sich an der zeitgenössischen Pariser Architektur und wurde vorbildlich für alle weiteren Adelshöfe, die im Lauf des 18. Jh. in der Stadt entstanden. Der dreigeschossige „corps de logis" besaß zwei Schauseiten, die eine zum Garten, die andere, mit einem Risalit, dessen ionische Pilaster über dem verkröpften Gebälk einen Dreiecksgiebel trugen, zur Straßenseite hin, wo zwei zweigeschossige Flügel und ein Gitter den Ehrenhof umgrenzten. Auch das Mansarddach ist aus der französischen Architektur übernommen.
Erhalten hat sich nur der nördliche Seitenflügel, in dem sich anfänglich, französischer Mode folgend, die Galerie befand. Die Stirnseite des Flügels war ursprünglich im Erdgeschoss geschlossen; die risalitartig vorspringende Achse besaß nur im Obergeschoss ein hohes Fenster mit Balkon, dessen Gitter die Wappen des Hausherrn zierten.

Von Beverfoerde's late 18th century, 3-wing court was oriented on Paris architecture; became model for aristocratic courts in Münster. 3-storey "corps de logis" had 2 show façades; garden and street. Central projection, Ionic pilasters, triangular pediment on street front; 2 wings, railings enclosed a cour d'honneur. Mansard roof echoes French architecture. Only N. wing survives, which included long gallery. The end had no ground floor window; upper floor had high window and balcony – railings with coat of arms.

63
Ehem. Heeremannscher Hof
Königsstraße 47
1549; 1564

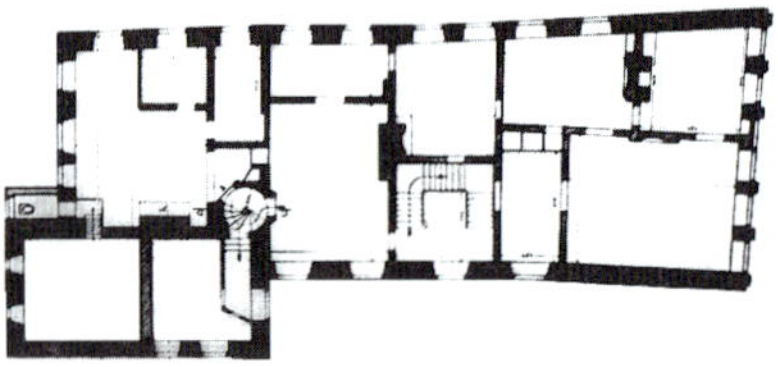
Grundriss nach Geisberg III, 1934

Der in zwei Bauabschnitten errichtete, älteste erhaltene Adelshof Münsters gilt zugleich als der bedeutendste Renaissancebau der Stadt. Während die Längsseiten schmucklos in Backsteinmauerwerk gehalten sind, besitzt die fünfachsige Ostfassade des zweigeschossigen Backsteinbaus eine aufwendige Werksteinverkleidung. Die breitere Mittelachse akzentuiert im Obergeschoss ein Erker mit spitzgiebligem Abschluss. Die Pilaster mit Blendfeldern zwischen den Fenstern besitzen im Untergeschoss konsolartige Volutenkapitelle, die beiden mittleren stützen als ausgebildete Konsolen den Erker. Eine Attika mit breitem Fries und Balustrade bildet den oberen Abschluss, über dem eine von Schrägsilhouetten mit Rankenwerk flankierte Lukarne, bekrönt von einem halbrunden Giebel, das Zentrum betont. Die Dekorationsformen scheinen den Fächerrosetten des Wolbecker Drostenhofes verwandt. Die Zuschreibung der Fassade an Hermann Tom Ring schlug Geisberg aufgrund eines Vergleiches mit der Domuhr vor; es muss jedoch bezweifelt werden, ob der Maler überhaupt je Architekturentwürfe geschaffen hat.

Oldest surviving court of nobility and most significant Renaissance building in Münster. Long sides are simple brick; E. façade with 5 axes, elaborate ashlar masonry work. Central axis of upper floor has bay with pointed gable. Pilasters with scrolled capitals between ground floor windows; 2 full corbals support bay. Roof parapet with frieze, balustrade, lucarne crowned by semicircular pediment. Vase decor echoes rosettes of Drostenhof. Façade attributed to H. T. Ring after comparison with cathedral clock, but uncertain.

64
Ehem. Westfälische Vereinsdruckerei
Königstraße 59
1899; 2003–09
Franz Wucherpfennig d. Ä.; Carsten Palfner, Eberhard Kleffner

Picassoplatz (Chestnutt Niess Architekten)

Dem dreigeschossigen, giebelständigen, in dunklem Ziegelmauerwerk aufgeführten Wohn- und Geschäftshaus ist eine hellere Backsteinfront mit neugotischem Sandsteinmaßwerk vorgeblendet. Sie öffnet sich im genuteten Erdgeschoss mit rundbogigen Fenstern. Darüber, durch ein die Brüstungen zusammenfassendes doppeltes Gesims getrennt, dominiert ein zweigeschossiger Erker mit Maßwerkbrüstungen und dreibahnigen Fenstern den Wandaufriss. Auch die Rahmungen der beiden seitlichen, durch Steinkreuze geteilten Fenster sind über beide Stockwerke zusammengefasst und werden von Wimpergen bekrönt. Das Giebelmaßwerk wurde im Zweiten Weltkrieg zerstört.
In den zwanziger Jahren erhielten die Geschäftsräume im Erdgeschoss einen expressionistischen Eingang, der in der von den Adelshöfen und Giebelhäusern geprägten Umgebung sicher einen Blickfang darstellte. Die abgefaste rechte Ecke interpretierte man als Eingangshalle mit getrepptem Gewände, an dem die Nutung ein Zickzackmuster bildet. Der obere, sich getreppt vorschiebende Abschluss mit gewölbtem Schmuckstein erinnert fast ein wenig an Theaterarchitektur. Dazu passt auch die Innenraumgestaltung des Restaurants im Erdgeschoss mit der 2010 von Sebastian Büscher gestalteten, in Dreieckformen aufgelösten Decke.
In die Räumlichkeiten der Obergeschosse gelangt man über den unauffälligen Eingang an der linken Traufseite, der in das original erhaltene Treppenhaus führt. Sie sind verändert und den gewandelten Nutzungen angepasst. Bei dem jüngsten Umbau ersetze man das rückwärtige Gebäude mit der ehem. Druckerei und den Verlagsräumen durch einen ziegelverkleideten Zwischenbau, den ein schmaler Riegel, der sich vor die Seitenwand des Altbaus schiebt, bis zur Königsstraße verlängert. Die breitere Mittelachse dieses Traktes gewährt mit zwei größeren Öffnungen den Blick auf den Altbau und ermöglicht die Belichtung der Obergeschossräume durch die dort befindlichen Fenster. Die schlichte Lochfassade setzt sich bei dem anschließenden Wohn- und Geschäftshaus fort, das die die Stirnseite des Picassoplatzes bildet. Über den Erdgeschossläden und zwei Büroetagen befinden sich, etwas zurückgesetzt, zwei weitere Stockwerke mit Wohnungen.

The dark-brick building is now fronted by a wall of pale brick and neo-Gothic tracery. Round arch windows on the ground floor; above is a 2-storey bay with tracery work, dominating the façade. Gable tracery destroyed in WW2.
Expressionist doorway to the ground floor dates from the 20s, a striking feature in this district. Zigzag patterning defines its inner walls. The upper termination with a rounded, decorative stone is reminiscent of theatre architecture: echoed in a triangular-patterned ceiling in the ground floor restaurant, Büscher's design from 2010.
Entry to upper floors via a small door to the original stairwell on the left. New use demanded conversion: most recently, the rear building with former printing works was replaced by a brick-clad structure in front of the old side wall, extending to Königstraße. Its simple façade continues over the next building at the head of Picassoplatz. Above the shops and 2 office floors are 2 receding floors of housing.

65.1
Ehem. Druffelscher Hof
Königsstraße 5
1784–88
Clemens August von Vagedes

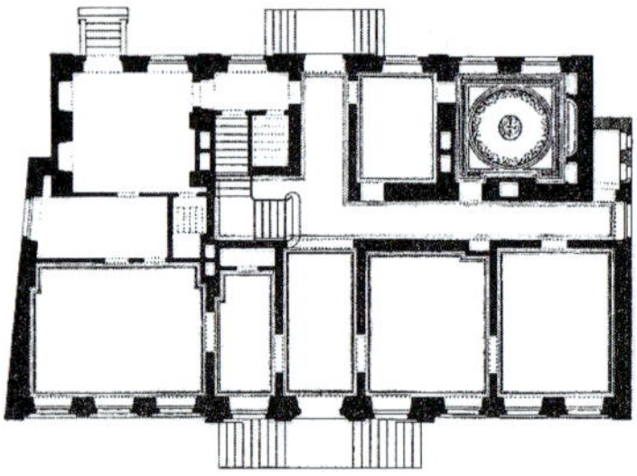

Grundriss nach Geisberg IV, 1935

Maria Christina Druffel, die nach dem Tod ihres Mannes dessen Apotheke an der Rothenburg, unterstützt von einem Provisor, fortführte, kaufte 1784 den Nagelschen Hof und ließ Vagedes einen Neubau errichten, der sich selbstbewusst in die Folge der Adelshöfe an der Königsstraße einreiht. Der über einem Sandsteinsockel zweigeschossige, neunachsige Ziegelbau mit Fensterrahmungen und Eckeinfassungen aus Sandstein schließt mit einem hohen Mansarddach. Den Blickfang bildet der dreiachsige, sandsteinverkleidete Mittelrisalit, den ein Dreieckgiebel bekrönt. Den zentralen Eingang erreicht man über eine doppelläufige Freitreppe (1858/59 erheblich verkleinert), darüber findet sich ein Balkon, dessen Tür mit einer schmalen Ädikularahmung versehen ist. Die Fassade verdankt ihre lebendige Wirkung vor allem der reliefhaften Oberfläche, die sich aus dem Zusammenspiel von Blendfeldern und Vorlagen ergibt.

Maria C. Druffel acquired the Nagelscher Hof in 1784, commissioned Vagedes to construct a new building; brick with 9 axes, sandstone base, window frames and corner stones, high mansard roof. Central 3 axes project, crowned by triangular gable. Double steps to entrance (made smaller 1858/59), balcony above; its door with narrow aedicula frame. Façade has striking relief-like quality due to interplay of blind fields and projections.

65.2
Ehem. Geschäftshaus der Sparkasse
Königsstraße 6/7
1910/11
Alfred Hensen

Kassenhalle um 1911

Aus einem Wettbewerb gingen drei gleichberechtigte Sieger hervor, Hubert Holtmann, Johannes Nellissen und Alfred Hensen, der den Auftrag erhielt. Erstmals griff Hensen bei diesem Bau auf Schlaun zurück. Das gilt sowohl für die Wahl der Materialien als auch für die Wandgliederung mit Lisenen. Vor allem der leicht konkave Schwung der Fassade stammt aus Schlauns Repertoire und das Portal mit dem gesprengten Rundbogengiebel scheint direkt von der benachbarten Aegidiikirche entlehnt (Nr. 38), wobei Hensen sein Vorbild mit Putten und Laternen ironisch übertrumpft. Die Betonung der Vertikalen durch die über zwei Stockwerke reichenden Fenster, die durch die Wandfelder mit denen des Mezzanin verbunden werden, kennzeichnet das Gebäude als Geschäftshaus und setzt es von den umliegenden Adelshöfen ab. Zum Rückgriff auf Schlaun sah sich Hensen vielleicht durch Engelbert von Kerckering zu Borg ermutigt, der ausgehend von der heimischen Architektur des 17. und 18. Jh. einen spezifisch münsterschen Heimatstil propagierte.

One of 3 competition winners in 1909, A. Hensen finally received the commission. His design emulated Schlaun: brick and sandstone, division with pilaster strips, concave façade all echo of Schlaun's repertoire. Portal with round-arch pediment borrowed from St. Giles' Church (no. 38); putti and lanterns an ironic addition. Windows span 2 floors to emphasise verticals. Hensen perhaps influenced by E. von Kerckering zu Borg, who saw local 17th and 18th century architecture as basis for a specific Münster style.

65.3

Kunstmuseum Pablo Picasso

Königsstraße 5–7
1999/2000
Hilmer & Sattler und Albrecht

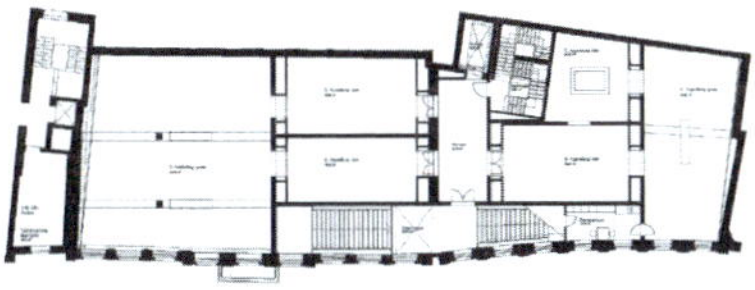

Grundriss OG

Nachdem im Juni 1997 die Entscheidung gefallen war, dass Gert und Jutta Huizingas bedeutende Sammlung von Picasso-Graphik in einem eigenen Museum in Münster ihre Bleibe finden würde, stellte die für das Projekt verantwortliche „Sparkassenstiftung Pablo Picasso" die in ihrem Besitz befindlichen Gebäude zur Verfügung. Für den Umbau zum Museum wurden einerseits die denkmalgeschützten Fassaden restauriert, andererseits jedoch die dahinter liegenden Teile abgebrochen und durch modernsten Anforderungen genügende Ausstellungsräume ersetzt. Als Verbindung fungiert das Treppenhaus, das direkt hinter beiden Fassaden verläuft und so einen „Zwischenraum" bildet, der Fassade und Museum einerseits als voneinander unabhängige Bereiche erkennbar werden lässt und andererseits verbindet. Die enorme Ausdrucksqualität verdankt sich auch der Farbgestaltung, bei der das helle Ziegelrot der einen Wand von der gegenüberliegenden weißen Wand reflektiert wird, eine subtile Bezugnahme auf die historischen Fassaden. Das anstelle des Druffelschen Gartens befindliche Café auf der Rückseite bildet den Übergang zu den „Arkaden", ist jedoch durch Pflasterung des Bodens und das Material der hohen Seitenwand deutlich von diesen abgesetzt.

June 1997: decision to create a museum for Gert and Jutta Huizinga's collection of Picasso's graphic art in Münster, building provided by Sparkasse Foundation Pablo Picasso. Conversion to museum meant restoration of listed façades; rest demolished, replaced by modern exhibition rooms. 2 parts linked by stairwells directly behind façades. Colour design of this interim space between independent façade and museum areas is expressive; brick red of one wall contrasted with white, subtly echoing historical façades. Café in former garden at rear gives access to the "Arcades".

66

Stadthausturm

Prinzipalmarkt 15
1906/07
Alfred Hensen

1901 kam Hensen nach Münster, um den Neubau des Stadthauses zu übernehmen. Gefordert war die Integration der Fassaden von Stadtlegge und Stadtkeller, die zuvor hier gestanden hatten. Hensens Lösung, die „historischen" Fassaden mit einem relativ sachlichen, nur wenig ornamentierten Baukörper zu verbinden, fand allgemeine Billigung. Auch im Innern standen die kunstvollen Steinmetzarbeiten des repräsentativen, neugotischen Treppenhauses den zweckmäßigen Amtsstuben gegenüber. 1906 konnte ein weiteres Grundstück erworben werden, auf dem Hensen den Turm errichtete. Halbsäulen mit ionischen Kapitellen, kräftig ausgeprägte Gesimse und vor allem der Erker mit reichem Reliefschmuck knüpfen an das Repertoire der Stadthausfassade an. Die Turmbekrönung stellt eine eigenständige Erfindung Hensens dar, die man zwar mit seinen Reisen durch Belgien und die Niederlande in Verbindung gebracht hat, die aber vor allem das Bestreben erkennen lässt, an die Stelle eklektisch gereihter Stilzitate eine aus den historischen Vorgaben entwickelte, moderne und eigenständige Formsprache zu setzen. Das Stadthaus wurde im Zweiten Weltkrieg zerstört; seinen Ansatz erkennt man an der zur Ludgeristraße zeigenden, südlichen Turmwand. Auch die Durchgänge stammen aus der Nachkriegszeit, ebenso das kupfergedeckte Pultdach des Erkers.

In 1901 Hensen came to Münster to build new town offices, integrating façades already on site. Relatively simple structure. Inside, artistic stonework of neo-Gothic stairs contrasted with functional offices. Tower built on 2nd lot acquired in 1906. Attached columns with Ionic capitals, cornices and bay with relief decor all echo offices' façade. Crown steeple unique; historic Belgian, Dutch influence, but Hensen sought a modern formal language rather than eclectic stylistic citation. Offices destroyed in WW2; traces on S. wall to Ludgeristraße. Through-passages and copper roof of bay also post-war.

67
Prinzipalmarkt

Ansicht 1902

Den im Halbkreis um die Domimmunität führenden Straßenzug prägen die Bogenhäuser, ein Ensemble, das in einzigartiger Weise die Münstersche Altstadt darstellt. Wohlhabende Kaufleute errichteten seit dem 13. Jh. hier unterkellerte, giebelständige Steinhäuser mit Arkaden im Erdgeschoss auf schmalen, langgestreckten Grundrissen. Da an der Westseite die Immunitätsmauer die Belichtung der im hinteren Teil des Hauses liegenden Küche erschwerte, sparte man hier die Decke aus und ließ Licht durch eine Reihe von Pfostenfenstern im Obergeschoss in den schachtartigen Raum; erhalten haben sich solche Fenster auf der Hofseite des Hauses Bogenstr. 5. Die repräsentativen Wohnräume befanden sich im ersten Obergeschoss, wobei über der Bogenhalle der sich über die gesamte Hausbreite erstreckende repräsentative Saal lag. Die oberen Stockwerke dienten als Lagerräume.
Das Standesbewusstsein manifestierte sich vor allem in den reichen Giebelfronten, die in diesem Bereich seit Mitte des 15. Jh. ganz in Werkstein ausgeführt waren. Einen Eindruck vom damaligen Aussehen des Straßenzuges vermitteln verschiedene Tafeln des Marienfelder Altares von Johan Koerbecke im Westfälischen Landesmuseum. Die einfachen Dreiecksgiebel mit Firstaufsatz und Treppengiebel mit Wasserschlägen als Stockwerktrennung schmückte man in der Folgezeit mit Maßwerk und Fialen. Als Bekrönung der Stufen erfreute sich auch das mit Kugeln besetzte Halbrad großer Beliebtheit. Ab Ende des 16. Jh. löste man diese strenge Form durch bewegte Ornamentik auf (vgl. Nr. 74). Trotz stilistischer Anpassung an barocke und klassizistische Formvorstellungen bildeten die Giebelhäuser bis ins 20. Jh. das Charakteristikum der Marktstraßen. Die Stadtregierung tat ein Übriges, indem sie 1904 Gestaltungsrichtlinien erließ, die das Giebelhaus im „altmünsterschen Baustil" als verbindliches Modell für die Bauten des Stadtzentrums vorgaben. So entstanden um 1900 Bauten, die sich teils an die vorhandenen Modelle anlehnten, teils die gotischen Vorbilder historistisch überhöhten, so wie August Hanemann, der am Prinzipalmarkt Nr. 24 einen Neubau errichtete und den gotisierenden Stufengiebel mit Blendmaßwerk und Zinnen versah. Erst Alfred Hensen gelang 1923/ 24 eine expressionistische Neuinterpretation des Themas „Prinzipalmarktfassade" (Nr. 71).
Nachdem im Zweiten Weltkrieg der Baubestand fast völlig zerstört worden war, entschloss man sich nach intensiver Diskussion zum Wiederaufbau. Doch sollten nicht die historischen Einzelformen detailgetreu rekonstruiert werden, sondern es galt, das Gesamtbild wiederherzustellen. Unter Verwendung der noch erhaltenen originalen Substanz in den Bogengängen errichteten die Münsteraner Architekten, allen voran Hans Ostermann sowie das Büro Diening u. Rohling, Gebäude in Anlehnung an historische Formen, wobei weniger die neuzeitlichen Fassaden, sondern eher die gotischen Treppengiebel in vereinfachter Form Modell standen. So erhielt der Prinzipalmarkt in Kubatur und Detailgestaltung eine Einheitlichkeit, die er zuvor nie besessen hatte. Der Wiederaufbau ging relativ schnell vonstatten und war Mitte der fünfziger Jahre weitgehend abgeschlossen. Als letzte Fassade schuf Harald Deilmann 1981 die postmodern angehauchte Giebelfront für die Nr. 6/7, die trotz origineller Ansätze, etwa in der Idee die Fenster zu einer Fläche zusammenzuziehen und das Mauerwerk als Rahmen zu behandeln, nur einmal mehr das Klischee eines Stufengiebels reproduziert. Doch wenn auch das Ergebnis bei Betrachtung der Einzelbauten gelegentlich etwas trocken erscheint, sichert das Ensemble der Bogenhäuser der Münsteraner Innenstadt eine ganz einzigartige urbane Qualität.

68
Stadtweinhaus
Prinzipalmarkt 8/9
1615/16; 1956/57
Johann von Bocholt

Ansicht 1979

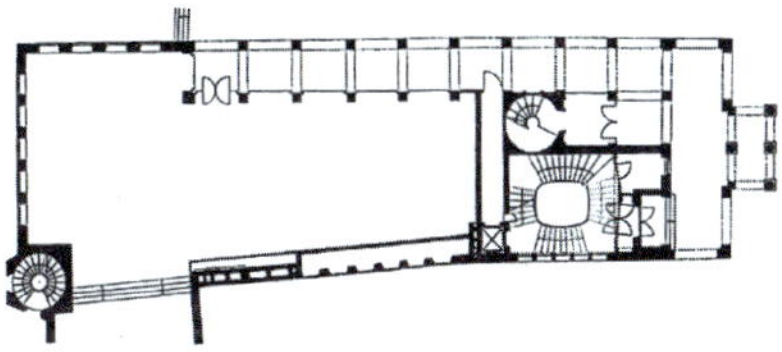

Set around the cathedral sanctuary, this street of arcade houses characterises old Münster. Wealthy merchants built gable-fronted stone houses with ground-floor arcades in the 13th century. Sanctuary wall blocked light to rear; no ceilings were built, admitting light through top floor mullion windows – see back of Bogenstr. 5. Living rooms were on 1st floor; large hall over arcade. Top floors were storerooms.
Gable fronts were richly decorated to indicate status; ashlar masonry from mid-15th century. Contemporary impression to be seen in Marienfeld Altar by Koerbecke (State Museum). Simple triangular gables with ridge, stepped gables with dripstones between floors were later decorated with tracery, pinnacles. From end of 16th century, strict form replaced by lively ornament (see no. 74). Adapted to Baroque and Classicist forms, gabled houses remained characteristic of the market into 20th century. In 1904, city government passed guidelines to make gable house in "old Münster style" a binding model for the centre. Some buildings c. 1900 were based on existing models, some Gothic in historicising manner, e.g. house by Hanemann with stepped gable, blind tracery, crenellations at Prinzipalmarkt 24. Hensen was first (1923/24) to arrive at a new, Expressionist interpretation of "Prinzipalmarkt façade" (no. 71).
Massive destruction in WW2 followed by reconstruction of overall picture. Integrating surviving arcade elements, Münster architects led by Ostermann and Diening/Rohling built structures based on historical forms, esp. simplified Gothic stepped gables. Prinzipalmarkt gained a unity of cubature and detail lacking before. Most recent façade is no. 6/7 by H. Deilmann (1981); rather post-modern with some original touches, e.g. single field of window with masonry as frame, but still represents the stepped gable in clichéd manner. Individual houses may be dry, but current ensemble of arcade houses lends a unique urban quality to Münster's centre.

Der Bau diente als städtische Weinschänke und Stadtwaage. Das Zurückspringen aus der Bauflucht erklärt sich aus der Notwendigkeit, Wendemöglichkeiten für die Warenfuhrwerke zu schaffen. Dem ursprünglichen Zustand der Fassade entsprechen vor allem die vier Stockwerke des Giebels mit ihrem charakteristischen Voluten- und Obeliskenschmuck. Hauptblickfang bildete ursprünglich eine vorgesetzte Laube. Nach der am Paderborner Rathaus orientierten Rekonstruktion Geisbergs erhob sich über einer Doppelarkade ein Aufbau mit fünf ionischen Säulen, deren Architrav einen Volutengiebel trug, der Platz für das heute in der Attikazone befindliche Wappen bot. Dieser „Sentenzbogen" diente der Verkündung von amtlichen Bekanntmachungen und Urteilen. Schon Ende des 18. Jh. umgestaltet, erlitt das Gebäude im Zweiten Weltkrieg schwerste Zerstörungen. Beim Wiederaufbau hielt man sich für den Giebel an das Bocholtsche Original, während der Altan dem Zustand des 18. Jh. folgt. Die Arkadenzone ist eine Neuschöpfung der Nachkriegszeit.

Former city inn and weighing house. 4 gable levels with scrolls and obelisks based on original façade. Originally had protruding bay. Geisberg's reconstruction based on Paderborn town hall; gallery with 5 Ionic columns, architrave with scrolled pediment for coat of arms, now in parapet area. Converted in late 18th century, largely destroyed in WW2. Gable rebuilt close to Bocholt's original; gallery as in 18th century. Arcade a post-war creation.

69
Rathaus
Prinzipalmarkt 10
Vor 1200/Giebelfassade ab ca. 1370/1400/1861
Wiederaufbau 1950–58
Heinrich Benteler

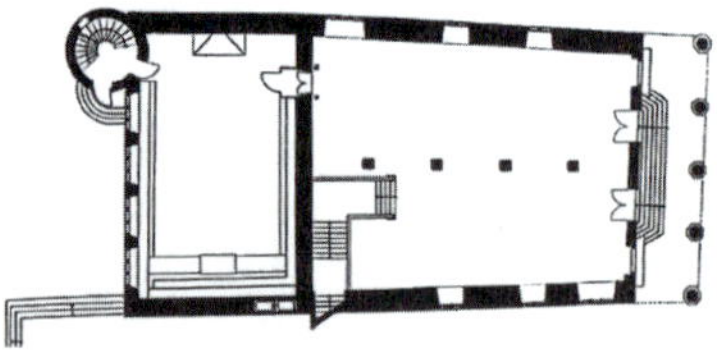

Toleranz durch Dialog
1993
Eduardo Chillida

Farbfassung von 1780

Eduardo Chillida, Toleranz durch Dialog 1993

Den ältesten Teil bildet das schon vor 1200 errichtete Versammlungshaus der Schöffen, dessen Untergeschoss der heutige Friedenssaal einnimmt. Anfang des 14. Jh. erbaute man die Bürgerhalle, der man ab etwa 1370 eine Bogenhalle für die Gerichtsverhandlungen vorsetzte. Die Fassade war wohl ursprünglich das Werk einer rheinischen Dombauhütte. Das Erdgeschoss besteht aus spitzbogigen Arkaden auf massigen Rundpfeilern mit polygonalen Sockeln und skulpierten Kapitellen. Ein kräftig akzentuiertes Gesims und profilierte Kanten rahmen das Hauptgeschoss mit vier Maßwerkfenstern. Die sieben Staffeln des Giebels trennen Pfeiler, die in Fialen mit Skulpturen gipfeln. Die drei spitzbogigen Blendfenster in der Mitte dienten ursprünglich als Luken für die hinter ihnen befindlichen Lagerräume. Das (später hinzugefügte) Maßwerk steigert sich bei den drei mittleren Staffeln zu einer Art Schrein mit Engelsfiguren, der die Gruppe der Mariensegnung birgt. Darunter findet die Figur eines Königs, gedeutet als Salomon, aber auch als Karl der Große, ihren Platz. Das Bildprogramm nimmt möglicherweise Bezug auf das himmlische Jerusalem. Allerdings erfolgten schon bald Einfügungen, die andere Akzente setzten. Von den Wiedertäufern 1535 zerstörte Figuren im Hauptgeschoss ersetzte 1646 der Bildhauer Johann Katmann durch neue Skulpturen unter Fialbaldachinen, Christus im Zentrum, flankiert von Maria und dem Erzengel Michael, an den Ecken die heiligen Ludgerus und Lambertus.
Der Maler Everhard Alerdinck führte damals die farbige Fassung der Fassade aus. In Zeichnungen überliefert ist nur die von J. G. Legeleitner ausgeführte Farbfassung von 1780 mit Karl dem Großen flankiert von vier Rittern. Als 1861 der Regierungsbaurat Salzenberg einen großen Festsaal im Stil der englischen Gotik einbaute, schloss man nicht nur die Luken, sondern erneuerte auch die Skulpturen. Nach fast völliger Zerstörung des Rathauses im Zweiten Weltkrieg setzte sich Heinrich Benteler mit seinem Vorschlag einer freien Nachschöpfung des Gebäudes durch. Man verzichtete auf die (bis auf eine) erhaltenen Figuren im Hauptgeschoss ebenso wie auf die Verwendung der Pfeilerkapitelle, für die man stattdessen neuen Schmuck, etwa die Bildnisköpfe der Wiedertäufer, entwarf. Bei den Detailformen richtete man sich nicht nach dem Befund, den man als historistisch abtat, sondern erfand nach süddeutschen Vorbildern neue „gotische" Formen. Auch der pseudomittelalterliche Treppenturm an der Rückfront ist eine reine Neuschöpfung der Nachkriegszeit. Der Ostgiebel entspricht jedoch dem des Umbaus von 1576; man erkennt dunkle Ziegel mit den Hausmarken der Handwerker.
Im Innern gelangt man durch die so spartanisch wie stimmungshaft historische Formen aufgreifende Bürgerhalle in die Ratskammer, in der 1648 der Westfälische Friede geschlossen wurde. Der Kamin von 1621 stammt aus dem Krameramtshaus.
Im Ratskeller, zugänglich vom benachbarten Stadt-

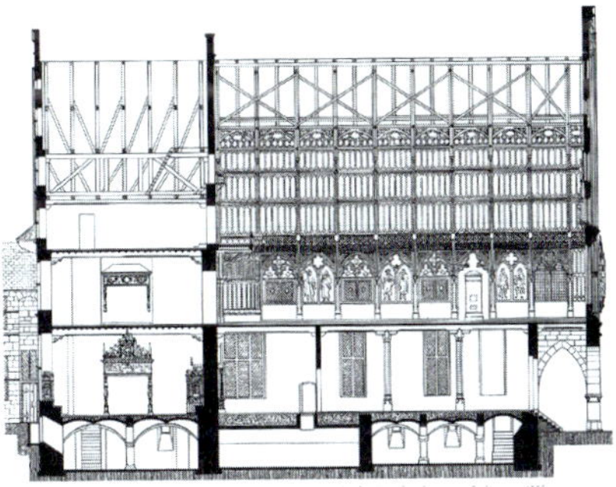

Schnitt nach Geisberg II, 1933

weinhaus, befinden sich Reste von Ziersteinen und Skulpturen des alten Rathauses. Die neugotischen Figuren der heiligen Ludgerus und Lambertus stehen heute an der Nord- bzw. Südwand des Rathauses. Chillida schlug für die Skulptur Projekte 1987 vor, auf dem Rathausinnenhof an die Verhandlungen zum Westfälischen Frieden zu erinnern. Aus zeitlichen und organisatorischen Gründen erfolgte die Aufstellung der zweiteiligen Eisenskulptur erst 1993.

Oldest part is magistrates' meeting hall, pre 1200; now part of Friedenssaal. Citizens' Hall is early 14th century; 2nd hall added c. 1370 as magistrates' court. Ground floor façade; Gothic-arch arcade on columns with sculpted capitals. Main floor has moulded cornices and edging, 4 tracery windows. 7 gable steps divided by sculpted buttress-columns. 3 blind windows in gable – once loading hatches. Later tracery of central 3 steps formed 'shrine' – with angels, blessing of Mary. Below is a king – Solomon or Charles the Great? Main floor figures later destroyed by Anabaptists (1535), replaced by J. Katmann (1646); Christ flanked by Mary and Archangel Michael, St. Ludger and St. Lambertus. Drawings of façade painting by J. G. Legeleitner (1780) show Charles the Great and 4 knights. English Gothic hall added 1861, hatches closed, sculptures restored.
Largely destroyed in WW2; H. Benteler proposed free reconstruction. Surviving sculpture replaced by new decor, e.g. portrait heads of Anabaptists. S. German models provided basis for new "Gothic" forms. Pseudo-mediaeval tower also a post-war creation, but E. gable corresponds to that of 1576; see dark bricks with individual masons' marks.
Access to interior via Citizens' Hall into Council Chamber, where Peace of Westphalia was signed (1648). Fireplace (1621) from Krameramtshaus. Some sculptures from old Town Hall now in Ratskeller, accessed from Stadtweinhaus. Neo-Gothic figures of St. Ludger, St. Lambertus now on N. and S. walls. Chillida's installation in the courtyard recalls the Peace of Westphalia.

70
Wohn- und Geschäftshaus Ostendorff

Prinzipalmarkt 11
Um 1490

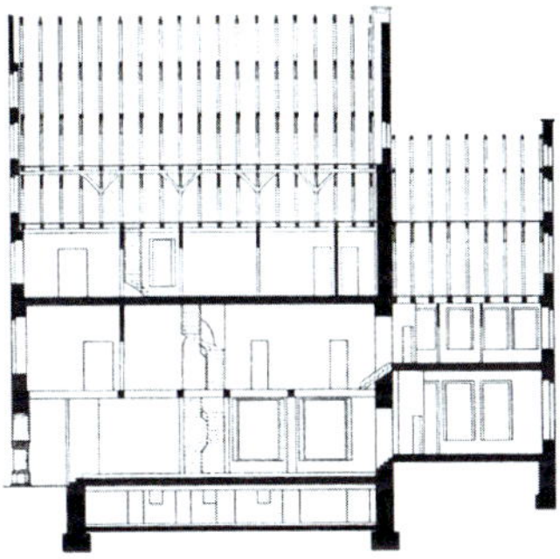

Längsschnitt nach Geisberg III, 1934

Das Gebäude, ein unterkellertes Vorderhaus mit rückwärtigem Steinwerk, besitzt eine Fassade, die im Wesentlichen dem ursprünglichen Zustand entspricht. Über der spitzbogigen Arkade erheben sich, durch Kaffgesimse getrennt, zwei Geschosse, die im Gegensatz zum reich ornamentierten Stufengiebel schlicht gehalten sind. Die vier Arkadenbögen und das Obergeschoss überstanden den Zweiten Weltkrieg, der Treppengiebel mit Maßwerkblendfeldern konnte 1977 nach Abbildungen wiederhergestellt werden. Die Ansätze der schon vor 1840 entfernten Fialen und Maßwerkbrücken erlaubten eine zuverlässige Rekonstruktion des (1930 schon einmal erneuerten) Giebels. An der zum Rathaus freiliegenden Traufseite erkennt man, dass die Fassade der Geschossteilung nicht entspricht und zwischen Erdgeschoss und 1. OG ein weiteres Stockwerk eingezogen wurde.

Façade essentially original. Gothic-arch arcade with 2 simple floors above separated by cornices; richly decorated stepped gable. 4 arches and top floor survived WW2, stepped gable with tracery restored on basis of pictures. Traces of buttresses, tracery bridges (removed in 1840) allowed accurate reconstruction of gable (1970). Eaves-front to Town Hall shows that façade does not correspond to floor layout; extra floor created between ground and 1st floors.

71
Geschäftshaus Brinckmann
Prinzipalmarkt 23
1925
Alfred Hensen

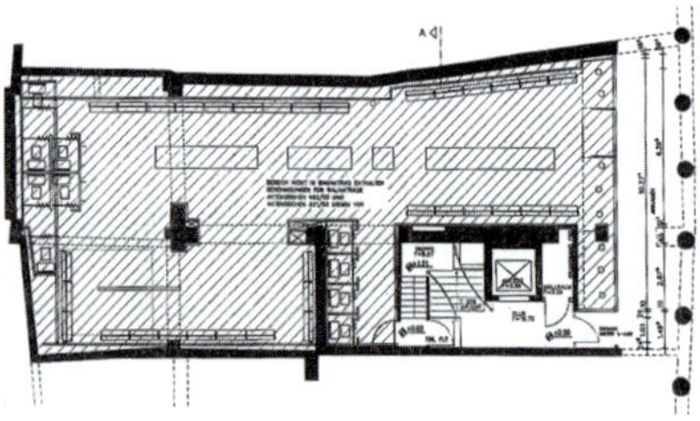

Zu den wenigen Häusern des Prinzipalmarktes, die den Zweiten Weltkrieg relativ unbeschadet überstanden haben, gehört auch das Brinckmann-Haus. Hensen hatte den Auftrag erhalten, die Neorenaissancefassade von 1885 durch eine zeitgemäßere zu ersetzen. Über der obligatorischen Arkade des Erdgeschosses fasste er die für ihn charakteristischen schmalen Fenster paarweise durch drei stockwerkübergreifende Bögen zusammen, wobei der mittlere auch das vierte Geschoss im Bereich des getreppten Giebels überfängt und hier von zwei auf spitzigen Konsolen stehenden Figuren, ein Fußball- und ein Tennisspieler (Entwurf: Albert Mazzotti), flankiert wird. Diese verweisen, wie auch die Reliefs der Wandfelder zwischen erstem und zweitem Geschoss, auf das von der Firma Brinckmann angebotene Sortiment von Spielzeug, Sportartikeln und Lehrmitteln. Die Fassade kann als Musterbeispiel für Hensens Talent gelten, die Typologie einer spezifisch modernen Bauaufgabe mit historisch gewachsenem Bestand in Einklang zu bringen.

One of few houses on Prinzipalmarkt to survive WW2 almost intact. Hensen replaced neo-Renaissance (1885) with contemporary façade. Above arcade window pairs in arches over 3 storeys at sides, 4 in centre. Central arch flanked by 2 figures in stepped gable: football and tennis players (Mazzotti). Like reliefs between 1st and 2nd floors, they refer to Brinkmann's toy and sports business. Evidence of Hensen's skill at harmonising the typology of a modern building task with local historical structures.

72
Wohn- und Geschäftshaus
Prinzipalmarkt 28
1950/51
Wolfgang Pantenius, Ruth Pantenius-Lohmann

Zeichnung Bernd Kösters, 1951

Der Vorgängerbau von 1520 war 1787 wohl durch Wilhelm Ferdinand Lipper für den Adeligen Club im klassizistischen Stil umgebaut worden. Die wichtigste Veränderung bildete der Verzicht auf die dominierende Giebelfront zum Prinzipalmarkt, stattdessen richtete sich das Haus nun gleichberechtigt auch zum Michaelisplatz. Zudem wurde nun eine deutliche Hierarchisierung der Geschosse eingeführt, wobei den ersten Stock der Festsaal einnahm. Das Architektenehepaar Panthenius/Lohmann folgte zwar in der Staffelung der Geschosshöhen dem Vorgänger, suchte aber in seinem Entwurf wieder die deutlichere Betonung der Giebelseite zum Prinzipalmarkt, der auch das steilere Walmdach Rechnung trägt. Allerdings verzichteten sie auf historisierende Elemente, sondern öffneten die Wand in den drei Obergeschossen durch große, dem Raster des Stahlbetonskeletts entsprechende Fenster. Traufseitig blieb die verputzte Wand über der Arkade zur Marktstraße geschlossen, erst dann folgen die zu drei Doppelachsen zusammengefassten Fenster.

First building (1520) altered in Classicist style by W. F. Lipper (1787). Key change was rejection of gable front to Prinzipalmarkt. Hierarchy of floors introduced, with 1st floor banquet hall. Panthenius/Lohmann adopted graduatied floor heights, but underlined front to Prinzipalmarkt, e.g. steep hip roof. They rejected historicising elements, opened wall with windows in a reinforced concrete skeleton. Eaves front; rendered wall is closed above arcade, followed by 3 double window axes.

73

Wohn- und Geschäftshaus

Prinzipalmarkt 36
1903; 1949
Jobst-Hans Muths

Das Haus wurde unter Einbeziehung von beachtlichen Resten mittelalterlicher Bausubstanz des 13./14. Jh. an den Mauern des Kellers und der Traufwände errichtet. Möglicherweise wurden auch Reste des Nachfolgebaus aus dem 16. Jh. im Erdgeschoss mitverwendet. Für den Neubau 1903 „kopierte“ Muths das Erdgeschoss mit der charakteristischen gedrehten Säule (für Münster ein Unikat), wobei er allerdings die Proportionen längte. Sein viergeschossiger Neubau folgte zwar in den Details den Renaissanceformen des Prinzipalmarktes, sprengte aber durch seine Höhe den Rahmen, so dass ihn Max Geisberg als „eine der schwersten Schädigungen des Marktbildes“ apostrophierte.
Im Zweiten Weltkrieg wurden die Obergeschosse zerstört. Muths schuf nun über dem Erdgeschoss des Vorgängers eine dreiachsige Putzfassade. Werksteinbänder setzen ein horizontales Gegengewicht. Ein schmaler, hochgezogener Giebelaufbau betont die Mittelachse. Zwei „Brücken“ bilden eine verknappte Reminiszenz an den Maßwerkschmuck der gotischen Staffeln.

Built to incorporate 13th/14th century remains; possibly also from 16th century house (ground floor). Muth (1903) "copied" that floor with striking twisted pillars (unique in Münster), but extended it. New 4-storey structure adopted Renaissance forms of Prinzipalmarkt in details, but atypically tall.
Top floors destroyed in WW2. Post-war façade rendered with 3 axes, horizontal ashlar bands. Narrow gable emphasises central axis. 2 "bridges" recall tracery of Gothic gables.

74

Wohn- und Geschäftshaus Giese

Prinzipalmarkt 48
1627

Der dreigeschossigen Werksteinfassade kommt als einziger weitgehend im Original erhaltenen Renaissancefront am Prinzipalmarkt besondere Bedeutung zu. Auffälligstes Merkmal sind die drei ungleich breiten Bögen im Erdgeschoss, über denen sich die Fassade vierachsig fortsetzt. Die Fenster des 1. OG. wurden bei Restaurierungsarbeiten 1922 vergrößert. Vergoldete Anker sind jeweils zwischen den Fenstern unter den Kaffgesimsen angebracht. Das Hauptgeschoss trägt die Jahreszahl 1627 und zwei Hausmarken. Die linke verweist auf den Kramer Heinrich Giese, die rechte auf seine Ehefrau, die Witwe des Bernd Dierich. Außerdem liest man die Inschrift: „Diese inwoner und mich O her Bewar umme Dines Namens Ehr“. Eine weitere Inschrift an der Seite zum Drubbel lautet: „Allen die mich kennen gebe Gott was sie mir gönnen“. Die Giebelkanten schmücken breite, in sich wiederum ornamentierte Voluten sowie, auf der ersten Giebelstufe, zwei die Fenster flankierende Köpfe.
Bei einer umfassenden Restaurierung 1979 brachte man die Bleiverglasung in den Fenstern an. Auch ergänzte man die Klappläden, für die sich die originalen Krampen erhalten hatten.

3-storey ashlar façade is only original Renaissance front on Prinzipalmarkt. 3 strikingly irregular arches; façade above with 4 axes. 1st floor windows enlarged 1922. Gilt anchors between windows. Main floor dated 1627. 2 other marks; left refers to trader Heinrich Giese, right to his wife. Inscription calls for God's blessing. 2nd inscription on side to Drubbel: "To all who know me, may God give what they grant me". Gable with ornamental scrolls, 2 heads flanking windows.
Lead glass windows, shutters with original cramps added during restoration (1979).

75

Wohn- und Geschäftshaus
Drubbel 3
Um 1490; 1956

Der Begriff „Drubbel" bezeichnete ursprünglich die Häusergruppe, die nördlich der Lambertikirche zwischen Prinzipal- und Roggenmarkt stand. 1912 wurde sie abgerissen, um den Autobusverkehr auf den Marktstraßen zu ermöglichen. Eine Linie im Straßenpflaster und die zurückspringende Flucht der westlichen Häuserreihe markieren den Standort dieses Quartiers.
Die Nr. 3 ist das Haus am Drubbel, das noch in wesentlichen Teilen spätgotische Bausubstanz besitzt. Während das Erdgeschoss schon Anfang des 20. Jh. mehrfach umgestaltet wurde, entspricht die Werksteinfassade des ersten und zweiten Obergeschosses mit den Kaffgesimsen und den Maueranken dem Originalzustand. Es fehlen vor allem die steinernen Fensterkreuze.
Nachdem man zunächst geplant hatte, den kriegszerstörten Staffelgiebel wiederherzustellen, entschloss man sich schließlich zu der auch am Prinzipalmarkt bevorzugten schlichten Lösung, bei der das vierte Geschoss in Anlehnung an die unteren gestaltet wurde. Der zentrale Dacherker unterbricht die Gesimslinie und stellt die Verbindung zu den Nachbarbauten her.

"Drubbel" referred to house group N. of Lambertikirche between Prinzipal- and Roggenmarkt, demolished in 1912. Now marked by a pavement line and course of W. house row.
No. 3 Drubbel retains much late Gothic substance. Ground floor altered often early 20th century, but ashlar façade of 1st and 2nd floors with cornices and anchors is original. Stone window crosses are missing.
Post-war plans were to rebuild stepped gable, but simple solution prevailed; 4th-floor design based on those below. Central bay interrupts cornice and cites adjoining houses.

76

Wohn- und Geschäftshaus
Roggenmarkt 4
Um 1520; 1794
Wilhelm Ferdinand Lipper, August Reinking

Wenige Reste des gotischen Hauses haben sich im Außenmauerwerk erhalten, sichtbar am linken Pfeiler der spitzbogigen Laube. Darüber erhebt sich in drei Geschossen die vierachsige Putzfassade, an der die Sandsteinrahmen der großen Fenster das wichtigste Gestaltungselement bilden. Das Erscheinungsbild setzt sich deutlich von den gotischen Bauten ab und folgt der zeitgenössisch modernen Formensprache des Klassizismus. So bildet ein kräftig akzentuiertes Kranzgesims den Abschluss. Darüber befindet sich eine Attika mit zentralem zweiachsigem Giebelgeschoss. Während man Lipper die Fassade zuschreibt, haben sich im Nachlass seines Schülers Reinking Pläne für den Umbau der Innenräume erhalten.
Bei einer rückseitigen Erweiterung der Geschäftsräume fanden sich 2004/05 Reste der Immunitätsmauer und Kellerwände einer um 1300 errichteten Domkurie. Letztere bilden nun ein effektvolles Gestaltungselement der neuen Ladenräume.

Fragments of Gothic original in exterior; see left pillar of pointed-arch bay. 3-storey, rendered façade with sandstone window frames. A contrast to Gothic buildings, adopting contemporary Classicist forms. Moulded cornice, parapet with central gable of 2 axes. Façade attributed to Lipper, interior probably by his pupil, Reinking.
Extension work 2004/05 unearthed ruins of sanctuary wall, cellar from cathedral curia (c. 1300), now integrated into new shop.

77

Ehem. Ohmsches Haus

Roggenmarkt 11/12
Um 1565; 1904; 1980
Laurenz von Brachum; Alfred Hensen; Harald Deilmann

Ansicht vor 1889

Der Bildhauer Laurenz von Brachum aus Wesel schuf eine reich ornamentierte Fassade, auf der er architektonische Gliederungselemente mit ornamentalem Dekor kombinierte. Die Mittelachse betont ein Portal, das von Hermen flankiert wird. Diese tragen Konsolen, auf denen über einem Bogen ein Erker mit Doppelarkade aufruht. Der Renaissancebau wurde 1889 abgebrochen, wobei Teile des Portals in den Besitz von C. A. Savels gelangten. Nachdem ein Brand auch den Abbruch des Nachbarhauses nötig machte, ermöglichte Josef Hötte mit einer Spende die Rekonstruktion der Renaissancefassade. Die Ausführung übernahm Alfred Hensen, der jedoch wegen der wirtschaftlichen Ausnutzung ein weiteres Stockwerk mit zweigeschossigem Neorenaissancegiebel hinzufügte. Beides wurde im Zweiten Weltkrieg zerstört. Erst 1980 entwarfen Harald und Andreas Deilmann den glatten Sandsteingiebel.

Sculptor v. Brachum combined dividing elements with decor of grotesques, strap- and scrollwork to create a highly ornamental façade. Central portal is flanked by herms carrying an arch with bay above. Renaissance house demolished 1889. Fire (1904) led to demolition of adjoining house; A. Hensen reconstructed Renaissance façade. He added one storey and neo-Renaissance gable – destroyed in WW2. Smooth sandstone gable by Deilmann (1980).

78

Wohn- und Geschäftshaus

Roggenmarkt 13
1962, 2009–10
Uwe-Eckart Schulze; Peter Bastian (Umbau)

Die Backsteinfassade des viergeschossigen Wohn- und Geschäftshauses öffnen nach dem Umbau drei filigrane, geschossbreite Kastenfenster, deren Rahmen leicht vortreten, wobei die Fensterbänder durch schmale Stege in je fünf Abschnitte geteilt sind. Im Bereich des Dreieckgiebels ist das Band auf drei Kompartimente verkürzt. Tür und Schaufenster treten im Erdgeschoss zurück, so dass sich ein mit hellem Stein verkleideter Vorraum ergibt. Obwohl nicht nur die starke Betonung der Horizontalen, sondern auch die Öffnung der Fassade im Gegensatz zu den kleinteiligen, eher vertikal betonten Nachbarbauten stehen, stellt die Fassade durch Wahrung der Proportionen und durch Beschränkung auf wenige, klare akzentuierte Elemente eine gelungene moderne Interpretation des traditionellen Roggenmarkthauses dar.

3 box-type windows now open the brick façade of the 4-storey house, each window band divided into 5 (3 in the gable). Ground floor door and windows recede to form a stone-clad entry. Emphasis of horizontals and open façade contrast with vertical accents nearby, but retained proportions and few accentuated elements make this a successful modern interpretation of traditional Roggenmarkt housing.

79
Volkswohlbund
Roggenmarkt 15/16
1967
Harald Deilmann

80
Wohn- und Geschäftshaus
Spiekerhof 34
Um 1830

Ansicht um 1955

Anders als am Prinzipalmarkt müssen die Häuser des Roggenmarktes es mit einem erheblichen Gefälle aufnehmen. So scheint es verständlich, dass, als Anfang der sechziger Jahre die letzte große Lücke der nördlichen Giebelwand geschlossen werden sollte, es lange dauerte, bis es zu einer einvernehmlichen Lösung kam. Nachdem 1966 zunächst der mit dem Bau beauftragte Hans Kusseler über zwanzig Varianten für die Fassade vorgelegt hatte, initiierte die Stadt einen kleinen Wettbewerb unter münsterschen Architekten, in dem sich der Entwurf von Deilmann durchsetzte, der die historischen Formen in eine moderne Architektursprache transponierte. Er schlug vor, zwei verschieden hohe Giebel auszubilden, deren verlängerte Ortgänge einen weiteren kleinen Giebel ergeben, der als Erkerbedachung fungiert. Passend zu dieser abstrakten Interpretation architektonischen Vokabulars wählte er eine Sichtbetonfassade, deren kräftige, vortretende Fensterpfosten mit ihrer Schattenwirkung für ein lebhaftes Relief sorgen. Die Fassade kann als Musterbeispiel für „Bauen in historischem Bestand" gelten.

The final gap on the N. side of Roggenmarkt proved hard to fill in the early 1960s. After delay and many unsuitable proposals, the city launched a competition (1966). Deilmann translated historic forms into a modern architectural language, with 2 gables of different heights; their verges form a 3rd small gable on the bay. An exposed concrete façade fits this abstract concept, its projecting window posts creating a lively relief. A prime example of "building among existing historical structures".

Das nur noch zur Hälfte vorhandene dreigeschossige Doppelhaus unterscheidet sich schon durch das Baumaterial deutlich von seiner Umgebung. Die Blöcke aus Baumberger Sandstein stammen von der Kirche des an dieser Stelle gelegenen, 1827 abgebrochenen Magdalenenhospitals. Den repräsentativen Anspruch unterstreicht nicht nur das Baumaterial, sondern auch der zentrale, von Pilastern flankierte Eingang. Bei dem heraustretenden, dreiachsigen Baukörper an der zur Aa gelegenen Seite handelt es sich um einen Putzbau mit eingeritztem Fugennetz. Dessen ursprünglich geschlossenes Erdgeschoss öffnet heute eine Arkade. Das Gebäude steht als charakteristisches Zeugnis für die relativ großzügige Bebauung mit z.T. traufständigen Häusern auf dieser Seite der Aa, die größtenteils dem Zweiten Weltkrieg zum Opfer fiel.

Only half remains of the 3-storey house, built with striking Baumberg sandstone blocks from a church destroyed in 1827. The representative impression is underlined by pilasters flanking the doorway. At the side facing the Aa is a rendered volume of 3 axes: the ground floor was closed originally but now opens with an arcade. Much similar building this side of the Aa was destroyed in WW2.

81

Wohn- und Geschäftshaus Fahle
Alter Fischmarkt 1
1901
Alexander Cazin

Seinen ersten in Münster nachweisbaren Bau entwarf Cazin für den Zeitungsverleger Carl Joseph Fahle. Mit vier Geschossen überragt er die Nachbargebäude deutlich. Während die sechs Fenster des ersten Stocks gleichmäßig gereiht erscheinen, sind die des darüberliegenden Geschosses so zusammengefasst, dass sich drei Achsen ergeben.
Das dreiteilige Mittelfenster flankieren zwei breite, durch ein Steinkreuz geteilte Öffnungen. Seine ins darunterliegende Geschoss reichende Brüstung und der in der Mitte hochgezogene Sturz heben es zusätzlich hervor. Über ornamentierten Feldern folgt das dritte Stockwerk, mit dreigeteilten Fenstern, die jeweils mit einem geschweiften Sturz schließen und durch eine Mittelbrücke verbunden sind. Zwischen ihnen führt eine entsprechend gestaltete, vierteilige, gestaffelte Fensterformation die Betonung der Mittelachse fort; die Mittelbrücke schwingt zu einem Halbrund aus. Darauf antwortet der überfangende Blendbogen, der seitlich seine Fortsetzung im Hauptgesims findet. Die abschließende Brüstung mit neogotischem Blendmaßwerk durchbricht der zentrale Giebelaufsatz mit einem Christusmonogramm, das vielleicht an den Vorgängerbau, ein Giebelhaus von 1710 erinnern soll.

Cazin designed his first Münster building for publisher C. J. Fahle – with 4 storeys, it is taller than adjacent houses. 1st floor: 6 windows in regular row. 2nd floor has 3 axes; flanked by 2 stone-cross windows, 3-part central window is also emphasised by breastwork running into floor below and high lintel. 3rd floor has 3-part side windows with curving lintels; a 4-part graduated window group continues emphasis of central axis. Parapet with neo-Gothic blind tracery is interrupted by gable with monogram of Christ; possible echo of former gabled house on site (1710).

82

Wohn- und Geschäftshaus
Alter Fischmarkt 26
1751

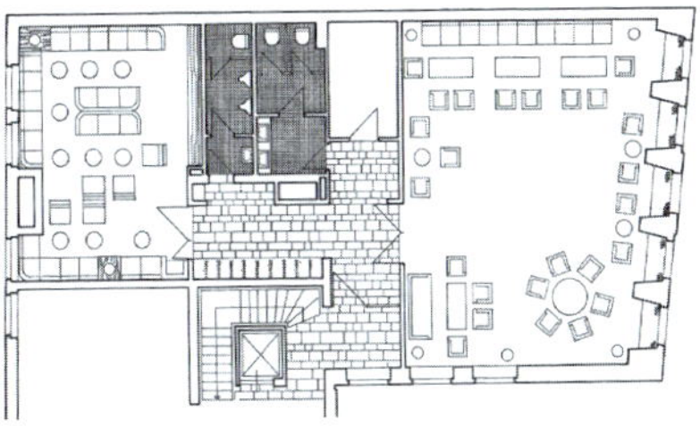

Grundriss OG um 1950

Die fünfachsige Sandsteinfassade des unterkellerten zweigeschossigen Gebäudes bekrönt ein geschweifter Giebel, der wie eine Attika über einem kräftig vortretenden Hauptgesims aufsitzt. Die Kanten begrenzt ein profiliertes Band, das sich über zwei seitlichen „Postamenten" zu Voluten einrollt. Die Mittelachse erscheint als flacher Risalit. Auf ihr liegen sowohl der Eingang als auch die Tür der Dachluke und der abschließende Okulus.
Hier traf sich der 1800 gegründete „Club der Adeligen Damen", eine den hochadligen Mitgliedern der Münsteraner Gesellschaft vorbehaltene Vereinigung, die der Unterhaltung und dem Kartenspiel diente. 1930 baute man das Haus für die Kammerspiele des Stadttheaters um. Nach dem Zweiten Weltkrieg Nutzung als Gaststätte.

Sandstone façade (5 axes) is crowned by a parapet-like, curving gable above pronounced cornice. Moulded edge band terminates in scrolls over side dados. Entrance, gable window, oculus are in the central, slightly projecting axis.
Meeting place of the "Club of Noblewomen" founded in 1800; converted into small theatre in 1930; post-war use as pub restaurant.

83
St. Lamberti
Lambertikirchplatz 5
1375–ca. 1525
Turm: 1897–99
Hilger Hertel d. Ä.

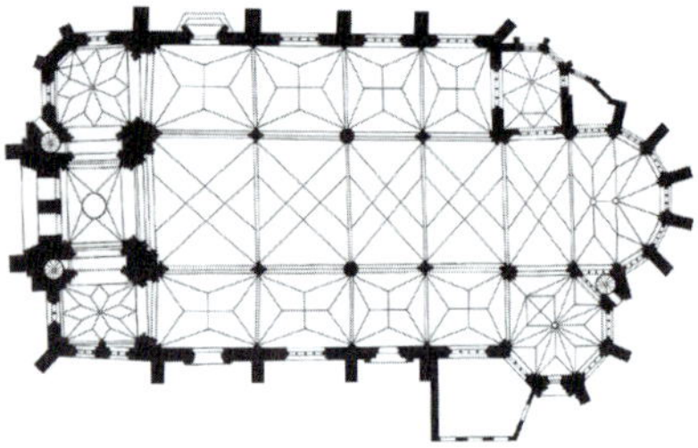

Drei Irrlichter
1987
Lothar Baumgarten

Ansicht vor 1897

Die Existenz der Marktpfarrkirche lässt sich bereits im 11. Jh. belegen. Grabungen haben drei Vorgängerbauten nachgewiesen, wobei der um 1140 errichtete Turm bei den späteren Neubauten beibehalten und aufgestockt wurde. Die heutige dreischiffige Hallenkirche wurde 1375 im zweijochigen Chor mit fünfseitigem Schluss begonnen und um 1525 mit einem Netzgewölbe geschlossen. Dazu trug man die Stützen des Vorgängerbaus im vierjochigen Mittelschiff ab, rückte sie auseinander und stockte sie auf. Hohe Fenster, deren Maßwerk von Osten nach Westen immer differenzierter und reicher wird, belichten den Raum. Die Apostelfiguren im Chor schuf der Bildhauer Johann Kroeß um 1600. In seiner von Mal zu Mal aufwendigeren Ausstattung dokumentiert St. Lamberti das gegenüber den bischöflichen Herren wachsende Selbstbewusstsein der Münsteraner Bürgerschaft. So mag die ungewöhnliche, als selbstständiger Zentralraum am Ende des südlichen Seitenschiffs angefügte Kapelle als Versammlungsraum und Ratskapelle, etwa bei Amtseinsetzungen, gedient haben. In diese Richtung deutet auch die Darstellung der Marienkrönung im Tympanon des Kapellenportals; ein Thema, das auch im bekrönenden „Schrein“ der Rathausfassade erscheint. Den deutlichsten Beleg für die politische Bedeutung von St. Lamberti geben die am Turm hängenden „Käfige“, die einst die Leichname der hingerichteten Anführer der Wiedertäufer bargen. 1987 installierte Lothar Baumgarten seine „Drei Irrlichter“, Lämpchen, die nachts in den Käfigen leuchten, ein ebenso nachdenklicher wie ironischer Kommentar zu einem höchst ambivalenten Abschnitt der Stadtgeschichte, der heute seinen festen Platz in der Münsteraner Folklore behauptet.
Die Schauseite liegt nach Süden zum Markt hin, wo das zweite Joch in seiner ganzen Breite als Hauptportal ausgestaltet wurde. Über der Tür ist das Gewände zu einem hohen Spitzbogen gezogen, dessen Tympanon eine Darstellung der Wurzel Jesse trägt. Zwei Fenster flankieren diesen Bereich, den eine über die Jochbreite reichende, mit Figuren besetzte Galerie auf Zweidrittel der Wandhöhe abschließt. Das darüber befindliche Fenster entspricht mit dem kunstvoll aus Fischblasen gebildeten Maßwerk und dem mit Krabben besetzten Kielbogen den übrigen Fenstern des Langhauses. Ein weiteres, kleineres Portal findet sich im dritten Joch. Sein Tympanon zeigt die Geburt Christi (Nachbildung; ein Originalfragment befindet sich im Landesmuseum). Das schlichte Nordportal mit einer Marienfigur (Kopie; das Original des 15. Jh. im Innenraum) öffnete sich ursprünglich auf die enge Straße des 1907 abgebrochenen Drubbel.
Ab 1830 traten Risse am Turm auf, so dass man 1859 Abbruch und Neubau des Turms erwog. Regierungsbaurat F. A. Stüler und Staatskonservator F. von Quast alarmierten das Ministerium in Berlin, doch der Münsteraner Bischof und vor allem der von ihm eingesetzte Pfarrer von St. Lamberti, Josef Kappen, betrieben den Neubau. Aus einem Wettbewerb 1865 ging August Rincklake mit einem Entwurf hervor, der Elemente des alten Lambertikirchturms mit Anklängen an den Turm der Antwerpener Marienkirche, aber auch an den gleichzeitigen des Wiener Rathauses verband. Kappen favorisierte jedoch den Vorschlag Hilger Hertels d. Ä. einer

repräsentativen Westfassade mit Turm im Stil des Freiburger Münsters und setzte, manchmal hart am Rand der Legalität agierend, diesen Plan gegen alle Einwände durch.

Evidence of 11th century church on market place. Excavations show 3 predecessors; tower c. 1140 integrated into later structures. Today's 3-nave hall church was begun 1375 with quire, finished 1525 with tracery vaulting. Window tracery grows more elaborate from East to West. Apostle figures in quire (J. Kroeß c. 1600). Increasing elaboration of St. Lamberti documents Münster citizens' growing confidence. Central room at end of S. transept may have been town council chamber and chapel. Crowning of Mary in tympanum also echoes town hall façade's "shrine". Sign of St. Lamberti's political role are "cages" on tower; once held corpses of executed Anabaptists. In 1987, L. Baumgarten installed "Three Jack-o'-Lanterns" that light cages at night; a thoughtful, ironic comment on an ambivalent aspect of Münster's history. Main S. façade to market; portal full width of 2nd nave. Above this a Gothic arch; tympanum with Tree of Jesse. 2 side windows, gallery with figures at 2/3 wall height. Windows above – tracery, keel arches with crokkets – correspond to others in nave. Smaller door in 3rd bay; tympanum Birth of Christ (copy; original fragment in State Museum). N. portal with figure of Mary (copy; 15th century original inside). Cracks in tower from 1830. Berlin Ministry informed; Bishop of Münster and St. Lamberti's priest, J. Kappen, backed idea of new building. A. Rinklake won 1865 competition: his design combined elements of old tower with echoes of e.g. Church of Our Lady, Antwerp. Kappen favoured H. Hertel's representative W. façade with tower in style of Freiburg Minster. Despite opposition, he asserted his preference by sometimes legally dubious means.

84
Lamberti-Kaplanei

Lambertikirchplatz 1–4, Salzstraße 1
1903/04
Alfred Hensen

Die Bogenhäuser, die Hensen im Auftrag der katholischen Pfarrgemeinde errichtete, stellen nach Zerstörung von Stadthaus und Stadtsparkasse nicht nur das früheste erhaltene Werk des bedeutenden Münsteraner Architekten dar, sondern auch das einzige erhaltene Beispiel für seine Fähigkeit, die „Stimmung" des historischen Münsteraner Stadtbildes architektonisch nachzubilden. Während die Ornamentik der Renaissancegiebel relativ allgemein aus dem historischen Fundus schöpft, orientierte sich der gotisierende Fialgiebel eng an Münsteraner Vorbildern. Da die originalen spätgotischen Bauten der Altstadt im Krieg zerstört wurden, liefert er modellhaft Anschauungsmaterial.
Nach schweren Kriegszerstörungen baute man die beiden nördlichen Abschnitte der Kaplanei in stark vereinfachten Formen wieder auf. Obwohl man sich bei den anderen Giebelfronten weitestgehend am originalen Zustand orientierte, erfuhren besonders die Ladenzonen deutliche Veränderungen. Erhalten haben sich Eingangstür und Treppenhausgestaltung von Lambertikirchplatz Nr. 4.

Hensen's earliest surviving work, these arcade houses are also the only existing example of his skilled reproduction of the "mood" of city's architectonic past. Renaissance gable has general historical source, neo-Gothic pinnacle gable copies Münster originals. Late Gothic houses destroyed in war; this row now exemplary visual material.
Severe war damage; 2 N. sections rebuilt more simply. Other fronts close to originals with change to shop areas. Entrance, stairwell of Lambertikirchplatz 4 survived.

85

Krameramtshaus
Haus der Niederlande
Alter Steinweg 6/7
1588

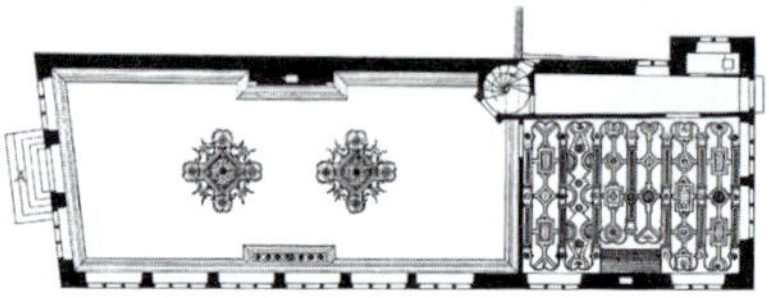

Grundriss EG nach Geisberg III, 1934

Von ehemals 17 Gildehäusern blieb nur das der Krämer erhalten. Nach Auflösung der Gilde 1810 übernahm es 1873 der Provinzialverein für Wissenschaft und Kunst. Ab 1908 diente es als Lesehalle, dann als Stadtbücherei. Den Zweiten Weltkrieg überstand es als einziges Gebäude der Umgebung ohne wesentliche Zerstörung. Die Baugeschichte lässt sich nur lückenhaft rekonstruieren. So verkleinerte man die Fenster des Erdgeschosses im 17. oder 18. Jh. und verputzte das Untergeschoss. 1874 baute man an der Rückwand ein Treppenhaus an. Erst anlässlich der notwendigen Sicherungsmaßnahmen in der Nachkriegszeit beschloss man die Wiederherstellung des ursprünglichen Zustandes.
Die Fassade des zweigeschossigen Backsteinbaus mit Fensterrahmungen und Schmuckmotiven aus Sandstein folgt dem Muster des Drostenhofs in Wolbeck. Im Erdgeschoss flankieren breite, dreiteilige Fenster mit durchgezogenem Wasserschlag das über eine Treppe zu erreichende Eingangsportal. Über der Tür nimmt eine Ädikula die Statue der Justitia auf. Unter dem Hauptgesims hat man ein gemaltes Ornamentband rekonstruiert. Als weiteren Dekor muss man sich ursprünglich farbig abgesetzte Backsteine vorstellen; erkennbar ist noch ein aus schwarzen Ziegelköpfen gebildetes Kreuz im Erdgeschoss und an der Langseite. Die Kreuzsprossenfenster in der Giebelzone betonen kannelierte ionische Säulen auf geschmückten Postamenten. Die Staffeln krönen durchbrochene Halbrosetten mit Kugeln. Auch an der Langseite findet man über der Sockelzone aus Bruchstein mit kleinen Kellerfenstern hohe, dreibahnige Fenster und darüber Kreuzsprossenfenster; Wasserschlag und Zahnschnittfries binden die Fassaden optisch zusammen. Deutlich lässt sich hier die Disposition im Innern ablesen. Die sechs vorderen Fenster belichten den großen Saal im Vorderhaus, die beiden weiter auseinanderliegenden gehören zu dem Saal des „Steinwerks“. Zwischen diesen befindet sich der Kamin, dem ursprünglich ein Schornstein auf dem Dach entsprach. Erhalten hat sich auch das Dachhäuschen für den Lastenaufzug, dem das Lukenfenster im Obergeschoss korrespondiert. Im Innern hatten sich erhebliche Teile der Balkendecken erhalten, die erst in der Nachkriegszeit durch Einziehen von Betonzwischendecken zerstört wurden. Die 1913 durch Bernhard Rincklake restaurierte Holzvertäfelung schuf Meister Henrich Passmann 1621. Der Kamin zeigte ein Relief mit dem Gleichnis vom Reichen und vom armen Lazarus. 1948 verbrachte man ihn in den Friedenssaal des Rathauses; als Ersatz stellte man einen aus dem Jahr 1631 stammenden Kamin aus einem Bürgerhaus in Haltern auf.

Of 17 guild houses, only that of the shopkeepers remains. Little damaged in WW2.
History is unclear; ground-floor windows made smaller 17th/18th century, façade rendered. Rear steps built 1874. Original state not reproduced until after WW2.
Brick façade with sandstone window frames etc. based on Drostenhof in Wolbeck. Portal flanked by 3-part windows with continuous hood moulding. Relieving arches above dentil course on top floor; aedicule here with statue of Justice. Reconstructed ornamental band below cornice. Some original decor in contrasting brick; e.g. black cross on ground floor. Gable windows emphasised by fluted Ionic pillars. Long front has rough-stone pediment, 3-part and cross windows above. Hood moulding and frieze link the façades visually. 6 front windows illuminate a large hall, 2 wider-spaced windows the "Steinwerksaal". Fireplace between them; chimney was directly above. Many timber ceilings survived, but were lost after WW2 as false concrete ceilings were installed. Wooden panelling (Paßmann, 1621) restored by Rincklake in 1913. Original fireplace transferred to Friedenssaal (Town Hall) in 1948, replacement fireplace from 1631.

86

Stadtbücherei

Alter Steinweg 11
1987–93
Bolles-Wilson und Partner

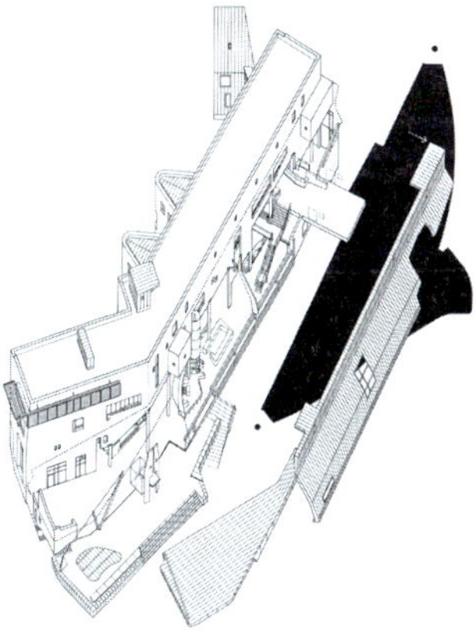

Seit 1935 diente das Krameramtshaus einer öffentlichen Volksbücherei. Trotz mehrfacher Erweiterungen (1953; 1969) zeigte sich bald, dass nur ein Neubau den wachsenden Bedarf decken würde. Parallel verfolgte die Stadt den Bau eines Stadtmuseums und schlug 1985 vor, beide Institutionen in einem Neubauprojekt in Verbindung mit dem Krameramtshaus auf dem benachbarten Parkplatz „Asche" unterzubringen. Dieser stellte eine der letzten großen Brachflächen im Innenstadtgebiet dar. Der Entwurf des jungen Architektenteams Bolles-Wilson und Partner zeigt bereits in einer ersten Wettbewerbsstufe sein Hauptmotiv: zwei Gebäudeteile bilden eine Achse zum Chor der Lambertikirche. Im zur Mauritzstraße orientierten Baukörper sollte das Stadtmuseum untergebracht werden, im Bauteil entlang des Alten Steinwegs die Bücherei. Als wenig später der Rat das ehem. Kaufhaus Rawe (Nr. 91) als Museumsstandort festlegt, forderte die Stadt die Preisträger zur Überarbeitung auf. Bolles-Wilson entwickelt die klare Struktur zweier Baukörper nun für eine gemeinsame Büchereinutzung weiter. Während im hinteren Bau vom Untergeschoss bis zum 2. Obergeschoss Bücher und Medien mit Marktcharakter („Nahbereich") untergebracht werden, ist im vorderen eine herkömmliche Bibliothek mit Regalreihen („Mittelbereich") vorzufinden. Verbunden sind beide Teile mit einer Brücke im ersten Obergeschoss und im Untergeschoss. Ein drittes Geschoss dient der Bibliotheksverwaltung. Der Hauptzugang erfolgt vom Alten Steinweg über eine erhöhte Plattform durch ein signifikantes Tor. Wer eintritt, wird von einem Café und einem Zeitungslesesaal empfangen und kann seinen Blick durch eine großzügige Halle schweifen lassen. Der Bau besticht im Innern insbesondere durch seine rauminszenatorischen Qualitäten, im Außenraum durch seine unverwechselbare Art, gekonnt und phantasievoll Bezüge zur heterogenen Umgebung aufzunehmen. Die außergewöhnliche Architektur trägt mit dazu bei, dass die Stadtbücherei eine der erfolgreichsten öffentlichen Bibliotheken Deutschlands ist. Der anfänglichen Ablehnung der Münsteraner während des Baus ist längst uneingeschränkte Zuneigung gewichen.

The Krameramtshaus has a public library been 1935. Despite extensions (1953; 1969), a new building was eventually necessary. The city planned a Municipal Museum, so in 1985 it was decided to combine both the Krameramtshaus and a new structure on an adjacent vacant plot. Bolles-Wilson presented their key motif in the 1st competition stage: 2 sections that form an axis to the choir of the Lambertikirche. Soon after, the council chose the site of the former store Rawe (no. 91) for the museum, and plans had to be adapted. Bolles-Wilson developed the clear, 2-volume structure for the library: a bridge links the ground and first floors. Main entrance on Alter Steinweg opens to a café and newspaper reading room with a large hall beyond. The unusual architecture contributes to the library's status as one of the most successful in Germany. Initially rejected, the building is now very popular.

87

Gemeindezentrum St. Lamberti
Kirchherrngasse 14
1993
Bolles-Wilson und Partner

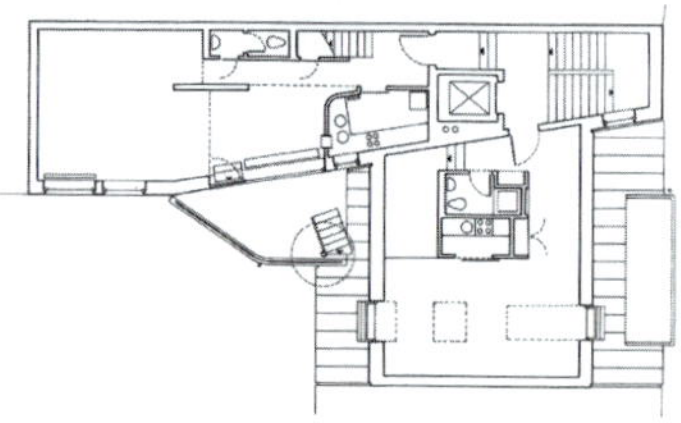

Grundriss 3. OG

Das zweigliedrige Gebäude fügt sich in eine schmale Lücke zwischen Stadtbücherei und Nachkriegsbebauung, zwischen denen es geschickt vermittelt, indem es einerseits rechts an die Bücherei mit einem schmalen, hohen Riegel, der mit dunklem Klinker verblendet ist, anschließt. Andererseits folgt sein niedrigerer, ganz mit Kupfer verkleideter Gebäudeteil in der Kubatur den links angrenzenden Häusern. Diesen dominiert ein asymmetrisch leicht vortretender, in die Dachzone übergreifender Block mit Büroräumen, dessen Fassade in den beiden Obergeschossen vollständig verglast ist. Im Untergeschoss befinden sich direkt darunter, optisch eher zurückhaltend, die Tür und ein schmales Fensterband. Das Gegengewicht hierzu bildet rechts die breite Eingangstür mit einer breiten Rahmung aus hellen und durchsichtigen Flächen. Von hier aus erreicht man die im dritten und vierten Geschoss des verklinkerten Riegels befindlichen Wohnungen, deren Fenster zur Straße in unregelmäßiger Verteilung in Erscheinung treten.

The 2-part structure abuts the library on the right with a narrow, tall block faced in dark brick. On the left, a section clad in copper is integrated into the cubature of neighbouring houses. It is dominated by an asymmetric block, slightly protruding and encroaching into the roof zone, with a glazed façade on the 2 top floors. Directly below, a door and narrow band of windows are unassuming, while the entrance on the right has a striking wide frame and leads to apartments on the 3rd and 4th floors of the brick-faced block. Its irregular windows face the street.

88

Geschäftshaus Pelster
Alter Steinweg 48
1924
Alfred Hensen

Der dreigeschossige Stahlbeton-Skelettbau mit Flachdach, den Pelster hier mitten in der Altstadt errichten ließ, demonstriert Modernität. Der Laubengang mit den angedeuteten expressionistischen Kapitellen knüpft an das Motiv der Prinzipalmarktarkaden an. Die darüberliegenden Geschosse öffnen sich in dicht gereihten, schmalen hochrechteckigen Fenstern. Breitere Wandfelder an den Ecken sowie nach jedem dritten Fenster rhythmisieren die Folge und bilden zugleich das konstruktive Gerüst ab. Die nicht unbestrittene Zuschreibung durch Mummenhof an Hensen geht auf nachgelassene Notizen von Otto Sarazin zurück. Stilistisch dafür sprechen die expressionistischen Stützen, die sich vergleichbar am Flithof-Haus Loerstraße 7/8 (Nr. 101) finden. Auch die abgebrochene Torminbrücke wies ähnliche Formen auf. Nicht zuletzt die Diagonalstellung der Schaufassade, heute durch den veränderten städtebaulichen Kontext nicht mehr auf den ersten Blick nachvollziehbar, findet sich bei vielen Bauten von Hensen.

Flat-roofed, reinforced concrete skeleton; arcade with Expressionist capitals adopts motif of Prinzipalmarkt. Floors above with rows of high, narrow windows. Wider wall, after every 3rd window adds rhythm, echoes framework. Attributed to Hensen; evidenced by Expressionist supports as in Flithof House (Loerstraße 7/8) (no. 101), similar forms to Tormin Bridge. Diagonal frontage – now less obvious – recalls many of Hensen's buildings. Interior conversion.

89
Kiffe-Pavillon
Alter Steinweg 15/16
1953–55
Hans Walter Rüschenschmidt

Ansicht 1955

Der Autohändler Fritz Kiffe, der schon mit seinem dem Neuen Bauen verpflichteten Werkstattgebäude (Nr. 248) am Albersloher Weg ein Zeichen gesetzt hatte, schwebte ein „verlängertes Schaufenster“ für die Innenstadt vor. Durch Tausch gelang es ihm, das Grundstück des im Krieg zerstörten Stammhauses neben dem Krameramtshaus gegen einen neuen größeren Bauplatz am Alten Steinweg einzutauschen. Der Glaspavillon besticht bis heute durch seine leichte Konstruktion. Ausgeführt wurde er mit einer Grundfläche von 1000 m² als stützenlose Halle und einer Spannweite von 24 m. Die Schalenbetondecke von 10 cm Stärke liegt nur auf zwei vorgespannten Stahlbetonbindern sowie acht ausbetonierten Stahlstützen auf. In der ringsum laufenden Schaufensterfront rahmen goldeloxierte Leichtmetallleisten die neunzig großformatigen Glasscheiben. Über Jahrzehnte erstrahlte der Firmenname als Neon-Leuchtschrift auf dem Dach. Trotz trivialer Umnutzung ab 1982 haben sich neben der Fassade viele Details erhalten, etwa im Innern die Empore, zu der eine schwungvolle Treppe hinaufführt.

Car dealer Kiffe had already set an example with his garage, indebted to New Building, on Albersloher Weg (no. 248). Later, he caused a stir with this glass pavilion. Its construction is striking; a hall with a free span of 24 m, but no supports. The shell-concrete ceiling rests on 2 pre-stressed reinforced concrete girders and 8 concrete-filled steel pillars. Gold-anodized aluminium strips frame the 90 panes of the window front. Many interior details have survived, e.g. gallery and curving stairs.

90
Altes Gasthaus Leve
Alter Steinweg 37
1949–54
Heinrich Benteler, Albert Wörmann

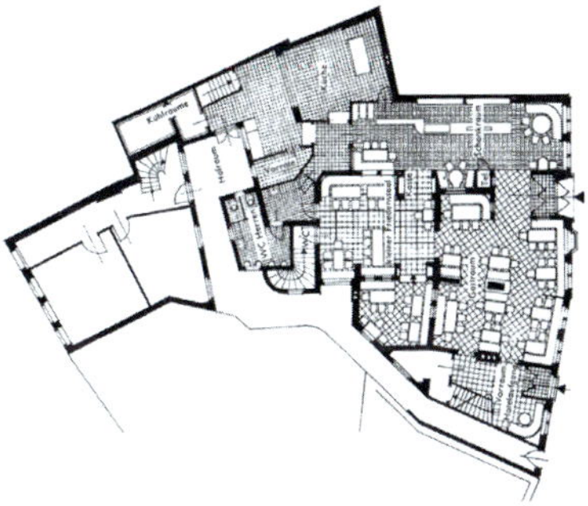

Münsters älteste Gaststätte ist heute das „Alte Gasthaus Leve“. Bereits 1607 lag an gleicher Stelle eine Herberge, deren Gestalt und Namen mehrfach durch die Jahrhunderte wechselte. Ausschlaggebend für den heutigen Namen war der Erwerb der Gaststätte durch Johann Bernhard Leve aus Warendorf im Jahre 1805. Bis zur vollständigen Zerstörung 1941 zeigte sich das Gasthaus als weiß verputztes dreigeschossiges Giebelhaus mit Walmdach. Der Wiederaufbau erfolgte 1949 in altmünsterschem Stil. Die sieben ineinander übergehenden Gasträume für über 226 Sitzplätze wurden hierbei mit altem Kulturgut (Glasfenster, Herdplatten u. a.) sowie Fundstücken der Zeit (ein Fries vom historischen Stadthaus, Doppelsäulen des Domes, Holztäfelung des historischen Regierungsgebäudes, etc.) ausgestattet. Der große geschweifte Backsteingiebel, eine frei erfundene Neuschöpfung, macht die Gaststätte erneut zur markanten Adresse.

Münster's oldest public house is the "Alte Gasthaus Leve", on the site of an inn from 1607. Johann B. Leve acquired it in 1805. The white-rendered house with gable and hip roof was razed in 1941. Reconstruction (1949) was in old Münster style, with 7 rooms furnished with old fitments (e.g. stained glass) and found contemporary elements (e.g. town hall frieze, panelling from old government building). Its curved brick gable – a new architectural creation – makes the pub into a city landmark.

91
Stadtmuseum
Ehem. Kaufhaus Rawe
Salzstraße 28
1910–13; 1986–89
Rhode Kellermann Wawrowsky, Rainer M. Kresing (Umbau)

Ansicht vor 1920

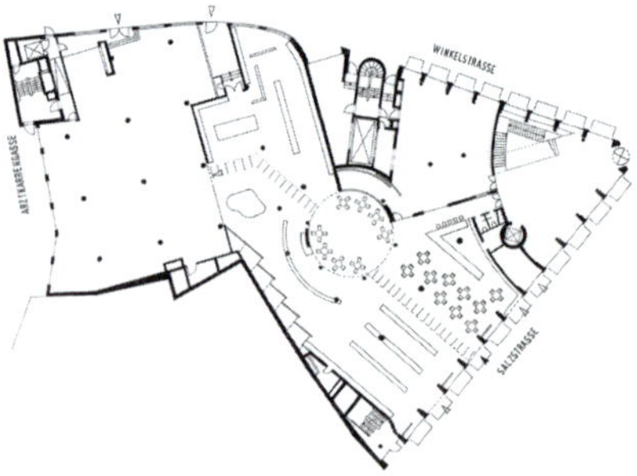

Die Architektur des ersten großen Warenhauses in Münster folgte dem Schema, das unverwechselbar in zahlreichen deutschen Städten die Kaufhausarchitektur dieser Zeit prägt. Den Rhythmus der Fassade bestimmen strebepfeilerartige Stützen, zwischen denen sich im Erdgeschoss große Schaufenster öffnen. Über einem durch die Brandschutzbestimmungen vorgeschriebenen breiten Gesims unterteilen dünne, wandhohe Streben die Zwischenräume in jeweils drei schmale, geschossübergreifende Fensterbahnen.
Den repräsentativen Anspruch verdeutlichte man dadurch, dass man die Stützen mit einer Kunststeinverblendung versah, deren Struktur die Scharrierung von Werkstein imitierte und sie mit einem Kapitell abschließen ließ. Den Pfeilern entspricht das vorkragende Gesims, das in der Art antiker Tempel mit Mutuli verziert ist. Diese Großform wiederholen im kleineren Maßstab die Fensterstreben, die mit kapitellartigen Auskragungen abschließen und einen eigenen Architrav tragen.
Auch das Innere präsentierte sich mit einem großen Lichthof und Galerien als geradezu idealtypisches Beispiel der frühen Kaufhausarchitektur. Doch als man 1986 übereinkam, dass hier die enorm gewachsenen Bestände des Stadtmuseums ein neues Domizil finden sollten, entschloss man sich zum Abriss. Vom ältesten Kaufhaus Münsters steht heute nur noch die Fassade. Die Museumsräume im Neubau erschließt eine spiralförmig in einer Rotunde nach oben führende Treppe. Von hier aus sieht man auf die Geschäfte des Salzhofes, die hinter der historischen Fassade eine Symbiose mit dem Museum eingegangen sind.

First Münster emporium, typical of contemporary German department-store architecture. Façade defined by buttress-like supports with interspersed display windows. Above cornice, narrow struts divide interim spaces into 3 window bands.
Fake ashlar facing. Jutting cornice with "mutuli" echoes ancient temples. Window bars repeat the motif on smaller scale, with corbels and architraves.
Inner court, galleries also exemplary features of early department-store architecture, but dismantled as City Museum moved here (1986); façade now only relic of Münster's oldest emporium. Access to new museum via spiral stair in rotunda overlooking Salzhof. Its shops and the museum enter into symbiosis behind the historical façade.

92
Wohn- und Geschäftshaus
Salzstraße 40/41
1906

Das dreigeschossige Eckgebäude ist eines der wenigen erhaltenen Beispiele für die sich großstädtisch gebende Geschäftshausarchitektur, die um 1900 die Münsteraner Einkaufsstraßen zu prägen begann. Ein Charakteristikum bilden die beiden unteren Geschosse mit den großen Schaufenstern. Im dritten Geschoss sind die Felder zwischen den Stützen mit Ziegelmauerwerk ausgefacht. Die korbbogigen Fenster setzen mit den Brüstungen auf dem breiten Stockwerkgesims auf und stoßen mit ihrem Abschluss in den Fries des Hauptgesimses vor. Die abgerundete Ecke zeichnet zudem eine Serliana mit schmiedeeisernem Balkongitter aus, die von einer mächtigen Kartusche mit Blattwerk bekrönt wird. Durch das hier aufgesetzte Attikageschoss erscheint die Ecke zudem turmartig erhöht und bildet einen effektvollen Blickfang. 2015 wurde das Haus durch Peter Bastian modernisiert.

Rare example of metropolite commercial architecture that emerged in Münster's shopping area c. 1900. 2 floors of large display windows. Areas between supports of 3rd floor brick-filled. Basket-arch windows above lower cornice extend to frieze below principal cornice. Rounded corner has serliana with wrought-iron balcony rail, leaf cartouche. Attic floor suggesting corner tower is a striking feature.

93
Geschäftshaus Niemer
Salzstraße 57
1906/07
Alfred Hensen

Entwurfszeichnung

Das für den Weinhändler C. Niemer errichtete dreigeschossige Geschäftshaus wies früher ursprünglich im Erdgeschoss drei bogenförmige Fenster auf, zwischen denen sich ein Portal und eine dessen Formen wiederholende Fensternische befanden. Die darüberliegende, schlichte Sandsteinfassade, deren beide mittlere Achsen ganz leicht vorgewölbt sind, ist im originalen Zustand erhalten. Geschlitzte Lisenen fassen die sechs Achsen paarweise zusammen. Im ersten Stock befinden sich Girlanden unter den Fenstern, im zweiten betont ein Balkon, dessen schmiedeeisernes Gitter, geschaffen von Anton Kirschbaum, die Initialen des Bauherrn zeigt, das Zentrum. In einem ersten Entwurf hatte Hensen in der Attikazone Vasen sowie einen fast die gesamte Breite überfangenden, bogenförmigen Giebelschild mit zwei ovalen Fenstern vorgesehen. Zur Ausführung kam ein schmaler Giebel, der den vorschwingenden Mittelteil fortsetzt.

Built for C. Niemer. Originally 3 arch-windows on ground floor, alternating with portal and niche that echoed its forms. Above, the simple sandstone facade with 2 convex central axes has survived. Pilaster strips divide 6 axes into pairs. 1st floor: garlands below windows. 2nd floor: central balcony, wrought-iron rail by A. Kirschbaum. Gable continues gentle curve of central axes.

94
Erbdrostenhof
Salzstraße 38
1753–57; Wiederaufbau 1957–67
Johann Conrad Schlaun

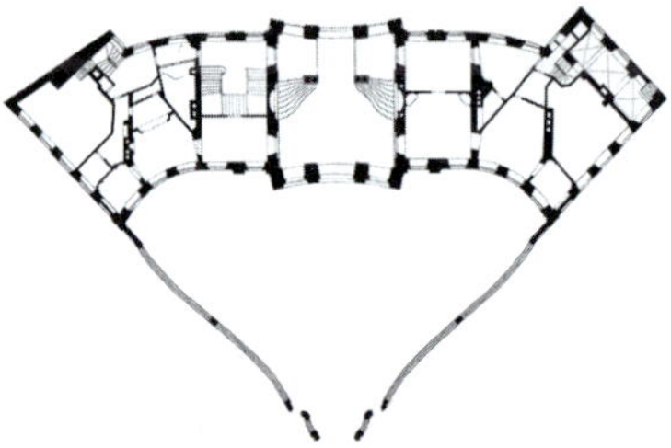

Vestibül um 1905

Festsaal vor 1945

Trotz schwerer Kriegszerstörungen bietet heute der Erbdrostenhof den besten Eindruck von der hohen architektonischen und städtebaulichen Qualität der Schlaunschen Bauten. Durch systematische Erwerbungen hatte der Erbdroste Adolph Heidenreich Freiherr von Droste zu Vischering 1649 ein so großes Areal zusammengebracht, dass er Schlaun mit der Planung eines Palais beauftragen konnte. Dieser griff nicht auf die Münsteraner Tradition der dreiflügeligen Adelshöfe zurück, sondern stellte das Gebäude diagonal über die gesamte Breite des Grundstücks. Dadurch gewann er nicht nur einen Ehrenhof, den er mit einem Gitter abgrenzte, ohne den Blick auf die Fassade zu verstellen, sondern er nutzte die stadträumliche Situation, die sich aus dem Zusammentreffen von Salzstraße und Altem Steinweg ergab, als Sichtachse für den Erbdrostenhof. Ihre Wirkung entfaltet die Fassade, für deren Aufbau Schlaun seinen Entwurf für Augustusburg bei Brühl aufgriff, vor allem dadurch, dass Schlaun sie in konkaven Schwüngen dynamisierte, ein Kunstgriff, den er in Rom den Bauten Borrominis abgeschaut hatte. Den zweieinhalbgeschossigen Ziegelbau mit Sandsteinelementen dominiert der fünfachsige Mittelpavillon mit genutetem Sandsteinsockel und kolossalen korinthischen Pilastern. Diese tragen ein kräftiges Gesims, über dem vor einer Balusterattika ein Dreiecksgiebel die drei mittleren, risalitartig vorgezogenen Achsen überfängt. Eine Besonderheit bildet jedoch nicht nur die über den Giebel geführte Balustrade, sondern auch das in die Giebelzone hinaufstoßende Rundfenster, das die drei mittleren Achsen als Serliana interpretiert und so den hohen Anspruch des Bauherrn erkennen lässt. Links und rechts schließen vier Achsen an. Fassadengliederung und räumliche Disposition entsprechen einander nicht. So befinden sich hinter den drei Achsen im Zentrum das Vestibül und der Festsaal, während die seitlich anschließenden Vorzimmer an der Fassade sowohl zum Pavillon als auch zum eigentlichen Corps de Logis gehören. Im Innern hat man im Treppenhaus und im zentralen Saal versucht, die malerische Ausstattung zu rekonstruieren.

Despite war damage, Erbdrostenhof is best example of Schlaun's quality architecture. Von Droste zu Vischering commissioned a city palace in 1649. Schlaun avoided Münster tradition of 3 wings; set building diagonally across the site. Thus cour d'honneur with railings leaves façade open; meeting of Salzstraße, Alter Steinweg is exploited as a viewing axis. Façade recalls Schlaun's design for Augustusburg (Brühl); concave curves lend dynamism, an echo of Borromini's buildings. Brick structure dominated by central pavilion of 5 axes with grooved sandstone base and Corinthian pilasters. Wide cornice; parapet and triangular gable over 3 central, projecting axes. Balustrade across gable is unusual, also round window into gable area; a serliana, reflecting the family pretensions. 4 axes to right and left. Façade division and room disposition do not correspond. Vestibule, banqueting hall behind central 3 axes; adjoining front rooms belong to pavilion and corps de logis. Painted decor of stairs and hall reconstructed.

95
Ehem. Dominikanerkirche St. Joseph
Salzstraße 10
1708–28
Lambert Friedrich Corfey

Ansicht vor 1945

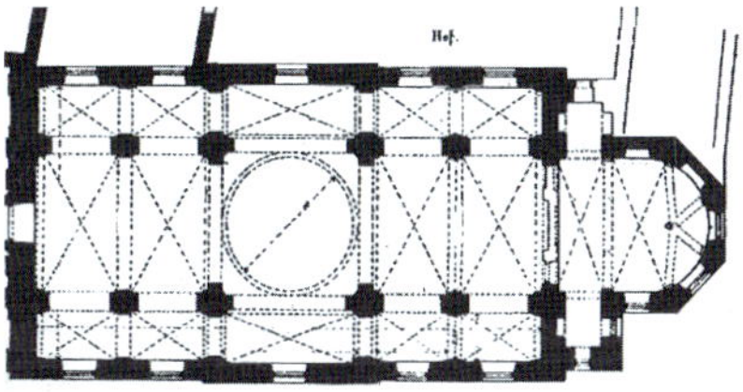

Grundriss vor 1880

Innenansicht nach 1974

Als Bauten des Dominikanerkonvents zwischen 1707 und 1731 eine Erneuerung erfuhren, legte man auch den Grundstein für die Kirche. Wie auch in anderen Fällen lieferten sowohl G. L. Pictorius als auch Corfey Entwürfe, wobei der ausgeführten Fassade eine Zeichnung von Anton zur Mühlen am nächsten kommt. Die Grabinschrift Corfeys in der Dominikanerkirche bezeichnet diesen jedoch als unermüdlichen Förderer des Baus. Dazu passt, dass für die Gestaltung nicht nur Il Gesú in Rom, sondern auch Pariser Kirchen, die des Jesuitennoviziats sowie die Kapelle der Sorbonne, das Vorbild lieferten, also Bauten, die Corfey gekannt hat. Die Sandsteinfassade besitzt ein kräftig vorspringendes Ädikulaportal, flankiert von je zwei ionischen Pilastern und einem herabhängenden Feston; die seitlichen Achsen bilden Wandfelder mit Figurennischen und schließen mit einem weiteren ionischen Pilaster. Die darüberliegende Attikazone greift diese Gliederung mit einer korinthischen Ordnung auf und schließt mit einem Dreiecksgiebel. Die Architektur wirkt vor allem durch die plastisch hervortretenden Baukörper von Haupt- und Seitenschiffen, Querhaus und Vierungskuppel, Chorflankentürmen und Chorpolygon. Auch im Innern wählte man für die den Pfeilern vorgelegten Pilaster die ionische Ordnung; durch das mittig zwischen die vier Joche geschobene breite Querhaus mit der auf einem hohen Tambour ruhenden Kuppel entsteht der Eindruck, es handele sich um einen Zentralraum.

Die ursprünglich ganz geschlossene, nur im Bogenfeld geöffnete Chorwand erklärt sich aus der Funktion als Klosterkirche. Nach der Säkularisierung diente die Kirche als Militärdepot, dann als Schulkirche des Realgymnasiums. Bei dieser Gelegenheit entfernte man die Wand und stellte 1903 den Altar der Paderborner Gaukirche auf. Im Krieg fielen Kirche und Kloster den Bomben zum Opfer. Von diesem bewahrte man nur die Fassadenruine, jene baute man bis 1974 wieder auf, wobei man für die Chorrückwand den Kompromiss mit der Bogenöffnung wählte.

The Dominican convent was restored 1707 and 1731, when church was founded. Plans by Pictorius and Corfey, but finished façade resembled drawing by A. zur Mühlen. Corfey's grave refers to him as sponsor, also suggested by models (Rome and Paris churches) that he knew. Sandstone basilica façade with aedicule portal flanked by Ionic pilasters, hanging garland; lateral axes with niches terminate in Ionic pilasters. Parapet zone adopts same pattern with Corinthian order, triangular gable. Key feature is striking architectural volumes of nave, side aisles, transept with crossing dome, quire towers and polygon. Transept with dome on a tambour resembles a central hall. Quire wall originally closed after secularisation, use as school chapel; wall removed. Altar: Paderborn district church. Church and convent bombed in WW2. Church rebuilt (1974) with open arches in quire wall.

96
Stadthaus I
Klemensstraße 1–10
1957–59
Helmut Kessner, Theodor Dierksmeier

Als Ersatz für das zerstörte Stadthaus von Alfred Hensen lobte die Stadt 1951 einen Wettbewerb aus, den zwei Braunschweiger Architekturstudenten, Otto-Heinz Groth und Hans Praschma gewannen. Ihr Entwurf enthielt bereits die städtebauliche Grundaussage. Sie integrierten den alten Stadthausturm als Auftaktgebäude, öffneten zur Klemensstraße einen Eingangsplatz, verlegten das größte Bauvolumen entlang der heutigen Heinrich-Brüning-Straße und gewannen einen großzügigen Freiraum hinter dem historischen Rat- und Stadtweinhaus. Mit den weiteren Überarbeitungen zeigte sich die Stadt jedoch unzufrieden und übertrug die weitere Planung dem Leiter des Hochbauamtes Kessner und stellte ihm Dierksmeier als künstlerischen Berater zur Seite. Da im Verlauf der Planungen der Raumbedarf wuchs, ergänzte man den Entwurf um ein dreizehngeschossiges Hochhaus. Dies entfachte eine hitzige, öffentliche Diskussion. Doch wer heute das Ensemble durchstreift, wird eine bemerkenswerte Abfolge von Plätzen, Übergängen und Läden feststellen. Auch überrascht die Vielfalt im Detail, mit der die Materialien Ziegel, Werkstein und Glas variiert wurden.

Hensen's city offices (1901–05) were razed in WW2; in 1951, Groth and Praschma won the competition for a new design. They integrated the old tower, made an entrance area on Klemensstraße and moved the main volume to Heinrich-Brüning-Straße. Dissatisfied, the city appointed Kessner and Dierksmeier to continue planning. Plans for a 13-storey block led to heated public discussion. The ensemble is now a striking sequence of squares, corridors, shops.

97
Ehem. Parkhaus Stubengasse
Stubengasse 22–26
1964; 2008–10
Fritzen + Müller-Giebeler

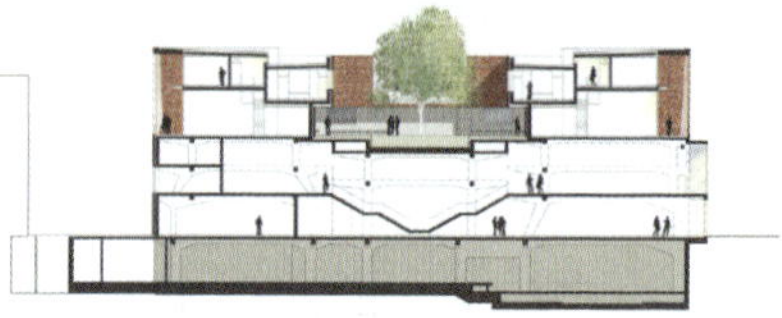

Die Stubengasse war bis zum Zweiten Weltkrieg ein eng bebauter Stadtraum, geprägt von Hospitälern und Klöstern. Nach 1945 entwickelte sich die zentrale Brachfläche zum großflächigen Parkplatz, der 1964 durch ein modernes Parkhaus samt Tankstelle im Erdgeschoss ergänzt wurde. Ein 2003 aufgestellter Masterplan des Büros Bolles+Wilson führte zu neuen Prämissen für einen Wettbewerb, den Ernst Kasper zusammen mit Fritzen + Müller-Giebeler gewannen. Sie realisierten 2009 nicht nur die neue zickzackförmige Platzbebauung, sondern auch die Verwandlung des alten Parkhauses in einen neuen Stadtbaustein. Strukturen wurden übernommen, Teile entkernt, obere Geschosse ersetzt. Der einstige Industriebau verfügt heute über fünf Nutzungen: Möbelladen, Kiosk, Fahrradparkhaus, Büros und acht mondäne Stadtwohnungen – jeweils vier nach vorne und hinten orientiert, erschlossen durch einen offenen Innenhof auf dem Dach. Goldfarbene Folienvorhänge in den Loggien der Maisonette schützen vor Sonnenstrahlen und Blicken. Im Möbelgeschäft sind noch die alten Kragarme der versetzten Parkhausrampen zu sehen. Das Ensemble Stubengasse – bestehend aus den beiden Platzgebäuden, dem Hanse Carré und dem umgebauten Parkhaus – wurde 2010 mit dem Deutschen Städtebaupreis ausgezeichnet.

Until WW2 Stubengasse was densely built. Post war, the central space was used for parking; a modern car park and filling-station built in 1964. In 2003 Bolles+Wilson's master plan led to a competition won by Ernst Kaspar and Fritzen + Müller-Giebeler. In 2009 they transformed the old car park for multiple usage incl. furniture store, kiosk, offices and 8 apartments – accessed via an atrium on the roof. Foil loggia curtains keep out sun and prying eyes. Old parking ramps are still a feature in the furniture store. The ensemble Stubengasse – 2 buildings on the square, Hanse Carré, former car park – won the German Urban Development Award 2010.

98
Hanse Carré
Stubengasse 28
2009/10
Andreas Deilmann, Rainer M. Kresing

Der Wohn- und Geschäftskomplex in prominenter Ecklage versteht sich als Teil der Stubengassen-Neuentwicklung. Er besteht aus zwei Baublöcken mit kleinteiligen, doch konsequent monolithischen Giebelfassaden ohne Rückfronten. Während im Erdgeschoss sowie in zwei folgenden Obergeschossen flexible Verkaufs- und Büroflächen liegen, überrascht die Dachebene als private Wohnwelt mit weitem Blick über die Stadt. Acht private komfortable Wohnhäuser mit kleinen Gärten, zwei weitere dienen der Technik, bilden oben eine ruhige Nachbarschaft. Eine Tiefgarage im Untergeschoss bietet die notwendigen Stellplätze. Die zwillingshaften Blöcke sind konsequent in rotem beziehungsweise gelbem Klinker-, Fugen- und Pfannenmaterial gestaltet. Sie interpretieren damit auf zeitgenössische Art Traditionen der lokalen Architektur: Backstein, Sandstein und Giebel. Das Ensemble erinnert in seiner Gestalt an historische „Drubbel"-Häuser, die in Münster in der Vergangenheit unterhalb der Lambertikirche („Großer Drubbel") sowie am Rosenplatz („Kleiner Drubbel") dicht gedrängt standen. Für die Realisierung musste das ehemalige Landeskulturamt („Overberg-Haus"), ein 1950er-Jahre-Bürokomplex, weichen. Prächtige Rotbuchen wurden als Naturdenkmal integriert. Ein benachbarter Glaskubus dient als Café. Das Projekt erweist sich stadträumlich als großer Gewinn, durch neue Wegeverbindungen zwischen den Fußgängerzonen Ludgeri- beziehungsweise Salzstraße.

The 2 multipurpose blocks with gable façades are part of Stubengasse's new development. Ground floor and 2 upper floors are commerical units, the top floor is housing: 8 homes with small gardens, stunning views, and underground parking. Red or yellow klinker and tiles were used for the twin blocks to echo local traditions: brick, sandstone and gables. The ensemble recalls historic "Drubbel" – dense ensembles of building in the city, e.g. on Rosenplatz ("Kleiner Drubbel"). The "Overberg-Haus" from the 50s used to stand on the plot. A copper beech is integrated as a natural monument; the adjacent glass cube is a café.

99
Raphaelsklinik
Windthorststraße 36
1928–30
Carl Brocker

Ansicht vor 1945

Als wegen des steigenden Bettenbedarfs eine Erweiterung der 1906–08 gebauten Hedwigs- und Raphaelskliniken unumgänglich wurde, entwarf der Düsseldorfer Regierungsbaumeister Brocker einen die historistischen Altbauten überragenden sechsachsigen Baukörper. Dessen östlicher, drei Achsen breiter Abschnitt sprang zurück und grenzte an einen die Bauflucht wieder aufnehmenden, sehr schmalen, höheren Querriegel. Das dritte und vierte Obergeschoss öffnete sich in Laubengängen. Spektakulär wirkte der auf Fernwirkung berechnete, gestufte Dachaufbau mit grün patinierter Kupferverkleidung, ein Element, das der Kontorhausarchitektur entstammt. Die senkrechten Stege auf dem obersten Abschnitt erinnern an Zinnen oder eine Krone. Dieses Motiv wird an dem schmalen Querriegel noch gesteigert. Hier knicken die Stege ab und kreuzen sich. Insgesamt lässt die Dachlandschaft der Raphaelsklinik an die Idee der Stadtkrone denken. Brocker versachlichte allerdings das Pathos dieser Utopie und konkretisierte sie zugleich, indem er an der Schmalseite des Querriegels die neun Meter hohe, in die Dachzone ragende Marienfigur aus Kupferblech des Klever Bildhauers Gerd Brüx anbrachte, die bis zum Zweiten Weltkrieg das Stadtbild prägte.

Extension of clinics by Düsseldorf architect Brocker; striking in the historicising complex (1906–08). E. section of 3 axes abuts a narrow transverse block. Open 3rd and 4th floor arcades. Spectacular roof with patinated copper cladding. Vertical ribs at top recall battlements or a crown; motif underlined by horizontal bars where ribs bend and cross. Overall impression of roofs suggests city crown. Brocker objectified the pathos of this idea with a huge Maria figure.

100

St. Clemens

An der Clemenskirche
1744–53
Johann Conrad Schlaun

Ansicht vor 1945

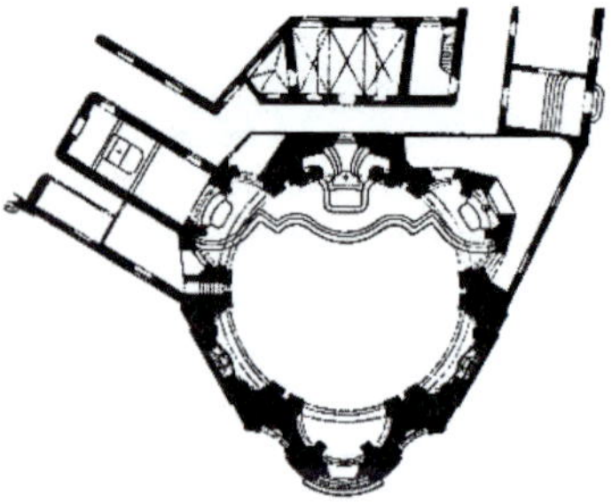

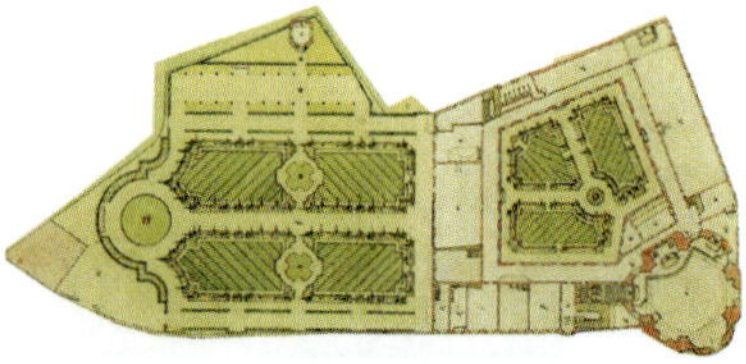

Gesamtplan des Ausführungsprojekts

Innenansicht vor 1945

Von der im Zweiten Weltkrieg zerstörten Kloster- und Hospitalanlage baute man nur die Kirche wieder auf, so dass weder der architektonische Gesamtzusammenhang noch der städtebauliche Kontext ohne weiteres fassbar werden. Erste Pläne datieren aus dem Jahr 1732, als der Fürstbischof Clemens August 100.000 Gulden „zu mehrerem Troste seiner Untertanen in ihren Krankheiten" für einen Hospitalbau auf dem Neuplatz (dem heutigen Schlossplatz) bereitstellte. 1734 stoppte man nach dem Sturz Plettenbergs den Bau für mehrere Jahre. Zwischenzeitlich hatte man einen Bauplatz am Bocksplatz ins Auge gefasst, für den Schlaun eine höchst originelle Vierflügelanlage entwickelt hatte. Schließlich jedoch entschied man sich 1744 für den Bauplatz an der St. Pauli-Freiheit, der in seiner Unregelmäßigkeit Schlaun ein hohes Maß an Einfallsreichtum und Flexibilität abverlangte. Die an die Spitze gesetzte Kirche auf kreisförmigem Grundriss bildet den Höhepunkt des Ensembles. An der Fassade leiten konkav geschwungene Wandfelder mit Figurennischen zu dem konvex vortretenden Eingangsbereich. Als fürstbischöfliche Stiftung erhielt der Ziegelbau reichen architektonischen Schmuck aus Sandstein. Im gesprengten Rundbogengiebel betont die Wappenkartusche die Zentralachse und leitet den Blick über das Kuppelfenster zur schlanken Laterne. Im Innern dynamisieren sechs abwechselnd flache und halbrunde Nischen den Raumeindruck. In einer der halbrunden Nischen liegt der Eingangsbereich, während kannelierte, korinthische Doppelsäulen den Hauptaltar vor einer flachen Nische hervorheben. Das Altarbild der links davon befindlichen Kapelle ließ sich ursprünglich hochziehen und gab so einen Blick auf die dahinter liegende Loreto-Kapelle frei.

Only church has been rebuilt of convent and hospital destroyed in WW2; first plans 1732, when Prince Bishop Clemens August funded a hospital on today's Hindenburgplatz. Fall of Plettenberg halted work in 1734; site moved to Bocksplatz. Decision to build at St. Pauli-Freiheit made 1744. Ensemble's highlight was again its church, now on circular ground plan. Concave façade areas with figure niches lead to convex entrance area. Brick with sandstone decor: simple Ionic pilasters at sides, left and right of portal are double pilasters with cartouches, round windows above. In stilted round-arch gable, cartouche with coat of arms emphasises central axis, leads to dome windows and roof lantern. 6 flat and semicircular niches add dynamism inside. Entrance in a semicircular niche; double grooved Corinthian pillars emphasise main altar set before flat niche. Altar panel of chapel to its left could once be raised to reveal Loreto Chapel beyond.

101
Wohn- und Geschäftshaus Flithoff
An der Clemenskirche 8/Loerstraße 7/8
1913
Alfred Hensen

Zwar bestimmt die Konstruktion des Stahlbetonskelettbaus das Erscheinungsbild des fünfachsigen, dreigeschossigen Wohnhauses, doch kombinierte Hensen diese mit Elementen traditioneller Backsteinarchitektur, wie sie auch die gegenüberliegende Schlaunsche Clemenskirche und das ursprünglich an diese anschließende, kriegszerstörte Hospital aufwiesen. Neben dem Mansarddach wären die Blendfelder und die Fensterrahmung mit Kartusche im Erdgeschoss zu nennen. Der Architekt entwickelt hier die von Kerckering von Borg propagierten Prinzipien eines münsterschen Heimatstils weiter, die er erstmals bei dem Sparkassengebäude in der Königsstraße zur Anwendung gebracht hatte (Nr. 65.2). Die beiden Erker an den Seiten bildeten in der ursprünglich engen Gasse einen Blickfang und leiteten geschickt zu den anschließenden Gebäuden über. Die kleine „Eingangshalle" in gotisierenden Formen zeugt von einer gewissen stilistischen Unentschlossenheit. Überraschend sind vor allem das schmiedeeiserne Geländer und der Pavillon über dem Gesims vor dem Dach, welche die handwerkliche Geschicklichkeit des Kunstschlossers August Flithoff vorführen, dem dieses Haus gehörte.

Reinforced concrete skeleton defines house's appearance, but Hensen incorporated elements of traditional brick architecture, citing St Clemens opposite (Schlaun). Key features: mansard roof, ground floor window frames with cartouche, blind panels. Exemplifies Hensen's development of a Münster style propagated by von Borg. 2 striking side bays. Neo-Gothic "entrance hall" shows some stylistic indecision. Unusual wrought-iron railing and pavilion above cornice, showing skill of ironmonger A. Flithoff, the owner.

102
St. Servatii
Servatiikirchplatz
Um 1230

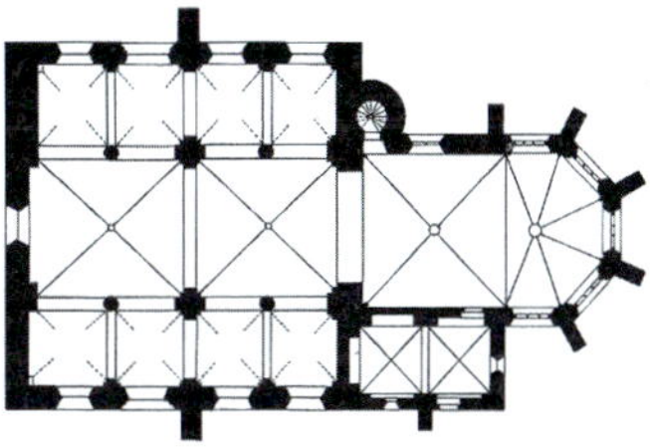

Die über annähernd quadratischem Grundriss errichtete zweijochige Stufenhalle im gebundenen System folgt in der räumlichen Disposition und den Gliederungselementen der Ludgerikirche. Im Äußeren lässt der Bau seine wechselvolle Geschichte ahnen. Um 1500 errichtete man einen neuen Chor mit 5/8 Schluss. Die Wiedertäufer störten 1533 durch Erdabtragung für die Befestigungsanlagen die Stabilität so, dass der Westturm mit dem anschließenden Langhaus einstürzte. Bei den Reparaturen versetzte man die Fundamente ca. 70 cm nach außen und errichtete einen neuen Turm über dem westlichen Joch des nördlichen Seitenschiffs. Nach Kriegszerstörung entschied man sich beim Wiederaufbau 1946–52 für (zu große) rundbogige Fenster, fügte ein Okulus auf der Westwand hinzu und verzichtete auf die Rekonstruktion des Westturmes. Im Innern bestimmen die spitzbogigen Arkaden mit Stutzenwechsel und die Domikalgewölbe mit den wulstigen Rippen, die im Scheitel auf einen Zapfen treffen, den Eindruck. Den Chor gliedern sehr viel schmalere Dienste und Rippen, die auf Konsolen mit Figuren sitzen.

2-bay, stepped hall church on near square ground plan echoes St Ludger's. Quire built c. 1500. Anabaptists undermined structure digging bulwarks in 1533 – W. tower, nave collapsed. Foundations reset and new tower built over W. bay of N. aisle. Ruined in WW2. Reconstructed (1946–52) with round-arch windows and oculus in W. wall; W. tower not rebuilt. Interior: pointed-arch arcades (columns and piers), cloister vaulting. Quire divided by shafts and ribs resting on corbels with figures.

103

Twickelscher Hof
Klosterstraße 27
1927–29
Schneider

Als Ersatz für den alten Twickelschen Hof, der dem Bau des Karstadt-Kaufhauses weichen sollte, errichtete der Düsseldorfer Architekt ein Palais, das perfekt den unterschiedlichsten Ansprüchen genügt. Zur Straße hin passt sich der neunachsige Bau mit Keller, Hauptgeschoss und Mezzanin geradezu bescheiden in die Flucht ein. Die Wand bleibt bis auf den abgesetzten Sockel, die Werksteinrahmungen der Fenster und die durch gequaderte Pilaster verstärkten Kanten schmucklos. An den Schmalseiten finden sich risalitartige Anbauten, wobei im westlichen ein Eingang liegt, den eine expressionistisch interpretierte Ädikula rahmt.
Von der Promenade hingegen erweist sich der Bau als repräsentativer Adelshof münsterscher Prägung. Die Anbauten erscheinen quasi als Seitenflügel; ein dreiachsiger Mittelrisalit mit Dreieckgiebel und durch Pilaster verstärkten Kanten lenkt die Aufmerksamkeit auf das von Okuli flankierte Portal, zu dem eine doppelläufige Freitreppe hinaufführt. Auf dem Sturz trägt es die Inschrift: „AD MAIOREM DEI GLORIAM COM(M)ODUMQUEPOSTERORUM HAEC DOMUS ANNO DOM. MDCCCCXXVIII. AEDIFICATA EST“. Das darüberliegende Giebelfeld füllt das opulent gerahmte Twickelsche Wappen mit Krone. Die Remise an der Zufahrt ist weitgehend unverändert erhalten.

To replace the old Twickelscher Hof, site of a new department store, Schneider built townhouse with 9 axes. Modest front; only decoration contrasting basement, ashlar window frames and pilaster edging. Ends have projecting extensions; W. entrance with Expressionist-style aedicule.
Prestigious court typical of Münster viewed from the Promenade. Extensions suggest side wings; central projection of 3 axes with triangular gable and pilaster edges emphasises portal flanked by oculi. Inscription, date on lintel. Pediment with Twickel coat of arms.
Coach-house beside approach largely intact.

104

Wohnhaus Kemper
Klosterstraße 10 a
1968–70
Dieter G. Baumewerd

Innenansicht EG 1970

Auf einem Teil des schon vor dem Krieg erworbenen Grundstücks errichteten Kösters & Balke 1953 ein zweigeschossiges Haus, das der Kinderarzt Kemper als Wohnung und Praxis nutzte. 1965 übernahm der Sohn die Praxis und ließ nun die 7 Meter schmale Baulücke mit einem eigenen Haus schließen. In leuchtendem Blau gestrichen, öffnet es sich zur Straße mit zwei die gesamte Breite einnehmenden Fensterbändern über dem Eingangsbereich. Im Innern überrascht ein offener Grundriss, lediglich ein Bäderkubus wurde auf jeder Ebene fest installiert. Geschickt wurde ein gemeinsames Treppenhaus in den Altbau verlegt. Neben der Betonkonstruktion unterstützen Materialien wie weiße Bodenfliesen, Aluminiumfenster und schmale Metalltreppen zur Binnenerschließung die pure, kompromisslose Raumwirkung. Besonders gewinnt das Haus durch ein Galeriegeschoss mit großzügigem Blick zur Promenade.

Kösters & Balke built a first house on part of the plot in 1953. In 1965, the 7m gap was closed by a 2nd, painted bright blue, with window bands above the door onto the street. Sanitary cube on each floor, but all other accommodation in fluid zones. The stairs are shared with the old building. Materials such as exposed concrete, white tiles and aluminium windows underline the pure, uncom-promising effect. Gallery has a view of the Promenade.

105

Apostelkirche

Neubrückenstraße 5

Um 1261–71; 1508; 1654

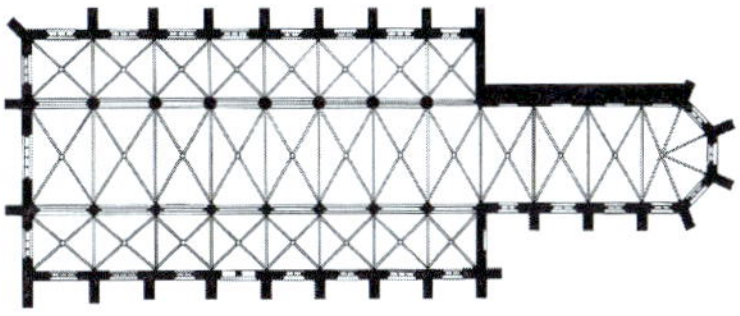

Der älteste erhaltene Bau der Minoriten in Westfalen ist zugleich die erste gotische Kirche in Münster. Das im Norden anschließende Klostergebäude wurde ab 1804 als Kaserne genutzt und 1860 abgebrochen. Ursprünglich besaß die Kirche ein Langhaus mit sechs queroblongen Jochen, an das nur im Süden ein Seitenschiff anschloss. Drei Chorjoche setzten das Hauptschiff fort und schlossen mit einem 5/8 Chor.

Als 1508 das Provinzialkapitel der Minoriten in Münster tagte, hatte man den Bau um zwei Joche nach Westen erweitert, heute ablesbar an den Fensterformen sowie dem Wechsel von Bruch- zu Backsteinmauerwerk und Sandsteinquadertechnik. Auch fügte man ein Nordquerhaus an, das allerdings wegen des angrenzenden Kreuzgangs nur vier Joche besaß. Der Dachreiter stammt aus dem Jahr 1624. Unter Christoph Bernhard von Galen erweiterte man nach Abbruch des Kreuzgang-Südtrakts das nördliche Seitenschiff, so dass sich der heute bestehende symmetrische Grundriss ergab.

Im Innern lässt sich die Baugeschichte vor allem an den unterschiedlichen Formen der Stützen ablesen. Setzen die Rippen der hohen, steilen Gewölbe im Süden auf kantonierten Pfeilern auf, findet man im Norden einfache, auch in den Details vergröberte Pfeiler. Die Schlusssteine des 13. Jh. bilden den einzigen Schmuck, neben floralen Motiven findet man auch figürliche Elemente. Während sich die Chorraumausmalung durch Hermann Tom Ring von 1579 nicht erhalten hat und von der Fassung des 13. Jh. nur Reste der dunkelgrauen Quadermalerei im südlichen Seitenschiff zu sehen sind, entdeckte man 1936 ebenda Gewölbemalereien aus der 2. Hälfte des 15. Jh. Um 1540/52 entstanden die Ornamente und Figuren des Mittelschiffs, die 1630/32 durch weitere, florale Elemente und eine halbfigurige Madonna ergänzt wurden.

Bei den (heute nicht mehr sichtbaren) Umbaumaßnahmen zur Garnisonkirche 1818, die vor allem die Erhöhung des Chores durch eine Stufenanlage und den Einbau von Emporen betrafen, stand Karl Friedrich Schinkel beratend zur Seite.

Der Architektur der Münsteraner Minoritenkirche kommt eine Schlüsselstellung zu, beeinflusste sie doch nicht nur Bauten wie St. Nikolaus in Wolbeck, sondern auch St. Marien in Höxter und die Minoritenkirche in Soest.

Oldest Minorite building in Westphalia, first Gothic church in Münster. Convent to north was barracks from 1804, demolished 1860. First church had nave with 6 oblong bays; single transept in South. 3 quire bays – 5/8 termination.

1508: church extended by 2 W. bays, now visible in window shapes and change from dressed stone to brick/sandstone. N. transept also added. Spire from 1624. Under von Galen: S. cloisters demolished, N. transept extended for symmetry.

Interior: supports reflect history. Ribs of S. vault rest on squared columns, N. pillars are simple; only decoration 13th-century keystones (e.g. floral). Quire painting by H. T. Ring (1579) lost, traces of grey ashlar painting (13th century) in S. transept; here also late-15th-century vault painting. Ornaments, figures of middle bay 1540/52; floral elements, Madonna 1630/32.

Karl F. Schinkel was advisor for conversion to garrison church 1818; quire raised, balconies built.

Münster's Minorite church influenced e.g. St. Nicolas', Wolbeck, St. Mary's, Höxter and Soest Minorite church.

106
Ehem. Deutsches Studentenheim
Breul 23
1927–29
Heinrich Rüschenschmidt, Franz Wethmar, Hans Ostermann

Projekt 1930

Geplant als Wohnheim für katholische Studenten sollte das Prestigeprojekt vor allem den aus dem Ausland kommenden Studierenden einen repräsentativen Eindruck vom hohen Standard des deutschen Bildungswesens vermitteln. Zwar steht der lang gestreckte, leicht abknickende Backsteinbau nur mit der vierachsigen Schmalseite zur Straße, doch gestalteten die Architekten das Erdgeschoss als werksteinverkleidete Loggia, die über eine vorgelagerte Treppe zu betreten war. Die folgenden drei Geschosse schließt ein Gesims mit Zahnschnitt unter einem überkragenden Dach. Proportion und Formensprache erinnern an italienische Stadtpaläste der Renaissance. Demgegenüber tritt links der zurückgesetzte, dreigeschossige Anbau mit der Tordurchfahrt optisch zurück. Der ursprünglich geplante Flügel auf der anderen Seite kam nicht zur Ausführung. Die Zimmer verbanden Zweckmäßigkeit mit Komfort. Sie besaßen einem Telefonanschluss und Möbel aus Nussbaumholz. Es gab eine Bibliothek und eine modern eingerichtete Küche. Die Sportanlage mit Tennisplätzen diente der körperlichen Ertüchtigung, für die geistliche Betreuung gab es eine expressionistisch eingewölbte Kapelle.

Catholic students' hostel; architecture intended to impress foreign students with high standard of German education. Long brick building at slight angle; only 4 axes to street. Ground floor designed as ashlar-clad loggia, reached via steps. 3 floors above, terminated by dentil course and projecting roof. Proportion and forms recall city palaces of Italian Renaissance. 3-storey section on left with gateway arch more modest. Functional, comfortable rooms with walnut furniture. Library, modern kitchen, events room, sport facilities, chapel with Expressionist vaulting.

107.1
Stadttheater
Neubrückenstraße 63
1954–56
Harald Deilmann, Max von Hausen, Ortwin Rave, Werner Ruhnau (Architektenteam Münster)

Luftaufnahme 1956

Grundriss OG

Die münstersche Theaterkultur nahm unweit des heutigen Stadttheaters im „Fürstbischöflichen Komödienhaus", an der Bogenstraße, ihren Anfang. Dort, wo heute ein Brunnenbecken den Platz begrenzt, stand ab 1775 das erste Theater der Stadt mit rund 630 Zuschauerplätzen. Als es 1895 aus verkehrstechnischen Gründen abgebrochen wurde, wechselte die Bühne in den Romberger Hof. Nach der Zerstörung im Zweiten Weltkrieg widersetzten sich 1952 junge Architekten einem traditionellen Vorschlag und forderten forsch eine moderne, zeitgenössische Lösung. Mit Unterstützung einzelner lokaler Feuilleton-Redakteure wurde das Anliegen zum Stadtgespräch und die Stadt reagierte mit einem offenen Wettbewerb, in dem das junge Architektenteam überraschend überzeugen konnte. Nach nur 18 Monaten Bauzeit wurde das Stadttheater als erster Theaterneubau nach 1945 in der Bundesrepublik eröffnet und von der internationalen Fachwelt aufgrund seiner kühnen Formensprache als „befreiender Donnerschlag" (Ernst May) gefeiert. Sein Erscheinungsbild wird durch ineinander gefügte Baukörper bestimmt: In diagonaler Ausrichtung zur Straßenkreuzung staffeln sich Foyer, Zuschauerraum und Bühnenturm zwischen Martini- und Apostelkirche zu einer begehbaren Skulptur. Geschickt inte-

Oberes Foyer 1956

Zuschauerraum Großes Haus 1956

grieren die Architekten einen Ruinenrest des 1779 von Lipper geschaffenen Romberger Hofes in einem Innenhof mit Theatercafé. Während das Eingangsgeschoss bewusst niedrig und dunkel gehalten ist, überraschen Treppenhaus und oberes Foyer in ihrer Transparenz und Lichtfülle. Von hier aus erreicht der Besucher auch den rang- und klassenlos bestuhlten Zuschauerraum (955 Sitze). Über dem Haupteingang schuf der Künstler Norbert Kricke mit zwei dünnen Eisenrohren seine „Raum-Zeitplastik". Mit dem heiteren Theaterbau gelang Münster der Aufbruch in eine neue Zeit.

Theatre in Münster began not far from today's building, in the "Fürstbischöfliches Komödienhaus" on Bogenstraße (1775). Demolished in 1895, it moved to Romberger Hof on nearby Neubrückenstraße, but was razed in WW2. The council approved Scharff's monumental post-war design – lack of funds prevented its realisation. In 1952, young architects opposed the plans, calling for a contemporary idea. The city launched a competition, for which the architects made up a special team. Their unconventional theatre opened after only 18 months and met with international acclaim for its bold forms. Diagonal to the road junction, the staggered foyer, auditorium and stage tower interlock into an accessible sculpture. Ruins of the Romberger Hof are integrated in the inner court. Entrance area is kept low and dark, the stairwell and upper foyer are full of light. Above the main entrance is Norbert Kricke's "Space-Time Sculpture".

107.2
Kleines Haus

Martinistraße 5
1968–71
Max von Hausen, Ortwin Rave, Werner Ruhnau

Modell 1968

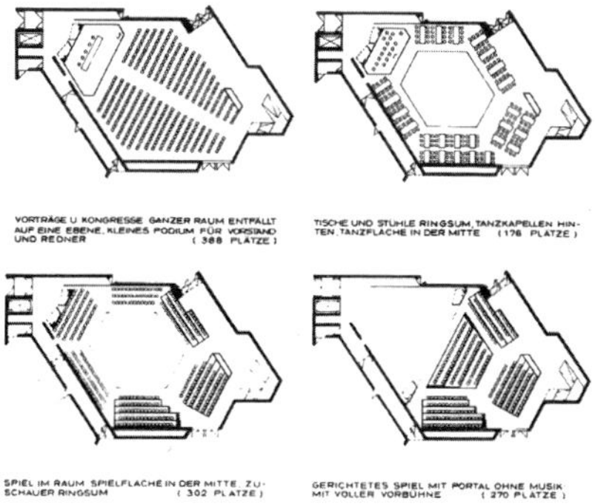

Fünfzehn Jahre nach der Eröffnung des Großen Hauses wurde dieses durch einen zweiten Bauabschnitt ergänzt. Der Sichtbetonanbau gliedert sich in drei Teile: einen drei- bis viergeschossigen Werkstättentrakt entlang der Martinistraße, einen höheren abgetreppten Mittelkörper für Künstlergarderoben, Verwaltung, Schneiderei, Proberäume und Kantine und das polygonale Bühnenhaus des Kleinen Hauses selbst. Der Zugang erfolgt eigenständig von der Neubrückenstraße oder über das Foyer, das Café oder den Innenhof. Im Gegensatz zur Guckkastenbühne des Großen Hauses wurde das Kleine Haus als variabler Raum konzipiert und ist in über 14 Szenarien für maximal 388 Zuschauer nutzbar: ob als Festsaal, Kongress- oder Konzertraum oder für Theateraufführungen, die das Publikum wirkungsvoll mit einbeziehen. Im Foyer durchdringen vier Kunstobjekte den Raum: zwei Farbraumobjekte von Karl Georg Pfahler, ein Spiegelobjekt von Victor Bonato und drei Säulenpaare von Thomas Lenk, die sich von der Ruine im Hof mehr und mehr dem Kleinen Haus zuneigen.

An extension opened 15 years after the main theatre. The 3-part exposed concrete structure consists of workshops along Martinistraße, a graduated volume incl. wardrobes and rehearsal rooms, and the small polygonal theatre itself. By contrast to the main proscenium theatre, its auditorium is variable for max. audiences of 388 – as a festival hall, concert area or interactive stage. Artworks dominate the foyer: 2 spatial objects by K. G. Pfahler, a mirror object by Victor Bonato, and 3 column pairs by Thomas Lenk.

108
St. Johannes-Kapelle
Bergstraße 38
1311; 1487

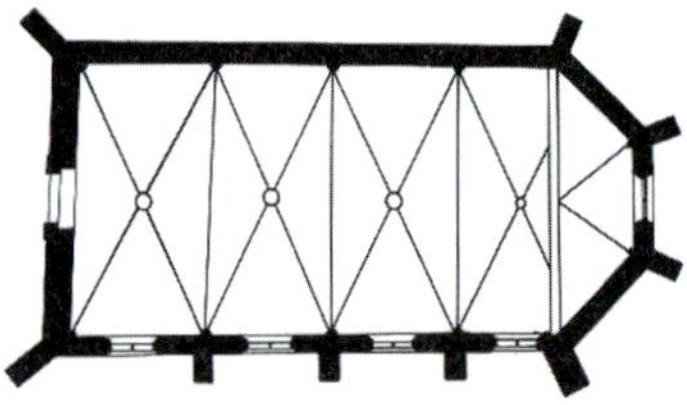

109
Hildegardisschule
Neubrückenstraße 17–22
1959
Alfons Boklage

Ansicht 1959

Innenansicht Kapelle

Letzter der zahlreichen Kapellenbauten Münsters. Als Dependance des Steinfurter Johanniterordens im Zusammenhang mit ihrer Komturei errichtet. Im Verlauf der münsterschen Stiftsfehde (1450–57) zerstört, wurde die Kirche wieder aufgebaut und erneut geweiht. 1614 übergaben die Johanniter das Gebäude an die Franziskaner-Observaten, die 1620 dank einer Stiftung das Westportal erneuerten (vgl. die Inschrift über dem Sturz). 1810 profaniert und im Zweiten Weltkrieg beschädigt, übernahm die Evangelische Kirche den Bau.
Den einfachen Backsteinbau gliedern Sandsteinstrebepfeiler, zwischen denen an der Südseite die schlichten Maßwerkfenster sitzen. Ein Kaffgesims bindet die Elemente zusammen. Die Westwand erscheint ungegliedert bis auf das zentrale Maßwerkfenster, unter dem das Portal in Renaissanceformen eingefügt wurde. Der vierjochige Saal mit 3/8 Schluss besitzt ein Kreuzrippengewölbe, das auf Diensten mit Laubwerkkapitellen und Masken ruht.

Built by the Order of St John. Destroyed in feud (1450–57), rebuilt and reconsecrated. Acquired by Franciscans (1614), who renewed W. portal (1620, inscription above lintel). Secularised 1810, damaged WW2, then acquired by Protestant Church.
Brick structure; S. front divided by sandstone buttresses, simple tracery windows. W. wall has central window, Renaissance-style door. 4-bay hall (3/8 termination), quadripartite vault on engaged pillars with foliage capitals.

Nachdem die historischen Bauten, welche Ordensschwestern seit 1925 genutzt hatten, im Krieg zerstört worden waren, errichtete der Diözesanbaumeister Boklage einen klar gegliederten U-förmigen Neubau mit Trakten für Verwaltung, Schulhaus und Kapelle. Wohlproportionierte Fenster rahmen allseitig überraschende Ausblicke über die Stadt. Besonders gelungen erscheint das Laternengeschoss mit seinem filigranen Fensterband. Gelungen sind auch die feine Linienführung der Dachabschlüsse sowie der reliefartige, wie gewebt wirkende Mauerverband, ein Markenzeichen Boklages. Insgesamt besticht das Ensemble durch seine vornehme Einfachheit. Aus mehreren Adelshöfen ist somit heute ein überzeugender „Schul-Hof" hervorgegangen.

The historic buildings (1925) were ruined in WW2, and diocesan architect Boklage built a new U-shaped structure with wings for admin, school and chapel. Striking features are a filigree window band on the top floor, the fine lines of the roof terminations and a relief-like wall bond – Boklage's trademark. The ensemble has a captivating, refined simplicity.

110

Wohn- und Geschäftshaus

Hörsterstraße 49/50

1779

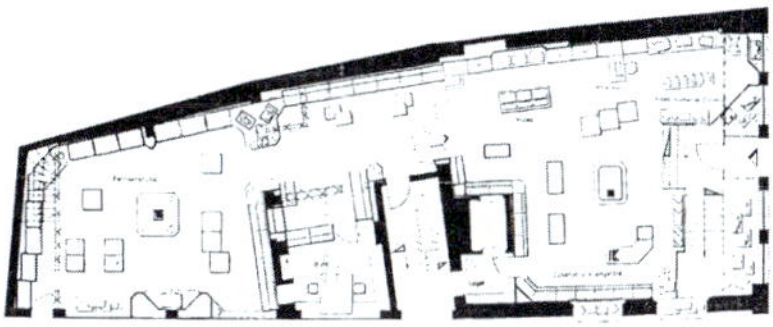

Grundriss EG um 1960

Der Schreiner Eggers ließ das zweigeschossige, giebelständige Haus mit Krüppelwalmdach auf den Resten des bei dem großen Brand von 1759 vernichteten Vorgängerbaus errichten. Es wurde nach Zerstörung im Zweiten Weltkrieg mit weitgehend verändertem Erdgeschoss wieder aufgebaut. Wie auch das Haus Hörster Straße 38 bietet es ein Beispiel für die ursprüngliche Bebauung dieses Viertels.
Auf der verputzten Fassade betont im Obergeschoss die mittlere der fünf Achsen ein großes Rechteckfenster, über dem sich im Dachgeschoss eine rundbogige, von zwei kleineren Fenstern flankierte Ladeluke sowie ein geschnitzter Kranbalken zwischen zwei ovalen Okuli befinden. Alle Fenster besitzen breite Werksteinrahmungen. Die Läden im Erdgeschoss erfuhren mehrfach Veränderungen. Der heutige Zustand verdankt sich einer sorgfältigen Restaurierung des Jahres 1978, bei der der ursprüngliche Zustand der Fassade im oberen Bereich wiederhergestellt wurde.

2-storey gable-fronted house with false hip roof; predecessor burnt down 1759. Rebuilt after destruction in WW2. Example of original building style in the area (see also Hörster Straße 38).
Rendered façade; central axis of 5 emphasised by large rectangular window and round-arched loading hatch. Hoist beam above flanked by 2 oval oculi. All windows with ashlar frames. Ground floor shops much altered. Restoration 1978; upper façade now in original state.

111

Wohn- und Geschäftshaus

Martinistraße 2

1763–66

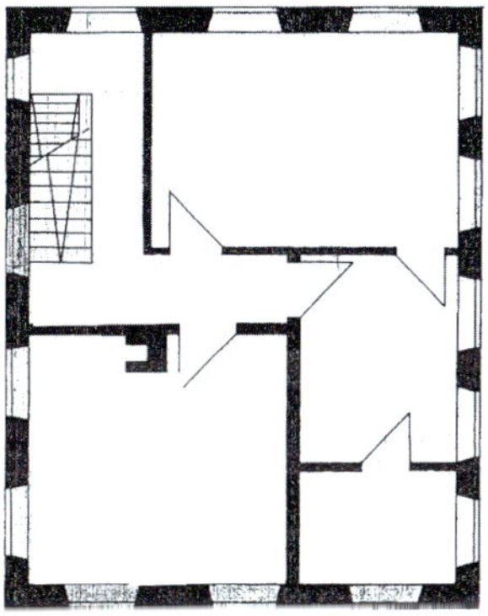

Grundriss OG

Das zweigeschossige, unterkellerte Haus mit Krüppelwalmdach entstand als eines der ersten nach dem verheerenden Brand von 1759. Die Mauern waren ursprünglich wohl unverputzt; Hauptgliederungselement bilden die nach Geschosshöhe gestaffelten Fenster mit Werksteinrahmung. An der dreiachsigen Giebelfront zur Martinistraße liegt der Eingang; die Sicht auf die andere Giebelseite zur Hörsterstraße war früher durch Anbauten verstellt. Heute bildet sie eine wichtige Sichtmarke. Zieranker geben das Baudatum 1763 an. Eine Treppe führt zu einem weiteren Eingang. An der Traufseite lässt ein Kranbalken die einstige gewerbliche Nutzung des Gebäudes erkennen.

One of the first built after 1759 fire, house has 2 storeys, cellar and false hip roof. Not originally rendered; façade division by means of windows with ashlar frames. Main entrance in gable front, Martinistraße. Decorative anchors give date 1763. Eaves front: hoist beam indicating past commercial use.

112
St. Martini
Martinistraße 9
Um 1180; um 1350; um 1380/1400

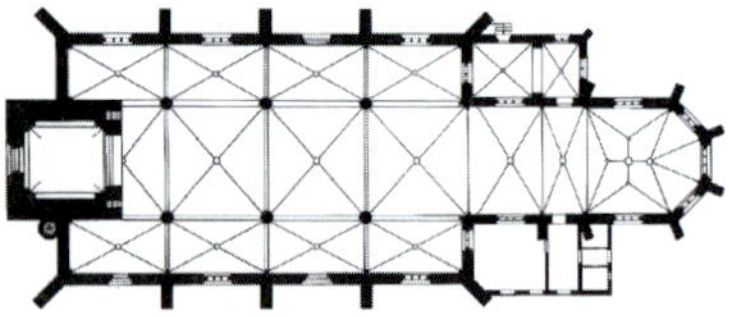

Von der ersten Kirche der 1174 von St. Lamberti abgepfarrten Gemeinde haben sich nur der Turm und wenige Mauerreste erhalten. Der heutige Bau ist eine dreischiffige Halle ohne Querhaus mit vier Jochen, die im Mittelschiff annähernd quadratisch sind. Der eingerückte Turm halbiert das erste dieser Joche. Gedrungene Rundpfeiler tragen die Kreuzrippengewölbe. Der eingezogene Chor besteht aus zwei unterschiedlich tiefen Jochen und dem Chorhaupt mit polygonalem Abschluss. Den Außenbau gliedern Strebepfeiler, die an den Ecken diagonal gestellt sind. Sockel und Kaffgesims in Höhe der Sohlbänke schließen ihn zusammen. Während sich die dreibahnigen Maßwerkfenster des Langhauses an außermünsterschen Vorbildern orientieren, stellen die zweibahnigen eine Weiterführung der südlichen Langhausfenster der Überwasserkirche dar. Das charakteristische Couronnement der dreiteiligen Chorfenster folgt dem Muster von St. Lamberti. Der sparsam gegliederte Turm wurde Ende des 15. Jh. um ein reicher verziertes Geschoss erhöht. Im Zweiten Weltkrieg erlitt die Kirche schwerste Schäden. Der Wiederaufbau erfolgte 1950–61.

1st church built 1174; see tower, ruins of wall. Now 3-aisle, 4-bay hall church with no transept. Tower halves 1st bay. Quadripartite rib vaulting on round pillars. 2-bay quire, polygonal termination. Buttresses divide exterior. 3-band tracery nave windows. 2-band windows echo S. nave of Überwasserkirche. Characteristic crown of 3-part quire window modelled on St. Lamberti. Decorated tower section is from the late-15th-century.
Church badly damaged in WW2, reconstructed 1950–61.

113
Ehem. Kirche der Lotharinger Chorfrauen
St. Maria Virgo
Hörsterstraße 28
1764–72
Johann Conrad Schlaun

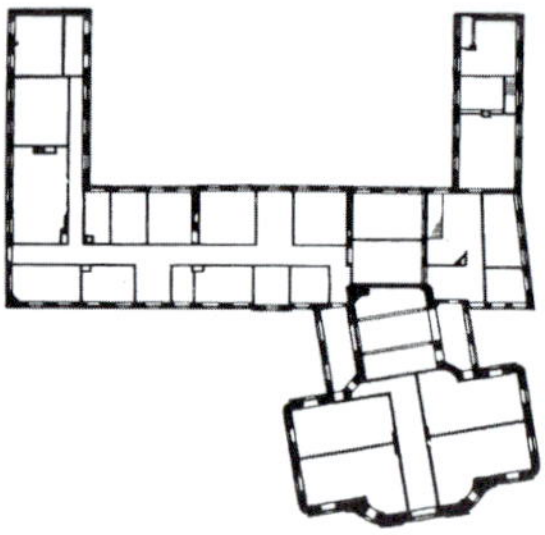

Zustand nach 1827

Nach Zerstörung des Vorgängerbaus im Siebenjährigen Krieg erfolgte die Grundsteinlegung für den Neubau 1764, die Leitung übernahm Schlauns Neffe Anton Joseph Thelen. An die Dreiflügelanlage des Klosters schließt im Süden die „quer" zur Straße liegende Kirche an. Da Schlaun mit den Arbeiten am Residenzschloss stark belastet war, führte Johann Leonhard Mauritz Gröninger die Kirche zu Ende. Der Komplex diente seit 1827 als Kaserne, später als Stadtarchiv und heute als Standesamt. Nach dem Zweiten Weltkrieg brach man das stark zerstörte Kloster ab und versuchte die Fassade nach einer Zeichnung Schlauns zu rekonstruieren. Die seitlichen Fensterachsen der an den rund geführten Ecken vorspringende Südseite schwingen über mehrfach gestufte Wandfelder vor zum von doppelten Lisenen akzentuierten Mittelrisalit mit Volutengiebel. Die zentrale Achse betonen die Treppe, die zu der in einem Wandfeld zurückgesetzten Tür mit direkt darüber anschließendem Fenster führt, das Wappen vor dem kräftigen Gesims sowie das Giebel-Okulus.

First convent destroyed during Seven Years' War, new building (1764) supervised by Schlaun's nephew Thelen. Church is set "across" the road S. of 3-wing convent. Church completed by J. L. M. Gröninger. Complex was barracks from 1827. After WW2, ruin demolished and attempt made to reconstruct façade on basis of Schlaun drawing. S. front: graduated wall areas lead to a central projection accentuated by pilaster strips and voluted gable. Central axis emphasised by steps to recessed door and window above, coat of arms, gable oculus.

114

Dreifachsporthalle
Lotharingerstraße 17
2003
Jörg Friedrich

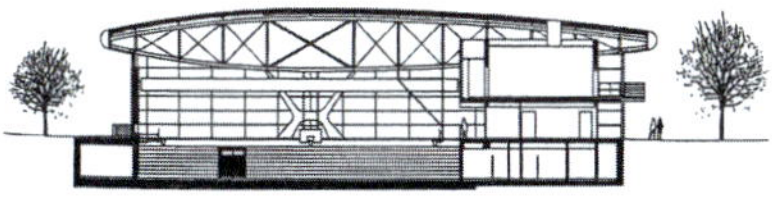

Um die dringend benötigte Sporthalle für die Adolph-Kolping-Schule realisieren zu können, tat man sich einerseits mit der „Turngemeinde Münster" zusammen und plante andererseits die Zusammenarbeit mit einem privaten Investor, der einen Teil des Geländes für Wohn- und Geschäftsbauten nutzen sollte. Aus einem 1997/98 durchgeführten Wettbewerb ging das Hamburger Architekturbüro Friedrich + Partner mit einem Entwurf als Sieger hervor, der neben der Halle eine kompakte Gruppe von vier lang gestreckten, mit der Schmalseite zu einem Platz ausgerichteten Wohngebäuden vorsah. Zur Ausführung kam nur die Sporthalle. Der trotz prominenter Nachbarschaft eher kleinteilig-disparaten Umgebung setzt das Gebäude aus Glas und Stahl eine betont moderne, klare Großform entgegen. Unverwechselbares Merkmal ist die flachgedrückte „Rolle" des mit Aluminium verkleideten Daches. Die Wände bestehen dreiseitig aus Folienglas, nur die Eingangsseite ist durchsichtig und gewährt den Blick in die in den Boden abgesenkte, durch flexible Wände unterteilbare Halle. Von hier aus erkennt man auch die sieben Fischbauchträger, die mit Quer- und Diagonalstäben die Dachkonstruktion bilden. In einem eingestellten Block sind die Geschäftsstelle und der Gymnastiksaal untergebracht.

The school sports hall was a joint project, of a local gymnastics club and a private investor. Friedrich + Partner (Hamburg) won a competition designing 4 housing blocks beside the hall – but only the latter was realised. By contrast to its surroundings, the glass and steel hall is large-scale and emphatically modern. One striking feature is the "roll" of the aluminium-clad roof. 3 walls are film glass; the transparent entrance side reveals a sunken hall with flexible wall division. Visible roof construction of fish-beams and lattice bars. An integrated block houses the gymnastics club.

115

Gartenhaus des ehem. Schmiesinger Hofes
Stiftsherrenstraße 14
Um 1713–18
Gottfried Laurenz Pictorius

Wahrscheinlich entstand die sogenannte Orangerie gleichzeitig mit dem Palais, das Franz Anton Freiherr von Landsberg und seine Gattin Anna Maria Freiin von Galen durch G. L. Pictorius für sich errichten ließen. Das eingeschossige, unterkellerte Backsteinhaus mit Walmdach diente wohl eher gesellschaftlichen als gärtnerischen Zwecken. Je zwei werksteingerahmte Fensterachsen flankieren die über eine Freitreppe zu erreichende Tür, deren breiter Sturz die von zwei Löwen gehaltenen und unter einer Krone vereinten Wappen der Bauherren trägt. Die Fenster an den Schmalseiten sind deutlich kleiner; an der östlichen befindet sich zudem eine Ladeluke auf dem Dach. Das Innere bestand aus einem einzigen großen Raum, der allerdings in späterer Zeit zu Wohnzwecken aufgeteilt wurde. Während das Gartenhaus, übrigens das älteste seiner Art in Münster, die Zeit ansonsten relativ unverändert überstand, erlebte das Palais eine wechselvolle Geschichte. J. C. Schlaun baute es für die Tochter und ihren Mann Kaspar Heinrich von Korff-Schmiesing zu einem der bedeutendsten Adelshöfe der Stadt aus. Im Zweiten Weltkrieg wird das Gebäude fast völlig zerstört. Der Neubau nimmt den Grundriss der Dreiflügelanlage auf, doch sind nur die Pfeiler an der Gartenseite zur Stiftsherrenstraße von der Architektur des Adelshofes geblieben.

"Orangery" prob. same date as Pictorius' palace for Franz Anton, Baron Landsberg and wife Anna Maria, Baroness of Galen. Single-storey brick house with cellar, hip roof. 2 ashlar-framed windows each side of door. Lintel with 2 lions, coats of arms united below crown. Smaller end windows; loading hatch in roof of E. end. Interior: one room later divided.
Garden house well-preserved, oldest of its kind in Münster. Palace v. altered: Schlaun's extension made it key noble court in city. Ruined in WW2; new building adopted old ground plan, but only supports of front facing Stiftsherrenstraße original.

116

Ehem. Gewerbliche Fortbildungsschule Adolph-Kolping-Berufskolleg

Lotharingerstraße 30
1914–16
Karl Schirmeyer, Felix Sittel

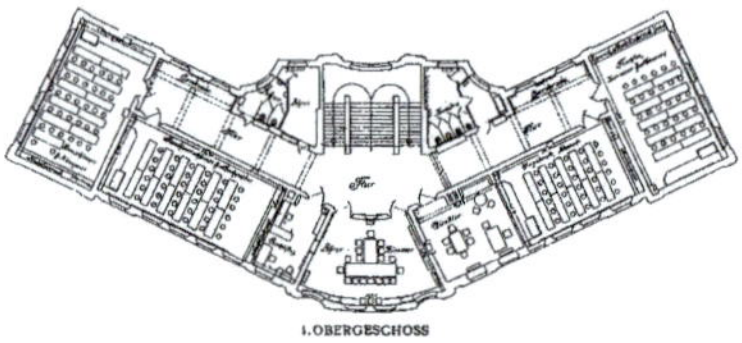

Grundriss von 1914

Errichtet anstelle des von J. C. Schlaun geschaffenen Zuchthauses, folgt die Zweiflügelanlage diesem nicht nur im Grundriss, sondern verwendet auch für den Sandsteinsockel von diesem stammendes Abbruchmaterial. Darauf folgen drei in Backstein gemauerte Geschosse, über denen ein Mansarddach den Abschluss bildet. In den stumpfen Winkel ist risalitartig das Treppenhaus eingestellt, flankiert von dreigeschossigen, seitlichen Anbauten. Für den Eingang hatte das Ministerium verfügt, eine Kopie des dreigeschossigen, zweiachsigen Schlaunschen Portals mit Schrifttafel und den drei Wappen anzubringen, das mit einem Dreiecksgiebel schließt. Die Architekten rahmten dieses Zitat mit einem weiteren: die von Pilastern flankierte und von einem Dreieckgiebel überfangene Nische greift den Eingang von Schlauns eigenem Wohnhaus auf. Ein belvedereartig gestalteter Dachreiter setzt den Eingangsbereich fort. Der kurvig geführte Eckbereich auf der Rückseite zur Promenade greift das kolossale Pilastermotiv als Achsentrennung auf. Beide Fassaden schließen seitlich mit einem breiten Blendfeld. Die hier befindlichen Klassenräume öffnen sich zu den Schmalseiten in vier Fensterachsen. Dem Dach ist eine übergiebelte Attika mit einer korbbogigen Serliana vorgeblendet.

Built on site of J. C. Schlaun's prison with same ground plan. Brick with mansard roof. Stairwell in corner between 3-storey wings. Ministry decreed copy of Schlaun's portal with 2 axes: inscription, 3 coats of arms, triangular gable. Architects added niche flanked by grooved pilaster strips and gable,
citing entrance to Schlaun's own home. Belvedere–like turret. Rear façade adopts pilaster motif as division. Both façades with blind sections at sides; on ends, roof has attic floor with gable, basket-arch serliana.

117

Promenade

Plan nach Alerdinck, Hg. S. Beckenstein, 1648

Wasserbär Kleimannstraße

Die vielleicht berühmteste Ansicht Münsters vor dem Westfälischen Frieden schuf 1636 der Kupferstecher Everhard Alerdinck, der die Stadt aus der Vogelperspektive, umgeben von einem imposanten Befestigungsring, zeigt, der aus einer doppelten Wall- und Grabenanlage besteht, die auf die Mitte des 12. Jh. zurückgeht und ab Mitte des 15. Jh. die von Alerdinck gezeigte Form erhielt. Zwar suchte man durch Modernisierungsmaßnahmen, etwa die Anlage eines Glacis und mehrerer Redouten (vgl. die „Dechanaischanze" hinter der Mauritzkirche), der immer größer werdenden Reichweite der Feuerwaffen Rechnung zu tragen, doch am Ende des 18. Jh. hatte die Stadtmauer ausgedient. 1770 ließ Schlaun die Wälle abtragen, den Innengraben verfüllen und legte auf dem Außenwall eine vierreihige Lindenallee an, die Promenade, deren angrenzende Straßennamen auf die ehemalige Festung verweisen. Nur wenige Reste haben sich von ihr erhalten. Dazu gehören nicht nur Buddenturm und Zwinger, sondern auch zwei der ehemals zehn Wasserbären (Verballhornung von Wasserwehr), welche den Wasserstand in den Gräben regulierten, einer zwi-

Wachpavillon am Mauritztor, 1825–27

Reste der Stadtmauer am Stadtgraben

Wasserfall Kreuzschanze

Promenadenweg

schen Neutor und Kreuzschanze, ein anderer an der Himmelreichallee auf dem Gelände des alten Zoos, sowie das sog. Neuwerk von 1531/33 auf dem Turnierplatz am Stadtgraben.
Einen entscheidenden Eingriff erlitt die Befestigung jedoch 1661, nachdem die Stadt im Streit mit dem Fürstbischof Christoph Bernhard von Galen unterlegen war und dieser im Westen die Zerstörung der Mauer und die Errichtung einer von einem doppelten Graben umgebenen Zitadelle erzwang. Der sternförmige Wassergraben bildet bis heute die Begrenzung des Schlossgartens.
Die Verbindung von Schlossplatz und Promenade markieren die klassizistischen Torhäuschen von Lipper aus dem Jahr 1778 (Nr. 120). Diesen entsprechen die zwischen 1825 und 1827 entstandenen Wachpavillons am Mauritztor, von denen nur der südliche den Zweiten Weltkrieg überstanden hat. Ihre Planung übernahm die Schinkel unterstehende Oberbaudeputation in Berlin.
Ihren heutigen parkartigen Charakter verdankt die Promenade den Bemühungen des Gärtnermeisters Adolf Kleimann, der Ende des 19. Jh. systematisch die Gräben zuschütten, Bäume anpflanzen und Plätze mit Beeten schmücken ließ. Auch der 1988 wiederhergestellte Wasserfall am Kreuztor gehörte zu diesen Umgestaltungsmaßnahmen. Die Gestaltung der Kreuzschanze übernahm der Kölner Gartenarchitekt Kowalek.

One famous view of Münster before the Peace of Westphalia is an engraving by E. Alerdinck (1636); it is shown from above, in a ring of fortifications (mid-12th century). Embankments, moats in Alerdinck's work are mid 15th century. Growing gun range led to modernisation, e.g. glacis and redoubts (see "Dechanaischanze" behind Mauritzkirche), but city wall redundant by late-18th century. Schlaun removed embankments 1770, filled moats, planted limes on outer promenade. Street names recall fortifications, but few remains left; e.g. Buddenturm, Zwinger, 2 of 10 weirs to regulate moat water – one between Neutor and Kreuzschanze, another on Himmelreichallee – and so-called Neuwerk (1531/ 33, am Stadtgraben).
City lost conflict with Prince Bishop v. Galen in 1661; the latter destroyed West wall, replaced it with double-moated citadel. Demolition of citadel 1764, but boundary of Palace Gardens still follows star-shaped moat today.
Lipper's Classicist gatehouse (1778) at meeting of Promenade and Schlossplatz was model for guards' pavilions near Mauritztor (1825–27) (No. 120). Only S. pavilion survived WW2.
Garden architect A. Kleimann gave promenade its park character; filled in moats, added trees and flower beds late 19th century. Reconstructed waterfall (1988) near Kreuztor. Design of Kreuzschanze by Cologne garden architect Kowalek.

118

Buddenturm
Münzstraße 13
13. Jh.

Muralla transitable
1987
Susana Solano

Susana Solano, Muralla transitable

In seiner hohen schlanken Form gehört der letzte erhaltene Turm der Stadtbefestigung in die Zeit um 1200. Er diente als Pulvermühle und -magazin, bis man 1879 das Kegeldach entfernte und an seiner Stelle ein Wasserreservoir mit historisierendem Zinnenkranz installierte. Nach dem Zweiten Weltkrieg rekonstruierte man die ursprüngliche Dachform. Anlässlich der Skulpturenausstellung 1987 plante Susana Solano eine 4 Meter hohe und 31 Meter lange „muralla transitable", eine Mischung aus Wehrgang und Zündschnur aus galvanisiertem Eisen. Die Skulptur sollte einerseits den verlorenen Kontext des Turmes andeuten, andererseits aber auch auf die Promenade verweisen, die als Spazierweg selbst eine „begehbare Mauer" bildet. Realisiert wurde jedoch nur ein Teilstück.

Tower is last of city fortifications, c. 1200. Long used as powder mill and magazine. Conical roof removed, water reservoir installed, historicising crenellation added 1879. Original roof form reconstructed after WW2. Traces of 9 m city wall on tower wall.
For Sculpture Projects 1987, Susana Solano erected 4 m high, 31 Meter long "muralla transitable"; combination of sentry walk and fuse (galvanised iron). Evokes tower's lost context, but also focuses on promenade as a "wall to walk". Only partially realised.

119

Zwinger
Lotharingerstraße 30a
Um 1530; 1731
Egbert Kaerbuck; Johann Conrad Schlaun

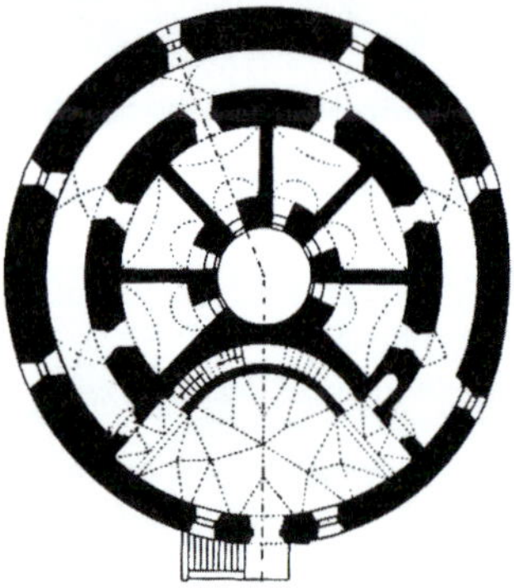

Grundriss EG nach Geisberg I, 1932

In seiner massiven Bauweise steht der Zwinger exemplarisch für die mit dem Aufkommen der Feuerwaffen notwendig gewordenen Festungsbauten, die nicht nur das Eindringen der Feinde verhindern, sondern auch dem Beschuss durch Kanonen standhalten sollten. Am nordöstlichen Abschluss des Außenwalls kontrollierte er die hier aus dem Stadtgelände herausfließende Aa.
1731 integrierte ihn Schlaun in seine Planung für ein Zuchthaus. Eine repräsentativ ausgestaltete Zweiflügelanlage diente als „Besserungsanstalt", während in dem Zwinger die Schwerverbrecher einsitzen sollten. Ein ausgeklügeltes System ermöglichte eine vollständige Isolation und Kontrolle der Gefangenen. Diese erhielten ihr Essen durch eine kleine Fensteröffnung und entsorgten die Fäkalien über den in jeder Zelle befindlichen Abortstein, von dem aus Schächte in den Innenhofwänden in die Zisterne im Zentrum führten. Ein Abfluss leitete dann den Unrat in die Aa.
Bis Ende des 19. Jh. nutzte man den Zwinger als Gefängnis. Anfang des 20. Jh. plante man den Abriss, verkaufte den Turm jedoch 1911 an die Stadt, die über eine Nutzung als Archiv oder Museum nachdachte. Nach dem Ende des Ersten Weltkrieges richtete der Maler Friedrich Liel hier seine Wohnung und sein Atelier ein. Die von Liel 1919 mitbegründete Künstlervereinigung „Schanze" verdankte diesem Umstand ihren Namen.

Das gegenläufige Konzert
1987
Rebecca Horn

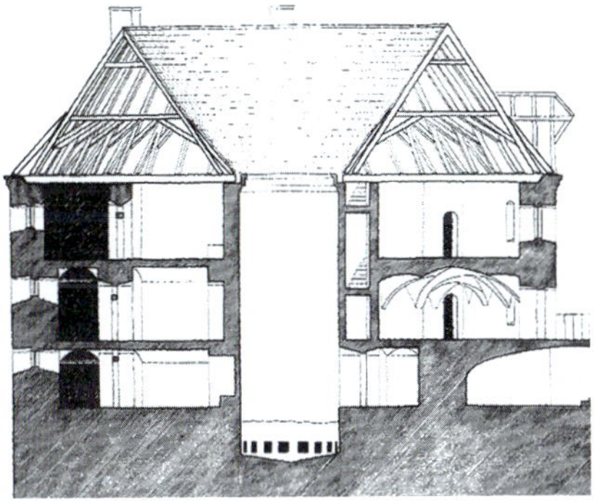

Schnitt nach Geisberg I, 1932

Rebecca Horn, Das gegenläufige Konzert

Nach 1938 richtete die Hitlerjugend die Räumlichkeiten für ihre Zwecke her. 1943–45 diente der Zwinger wieder als Polizeigefängnis, mit dem Innenhof als Hinrichtungsstätte.
1986 konnte die Initiative 8. Mai die Aufstellung einer Gedenktafel durchsetzen. Ihr verdankt es sich wohl auch, dass die Historie präsent war, als Rebecca Horn einen Ort für ihren Beitrag zu der Ausstellung „Skulptur Projekte 1987" suchte. Horn installierte in den Zellen eiserne Hämmerchen, die in unregelmäßigen Abständen auf eine Metallplatte schlagen. Zusammen mit dem flackernden Licht roter Grabkerzen beschwören sie eine bedrückend suggestive Atmosphäre. Die Fensterschlitze lassen kaum Licht ein, so dass man unwillkürlich Erleichterung fühlt, wenn man endlich in den Innenhof treten kann, wo unterschiedlichste Pflanzen begonnen haben, die Ruine zu überwuchern. Ein großer Plexiglastrichter schwebt an einem Gestänge über dem Hof und lässt alle zwanzig Sekunden einen Tropfen in das Wasser der Zisterne fallen. Ein Geräusch, das seine Stetigkeit gegen das unregelmäßige Klopfen im Innern der Zellen setzt. In einer Nische halten zwei Metallstäbe ein Gänseei in prekärem Gleichgewicht. Zwei Metallschlangen bewegen sich kaum merklich aufeinander zu und erzeugen beim Zusammentreffen einen grellen Blitz.
Der Suggestionskraft dieser Installation konnte sich kaum jemand entziehen, so dass sich die Stadt zum Ankauf der Arbeit entschloss.

Massive structure exemplifies fortifications needed after development of firearms to keep out enemies and defend against cannons. NE section of exterior ramparts directed course of Aa away from town. Schlaun integrated Zwinger into prison (1731). 2-wing complex was an "improvement centre", and worst offenders were isolated in Zwinger: food pushed through small window, sewage disposed of via abort in each cell, ultimately leading to the Aa. Used as prison until end of 19th century. Demolition planned early 20th century, but tower sold to city 1911 for possible archive/museum. After WW1, painter Friedrich Liel established his apartment and studio here. Taken over by Hitler Youth 1938. A prison again 1943–45; courtyard site of executions. In 1986, Initiative 8th May erected memorial tablet. Rebecca Horn chose the historical site for her contribution to "Sculpture Projects 1987". In cells she installed iron hammers that hit a metal plate at irregular intervals, and flickering candlelight. Acrylic glass funnel is suspended over the courtyard. A drop of water falls into the cistern every 20 seconds; regular noise to contend with hammering from cells. In a niche, 2 metal rods balance a goose's egg. 2 metal snakes advance towards each other, trigger a bright light on contact. Suggestive power of installation is immense, and city decided to acquire the work.

120
Neutor
Neutor 2
1778
Wilhelm Ferdinand Lipper

Westliches Torhaus

Östliches Torhaus

Als nördlichen Abschluss des Schlossplatzes errichtete Lipper zwei Torhäuschen, die am Maxtor als Wache und Torschreiberei dienten. Den schlichten, fünfachsigen Ziegelbauten mit Walmdach legte er als einziges Schmuckelement einen übergiebelten Portikus auf vier hölzernen toskanischen Säulen vor. Da die Arbeiten Lippers in Münster weitgehend zerstört wurden, bildet dieses Ensemble ein wichtiges Zeugnis für das Wirken des Schlaun-Schülers und seiner dem Klassizismus verpflichteten Architektursprache.

Lipper built 2 gatehouses at N. end of Schlossplatz. Simple brick with 5 axes, hip roof; portico with pediment on 4 wood Tuscan columns the only decor. Few works by Lipper have survived in Münster, so ensemble is key evidence of Schlaun's pupil's Classicist style.

121
Luftschutzbunker
Lazarettstraße 10
1941
Edmund Scharf

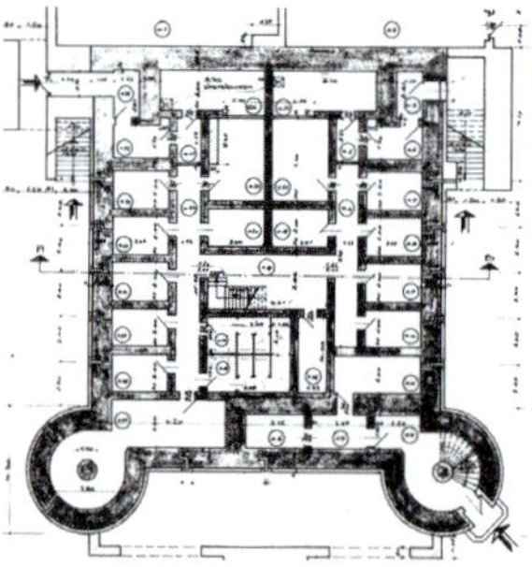

Der Bunker, der unmittelbar nach den ersten Bombenangriffen auf Münster entstand, nachdem das „Führersofortprogramm" die gesetzliche Grundlage geschaffen hatte, sollte 530 Menschen Schutz bieten. In unmittelbarer Nähe des ehemaligen Befestigungsrings, der Promenade, gelegen „tarnte" man das Gebäude an der Lazarettstraße als Burganlage mit Wassergraben. Die Fassade mit dem werksteingerahmten Eingang und der Reihe von sieben ebenfalls werksteingerahmten Fensterscharten flankieren zwei niedrigere, dicke Türme. Nichts deutet darauf hin, dass sich hinter den meterdicken Betonmauern drei fast identische Stockwerke befinden. In Nord-Süd-Richtung verlaufende Gänge erschließen eine Vielzahl angrenzender Aufenthalts- und Funktionsräume.
Ob die „Verkleidung" eher der Verharmlosung der drohenden Gefahr diente oder die angreifenden Flieger tatsächlich täuschte, das Gebäude überstand den Krieg unbeschädigt. Trotz mancher Vorschläge hat man bislang keine realisierbare Nutzung für die Anlage gefunden.

Built after the first bombing of Münster, the bunker offered shelter to 530 people. On Lazarettstraße, by the defensive ring of the Promenade, it was "camouflaged" as a fortress. Façade with ashlar-framed door and window slits is flanked by 2 stocky towers. Behind the thick concrete walls are 3 near identical storeys with various functional rooms.
Whether the "disguise" trivialised the danger or deceived bombers, it survived the war undamaged. A practicable new use has yet to be found.

122
Schlossplatz

Nördliches Wachhaus

Remise

Zu den Besonderheiten des Münsteraner Stadtplans gehört das eigentümliche Verhältnis von Residenz und Stadt. Bis heute erinnert die sternförmige Begrenzung des Gartens an die Zitadelle, die Christoph Bernhard von Galen ab 1661 errichten ließ, nachdem er die in Opposition zu ihm stehende Stadt gezwungen hatte, an dieser Stelle den Befestigungsring zu schleifen. Das freie Gelände diente den gegen die Stadt gerichteten Kanonen als Schussfeld.
1719 versprach Clemens August bei seiner Wahl, eine repräsentative Residenz errichten zu lassen, und beauftragte Gottfried Laurenz Pictorius mit Umbauplänen. Doch erst Maximilian Friedrich von Königsegg-Rothenfels erfüllte das Versprechen, übertrug Schlaun die Planung und legte 1767 den Grundstein. Bei der Ausarbeitung nahmen die Stände ihr Recht zur Mitsprache wahr und unterbreiteten mehrfach und erfolgreich Vorschläge.
Schlaun hatte vorgesehen, der Dreiflügelanlage eine Folge von Wirtschaftsgebäuden vorzulagern, die den weiträumigen Platz fassen und eine Verbindung zwischen Stadt und Schloss herstellen sollten. Zur Ausführung kamen nur Marstall, Magazin und Remise im Norden sowie 1772/79 die beiden Wachhäuschen, zwischen denen ein geschwungenes Gitter die Zufahrt begrenzen sollte. Letztere haben sich in ihrer ursprünglichen Gestalt, eingeschossige Ziegelbauten auf L-förmigem Grundriss mit Fensterrahmen aus Sandstein und Mansarddächern, erhalten, bleiben heute jedoch ohne Anbindung an das Schloss.
Von den übrigen Wirtschaftsgebäuden steht nur noch die 1773 von Schlaun begonnene und von Lipper bis 1787 weitergeführte Remise. Die neunachsige Fassade des Ziegelbaus mit sparsamen Sandsteinelementen gliedern Lisenen, ein Mansarddach bildet den Abschluss. Die Fenster vergrößerte man, als dort die physikalischen Institute der Universität Einzug hielten.
Fasziniert von dem Phänomen „Fahrradstadt" installierte 1987 Richard Artschwager sein Fahrradständermonument am Bispinghof. 1997 wurde die Skulptur an das südliche Kavaliershäuschen versetzt. Eine Reihe von konventionellen Betonstellplätzen unterbricht ein unregelmäßiges Element mit einer Stele, auf deren konsolartiger Auskragung ein Bäumchen wächst. Als Bekrönung dient ein Betonelement mit Schlitz, ein zum Denkmal mutierter Radstellplatz.

Idiosyncratic relations between residence and city have shaped the map of Münster. The garden layout recalls von Galen's star-shaped citadel, built 1661, after the city had made him demolish earlier fortifications.
In 1719, Clemens August promised a splendid residence, planned by Pictorius, but Maximilian von Konigsegg-Rothenfels actually built the palace; design by Schlaun, begun in 1767.
He planned several outbuildings in front of a 3-wing complex, but only stable, magazine and coach house were realised in the North; with its brick façade of 9 axes divided by pilaster strips, this is still standing. The windows were enlarged when it became a university institute. 2 guardhouses – brick, L-shaped buildings with sandstone window frames and mansard roofs (1772/79) – have also survived.
Fascinated by the "bicycle city", Richard Artschwager installed his cycle-stand monument at Bispinghof in 1987. (Moved to S. guardhouse 1997). At the centre of a row of stands is a stele with a small tree growing on a corbel-like projection.

Fahrradständermonument
1987
Richard Artschwager

Projekt Artschwager

123
Ehem. Fürstbischöfliches Residenzschloss
Schlossplatz 2
1767–87
Johann Conrad Schlaun

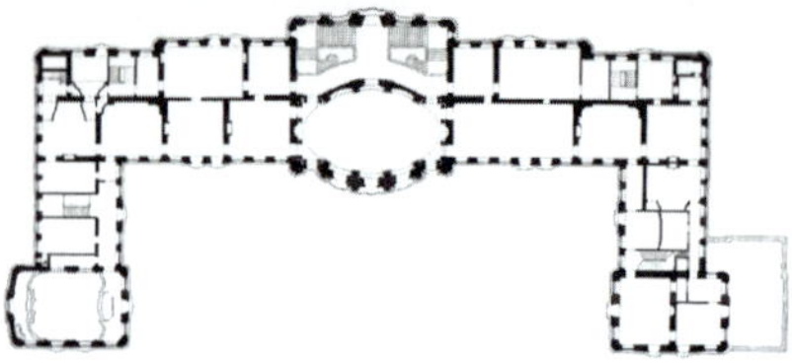

Grundriss Obergeschoss vor 1945

Gartenansicht 1902

Den Ehrenhof des Schlosses sollte ursprünglich ein konvexes Gitter von der Umgebung absetzen. Stattdessen ist der Betrachter heute unmittelbar mit dem mächtigen Bau konfrontiert. Über einem hohen Sockelgeschoss erheben sich Piano nobile, Mezzanin und darüber ein schiefergedecktes Mansarddach. An den fünfachsigen, vorschwingenden Mittelrisalit mit bekrönender Laterne schließen sich jeweils acht Fensterachsen an, auf welche die sieben Achsen tiefen Seitenflügel folgen, deren Stirnseiten, vier Achsen breit, Gliederungselemente der Fassade aufnehmen und diese dadurch optisch verbreitern. Die Gliederung der Wände aus Ziegelmauerwerk bilden, wie bei Schlaun üblich, Lisenen und Wandfelder, die Ecken der Seitenflügel sind abgerundet, die einfachen Fensterrahmungen bestehen aus Baumberger Sandstein.
Am Mittelrisalit verwendete Schlaun überwiegend Sandstein. Das genutete Sockelgeschoss besitzt vorgelegte Postamente, welche die kolossale komposite Ordnung tragen, Pilaster vor gestuften Wandvorlagen an den Seiten, Halbsäulen vor Wandvorlagen im Zentrum. Über dem kräftigen Gesims mit Inschrift erhebt sich eine von Vasen und Figuren bekrönte Attika, vor der ein Dreiecksgiebel das von Putten gehaltene Wappen des Auftraggebers sowie eine Posaune blasende Fortuna präsentiert.
Wie ein Nachhall dieses zentralen Eingangsbereichs wirken die risalitartigen Sandsteinverblendungen, die beidseitig sowohl die vierte und fünfte Achse des Corps de Logis als auch zwei Achsen der Seitenflügel betonen. An deren Stirnseiten fasste Schlaun auch die beiden mittleren Dachgeschossfenster mit einer kartuschenartigen Rahmung zusammen und führte so die Sandsteinverblendung der Mittelachsen risalitartig fort. Das Zentrum bildet ein Wandfeld aus Ziegelmauerwerk mit Sandsteinornamenten, die auf die an der Planung beteiligten Stände verweisen. Für den Skulpturenschmuck zeichnete Joseph Ignatius Feill verantwortlich. Das von ihm geschaffene Programm verbindet Allegorien der Monate, der Tierkreiszeichen, der Jahreszeiten, der Elemente mit Darstellungen antiker Gottheiten und stellt so die fürstbischöfliche Residenz in einen quasi kosmologischen Kontext.
Zum Garten hin erscheint die Anlage in drei Kompartimente gegliedert, wobei die Schmuckelemente in vereinfachter Form denen der Stadtfassade entsprechen. Der Mittelteil tritt pavillonartig vor, statt der Säulen finden sich Pilaster und Lisenen. Von hier führte eine Treppenanlage in den ovalen Festsaal, dessen Fertigstellung Lipper nach Schlauns Tod ebenso übernahm wie die Ausgestaltung der übrigen Innenräume. Von diesen Arbeiten hat fast nichts den Zweiten Weltkrieg überstanden. Unter Einsatz der Studierenden baute man unter Leitung von Oberbaurat Hans Malwitz das weitgehend zerstörte Gebäude zur Nutzung durch die Universität wieder auf.

The palace's cour d'honneur was planned with railings, but now the mighty building – with piano nobile, mezzanine floor and slate roof above a high basement – faces directly onto the surroundings. A central projection with cupola is flanked by 8 axes on each side and side wings; their 4 axes adopt elements of the main façade, suggesting greater width. Brick walls are divided by Schlaun's characteristic pilaster strips and sandstone window frames.
Above the central projection's cornice, a parapet bears vases and figures; triangular pediment shows the initiator's coat of arms and Fortuna.
Facework emphasises the 4th and 5th axes at each side (corps de logis) and 2 axes of the side wings, echoing the entrance area. The central top-floor windows of the wings also have a cartouche-like frame, extending the facework. Here, sculptures by Joseph I. Feill combine allegories of the months, zodiac signs etc. with portraits of Greek Gods.
To the garden, decorative elements are simplified, but echo the city façade. Steps lead up to an oval banqueting hall, completed – like the entire interior – by Lipper after Schlaun's death. Destroyed in WW2 and rebuilt under H. Malwitz; now used by the university.

124

Ehem. Oberpräsidium

Schlossplatz 5

1903–05

J. Vollmar (Ministerium der öffentlichen Arbeiten)

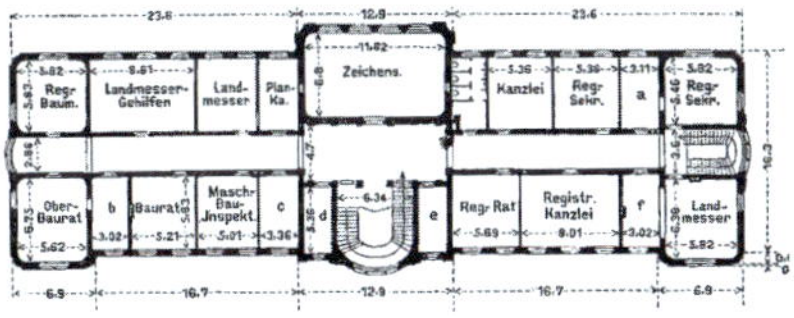

Da das Oberpräsidium mehr Platz brauchte, als ihm im Schloss zu Verfügung stand, zumal auch die Dortmund-Ems-Kanal-Verwaltung Geschäftsräume benötigte, beschloss man einen Neubau an Stelle der abgebrochenen Schlosskaserne. In der Wahl sowohl der Materialien, heller Sandstein und Ziegel, als auch der Formensprache orientiert sich der Bau am Schloss. Das über dem durchfensterten Sandsteinsockel zweigeschossige Gebäude mit Mansarddach schließt seitlich jeweils mit einer risalitartig hervorgehobenen Achse. Der Haupteingang in der Art einer kleinen Vorhalle liegt im dreiachsigen Mittelrisalit, den das von einer Wappenkartusche bekrönte Treppenhausfenster dominiert. Ein weiterer Zugang mit Treppenhaus findet sich an der östlichen Schmalseite.
Als auch das am Domplatz untergebrachte Provinzialschulkollegium über Raummangel klagte, entschied man im preußischen Abgeordnetenhaus 1909, einen stilistisch entsprechenden Flügel an das Oberpräsidium anzufügen (Ausführung 1911/12). Dabei ging allerdings die ursprüngliche städtebauliche Orientierung auf das Schloss verloren, um so mehr, als weitere Anbauten das Ensemble zur Dreiflügelanlage ergänzten.

Backstein-Skulptur

1987

Per Kirkeby

Gegenüber der östlichen Ecke des ehem. Provinzialschulkollegiums errichtete Per Kirkeby eine turmartige Backsteinskulptur auf quadratischem Grundriss; ein Objekt, das die „Zwischenzone" von Architektur und Skulptur thematisiert. Auf halber Höhe erkennt man Öffnungen, deren Abtreppungen nach innen führen, während Flachbögen die äußere Begrenzung bilden. Auf dieses Motiv antwortet der zweite Teil der Skulptur auf dem Rasenrondell vor dem Fachbereich Biologie, eine quadratische Plinthe, an deren Seiten sich flache Bögen anlagern.

As the supreme authorities needed more space than the palace offered, a new building replaced the demolished barracks; material (brick/sandstone) and formal language are based on the palace. Sandstone basement, 2 floors and mansard roof; outer axes project slightly. Entrance in 3 central, also projecting axes, which are dominated by the stairwell window, crowned by a cartouche with coat of arms. The Provincial School College on Domplatz also needed more rooms, so a wing of corresponding style (1911/12) was added, but this lost the initial orientation on the palace architecture.
Opposite the E. corner of the former college, Per Kirkeby erected a tower-like brick sculpture examining the "interim zone" between architecture and sculpture. 2nd part is on a round lawn in front of the Biology Department.

125
Schlossgarten
1775/1803–15/1896

Orangerie

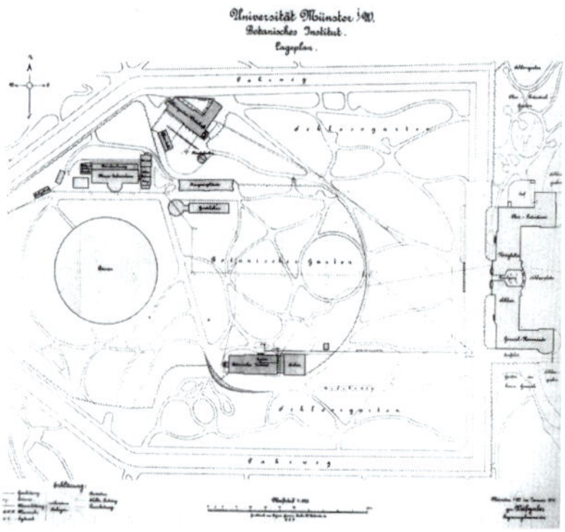

Lageplan des Botanischen Gartens, 1914

Zwar begann man bereits bei Baubeginn des Schlosses auch mit der Anlage des Gartens, doch erst Lipper legte 1775 den verbindlichen Plan vor, der bis 1787 in reduzierter Form zur Ausführung kam. Aus dieser Zeit stammen die Ringallee, der Schlossgraben, der die Begrenzungslinie von drei der ehemals fünf Bastionen der Zitadelle nachzeichnet, und der kreisrunde Teich im Zentrum. Nachdem die Anlage seit 1788 öffentlich zugänglich war, veranlasste 1803 Freiherr vom Stein die Umwandlung des Broderieparterres in einen botanischen Garten für die Universität. Der Hofgärtner Franz Conrad Haas trug jedoch der ursprünglichen Funktion insoweit Rechnung, als er den Blick auf das Schloss frei hielt. Unter den Spezialgärten westlich des Schlossteils ist das Alpinum von 1823 der älteste. Am Nordrande des Geländes liegt die 1840 errichtete elfachsige Orangerie mit übergiebeltem Mittelrisalit und Krüppelwalmdach. Auf Anordnung Friedrich Wilhelms IV. wandelte man schließlich 1847 das barocke Boskett in einen Landschaftsgarten um. Von der kontinuierlichen Beliebtheit des Schlossgartens zeugt der hexagonale Konzertpavillon von 1929, der bis heute für Freiluftkonzerte genutzt wird.
Anfang des 20. Jh. errichtete man an der Ringallee mehrere Denkmäler. Hermann Hiddings Obelisk von 1903 an der Spitze der südlichen Bastion erinnert an den im Boxeraufstand in Peking ermordeten

A la française (encore une fois): Kreis, Quadrat und Dreieck
1987
François Morellet
Ohne Titel (zwei Bänke)
1987
Jenny Holzer

Projekt Morellet

Projekt Holzer

Gesandten Clemens von Ketteler (die zugehörigen Bronzetafeln wurden im Zweiten Weltkrieg eingeschmolzen); das lothringische Doppelkreuz mit Szenen aus dem Soldatenleben von Albert Mazzotti aus dem Jahr 1923 ehrt die Gefallenen des 3. lothringischen Feldartillerieregiments Nr. 69, während Alexander Frerichmann mit einem lebensgroßen Soldaten auf einem reliefgeschmückten Sockel die Toten des 2. westfälischen Feldregiments Nr. 22 heroisiert. Dieser verklärenden Beschaulichkeit setzte Jenny Holzer fünf Bänke mit Inschriften entgegen, in denen die Soldaten nicht als Opfer, sondern als Täter vorgeführt werden. Zwei dieser Bänke sind noch am Ort erhalten.
Die Arbeit von François Morellet erfordert eine gewisse Bereitschaft zur Spurensuche. Mit in Abständen in den Boden eingelassenen Ziegelsteinen „strichelte" der Künstler die Formen eines Quadrats, eines Dreiecks und eines Kreises und nahm so Bezug auf die deutlich ablesbaren geometrischen Grundformen des ehemaligen barocken Gartens.

Planned by Lipper, the garden was realised by 1787. Ringallee, Schlossgraben – which traces the outline of 3 citadel bastions – and the pond date from that time. Opened to the public in 1788; Freiherr v. Stein had part made into a Botanical Garden for the University in 1803. On the northern edge is the Orangery (1840) with 11 axes, central gabled projection and half-hip roof. A landscape garden was laid out for Friedrich Wilhelm IV in 1847. The palace garden has remained popular, and a hexagonal concert pavilion (1929) is still used today.
In the early 20th century, several monuments were erected on Ringallee. Hidding's obelisk (1903) recalls Clemens v. Ketteler, a German envoy killed in the Boxer Uprising; a double cross by Mazzotti (1923) and Frerichmann's life-size soldier honour the dead of local regiments. Jenny Holzer countered these heroic memorials; inscriptions on her benches present soldiers as perpetrators, not victims. Morellet's work consists of bricks set into the ground at intervals, creating "dotted" outlines of a square, triangle and circle. They refer to the basic geometric forms of the Baroque garden.

126
sanctuarium
Wiesenfläche an der Einsteinstraße
1997
Herman de Vries

Mit dem „sanctuarium“ knüpft de Vries zunächst an die lokale Architekturtradition an. Die 2,65 Meter hohe Ziegelmauer schließt ein Gesims aus Sandstein ab. Vier „Okkuli“, ovale, sandsteingerahmte Fenster, erlauben einen Blick ins Innere des Rondels. Hier hatte de Vries Muttererde aufschütten lassen und so einen Schutzraum geschaffen, in dem sich Pflanzen ansiedeln und ohne menschliches Eingreifen entwickeln können. Während der Park de Vries als manipulierte oder gar „verdrängte“ Natur erscheint, widmet er der unberührten Natur voll Respekt und Ehrfurcht einen unantastbaren, heiligen Schutzraum. Natur bedeutet ihm Vollkommenheit und darauf verweist die umlaufende, vergoldete Sanskritinschrift auf dem Gesims, die als Grundlage für die Meditation beim Blick in das Innere des sanctuariums dienen kann.

A brick wall with sandstone cornice, De Vries' sanctuary adopts local architectural tradition.
4 "occuli" open into the round tower. Here, top soil provides a protected space for plants to grow. De Vries views parks as manipulated nature, and his work devotes a sanctified area to untouched nature. Its perfection is echoed in the Sanscrit inscription of the cornice; a basis for meditation.

127
Void Stone
Wiesenfläche an der Einsteinstraße
1987
George Brecht

Von den ursprünglich drei Void Stones ist nur dieser erhalten. In den auf der Wiese entdeckten Findling meißelte Brecht das Wort „Void“ ein, das „Leere“ nicht nur bedeutet, sondern auch (mittels der aus dem Stein herausgeschnittenen Buchstaben) darstellt. Zwei weitere Steine hatte Brecht nach einem quasi-wissenschaftlich von Tabellen untermauerten Zufallsprinzip auf dem Findlingshof in Westbevern ermittelt, mit dem Schriftzug „Void“ versehen und wiederum auf Grundlage seiner „Zufallsnummerntabelle“ im Stadtraum platziert. Der Betrachter des Void Stone kann das Objekt assoziativ nutzen und in dem Nachdenken über Leere die eigenen Gedanken leeren oder die Leere, das Nichts, als den gedanklichen Gegenpol zur Existenz begreifen.

Originally there were 3 Void Stones, but only this has survived. Brecht also carved the word "void" into 2 other boulders and placed them in the city according to a quasi-scientific random principle. The Void Stone can be used associatively; the viewer can empty his own thoughts while contemplating emptiness, or grasp nothingness as the counterpole to existence.

128
A remembrance of Annette
Wilhelmstraße/Alter Überwasserfriedhof
1987
Ian Hamilton Finlay

Der Friedhof vor dem Neutor wurde von 1808 bis 1926 genutzt. Hier ruhten bzw. ruhen der Minister und Kurator der Universität Franz von Fürstenberg (1729–1810) oder der Philosoph Johann Georg Hamann (1730–88), dessen Gebeine 1851 aus dem Garten der Fürsten Gallitzin hierher überführt wurden. Zwei Künstler der Berliner Bildhauerschule sind mit bedeutenden Werken vertreten, so Christian Daniel Rauch mit dem Löwen auf dem Grab des Generals Wilhelm von Horn (1762–1829) und Friedrich Drake mit dem Bildnis des verstorbenen Generals Roth von Schreckenstein (1789–1858). Diesem leicht verwilderten, romantischen Ensemble fügte Finlay eine Sandsteintafel mit dem Satz „Meine Lieder werden leben, wenn ich längst entschwand" hinzu. Annette von Droste Hülshoff variiert hier das Diktum des Horaz, er habe ein Monument ausgeführt, dauerhafter als Erz. Finlay, der schon zuvor durch solche Tafeln in knappster Form, manchmal nur durch ein Wort, einen Garten poetisch überhöht hatte, erinnert hier nicht nur an die begrabene Dichterin in Meersburg, sondern auch daran, dass, wie Horaz in derselben Ode weiß, ‚das bessere Ich dem Grabe entgeht'.

The cemetery was used from 1808–1926. Graves include that of the university trustee Franz v. Fürstenberg (1729–1810) or philosopher J. G. Hamann (1730–88). There are also works by artists of the Berlin School of Sculpture; a lion by Christian D. Rauch on the grave of General Wilhelm v. Horn and Drake's portrait of General Roth v. Schreckenstein. Finlay's sandstone memorial tablet quotes Annette v. Droste Hülshoff's version of Horace's famous claim that 'he had built a monument more enduring than bronze'. He has often conceived such tablets to emphasise the poetry of a setting.

129
Halle auf dem jüdischen Friedhof
Einsteinstraße
1928
Peter Strupp

Nachdem sich zwar schon im 12. Jh. eine jüdische Gemeinde in Münster nachweisen lässt, wurden deren Mitglieder jedoch nach der Pestepidemie Mitte des 14. Jhs. getötet oder verfolgt. Der jüdische Friedhof am Bispinghof wurde eingeebnet. Ein Grabstein aus dem Jahr 1324, der 1887 bei Bauarbeiten an der Lambertikirche zutage kam, befindet sich heute am Eingang der Friedhofshalle.
Erst im 19. Jh. konnte sich eine neue Gemeinde etablieren. 1811 legte man den jetzigen Friedhof an, der 1890 und 1961 erweitert wurde. Die Grabsteine entsprechen stilistisch den gängigen Strömungen; vor allem aus den zwanziger Jahren des 20. Jh. gibt es bemerkenswerte Beispiele.
Die Friedhofshalle erscheint als symmetrisch gestalteter Kubus, das flache Walmdach tritt kaum in Erscheinung. Das Zentrum dominiert das Portal mit einem breiten, blendfeldartigen Rahmen, den mit leichten Eisengittern gesicherte Fenster flankieren. Den Eingang markieren zwei vor der Halle stehende, sich nach unten verjüngende Stelen, die ebenso wie die Halle sparsame expressionistische Schmuckmotive aufweisen.

Jews lived in Münster in the 12th century, but after a plague (14th century) they were persecuted and their cemetery on Bispinghof was razed. A gravestone from 1324 (found in 1887) stands by the hall's entrance.
Today's cemetery was founded in 1811, extended in 1890 and 1961. The hall is a symmetrical cube with flattish hip roof and central door flanked by windows secured by iron grilles. 2 steles by the entrance taper towards the bottom and are decorated – like the rest of the hall – with Expressionist motifs.

130
Kreuzviertel

Luftaufnahme 1928

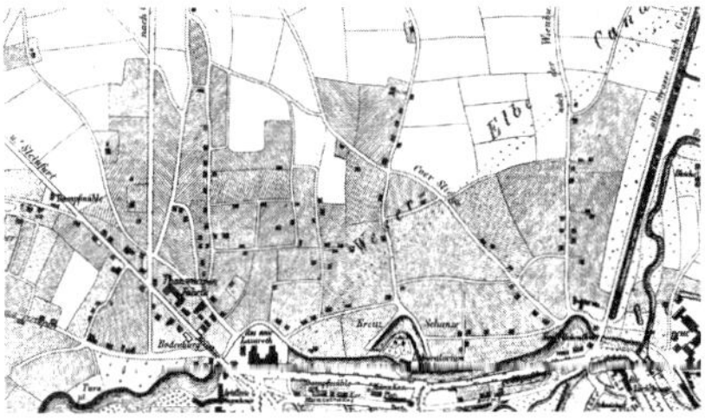

Stadtplan 1864

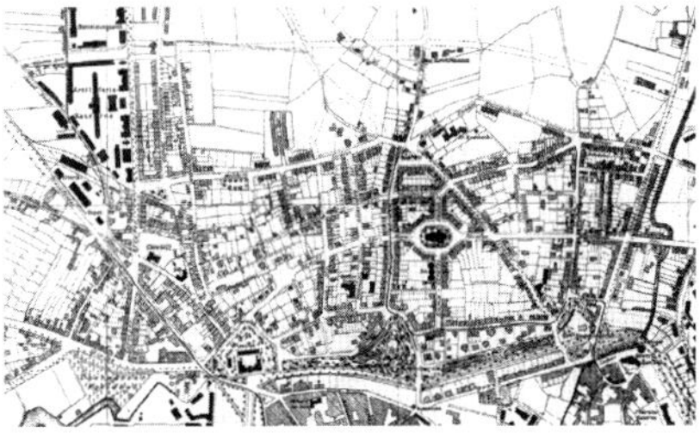

Stadtplan 1921

Im Norden der Stadt lagen bis ins 19. Jh. die Gärten der Münsteraner. Die wohlhabenderen ließen sich zum Teil Gartenhäuser mit einem Aufenthaltsraum im Obergeschoss errichten. Die städtebauliche Entwicklung stagnierte vor allem wegen der schlechten Infrastruktur. In die Stadt hinein führten nur vier kleine Brücken über den ehem. Festungsgraben. Auch der seit 1724 geplante Max-Clemens-Kanal florierte nicht, so dass man schon 1820 den Güterverkehr einstellte.
Ab Mitte des 19. Jh. finden sich kleinere, eineinhalbgeschossige Häuser für die vom Land zuziehende Bevölkerung. Ende der sechziger Jahre errichtete man nahe der Grevener Straße eine erste Schule, die Uppenbergschule, die 1885 ein heute noch stehender neogotischer Backsteinbau ersetzte.
Zwar verband ab 1870 ein Straßenzug Neutor und Neubrückentor, doch die abgehenden Seitenstraßen endeten auf dem freien Feld. Der Stadtbaurat Sebastian Bender entwickelte 1895 und 1905 Bebauungspläne, die auf Grundlage der Fluchtlinienpläne das historische Wegenetz der Gartenstiegen in ein geordnetes Straßenraster überführten.
Nach der infrastrukturellen Erschließung und der Anbindung an die Innenstadt wurde das Gebiet zum bevorzugten Wohnviertel der Offiziere (Nr. 134, 137) der im Norden angesiedelten Kasernen und Militäreinrichtungen (Nr. 308). Doch auch unter den Professoren der nahen Universität erfreute es sich großer Beliebtheit. Bauunternehmer, der aktivste von ihnen Hermann Borchard, errichteten Gruppen von Villen und repräsentativen Mehrfamilienhäusern zur Vermietung oder zum Verkauf. Diese gründerzeitlichen Architekturen bestimmen bis heute das geschlossene Erscheinungsbild des Viertels.
Als einziger größerer Gewerbebetrieb siedelte sich die Germania-Brauerei im Nordviertel an (Nr. 168). Nach dem Ersten Weltkrieg begannen auch hier Wohnungsbaugesellschaften Siedlungen zu errichten. Neben Anlagen, die dem Prinzip der Gartenstadt folgen, finden sich auch großstädtische Ensembles, die sich, wie die Mietshäuser Maximilianstraße/Eckener Straße, bewusst modern dem Neuen Bauen verpflichtet zeigen (Nr. 160).

Into the 19th century, the people of Münster had gardens in the North, and richer citizens constructed garden houses.
From the mid 19th century, small homes were built for rural people moving into the city. In the late 1860s, a school – the Uppenbergschule – was built, replaced by today's neo-Gothic building in 1885.
A road linked Neutor and Neubrückentor as from 1870, but streets leading from it ended in fields. Building councillor Bender made plans to develop the historic network of garden paths into a street grid in 1895 and 1905.
The area became popular among army officers (no. 134, 137) and university professors. Contractors – the most active being H. Borchard – built villas and representative apartment houses, the ornamental *Gründerzeit* architecture of which still defines the district today.
After WW1, housing companies also began to build; ensembles following the Gartenstadt principle and some oriented on New Building, e.g. apartment houses in Maximilian/Eckener Straße (no. 160).

131
Ehem. alte Schmiede
Uppenbergstraße 6/8
Um 1870

Das traufständige, eingeschossige Gebäude ist mit seinem Schornstein und den Eisensprossen der drei Rundbogenfenster als ehemalige Schmiede zu erkennen. Die sparsame Gliederung der verputzten Fassaden beschränkt sich auf Backsteinstreifen, die die Bögen der Fenster nachzeichnen und verbinden bzw. in schmalen Streifen nach unten verlängern und so eine Brüstung andeuten. Den Abschluss bildet eine Art Klötzchenfries. Die nördliche Giebelseite ist ebenfalls verputzt und öffnet sich in einem von zwei Rundbogenfenstern flankierten Türbogen. Dieser Anordnung entsprechen Ladeluke und Fenster in der Giebelzone.
Die Schmiede versorgte vor allem Pferde und Wagen der umliegenden Bauernhöfe. Sie ist das einzige erhaltene Zeugnis eines Gewerbebaus aus der Zeit vor der nördlichen Stadterweiterung und damit auch sozialgeschichtlich von Bedeutung. Ganz in der Nähe, in der Stierlinstraße, findet sich auch noch eine Gruppe kleiner, ein- bis zweigeschossiger Wohnhäuser aus dieser Zeit.

Chimney and iron window bars identify the building as a former smithy. The façade is divided by brick bands, which frame and link the window arches and extend below to suggest a balustrade. An archway entry in the N. wall is flanked by 2 round-arch windows, echoing the gable's hatch and windows.
The smithy served local farms. It is significant as the only surviving trade building to predate the city's N. extension. Several houses in Stierlinstraße date from the same period.

132
Ehem. Eichendorffschule
Schulstraße 22
1885, um 1925; 2011
Wohn+Stadtbau (Modernisierung)

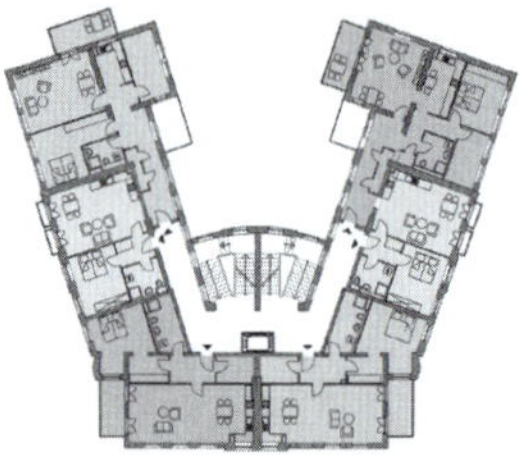

Die einstige Volksschule gilt als der älteste erhaltene Schulbau der Stadt. Das Gebäude ersetzte 1885 bereits einen Vorgängerbau (Uppenbergschule) auf gleichem Areal. Städtebaulich geschickt wurde der dreigeschossige, neogotische Backsteinbau mit hohem Walmdach in den Zwickel einer historischen Wegegabelung gesetzt. Den quergelagerten Kopfbau ziert ein leicht vorspringender Mittelrisalit. Rückwärtig folgen straßenbegleitend Flügelbauten für den einst nach Jungen und Mädchen getrennten Unterricht. Um 1925 wurden diese verlängert sowie ein gekurvter Zwischenbau zum Hof als neues Eingangsfoyer mit doppeltem Treppenhaus eingefügt. Bis 1990 diente der Bau noch schulischen Zwecken, seitdem einer Ateliergemeinschaft. Im Rahmen der Gebietsentwicklung wurde der denkmalgeschützte Schulbau grundsaniert und für Wohnzwecke umgebaut. Entstanden sind 19 Eigentumswohnungen mit individuellen Grundrissen und einer Gewerbeeinheit. Neu hinzugefügt wurden Stahlbalkone sowie ein Aufzug im historischen Treppenhaus. Im Hof sind Reste des ursprünglichen Schulhofzaunes vorhanden. Für die Künstler wurde Ersatz in einem benachbarten Atelierneubau geschaffen.

Former primary school is the city's oldest surviving school building: in 1885 the 3-storey, neo-Gothic brick structure with hip roof replaced Uppenberg School on the site. Behind a crossways section with decorative central projection are 2 wings built along the streets, separating girls and boys. They were extended c. 1925 and a curved section added as a new foyer with double stairwell.
A school until 1990, then artists' studios. Restored as a listed building and converted into housing: 19 apartments and a commercial unit. Steel balconies and a lift added.

133
Schlosstheater
Melchersstraße 81
1953/54
Hans Ostermann

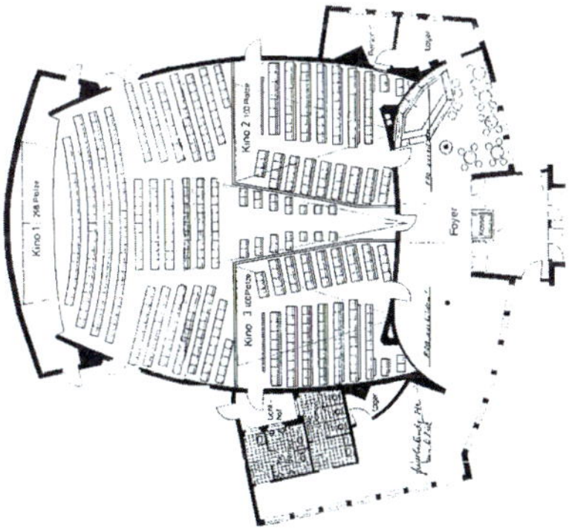

Grundriss nach Umbau

Der freistehende Bau kann als Musterbeispiel für die Lichtspielarchitektur der fünfziger Jahre gelten. Einerseits lassen sich die Funktionen der Bauglieder von außen genau ablesen, andererseits setzt die Architektur den Filmbesuch als Erlebnis in Szene. Zum Kanonierplatz öffnet sich der Backsteinbau mit einem halbrund geschwungenen Foyer mit zentralem Eingang zur Kassenhalle, den Vordächer auf leichten Stützen flankieren. In den beiden Obergeschossen befanden sich der Vorführraum sowie Lagerplatz. Die in der Art einer Loggia von einer Reihe senkrechter Stahlrohre gegliederte Fassade sollte nach Ostermanns Entwürfen ein Wandbild zieren, das jedoch nicht zur Ausführung gelangte. An diesen Eingangsbereich von ganz geringer Tiefe schließt sich der Kinosaal, dessen Kubatur die zur Projektionswand schwingenden Wände auch im Außenbau erkennen lässt. Glücklicherweise erfolgten auch im Innern die notwendigen Modernisierungsmaßnahmen und Umbauten, vor allem die Abtrennung zweier kleinerer Kinosäle, so behutsam, dass der ursprüngliche Eindruck noch gut nachvollziehbar ist.

A key example of 1950s cinema architecture, the brick structure has a semicircular foyer and central entrance flanked by canopies on slim pillars. Intended for an unrealised mural, the façade is divided by vertical steel piping. Behind this narrow entrance area is the auditorium, the external cubature of which reveals the curve of its walls to the screen. The interior has been carefully modernised and converted to create 2 smaller screens while still preserving the original impression.

134
Mietshäuser
Melchersstraße 86–88/Grevener Straße 54/
Kinderhauser Straße 1
Um 1925–30

Das Heeresbauamt Berlin ließ den über einem Kellersockel dreigeschossigen Komplex für die Offiziere mittlerer Dienstgrade errichten, die in den benachbarten Kasernen stationiert waren. Die Fenster der beiden unteren Stockwerke fassen farblich in Rot abgesetzte vertikale Felder zusammen. Die Eingänge gliedern sich unauffällig in dieses System ein. Das oberste Stockwerk trennt ein schmales Gesimsband wie ein Attikageschoss ab. Zum Kanonierplatz bildet die Dreiflügelanlage einen achtachsigen Mittelrisalit aus, den Bauschmuck in reliefierten Feldern zwischen den Fenstern zusätzlich betont. Die Motive, Lorbeerkränze, Helm und Schwert, deuten auf Bauherr und Bewohner.
Eine vergleichbare Wohnanlage, wohl für gehobenere Ansprüche, entstand etwa gleichzeitig in der Melchersstr. 60.

The complex was built by the army authorities for middle-ranking officers from nearby barracks. Red vertical fields link windows of first 2 floors; top floor is separated by a cornice. Central projection (8 axes) to Kanonierplatz has ornamental reliefs between windows: helmet and sword motifs evoke the military.
A similar, higher standard complex (Melchersstr. 60) was built around the same time.

135
Mietshäuser
Melchersstraße 3–7
1907

Ansicht Haus Nr. 7 um 1910

Als Beispiel für den Mietshausbau für gehobene Ansprüche vor dem Ersten Weltkrieg in der Melchersstraße seien hier diese von dem Bauunternehmer Hermann Borchard errichteten zweigeschossigen Wohnhäuser genannt, die den Krieg relativ unbeschadet überstanden haben. Die asymmetrischen Fassaden folgen einem ähnlichen Schema. So findet sich meist eine Art Altan, auch ein Teil des Daches ist als Schaugiebel ausgebildet. Die Nr. 3 weicht als Kopfbau mit Eckrisalit und Loggia leicht von diesem Schema ab. Die Fassaden gestaltete man weniger nach ästhetischen Kriterien als unter dem Aspekt repräsentativer Vielfalt für jeden Geschmack. Der nicht ganz vollständig überlieferte Bauschmuck in einer Kombination aus Neobarock und Jugendstil neben einer gotisierenden Fassade erscheint heute als üppiger, etwas kurioser Stilmix.

Typical top-class, pre-WW1 apartments, the 2-storey houses were built by H. Borchard. Façades are asymmetrical, with gallery and decorative gable. No. 3 has a striking corner projection and loggia. Emphasis was on representative variety rather than aesthetics. Today the ornament combination neo-Baroque and Art Nouveau motifs embodies a curious stylistic mix alongside Gothic-style façades.

136
Wohnsiedlung
Görresstraße 1–23
1924–26
Wilhelm Jung

Ansicht 1983

Ansicht um 1930

Den einzigen Siedlungsbau des Kreuzviertels ließ der Gemeinnützige Wohnungsverein Münster errichten. Die neu angelegte Görresstraße war ursprünglich eine Sackgasse, so dass der geschlossene Charakter der Anlage deutlicher zutage trat. Sie besteht aus zwei einheitlich gestalteten, zweigeschossigen Zeilen von 21 Ein- und Zweifamilienhäusern, die bis auf wenige expressionistische Details betont schlicht gehalten sind. Nur die Eckbauten an der Melchersstraße, die gewissermaßen den Eingang zur Siedlung markieren, erscheinen mit den hervorgehobenen Fenster- und Türrahmungen und Gesimsbändern etwas aufwendiger gestaltet.

The only housing estate in the Kreuzviertel: Görresstraße used to be a cul-de-sac, underlining its self-containment. The 2 rows of detached or semi-detached houses are v. simple, with few Expressionist details. Corner houses on Melchersstraße, marking the estate "entrance", have accentuated window frames and cornices.

137
Mietshaus und Fabrikgelände
Kellermannstraße 13
Um 1911/14

Das dreigeschossige Mietshaus, das mit Erker, Giebel und zurückhaltendem Jugendstildekor dem Schema der gleichzeitig in diesem Bereich errichteten Bauten entspricht, besitzt eine Tordurchfahrt, die auf ein Hofgelände mit zweigeschossigen, giebelständigen Backsteingebäuden führt. Um 1914 teils in Massivbauweise, teils in Fachwerk aufgeführt, dienten diese ursprünglich zur Entlastung der Reiterkaserne als Pferdeställe und Unterkünfte für die Stallburschen, während die Offiziere im Vorderhaus wohnten. Die sichtbaren Köpfe der Dachbalken und die verschieferten Giebel bilden das einzige Schmuckmotiv. Die noch erhaltenen Schienen gehörten zu einer Lorenbahn, die den Pferdemist zur Straße abtransportierte. Ab 1918 nutzte man das Ensemble als Motorenfabrik; auch hatte der Kirchenfenstermaler Viktor von der Forst hier sein Atelier. Seit den neunziger Jahren werden die Räumlichkeiten zu Wohnzwecken genutzt.

The 3-storey building with bay, gable and Art Nouveau decor is typical of local contemporary housing; gate leads to a courtyard with brick outbuildings (1914) used as stables and accommodation for grooms. Officers lived at the front. Tracks of a trolley railway that transported horse dung can still be seen. Only décor – exposed beam heads and shingles. A motor factory from 1918, also studio of stained-glass artist von der Forst. Now housing.

138
Mietshäuser
Kellermannstraße 14–22
Um 1920/25
Albert Schwermann

Ansicht 1985

Die von der „Westfälischen Bauindustrie" errichtete, relativ einheitliche Zeile von dreigeschossigen Backsteinbauten mit verputztem Kellersockel und Mansarddach setzt sich deutlich von den Putzbauten der Zeit vor dem Ersten Weltkrieg ab. Hauptgliederungselement bilden die über die Obergeschosse reichenden Erker und die paarweise zusammengefassten Eingänge mit expressionistischem Dekor und zwei ovalen Okuli über dem durchgängigen, im Zickzack geführten Sturz. Trotzdem zeigen sich in den Bauabschnitten auch Unterschiede. Markiert im ersten Abschnitt der Wechsel vor- und zurückspringender Streifen die Erker und Fensterrahmen, findet man im zweiten Abschnitt gestufte Laibungen und Zickzackornamente an den Erkern. Am Eckhaus nutzte man nicht nur einen anderen Mauerverband (statt des Blockverbands ein sog. gotischer Verband), sondern setzte den Backstein auch ornamental zur Abgrenzung der Erker ein. Der 1985 erneuerte Eingang war urspünglich eintürig. Die Ecke ist abgefast und mit einem halbrunden, in die Dachzone hineinreichenden Erker hervorgehoben.

This simple row of brick houses with rendered basements and mansard roofs presents a contrast to pre-WW1 building. Principal division is by bays and double doorways with Expressionist décor, and oval oculi above a single zigzag lintel. Sections are nevertheless differentiated, e.g. by the protruding or recessed bands of bays and window frames. Corner house has double Flemish rather than block bond, and ornamental brickwork. Entrance altered in 1985. Corner is bevelled and accentuated by a semicircular bay.

139
Wohnhaus Kratz
Wüllnerstraße 7
1929
Franz Wethmar, Hans Ostermann

Das zweistöckige Backsteinhaus mit einem zu einem weiteren Geschoss ausgebautem Satteldach gibt sich eher traditionell, zeigt sich im Detail jedoch mit dem Neuen Bauen vertraut. Dies erkennt man am ehesten an der Giebelfront zur Wüllnerstraße. Hier öffnen rechts Fenster die Ecke und demonstrieren mit der hell gestrichenen Stütze das konstruktive System. Links ist ein turmartiger Vorbau an die Ecke geschoben, den umlaufende Fensterbänder mit hell gestrichenen Stützen öffnen. Ansonsten bleibt die Wandfläche bis auf eine Gruppe von drei kleinen Fenstern geschlossen und fungiert als Folie für ein Relief, das eine häusliche Szene, eine Frau, die zwei Kindern vorliest, zeigt.
Diese Mischung von Tradition und Moderne zeigt Wethmars Verbundenheit mit seinen Stuttgarter Lehrern Bonatz und Schmitthenner. Ein fast identisches Haus steht in der Hittorfstr. 43.

The brick house appears traditional, but details point to New Building: windows (right) of the gable front to Wüllnerstraße open the corner; light-painted supports reveal the structure. On the left, a "tower" is opened by window bands. The otherwise closed front accents a relief with domestic scene. The mix of tradition and Modernism underlines Wethmar's indebtedness to Bonatz and Schmitthenner.

140
Wohnhaus
Hedwigstraße 8
Um 1925

In der Hedwigstraße befinden sich mehrere gut erhaltene Wohnhäuser aus den 1920er Jahren, die man stilistisch teils einem gemäßigten Neuen Bauen, teils einem zurückhaltenden Expressionismus zuordnen würde. Für letzteren steht das zweigeschossige, traufständige Backsteinhaus Nr. 8, dessen beide linke Achsen risalitartig vorspringen und mit einem hohen Zwerchgiebel schließen. An der rechten Seite des Risalits leitet eine geböschte Abstufung zur Wand über. Neben den großen Sprossenfenstern fällt die in einem flachen Giebel schließende Eingangshalle ins Auge. Senkrecht gestellte, plastisch vortretende Läufer bilden den Rahmen; flache horizontale Rippen laufen von dort aus über ein gestuftes Gewände zu der Eingangstür. Von hoher Qualität ist auch das Mauerwerk mit plastischem Fugennetz und im Zickzack verlaufenden Ziersetzungen.

Some housing from the 1020s show influence from *Neues Bauen*, others are built in a restrained Expressionism, like no. 8 – a 2-storey, eaves-fronted, brick house. The left axes project, closing with a transverse gable. The entrance hallway is striking: framed by vertical, projecting stretcher bricks; horizontal ribs run from them across walls to door. Outstanding stonework with relief-like joint grid and zigzag decor.

141
Wohnhaus
Studtstraße 17
1923

Obwohl die Blütezeit der Baufirma Hermann Borchards um 1910 lag, errichtete er auch nach dem Ersten Weltkrieg weitere Bauten, so auch an der neu angelegten Studtstraße. Das Zweifamilienhaus in Backstein erscheint zwar mit dem nordöstlich zum Studtplatz gerichteten Schaugiebel traditionell, greift aber mit dem halbrund vortretenden Altan moderne Elemente auf. Der im Nordwesten angefügte Flügel wiederholt das Motiv des Giebels. Die Bänderung und der abschließende, schräg gestellte Mauerverband wirken eklektisch. Zwar ist die originale Einfriedung des Gebäudes erhalten, doch leider entfernte man 1984 teilweise die Sprossenfenster, so dass das Erscheinungsbild des Gebäudes beeinträchtigt ist.

Borchard's firm boomed around 1910, but he went on building after WW1. This semi-detached brick house seems traditional, but has modern elements, e.g. a semicircular gallery. Banding and diagonal bond create an eclectic impression. Original wall/fence survives, though the removal of cross windows (1984) rather spoilt the overall appearance.

142
Villa Busz
Studtstraße 20
Um 1925

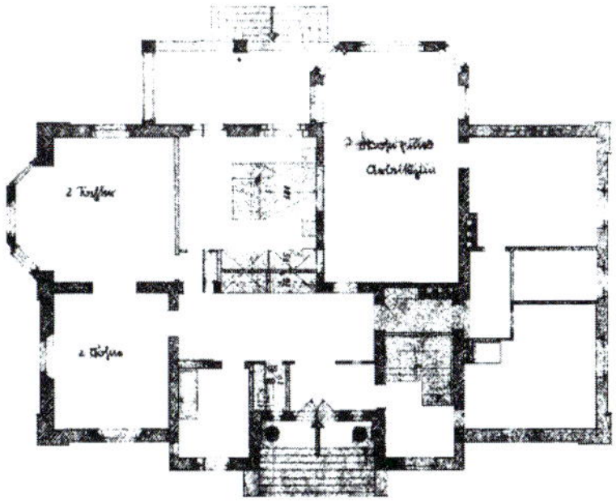

Die Villa gehört sicherlich zu den repräsentativsten Bauten, die in den zwanziger Jahren im Nordviertel errichtet wurden. Sowohl in der Verwendung der Materialien Backsteinmauerwerk und Werkstein für Fensterrahmungen und Gesimse als auch in dem Motiv der Lisenen an den Ecken zeigt sich die Nähe zu dem sich an der örtlichen Barockarchitektur orientierenden Münsteraner Heimatstil. Eigenwillig erscheinen jedoch die von Lünettenfenstern bekrönten Risalite, die den Eingangsbereich flankieren. Letzteren heben ionische Säulen hervor. Sie tragen einen Architrav, der sich als Gesims an den Risaliten fortsetzt und diese mit dem Eingang zu einer Einheit zusammenschließt.
Der Architekt des Hauses ist unbekannt, doch scheint die Nähe zu den Villen, die Johannes Nellissen am Hohenzollernring errichtete (Nr. 220), offensichtlich.

One of the most prestigious 1920s buildings in the Nordviertel; echoes of Münster Style in brickwork, ashlar window frames and pilaster strips. Unusual protrusions crowned by lunettes flank the entrance with its striking Ionic pillars, which bear an architrave continuing as a cornice across the protrusions, linking them to the doorway.
Unknown architect, but an obvious similarity to villas by J. Nellissen.

143
Wohn- und Atelierhaus Guntermann
Studtstraße 31
1928
Paul Griesser

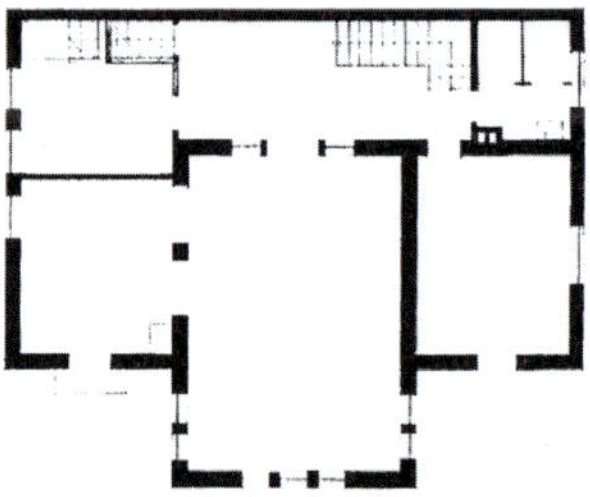

Als der Bildhauer Franz Guntermann von Bielefeld nach Münster zum Leiter der Fachklasse für Holz- und Steinbildhauerei berufen wurde, beauftragte er den Bielefelder Architekten Griesser, ihm ein Wohn- und Atelierhaus zu errichten. Die Wohnräume gruppierten sich U-förmig um das nach Süden aus der Flucht vorspringende Atelier, das um ein halbes Geschoss niedriger erscheint und an drei Seiten durch schmale, über beide Geschosse reichende, rundbogig schließende Fensterbahnen Licht erhält. Mit diesen korrespondieren die Rundbogenfenster mit Balkon an den Stirnseiten der „Flügel" des Wohnbereichs. Dieser zeigte rechteckige, aber nicht achsial aufeinander bezogene Fenster, deren profilierte Rahmung im Erdgeschoss bis auf den Boden heruntergezogen war. Den Abschluss bildete ein Mezzanin mit Okuli. Bei einem Umbau 1965 verkürzte man die Lanzettfenster und ersetzte die Okuli durch rechteckige Fenster. Trotz dieser unsensiblen Eingriffe lässt sich die Bedeutung des Gebäudes ahnen. Als einer der ersten Flachdachbauten in Münster inspirierte es sicherlich die Architekten der Stadt.

Sculptor Franz Guntermann commissioned Bielefeld architect Grieser to build this house with studio. The accommodation forms a U-shape around the studio, which projects to the South; it was lit by round-arch window bands on 3 sides. The house had rectangular windows with moulded frames extending to the ground. A mezzanine with oculi terminated the building. During conversion in 1965, the bottom of the lancet windows was cut off and the oculi were replaced by square windows. Despite insensitive alterations, the building's significance is clear. An early flat-roofed building in Münster, it inspired other city architects.

144
Wohnhaus
Kleimannstraße 16
2013
Architekturwerkstatt Mennemann, Heithoff, Schnoklake

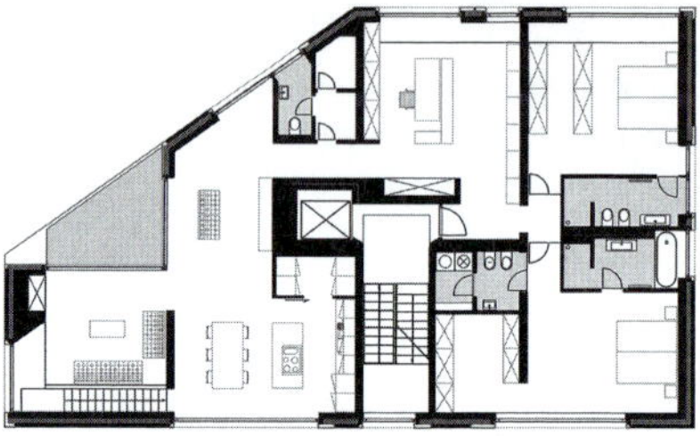

Dem experimentellen Wohnprojekt unmittelbar an der Promenade musste zunächst ein vielfach umgebauter Villenbau aus den 1920er-Jahren weichen. Zu konzipieren war ein Wohnhaus mit drei separaten, gehobenen Stadtwohnungen. Der extrovertierte Baukörper bezieht sich in seinen Höhenmaßen und Ausblicken vielfältig auf den umliegenden Bestand. Sowohl die zweigeschossige Solitärbebauung entlang der Kleimannstraße als auch die dreigeschossige Blockrandbebauung an der rückwärtigen Heerdestraße standen Pate. Für die Außenhülle wurde ein umlaufendes zweigeschossiges Fassadenband entwickelt, das alle Wandöffnungen vereint. Diese sind in multiplen Größen ausgeführt und gleich dem Sockelgeschoss silbermatt umrahmt. Im Gegensatz zu dieser maschinellen Anmutung wurde die sandfarbene Fassade mit wassergestrichenen dänischen Ziegeln gefertigt. Die Wohneinheiten werden von der Längsseite über ein Funktionsgeschoss erschlossen, das rückwärtig auch Platz für drei Stellplätze bietet. Während das schwebende Erdgeschoss die größte Wohneinheit aufnimmt, liegen in den beiden Obergeschossen kompaktere Wohnungen – sich öffnend mit Loggien und Dachterrassen zum Grün der Promenade.

The experimental complex of 3 apartments replaced a 20s villa. The structure's height and aspects refer to nearby housing, a skilful mix of open and closed methods influenced by the 3-storey housing along Kleimannstraße and the 3-storey block edging Heerdestraße. A band of façade openings of varying sizes is framed in matt silver, contrasting with a pale Danish brick façade. Access is via a functional floor on the longer side. The biggest unit is on the ground floor, the 2 upper-floor units are smaller with loggias and terraces overlooking the Promenade.

145
Doppelhaus
Gertrudenstraße 32/34
1927

Während die ersten Bauten, Nr. 28 und 30, dieser relativ geschlossenen Zeile unmittelbar vor dem Ersten Weltkrieg errichtet wurden, folgte das Doppelhaus Nr. 32/34 erst 1927. Der spiegelsymmetrisch angelegte, zweigeschossige Backsteinbau mit Mansarddach greift Elemente der Vorgänger auf, wirkt jedoch bescheidener. Die beiden äußeren Achsen sind jeweils als giebelbekrönter Risalit gebildet, dem asymmetrisch zur Mitte hin im Erdgeschoss ein verputzter Erker vorgelegt ist. Dazwischen spannt sich ein Vordach, das die Eingänge überfängt. Die sparsamen, expressionistischen Zierformen beschränken sich auf die Dreieckgiebel über dem Mittelfenster im Risalitobergeschoss und über dem vergitterten Erdgeschossfenster, unter dem das Mauerwerk im Fischgrätmuster abgesetzt ist.

The first buildings (nos. 28, 30) are pre-WW1; the 2-storey double house no. 32/34 was built in 1927. It adopts some elements of the older houses, but is more modest. The projecting outer axes are crowned by gables; ground floor bays are rendered. Sparse Expressionist décor includes triangular pediments over windows on gables and ground floor, and herringbone-pattern brick below the latter.

146
Doppelhaus
Gertrudenstraße 33/35
1909/10

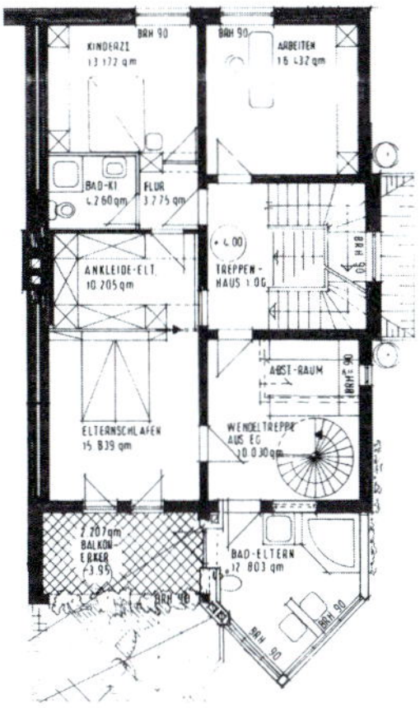

Grundriss Haus Nr. 33

Die beiden Einfamilienhäuser wurden, wie die meisten Häuser der Gertrudenstraße, von der Baufirma Hermann Borchards errichtet, deren Aktivitäten vor dem Ersten Weltkrieg das Nordviertel prägten. Die zweigeschossigen, giebelständigen Bauten mit seitlichen Eingängen entsprechen in der harmonischen Proportionierung und dem sparsamen Jugendstildekor dem Reformstil, dessen gediegene Modernität dem Geschmack der hier vorwiegend ansässigen hohen Regierungsbeamten und Professoren entgegenkam. Letzteren verdankte die Straße ihren damaligen Beinamen „Professorenstraße". Wiewohl kostensparend als Doppelhaus errichtet, besitzen die beiden Häuser einen eher villenartigen Zuschnitt. Bei gleicher Disposition der Fassaden finden sich zudem im Detail zahlreiche Variationen, welche den individuellen Charakter betonen.

Like most of Gertrudenstraße, these houses were built by the leading pre-WW1 builder in the Nordviertel, H. Borchard. The harmonic proportions and sparse Art Nouveau décor of the gabled properties suggest tasteful modernity designed to appeal to the professional classes. Although built as a double house to cut costs, the layouts resemble those of detached villas. Façade details underline their individual character.

147
Mietshäuser
Raesfeldstraße 18/20
1906/07

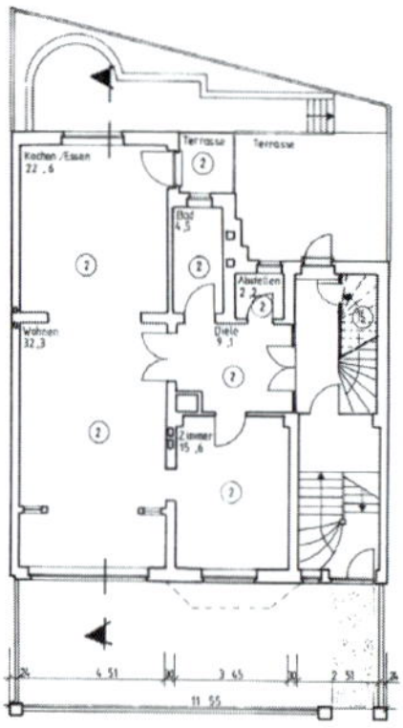

Grundriss Haus Nr. 18

Die beiden Häuser wurden, zusammen mit dem Haus Nr. 22, in einem Zug errichtet, unterscheiden sich jedoch von diesem Nachbarhaus durch die ganz individuelle Gestaltung. Traditionelle Elemente wie die Verwendung von Fachwerk oder die Verkleidung mit Schindeln verbinden sich mit qualitätvollem Jugendstildekor, das sich auch bei den Fenstersprossen erhalten hat. Originell erscheinen nicht nur das Medaillon mit dem mittelalterlichen Liebespaar oder die eisernen Zierformen des Giebels von Nr. 18, sondern auch die vegetabilen Elemente des Erkers und die Türrahmung von Nr. 20.

Built at the same time as no. 22, the individual design of these 2 houses makes them distinctive. Traditional elements like open timbers and shingles are combined with Art Nouveau décor. Original features include a medallion depicting mediaeval lovers no. 18 or vegetable elements on bay and door frame no. 20.

148
Wohnhäuser
Raesfeldstraße 26–32
1906/07

Ansicht Haus Nr. 30 um 1910

Sowohl das freistehende Haus Nr. 26 als auch die drei zusammenhängenden Nummern 28–32 ließ der Bauunternehmer Hermann Borchard, dessen Aktivitäten wesentlich zum planmäßigen Ausbau der Nordviertels beigetragen haben, als Einfamilienhäuser errichten, um sie zum Verkauf oder zur Vermietung anzubieten. Die hochwertigen Immobilien vermeiden schon in der betont unterschiedlichen Gestaltung der Fassaden jeden Gedanken an konfektionierte Massenware. Borchard hatte sicherlich auch die Absicht, für jeden Geschmack etwas bereitzuhalten. Ein originelles Motiv stellt der Hausteinsockel von Nr. 26 dar, der sich aber auch noch bei einigen anderen Häusern des Viertels finden lässt.

H. Borchard, key architect in the development of the Nordviertel, built the one detached no. 26 and 3 joined houses nos. 28–32 for later sale or lease. The top-quality properties avoided any notion of mass-produced housing; their façades display an emphatic diversity. The quarrystone basement of no. 26 is unusual, but not unique in the area.

149
Wohnhaus
Heerdestraße 7
1903

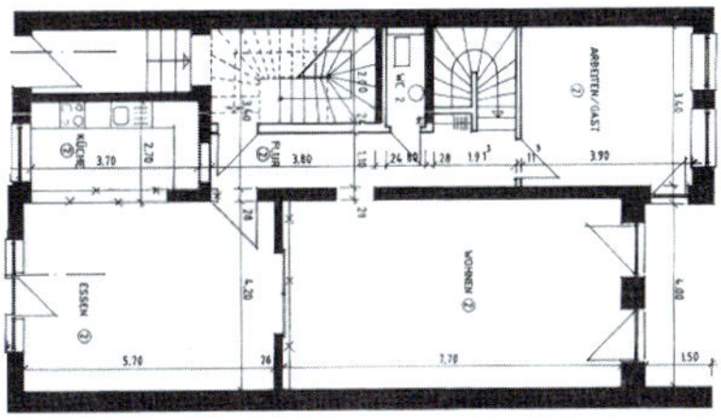

Zu den Häusern, mit denen Hermann Borchard seine Karriere als erfolgreichster Bauunternehmer des Nordviertels begann, gehörte auch diese Villa. Auch wenn der über einem Souterrain zweigeschossige Bau in seiner asymmetrischen Anlage mit giebelbekröntem, flachen Risalit einem geläufigen Schema folgt, bietet er eines der wenigen erhaltenen Beispiele für die Verwendung von reinem Jugendstildekor. Dafür stehen nicht nur die geschwungenen Formen an Fenstern und Balkon, sondern vor allem der Blütenschmuck auf den Pilastern und die Mädchenköpfe am Giebel. Einen besonderen Blickfang bildet die Sphinx auf der hochgezogenen rechten Balkonbrüstung. Diese Details lassen keineswegs auf besondere Interessen der ursprünglichen Bewohner schließen, sondern demonstrieren die Bandbreite, die das Borchardsche Unternehmen mit seinen spezialisierten Werkstätten den Kunden bieten konnte.

An early Borchard villa, predating his career as the most successful builder of the Nordviertel; its asymmetric façade with gabled projection follows a common scheme, but is a rare example of pure Art Nouveau décor, esp. evident in floral motifs and girls' heads of gable. Sphinx on the lower balcony is striking. Details do not reveal the original owner's interests, but demonstrated the range that Borchard's firm offered to clients.

150
Villa Terfloth
Am Kreuztor 1
1904
Alexander Cazin

Der Park an der Kreuzschanze bildet mit dem kleinen Wasserfall sicherlich den gestalterischen Höhepunkt der Promenade. Hier ließ der Kaufmann Robert B. Terfloth seine repräsentative, zweigeschossige Stadtvilla errichten, deren mit Haustein verkleidete Fassaden ebenso wie die wuchtigen Türme und Erker an den Ecken auf die ehemaligen Festungsanlagen zu verweisen scheinen. Erfolgreiche Unternehmer der Zeit um 1900 orientierten sich häufig an Schlössern und Burgen des Adels; außerdem war der „Lieblingsstil" des Kaisers die Romanik. Das eigentliche Vorbild für die Villa stammt jedoch aus Amerika, wo Cazin seine Ausbildung erhalten hatte. Sein Leitbild wurde der Architekt Henry Hobson Richardson, der malerische, der südwesteuropäischen Romanik entlehnte Gestaltungselemente mit Großzügigkeit und Funktionalität zu verbinden wusste. Dessen Gratwick House in Buffalo lieferte das Modell, von der Hausteinfassade über die Ecktürme bis hin zu den großen Fenstern und den steinernen Gitterfenstern. Auch der sparsam eingesetzte spielerische Bauschmuck wie das Eichhörnchen an der Regenrinne findet sich, wenn auch einfacher, schon bei Richardson.

Terfloth's villa is located by the park at Kreuzschanze; its rough stone cladding, corner towers and bays recall the old fortifications of the Promenade. Successful businessmen c. 1900 often oriented their homes on castles, and Romanesque was the Kaiser's favourite style. But Cazin trained in America, and his model was architect H. H. Richardson – who combined SW European Romanesque with an expansive functionalism – and esp. Gratwick House in Buffalo. A simpler form of the playful décor, e.g. the squirrel by the roof, can be found in Richardson's work.

151
Wohnhaus
Kampstraße 2
1906
Hermann Heuring, Heuring & Wagner

Ansicht um 1910

Der Architekt Hermann Heuring hatte das dreigeschossige Jugendstilhaus mit dem turmartigen Eck-Erker, dessen Abschluss ursprünglich ein kleiner Pavillon bildete, entworfen, während sein Partner Wagner für Realisierung und Bauschmuck verantwortlich zeichnete. Die „Organisation" des Mietshauses ist an den Fassaden gut ablesbar. Über dem Eingang an der Kampstraße stoßen die Treppenhausfenster bis ins Dachgeschoss vor, so dass das Gesims hier zu einem Bogen angehoben wird. Zwei von Pilastern eingefasste Erker flankieren diesen Bereich; zur Ecke hin folgt eine weitere Achse mit Balkonen. Ihr entspricht an der Rudolph-von-Langen-Straße der „Funktionsbereich" mit kleinen, ornamental gerahmten dreigeteilten Fenstern. Auch die Einfriedung an der Kampstraße hat sich original erhalten. Ins Auge fällt besonders der reiche ornamentale und figürliche Bauschmuck.

H. Heuring designed this Art Nouveau house, and his partner Wagner was responsible for its realisation. The façades betray the layout; above the entrance on Kampstraße, stairwell windows extend to the attic and the cornice is arched. 2 bays framed by pilasters flank this area, and there is a 3rd axis with balconies before the corner. A corresponding functional area on Rudolph-von-Langen-Straße has small, 3-part windows. Fencing on Kampstraße is original. The rich ornament and décor are striking.

152
Wohnhaus
Rudolf-von-Langen-Straße 34
Um 1875

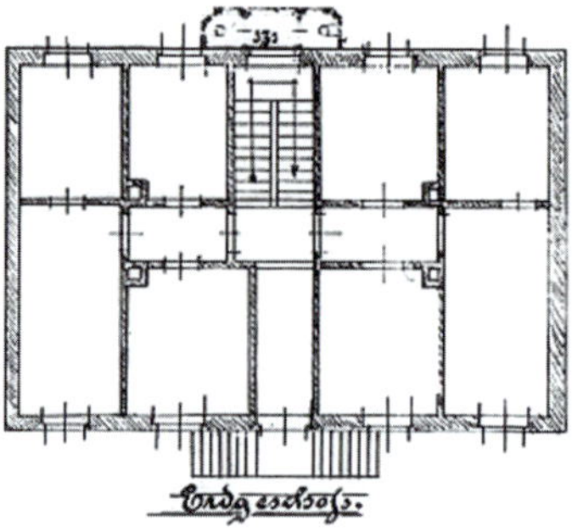

Das über einem rustizierten Kellergeschoss zweigeschossige Haus mit zentralem, über eine doppelläufige Freitreppe zu erreichendem Eingang kann als charakteristisches Beispiel für die Bebauung des Nordviertels vor der Stadterweiterung stehen. Nur wenige Bauten dieser Art haben sich erhalten (vgl. etwa die ein- bis zweigeschossigen Häuser in der Stierlinstraße), da die meisten von den Bauunternehmern abgerissen wurden, die plan- und serienmäßig die Erschließung des Geländes betrieben. Als 1906 ein Steinmetz das Haus erwarb, stockte er es mit dem dreiachsigen Zwerchgiebel auf. Dessen Staffeln verzierte er mit einer Eule, einem Hund und einer Katze, die Weisheit, Wachsamkeit und Schläue symbolisieren sollen.

Rustic basement, central steps and 2 floors make this house typical of pre-expansion building in Nordviertel. Few of its kind survived (cf. houses in Stierlinstraße); most were demolished and replaced by standard development.
A stonemason acquired the house in 1906, adding the transverse gable: owl, dog and cat on its steps symbolise wisdom, vigilance and cunning.

153
Heilig-Kreuz-Kirche
Hoyastraße 12
1889–1902, 1907/08
Hilger Hertel d. J.

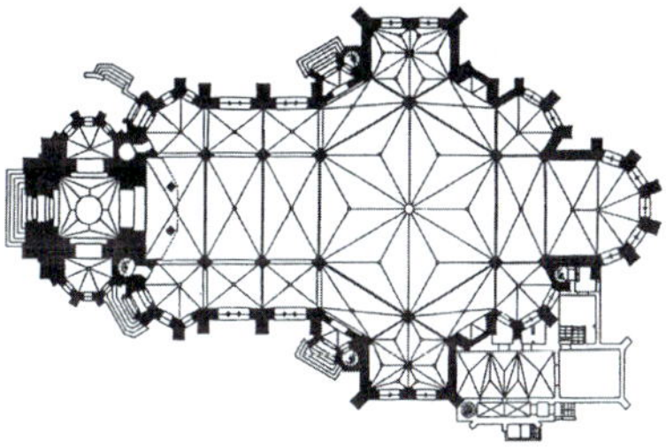

Dort, wo die Hoyastraße die Kamp- und Dettenstraße kreuzt, bildet sie einen Platz aus, in dessen Zentrum die Heilig-Kreuz-Kirche weithin sichtbar aufragt. Die dreischiffige, dreijochige, kreuzrippengewölbte Basilika mit Staffelchor bildet im Schnittpunkt von Lang- und Querhaus einen spektakulären, sechseckigen Zentralraum mit Sterngewölbe aus. Im Aufriss folgt das Langhaus mit Arkaden, Triforium und Obergaden hochgotischen Gestaltungsvorgaben. Den Chorbereich öffnen Lanzettfenster mit Mittelbrücken und einheitlichem Couronnement.
Trotz der Wandgliederung mit einfachen Strebepfeilern wirkt der Außenbau unruhig, bedingt durch die beiden oktogonalen Kapellen mit Eingängen am westlichen Langhausjoch sowie die schräg abschließenden Joche und Türmchen am Querhaus. Die ausgeschiedene Vierung bekrönt ein Dachreiter. Eine Steigerung bewirkt der 1907/08 hinzugefügte fünfstöckige Turm mit dominierendem Maßwerkfenster über dem Portal und oktogonalem Helm.

The interior opens into a spectacular, hexagonal central space with star-ribbed vaulting at the intersection of nave and transept. The elevation is inspired by High Gothic, with triforium and clerestory. Divided by simple buttresses, the exterior is discordant due to 2 octagonal chapels and the transept's bays and towers. 5-storey tower with tracery window and octagonal spire added in 1907/08.

154
Wohnhaus
Hoyastraße 20
1910/11
Alfred Hensen

Das zweigeschossige Backsteinhaus mit Mansarddach auf annähernd quadratischem Grundriss erinnert mit seiner Straßenfassade an barocke Pavillons. Die vier Achsen trennen doppelte Lisenen. Die hohen Fenster, im Erdgeschoss korbbogig, im Obergeschoss rundbogig, besitzen Rahmungen aus Werkstein. Nicht nur die Höhe, sondern auch die geschmiedeten Gitter kennzeichnen letzteres als „piano nobile". Okuli im Dachgeschoss, in jüngster Zeit erneuert, bilden den Abschluss.
Die Seitenfassade mit dem Eingang tritt der Schauseite gegenüber zurück. Leider fehlt heute nicht nur der kleine, ebenfalls barockisierende Park, sondern auch der Vorgarten, der das Ganze rahmte. Der geschmiedete Zaun verdeckte einerseits das werksteinverkleidete Kellergeschoss, andererseits wiederholte er die geschmiedeten Fensterbrüstungen.

The street façade of this brick house suggests a Baroque pavilion: 4 axes are separated by double pilaster strips and the windows have ashlar frames. The height and wrought-iron grilles of the upper windows identify this floor as the "piano nobile". The oculi above were recently renewed.
Originally, a small Baroque-style park and front garden, now lost, provided the house with an ideal setting.

155

Mietshaus

Hoyastraße 32

1904

C. Frönd

Errichtet von dem als Geschäftsmann erfolgreichen Schankwirt Anton Meckmann bot das dreigeschossige Mietshaus Wohnungen mit modernster Ausstattung. Hohen Standard signalisiert auch die qualitätvolle Jugendstilfassade. Gesimsbänder markieren das Erdgeschoss. Die beiden seitlichen Achsen flankieren in den Obergeschossen kolossale Pilaster, deren Konsolkapitelle als Köpfe gebildet sind. Sie tragen Kämpfer, über denen geschweifte, reich ornamentierte Giebel ansetzen. Der linke Risalit ist besonders hervorgehoben. Die Wand zeigt Putzquaderung und die Fensteröffnungen sind im Erdgeschoss durch den halbrunden Abschluss, in den Obergeschossen durch Balkone mit geschmiedeten Gittern ausgezeichnet.

Im rechten Risalit befinden sich die schmalen Treppenhausfenster und der von Blumengirlanden gerahmte Eingang. Die beiden mittleren Achsen treten demgegenüber zurück. Die Wandfläche ist mit Ziegelmauerwerk verkleidet, die Putzrahmung der Fenster fasst die Achsen zusammen und setzt einen deutlichen vertikalen Akzent. Den Abschluss bildet ein Bogenfries.

Built by successful publican A. Meckmann, this house of modern apartments has an Art Nouveau façade signalling quality; belt courses mark the ground floor, 2 side axes are flanked by pilasters with "heads" as capitals. The left projection is emphasised by square rendering and accented window openings. Stairwell windows and doorway, framed by garlands, are on the right.

The 2 central axes are brick-clad; rendered framing around the windows sets a clear vertical accent. Terminated by a frieze of arches.

156

Wohnhaus Baumewerd

Coerdeplatz 12

1954, 1998

Wilhelm und Dieter G. Baumewerd

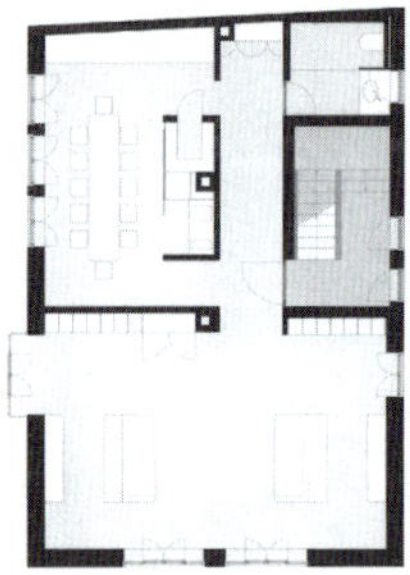

Das Wohnhaus wurde 1954 von Wilhelm Baumewerd für seine Familie als dreigeschossiger Ziegelkubus auf einem Eckgrundstück zur Promenade hin errichtet. Die Rollschichten im Mauerwerk in Höhe der Geschossdecken verweisen bereits auf eine präzise, reduzierte Architektursprache. 1998 erfolgt durch den Sohn ein umfassender Umbau. Unter anderem werden ehemals liegende Fensterformate in hochrechteckige überführt, Räume neu zugeordnet und das Haus um ein Laternengeschoss aufgestockt. Durch den erhöhten Glasanteil in der Fassade zeigt sich das Haus verjüngt, ohne überfrachtet zu sein. Der Zugang in Wohnung und Architekturbüro erfolgt über einen zweigeschossigen Zwischenbau. Mit Geschick wurde in dessen Erdgeschoss ein Hofraum dazu gewonnen und als vertiefter Empfangsbereich ausgebildet. Es ist ein Verdienst des Architekten, dass dem Haus, trotz strenger Linienführung, viele räumliche Überraschungen zu eigen sind.

3-storey cube first built by W. Baumewerd on a corner plot facing the Promenade: verge course between floors already indicative of reduced architectural language. Converted by his son in 1998; key changes being window formats and new lantern floor with a high proportion of glass. 2-storey, abutting building has a court area on the ground floor, developed into a sunken entrance and reception area.

157

Wohnhaus Drangenberg
Zeppelinstraße 4
1928
Heinrich Benteler, Albert Wörmann

Gartenansicht vor 1945

Der zweigeschossige Klinkerbau wandte sich mit seiner Schauseite zur Promenade. Turmartige bis unter das Gesims reichende Erker mit Bänderung und weißen, expressionistisch ornamentierten Eckstützen an den Fenstern flankieren den zweiachsigen Mittelteil, den im Erdgeschoss zwei rundbogige Türen und darüber liegende Fenster mit gebänderter Rahmung öffnen. Ein Zickzackfries schließt die Wandfläche ab. Den Blickfang bildet jedoch die gedrehte „Säule", die sich zwischen den beiden Rundbögen bis in die Höhe der Obergeschossfenster hinaufschraubt. Ein schmales Gesimsband fasst die einzelnen Bauglieder zusammen.
Leider verstellt heute nicht nur der dichte Bewuchs, sondern auch eine metallene Balkonkonstruktion den Blick auf diese originelle Fassadenlösung. Nachdem im Krieg Dachgeschoss und Treppenhaus zerstört worden waren, entwarf Johannes Nellissen zunächst einen halbrunden Treppenhausturm. Zur Ausführung kam jedoch 1951 ein gedrungener kubischer Anbau; auch stockte man das Haus um ein Geschoss auf.

Facing the Promenade, the brick house has tower-like bays with banding and Expressionist ornament, and 2 central axes – each with an arched doorway and a window above. The wall is crowned by a zigzag frieze. Most striking feature of the façade is its twisted "pillar".
Foliage and a metal balcony now rather spoil the impression. WW2 damage to roof and stairwell; Nellissen designed a new semicircular stairwell, but the realised version (1951) is cubic. 3rd floor was also added then.

158

Haus Wolters
Zeppelinstraße 6
1928/29
Franz Mönig, Peter Strupp

Gartenansicht vor 1945

Das erste realisierte Gebäude des Büros Möning & Strupp entstand im Auftrag des mit Strupp verschwägerten Tischlermeisters Carl Wolters. Der Backsteinbau besitzt über einem Kellergeschoss zwei Stockwerke und schließt mit einem Mansarddach ab. Interessant erscheint die Verbindung stilistisch heterogener Elemente. Der kubisch-klare Treppenhausturm ragt in die traditionell gestaltete Dachzone. Zwei Wandflächen überlagern ihn, von denen die linke geschlossen ist, während die rechte zwei an den Rand gerückte Sprossenfenster mit weißem Eckpfosten aufweist. Der Eingang liegt in einem kleinen Vorbau, in dem, von außen nicht sichtbar, ein expressionistischer Spitzbogen mit gestuftem Gewände zur Treppe überleitet. Die eigentliche Schauseite richtet sich zur Promenade und ist heute wegen des dichten Bewuchses nur schwer zu betrachten. Dem Treppenhausturm entspricht hier ein Mittelrisalit mit expressionistischem Backsteindekor.

The first realised by Möning & Strupp, this brick house has 2 floors and a mansard roof. Interesting mix of stylistic elements; e.g. Cubist stairwell tower that extends into a traditional roof zone. Tower is encased by 2 wall areas; closed on left, 2 cross windows on right. Small entrance porch, where an Expressionist archway with stepped jambs leads to the stairs. Front faces the Promenade – from where vegetation now blocks view of a central projection with Expressionist brick décor.

159

Wohn- und Atelierhaus Bröker
Maximilianstraße 7 b
1932
Bernhard Tönies

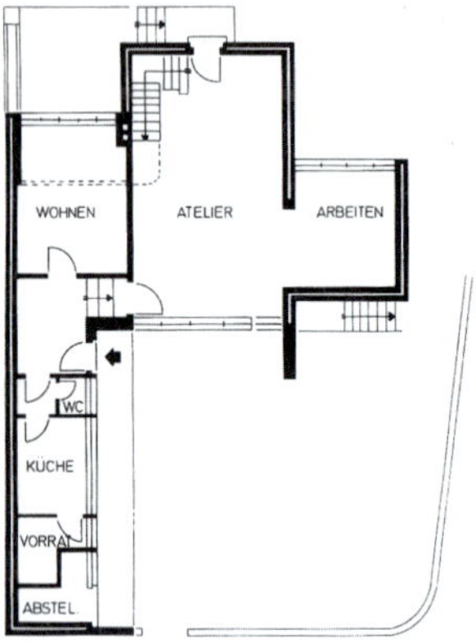

Erbaut für den Maler und Graphiker Bernhard Bröker gliedern sich die drei kubischen Baukörper in ein zweigeschossiges Hauptgebäude mit eingeschossigem Anbau und einen längeren, ebenfalls eingeschossigen Flügel. Den meisten Raum nimmt das über zwei Stockwerke reichende Atelier ein. Die Küche befindet sich in dem Flügel, der an den Wohnraum anschließt. Bad und Schlafzimmer nehmen das Obergeschoss ein. Die über einige Stufen zu erreichende Eingangstür liegt auf der straßenabgewandten Südseite und führt direkt in das Atelier, wo sich auch die Treppe nach oben befindet. Breite Fensterbänder belichten die Räume. Vor allem das L-förmige Atelierfenster verdeutlicht ganz im Sinne des Neuen Bauens, dass in diesem Bereich nicht die Wände, sondern Stützen die tragende Funktion übernehmen. Demgegenüber demonstriert die über die Flucht reichende Wandscheibe im Westen die Stabilität einer Mauer.

Built for artist B. Bröker, the 2-storey main house has an annexe and a long, low wing. A studio takes up most space; kitchen is in wing, accessed via the living room. Top floor comprises bath- and bedroom. The garden entrance and leads directly into the studio.
Rooms lit by window bands. In the spirit of New Building, the L-shaped studio window underlines the load-bearing function of supports, while the non-aligned W. wall also suggests stability.

160

Mietshausanlage
Eckenerstraße
1930/31
Becker und Prietsch

Beidseitig der Eckenerstraße erstrecken sich zwei dreigeschossige Mietshauszeilen, die in ihrem Verlauf winklig so abknicken, dass sich im Zentrum ein annähernd quadratischer Platz ausbildet. An den Backsteinfassaden mit den plastischen Fugen wechseln helle orange-rötliche Läufer mit fast schwarzen Bindern. Die vertikalen, hell eingefassten Treppenhausfenster über den Eingängen rhythmisieren die Wandflächen. Modernität signalisieren die gestuften fünfgeschossigen Kopfbauten mit Flachdächern und weiß verputzten Treppenhaustürmen an der Maximilianstaße. In den Erdgeschossen befinden sich Läden. Auch an dem Platz setzt im „Knick" ein runder, hell verputzter Treppenhausturm mit drei Fensterbahnen einen Akzent, während an der gegenüberliegenden Zeile der Eingang zum Platz durch ein Paar dreieckig vorspringender Treppenhauserker markiert wird. Die Figur eines Merkur bildet ein zusätzliches Schmuckelement. Städtebaulich ist das Ensemble ein Musterbeispiel für die differenzierte Ausformulierung von öffentlichem, gemeinschaftlichem und privatem Raum, der charakteristisch für die großstädtische Wohnarchitektur der zwanziger Jahre ist.

3-storey housing runs along both sides of Eckener Straße, bending to almost form a square. Brick façades: orange-red stretchers contrasting with dark binders. Vertical stairwell windows over doorways create rhythm. Graduated 5-storey head buildings on Maximilianstraße signal modernity. A round stairwell tower with 3 window bands on the square is striking; opposite, the square entrance is marked by 2 triangular stairwell bays. Decor includes a figure of Mercury. The ensemble is a model urban development typical of the 20s; differentiated design of public, communal and private space.

161

Mehrfamilienhaus

Kettelerstraße 71–73
1984–88
Bernard Sackarnd, Gisela Sackarnd-Jöbkes

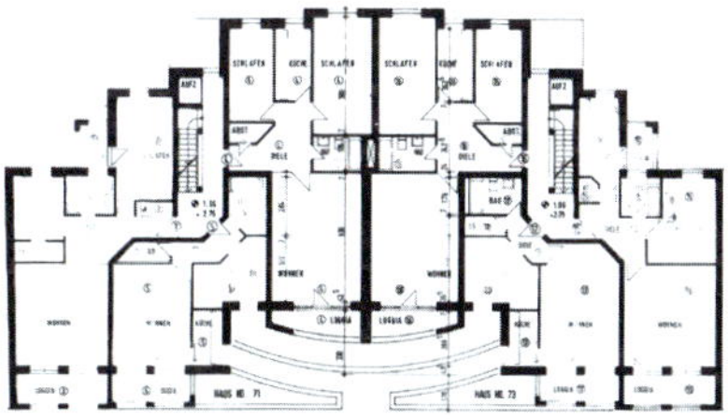

Die 1903 angelegte Kettelerstraße zeigte sich bis 1945 als typischer Straßenzug der Gründerzeit. Nach Zerstörung und Abriss einzelner Gebäude nahm Ende der 1970er-Jahre die Stadt den Bestand auf und verfasste ein Gesamtkonzept, das die Bereiche Modernisierung, Nutzung, Grün, Stadtbild und Verkehr umfasste. Das 1984 von privater Seite konzipierte Doppelhaus ist Teil dieses modernen Stadtumbaugedankens. Dank eines nicht realisierten Straßenstiches zur Ringstraße stellte sich die Baulücke mit 36 Metern mehr als doppelt so breit wie die gebietstypischen Parzellen (15 Meter) dar. In dem zweiflügeligen Grundriss des fünfgeschossigen Hauses zeichnet denn auch der zurückspringende Mittelteil die gedachte Straßenposition nach. Als Übergangsbereich zwischen öffentlichem Außenraum und den Wohnungen fungieren Loggien, die sich in den Seitenflügeln hochformatig, im Mittelteil querformatig in der rötlichen Ziegelfassade abbilden. Unter dem leicht erhöht liegenden Erdgeschoss, das mit Rampen von der Straße erschlossen wird, befindet sich eine Tiefgarage für Mieter und Nachbarn.

Until 1945, Kettelerstraße was typical of the *Gründerzeit*. After war damage, the city implemented a modernisation concept incl. greenery and traffic control. The double red-brick house reflects that urban development concept. 36 metres wide, the plot is at least twice the usual width: house has a 2-wing ground plan with recessed central area. Loggias form a buffer between street and living space; vertical in wings, horizontal in the centre. Under the raised ground floor is a tenants' car park.

162

Dreihausgruppe

Tannenbergstraße 10–14
1935–37
Griebsch

Die drei Häuser dieses Ensembles entsprechen sich zwar in der Struktur, erscheinen jedoch im Detail individuell gestaltet. Die zweigeschossigen Backsteinbauten schließen mit einem Mansarddach; die breiten, dreiteiligen Fenster sind durch helle Kunststeinrahmungen hervorgehoben. Das mittlere Haus besitzt einen Mittelrisalit mit Dreiecksgiebel, der zugleich das Zentrum der Anlage bildet. Die Tür rechts erreicht man über eine kleine Freitreppe, darüber markiert ein rundbogiges Doppelfenster das Treppenhaus. Links befindet sich ein altanartiger Vorbau, dessen abgerundete, gebänderte Ecken sich am Risalit des Hauses links wiederholen. Der Eingang liegt hier an der Seite, hervorgehoben durch einen Treppenhausrisalit mit durchgehendem Rechteckfenster. Dieses Element wiederholt sich an der Straßenseite des Hauses rechts, allerdings belichtet ein Paar rundbogige Lanzettfenster den Aufgang. Bei diesem Haus ziehen sich die Fenster um die Ecke, wenn auch die backsteinverkleidete Eckstütze deutlich hervorgehoben ist.

Alike in structure, the 3 houses differ in detail. Brick-built with mansard roofs; 3-part windows accentuated by cast stone frames. Middle house has central, gabled projection. Steps lead to door on right; above is a round-arch stairwell window. On the left is a porch, its rounded corners echoed on the wall projection of the left-hand house. Here, a jutting stairwell emphasises a side entrance. Right-hand house's windows extend around the corner, though a brick-clad corner post is accented.

163
Wohnhäuser
Nordplatz 3–4/Nordstraße
1905/06

Das Ensemble bietet ein gutes Beispiel für die Qualität und die gestalterische Vielfalt, die den Mietwohnungsbau in dem nördlichen Stadterweiterungsgebiet erreichte. Die Fassaden der von zumeist unbekannten Baumeistern für mittelständische Bauunternehmer entworfenen Häuser zeigen ein breites stilistisches Spektrum vom Historismus bis zum Jugendstil. So mischen sich bei dem mittleren Haus neobarocke Elemente wie die Kartuschen und floralen Ornamente mit eleganten, eher dem Jugendstil zuzuordnenden Elementen wie dem Girlandenfries oder den geschwungenen Brüstungen des Attikageschosses. Eine eigenwillige Fassadenlösung bietet das linke Gebäude, dessen eine Hälfte durch Loggien mit Balustraden aufgebrochen wird.

This ensemble exemplifies the quality and diversity of housing in the N. area of city expansion. Most architects unknown; façades display stylistic features from Historicism to Art Nouveau. Centre house combines neo-Baroque elements, e.g. cartouches, with floral, more Art Nouveau décor (garland frieze). House on left has an unusual façade broken up by loggias with balustrades.

164
Versöhnungskirche
Martin-Luther-Straße 26/Friesenring
1962/63
Gerti Elliger-Gonser, Hans-Jörg Gonser

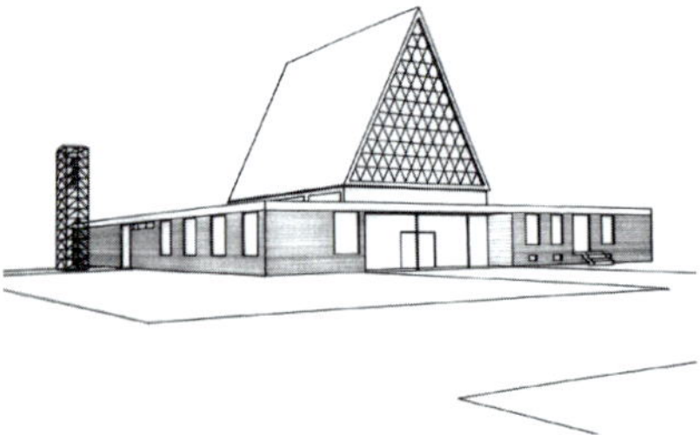

Bereits 1928 erwarb die evangelische Kirchengemeinde ein rund 4000 Quadratmeter großes Grundstück am Friesenring, am Rande des wachsenden Kreuzviertels. Zu einem Neubau kam es jedoch lange Zeit nicht, da Krieg und Wiederaufbau andere Schwerpunkte setzten. Erst 1963 konnte nach 16-monatiger Bauzeit die neue Kirche mit ihrem signifikanten gleichseitigen Dreiecksdach eingeweiht werden. Der verschieferte Dachkörper scheint wie aufgelegt auf ein eingeschossiges Basisgeschoss aus Ziegelstein, das zum Ring Gemeinde- und rückwärtig Wohnräume aufnimmt. Der Hauptzugang erfolgt von der ruhigen Wohnstraße. Im Innern wird der schlichte Raum insbesondere durch das Licht bestimmt, das durch den teilweise farbig verglasten Dreiecksgiebel fällt. Ein Nagelkreuz auf dem Altar mahnt an die Zerstörung der Kathedrale von Coventry und gilt als Zeichen der Versöhnung. Im Frühjahr 2007 wurde die Kirche aufgrund von rückläufigen Mitgliederzahlen geschlossen, eine Umnutzung wird diskutiert.

Parish bought the plot in 1928, but WW2 and its aftermath meant that the church with its slate-clad triangular roof was not consecrated until 1963. A base, brick volume houses parish rooms and living space. Main door on the quiet residential street. Light through the gable defines the interior. Nail cross on altar is a reminder of Coventry; a sign of reconciliation. Poor attendance led to closure in spring 2007; re-use under discussion.

165

Dreifaltigkeitskirche

Grevener Straße 106/Friesenring
1938/39; 2010–13
Heinrich Benteler, Albert Wörmann; Pfeiffer · Ellermann · Preckel

Ansicht 1938

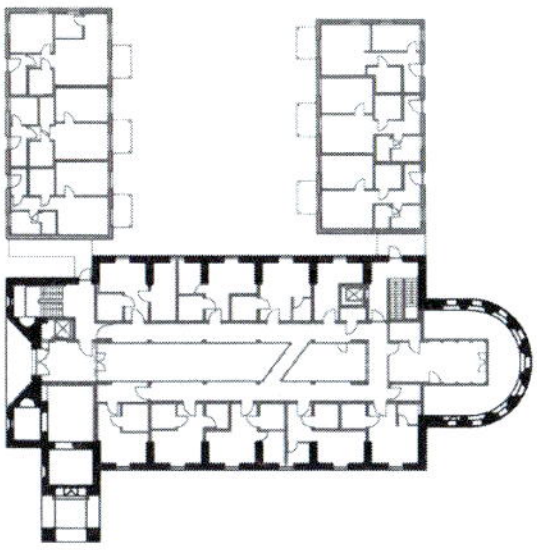

Die Wände der in Backstein ausgeführten Wandpfeilerkirche mit eingezogenem, halbrundem Chor gliedern Rundbogenfenster, schmal und hoch am Langhaus, gedrungen aneinandergereiht an der Apsis. Mit großem Pathos öffnet ein vielfach gestuftes Gewände die Westfassade und bildet die Vorhalle für das Eingangsportal mit darüber liegendem Spitzbogenfenster. Die flankierenden Rundbogenfenster steigern kontrastierend diesen Effekt.
Der breite Turm, der aus Gründen der Flugsicherheit im Hinblick auf den drohenden Krieg eher niedrig gehalten war, wirkte ursprünglich wie seitlich in das Schiff hineingeschoben. Über dem Durchgang im Erdgeschoss betonten kleine Rundbogenfenster den wehrhaften Charakter. Den Abschluss bildete eine Arkade, die mit dem Satteldach zu einer Art Ehrenhalle verschmolz. Von den einsetzenden Kriegsvorbereitungen zeugt die Forderung der Baubehörde, dass unter dem Gebäude ein Luftschutzbunker angelegt werden müsse.
Die schwer zerstörte Kirche wurde nach Kriegsende durch Benteler und Wörmann wieder aufgebaut. Der Turm greift nicht mehr auf den Dachstuhl der Kirche über, auch erhöhte man ihn um ein Geschoss. Die Schalllöcher streckte man so in die Länge, dass sie nun wie Schlitze wirken und sich nicht mehr zu einer Arkade zusammenschließen, eine geschickte Anpassung an die ernüchterten Verhältnisse.
Heute finden sich in dem Kirchenraum in den beiden unteren Etagen Appartements für betreutes Wohnen, mit Gemeinschaftsraum in der Apsis; das zweite bis fünfte Obergeschoss wird gewerblich benutzt. Die Bereiche sind über getrennte Treppenhäuser mit Aufzügen erreichbar. Die Räume gruppieren sich um einen Lichthof mit brückenartigen Übergängen. Das äußere Erscheinungsbild blieb weitgehend erhalten. Putzflächen markieren die Anschlussstellen der abgebrochenen späteren Anbauten, die Fenster erhielten gerade Abschlüsse und wurden bis auf den Boden heruntergeführt, die Apsis mit drei weiteren Reihen von Rechteckfenstern geöffnet. Zwei im Norden angebaute, dreigeschossige Flügel mit hellen Ziegelfassaden sind durch Übergänge mit dem Kirchenschiff verbunden und begrenzen einen begrünten Hof.

Pilastered church with semicircular choir. Round arch windows, narrow in the nave, set in squat rows in the apse. Graduated wall opens west façade, forming porch to main door with pointed arch window above. Accentuated by flanking round arch windows.
Wide, low tower with small, round arched windows underlined the structure's defensive aspect.
Destroyed in war, rebuilt by Benteler and Wörmann. Tower no longer recedes into church volume and is higher. Sound openings made into slits, no longer forming a true arcade. 2 lower floors in church are apartments for assisted living; communal rooms in the apse; other floors used commercially, rooms grouped around an atrium crossed by bridges. Few changes to external appearance. Some later extensions removed, windows given straight terminations and lengthened to ground, 3 new rows of windows in apse. 2 brick wings added in North.

166
Wohnsiedlung
Kinderhauser Straße 65–87
1924–30
Gustav Wolf

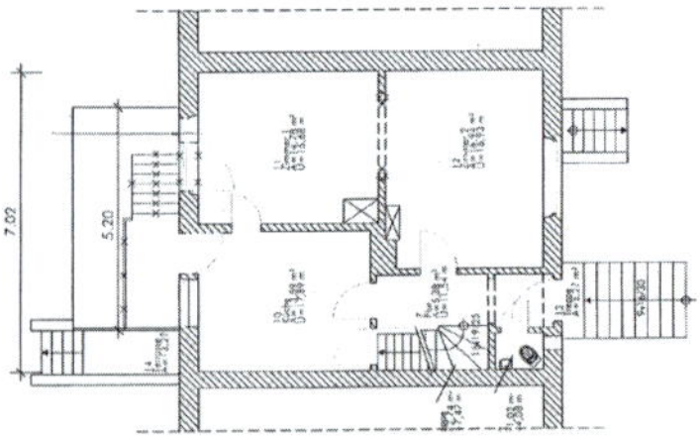

Zur der von der „Westfälischen Heimstätte" jenseits der Ringstraße geplanten Anlage mit 170 Wohneinheiten an der Grevener und Kinderhauser Straße gehören die dreigeschossigen Backsteinhäuser mit den rautenförmigen Ziersetzungen in den Giebelfeldern Grevener Straße 140–144; vor allem aber entwarf Wolf Zeilen zweigeschossiger Typenhäuser, zu denen jeweils ein Garten gehörte, der die partielle Selbstversorgung ermöglichte. Schmale, eingetiefte Streifen trennen die Einheiten des Typs „Gröninger", die sich nur in kleinen Details unterscheiden. So finden sich überall im Obergeschoss drei etwas kleinere Fenster mit flachen, profilierten Putzrahmen, während im Erdgeschoss entweder rundbogige, rechteckige oder dreieckige Öffnungen die über einige Stufen zu erreichenden Türen bekrönen.
Ursprünglich befand sich die Siedlung wie eine Gartenstadt auf freiem Feld. Während sich die Situation an der Grevener Straße wesentlich verändert hat, lässt sich der Gedanke in der Kinderhauser Straße noch gut nachvollziehen. Über einen Erbbauvertrag mit dem „Münsterschen Studienfond" waren die Häuser bis 1945 für Beamte reserviert. Eine vergleichbare Zeile, ebenfalls von Wolf für die „Westfälische Heimstätte" geplant, findet sich an der Zuhornstraße.

Wolf designed the 2-storey houses for an estate of 170 units on Grevener and Kinderhauser Straße; each had its own garden. Only minor details vary: top floors have 3 small windows with moulded plaster frames, ground floors round-arch, rectangular or triangular openings over the doors.
Originally, the estate was set out like a garden city. Traffic and development have altered Grevener Straße, but the concept is still clear in Kinderhauser Straße. Wolf planned a similar row for the "Westfälische Heimstätte" in Zuhornstraße.

167
RS + Yellow Möbel
Grevener Straße 73
2000–02
Bolles+Wilson

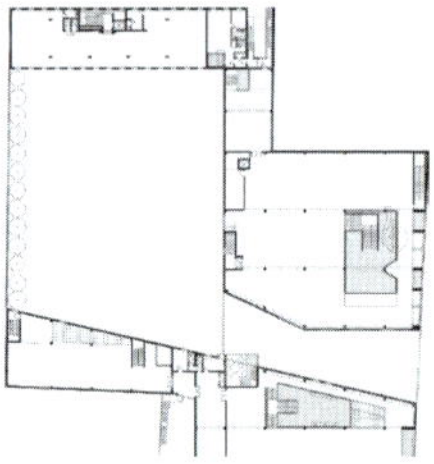

Den trivialen boxartigen Möbelmärkten der Peripherie stellen die Architekten hier an einer der Hauptausfallstraßen einen neuen Markttypus mit urbaner Fassade entgegen. Mit zusammen über 5000 Quadratmeter Verkaufsfläche gruppieren sie drei Möbelgeschäfte und ein Lager mit der Warenausgabe um einen internen Parkplatz. Markantes Zeichen der Anlage stellt ein leuchtender Werbeturm dar, der mit den anderen Türmen des Viertels (Dreifaltigkeitskirche, Feuerwache, Brauerei) in Dialog tritt. Ein in 12 Meter Höhe schwebendes Dach markiert den bühnenartigen Eingang für Fußgänger und Autofahrer. Dieses wächst aus dem linken Gebäudevolumen heraus und kragt über den gegenüberliegenden Laden aus. Das Gebäude spielt mit den Kategorien Mobil/Immobil, Innen/Außen und erzeugt für den Betrachter immer wieder neue szenografische Bilder. Das örtliche Verbot, Geschäftsbauten mit Holzfassaden zu verkleiden, umgehen die Architekten, indem sie verschiedenartige überbreite Holzrahmen zur Fassade fügen, die mal mit Glas, mal mit Klinker ausgefacht sind. Sie erscheinen wie die Stapelung offener Kisten und verweisen auf die Ware im Inneren.

Unlike most trivial peripheral shopping centres, here ca. 5000 m² sales area in 3 furniture stores is grouped around an inner car park. A striking illuminated advertising tower echoes other towers in the district (e.g. church, brewery). Entrance is below a 12 meter high suspended roof, jutting over the opposite store. Ban on wooden cladding for commercial buildings is evaded by adding wide wood frames, filled with glass or brick, to the façade. This evokes open boxes – a pointer to the goods within.

168

Ehem. Germania-Brauerei

Grevener Straße 89–91
1898/99; 2008
Emil Moog; Andreas Deilmann

Ansicht 1984

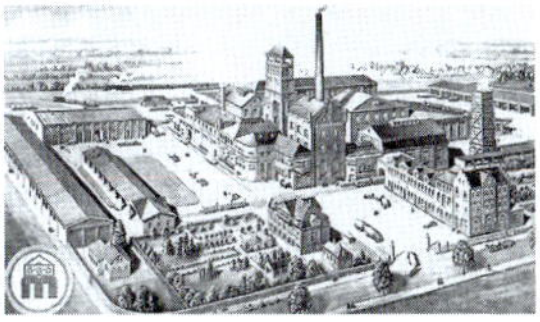

Der von dem Bäcker, Brauer und Gastwirt Friedrich Dinighoff geführte Betrieb war um 1900 die größte der rund fünfzig Münsteraner Brauereien. Nur das dreistöckige, traufständige Verwaltungsgebäude an der Grevener Straße zeigt eine aufwendigere, Werkstein imitierende Rahmung der Öffnungen. Zudem betont ein auf Höhe der Erdgeschossfensterbögen auf Konsolen ansetzender Erker mit Stufengiebel die beiden mittleren Achsen. Auf der Rückseite schließt das ehem. zweieinhalbgeschossige „Braustübl" an, gefolgt von einem Lagerhaus. Auch das westlich von diesem Ensemble befindliche Sud- und Kesselhaus errichtete man in schlichten neogotischen Formen. Der Erweiterungsbau aus den zwanziger Jahren unterscheidet sich stilistisch mit der Gliederung aus Wandfeldern, Lisenen und gestuftem Gesims deutlich von dem Vorgänger. Einen Akzent setzen die sich an der nördlichen und östlichen Achse vorwölbenden Erker. Auch der hohe Turm, das Wahrzeichen der Bauerei, stammt aus den zwanziger Jahren. Seit 1982 die Produktion eingestellt wurde, fanden sich für das Gelände verschiedene Nutzer. Von der „GermaniaTherme", die bis etwa 1998 bestand, zeugt die „Glaspyramide". 2008 eröffnete im Turm ein Hotel, dessen Zimmer in zwei kubischen Flügelanbauten untergebracht sind. Der „Germania-Campus" umfasst vor allem Fitness- und Gesundheitseinrichtungen sowie Gastronomie.

This was the biggest of 50 Münster breweries in the late 19th century. Offices on Grevener Straße have imitation ashlar window and door frames. A bay with stepped gable, set on consoles, accentuates the 2 central axes. At the back were the former "Braustübl" inn and a store house.
West of this ensemble is the neo-Gothic boiler house. The extension (1920s) is very different, with pilaster strips and a stepped cornice dividing the façade. The tower – a city landmark – also dates from the 20s. Production ended in 1982. Current conversion work will preserve the listed buildings.

169

Lincoln-Quartier

Grevener Straße/Dreizehnerstraße 42–50
1913–22; 1996–2002
Wohn+Stadtbau (Altbau), Carsten Lorenzen (Neubau)

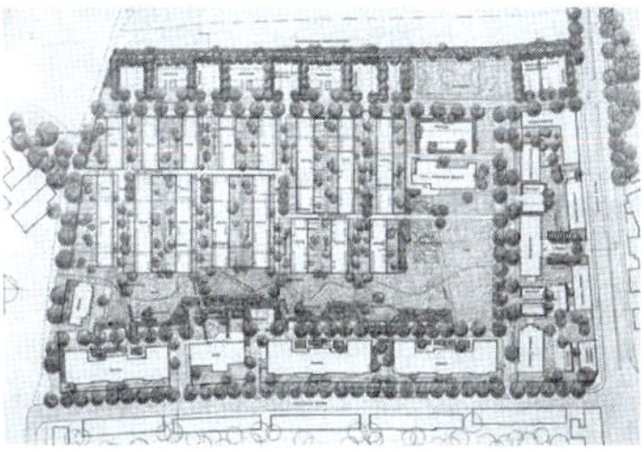

Im Jahr 1913 begonnen, konnte die im zurückhaltenden Reformstil errichtete Kasernenanlage erst nach dem Ersten Weltkrieg fertiggestellt werden. Sie zählte damals funktional wie architektonisch zu den modernsten Militäranlagen in Deutschland. Ihre insgesamt elf Gebäude, darunter Mannschafts- und Offiziersgebäude sowie Kasino-, Küchen-, Wach- und Verwaltungsgebäude, wurden teilweise bereits in Skelettbauweise ausgeführt. Nach dem Zweiten Weltkrieg bezogen die Britischen Streitkräfte das 6,5 Hektar große Areal. Als sie 1994 den Standort aufgaben, entwickelte die Stadt es zusammen mit Lorenzen zu einem neuen Stadtquartier. In der Folgezeit entstanden rund 400 neue Wohnungen, davon 200 in den denkmalgeschützten Altbauten und 250 in einem eigenständigen, neuen Wohnquartier mit Mehrfamilien- und Reihenhäusern inmitten einer heute durchgrünten, vom Autoverkehr freigehaltenen Anlage. Ergänzt wird das Quartier durch ein neues Einkaufszentrum an der Grevener Straße sowie einen Kindergarten im ehem. Casino.

The Reform-style barracks were begun in 1913, completed after WW1. Among the most modern in Germany, they provided 8 buildings for officers and men, casino, kitchen, guardhouse and admin block. Used by the British army from WW2 until 1994, when the city and Lorenzen developed the area into a traffic-free housing estate with 200 new apartments in listed old buildings, 250 in new blocks and terraces. New shopping centre on Grevener Straße, kindergarten in the former casino.

170

RS+Yellow Distributionszentrum
Wienburgstraße 171
2009
Bolles+Wilson

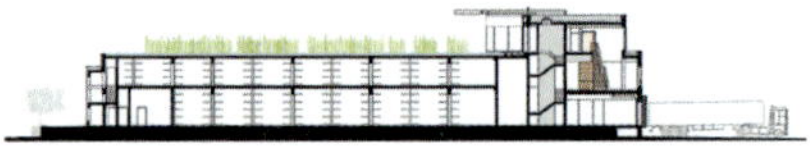

Bereits 1992 ließ sich das Unternehmen vom gleichen Büro ein erstes Zentrallager bauen, ein weiterer gemeinsamer Neubau entstand 2002 mit dem RS + Yellow Möbelmarkt (Nr. 167). Mit kreativem Pragmatismus erfolgte nunmehr auch die Planung eines notwendigen Distributionszentrums. Angelegt als „Big Box“ mit einer Grundfläche von 60 x 66 m wurde der zweigeschossige Bau aus vorgefertigten Stützen und Trägern sowie weit gespannten Deckenplatten erstellt. Die Fassade besteht aus bündigen Gasbetonpaneelen, hinter denen die Haustechnik unsichtbar verborgen liegt. Auf drei Seiten ist sie als Farbvorhang mit durchlaufenden Pyjama-Streifen gestaltet. Am unkonventionellsten aber zeigt sich das Dach: hier lädt eine große Wasserlandschaft (45 x 65 m) zum Weitblick ein. Unsichtbare Schwallwasserrinnen suggerieren Unendlichkeit. Betrachtet werden kann die künstliche Seelandschaft von einer 1.500 qm großen Büroeinheit mit breiter Schiebe-Glasfassade. Eine vorgelagerte Holzterrasse samt Pergola und Lamellen-Vorhang lässt eine nahezu asiatische Lichtstimmung entstehen.

In 1992 the company had a depot built by the same office, which also designed the RS + Yellow furniture store (no. 167) in 2002. The distribution centre is a single "big box": prefabricated parts used for a 2-storey, 60 x 66 m volume. Façade is gas concrete panels, in striped curtain look on 3 walls. Unconventional roof: waterscape (45 x 65 m) with invisible basins suggests infinity, overlooked by 1,500 m^2 office unit with sliding glass wall. Wooden terrace creates an almost Asian ambience.

171

De Civitate
Wienburgpark
1991–97
Maria Nordman

Der 1986/87 angelegte Park trägt seinen Namen nach dem heute als Restaurant genutzten, um 1765 errichteten Landhaus, zu dem auch ein Barockgarten gehörte. Im Norden des Geländes hat Nordman drei Gruppen von Bäumen gepflanzt, Ginkobäume, Chinesisches Rotholz und Lebensbäume. Die beiden ersten umgrenzen U-förmig Räume. Die Lebensbäume stehen in Reihen, die sich labyrinthartig zu aus der Luft „lesbaren“ Zeichen formieren. Die Ginkobäume sind die älteste Baumart, auch können sie hunderte von Jahren alt werden. Lebensbäume sind immergrün, während das Rotholz, das seine nadelähnlichen Blätter abwirft, dem Wandel der Jahrezeiten folgt. Der Titel „De Civitate“ klingt zudem wie ein antiker Traktat, man denkt an Ciceros „De re publica“ oder an Augustinus' „De Civitate Dei“. Nordman thematisiert also mit ihrer Skulptur sowohl Räume und Zeit als auch die Idee, Natur sei einerseits ein Bild der göttlichen Ordnung, andererseits etwas, was der Mensch aus eigener Machtvollkommenheit gestalten könne, eine der Leitideen der europäischen Gartenkunst.

Laid out in 1986/87, the park's name is that of the house (1765), now a restaurant. There are 3 tree groups in the North: ginkgo, Chinese redwood, arbor vitae. Ginkgo is the oldest type; arbor vitae is evergreen, while redwood follows the seasons. The title "De Civitate" sounds like an old tract, e.g. Cicero's "De Republica". Nordman's sculpture thus examines spaces and time, and the idea that nature not only reflects divine order, but man's God-given creativity; a key notion of European garden art.

172
Wohnhaus
Julius-Hart-Straße 4
Um 1932
Leo Sunder-Plassmann

Unter den relativ gleichförmigen Backstein-Einfamilienhäusern des „Dichterviertels" fällt das von Sunder-Plassmann errichtete Gebäude durch originelle Details auf. Das über einem Kellersockel zweistöckige, kubische Haus schließt mit einem Walmdach, das fast pagodenartig ausschwingt. Dicht an dicht senkrecht gestellte, plastisch vortretende, helle Steine bilden das Kranzgesims. Die unterschiedlichen Fensterformen und Türen sind locker zu vier Achsen geordnet. Ein altanartiger Vorbau, dessen Wandstücke zwischen den Fenstern in einer plastischen, gitterartigen Struktur gemauert sind, reicht über die beiden linken Achsen. Den über mehrere Stufen zu erreichenden, in der dritten Achse befindlichen Eingang beschirmt ein Vordach, das als besonderer Blickfang ein gedrehter Backsteinpfeiler stützt, ein Motiv das vielleicht von Benteler & Wörmanns Haus Zeppelinstr. 4 (Nr. 157) angeregt wurde.

Cubic, with an almost pagoda-like hip roof, Sunder-Plassmann's design stands out among the regular brick houses of the "Dichterviertel". Windows and doors are set in 4 axes, a gallery-like protrusion above the left 2; here, the wall between the windows has a moulded, grille-like structure. Porch roof is supported by a twisted brick pillar; a motif inspired by Benteler & Wörmann's house at Zeppelinstr. 4 (no. 157)

173
Gartenhaus
Wienburgstraße 66
2011
Norbert Frede

Mit 23 qm Nutzfläche und einer scheinbar klaren Formensprache wirkt das Haus in der Kleingartenanlage (Garten Nr. 26) zunächst überschaubar. Doch auf den zweiten Blick wird zunehmend die Komplexität in der großen Form wie im kleinen Detail offenkundig. Erkennbar werden bei dem zurückliegenden Holzhaus vier verschieden große Kuben, die einen zentralen Einraum bilden. Dieser öffnet sich vielfältig: In Richtung Hauptweg mit einer Doppeltür, seitlich mit tanzenden Längsfenstern und Tür sowie Fenstern für Schreibplatz und Küche. Die sichtbar gelassene Holzkonstruktion erlaubt es, die Durchdringungsflächen ebenso als Lichtfugen zu verglasen. Während sommertags Architektur und Natur zu einem Raum nahezu verwachsen, leuchtet das Gartenhaus abends – vor allem in einem schneereichen Winter – von sich heraus und bietet große Behaglichkeit. Für die gesamte Konstruktion sowie für Fassade und Möbel wurde unbehandeltes heimisches Holz verwendet. Die kleine Oase fungiert für die Familie des Architekten als „Ferienhaus zehn Minuten vor der Stadt". In der langen Tradition von Sommerhäusern und Gartenpavillons, für die Münster bekannt war, bildet dieses „Garten mit Haus"-Konzept eine gelungene zeitgenössische Variante.

Apparently clear formal language makes this 23 m^2 garden house seem small and simple at first; a second look reveals 4 different-sized cubes forming one central space with several openings: double door to main path, long windows and door at sides, windows in writing area and kitchen. Visible wood frame means intersections can be glazed. On summer days house and nature appear as one, after dark the structure glows from within. Untreated local wood used. Successful contemporary take on the Münster tradition of summer houses/garden pavilions.

174
St. Bonifatius
Cheruskerring 19
1963–65; 2004–06
Eberhard Kleffner/Christa Kleffner-Dirxen; agn Paul Niederberghaus & Partner

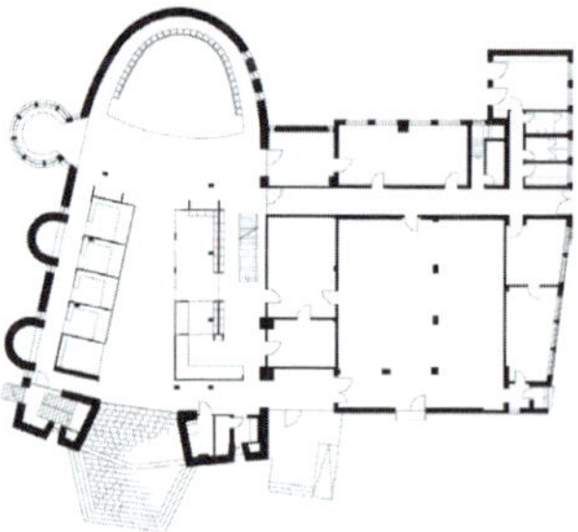

Auch nördlich der 1894 konzipierten Ringstraße entstanden neue Wohngebiete, in deren Folge sich neue Kirchengemeinden bildeten. Nach 1945 hielt die Entwicklung an und wurde durch den Zuzug von Flüchtlingen aus ehem. deutschen Ostgebieten sogar beschleunigt, so dass man von der Heilig-Kreuz-Pfarrei St. Bonifatius als neue Gemeinde abteilte. Noch zunächst für einen anderen Bauplatz erfolgte 1957 ein erster Wettbewerb, bei dem sich das im Kirchenbau versierte Architektenehepaar Kleffner durchsetzen konnte. Nach Vorbild der von Rudolf Schwarz im gleichen Jahr in Bottrop geschaffenen Heilig-Kreuz-Kirche entwarfen sie den monumental wirkenden, mit Ziegeln verkleideten Baukörper auf einem parabelförmigen Grundriss. Als markantes Wahrzeichen wurde der Turm unmittelbar an der Straße platziert, während die Kirche selbst sowie Pfarrhaus und Kindergarten zurückgesetzt wurden. Mangels Mitgliedern kehrte die Gemeinde 2004 zur Pfarre Heilig-Kreuz zurück, die denkmalgeschützte Kirche wurde an den bistumsnahen „dialogverlag" verkauft und zu einem Redaktions- und Vertriebsgebäude sorgfältig umgebaut und erweitert.

Expansion N. of Ringstraße (post 1894) led to new church building. After WW2, refugees from the East underlined this development; St. Bonifatius emerged from Heilig-Kreuz. The Kleffners erected a brick-clad church on a parabola-shaped ground plan, echoing R. Schwarz' Heilig-Kreuz church, Bottrop. Striking tower directly on street; church, vicarage, kindergarten are set back. Dwindling numbers led to closure in 2004; the listed building was sold to the "dialogverlag" and converted.

175
Blockbohlenhaus
Cheruskerring 35a
1949; 1999/2000
Reinhard Martin (Umbau)

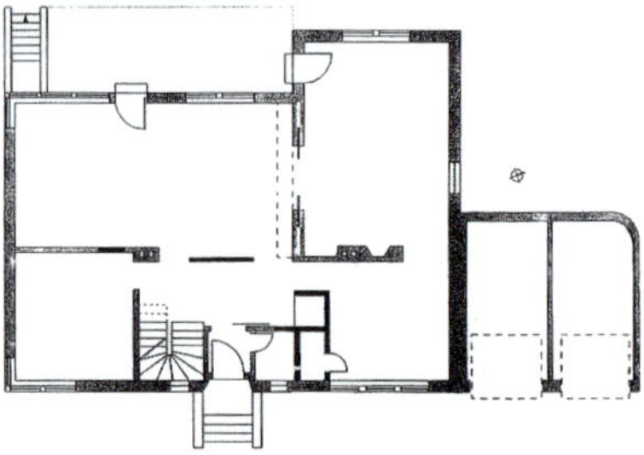

Das 1949 für den Leiter der Inneren Mission der evangelischen Kirche in Münster inmitten eines heterogen bebauten Mischgebietes errichtete Wohnhaus stellt ein Geschenk der norwegischen evangelischen Kirche dar. Dort vorgefertigt, kam es als Bausatz nach Münster. Das zweigeschossige Satteldachhaus wurde mit annähernd 200 Quadratmeter Wohnfläche in Relation zu den damals üblichen Wohnverhältnissen sehr großzügig dimensioniert. In typisch skandinavischer Bauweise wurden Blockbohlen aus nordischer Kiefer übereinander geschichtet. Spuren deuten darauf hin, dass diese teilweise bereits aus anderen Bauwerken oder Schiffen stammen. Das schlichte, rot gestrichene Gebäude war schon verwittert und in Vergessenheit geraten, als der Architekt Martin es wieder entdeckte, unter Denkmalschutz stellen ließ und sanierte. Trotz minimaler Eingriffe in den großzügigen Grundriss und neuer Wärmedämmung konnten durch vorbildliche Details Elemente wie Fenster, Eingangstür, Dachdeckung und äußere Bretterschalung hierbei im Original erhalten bleiben – und somit der Gesamtcharakter des Hauses gewahrt werden.

The house was a gift (1949) to the head of the Protestant church's inner mission in Münster from the Church of Norway. Its pine-constructed storeys and saddle roof make it typically Scandinavian; some timbers may have been used already for other buildings or ships. Architect Martin had the neglected, red-painted house listed and restored. Original elements such as windows, door, roofing, and external timbers were kept – preserving its overall character.

176

Wohnhaus Bloch-Pfister

Uppenkampstiege 6
1964; 2002
Helmut Schuppert, Bruno Korte; Rainer M. Kresing

Das 1964 errichtete, zweigeschossige Siedlungshaus zeigte die typischen Merkmale jener Zeit: hellbrauner Verblendklinker, Pfannendach mit Überstand und einen kleinteiligen Grundriss. Das Bauherren-Ehepaar, das bislang ein enges Reihenhaus in einem Stadtteil bewohnte, erkannte das Potential und entschied sich zum Umbau. Zum einen wurde die äußere Form des Hauses präzisiert (klar abgeschlossene Dachform, wohlproportionierte Dachgauben, weißer Fassaden-Dämmputz, bündige Fensterfelder), zum anderen der Grundriss optimiert. Im EG konnte durch Zusammenlegung von Räumen ein großzügiger Wohn- und Essraum auf der Gartenseite entstehen und nach vorne eine zweigeschossige Halle als Eingangsfoyer. Von hier aus führt eine skulptural wirkende Betontreppe in das Obergeschoss mit seinen Schlafräumen und Bädern. Der Spitzboden dient als Gäste- und Spielzimmer. Das Haus zeigt vorbildlich, wie selbst aus einfacher Siedlungsarchitektur zeitgenossische Wohnlösungen hervorgehen können. Die Nachbarhäuser veranschaulichen nochmals den vormaligen Zustand.

The property was typical of its era (1964); brick-clad with pantiled roof and small-scale ground plan (cf. nearby houses). Conversion clarified the outer form (e.g. roof, well-proportioned dormers, white rendering) and optimised the ground plan. Rear ground floor is now a big living area, the front an entrance hall. From here, striking concrete stairs lead to bedrooms, bathrooms. Loft is guest- and playroom. Fine example of how simple estate housing may be turned into contemporary living space.

177

Ehem. Kanalwasserpumpwerk

Gartenstraße 123
1901–05
Sebastian Bender

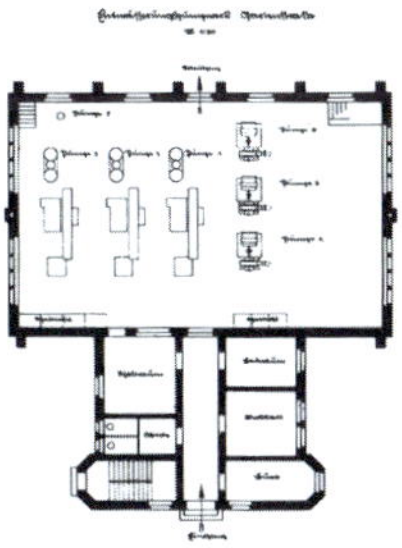

Münster hatte um die Jahrhundertwende ein vorbildliches System der Wasserver- und -entsorgung in Betrieb genommen, zu dem auch das Pumpenhaus an der Gartenstraße gehörte. Die hier installierten Pumpen leiteten das Brauchwasser auf die im Norden der Stadt befindlichen Rieselfelder. Der Komplex aus Maschinenhalle und Wärterhaus bildet ein malerisches Ensemble, wobei die Funktion der Gebäude gut ablesbar bleibt. Die Maschinenhalle erscheint als Putzbau mit dekorativen Streifen von Ziegelmauerwerk, die auch die Bögen der Fensteröffnungen nachzeichnen. Das tief herabgezogene Krüppelwalmdach verbirgt eine Deckenkonstruktion aus Eisenbögen, die auf Jugendstilkonsolen fußen. Das giebelständige, zweigeschossige Wärterhaus schließt direkt an die Maschinenhalle. Die Traufseiten sind verputzt, die Schmalseite mit dem zentralen Eingang besitzt eine Verblendung aus Ziegeln, während die Giebelzone in Fachwerk ausgeführt ist. Die klare Symmetrie des Gebäudes lockert das turmartig in die Dachzone hineinragende Treppenhaus. Das inzwischen durch ein Zentralpumpwerk außer Funktion gesetzte Gebäude baute man 1983/84 zu einem Theater und Kulturzentrum um.

Ca. 1900, Münster introduced a water supply and sewage system including the pump house in Gartenstraße. Machinery hall and attendant's house form a picturesque ensemble. The rendering of the machinery hall has brick decor, e.g. the window arches. The half-hipped roof covers a ceiling structure of iron arches on art nouveau consoles. The attendant's house is adjacent; eaves-fronts are rendered, the end is brick-clad with a timber-frame gable. Converted to a cultural centre in 1983/84.

178
Siedlung Schnorrenburg
Niedersachsenring 32–60/Piusallee 130–152/Schnorrenburg/Apenrader Straße/Schleswiger Straße/Flensburgerstraße/Holsteinerstraße
1926–31
Wilhelm Jung

Ursprünglicher Entwurf

Ladenzeile vor 1945

Sein größtes Siedlungsprojekt, Zeilen mit zwei- und dreigeschossigen Wohnungen, verwirklichte der Beamtenwohnungsverein in mehreren Abschnitten auf dem ehemaligen Gebiet von Haus Schnorrenburg. Die Straßenzüge unterscheiden sich durch die (seit 1989 nach Originalbefunden wiederhergestellte) Farbigkeit, Grau- und Blautöne im Innern des Gebiets, ein kräftiges Gelb am Niedersachsenring. Neben sehr einfachen Häusern wie an der Appenrader Straße, wo über den Eingängen durchgehende Treppenhausfenster die gleichförmige Reihe der Achsen rhythmisieren, gibt es auch reicher gestaltete mit über Eck gestellten, risalitartigen Vorsprüngen und schmalen Stockwerkgesimsen. Die Treppenhausfenster über den Eingängen erscheinen als hochrechteckige bzw. quadratische Dreiergruppen. Im Dachbereich setzen Gauben mit Dreiecksgiebeln Akzente.
Während sich diese Bauten einem zurückhaltenden Expressionismus verpflichtet zeigen, gibt sich die Zeile an der Piusallee ganz modern im Sinn des Neuen Bauens. Hier schließt die Siedlung mit einer dreigeschossigen Backsteinzeile mit breiten, teils übereck geführten, kunststeingerahmten Fenstern, die sich in der Holsteinerstraße fortsetzt und an der Kreuzung eine markante Ecklösung ausbildet. Die Bauten werden hier um ein viertes Geschoss aufgestockt und durch einen aus der Flucht zurückgezogenen, fünfgeschossigen Block verklammert, so dass sich eine plastische Durchbildung der Baumassen ergibt. Die Ecke dieses „Turms" öffnet ein Kunststeinraster mit schmalen, hochrechteckigen Fenstern, das an der Piusallee fünf und an der Holsteinerstraße zwei Achsen aufweist. Den oberen Abschluss markiert ein Kranzgesims mit einem Fries vertikaler Kunststeinelemente.
Auf den Rückseiten besitzen die Häuser Loggien oder Balkone sowie Gärten. Erhalten haben sich in der Siedlung großenteils die Einfriedungen der Vorgärten sowie Teile des originalen Straßenpflasters. Allerdings hat man die Sprossenfenster entfernt und so das Erscheinungsbild stark beeinträchtigt. Der Backsteinbau Piusallee 130–134 bildete ursprünglich den Angelpunkt der Siedlung. Das Erdgeschoss mit den Läden öffneten expressionistisch spitzbogig gefasste Schaufenster, die 1966 den heute dort befindlichen, banalen Ladenfenstern weichen mussten.

The civil servants' housing association built the estate on the site of Schnorrenburg House. Streets were distinguished by colour (restored in 1989), with grey and blue tones at the centre and yellow on Niedersachsenring. House décor ranges from very simple in Appenrader Straße to some buildings with cross-corner projections and narrow cornices between floors. Dormers with gables accentuate roofs. Some houses echo restrained Expressionism, but the row on Piusallee is oriented on New Building. Here, a striking brick house at the junction to Holsteinerstraße has windows framed in simulated masonry. Its 4-storeys interlock with a 5-storey block set back from the line of the street. The corner of this "tower" has a pattern of simulated masonry, narrow vertical windows, and a cornice-frieze. All houses have loggias or balconies and gardens. Sadly, removal of the original bar windows now detracts from their appearance.
Piusallee 130–134 was the hub of the area. Its ground-floor shops had pointed-arch, Expressionist display windows, but these were replaced in 1966.

179
Justizvollzugsanstalt
Gartenstraße 24–30
1840–53
Carl Ferdinand Busse

Luftaufnahme 1923

In seiner Funktion als Oberbaurat der Berliner Oberbaudeputation galt Busse als Spezialist für Gefängnisbauten. Vor allem mit dem Gefängnis in Berlin-Moabit, einer kreuzförmigen Anlage nach dem Vorbild des Londoner Mustergefängnisses zu Pentonville, erregte er überregional Aufsehen. Das Münsteraner Gefängnis folgt demselben Muster. Die ursprünglich geplante Anlage wurde auf Befehl des Königs um einen Flügel mit Isolierzellen erweitert, so dass nun ein fünfstrahliger Grundriss entstand. Während die schmaleren Flügel den Zellen vorbehalten waren, befanden sich in dem breiteren die Kapelle und Verwaltungsräume sowie Wirtschafts- und Krankenräume. Die Bibliothek, ein dreieckiger Raum zwischen zwei Flügeln, gestalteten Bolles+Wilson 2004–05 mit farbigen Möbeln und Spiegeln, die den Raum optisch zum Hexagon ergänzen. 2007 wurde sie zur „Bibliothek des Jahres“ gewählt.
Nach außen dominiert der Wachturm auf dem Verwaltungstrakt. Ihrer Nutzung angemessen erinnert die Anlage einerseits an eine mittelalterliche Burg mit Zinnenkranz, andererseits entspricht sie damit dem „offiziellen“ Stil zahlreicher preußischer Militärbauten.

His internationally acclaimed prison in Berlin-Moabit – a cross-shaped structure based on London's Pentonville – gained Busse a reputation as a prison-building specialist.
Münster prison follows the same pattern, but a 5th wing with isolation cells was added. The narrower wings consisted of cells, the wider block was a chapel and admin offices. The structure is simple, dominated by the watchtower on the admin block. In accordance with its function, it suggests a mediaeval fortress, but still echoes the "official" style of many Prussian military buildings.

180
Gartenhaus
Goldstraße 30
Um 1780

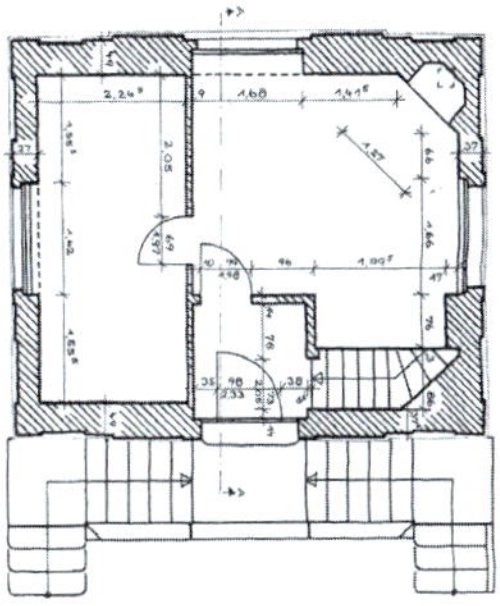

Von den kleinen Häusern, die seit der frühen Neuzeit in den Gärten außerhalb der Stadtbefestigung bzw. der Promenade als einfacher Unterstand bei wechselhaftem Wetter oder komfortabel ausgebautes Ausflugsziel standen, haben sich nur zwei erhalten (vgl. Nr. 268), obwohl sie gelegentlich durchaus von prominenten Architekten stammten. Der verputzte Pavillon mit Zeltdach auf quadratischem Grundriss ist über einem hohen Kellergeschoss, das zur Aufbewahrung der Gartengeräte diente, eingeschossig. Die jeweils mittig sitzenden Fenster flankieren Blendfelder, den Zugang markiert zudem eine breite, gequaderte Rahmung. Man erreicht ihn über eine doppelläufige, gewinkelte Freitreppe. Als man in den achtziger Jahren das recht verfallene Gebäude restaurierte, legte der Gartenarchitekt Heinz-Günther Schulten auch einen Obstgarten mit barockisierenden Elementen an.

Only two (cf. no. 268) small houses built in the gardens outside the Promenade during the late 18th century have survived, though some were by leading architects. This square pavilion with tent-roof has only one storey and a cellar. Central windows are flanked by blind fields, and the door has a striking ashlar frame. During restoration in the 1980s, garden architect H. G. Schulten laid out an orchard with neo-Baroque elements.

181

Wohnhaus Engelmeyer
Goldstraße 60
1929
Heinrich Benteler, Albert Wörmann

Ansicht um 1930

Zur Straße präsentiert sich das Backsteinhaus eingeschossig mit einem hohen Satteldach. Links neben dem Eingang ragt jedoch ein halbrunder Treppenturm mit im Erdgeschoss original vergitterten Fensterbändern und plastischer Backsteinbänderung um ein Stockwerk in den Dachbereich. Eine Gaube mit drei Fenstern schließt unmittelbar an. Von der Gartenseite aus erkennt man zwei Geschosse. Rechts öffnet sich ein Vorbau mit einem Panoramafenster zum Garten und bietet im Obergeschoss Platz für eine Terrasse. An den Giebelseiten ergibt sich durch die unterschiedlichen Dachlängen eine Asymmetrie, die noch dadurch akzentuiert wird, dass die weißen, vortretenden Holzgesimse wie Klammern um die Ecke geführt sind. Bedenkt man den erbitterten Streit, der um die Frage des Flachdachs geführt wurde, erscheint das Haus wie ein eleganter Kompromiss, der Elemente der modernen, niederländischen Backsteinarchitektur mit traditionellen Mustern originell zu verbinden weiß.

The street front has one storey with a high saddle roof; on the left is a semicircular stairwell with once barred ground-floor windows, brick banding around the top floor, and an abutting 3-window dormer. 2 storeys are visible from the garden, with panorama window on the right. Varying roof heights make the gable sides asymmetrical; accentuated by white cornices at the corners. The house combines elements of modern Dutch brick architecture with traditional models.

182

Wohnhaus Strathmann
Piusallee 103
2010
Andreas Heupel

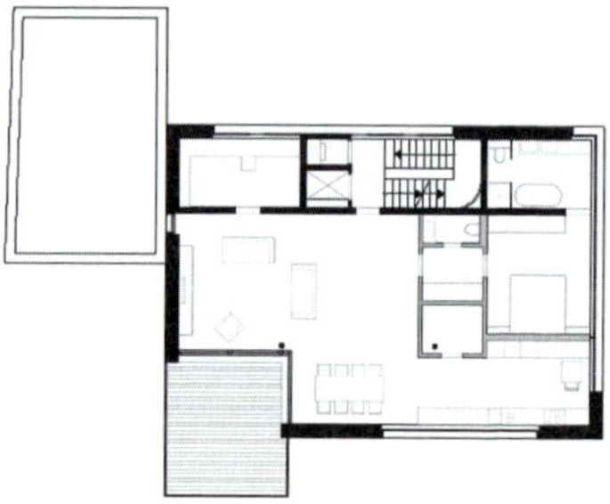

Zusammen mit dem Bauherrn, einem versierten Statiker, entwarf der Architekt das Haus als komplexes Raumgefüge. Große Öffnungen stehen neben geschlossenen Wänden, Fensterbänder greifen um die Ecken, Vorsprünge wechseln mit Rücksprüngen ab. Schwarze Aluminiumprofile für die Fensterrahmen und Hauskanten unterstreichen das Linienspiel kontrastreich. Besonders aber fällt das lebendige Ziegelmaterial ins Auge: die Steine stammen von einem Abbruchhaus aus der Region. Sie steigern die skulpturale Wirkung des dreigeschossigen Wohnhauses, dessen gedankliche Vorläufer im Neuen Bauen zu finden sind. Dem Spaziergänger vermitteln sich Schritt für Schritt neue Blicke. Während das Erdgeschoss gewerblich genutzt wird, liegen in den Obergeschossen die beiden separat erschlossenen Wohnungen der Bauherrenfamilie. Nach vorne zur ruhigen Kolpingstraße öffnen sich die Wohnräume mit einer auskragenden Loggia sowie einer Dachterrasse. Die dunkle Balkonbrüstung mit ihrem Dekor steht hierbei im Dialog mit einer hellen Perlentapete im Wohnraum. Mutig durchbrechen diese ornamentalen Details die ansonsten klaren Prinzipien des Hauses.

3-storey house features large openings beside closed walls, window bands around corners, projections alternating with receding areas. Black aluminium window frames and house edges underline the play of lines. Striking brick came from a demolished house in the region. Echoes of early modernism. Ground floor used commercially, 2 apartments on floors above. Living space opens to Kolpingstraße with loggia and roof terrace. Dark balcony rails create dialogue with pearl wallpapers. Such bold details cut across otherwise clear premises

183
Villa General Hahn
Piusallee 76
1936; 2012–14
Edmund Scharf; bleckmann und krys architekten

Noch während seiner Tätigkeit in der Entwurfsabteilung des Luftkreiskommandos errichtete Scharf die zweigeschossige Villa mit überstehendem Walmdach, die das Berliner Luftfahrtministerium schon kurz nach der Fertigstellung erwarb und die 1936/37 von dem Fliegergeneral Hans Hahn bewohnt wurde. Der Bau erscheint schlicht. Acht hochrechteckige Fenster öffnen das Obergeschoss der Hauptfassade in unregelmäßiger Folge. Das Untergeschoss dominiert ein asymmetrisch nach links gesetzter, weit vorspringender Portikus. Rechts daneben lassen drei hohe Fenster mit schmiedeeisernen, ornamentalen Gittern erkennen, dass sich hier die repräsentativen Räume befanden. In der Wahl der Materialien, Ziegel sowie Sandstein für die Eckeinfassungen, Fensterrahmen und die Pfeiler des Portikus, lehnt sich Scharf an münstersche Traditionen an. Die strengen neoklassizistischen Formen entsprechen dem nationalsozialistischen Stilideal Speerscher Prägung, wie es sich auch am Luftkreiskommando (Nr. 222) ausdrückt. 2012–14 ergänzten Bleckmann und Krys die „Pius-Höfe“, drei dreigeschossige Backsteinbauten, deren klare kubische Grundform durch Einschübe, Vor- und Rücksprünge skulpturale Qualität erhält.

After completion, this villa with projecting hip roof was bought by the Ministry of Aviation; home of General Hans Hahn 1936/37. Top floor has an irregular sequence of 8 windows, lower floor a portico on the left, and 3 high windows to representative rooms, with wrought-iron bars, to its right. Scharf's materials – brick, sandstone for window frames etc. – echo Münster traditions. The neo-Classicist forms correspond to the National Socialist ideal shaped by Speer.

184
Progetto Pozzo di Münster
Karlstraße/Alter Hörster Friedhof
1987
Giuseppe Penone

Die Verbundenheit des Menschen mit der Natur beschäftigt Penone in vielen seiner Arbeiten. In Münster legte er einen sieben Meter langen bronzenen Ast in das Parkgelände des alten Friedhofs, der sich trotz seiner Größe so selbstverständlich in die Umgebung einfügt, dass er zunächst kaum ins Auge fällt. Gestützt auf einen Stein hebt er sich leicht vom Boden ab. Hier erkennt man den bronzenen Abdruck einer Hand, aus deren „Stumpf“ Wasser in eine Brunnenöffnung fließt, das dann nahezu unsichtbar in den Ast zurückgepumpt wird, so dass sich der Kreislauf schließt.
Mit der Idee, dass Wasser wie Blut durch die Adern der Erde läuft, hat sich schon Leonardo da Vinci in seinen Zeichnungen auseinandergesetzt. Bei Penone besitzt diese Vorstellung eine gewisse Ambivalenz. Der Handabdruck lässt an eine gewaltsame Handlung denken, der abgebrochene Ast ist tot und der Schauplatz bei aller Harmonie ein Friedhof.

Penone's work often looks at man's link to nature. In the old cemetery, a 7m bronze branch lies, slightly raised, on a stone. Here we see the print of a bronze hand; from the "stump", water flows into a well and is pumped back into the branch, closing the cycle.
Leonardo da Vinci also examined the idea that water flows in the earth like blood. Penone lends it ambivalence: the branch is dead and the scene a cemetery for all its harmony, and the hand print conjures violence.

185

Wohn- und Geschäftshaus
Bohlweg 16–18/Am Hörsterfriedhof 1
2003/04
Knoche Ellertmann

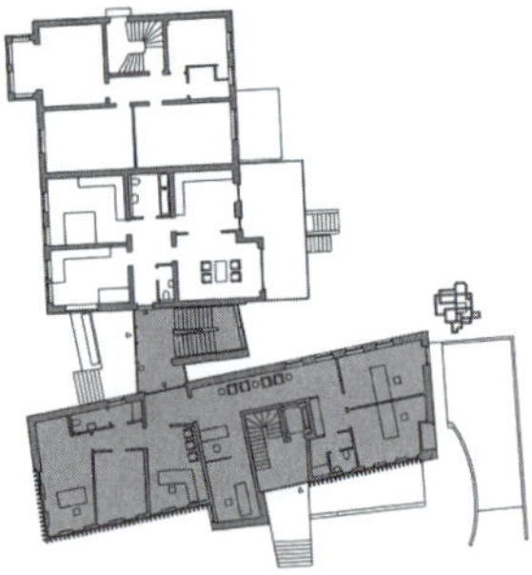

Das viergeschossige Wohn- und Geschäftshaus erhebt sich auf einem Eckgrundstück direkt am Hörsterfriedhof. Es besteht aus vier übereinanderliegenden Gebäudekuben, die vor- und zurückspringen. Um die schwierigen Geometrien der eng bewehrten Bauteile glatt und scharf herzustellen, entwickelten die Architekten ein spezielles Montageverfahren und verwendeten selbstverdichtenden Sichtbeton. Jede Außenwand stellt somit ein Einzelstück dar. Schiebeläden aus Holz unterstützen den schwebenden und spielerischen Charakter. Ein bestehendes Nachbargebäude und die Praxisräume im Erdgeschoss werden vom Bohlweg erschlossen und eine großzügige Maisonettewohnung, die sich auf offenem Grundriss zwischen dem 1. OG bis zur Dachterrasse erstreckt, von der Grünanlage. Auch die Künstlerin Franka Hörnschemeyer ließ sich von der skulpturalen Architektur inspirieren: sie schuf für das Bauherren-Ehepaar im Garten eine Installation, die teilweise die Schalungselemente der Baustelle wieder verwendet.

The structure of staggered cubes is on a corner plot by Hörster cemetery. The architects developed a special montage process using self-compacting exposed concrete; external walls are all unique. Access to adjacent building and ground-floor practice from Bohlweg; to maisonette apartment (1st floor to roof terrace) via green area. The sculptural architecture inspired artist Hörnschemeyer: garden installation reuses formwork elements from the construction site.

186

Staatsarchiv
Bohlweg 2
1886–88; 1973–76
Karl Friedrich Endell; Werner Heselhaus

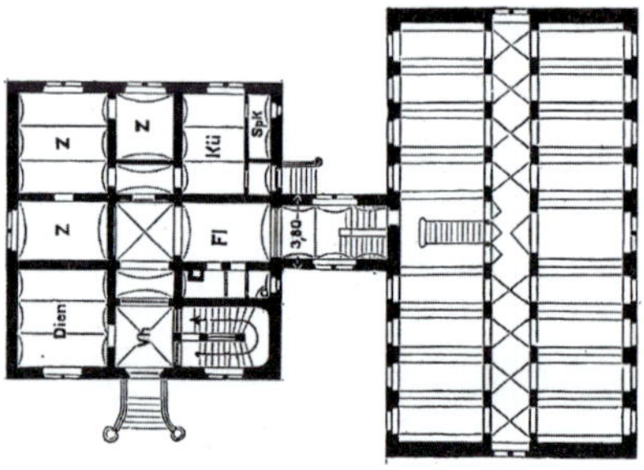

Grundriss vor 1945

Das erste nach dem Magazinsystem errichtete Archiv in Preußen galt als vorbildlich. Es stand u. a. aus Gründen der Feuersicherheit frei und in deutlichem Abstand von allen Nachbarbauten. Verwaltung und Magazin waren in zwei getrennten, nur durch einen Gang verbundenen Gebäuden untergebracht. Während der villenartige Verwaltungsbau abgerissen wurde, hat sich das Magazingebäude erhalten. Nach außen präsentierte sich der Ziegelbau, wie es im Zentralblatt der Bauverwaltung hieß, schlicht im Stil der „deutschen Renaissance [...] mit den einfachen Detailformen, wie sich solche an den Gebäuden hiesiger Stadt und deren Umgebung mehrfach finden“. Dies bezieht sich vor allem auf die kugelbekrönten Fächerrosetten aus Sandstein, die auch das Krameramtshaus (Nr. 85) zieren. Nach Planungen des Staatshochbauamtes errichtete man 1973–76 einen Erweiterungsbau, dessen silbrige Fassade in scharfem Kontrast zu dem Altbau steht. Das expressive Relief neben dem Eingang schuf Karl Ehlers.

The archive had the first stack-system in Prussia. Admin and depot were in 2 distinct buildings linked by a corridor. The admin "villa" is now razed, the depot survives. Here, a central corridor accessed 5 low floors with iron file repositories. The building authorities described the brick structure as "German Renaissance [...] with the simple details often found on buildings in the city and its environs". This refers among other things to the sandstone fan-rosettes on the gables; cf. those on the Kramer Amtshaus (no. 85), for example.
An extension with silver façade dates from 1973–76.

187

Wohnhaus Sümmermann

Fürstenbergstraße 6
1903/04
Alfred Hensen

Das über einem Bruchsteinsockel zweistöckige Einfamilienhaus zeigte ursprünglich zur Promenade hin über dem Erker an der Ecke einen reichen, geschnitzten Schaugiebel im Stil der Weserrenaissance, der sich über dem risalitartig hervorgehobenen Eingangsbereich an der Wemhoffstraße in bescheideneren Formen wiederholte. Im Zweiten Weltkrieg wurden das Dach und der große Giebel zerstört.
Heinrich Benteler und Albert Wörmann übernahmen 1946 den Wiederaufbau, nun allerdings als Dreifamilienhaus, wobei der Giebel schlicht in Massivbauweise ausgeführt wurde. Zwar beließ man die großen bruchsteingerahmten Fenster mit steinernen Pfosten und Brücken, wandelte jedoch das Rundbogenfenster im Erdgeschoss in eine Tür mit schmaler Veranda und Freitreppe zum Garten um. Einen Eindruck von dem ursprünglichen Detailreichtum vermitteln heute das sorgfältig restaurierte Schnitzwerk des Erkers sowie die Seite zur Wemhoffstraße, wo sich auch der von einem gotisierenden Vorhangbogen mit Stabwerk überfangene Eingang befindet.

The 2-storey house with rough stone foundation had a richly-carved gable above the corner bay onto the Promenade, echoed more modestly above the Wemhoffstraße entrance area. Large gable was destroyed in WW2.
Benteler and Wörmann restored the property to create 3 apartments in 1946, simplifying the gable. Large stone-framed windows remain, but the round-arch, ground-floor window is now a door. Restored carving on bay and side to Wemhoffstraße suggest the wealth of past detail.

188

Autogarage

Karlstraße 19
1950/51
Werner March

Die landschaftliche Selbstverwaltung, der heutige Landschaftsverband Westfalen-Lippe, blieb durch den Zweiten Weltkrieg in den Funktionen unversehrt, das 1898 errichtete, repräsentative Stammhaus im Stil der Neorenaissance am Freiherr-von-Stein-Platz wurde jedoch zerstört. Für einen schlichteren Neubau (1951–52) an gleicher Stelle engagierte sie Werner March, der nach Kriegsende von Berlin nach Minden gewechselt war. Im Zuge des Neubaus erfolgte auf gleichem Grundstück im hinteren Bereich auch die Errichtung eines Garagenhofes. Teil dieser Anlage ist ein langgestrecktes, eingeschossiges Mittelgebäude für Tankstellenbetrieb und Kfz-Reparaturarbeiten. Sehenswert sind vor allem die beiden Pilzstützen an den Schmalseiten, die das ausladende, halbrund abschließende Flachdach tragen. Bis auf geringe bauliche Veränderungen ist der funktionale Bau im Bauhaus-Stil noch weitgehend im Originalzustand erhalten und gilt als einziges erhaltenes Tankstellengebäude seiner Art in Münster.

The neo-Renaissance headquarters of regional self-government, now Landschaftsverband Westfalen-Lippe, were razed in WW2. March designed a simple new building in 1951–52, when a garage was also built at the back of the plot; a central, single-storey building as filling station and repair shop. 2 striking umbrella supports carry the projecting flat roof. The functional Bauhaus structure is largely as built; Münster's only surviving filling station of this kind.

189
NRW-Bank
Friedrichstraße
2005–09
eisfeld engel Architekten

Das neue Bankhaus versucht mit starker Geste dem Stadteingang am Mauritztor wieder Ordnung zu geben. Dabei changiert der sechsgeschossige Neubau zwischen repräsentativem Solitär und Hintergrundgebäude. Die Architekten lassen den öffentlichen Raum nicht nur scheinbar ins gläserne Foyer hochklettern, sondern führen ihn auch platzartig auf einer Plattform zwischen Alt- und Neubau hindurch. Gerade der in Teilen denkmalgeschützte neobarocke Vorgängerbau von 1908 profitiert von diesem Ansatz. In Höhe, Proportion und Materialität bezieht sich der Neubau auf das Denkmal. Wer in die fünfgeschossige Eingangshalle eintritt, kann sich leicht orientieren. Während im EG und 1. OG die Veranstaltungsbereiche und eine Kantine angrenzen, erstrecken sich in den oberen Etagen die Büroräume, die Vorstandsetage ist im 5. OG situiert. Auf dem Platz befindet sich die Arbeit „Bit.Reflection" des Medienkünstlers Julius Popp. Bewegliche Spiegel projizieren aus der täglichen Nachrichtenflut zufällige Schlagworte auf die Fassade des Altbaus. An der rückwärtigen Elisabethstraße entstand ein sehenswertes Transformatorenhaus, das mit einer „Tischdecke" aus Streckmetall elegant umhüllt wurde.

New bank is a bold attempt to restore order to Mauritztor area. 6-storey structure oscillates between representative solitary and backdrop building. Public space extends into glazed foyer and square-like platform between old (listed neo-Baroque from 1908) and new sections. Height, proportions and material of new building echo the old. "Bit.Reflection" by Julius Popp in the square: moving mirrors project chance news headlines onto façade of old building. Behind, on Elisabethstraße, a transformer station is elegantly clad in "table cloth" of expanded metal.

190
Erlöserkirche
Eisenbahnstraße 8/Friedrichstraße 10
1898–1900; 1949/50
Otto Bartning

Der neogotische Vorgängerbau entstand 1898–1900 als erste Kirche außerhalb der Promenade, finanziert u. a. durch ein kaiserliches Gnadengeschenk. Nachdem im Zweiten Weltkrieg zahlreiche Kirchen zerstört worden waren, stellten der Weltrat der Kirchen sowie weitere internationale Hilfsorganisationen Geldmittel zur Verfügung, mit denen das Hilfswerk der Evangelischen Kirche in Deutschland Notkirchen errichten sollte. Bartning, der schon 1919 mit seinem Buch „Vom neuen Kirchenbau" Aufsehen erregt und selbst zahlreiche Kirchen errichtet hatte, entwickelte nun eine standardisierte Notkirche aus Holzbindern, die es erlaubte, vorhandene Trümmer als Baumaterial sowie noch existierende Fundamente wieder zu verwenden. Insgesamt wurden zwischen 1948 und 1951 in ganz Deutschland 48 Notkirchen gebaut. Auch bei der Münsteraner Erlöserkirche lassen sich noch gut die Fundamente des Vorgängerbaus erkennen. Der Neubau weicht insofern vom Grundschema der Notkirche ab, als dass sie über niedrige Seitenschiffe verfügt, die dem Raum einen basilikalen Charakter verleihen. Sie wurde deswegen schon zur Erbauungszeit als „schönste der Notkirchen" bezeichnet.

Previous, neo-Gothic church (1898–1900) was the first outside the Promenade. Many churches were razed in WW2 and various organisations provided funds to build emergency churches in Germany. Bartning developed a standardised version with timber trusses, using existing rubble and foundations. 48 were built in Germany from 1948–51. Foundations of the former Church of the Redeemer are easy to discern. Low side aisles deviate from the standard emergency church, suggesting a basilica.

191
Ehem. Stellwerk
Johanniterstraße 24
1956

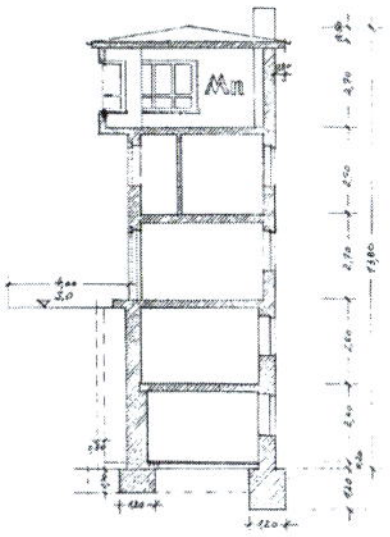

Als in Münster Mitte der achtziger Jahre das neue Zentralstellwerk in Betrieb ging, fielen die meisten der alten Bereichsstellwerke dem Abbruch zum Opfer. Das 1956 erbaute Stellwerk Münster Nord wurde zwar ebenfalls stillgelegt, blieb jedoch vom Abbruch verschont. Der große, schmale Backsteinkubus misst in der Grundfläche 5 x 15 Meter und eine Höhe von 14 Metern. Er erscheint zur Gleisseite drei- und zur gleisabgewandten Seite fünfgeschossig. Beherrscht wird das Stellwerk durch die Stellwerkskanzel im obersten Geschoss mit einem mittig angeordneten erkerartigen Ausbau zur Beobachtung der Gleise und einer großzügigen, bis auf die Schmalseiten des Gebäudes gezogenen, beidseitigen Durchfensterung. Während der Betriebszeit waren in den Geschossen unterhalb des Stellwerkraums Büros, eine Werkstatt, Sozialräume sowie ein Batterieraum untergebracht. Heute dienen die Räume mehrheitlich einem Grafik- bzw. einem Architekturbüro. Die elektromechanische Einrichtung samt Hebelwerk ist noch in den Räumen erhalten.

Münster's new railway control centre went into operation in the mid 80s, and most old works were demolished; Münster Nord (1956) closed, but escaped demolition. The brick cube has 3 storeys to tracks, 5 storeys on the other side. It is dominated by a top-floor switch room with a bay-like construction for observing the tracks. Lower floors were offices, recreation rooms etc., now a graphic design studio and architectural office. Old electro-mechanical equipment in the rooms.

192
Skulptur Paul Wulf
Servatiiplatz
2007
Silke Wagner (mit Herbert Rauer und Stephan Marienfeld)

Paul Wulf (1921–99) wurde sechzehnjährig als angeblich geistig Behinderter von den Nationalsozialisten zwangssterilisiert. Nach 1945 engagierte sich Wulf für die Entschädigung der Zwangssterilisierten und für die Aufklärung der NS-Verbrechen, unter anderem durch Ausstellung seiner Collagen in der Tradition von John Heartfield. 1991 erhielt er das Bundesverdienstkreuz. Silke Wagner, die ihre künstlerische Arbeit immer auch als gesellschaftspolitisches Handeln versteht, rückte mit ihrem Projekt den fast vergessenen Antifaschisten Wulf wieder ins öffentliche Bewusstsein. Die Figur erscheint mit ihrer Größe von 3,50 m als Denkmal, doch zeigt der Bildhauer Herbert Rauer die Züge Wulfs betont realistisch mit abstehenden Ohren, Geheimratsecken und Brille und eben deshalb ganz unheroisch. Der Körper ist durch eine Art Hülle verborgen, aus der unten die Füße herausschauen. Auf der Hülle werden wechselnde Plakate angebracht, Dokumente einer Geschichte „Münsters von unten" aus dem Umweltzentrum-Archiv, das im Rahmen von Wagners Arbeit eine Webseite erhielt sowie Mittel zur Digitalisierung seiner Bestände. (www.uwz-archiv.de)

Supposedly mentally retarded, Paul Wulf (1921–99) was sterilized by the Nazis at 16. After 1945 he exhibited collages in the Heartfield tradition, helping to expose Nazi crimes. Silke Wagner's project remembers Wulf's life. Huge sculpture resembles a memorial, but Rauer depicts Wulf in hyper-realistic not heroic style. On his covered body, changing posters document the story of "Münster from below" by the "Umweltzentrum"; funding a website and digitalization of its collections was part of Wagner's project (www.uwz-archiv.de)

193
Iduna-Hochhaus
Servatiiplatz 7/9
1960/61
Friedrich Wilhelm Kraemer

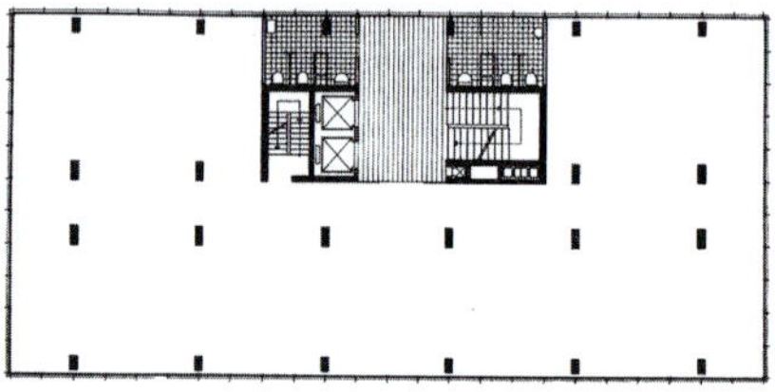

Am Servatiiplatz befand sich bis zur Schleifung der Stadtmauer 1770 das Servatiitor. Bis heute lässt sich erkennen, dass der Platz die Nahtstelle zwischen Altstadt und Erweiterung des 19. Jh. bildet. Nachdem die repräsentative, historistische Bebauung dem Zweiten Weltkrieg zum Opfer gefallen war, entschied man sich für einen architektonischen Neuanfang, der sich nicht zuletzt an den Projekten der in die USA emigrierten Architekten Walter Gropius und Ludwig Mies van der Rohe orientierte. Das Braunschweiger Architektenteam ließ sich bei den Planungen von Mies' Ästhetik der Abstraktion und der stereometrischen Körperlichkeit leiten. Das Haus besteht aus zwei Baukörpern, einem zweigeschossigen, quadratischen Pavillon und einem elfgeschossigen Hochhaus. Erstmals in Münster kommt eine gerasterte Vorhangfassade mehrgeschossig zum Einsatz, die gänzlich auf Backstein verzichtet. Das Iduna-Hochhaus kann daher als das erste moderne Hochhaus der Stadt gelten. Es wurde 1996 behutsam saniert. Eine umgebende Gartenanlage setzt das Ensemble in Szene.

Servatiiplatz represented a line between Altstadt and 19th-century expansion. Its representative historical buildings were razed in WW2 and the decision was made for a new architectural start. The Braunschweig architects oriented their design on Mies van der Rohe's aesthetics of abstraction and stereometric corporeality. It consists of a square pavilion and an 11-storey high-rise with curtain-wall façade. The Iduna tower is viewed as Münster's first modern high-rise; restored in 1996.

194
Parkhaus Engelenschanze
Engelstraße 49
2003
Petry + Wittfoht

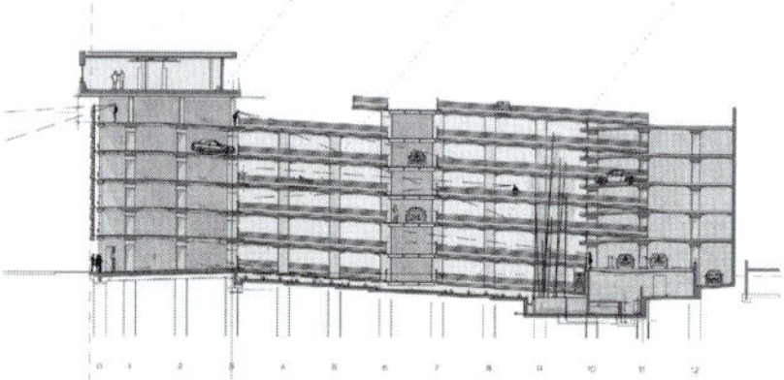

Das bahnhofs- und innenstadtnahe Parkhaus entstand aus der Überlegung, die wegfallenden Parkplätze an der Stubengasse rechtzeitig zu kompensieren. Es wurde auf dem Grundstück eines ehem. Großhandels in nur 16 Monaten errichtet. Parkflächen und Auf- und Abfahrt liegen platzsparend auf einer schrägen Ebene um einen Innenhof mit Wasserkaskade, der für Tageslicht und Orientierung sorgt. Die Entscheidung für dieses sogenannte Schrägrampenprinzip resultierte aus der beengten Grundstückssituation. Im gesamten Parkhaus ist keine horizontale Ebene zu finden. Besonders nachts entsteht somit ein spannungsvolles Lichtspiel hinter der Glashaut. Insgesamt verfügt das Parkhaus über 485 Stellflächen. Das mit Metall umfaltete, schnittige Dachgeschoss bietet Platz für die Verwaltung der städtischen Parkhaus-Gesellschaft.

On the plot of a former wholesaler close to centre and station, the car park was built to compensate for space lost on Stubengasse. Parking areas and entries slope – to save space – around a central court with waterfall. At night, the lack of horizontals creates an exciting play of light behind the car park's glass. 485 spaces. Top storey with metal casing is used by municipal car parks' admin.

195

Ehem. Landwirtschaftskammer

Schorlemerstraße 26
1951/52; 2007
Walter Hämer, Werner Ruhnau; Peter Bastian (Umbau)

Ansicht vor Umbau 2005

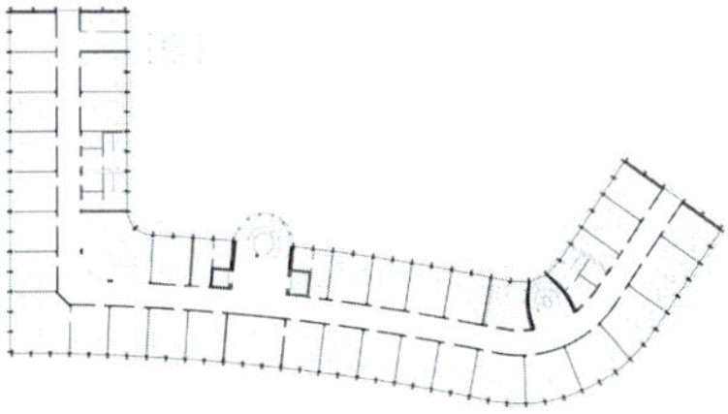

Anders als in der historischen Altstadt entschied man sich im Bereich der bahnhofsnahen Engelenschanze für eine moderne Neustrukturierung des Areals. Dazu passt der moderne viergeschossige Bürobau mit seinem elegant geschwungenen, L-förmigen Grundriss, dessen Attikageschoss über dem längeren Flügel so weit zurückspringt, dass das Dach zu schweben scheint. Das kräftige, weiße Betonskelett, dessen hochstehende Felder großformatige Fensterflügel und rotes Ziegelmauerwerk füllen, bestimmt die Fassaden. Im Innern erschließen zwei großzügige Wendeltreppen den Bau. Sämtliche Säulen, Decken, Fußböden, aber auch Möbel und Fenstervorhänge wurden seinerzeit farbenfroh gestaltet. Für die Mittagspause bot der so genannte „Speisewagen", ein Flur mit Sitznischen, Platz. Nachdem 2005 die Landwirtschaftskammer den Standort aufgegeben hatte, wurde sie denkmalgerecht modernisiert. Optisch hinzugefügt wurden von Peter Bastian ein langgestrecktes Vordach über dem Haupteingang, rückwärtig ein zusätzliches Treppenhaus und ein Konferenzraum auf dem Dach.

The offices with elegantly curving, L-shaped ground plan followed a decision to restructure the Engelenschanze area as a modern contrast to the historical Altstadt. Attic floor recedes so that roof seems to float. Façades are defined by a white concrete skeleton filled with windows and red brick. All interior features, e.g. ceilings, floors, furniture, were designed in bright colours and curves. Modernised since 2005; Bastian added a porch roof over the entrance, new stairs and roof-top conference room.

196

Ehem. Industrie- und Handelskammer

Von-Vincke-Straße 14
1953/54; 1963/64
Hans Schwippert; Hans Ostermann

Ansicht 1954

Nachdem im Zweiten Weltkrieg bei Luftangriffen das 1903 errichtete Handelskammergebäude an gleicher Stelle (ehem. Engelstraße 10) zerstört wurde, bemühten sich nach Kriegsende die Unternehmer der Region um den Wiederaufbau ihrer wirtschaftlichen Selbstverwaltung. Es gelang ihnen, Hans Schwippert, den Architekten des kurz zuvor fertig gestellten Bundestages in Bonn, für ein neues Verwaltungsgebäude zu gewinnen. Der solide Bau zeigt sich als dreigeschossiger Block, dessen Schmalseite als Eingangsfront nach vorne weist. Die weißen Linien des Betonskeletts gliedern hierbei die Fassade. Horizontale Bänder der Geschossdecken kreuzen vertikale, leicht über die Dachkante hinauslaufende Stützen. Die Fassadenfelder sind mit Backstein ausgefüllt oder mit ursprünglich weißen Schwingflügelfenstern schwedischer Konstruktion. Nachdem die IHK 1975 in einen Neubau am Sentmaringer Weg umzog, wurde das zwischenzeitlich durch Ostermann erweiterte Bürohaus nochmals baulich verändert: nicht nur die leicht wirkenden Fenster wurden durch massive ersetzt, auch das Dach wurde jüngst aufgestockt und das Gesicht des Hauses damit grob entstellt.

The Board of Trade offices (1903) were razed in WW2; local traders persuaded Schwippert – architect of the Bundestag in Bonn – to design a post-war replacement. Entrance to the block is at the end. White lines of a concrete skeleton divide the façade: horizontal ceiling bands cross vertical supports extending just beyond the roof. Fields filled with brick and white, pivoted windows. Converted after IHK moved out in 1975; windows were replaced and a floor added, detracting from the appearance.

197
Hauptbahnhof
Bahnhofstraße/Berliner Platz
1890; 1929/30; 1952–60; 2009–17
Julius Carl Raschdorff; Spröggel (Reichsbahndirektion Münster); Theodor Dierksmeier; DB AG

Zentralbahnhof 1890

Neubauplanung 2013

Hauptbahnhof nach Umbau 1930

Fahrradparkhaus (Brandt & Böttcher)

Neubau um 1958

Ein erstes Stationsgebäude entstand 1848 für die Münster-Hammer Eisenbahn und wurde um 1855 durch den Westfälischen Bahnhof der preußischen Staatsbahn unweit des heutigen Servatiiplatzes ersetzt. Dieser zeigte sich schlicht in klassizistischer Formensprache. Bis 1887 konnten weitere Strecken eröffnet werden, sodass die konkurrierende Cöln-Mindener Eisenbahn auf der anderen Gleisseite den Venlo-Hamburger Bahnhof als zweite große Station errichtete. Erst mit Verstaatlichung sämtlicher Bahnen konnten die Trassen auf einem vier Meter hohen Gleiskörper gebündelt und ein Zentralbahnhof 1890 nach den Plänen von Julius C. Raschdorff eröffnet werden. Ein Modell des repräsentativen Portalbaus im niederländischen Renaissancestil wurde auf der Weltausstellung in Chicago als beispielgebend gezeigt. Auch entstanden erstmalig ein Bahnhofsvorplatz sowie mit der Windhorststraße eine Anbindung zur Altstadt. Die Gleise wurden von einer dreischiffigen, 104 Meter langen Glashalle überdacht, die 1926 ergänzt wurde. 1912 (Hamburger Tunnel) bzw. 1926 (Nordtunnel) erfolgten erste Untertunnelungen. Zum Katholikentag 1930 wurde der Bahnhof mit mittlerweile Gleisen aus neun Richtungen erweitert und im Fassadenbild versachlicht, 1945 waren die Anlagen zerstört. In einem 1947 durchgeführten Wettbewerb zur Neugestaltung des Bahnhofsviertels setzte sich Hanns Dustmann durch, jedoch standen Eigentumsfragen entgegen, und die Chance auf stadträumliche Großzügigkeit blieb ungenutzt. Für den Wiederaufbau schließlich zeichnete Theodor Dierksmeier, gebürtiger Münsteraner und Chefarchitekt der Bundesbahn, verantwortlich. An altem Ort reihte er 1952–60 Bahnhofsdirektion, Ladengeschäfte, Theater- und Kinosäle, ein gläsernes Empfangsgebäude und Cafés in der städtebaulichen Figur eines Mäanders entlang der Bahnhofstraße. Das zentrale Teilstück dieser Figur wurde 2011 abgerissen, um Platz für ein neues Empfangsgebäude zu schaffen, das die Deutsche Bahn AG bis 2017 realisiert. Die Modernisierung der Verkehrsstation erfolgte bereits 2009/2010. Zum Bremer Platz ist ebenso ein neues Zugangsgebäude nach Plänen von Kada Wittfeld vorgesehen. Reste der Vorgängerbauwerke sind heute noch stellenweise zu finden. Seit 1999 ergänzt auf dem Vorplatz ein Fahrradparkhaus, in das eine in den 1970er Jahre gebaute Fußgängerunterführung integriert ist, das Mobilitätsangebot.

First station was built for the Münster-Hamm line in 1848, replaced ca. 1855 by the Prussian State Railway's classicist Westphalian station near today's Servatiiplatz. More lines were opened by 1887 and a 2nd big station was built. After nationalisation, in 1890 a Dutch Renaissance style central station was erected – plans by Raschdorff. A square was laid out in front, and Windhorststraße provided a link to the Altstadt. Glass hall over the tracks was 104 metres long; extended in 1926 and again in 1930. Destroyed in WW2. H. Dustmann won a competition to redesign the station area in 1947, but his plans were thwarted. The station itself was rebuilt (1952–60) by Dierksmeier, chief architect of the Federal Railways. He created a meandering structure for station offices, shops, theatre, cinemas, glass foyer and cafés along Bahnhofsstraße. Some remains of former buildings still survive. In the near future, the DB AG and the city plan to modernise the foyer and traffic facilities.

198
Ehem. Villa Bönninghausen
Museum für Lackkunst
Windthorststraße 26
1914/15; 1991–93
Rüschenschmidt & Schräder; Johanne und Gernot Nalbach

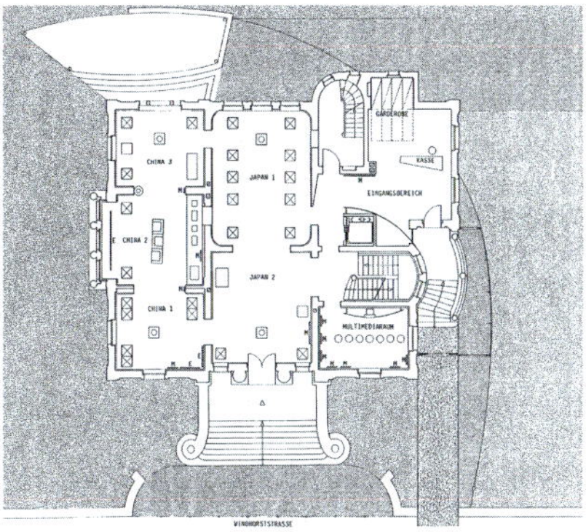

Die Villa, die sich die Familie von Bönninghausen nordöstlich der Engelschanze errichten ließ, verbindet die klare, sachliche Gruppierung geometrischer Baukörper mit dem traditionellen Apparat repräsentativer Architektur. Dazu gehört neben dem Mansarddach vor allem der als Portikus gestaltete Mittelrisalit mit vorgelagerter Freitreppe, dessen kolossale Säulen über dem Architrav einen Dreieckgiebel stützen. Die ionische Ordnung trägt dem Umstand Rechnung, dass das Gebäude am Rand des parkartigen Geländes der Engelschanze liegt.
Nach dem Zweiten Weltkrieg erwarb der Gerling-Konzern das Gebäude und vermietete die Räumlichkeiten an das 1979 gegründete Stadtmuseum, das hier von 1982–89 seine Ausstellungen zeigte. Mit dem Umbau zum Museum für Lackkunst, das zuvor im Kölner Werk der BASF seinen Platz hatte, beauftragte man Gernot und Johanne Nalbach.

The villa combines clear grouping of geometric volumes with traditional aspects of representative architecture, e.g. mansard roof and central projection designed as a portico with pillars, architrave and triangular pediment. Ionic order accords with the site by the park-like Engelschanze.
Acquired by Gerling concern after WW2 and leased to the Municipal Museum (founded 1979). Conversion to Museum of Lacquerware by G. and J. Nalbach.

199
WLV Bürogebäude
Warendorfer Straße 21–23
1992–95
Bolles-Wilson und Partner

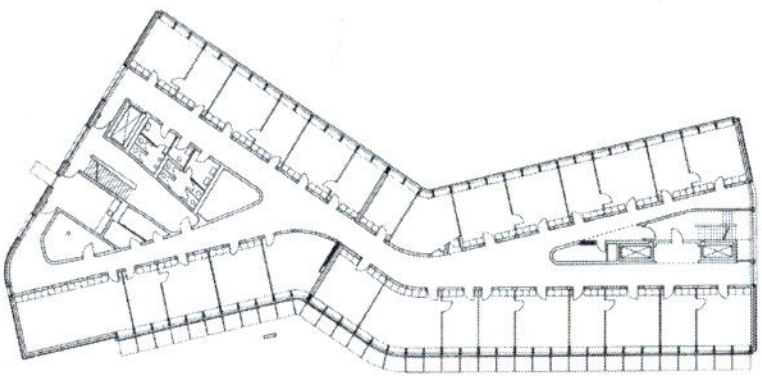

Wer Münster von Norden kommend mit der Bahn besucht, erlebt den spektakulären Fassadenabschnitt unmittelbar am Zugfenster. Hier zum Gleis zeigt sich das Bürohaus mit seiner gekurvten Schmalseite in schwarzgrün glasiertem Mauerwerk und erscheint je nach Lichteinfall hell schimmernd oder tiefdunkel. Bereits im 1992 gekürten Siegerentwurf war die Energie von Bahn und Hauptstraße ablesbar. Entstanden ist für die Westfälisch-Lippische Vermögensgesellschaft somit kein konventionelles Bürohaus, sondern ein solitärer, kompakter Baukörper auf elastischem, X-förmigem Grundriss.
Der Hauptzugang erfolgt rückwärtig vom Hof. Im Erdgeschoss sind Läden untergebracht, in drei Obergeschossen zwei- bis dreibündige Büroetagen. Unter dem großen Flugdach, das zu den Gleisen weist, befindet sich eine Kantine. Aluminiumfenster und Sonnenschutzelemente wurden zur Straßenseite in einem großen, geschwungenen Fensterfeld zusammengefasst.

The curved end of the building faces the railway, and the striking façade is visible from southbound trains into Münster; black-green, glazed masonry shimmers according to light conditions. The design has an X-shaped ground plan: entrance on Warendorfer Straße, shops on ground floor, offices above. Canteen is below the pent roof towards the tracks. Aluminium windows and sun-protection elements join in a curving area to the road.

200
Mietshaus
Gereonstraße 24
1904

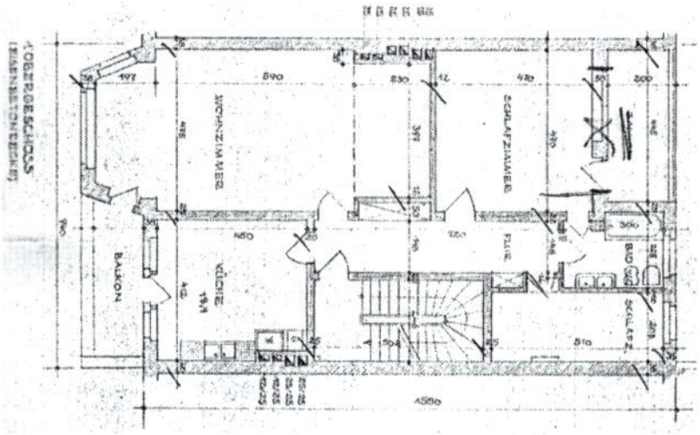

Das von dem Bauunternehmer Heinrich Bullermann errichtete Gebäude diente ursprünglich als Einfamilienhaus. Charakteristisch für das zweigeschossige, unterkellerte Haus ist die eigentümliche Tiefenstaffelung der werksteinverblendeten Fassade. Das Erdgeschoss öffnet sich rechts in einer rundbogigen Halle, in der parallel zur Hauswand eine Treppe zum Eingang hinaufführt. Ihre Wangen ziert ein Fischblasenornament, dem im Bogen eine zierliche schmiedeeiserne Lünette entspricht.
Im Obergeschoss tritt in dieser Achse die Wand zurück, so dass sich ein Balkon bildet, den eine durchbrochene Brüstung zur Straße abschließt. Dieselbe Brüstung findet sich auch links unter dem breiten korbbogigen Fenster, das zudem durch zwei Säulen, die in die Ecken eingepasst sind, hervorgehoben wird. Das Erdgeschossfenster darunter ist rundbogig. Eine Einfahrt führt in den Kellerbereich mit integrierter Garage.

The staggered depth of the ashlar-clad façade is characteristic of this 2-storey house. On the right, the ground floor has a round-arch vestibule with filigree wrought-iron lunette; steps lead up to the door. Above this, the wall is recessed to form a balcony. Pillars set into the corners draw attention to the window on the left. Lower left-hand window is round-arched; below, one enters a cellar and integrated garage.

201
Wohnbebauung Havichhorststraße
Havichhorststraße 6–10
1999–2001
Burhoff und Burhoff

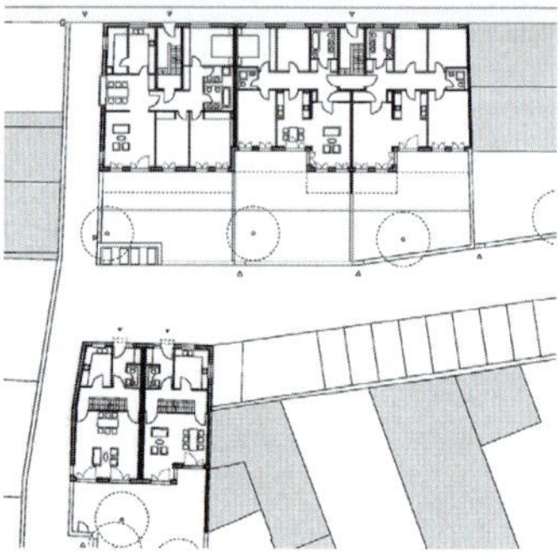

Das Gebäudeensemble liegt nur wenige Fußminuten von der Innenstadt in einer für Münster typischen Wohnstraße. Durch zwei Bauten komplettiert es die bestehende Straßenrandbebauung: ein zweigeschossiges Anschlusshaus und ein dreigeschossiges Kopfgebäude mit zurückgesetztem Staffelgeschoss. Architektonisch hervorzuheben ist es insbesondere für seine Lösung im Blockinnern. Hier fügten die Architekten in der Tradition der vorhandenen Bebauungsstruktur, für den Passanten überraschend, ein Doppelhaus als weiteren, dritten Baukörper ein. Durch diese Setzung entsteht auch im Hofbereich ein räumlich spannendes, urbanes Umfeld.
Die 14 Wohnungen, die insgesamt in allen drei Baukörpern entstanden, verfügen jeweils über einen Garten, einen Südbalkon oder eine Dachterrasse. Für die Fassade wählten die Architekten ein dünnformatiges mehrfarbiges Ziegelverblendmauerwerk, das abschnittsweise unterschiedlich verwendet wurde und an gemäßigte expressionistische Bauten der 1920/30er Jahre erinnert.

Close to the centre in a typical housing area, the ensemble completes the existent roadside building with a 2-storey annexe and 3-storey head building with recessed floor. The inner-block solution is striking; a 3rd, double house creates an exciting urban context in the courtyard.
The 14 apartments all have a garden, south-facing balcony or roof terrace. Key material is varicoloured facing brickwork, echoing some Expressionist buildings of the 1920/30s.

202
Doppelwohnhaus
Erphostraße 58/58a
2007
Burhoff und Burhoff

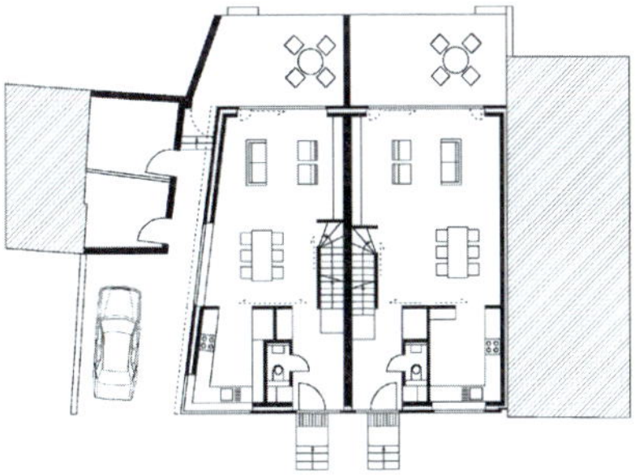

In gehobener Wohnlage errichteten die Architekten für eine Familie und für sich selbst das Doppelhaus auf einem leeren Bauplatz neben einer bestehenden zweigeschossigen Backsteinvilla mit ausgebautem Walmdach. An diese schließt das dreigeschossige Neubauvolumen bündig und unmittelbar an. Im obersten Geschoss springt das Neubauvolumen zurück und hält so respektvoll Abstand zur Nachbarvilla. Durch diesen Vorsprung werden die nur vordergründig in Symmetrie angelegten Hälften auch augenfällig unterscheidbar. Feinere Unterschiede lassen sich in ihrer jeweiligen Breite und in den Fensterformaten finden, wie auch rückseitig im abfallenden Bereich des Pultdaches und in der Fensteraufteilung. Das Doppelhaus ist mit dunklem Klinker verblendet. Material und Mauerwerksverband scheinen inspiriert vom Nachbarhaus, dessen Rollschicht es als Dachabschluss weiterführt. Form, Material und Gestalt zeugen von einem kreativen Entwurfsprozess und lassen das Haus diszipliniert und lebendig zugleich wirken.

Built on an empty plot beside a 2-storey brick villa, the 3-storey double house is directly attached. Its top floor springs back slightly, keeping a respectful distance to the villa and underlining its own asymmetrical halves. There are fine differences in window formats e.g. and in the slope of the single-pitch roof. Faced in dark brick, material and masonry bond seem inspired by the adjacent villa. Form and material make the new house appear both disciplined and dynamic.

203
Wohnhaus
Erphostraße 25
Um 1892

Das über einem hohen, mit einer Putzquaderung versehenen Kellersockel eingeschossige Wohnhaus fällt vor allem durch die detailreich ausgestaltete, schiefergedeckte Dachzone ins Auge. Den zweiachsigen Seitenrisalit bekrönt ein Zwerchdach mit Schwebegiebel und spitzbogigem Ortgang, getragen von Holzsprengwerk mit Hängezapfen auf Zierständern. Den Abschluss bildet ein kleiner, baldachinförmiger Aufsatz, der sich auch an den Giebelseiten des Hauses findet. Eine Gaube mit geschnitzten Balken wiederholt gewissermaßen im Kleinformat das Motiv des Zwerchgiebels.
Ansonsten erscheint das Haus mit Ziegelmauerwerk, weißer Fensterrahmung und Putzquaderung an den Kanten einfach, aber wirkungsvoll gegliedert. Im Risalit sind die Fenster, rechteckig im Erdgeschoss, rundbogig in der Giebelzone, paarweise zusammengefasst. An den Risalit schließt eine überdachte Veranda mit in Holz ausgeführten Arkaden.
Das kleine Landhaus wurde von einem Bauunternehmer in einer Reihe mit den heute in dieser Form nicht erhaltenen Nachbarhäusern als Renditeobjekt errichtet. Wie auch die Häuser Erphostraße Nr. 9 und 17 vermittelt es einen guten Eindruck von der ursprünglichen Bebauung dieser Straße.

Built on a high basement with squared rendering, the house's key feature is the slate-clad roof zone. A side projection (2 axes) has a transverse roof with suspended gable and pointed verge, resting on wooden strut bracing. It is terminated by a baldachin-shaped cap, also found on the gable fronts. Dormer's carved beams echo the transverse roof.
Otherwise, the brick house with white-framed windows is simple. Windows of the projection are pairs; roof of the veranda rests on wooden arcades.
Like Erphostraße 9 and 17, it is exemplary of the street's original buildings.

204

Dreihausgruppe

Burchardstraße 22–26
1904
Christian Grewe

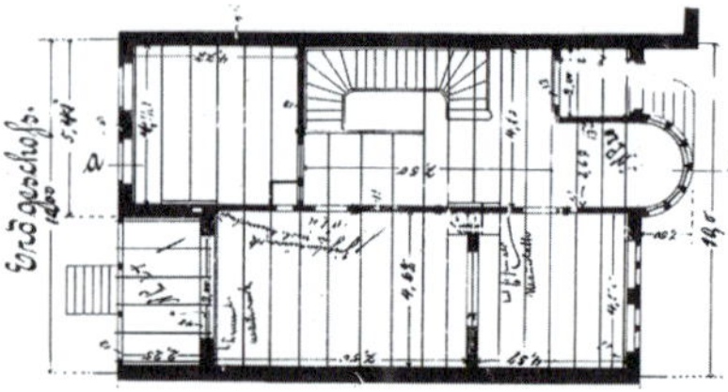

Grundriss Haus Nr. 24

Das Ensemble entstand 1904 im Auftrag des Stadtbaurats F. Verfürth. Um Kosten zu sparen, errichtete man die Gebäudezeile in einem Zug, gestaltete jedoch die Fassaden der zweigeschossigen, vierachsigen Häuser mit steilem Satteldach so individuell, dass sie als drei ganz unterschiedliche Vorortvillen erscheinen. Bei Haus Nr. 22 dominieren Ziegelmauerwerk und Werksteinfensterrahmen. Die Querbalken der Steinkreuze sind im Erdgeschoss wie ein Wasserschlag über die ganze Fassade geführt. Der mittig gesetzte Fachwerkerker im Obergeschoss reicht mit seinem geschnitzten Giebel in die Dachzone hinein. Ganz anders das linke Haus Nr. 26, ein Putzbau mit Werksteinelementen und einem nach links versetzten, hohen Stufengiebel. Als eigentlicher Blickfang fungiert jedoch das Haus Nr. 24 in der Mitte. Verputzt und im Bereich der asymmetrisch verteilten Fenster mit Werkstein verkleidet, ist die dritte Achse als halbrunde Auslucht mit Söller ausgebildet. Vor dem Dach aber erhebt sich ein zweistöckiger Fachwerkgiebel im Stil der Weserrenaissance. Die Vorbilder für die farbig hervorgehobenen, geschnitzten Fächerrosetten findet man etwa in Lemgo.

The ensemble was built in one, but the façades are diverse enough to suggest 3 separate villas. No. 22 is brick, with ashlar-framed windows. Window cross-beams on the ground floor cross the whole façade like a dripstone. The gable of a timbered bay extends into the roof. By contrast, no. 26 (left) has a rendered façade with ashlar elements and stepped gable. Most striking is no. 24. Rendered, with ashlar-clad window areas, its 3rd axis is a semicircular bay with gallery. A timbered gable echoes the "Weser Renaissance" style. Carved fan-rosettes modelled on houses in Lemgo.

205

Wohnhaus

Staufenstraße 30
Um 1904

Das zweigeschossige, zweiachsige Wohnhaus mit seitlichem Eingang verdankt seinen besonderen Charme einer ebenso gut erhaltenen wie ansprechenden Jugendstilfassade. Die linke Hälfte besitzt im Erdgeschoss ein Paar rundbogige Fenster und zeigt im Obergeschoss Fachwerk, das zwei stilisierte Blumenranken wie eine Laube erscheinen lassen. Die rechte Haushälfte ist als korbbogig schließender Risalit gebildet. Über dem genuteten Erdgeschoss setzen zwei ornamentierte Pylone auf, zwischen die das Wandfeld gespannt scheint. Hier dominiert ein Erker mit reichem floralen Schmuck, über dem ein halbrundes Fenster den Abschluss bildet. Als eines der ersten Häuser in Münster verfügte es von Anfang an über eine Autogarage.

The house has a fine, well-kept Art Nouveau façade. Ground floor left, there are 2 round-arch windows; first floor is timber-framed with stylised floral tendrils to suggest an arbour. Right half of the façade projects. 2 decorated pylons begin above the ground floor, apparently suspending the wall between them. A semicircular window is set above a striking bay with floral decor.

206
Mehrfamilien-Doppelhaus
Staufenstraße 34–36
Um 1905

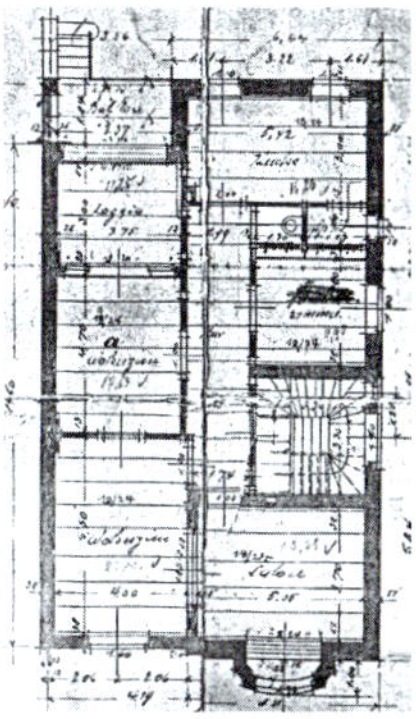

Grundriss Haus Nr. 34

Das zweistöckige Doppelhaus ist ein charakteristisches Beispiel für den Mietwohnungsbau in diesem Gebiet, das im Zuge der Ringstraßenplanung erschlossen wurde. Die Vorgärten, die den Wohnhäusern dieser Seite der Staufenstraße eine Art Rahmen verschaffen, entsprechen den gehobenen Ansprüchen der Mieter ebenso wie die vielfältig und aufwendig gestalteten Fassaden.
Dies gilt auch für das Doppelhaus Nr. 34/36. Bei den in diesem Gebiet charakteristischen schmalen Parzellen mit relativ großer Tiefenausdehnung bot es sich an, die Eingänge an die schmucklos belassenen Seiten zu legen, während die Straßenseite reiche Stuckverzierungen zeigt. Die jeweils zweiachsigen Fassaden mit den weichen, geschwungenen Formen der Fenster, Girlanden und neobarocken Ornamenten erscheinen annähernd symmetrisch organisiert, jedoch im Detail individualisiert. So ist zwar die jeweils äußere Achse als Risalit mit Schaugiebel gebildet, jedoch besitzt die linke einen Erker, die rechte einen söllerartigen Vorbau.

Typical of rented housing in the area; front gardens and lavish, individual façades complied with tenants' upmarket demands. (Cf. also house no. 34/36). Plots are narrow and deep, so doors are in the plain side walls, while the street fronts display rich stucco decor. The façades with their curving windows and neo-Baroque ornament seem symmetrical, but differ in detail. E.g. both outer axes with gables project, but a 1st floor bow window (left) contrasts with a projecting ground-floor structure (right).

207
Villa Sunder-Plassmann
Kaiser-Wilhelm-Ring 9
1909
Wilhelm Sunder-Plassmann

Die 1903 angelegte Ringstraße hatte man als Allee mit repräsentativen Bauten konzipiert. Als erster errichtete der Dombaumeister Wilhelm Sunder-Plassmann hier seine Villa, die sich ganz offensichtlich an der Architektur Schlauns orientiert. Den zweigeschossigen Backsteinbau mit abgerundeten Ecken gliedern Sandsteinlisenen, auch die Fenster besitzen Rahmungen aus Sandstein.
Im Detail bestimmt jedoch ein eigenwilliger Eklektizismus die Fassadengliederung. Den nördlichen Treppenhausrisalit belichten Jugendstilfenster. An der Straßenseite setzt ein von ionischen Pilastern flankierter, übergiebelter Mittelrisalit mit Altan den Hauptakzent. Die seitlichen Wandabschnitte sind nicht symmetrisch. Während links eine Achse mit Korbbogen- bzw. Rechteckfenster erscheint, schließt rechts direkt an den Risalit eine Tür mit einem geschwungenen Jugendstildach an, darauf folgt ein kleines Korbbogenfenster mit darüber befindlichem Ochsenauge; im Obergeschoss erscheint ein Paar schmaler Rechteckfenster.
Das ursprüngliche, elegant geschwungene schiefergedeckte Mansarddach wurde im Zweiten Weltkrieg zerstört und dann unpassend mit einer Kupfereindeckung versehen. Glücklicherweise rekonstruierte man 1987 die qualitätvollen Jugendstilgitter der originalen Umfriedung.

Ringstraße was planned (1903) as an avenue of prestigious housing. Oriented on Schlaun, Sunder-Plassmann built the first brick villa with round corners and sandstone pilaster strips.
The façade is eclectic; stairwell has Art Nouveau windows, but a central projection flanked by Ionic pillars accentuates the street front. Walls beside it are asymmetrical: to the right, a door with Art Nouveau roof abuts the projection, a basket-arch window and oculus beyond. Windows of the left axis are rectangular and basket-arch.
A slate-clad roof was destroyed in WW2 and replaced by unsuitable copper roofing.

208
Villa ten Hompel
Kaiser-Wilhelm-Ring 28
1925–28
Hubert Wartenberg

Luftaufnahme mit Park um 1930

Zu der über einem sandsteinverkleideten Kellersockel zweigeschossigen Villa mit Walmdach über einem hellen Kranzgesims gehörte ursprünglich ein großer, geometrisch durchgestalteter Garten, der den herrschaftlichen Anspruch des Zementfabrikanten Robert ten Hompel noch deutlicher zum Ausdruck brachte. An der siebenachsigen Straßenfassade sind im Erdgeschoss die drei mittleren Achsen risalitartig vorgezogen. Eine Freitreppe führt zu dem zentralen Eingang, der unter dem von schweren, toskanischen Säulen getragenen Sandstein-Altan mit einem schmiedeeisernen Gitter liegt. Nachdem ten Hompel Konkurs gegangen war und das Haus 1941 an die Regierung verkauft hatte, brachte man hier die Ordnungspolizei des Wehrkreises VI. unter, die u. a. für die Organisation der Deportationszüge und Arbeitserziehungslager zuständig war. In den zum Teil im Originalzustand erhaltenen Räumen befindet sich heute der „Geschichtsort", eine Forschungsstelle, die eine Dauerausstellung mit dem Thema „Polizei, Verwaltung und Verantwortung" präsentiert.

The villa has a sandstone-clad basement and hip roof; a finely laid out garden originally underlined cement manufacturer ten Hompel's pretensions to elegance. On the ground floor, 3 central axes project to the street. Steps lead to the door below a sandstone gallery on Tuscan pillars, with a wide dormer in the roof above. Bankrupt, ten Hompel sold the house (1941) to the government. It was used for the security police. The interior is now a research centre with an exhibition on "Police, Administration and Responsibility".

209
Villa Lamers
Ostmarkstraße 9
1911 (Umbau)
Alfred Hensen

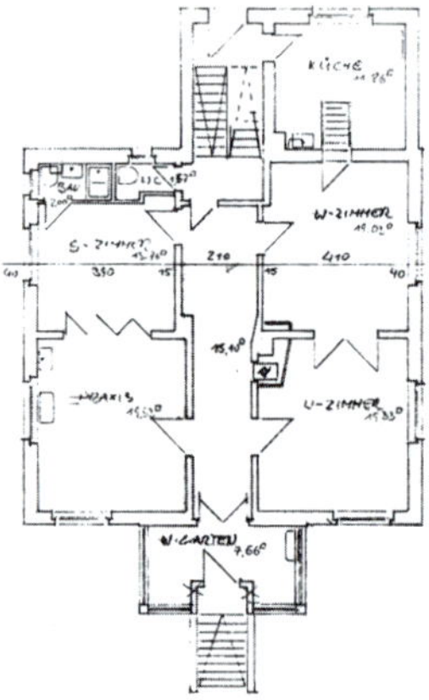

Der Maler Gerhard Lamers ließ ein älteres, einstöckiges Haus über halbgeschossigem Keller auf annähernd quadratischem Grundriss für seine Zwecke umbauen. Der Bau wurde um ein Geschoss erhöht und erhielt ein hohes Mansarddach mit großen Fenstern für das Atelier. Der Zugang erfolgt über eine Freitreppe in der mittleren der drei Achsen der Hauptfassade. Das Treppenhaus befindet sich hingegen in dem rückwärtigen Anbau mit Söller. Dem sich in den ersten Jahren des zwanzigsten Jahrhunderts durchsetzenden Reformstil folgend, verzichtete man auf Schmuckformen an der Fassade und setzte auf klare Form, ausgewogene Proportionierung und harmonische Einbettung in den Garten. Obwohl heute durch die verkehrsreiche Kreuzung der städtebauliche Kontext völlig verändert ist, lassen sich die ursprünglichen Qualitäten des Ensembles durchaus noch erahnen.

An older, single-storey house was converted for painter Lamers, adding a floor and a high mansard roof with big windows for a studio. Access was via steps in the central axis; stairwell is at the rear. Following the early 20th century Reform style, the accent is on clear forms and proportions, with no façade decor. The urban context has changed, but the ensemble's original quality is still discernible.

210

St. Erpho
Ostmarkstraße 20
1928–30
Carl Moritz

Als man zur Entlastung der Pfarrkirche St. Mauritz an den Bau eines neuen Gotteshauses denken musste, wünschte man jedoch keinesfalls ein nach ‚gänzlich modernen Grundsätzen' errichtetes Gebäude, sondern verlangte, dass der Neubau den „Ausdruck bodenständiger Echtheit" tragen müsse; kurz, man forderte die Orientierung an der romanischen Mauritzkirche. Moritz, der sich mit seinem Entwurf gegen drei Konkurrenten durchgesetzt hatte, schuf jedoch keine Kopie, sondern nahm das wichtigste Charakteristikum im Erscheinungsbild der Mutterkirche, die Türme und das Material, Haustein, zum Ausgangspunkt. So lagerte er dem Langhaus ein mächtiges, vielfach gestaffeltes Westwerk vor. Vier gedrungene Türme flankieren den Hauptturm, zwei niedrigere vorne, zwei höhere hinten, verklammert durch zweigeschossige Wandstücke. Diese leiten mit schmalen Rundbogen- und Lochfenstern zum Langhaus mit entsprechenden schlitzartigen Rundbogenfenstern über. Eine von Blendarkaden und „Okuli" gegliederte eingeschossige Halle markiert den Eingang. Den gerade schließenden Chor trennen Türme vom Langhaus ab. 1972 stand eine Modernisierung des Innenraumes nach den Erfordernissen der Liturgiereform an. Das Architekturbüro Kösters & Balke trennte den Chor als Werktagskirche ab. Im Langhaus schuf man einen neuen durch Stufen hervorgehobenen Chorbereich, der eine engere Einbeziehung der Gemeinde in die Messfeier ermöglichte.

The aim was a new church "expressing native authenticity" rather than a modern structure; i. e., it was oriented on the Romanesque church of St. Mauritz. But Moritz' design adopted only the key features of the mother church – towers and quarrystone material – and set a huge, graduated westwork before the nave. 4 squat towers flank the main tower, bracketed by wall sections; their round-arch windows echo the slit-like, round-arch windows of the nave. Interior was modernised in 1972. Kösters & Balke separated the quire as a weekday church and created a new quire in the nave.

211

Wohnquartier des Beamtenwohnungsvereins
Ostmarkstraße 46–58/Wiener Straße 31–47/
Manfredstraße 23–29/Lönsstraße 3–17
1925–27
Wilhelm Jung

Ansicht Manfredstraße

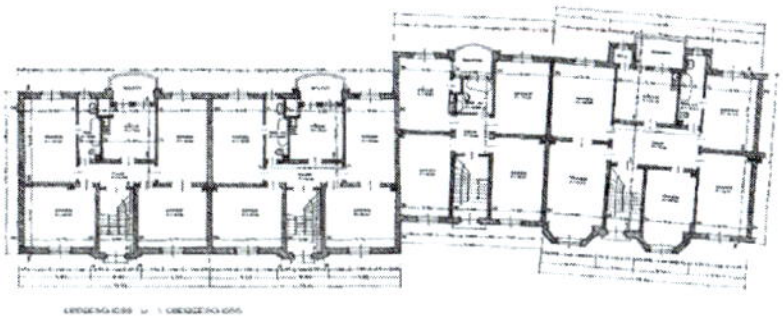

Als Architekt des Beamtenwohnungsvereins errichtete Jung diese Anlage aus dreigeschossigen Mietshäusern mit ausgebauten Dachgeschossen unter durchgehenden Walmdächern. Das Erscheinungsbild der vier Zeilen wirkt einheitlich, variiert jedoch im Detail. Plastische, farblich abgesetzte Fensterrahmungen und Risalite rhythmisieren die verputzten Fassaden. Im Bereich der Dächer setzen vierachsige Gauben Akzente, die zum Teil flache Stufengiebel als Bekrönung tragen. Sparsam, aber wirkungsvoll eingesetzte expressionistische Details, wie zu Lanzetten verbundene Treppenhausfenster, Dreieckformen bei Gesimsen und Fenstern, werten die Bauten zusätzlich auf. Glücklicherweise hat man größtenteils die Sprossenfenster bewahrt, die im Bereich der Treppenhäuser ein Rautenmuster bilden. Im Innern des von den vier Zeilen gebildeten Blocks befinden sich Grünflächen, zu denen sich Küchenbalkone mit abgerundeten Brüstungen öffnen.

Jung built the 3-storey apartment houses with hip roofs for the civil servants' housing association. The 4 rows appear uniform, but details vary. Dormers and low stepped gables individualise the roofs. Sparing but effective Expressionist details add to the houses' merit; e.g. stairwell windows joined to lancets, triangular forms on cornices and windows. Most of the cross windows have survived. Balconies face onto green areas within the block.

212
Mietshaus
Ostmarkstraße 82
1931

An der Einmündung der Albertstraße gelegen und mit den angrenzenden niedrigeren Wohnbauten zusammengehörend, bildet der im Auftrag der Baugesellschaft „Deutsches Heim" errichtete viergeschossige Bau mit Flachdach eine städtebauliche Dominante. Auffällig erscheint besonders die Verblendung mit abwechselnd horizontal und vertikal angebrachten Klinkern. Das Erdgeschoss nimmt ein Laden mit großen Schaufenstern ein. Der Eingang liegt an der Ecke, und zwar etwas zurückgesetzt, so dass sich eine kleine Vorhalle bildet. Eingetiefte, hell verputzte, um die Ecke führende Wandfelder mit profilierten Kanten fassen die Fenster in den Obergeschossen zu Bändern zusammen. Im Bereich des Dachgeschosses setzten Okuli mit weißen Rahmen, zwei an der Albertstraße, eine Dreiergruppe an der Ostmarkstraße, einen dekorativen Akzent. Das vertikale Gegengewicht ergibt an der Ostmarkstraße das rechts abschließende Treppenhaus mit dem stockwerkübergreifenden Fensterschlitz. Trotz einiger, vor allem die Fenster betreffenden, Veränderungen gehört das Eckhaus zu den avanciertesten Beispielen des Neuen Bauens in Münster.

Built by contractor "Deutsches Heim", the 4-storey structure with flat roof is a dominant urban developmental feature. Facing with alternative vertical and horizontal bricks is particularly striking. Entrance on the corner is recessed to form a porch. Recessed, light-coloured areas of rendered wall form bands linking the upper floors' windows. White-framed oculi provide a decorative accent on the attic floor. Despite changes, esp. to windows, this is a key example of New Building in Münster.

213
Mietshäuser
Warendorfer Straße 105/107
1903/04
Alfred Hensen

Ansicht vor 1945

Für den Antiquitätenhändler Max Fischer errichtete Hensen ein Ensemble von drei Mietshäusern, von denen sich zwei erhalten haben. Das linke Gebäude, das auch die Werkstatt und den Laden Fischers beherbergte, fiel dem Krieg zum Opfer. Das Haus Nr. 105 ist als Putzbau in Neorenaissanceformen gestaltet. Der Zusammenhang der Einzelhäuser ergibt sich durch die gleiche Geschosshöhe, sowie durch Wiederholung von Einzelelementen, wie die dreiteiligen Fenster, Erker, Fachwerkgiebel und Reliefs. Entscheidend für den ursprünglichen Eindruck war auch der Vorgarten, der gewissermaßen als ‚Rahmen' für das Ensemble fungierte. Weitgehend erhalten hat sich die Ausstattung der Treppenhäuser mit Kacheln, Ausmalung und figürlichem Schmuck.

Hensen built the ensemble of 3 houses for antiques dealer Fischer. Left-hand property was razed in WW2. No. 105 is rendered and neo-Renaissance style. Equal floor heights and repeated elements like 3-part windows, bays and reliefs unify the ensemble. The row was unusual and met with some public disapproval. Most original stairwell furnishings have survived, e.g. tiles and figurative decor.

214

Ehem. Königliche Oberzolldirektion
Hohenzollernring 80
1912–15
Moormann (Königliches Hochbauamt, Berlin)

Die Architektur der Zweiflügelanlage entspricht den monumentalen neobarocken Formen wilhelminischer Prägung, vermittelt jedoch durch die ortstypischen Materialien Sandstein und Ziegel. Über einem genuteten Sandsteinsockel folgen drei Stockwerke; den Abschluss bildet über dem Hauptgesims ein etwas niedrigeres Attikageschoss. An der Hauptfassade fasst links und rechts eine Sandsteinverkleidung die beiden vorletzten Achsen risalitartig zusammen.
In der Attikazone setzt ein dreigliedriges Fenster einen Akzent, die Bekrönung im Dach bildet jeweils eine halbrunde Gaube. Den Eingangsbereich markiert der von Pilastern flankierte Mittelrisalit mit Dreiecksgiebel. Die sandsteinverblendete zentrale Achse mit dem Portal setzt sich mit dem Wappen im Tympanon und dem Dachreiter in Form einer Laterne fort. An der Kreuzung fungiert ein Turm als städtebauliche Sichtmarke und vermittelt zugleich zum Seitenflügel mit abschließendem, um zwei Achsen vorspringenden Eckpavillon. Die zweigeschossige Dienstwohnung mit Mansarddach liegt etwas zurückgesetzt am Hohenzollernring, dem Hauptgebäude durch einen zweistöckigen Anbau mit Rundbogenfenstern angegliedert.

The 3-storey complex with low attic floor over the cornice displays neo-Baroque forms typical of the Wilhelmine era, but uses the sandstone and brick of local architecture. Key feature in the attic zone are 3-part windows; semicircular dormers in the roof. Sandstone-clad central axis with portal continues into a tympanum with coat of arms and roof lantern. The corner tower is striking. 2-storey official apartment with mansard roof is set back on Hohenzollernring, joined to the main building by a 2-storey extension with round-arch windows.

215

St. Mauritz
St. Mauritz-Freiheit 22
Um 1070–1150/um 1440–1476
1859–61
Emil von Manger

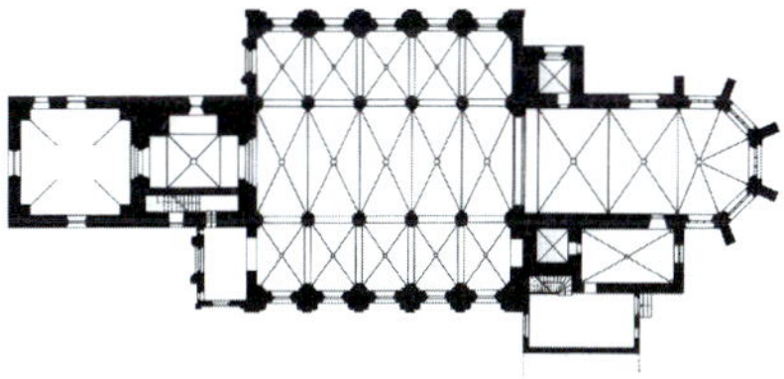

Das von Bischof Friedrich I. von Meißen gegründete Kollegiatsstift lag bis zur Mitte des 19. Jh. außerhalb der Stadt. 1811 säkularisiert, wurde es 1845 als Pfarrei wieder eingerichtet. Als das Langhaus für die stark angewachsene Gemeinde nicht mehr ausreichte, ersetzte es Diözesanbaumeister von Manger zwischen 1859 und 1861 durch einen dreischiffigen Neubau in neoromanischen Formen. Die den zwei Joche tiefen, spätgotischen Chor mit 5/8-Schluss flankierenden Osttürme datieren um 1100 und sind die ältesten in Münster erhaltenen Bauwerke. Die an ihnen vermauerten Reliefs aus der Zeit um 1100 gehören zu den frühesten Zeugnissen mittelalterlicher Skulptur in Deutschland und befanden sich wohl ursprünglich im Bereich des Eingangs (vier wurden durch Repliken ersetzt, erhaltene Originale sind im Landesmuseum). Der mächtige Westturm datiert in die 2. H. des 12. Jh., ebenso wie die an ihn anschließende, schlichte Erphokapelle. Das ursprüngliche Innere des einschiffigen romanischen Langhauses mit konsolartig schließenden Wandpfeilern und flachem Kreuzgratgewölbe überliefert eine 1830 von Wilhelm Salzenberg angefertigte Zeichnung.

Founded by bishop Friedrich 1st of Meißen, the monastery was secularised in 1811 and re-dedicated in 1845. Von Manger replaced the small nave with a 3-part neo-Romanesque structure in 1859–61.
E. towers flanking the late Gothic quire date from ca. 1100; oldest surviving buildings in Münster. Reliefs (ca. 1100) are among the earliest mediaeval sculpture in Germany (4 replicas – originals in Westphalian State Museum). W. tower dates from late 12th century, like the Erpho chapel.
The original interior of the Romanesque nave is shown in a drawing by W. Salzenberg (1830).

216

Ehem. Stiftsgebäude
Pfarrhaus St. Mauritz
St. Mauritz-Freiheit 25
1758
Johann Conrad Schlaun

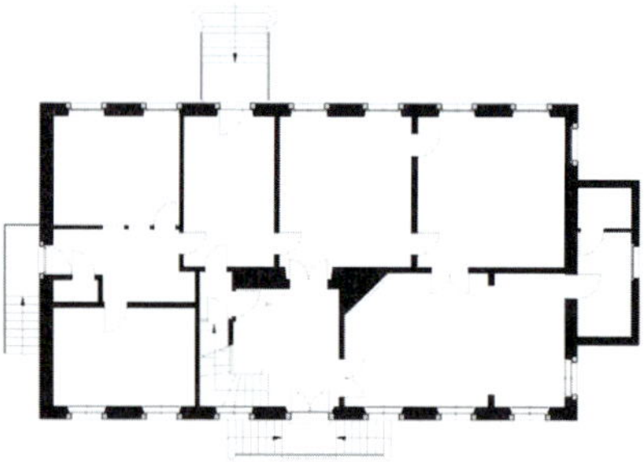

Grundriss

Auf dem Gelände der Stiftsimmunität, noch heute erkennbar an den Freiflächen um die Kirche St. Mauritz, ließ sich 1758 der Kanoniker Johann Wilhelm von Oldtmann ein Palais erbauen. Der siebenachsige, über einem Kellersockel eingeschossige Bau mit von Schleppgauben geöffnetem Mansarddach wirkt schlicht und war ursprünglich vermutlich unverputzt. Neben den Sandsteinrahmen der Fenster bildet die zentrale, zweiläufige Freitreppe, die zu der von einer Wappenkartusche bekrönten Tür führt, das wichtigste Schmuckelement. Die Zuschreibung an Schlaun schlug Geisberg aus stilistischen Gründen vor; die Restaurierungsbefunde von 2014 bestätigen seine Vermutung. Auch die drei Immunitätspfeiler, die sich in Höhe der Dechaneistraße erhalten haben, werden Schlaun zugeschrieben. Das Gebäude dient seit 1859 als Pfarrhaus.

The mansard roof of this simple palais (1758) within the former sanctuary area is opened by dormers. Key decorative elements are sandstone window framing and double steps to door crowned by a cartouche with coat of arms. Inconclusively attributed to Schlaun for stylistic reasons; same is true of 3 sanctuary posts level with Dechaneistraße.

217

Ehem. Dechanei St. Mauritz
Stiftsstraße 15/Dechaneistr. 14
Vor 1632

Das Haus wurde mehrfach verändert, so dass die auf einem neben der Eingangstür im Westen vermauerten Fenstersturz angebrachte Jahreszahl 1632 nicht auf den Neubau verweist. Das unterkellerte Steinwerk besitzt ein Fachwerkobergeschoss, das im Osten überkragt und, gestützt auf Konsolen, auf Kragsteinen ruht. Der Linie des abschließenden Walmdachs folgend sind an dieser Seite auch die Gebäudekanten abgeschrägt. Im Westen und Süden ist das Dach bis auf das Erdgeschoss herabgezogen. Da Kragsteine auch im Westen und Süden vorhanden sind, stammt das Obergeschoss von einem Umbau, wohl vom Ende des 18. Jh. Im Westen schließt ein einstöckiges Vorderhaus an.

A much altered house; date 1632 on a walled-in lintel by the door (West) is not that of most recent building. The stone structure has a half-timbered top floor that juts slightly in the East and rests on consoles. The top floor dates from conversion work, probably late 18th century. A single-storey front building abuts it to the West.

218
Wohnhaus Paal
Dechaneistraße 31
1913/14
Johannes Nellissen

Das über dem Souterrain zweigeschossige Wohnhaus mit Walmdach besitzt eine sparsam mit Lisenen und Bändern gegliederte Fassade aus dunklen Ziegeln, zu der die hellen Fensterrahmungen einen lebhaften Kontrast bilden. Die Eingangsseite ist mit dem links erkerartig zweigeschossigen Vorbau asymmetrisch gestaltet. Den zentralen Eingang mit flankierenden schmalen Fenstern betonen drei Putzfelder mit Lorbeerkränzen und Füllhorn. Die drei entsprechend proportionierten Obergeschossfenster leiten über zu der abschließenden Gaube mit Rundbogengiebel. Der östliche Anbau wurde im Zweiten Weltkrieg zerstört. Zum Originalbestand gehört auch die Vorgartenmauer aus Backstein und feuervernieteten Gittern. Den ursprünglich geplanten weißen Holzzaun untersagte das Bauamt mit dem Argument, bei Unruhen könnten die Latten herausgebrochen und als Waffen benutzt werden. Das Gebäude ist Teil einer um 1907–11 errichteten Gruppe von Wohnhäusern im Reformstil, die zurückhaltende Jugendstilmotive mit Elementen des Heimatstils verbinden und zu den ältesten und besterhaltenen Ensembles des Wohnviertels gehören. Nellissen war hier nicht nur als Architekt der Häuser Nr. 26 und 31 tätig, sondern ihm gehörte auch das benachbarte Gebäude Nr. 24.

The dark brick façade of the 2-storey house with hip roof is divided by pilaster strips and bands. Light window frames provide contrast. Bay-like projection on left creates asymmetry. Central doorway flanked by windows, accentuated by rendered wreaths and horn of plenty. Dormer with rounded gable. East extension with semicircular gallery destroyed in WW2.
Part of an ensemble from 1907–11, combining simple art nouveau with elements of Heimat style; among the oldest, best preserved housing in the area. Nelissen was not only architect of nos. 26 + 31; no. 24 belonged to him.

219
Wohnhaus Klockenbusch
Kapitelstraße 51
1951–53
Max von Hausen

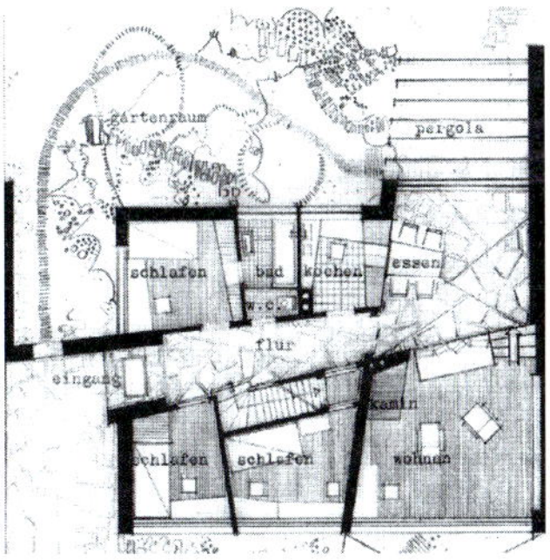

Das zweigeschossige Wohnhaus stellt das Erstlingswerk des Architekten Max von Hausen dar. Beauftragt durch seinen Förderer, den Theologen und Studienrat Ludwig Klockenbusch, demonstriert er mit dem Bauvorhaben kurz nach Kriegsende Aufbruchsstimmung und Experimentierfreude. Entgegen den baurechtlichen Bestimmungen der 1938 entstandenen Wohnstraße, gelingt es von Hausen gegenüber dem Baupflegeamt, ein flach geneigtes Eternitdach sowie großflächige Fenster mit weißen Brüstungselementen durchzusetzen. Noch ungewöhnlicher zeigt sich jedoch das Innere, da hier der Architekt den Grundriss schiefwinklig zwischen den tragenden Außenwänden entwickelt. Ein großer diagonal verlaufender Mittelflur erschließt die mehrheitlich trapezförmigen Räume und verbindet in luftiger Weise Hauseingang mit offener Esszone und Garten. Zahlreiche ausgeführte Details (Lampen, Bruchmarmor-Fußboden, u. a.) verweisen bereits auf das Großprojekt Stadttheater (Nr. 107), das wenig später seinen Anfang nehmen sollte. Eine zugleich geplante Doppelhaushälfte wurde später in konventioneller Raumsprache angefügt.

Von Hausen's first work, the house was commissioned by his patron, theologian L. Klockenbusch. Despite prevailing stipulations, permission was gained for a sloping Eternit roof and big windows with white breastwork. Interior is even more unusual; mainly trapezoid rooms are accessed from a diagonal hallway leading from the door to an open dining area and garden. Many details (lamps, marble floor etc.) are pointers to the major municipal theatre project (no. 102).

220
Villen
Hohenzollernring 64/66
1924/25
Johannes Nellissen

Villa Scheiwe

Die schlichte, dreiachsige Fassade des für den Unternehmer Scheiwe errichteten klassizistischen Hauses Nr. 66 zeichnet ein zentraler, leicht vorgewölbter Portikus aus. Seitliche Backsteinpfeiler und vier dorische Werksteinsäulen tragen einen Architrav, über dem ein Gebälk mit Zahnschnittfries den Abschluss bildet. Die Gaube war ursprünglich einfenstrig, besaß jedoch geschwungene Wangen und einen bogenförmigen, profilierten Sturz und setzte so einen effektvollen „Schlusspunkt".
Das Haus Nr. 64 gestaltete Nellissen als Paraphrase des zerstörten Wohnhauses Hollenbecker Straße, das Johann Conrad Schlaun für sich selbst errichtet hatte. Die Kanten markieren gequaderte Lisenen, während die mittlere Achse durch eine über beide Geschosse bis in die Dachzone geführte Nische hervorgehoben wird, deren Rahmung und Gewände ebenfalls gequadert ist. Im Erdgeschoss befindet sich allerdings nicht der Eingang, sondern hier tritt die Achse als flacher Altan vor, der mit einem Werksteingesims schließt und so, zusammen mit dem geschwungenen Balkongitter, als Schmuckmotiv den Höhenzug unterbricht.

The classicist façade of no. 66 is characterised by a central, convex portico. Doric columns bear an architrave with dentil course above. Initially, the dormer had only one window with a striking arch-shaped lintel. Nellissen made no. 64 a paraphrase of Schlaun's own house in Hollenbecker Straße. Central axis is accentuated by a "niche". The door is not on the ground floor, and the axis projects as a low gallery with a stonework ledge.

221
Ehem. Oberpostdirektion
Hohenzollernring 56
1925
Tietze

Die Vierflügelanlage entstand nach Entwürfen des Reichspostministeriums in Berlin, knüpft aber in der Wahl der Materialien, Ziegel und Sandstein für die Architekturglieder, an die münstersche Tradition an. Ein breites Gesims trennt den Kellersockel vom Erdgeschoss, das sich durch größere Fenster von den beiden Obergeschossen unterscheidet. Letztere erscheinen durch Gesimsbänder, die auf Höhe der Fensterbänke umlaufen, abgesetzt. Ein Gesims mit Zahnschnitt leitet zum Dach über. Den Haupteingang am Hohenzollernring markiert ein dreiachsiger Mittelrisalit, der wie eine Tempelfront mit kannelierten Pilastern und Dreiecksgiebel gebildet ist. Über einige Stufen erreicht man das Portal, das Pilaster mit Tierkreiszeichen-Ranken flankieren. Dem Seiteneingang an der Manfred-von-Richthofen-Straße ist im Erdgeschoss ein Portikus mit vier dorischen Säulen vorgelagert. Auch die rundbogige Hofeinfahrt an der Bernsmeyerstraße heben zwei dorische Säulen, die einen mächtigen Architrav stützen, hervor. Im Dachbereich setzten ursprünglich Gauben die Fensterachsen fort. Der jetzige Zustand ist das Ergebnis des 1967 erfolgten Dachausbaus.

Though designed by the Berlin Ministry, the postal headquarter built in traditional local brick and sandstone. A wide cornice separates cellar and ground floor, where windows are bigger. Main entrance is marked by 3 projecting axes and a triangular pediment and flanked by pilasters; signs of the zodiac as decor. Side entrance has a portico with Doric columns. An arched gateway on Bernsmeyerstraße is also accented by Doric columns and architrave. Present state results from the attic conversion in 1967.

222

Ehem. Luftkreiskommando

Manfred-von-Richthofen-Straße 8–12
1934/35
Ernst Sagebiel

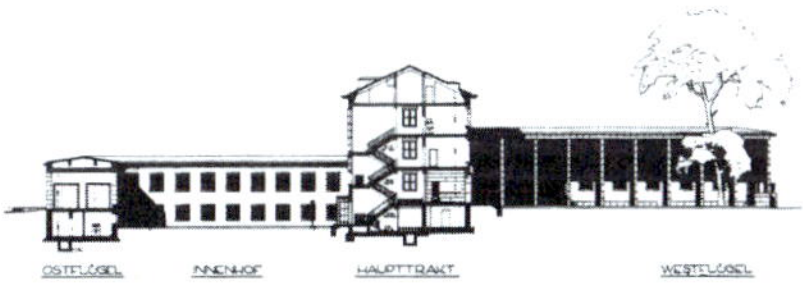

Für das in Münster installierte IV. Luftkreiskommando entwarf Sagebiel eine weitläufige Anlage am Hohenzollernring, der prominenten Adresse staatlicher Verwaltungsbauten. Bei dem weitläufigen, in zwei Abschnitten ausgeführten Gebäudekomplex handelt es sich vom Grundriss her um eine Dreiflügelanlage, deren „Ehrenhof" eingeschossige Trakte in drei etwa gleich große Höfe teilen. Die lang gestreckte, zweigeschossige Hauptfassade liegt an der Manfred-von-Richthofen-Straße und greift bei aller Nüchternheit mit den wie Eckpavillons dreigeschossig ansetzenden Seitenflügeln und dem Mittelrisalit mit von Pfeilern getragenem Altan auf Gestaltungselemente der Schlossarchitektur zurück. Diente diese Schauseite der Abnahme von Paraden, gab man sich zum Hohenzollernring als quasi ziviler Verwaltungsbau mit asymmetrisch nach links verschobenem, von einem Adler bekrönten Eingang. Südlich schließt eine monumentale Pfeilerhalle den Platz, nicht nur ein charakteristisches Beispiel nationalsozialistischer Antikenrezeption, sondern auch eine Entsprechung zu dem ebenfalls von Sagebiel errichteten Reichsluftfahrtministerium in Berlin.

Sagebiel designed the complex for the 4th Air District Command. Main façade is on Manfred-von-Richthofen-Straße; though a chiefly sober design, side wings and central projection with gallery reflect palace architecture. Parades were held before this façade, but an admin building on Hohenzollernring was quasi-civilian; entrance at the left is crowned by an eagle. Southern termination is a massive pillared hall; typifying NS reception of antiquity and echoing Sagebiel's Aviation Ministry in Berlin.

223

Ehem. Oberfinanzdirektion

Andreas-Hofer-Straße 50
1966–69
Hentrich, Petschnigg & Partner

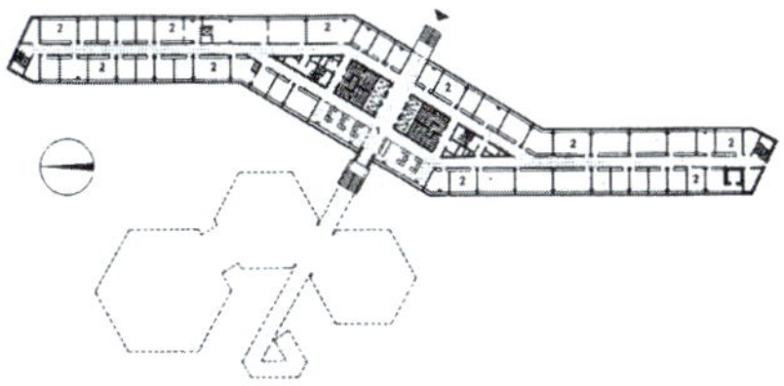

Nach dem Zweiten Weltkrieg konnte Münster seine zentrale Bedeutung als Verwaltungs- und Behördenstadt beibehalten. Die neu gegründete Oberfinanzdirektion nutzte zunächst das historistische Gebäude der ehem. Königlichen Oberzolldirektion (Nr. 214), doch machte der Raumbedarf bald einen Neubau erforderlich. Dieser präsentiert seine betont moderne Formensprache markant, präzise und schnittig als architektonische Antithese zum benachbarten ehem. Luftkreiskommando (Nr. 222). Der Verwaltungsbau besteht aus einer zehngeschossigen, 150 Meter langen Scheibe, die im Verlauf zweimal abknickt. Der dadurch markierten Mittelzone wurden wenig später drei Pavillons mit Sitzungssälen vorgelagert. Diese werden zusätzlich durch eine Außentreppe erschlossen, die sich um einen als Wahrzeichen fungierenden Pylon legt. Das Gebäude wurde im Hubdeckenverfahren errichtet, d. h. vorgefertigte Geschossdecken wurden an Stützen hydraulisch hochgezogen. Die Elemente der vorgehängten Stahlbetonfassade sind außen im Bereich der großen Scheibe mit weißem und im Bereich der Pavillons mit schwarzem keramischen Mosaik verkleidet. Auf Grund von PCB-Belastung wurde 2016 mit dem Abriss begonnen

After WW2, Münster's new regional tax office used the historic royal customs office (no. 214), but soon needed more space. New building is bold and sleek, a contrast to neighbouring structures. The 10-storey block is 150 metres long, bending in 2 places. 3 pavilions are set in front of the central zone, accessed by outside steps around a striking pylon. Built by slab-lift method. Elements of the reinforced concrete façade are faced with white mosaic on block, black in pavilion area.

224
Ehem. Verband Westfälisch-Lippischer Wohnungsbauunternehmen

Rudolfstraße 2
1953/54; 2005/06
Eberhard-Michael Kleffner, Christa Kleffner-Dirxen; Christoph Wiesmann

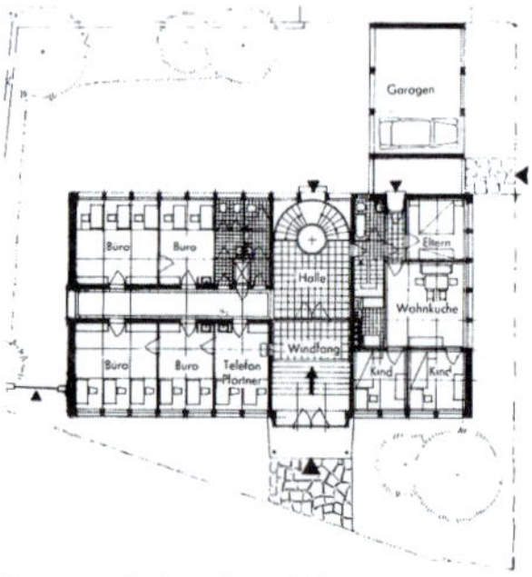

Ursprünglicher Grundriss

Das viergeschossige Verwaltungsgebäude mit zurückliegendem gläsernen Attikageschoss stellt eines der bemerkenswertesten Beispiele der 1950er-Jahre Büroarchitektur in Münster dar. Der innenstadtnah gelegene Solitär am Rande einer kleinen Parkanlage verfügt, wie andere Bürobauten seiner Zeit, auch über eine weiße Stahlrippenkonstruktion mit in diesem Fall blaugläsernen Brüstungsflächen sowie rotem Ziegelmauerwerk. Doch überragt es so manchen Zeitgenossen in seiner Detailqualität. Beispielsweise stammte die Farbgestaltung der Innenräume von Hugo Kükelhaus. Als der Verband das denkmalgeschützte Haus aufgab, entstand die Idee, es für Wohnzwecke umzubauen. Die Eingangssituation samt Halle wurde im Original beibehalten. Von ihr führen je Geschoss zwei Wohnungen ab, die oberen beiden Ebenen nehmen Maisonette-Wohnungen auf. Der 2005/06 erfolgte Umbau kann als beispielhaft gelten, wenn auch neue Balkone und Fenstereinteilungen sensibler hätten angepasst werden können.

Notable example of 1950s office architecture in Münster, with a receding, glazed attic floor. Like other office buildings then, it has a white steel-ribbed construction, here with blue-glass breastwork and red brick. But the detail is outstanding, e.g. interior colour design by Kükelhaus. When the association left the listed building, it was converted into housing (2005/06). 2 apartments per floor lead from the original entrance hall. Top 2 floors are maisonettes.

225
Mietshaus

Heisstraße 1/Rudolfstraße
1906

In Materialwahl und architektonischer Formensprache gehört dieses Mietshaus in Jugendstilformen zu den anspruchsvollsten Mietshäusern der Stadt. Dort, wo Heiss- und Rudolfstraße im spitzen Winkel aufeinander treffen, bildet es eine städtebaulich effektvolle Sichtmarke. Den über dem Kellersockel dreigeschossigen Turm öffnen jeweils drei breite Fenster. Die schmalen, pfeilerartigen Wandstücke dazwischen unterbricht über dem Erdgeschoss eine gebänderte Brüstung und betont die Rundung. Als Bekrönung dient eine Haube, die etwa in der Mitte durch ein Fensterband geöffnet wird.
Die angrenzenden, asymmetrisch gegliederten Werksteinfassaden mit Blendfeldern in Ziegelmauerwerk im Oberschoss sind zweigeschossig und schließen mit einem Mansarddach. An der Rudolfstraße bildet ein Erker mit angrenzendem Balkon mit Steinpfostenbrüstung den Blickfang, den ein Giebel im Dachbereich fortsetzt. Auch an der Heisstraße unterbricht ein Giebel in Jugendstilformen das kräftige Kranzgesims und hebt so den Bereich, in dem der schlichte Eingang liegt, hervor.

Material and forms make this Art Nouveau apartment house one of Münster's finest. Each of the tower's 3 floors opens with wide windows; narrow wall areas between them are divided by breastwork over the ground floor, accenting the curve. Tower is crowned by a capola.
Adjacent ashlar façades have blind brick fields on the top floor. Key feature of the gabled façade on Rudolfstraße is a bay with abutting balcony. On Heisstraße, an Art Nouveau gable emphasises the simple door area.

226
Mietshäuser
Rudolfstraße 8–10
1908/10

Die dreigeschossigen Gebäude bilden den Blickfang in diesem Abschnitt der Rudolfstraße und stehen exemplarisch für den repräsentativen Mietswohnungsbau im Bereich der östlichen Stadterweiterung. Der 1908 errichtete Bau mit dem geschwungenen Giebel und barockisierenden Ornamenten besitzt über dem ziegelverblendeten Sockel eine asymmetrisch gegliederte Fassade. Auf die linke Achse mit Loggien folgt ein zweigeschossiger Erker mit steilem Giebel. Rechts findet man relativ breite Fenster, das untere mit bogenförmiger Rahmung, das obere bekrönt von einer runden Kartusche mit Girlanden.
Das ein Jahr später entstandene Nachbargebäude erscheint in den Obergeschossen ganz symmetrisch und verzichtet weitgehend auf Ornamente. Die Fenster der seitlichen Achsen fasst ein mehrfach gestuftes, flaches Gewände zu Einheiten zusammen. Die Mittelachse hingegen tritt in zwei Erkern, der untere rund, der obere eckig, vor. Im Dachbereich bildet ein hohes Zwerchhaus mit Dreieckgiebel den Abschluss, flankiert von niedrigeren Gauben über den seitlichen Achsen.

The representative apartment houses are fine examples dating from the city's expansion to the East. Asymmetrical over a brick-clad basement, one façade has a curved gable and neo-Baroque decor. On the left is a 2-storey bay with gable; top right window is crowned by a garland cartouche.
Upper floors of the adjacent building appear symmetrical and lack ornament. Central axis projects in a bow window with bay above. In the roof, dormers flank a lucarne with triangular gable.

227
Ehem. Verwaltungsgebäude der Steinbruchs-Berufsgenossenschaft
Gutenbergstraße 17
1911/12
Alfred Hensen

Während die kubische Form an Villenarchitektur denken lässt, entsprechen der halbrunde Treppenhauserker an der Straßenfront und die zurückgesetzten Dachgeschosse dem Verwaltungs- und Geschäftshausbau der Zeit. Die Stahlbetonkonstruktion bestimmt nicht, wie bei den wenig später entstandenen Bauten Hensens, die Fassadengestaltung. Diese besteht im Erdgeschoss aus einer Folge von halbrunden und eckigen Wandfeldern, welche die Fenster bzw. Reliefs mit Darstellungen von Steinbrucharbeitern überfangen. Das erste Obergeschoss zeigt bis auf die mehrfach gestuften Wandfelder unter den Fenstern keine Ornamente und schließt mit einem einfachen, aber stark vorspringenden Gesims, über dem das zweite Obergeschoss mit Doppellisenen zwischen den Fenstern deutlicher akzentuiert erscheint. In der Attikazone erheben sich hinter einer Balustrade zwei getreppt zurückgesetzte Dachgeschosse. Strebepfeilerartige Elemente vermitteln zu den unteren Geschossen, während eine weitere Balustrade den oberen Abschluss markiert. Die erhaltene Entwurfszeichnung lässt vermuten, dass Hensen zwar die Kubatur eines Mansarddaches evozieren, ein solch historisierendes Element aber im Zusammenhang mit einem in modernster Technik errichteten Bau vermeiden wollte.

Cubic form suggests a villa, but semicircular stairwell e.g. is typical of the era's office buildings. The reinforced concrete structure does not define the façades, cf. Hensen's later work. Semicircular and rectangular wall areas alternate above windows and reliefs showing quarry workers on ground floor. Cornice above 1st floor accentuates 2nd floor with pilaster strips between windows. Roof zone has 2 graduated floors behind a balustrade and buttress-like elements. Hensen could so avoid the historicising mansard roof, while evoking its form.

228
Einfamilienhaus
Nottebohmstraße 5
1915

Zur Straße hin präsentiert sich das ursprünglich freistehende Backsteingebäude als Villa, die den gesellschaftlichen Status des Besitzers, eines Tiefbauunternehmers, spiegelt. Über einem sandsteinverkleideten Kellersockel gliedern Lisenen die zweigeschossige Fassade; den Abschluss bilden ein breites Sandsteingesims und ein antikisierender Dreieckgiebel mit Okulus, der dem Mansarddach vorgeblendet ist. Die beiden seitlichen Achsen zeigen im Erdgeschoss, auch hierin dem Typus einer „Maison de plaisance" folgend, hohe, von einer Lünette bekrönte Fenster mit Brüstungen, die auf dem Sockel aufsitzen. Die mittlere Achse ist breiter. Im Obergeschoss öffnet sich ein Rundbogenfenster auf einen schmiedeeisernen Balkon. Im Erdgeschoss erscheinen zwei den seitlichen Achsen entsprechende Fenster, jedoch ohne Lünetten.
Der Haupteingang, flankiert von kannelierten Pilastern, liegt an der Seite. Die Rückfront ist verputzt und architektonisch, sieht man von dem Altan ab, schlicht gehalten. Wie auch das Haus Nottebohmstr. 4 steht die Villa für die ursprüngliche, anspruchsvolle Bebauung im Bereich des Hohenzollernrings, der die östliche Grundstücksgrenze bildet.

Pilaster strips divide the brick street façade; a sandstone cornice and gable with oculus form the termination. Outer axes on ground floor have tall windows with breastwork, crowned by lunettes. Central axis is wider; its round-arch top floor window has a wrought iron balcony. Ground floor windows echo the side axes, but without lunettes.
Main (side) door is flanked by grooved pilasters. The rear is simply rendered. Like Nottebohmstr. 4, the villa exemplifies the original building in the Hohenzollernring area.

229
Villa
Hohenzollernring 55
Um 1920

In den zwanziger Jahren entstanden am Hohenzollernring eine ganze Reihe höchst repräsentativer Villen. Vor allem die zweigeschossigen Putzbauten Nr. 47 und 55 folgen in ihrer kubischen Grundform und den von Säulen getragenen Portiken und Anbauten dem von Andrea Palladio geprägten Typus der Renaissancevilla. Das Hohenzollernring, Ecke Sternstraße stehende Haus Nr. 55 lockert jedoch das klassische Vorbild durch expressionistische Elemente auf.
Den über eine Treppe zu erreichenden Eingang an der Sternstraße betont ein portikusähnlicher, halbrunder Altan. Im Obergeschoss flankieren kleine, expressionistisch gezackte Öffnungen die Balkonfenster. Eine ebenfalls expressionistisch gefasste Gaube setzt die Eingangszone im Dachgeschoss optisch fort. Ob die Sternmotive im Eingangsbereich an der Tür und Decke des Portikus auf den Straßennamen Bezug nehmen, sei dahingestellt. Anbauten mit Putzquaderung an den Kanten lockern die kubische Grundform auf. Der Wintergarten zeigt zusätzlich über den Fenstern Lünetten mit stilisierten Vögeln auf Ästen.

Many representative villas were built on Hohenzollernring in the 20s. The basic cuboid, porticos and pillars of nos. 47 and 55 echo Palladio's Renaissance villas, but no. 55 has added Expressionist elements. Sternstraße entrance is accented by a portico-like gallery. Small, Expressionist-style openings flank balcony windows. A dormer extends the entrance area optically into the roof. Star motifs may refer to the street name. Conservatory lunettes have stylised birds over windows.

230
ZKW/WVK Bürogebäude
Zumsandestraße 10–12
1994–99
Bolles+Wilson

Das Grundstück, eine Baulücke, wurde bislang als Parkplatz genutzt. Auf der Zumsandestraße schließt links eine dreigeschossige Wohnbebauung mit typischer Klinkerfassade an, rechts ein mit Sandstein verkleideter Bürokomplex, in dem der Bauherr, der Landschaftsverband Westfalen-Lippe, bereits vorher untergebracht war. Ein neues Verwaltungsgebäude sollte weiteren Büroraum für Gesellschaften des Verbandes schaffen. Der Entwurf, mit dem sich die Architekten 1994 in einem eingeladenen Wettbewerb durchsetzen konnten, spielt virtuos mit den Gegebenheiten. So wird ein Fahrradweg, der über das Grundstück führte, zum stadträumlichen Ausgangspunkt. Zwei Schenkel des U-förmigen Baukörpers flankieren ihn und bilden zur Zumsandestraße einen überraschenden Vorplatz. Von diesem aus werden die beiden bis zu fünfgeschossigen Gebäudeteile erschlossen. Über dem öffentlichen Weg verbindet ein Brückenbauteil die beiden Gebäudeteile. Die Fassaden wurden mit rotem Klinker verblendet, der Platz ebenso gestaltet, für die Dachlandschaft kam Titanzinkblech zum Einsatz.

Offices abut housing with a brick façade to left; right is a sandstone-faced office complex, former seat of the client – Landschaftsverband Westfalen-Lippe. Its new building was designed in 1994, ingeniously using existing conditions: a cycle track through the plot is flanked by 2 legs of the U-shape, which opens onto Zumsandestraße. Here, the 2 sections are accessed. Bridge over the public path. Façades and open area have red brick facing; roof is sheet titanium zinc.

231
Kreativhaus
Ehem. Verbindungshaus der Saxonia
Diepenbrockstraße 28
1913
Hilger Hertel d. J.

Den zweigeschossigen, fünfachsigen Backsteinbau mit Werksteingliederung und Mansarddach errichtete Hertel für die nicht-schlagende Studentenverbindung Saxonia. Den dreiachsigen, flachen Mittelrisalit mit seitlicher Steinquaderung schließt ein Knickgiebel mit Okulus. Die großen Steinkreuzfenster erinnern an Münsteraner Renaissance-Bauten wie das Krameramtshaus (Nr. 85). Den Blickfang bildet im zweiten Geschoss das Wappen mit dem Helm und den lippischen Rosen, die den „Zirkel" der Saxonia (eine Ligatur der Anfangsbuchstaben des Mottos „Saxonia vivat crescat floreat") umgeben. 1977 mietete der gemeinnützige Verein Kreativ-Haus das inzwischen leer stehende Gebäude und baute es mit Mitteln der Städtebauförderung ab 1985 nach ökologischen Gesichtspunkten um. Dazu gehören nicht nur „natürliche" Baustoffe, sondern auch die begrünten Dächer, ein Hof mit Feuchtbiotop und ein eigenes Heizkraftwerk. Im Innern finden sich Werkstätten, ein Tanzsaal und eine Theaterbühne.

2-storey brick house with stonework divisions and mansard roof built for student fraternity Saxonia. Central 3 axes terminate in curved gable with oculus. Stone-cross window echoes Münster's Renaissance buildings, e.g. Krameramtshaus (no. 85). Saxonia crest with helmet and Lippe rose on 2nd floor. Leased by "Kreativ-Haus" in 1977; municipally funded ecological conversion from 1985: green roofs, biotope, own heating system added. Houses workshops, dance hall, theatre.

232
Reihenhauszeile
Hohenzollernring 3–7
Um 1925

Ansicht vor 1945

In den zwanziger Jahren entstanden auch an der bislang repräsentativen Wohnhäusern und öffentlichen Gebäuden vorbehaltenen Ringstraße öffentlich geförderte Mietshausanlagen. Leider wurde durch die Entfernung der ursprünglichen Sprossenfenster die Lebendigkeit des Erscheinungsbildes empfindlich beeinträchtigt. Trotzdem bietet die Zeile ein charakteristisches Beispiel für den Münsteraner Siedlungsbau der zwanziger Jahre, dessen schlichte Fassaden häufig durch sparsam gesetzte, expressionistische Schmuckformen aufgewertet werden. Die über einem relativ hohen, farblich abgesetzten Kellersockel viergeschossigen Bauten gliedern Erker, die im Bereich der Treppenhäuser risalitartig mit einem Dreiecksgiebel fortgesetzt werden. Expressionistisch stilisierte Pflanzenmotive bilden die seitliche Einfassung, während auf den Brüstungen des zweiten Obergeschosses Tiere erscheinen. An den Eingängen tragen kannelierte Pilaster einen Sturz mit einem eigenwillig zwischen die Kapitelle gespannten Fries, der, passend zum nahen Hafengelände, spitzbogig stilisierte Wellen und Schiffe zeigt.

Missing cross windows detract from the row's original appearance, but it remains a key example of Münster's subsidised housing from the 20s, when simple façades were often valorised using Expressionist decor. The 4-storey houses are divided by bays, continued as gabled projections by the stairwells. Expressionist, stylised plant motifs on the side bordering; animals on 2nd floor breastwork. Doorway lintels with friezes of ships e.g. refer to nearby harbour area.

233
Colonie Werse-Delstrup
Von-der-Tinnen-Straße 5, 7/9
1925/27
Albert Schwermann

Nach einer fehlgeschlagenen Immobilienspekulation baute man die Kolonie Werse-Delstrup, eingeschossige Häuser, die jedoch schon wegen der Lage deutlich außerhalb der Stadtgrenze nur ärmste Familien anzogen. Nach Norden bildete die Ringstraße die Bebauungsgrenze, so dass 1925 die Westfälische Feuersozietät als Erste an der Von-der-Tinnen-Straße, der nordwestlichen Begrenzung der Kolonie, Wohnungen für ihre Mitarbeiter errichtete. Die qualitätvolle expressionistische Gestaltung des dreigeschossigen Klinkergebäudes lässt deutlich den gestiegenen sozialen Status des Viertels erkennen. Unterhalb des ersten Obergeschosses setzen auf getreppten Konsolen Wandpfeiler an, die abwechselnd flach aufgelegt oder über Eck gestellt werden und so die Fläche rhythmisieren. Zwischen den Konsolen setzt ein im Zickzack verlaufendes Band, das zugleich als Giebelmotiv für die darunter liegenden Fenster fungiert, das Erdgeschoss ab. Da die Wohnungen sofort belegt waren, schloss die Westfälische Bauindustrie GmbH südlich ein weiteres dreigeschossiges Mietshaus an. Den fünfachsigen Mittelteil begleiten zweiachsige Flügel, die durch plastisch vortretende, in Zierverbänden gemauerte Streifen begrenzt werden. Der Eingang liegt auf der Mittelachse, die optisch im Dachgeschoss in einem dreiachsigen Aufbau ihre Entsprechung findet. Der Eingang selbst ist aufwendig mit einem Zickzackgewände gerahmt und in einem Blendfeld abgesetzt. Hauptschmuckmotiv bildet das Relief im Tympanon, das den Erbmann Rudolph von der Tinnen zeigt, dessen Familie dem Stift St. Mauritz eng verbunden war.

Werse-Delstrup estate was well outside the city, so it drew only poor families. Ringstraße was the boundary in the North; in 1925, the Westfälische Feuersozietät built apartments on Von-der-Tinnen-Straße. The quality Expressionist design of the 3-storey brick building shows the area's improved status. Alternate flat and cornered pillars begin on the 1st floor, giving rhythm to the façade. Zigzag band between the consoles marks the ground floor. The Westfälische Bauindustrie GmbH added a brick "palais" to the South. 5 central axes are flanked by "wings" of 2 axes, separated by banding. Central entrance is echoed by a roof structure and framed by zigzag flanning. Main decor is a relief of Rudolph von der Tinnen.

234
Herz-Jesu-Kirche
Wolbecker Straße 123
1894–1900
Wilhelm Rincklake

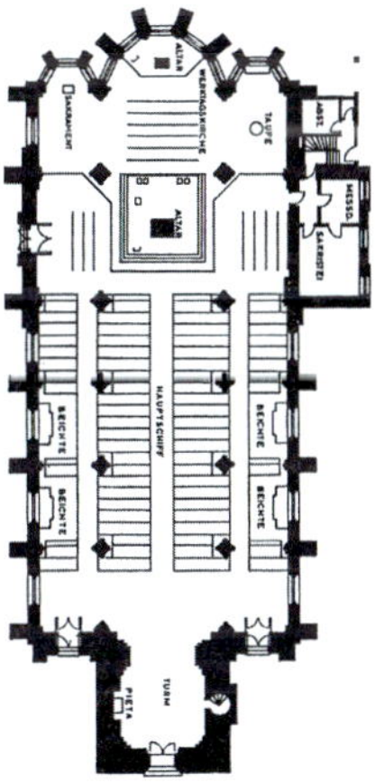

Auf die vier Joche der genordeten, dreischiffigen, neogotischen Basilika folgt ein Querhaus mit kurzen, kaum vortretenden Kreuzarmen. Das Chorjoch ist ebenfalls dreischiffig und schließt mit einer 5/10-Apsis, flankiert von Nebenapsiden mit 3/6-Schluss. Im Westen ist dem Bau ein viergeschossiger Turm auf quadatischem Grundriss vorangestellt, der mit einem hohen, von vier Seitentürmchen begleiteten Helm schließt. Im Turm befindet sich auch eines der drei Westportale, die anderen führen zu den Seitenschiffen. Den sehr kompakten Eindruck lockert der Wechsel von Strebewerk und Maßwerkfenstern kaum auf.
Zwar wurde die Kirche im Zweiten Weltkrieg zerstört, doch weitgehend originalgetreu wieder aufgebaut. Die ursprüngliche Ausstattung und die farbigen Glasfenster sind jedoch weitgehend verloren. Rincklake variierte mit Herz-Jesu in etwas bescheideneren Formen seinen Entwurf für die monumentale Ludgerus-Kirche in Billerbeck. Der dennoch für eine Pfarrkirche relativ große Bau, dessen Turm als der höchste der Stadt gilt, bezeugt das schnelle Wachstum der sich nach Osten ausdehnenden Stadt.

The 4 bays of the neo-Gothic basilica lead to a transept with short cross arms. Square tower in the West has a spire and 4 framing towers. One of 3 West doors is here; others lead to side bays. Church appears compact despite alternating buttresses and tracery windows.
Destroyed in WW2, rebuilt as original; most fittings and stained glass lost.
A modest variation of Rincklake's Ludgerus Church, Billerbeck, Herz-Jesu is still big for a parish church, evidencing Münster's E. expansion.

235
Ehem. Städtische Handelslehranstalten
Hansaring 80
1928–29
Felix Sittel

Ansicht 1932

Die Fassade des über einem Hausteinsockel viergeschossig aufragenden Backsteinbaus gliederte Sittel in einen zehnachsigen Mittelrisalit, den neunzehnachsige Abschnitte flankieren. Diese bestimmen die durch scharrierte Kunststeinrahmungen zu horizontalen Bändern zusammengefassten Fensterreihen der drei Hauptgeschosse, während das oberste Mezzanin zum Dach überleitet und so die Wucht der Baumasse mildert. Breite, ungegliederte Flächen an den Seiten geben der Fassade optisch Halt und betonen ihre plakative Wirkung. Am fünfgeschossigen Mittelrisalit setzt sich der helle Sandstein des oberen Abschlusses farblich von den dunklen Ziegeln ab. Die Fensterachsen wirken wie gotische Lanzettfenster, über denen der eingemeißelte und vergoldete Schriftzug die Bestimmung des Gebäudes verkündet. Den eigentlichen Eingang mit Kunststeinrahmung im Zentrum erreicht man über eine breite Freitreppe. Zwei kurze Flügel umschließen auf der Rückseite den Schulhof. Dem Verlauf der Grundstücksgrenzen folgend knicken sie leicht nach außen ab. Sittel akzentuierte dies durch die beiden Treppentürme, deren Spitzbogenfenster in der Attikazone auf den Mittelrisalit verweisen. An der Schillerstraße errichtete Peter Bastian 2008–11 einen Erweiterungsbau.

Sittel divided the façade into a central projection of 10 axes and 19 axes at each side. These are defined by imitation stone bands that frame and link the upper-floor windows; a mezzanine-like top floor above a cornice leads into the roof, reducing the impact of the structural mass. Central projection underlines the verticals; sandstone of its upper termination contrasts to the dark brick; pointed-arch windows suggest Gothic lancet windows. Golden lettering points to function as a commercial college. 2 short wings enclose a rear yard. Here, pointed-arch stairwell windows reflect the roof area of the central projection.

236
Wohn- und Geschäftshäuser
Hansaplatz
1924

Ansicht 1935

Das viergeschossige Eckhaus an der Wolbecker Straße bildet den pavillonartigen, rechten Abschluss der Reihe anschließender Bauten der Hansaplatz-Wohnungsbaugesellschaft, die im Krieg stark zerstört und in vereinfachter Form wiederaufgebaut wurden. Im Erdgeschoss öffnen sich links und rechts der Eingangstür am Hansaplatz je zwei große Schaufenster, darüber folgen zwei Stockwerke, die ein kräftiges Kranzgesims von dem schlichten Attikageschoss trennt. Die Gebäudekanten markieren gebänderte Lisenen, während die Fensterachsen in Wandfeldern liegen, die Rahmen mit expressionistisch ornamentierten vertikalen Wandstreifen einfassen. Zwischen den Fenstern des zweiten und dritten Stockwerks befinden sich Medaillons mit Tierkreiszeichen. Skulpturen in Höhe der Schaufensterstürze stellen Persönlichkeiten der münsterschen Geschichte dar; neben drei Wiedertäufern erscheinen Franz von Sonnenberg, Annette von Droste-Hülshoff, Amalia von Gallitzin und Albert Lortzing.
Der Reiz des Ensembles, das die „Rückwand" des Hansaplatzes darstellt und das städtebauliche Gegenstück zur Hansaschule bildet, liegt nicht zuletzt darin, dass man bei der letzten Renovierung wieder Sprossenfenster eingesetzt hat.

Corner house on Wolbecker Straße terminates a row built by Hansaplatz housing society, war-damaged and rebuilt more simply. Display windows frame the door on Hansaplatz; cornice separates 2 more storeys from a simple attic floor. Pilaster edging; vertical wall bands with Expressionist décor between windows, medallions with zodiac signs between 2nd and 3rd floors. Sculptures of key figures in Münster's history at ground-floor level.
Forming the "rear wall" of Hansaplatz, the ensemble is a counterpart to the Hansa School.

237
Wohnhaus
Hansaring 13/15
Um 1912
Kaspar Arens

Das dreigeschossige Doppelhaus mit Mansarddach und vorgeblendeten Fachwerkgiebeln überzeugt durch gute Proportionen und klare Formgebung. In der sparsamen, auf die Akzentuierung der Architekturelemente bedachten Verwendung von Bauschmuck ist die Gestaltung dem Reformstil verpflichtet.
Die dunkle Ziegelverkleidung bildet einen starken Kontrast zu den hellen, in Werkstein bzw. Putz ausgeführten Gliederungselementen. Die mit kräftigen Rahmen versehenen Fenster der zwölf Achsen sind paarweise zusammengefasst, wobei die zweite und dritte bzw. neunte und zehnte Achse in den Obergeschossen als Erker ausgebildet sind und optisch im Dachgeschoss von einer Fensterdreiergruppe im Bereich der Giebel fortgesetzt werden. Die übergiebelten Eingangsportale liegen in der jeweils äußersten Achse des bis auf den hellen Sockel und die Fensterreihe schmucklosen Erdgeschosses. Ein helles Gesimsband setzt es deutlich von den Obergeschossen ab. Auf der Rückseite öffnen zum Hof großzügige Loggien.

Well-proportioned double house with mansard roof and timber-frame gables: Reform style décor used to accentuate architectural elements.
Dark brick facing contrasts to ashlar or rendered façade division. Windows in pairs; 2nd and 3rd, and 9th and 10th axes form bays, continued optically by 3 windows in gables. Simple ground floor, separated by a light-coloured cornice, has doors with pediments in outer axes.

238
Ehem. Dampfmühle und Kornbrennerei
Lingener Straße 12
1907; 1989; 2008
Rainer M. Kresing (Umbau)

Das Ensemble kann als eines der wenigen erhaltenen Zeugnisse des gewerblichen Aufschwungs gelten, den das Gebiet zwischen Bahnhof und Hafen um 1900 erlebte. Neben dem hohen Schornstein ist vor allem der dreigeschossige Ziegelbau markant, dessen hofseitige Fassade Lisenen und Rundbogenfenster, die zu Zweier- und Dreiergruppen zusammengefasst sind, gliedern. Zwei im Obergeschoss auf den Lisenen ansetzende Türmchen heben das Zentrum risalitartig hervor und flankieren eine Attika, die ursprünglich die Jahreszahl 1907 und den Firmennamen „Hölscher" aufwies. Nach zweijährigem Leerstand baute Kresing 1989 das Gebäude zu Lofts um und richtete in dem gegenüberliegenden Trakt aus eingeschossigem Pförtnerhaus mit Mansarddach und angrenzenden Lager- und Büroräumen sein Architekturbüro ein. 2008 erwarb er den roten Container, der fünf Jahre lang als „Café arte" vor dem Landesmuseum Dienst getan hatte, und setzte ihn als gelungenen Blickfang frei auf das Dach des zweigeschossigen Bürogebäudes.

Rare surviving evidence of commercial boom in this area around 1900. Striking chimney and 3-storey brick block, divided by pilaster strips, groups of round-arch windows yard-side. Towers over pilasters flank parapet originally bearing date, 1907, and company name, Hölscher. Kresing converted block into lofts in 1989; structure opposite, once porter's lodge, into architectural office. In 2008 he acquired red container, a former café at Landesmuseum, for the roof.

239
Wohnhaus Scholten
Meppener Straße 15/17
1931
Bernhard Kleinpaß

An dem kleinen Platz, der sich an der Einmündung der Meppener Straße ausbildet, errichtete der Ölfabrikant Wilhelm Scholten sein über dem Kellersockel zweieinhalbgeschossiges, fünfachsiges Backsteinhaus, zum dem auch ein rückwärtiges Lagerhaus (kriegszerstört, 1947 wiederaufgebaut) gehört. Das Erdgeschoss mit der kräftigen Backsteinrustika diente gewerblichen Zwecken. Im ansonsten schmucklosen, von hellen Gesimsbändern eingefassten Hauptgeschoss akzentuieren zwei flache Erker die Gebäudeecken. Über ihrer gebänderten Brüstung tragen Pfeiler, von denen der weiß verputzte an der Ecke expressionistisches Dekor zeigt, ein plastisch vortretendes Gebälk. Das schlichte Halbgeschoss leitet zum Mansarddach über, wo drei Gauben die mittleren Fensterachsen optisch fortsetzen und so die angedeutete Fassadendisposition einer herrschaftlichen Villa komplettieren, ohne historisierende Elemente zu verwenden. Die Eingänge liegen an den Seiten. Der linke ist als schlichter Rundbogen gestaltet, der rechte mit rechteckiger Rahmung erscheint aufwendiger mit expressionistischem Dekor.

The brick house with rear storehouse (razed in WW2, rebuilt 1947) was built for oil manufacturer Scholten. Ground floor with brick rustication used commercially. Flat corner bays accentuate a simple main floor; white pillars display Expressionist décor. Simple half-floor leads to mansard roof; dormers optically extend central axes, adding to the "grand villa" impression, but avoiding historicising elements. Side doors; left – simple round arch, right – Expressionist décor.

240
Mietshaus
Meppener Straße 20/22
1928

Die Fassade des viergeschossigen Backsteingebäudes dominiert über den beiden zentralen Eingängen eine Art übergiebelter Risalit. Die vier Achsen der schmalen, hochrechteckigen Treppenhausfenster flankieren dreieckig vortretende, auf Höhe des Erdgeschossgesimses ansetzende Erker. Deren oberstes Stockwerk trennt eine durchgehende, über die Ecke greifende Sohlbank, den oberen Abschluss bildet ein angedeutetes Gebälk. Optisch verbindet diese „Attikazone" die Reihe der abschließenden, quadratischen Treppenhausfensterchen.
Diese wiederum finden ihre Entsprechung im Erdgeschoss über den durch einen breiten Architrav zusammengefassten Türen. Zwei spitze Auskragungen deuten Giebel an; die vier Felder seitlich der Türen schmücken expressionistische, floral-figürliche Ornamente.
Die Seiten erscheinen schmucklos, nur die Fenster des dritten Geschosses fasst eine durchgehende Sohlbank zusammen. Rechts ermöglicht eine rundbogige Durchfahrt den Zugang zum Hinterhof.

Brick façade is dominated by a kind of gabled projection above 2 central doors. 4 axes of stairwell windows are flanked by triangular bays from the ground floor up. Top floor is separated by a sill; upper termination suggests an entablature. This "attic zone" has a row of small square windows echoing those over the doors. 4 areas by the doors have Expressionist, floral-figurative decor.
A round-arch gateway leads to a courtyard.

241
Verlagshaus Aschendorff
Soester Straße 13
1913/14
Alfred Hensen, Alexander Cazin

Die dreigeschossigen, mit dunklem Ziegel verkleideten Rasterfassaden öffnen gleichmäßig gereihte Sprossenfenster, deren Höhe von Stockwerk zu Stockwerk bis in die Gauben des Mansarddachs abnimmt. Zwischen den Fenstern betonen schmale, doppelte Lisenen die Vertikale, ein Motiv, das u.a. auf Schlaun zurückgeht. Wo die an der Soester und Hamburger Straße liegenden Flügel in stumpfem Winkel aneinander stoßen, markieren zwei wuchtige, dreieinhalbgeschossige Türme den Eingang. Das in diesem Bereich höher gezogene Dach hinterfängt und überhöht sie. Gegenüber dieser Großform wirkt das eigentliche Portal fast zurückhaltend, beeindruckt jedoch mit einem kunstvoll geschmiedeten Jugendstil-Portalgitter. Ursprünglich besaß das Portal einen geschweiften Aufsatz und die Türme schlossen mit Kuppeldächern. Der heutige Zustand geht auf den Wiederaufbau des stark kriegszerstörten Gebäudes durch Wucherpfennig bzw. Kösters und Balke zurück.

Grid-pattern, brick-clad façade has neat rows of cross windows, whose height decreases floor by floor to the dormers of a mansard roof. Pilaster strips between them emphasise the verticals, echoing Schlaun. Wings on Soester and Hamburger Straße meet at a blunt angle; bulky towers mark the portal with its sign "Verlag Aschendorff". While fairly modest, it has a striking Art Nouveau grille. After WW2 damage, reconstructed without the door's curving top and the towers' domes.

242

Ehem. Alte Städtische Feuerwache

Bernhard-Ernst-Straße 12
1928/29
Felix Sittel

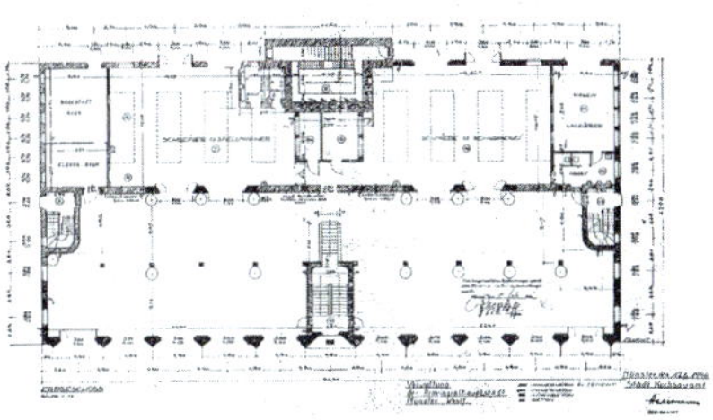

Das Erdgeschoss des elfachsigen Backsteinbaus bestimmt die Reihe der Garagentore, optisch hervorgehoben durch die weißen Gewände. Der zentrale Eingang setzt sich kaum von ihnen ab. Darüber folgen drei Stockwerke mit einer völlig gleichmäßigen Reihung von Fenster-Dreiergruppen, getrennt durch über Eck gestellte Pfeiler. Spannung erhält die Fassade durch den dreiachsigen Mittelrisalit. Hier treten die Dreieckpfeiler kräftiger hervor. Zudem fasste Sittel die Fenster der beiden obersten Geschosse zusammen, zog die reliefhaft vortretenden Verblendungen der schmalen Wandstücke zwischen den Fenstern über die gesamte Höhe und verklammerte so die Stockwerke. Dass die Fassade bei aller Schlichtheit lebendig wirkt, verdankt sie nicht zuletzt der bewegten Kontur der Dachlinie, die sich aus den über die Traufe reichenden Pfeilern ergibt. Die eher unspektakuläre Rückseite zum Albersloher Weg war ursprünglich durch die Bauten des städtischen Fuhrparks verdeckt. Aufmerksamkeit weckt vor allem der hochragende Steigerturm. Eine letzte Erinnerung daran, dass die Feuerwache einst die modernste Anlage ihrer Art in Deutschland war. Heute genutzt als Verlagsgebäude.

Garage doors with white flanning define the ground floor. Groups of 3 windows in floors above are divided by jutting pillars, emphasised in a central projection of 3 axes; here, Sittel merged windows of top floors, and relief facing between windows extends over 3 floors to link them. Simple brick façade is dynamic due to line of roof; pillars extend past the eaves. Less spectacular façade on Albersloher Weg; striking tower is a reminder that this was once Germany's most modern fire station.

243

Hafengebäude

Hafenweg 14/16
2003–05
Bolles+Wilson

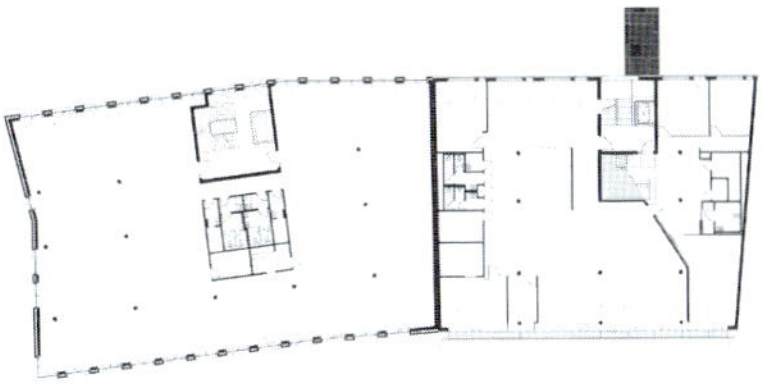

Erst als 1996 die historischen Erbpacht- und Mietverträge am Hafen ausliefen, konnten großangelegte Stadtentwicklungspläne in die Realität umgesetzt werden. Das nördliche Ufer wurde hierbei als Kreativkai geplant, an dem man Künstlerateliers, Werbeagenturen, Verlage etc. ansiedeln wollte. Die zwei Bürogebäude von Bolles+Wilson wurden zusammen mit weiteren Nachbarprojekten am Hafenweg in einem Bieterverfahren 2002 ausgewählt und 2005 zeitgleich fertiggestellt. Fünf Loftetagen mit einer Raumtiefe von 22 Metern lassen in jedem Gebäude flexible Nutzungen zu. In den Fassaden unterscheiden sie sich deutlich: während das LVM-Haus (Nr. 14) sich als scharfkantig skulpturales, orangefarbenes Endgebäude zeigt, erscheint das Nachbarhaus (Nr. 16) zur Straße mit Farbtafeln verspielt, zum Wasser hin mit seiner abgestuften Glasaußenhaut großzügig und einladend. In den oberen Etagen ist auch das Architekturbüro selbst ansässig.

When old port leases expired in 1996, large-scale urban development could begin. N. shore is planned as a creative quay with artists' studios etc. Bolles+Wilson's office buildings are from 2005; 5 loft floors with rooms 22m deep permit flexible uses. Façades are v. different: LVM-Haus (no. 14) is a sharp-cornered, orange-coloured end building, no. 16 has coloured panels to the street and a glass façade to the water.

244
Atelier- und Bürohaus
Hafenweg 22
1999
Kleihues+Kleihues

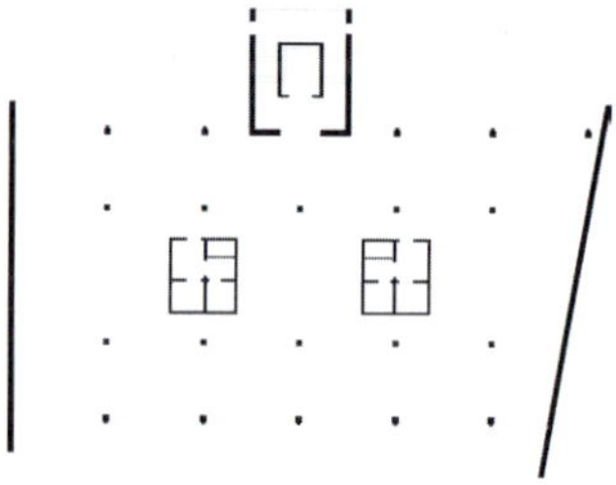

Der münstersche Hafen, der im Wiederaufbau nochmals eine kurze Blüte erlebte, geriet seit den 1960er-Jahren immer mehr in Vergessenheit und blieb unterentwickelt. Erst kulturelle Initiativen, wie beispielsweise das Stadttheater, das 1990 das Hawerkamp-Gelände mit entdeckte, sorgten für neue Ideen. Auch in dem Fall dieses fünfgeschossigen Atelier- und Bürohauses waren es münstersche Freiberufler und Künstler, die sich zu einer Bauherrengemeinschaft zusammenschlossen, um pionierhaft das Hafengebiet zu bebauen. Da eine Wohnnutzung sich baurechtlich ausschloss, reizten sie möglichst großflächige und offene Raumstrukturen. Benachbarte Speicher und Gewerbebauten standen dem Loftgedanken als Typus hierbei Pate. Selbst Fahrstuhl und Treppenhaus wurden vor das Gebäude gestellt, so dass 15 x 30 Meter große, frei gestaltbare Ebenen mit Hafenblick entstanden.

Münster's port had been largely forgotten and underdeveloped since the 60s. Cultural initiatives like the municipal theatre, which used the Hawerkamp site in 1990, prompted new ideas. This 5-storey studio and office building was erected by an alliance of freelancers and artists. They aimed for large, open spaces echoing the lofts in nearby warehouses. Even lift and stairs are external, creating variable levels of 15 x 30 m.

245
Bürohaus
Hafenweg 24
2008
Peter Bastian

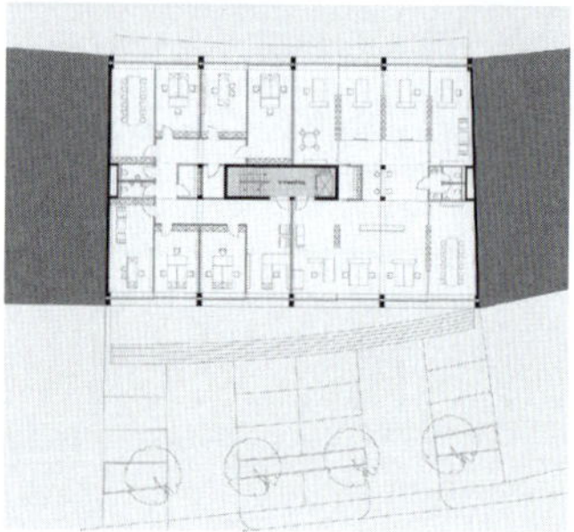

Das vordere, nördliche Hafenufer wurde maßgeblich seit 1999 zur neuen Uferpromenade gestaltet. Einem Neubau von Kleihues (Nr. 244) folgten die Gebäude von Bolles+Wilson (Nr. 243) sowie Bauten der langjährigen Kleihues-Mitarbeiter Andreas Heupel und Peter Bastian, die den Kleihues-Bau flankieren. Während das dunkel gehaltene Bürogebäude von Heupel zugunsten weiter Blickmöglichkeiten zurückspringt, zeigt sich der östliche Nachbar von Peter Bastian zum Wasser in strahlendem Weiß. Dem Ideal des poetischen Rationalismus (Kleihues) verpflichtet, führt Bastian den weißen Rahmen sowie den Schwung der Geschosse des benachbarten Kleihues-Baus weiter. Sein konstruktiv auf das Minimum reduzierter Kubus aus Stahlbetonfertigteilen erscheint leicht und transparent – auch dank ganz mit Glas ausgefüllter Felder. Im Inneren sind nur Aufzug und Treppenhaus eingestellt. Der ansonsten freie Grundriss erlaubt so maximale Ausbauvarianten. Jede der fünf Etagen lässt sich in ein bis vier Einheiten aufteilen. Auf dem begehbaren Dach befindet sich ein ovaler Besprechungsraum.

Harbour's north side redesigned to a promenade from 1999. Pioneering building by Kleihues (no. 244) followed by Bolles+Wilson (no. 243), Heupel, and P. Bastian. Heupel's dark office building recedes, Bastian's is white and overlooks water. Adhering to Kleihues' ideal of poetic rationalism, Bastian echoes Kleihues' adjoining building with white frame and curved floors: minimalistic cube with reinforced concrete parts and glass. Inside, open plan for max. variation. 5 floors can each be split into 4 units. Oval meeting room on roof.

246
Ehem. Speichergebäude
Hafenweg 28–30
1902/03; 1939

Von den ersten Gebäuden am Hafen hat sich nur der Getreidespeicher der Westfälischen Central-Genossenschaft erhalten. Das Be- und Entladen erfolgte im Erdgeschoss, während sich im ersten der insgesamt sechs Obergeschosse das Sacklager und die Näherei befanden. Nach außen präsentiert sich der Backsteinbau betont schlicht, ohne allerdings auf repräsentative Elemente zu verzichten. Das Erdgeschoss ist als Sockel gedacht, über dem rote, vertikale Bänder, so genannte Lisenen, gelbe Wandflächen begrenzen. Das vierte Geschoss trennt ein schmales Gesims ab. Über einem kräftig akzentuierten Zackenfries folgt das abschließende „Mezzanin" mit dem reich profilierten, auskragenden Hauptgesims. Dieser Bereich gehört bereits zum Dachgeschoss, ebenso wie der in Holz ausgeführte und mit Blech verkleidete kleinere Aufbau, eine für die Speicherhäuser der Zeit charakteristische Konstruktion. Das später entstandene, östlich anschließende Lagerhaus wirkt dagegen deutlich moderner. Doch auch seine Fassade folgt einem traditionsreichen Modell, denn ursprünglich wechselten zurückgesetzte Wandfelder, wie rechts und im Obergeschoss noch zu sehen, mit Stützen, die mit dem flachen Dreiecksgiebel eine antike Tempelfront bilden. Die senkrechten Fensterbahnen, die 2003/04 bei dem Umbau an Stelle der Wandfelder eingefügt wurden, verstärken diesen Eindruck. Die Speicher mit Ateliers und Büros bilden heute das Herzstück des „Kreativkais". Insbesondere bietet die Ausstellungshalle der zeitgenössischen Kunst einen Platz mit überregionaler Strahlkraft.

Of the port's first buildings, only one corn store has survived. Simple brick building has representative elements; ground floor forms a base above which red pilaster strips divide yellow wall areas. Narrow cornice below 4th floor; "mezzanine" with jutting, moulded cornice is above a zigzag frieze. Smaller top floor is wood clad in sheet metal, typical of contemporary warehouses.
Adjacent warehouse to East seems more modern, but façade is also traditional; originally, recessed wall areas (cf. right and top floor) alternated with pillars, creating a "temple" front with triangular gable. Vertical window bands were added in 2003/04. 2 warehouses are now the centre of the "Creative Quay".

247
Flechtheim- und Rhenusspeicher
Am Mittelhafen 10
1899; 1939; 2014
Pfeiffer · Ellermann · Preckel (Umbau)

Der 1898 eingeweihte Münsteraner Stadthafen war ein wichtiger Umschlagplatz für Getreide. Die Firma Flechtheim ließ hier 1899 einen fünfgeschossigen Speicher errichten. Während die Sockelzone mit dunkelrotem Backstein verkleidet ist, erscheinen die Obergeschosse in gelbem Ziegel. Die Fensterpaare mit rotem Sturz und roter Sohlbank trennen vier rote Lisenen; ein umlaufendes rotes Gesims trennt das zweite und dritte Stockwerk. In den 30er Jahren fügte man an der hinteren Schmalseite rechtwinklig einen siebengeschossigen Backsteinbau, den Rhenusspeicher, hinzu, dessen mittlere drei Achsen zur Wasserseite hin turmartig um drei Geschosse erhöht sind. Bei dem Umbau von 2013/14 bewahrte man nicht nur die Fassaden, sondern auch im Innern Details wie die Schütten oder das Dachgeschoss mit dem basilikalen Zuschnitt und dem historischen Dachstuhl. Während die oberen Stockwerke flexible Flächen für Büros bieten, haben im Erdgeschoss das Wolfgang-Borchert-Theater und das zugehörige Café eine neue Bleibe gefunden.

Münster's harbour opened in 1898, trading mainly in corn, e.g. Flechtheim company built 5-storey warehouse here in 1899. Red brick base, upper floors in yellow. Windows with red lintels + sills, 4 pilaster strips; red cornice between 2nd/3rd floors. 7-storey extension from 1930s; central 3 axes higher on water side. 2013/14 conversion kept façades and interior details like historic roof frame. Offices on upper floors; Wolfgang-Borchert-Theater + café on ground floor.

248
Ehem. Verkaufs- und Werkstattgebäude Opel Kiffe

Alberslober Weg/Am Hawerkamp 1
1927–29
Johannes Nellissen

Zustand um 1960

Wie kaum ein anderes Produkt stand in den zwanziger Jahren das Auto für Modernität und Fortschritt. Dieser Überzeugung entspricht die Formensprache des Gebäudes, das Fritz Kiffe für seine Firma errichten ließ. Die Anlage ist zu einer einheitlichen, harmonisch proportionierten Großform zusammengefasst, deren unterschiedliche Bereiche entsprechend ihrer Funktion (Werkstatt und Verkaufsräume) differenziert werden. Die dicht gesetzten Sprossenfenster der lang gestreckten, zweigeschossigen Backsteinfassade am Albersloher Weg erscheinen zu Bändern zusammengefasst. Die hellen Gesimse betonen die Horizontale und umgreifen auch die dreistöckigen, halbrunden Pavillons, welche die Hauptfassade flankieren. Am Hawerkamp öffnet sich das Erdgeschoss über die ganze Breite in großen Schaufenstern. Darüber wirkt die Backsteinwand des höher gezogenen Mittelteils wie eine Plakatwand, auf welcher sich der Firmenname besonders wirkungsvoll abhob.
Seit den sechziger Jahren fanden mehrere Umbauten statt. Aus dieser Zeit stammt auch die gläserne Laterne auf dem linken Pavillon. Seit 2008 befindet sich in dem Gebäude eine Diskothek.

In the 20s, cars symbolised progress, echoed in the style of Kiffe's building (1927). It consists of one big, harmoniously proportioned form; areas differentiated by function. Window bands on 2-storey brick façade to Albersloher Weg; light cornices underline horizontal lines and incorporate the semicircular pavilions. Ground floor has big display windows along Am Hawerkamp. Converted in the 60s; incl. glass lantern on left pavilion.

249
Feuerwache II

Theodor-Scheiwe-Straße 1
2003/04
Ingenbleek, Rohde und Partner

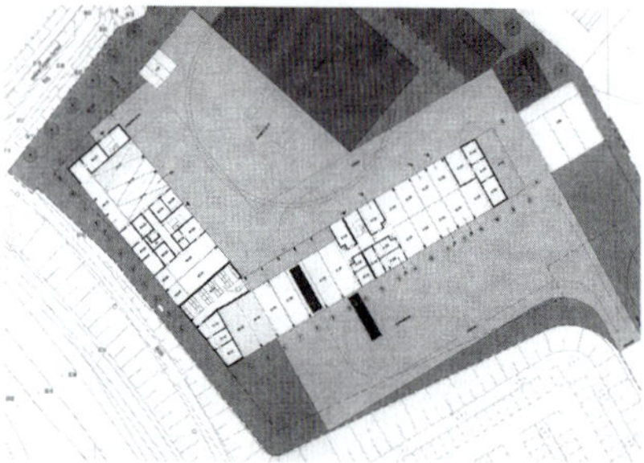

Als Ergänzung zur alten Feuerwache (Nr. 242) begann 1959 die Planung einer neuen Feuerwache, für deren Grundstück jedoch erst eine Kaserne freigeräumt werden musste. Die neue Feuerwache I am York-Ring konnte schließlich erst 1970 in Betrieb genommen werden. Durch die Gebietsreform 1975 vergrößerte sich das Stadtgebiet schlagartig, so dass sich wiederum Engpässe ergaben. Erst als man 2001 feststellte, dass ein geplanter Umbau der alten Feuerwache nicht wirtschaftlich zu realisieren sei, beschloss der Stadtrat den Bau einer neuen Feuerwache II. Das Ahlener Büro Ingenbleek, Rohde und Partner (IRP) konzipierte einen signifikanten feuerwehrroten Baukörper, dessen Winkelform den Übungshof zum rückwärtig verlaufenden Dortmund-Ems-Kanal einfasst. Abgeschlossen wird der Ziegelbaukörper am Albersloher Weg durch eine weithin sichtbare Turmscheibe, die als Übungs- und Steigeturm dient. Im Erdgeschoss finden 17 Feuerwehrfahrzeuge Platz. Das 1. OG verfügt über Umkleide- und Sanitärräume, im 2. OG sind Ruhe-, Büro- und Aufenthaltsräume sowie der im Wesentlichen als Sporthalle genutzte Mehrzweckraum untergebracht.

New fire station I was built to supplement the old one (no. 242) in 1970. 1975 reforms made the city bigger; more space was needed. The old station could not be converted, so new fire station II was built (2003/04). IRP's design is a fire-red, brick volume on Albersloher Weg with rear practise yard to the Dortmund-Ems-canal. Slim tower is used for drill.
Ground floor houses 17 vehicles, 1st floor is changing rooms etc., 2nd floor restrooms, offices and multipurpose hall mainly used as gym.

250
Süd- und Geistviertel

Südstraße 89

Hermannstraße um 1910

Die ehem. Bauernschaft Geist im Süden Münsters erhielt ihren Namen von dem Kiessandrücken, der „Geest". Zwei wichtige Verkehrswege fassten sie ein, die Weseler und die Hammer Straße. Jenseits der an die Promenade grenzenden Gartenparzellen dominierte die landwirtschaftliche Nutzung. Hiervon zeugen noch heute einige Fachwerkkotten, etwa am Kappenberger Damm die Düesberg Klause, an der Weseler Straße (Nr. 275) oder an der heutigen Annette-Allee (Nr. 324). Der Ausbau der Eisenbahnlinie nach Hamm begünstigte die Niederlassung von Gewerbebetrieben entlang der Gleise, was zur Ansiedlung von Arbeitern und Bahnbediensteten führte. Die Hammer Straße avancierte zur beliebten Wohn- und Geschäftsstraße. Hier errichtete man mit der Josephskirche auch den ersten Kirchenbau der südlichen Vorstadt. Von der gründerzeitlichen Bebauung hat sich jedoch nur wenig erhalten.
Um der gravierenden Wohnungsnot nach dem Ersten Weltkrieg zu begegnen, erwarb die Stadt die Güter Insel und Geist. Am 28.6.1919 gründete man die Kriegerheimstättengenossenschaft, kaufte für rund 180 000 Reichsmark ein Gelände am Düesberg und errichtete nach Plänen von Rudolf Henting schlichte, ost-west-ausgerichtete, zweigeschossige Doppelhäuser mit Gärten im Blockinnern. Trotz zahlreicher Veränderungen ist die charakteristische Grundstruktur noch gut zu erkennen. Spätere Bauten am Düesbergweg stammen von Franz Mönig und Peter Wilhelm Strupp. 1920 legte der Stadtvermessungsdirektor Clemens Brand den von den Reformideen der Gartenstadtbewegung beeinflussten Bebauungsplan für das „Siedlungsgelände Geist" vor. Noch im selben Jahr errichtete die „Heimstätte für Angestellte" auf dem Gelände Wörthstraße/Straßburger Weg nach Plänen von Franz Mönig 54 Häuser, die ihre Mitglieder mieten oder kaufen konnten. Das spektakulärste Siedlungsprojekt bildete die Gartenvorstadt „Habichtshöhe" (Nr. 263).

Siedlungshäuser Düesbergweg um 1925

Auch in jüngster Zeit steht das Geistviertel für innovative städtebauliche Konzepte. Seit 2001 wird in mehreren Bauabschnitten die „Autofreie Gartensiedlung Weißenburg" errichtet, deren Bewohner bewusst auf das Halten eines Kraftfahrzeuges verzichten – ein auch überregional viel beachtetes infrastrukturelles Experiment.

The Geist gets its name from the word "Geest", meaning sandy uplands. Framed by key roads, Weseler and Hammer Straße, it was once farmland beyond the allotments abutting the Promenade; cf. small timber-frame cottages, e.g. Annette-Allee (no. 324). Hamm railway led to business settling along the tracks and housing for workers. Hammer Straße became a residential and shopping street; Josefskirche was built. Few *Gründerzeit* buildings survive; but cf. Südstr. 89. Post WW1, housing shortage led to founding of War Veterans' Housing Cooperative, which bought land by the Düesberg; 2-storey houses were built facing East-West with gardens within the block, a characteristic structure still discernible today. In 1920, municipal surveyor Brand presented plans for "Settlement Area Geist", and the "Heimstätte für Angestellte" built 70 apartments on Wörthstraße/Straßburger Weg. Most spectacular project was garden suburb Habichtshöhe (no. 263).

251
Versetzung der Skulpturen „Knecht mit Pferd“ und „Magd mit Stier“
Ludgeriplatz
1987
Rémy Zaugg

Postkarten 1935

Wie kaum ein anderer Künstler hat sich Zaugg intensiv mit der Frage nach dem Sinn der Aufstellung einer Skulptur im Stadtraum auseinandergesetzt. Der Stadt eine Arbeit „aufzudrängen“, deren wie auch immer geartete Absicht nur zur Überfrachtung beitragen würde, schien ihm so fragwürdig, wie die Zerstörung eines Werks, womit man nur die ‚Tradition nachäffte‘. Trotzdem schien es ihm reizvoll, aus der Stadt selbst eine künstlerische Stellungnahme zu entwickeln. Nachdem er zunächst die Aufstellung eines Plakates mit dem Text „Über die Nutzlosigkeit der Skulptur im Jahr 1987 in der Stadt des Jahres 1987“ erwogen hatte, entdeckte er das 1912 von Karl Hans Bernewitz für die Einmündung der Hammer Straße auf den Ludgeriplatz geschaffene Skulpturenpaar, das, seines Sockels beraubt, nutzlos und überflüssig hinter einem Bauzaun zwischen Containern herumstand. Im Gegensatz zu den bilderstürmerischen Zerstörungen der Wiedertäufer, die er als bewusste Setzungen interpretierte, sah Zaugg hier den „Vandalismus der Indifferenz“ am Werk. Statt in der Stadt, die ein Werk zu Gerümpel degradiert, das sie bereits besitzt, eine neue Skulptur aufzustellen, beschloss Zaugg diesen Widerspruch deutlich zu machen, indem er Bernewitz' Figuren ihren Sockel zurückgab und sie an dem ursprünglichen Platz wieder aufstellen ließ.

Zaugg has considered the idea of sculpture in public space intensely, questioning the “imposition” of a work on the city. But he was prompted to develop an artistic statement from the city itself and considered a poster “On the superfluity of sculpture in 1987 in the city of 1987”. Then he found 2 abandoned sculptures by K. H. Bernewitz (1912). Zaugg saw this as the “vandalism of indifference” as opposed to the Anabaptists' iconoclasm. Instead of erecting a new sculpture in a city that degraded art to junk, he gave Bernewitz' works new plinths and set them up on their original site at the corner of Hammer Straße and Ludgeriplatz.

252
Infill Apartments
Bernhardstraße 6–8
1995–97
Bolles+Wilson

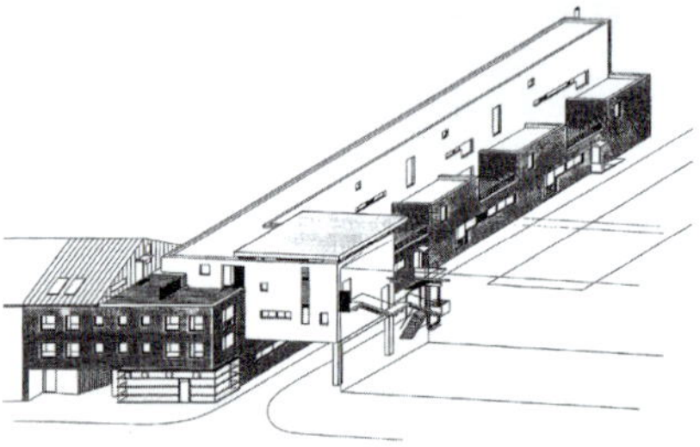

Das innenstadtnahe Gebäudeensemble besteht aus drei Baukörpern: einem Anschlussbau, einem Kopfbau mit Durchfahrt entlang der Bernhardstraße und einer Appartmentzeile mit vier Modulen, die sich hierbei weit in das Blockinnere Richtung Ludwigstraße erstreckt. Die Bandbreite der insgesamt 26 vertikal angeordneten Wohngrundrisse reicht von seniorengerechten Kleinwohnungen im Erdgeschoss bis zu höher liegenden Maisonettewohnungen. Alle Wohnungen verfügen über einen Garten, Balkon oder eine Dachterrasse. Das Wohnprojekt erzeugt im Inneren neue Grenzen zwischen öffentlichem und privatem Raum und versteht es, dieses Spiel durch die Massivität des dunklen Klinkers und die Leichtigkeit des weißen Putzes zu steigern. In seiner stadträumlichen Qualität kann das Ensemble, welches eine Tankstelle ersetzt, als vorbildliches Verdichtungsprojekt verstanden werden.

Ensemble consists of annexe, head building over entry on Bernhardstraße, and 4-module apartment row extending into the block. 26 units range from small ground-floor flats for the elderly to maisonettes, all with garden, balcony or roof terrace. Project creates new borders between public and private space, heightening this interplay with dark brick and light, white rendering.

253
Ehem. Hotel-Restaurant Kronenbräu
Hammer Straße 37
Um 1930
Georg Diening & Söhne

Ansicht vor 1945

Mit dem kubischen Backsteinbau seines Hotel-Restaurants setzte Diening einen großstädtisch-modernen Akzent an der repräsentativsten Wohn- und Geschäftsstraße des Südviertels. Das Gebäude besaß an der Hammer Straße vier Stockwerke, an die an der Jägerstraße ein fünfgeschossiger Baukörper anschloss, der an der Hammer Straße wie ein höher gezogener Kopfbau wirkte. Hier folgte auf das Raster der 3 x 7 Fenster ein breites Wandfeld, während die Fenster an der Jägerstraße gleichmäßig über die Fassade verteilt waren. Eine Reihe niedriger Dachgeschossfenster bildete den Abschluss. Das plastisch profilierte Traufgesims führte Diening an der Hammer Straße bis zum Ende des Fensterrasters in das Wandfeld des „Kopfbaus" hinein und erreichte so eine spannungsvolle Verklammerung flächiger und plastischer Elemente. Der über die Ecke gezogene Balkon bildet das Gegengewicht. Das Erdgeschoss mit Gaststätte und Läden war hell verputzt und leicht zurückgesetzt, so dass es dem Gebäude bei aller Blockhaftigkeit eine gewisse schwebende Leichtigkeit verlieh. 1988 unterzog man das Gebäude einer Sanierung, die das Backsteinmauerwerk unter einer dicken Schicht Dämmputz verschwinden ließ.

Diening's hotel-restaurant was a modern, cubic brick structure on the Südviertel's most prestigious street, with 4 floors on Hammer Straße and a 5-storey "head building" facing Jägerstraße.
Open wall area beyond the windows on Hammer Straße; regular windows on Jägerstraße, smaller ones on attic floor. Ground floor with restaurant was rendered and recessed, creating lightness despite the block structure. Restored in 1988; brickwork lost under insulating plaster.

254
St. Joseph
Hammer Straße 65
1900–05
Architekturbüro Hertel

Ursprünglicher Zustand

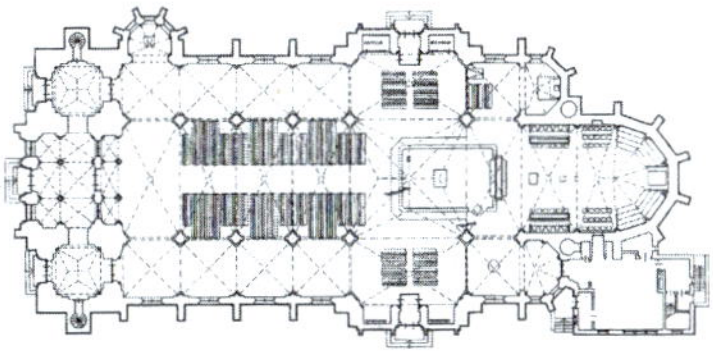

Nachdem die 1888 von Hilger Hertel als erste Kirche auf der Geist errichtete Rektoratskirche St. Joseph angesichts der schnell wachsenden Bevölkerung zu klein geworden war, plante man zehn Jahre später einen östlichen Erweiterungsbau ‚im gotischen Stil', der in zwei Phasen ausgeführt wurde. Die Grundsteinlegung erfolgte am 20.9.1900 und am 20.7.1902 die Benedikation des ersten Bauabschnitts. Der dreischiffigen, vierjochigen Basilika mit Querhaus und Dreiapsidenchor ist im Westen eine von zwei Türmen flankierte Fassade vorgelagert, deren Giebelfeld Blendmaßwerk und eine Fensterrose schmücken. Eine „Königsgalerie" trennt sie von dem von zwei Maßwerkfenstern eingefassten Hauptportal. Während sich hier der Einfluss der französischen Kathedralgotik erkennen lässt, folgte Hertel in der Gestaltung der Langhauswände und des Chores dem Muster der deutschen Gotik. Im Zweiten Weltkrieg wurde die Kirche stark zerstört. Franz Wucherpfennig orientierte sich zwar beim Wiederaufbau weitgehend an den Hertelschen Vorgaben, vereinfachte jedoch auch und verzichtete insbesondere auf die Wiederherstellung der hohen Turmhauben.

St. Joseph's church (Hertel, 1888) was too small after 10 years and a 'Gothic style' extension planned. West façade of the basilica with transept and 3-apse quire is flanked by towers with rose windows. "Royal gallery" separates them from a portal between tracery windows. This echoes French Gothic cathedrals, but German Gothic pattern was adopted for nave and quire. Ruined in WW2; Wucherpfennig's reconstruction is oriented on original but simpler, without high steeples.

255
St. Sebastian
Hammer Straße 135
1960–62; 2009–13
Bernhard Dirksmeier, Heinz Esser; Bolles+Wilson

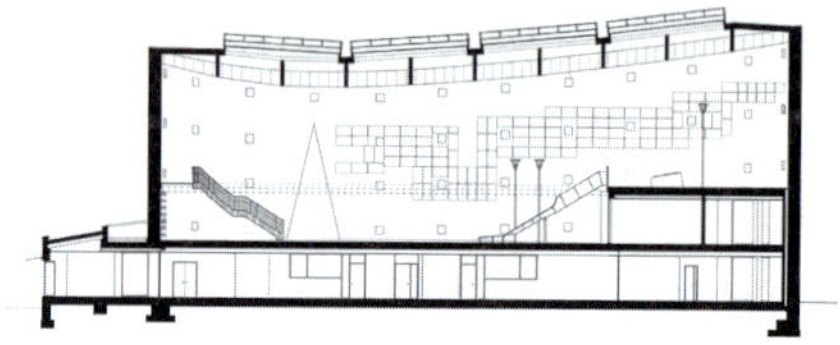

Als „Kind“ von St. Joseph (Nr. 254) und Teile des Pfarrgebietes von Heilig Geist (Nr. 260) übernehmend, wurde die katholische Sebastian-Gemeinde 1954 neu gegründet und erhielt 1962 einen der ungewöhnlichsten Kirchbauten in Münster. Die Architekten konzipierten das Kirchenschiff als „Arche Gottes“ und führten es als hohen elliptischen Baukörper aus, der abseits vom Straßenleben frei in einer Grünanlage liegt. Ursprünglich bestand die Außenfassade aus weiß leuchtendem Carrara-Marmor, der jedoch bereits nach einem Jahr aufgrund von Schadstellen gegen ein konventionelles Ziegelkleid ausgetauscht wurde. Nachdem die Kirche 2008 profaniert wurde, setzte sich Bolles+Wilson bei einem Investorenwettbewerb als einziges Büro mit dem Vorschlag durch, Teile des Grundstücks zwar durch Wohnbauten zu entwickeln – jedoch den nicht denkmalgeschützten Kirchenbau zu erhalten und als Kindergarten umzunutzen. Seit der Eröffnung 2013 können Kinder diesen ellipsoiden Raum nun neu erleben. Während in zwei unteren Ebenen die Gruppenräume angeordnet sind, wurde der große Luftraum der Kirche zum beeindruckenden Allwetter-Spielraum. Die sternengleich verteilten, quadratischen, offenen Kirchenfenster sorgen für Frischluft.

“Offspring” of St. Joseph (no. 254) and adopting part of the Heilig-Geist-Kirche parish (no. 260), St. Sebastian was founded in 1954, its unusual church built 1962: a tall, elliptic volume conceived as the “ark of God”. Original façade was white Carrara marble, but damage soon led to brick replacement; residual marble at back. Entrance via a ramp from the park. Interior is white plaster, light from square windows suggests starlight.

256
Schützenhofviertel
Scheibenstraße/Friedrich-Ebert-Straße/Dahlweg/
Am Alten Schützenhof
1926–28

Ansicht um 1930

Scheibenstraße

Auf dem nahe dem Güterbahnhof gelegenen Gelände an der geplanten Friedrich-Ebert-Straße, in Nachbarschaft zur Fabrik Stille am Dahlweg, baute die Stadt Münster mit der Baugesellschaft Deutsches Heim eine Mietshausanlage für kinderreiche und einkommensschwache Familien.
In Blockrandbebauung umschließen dreigeschossige Putzbauten einen großen begrünten Innenhof, der als gemeinschaftlicher „Erholungsraum“ und Spielplatz für die Kinder diente. Die einfachen, nahezu schmucklosen Fassaden gliedern vor allem die vorspringenden Bereiche der Eingänge und Treppenhäuser. Die kräftige Quaderung der Türrahmung wirkt wehrhaft. Das darüber befindliche Wandfeld rahmen flache, oben auskragende Bänder mit einem angedeuteten Fries. Zwischen den Fenstern erscheint in querrechteckiger Rahmung das Relief eines Tieres.
Nur in der Straße Am Alten Schützenhof wich man von diesem Muster ab. Hier treten die Treppenhäuser risalitartig vor. Die Tür erscheint ohne aufwendige Rahmung leicht zurückgesetzt; die Fenster sind in einem eingetieften Feld zusammengefasst und durch expressionistische Ornamente voneinander abgesetzt. Den Abschluss bildet ein ovales Fenster, bekrönt von einem angedeuteten Schlussstein.

City and Deutsches Heim housing company built homes for poorer families with many children on a site by the goods station: 3-storey rendered buildings on block perimeter enclose a green courtyard. Projecting entrances and stairwells divide the simple façades, with squaring around door frames. Wall above is framed by bands with an implied frieze. Relief between windows.
Am Alten Schützenhof deviates from pattern: stairwells project, doors are slightly recessed. Recessed windows are separated by Expressionist decor. Top floor, oval window with implied keystone.

257
Schützenhof-Erweiterung

Dahlweg/Timmerscheidtstraße/Herdingstraße/
Travelmannstraße
Um 1930/31
Georg Diening & Söhne

Dahlweg

Timmerscheidtstraße

Die Häuser erscheinen gegenüber denen der ersten Bauphase sachlicher und moderner und stehen so den Bauten des Architekturbüros Georg Dienings näher als jene. Über einem Backsteinsockel gliedert nur die Abfolge der Fenster die verputzten Wände; Stuckornamente fehlen. Die Türen sind durch gebänderte Wandstücke hervorgehoben. Darüber tritt das Treppenhaus risalitartig vor. Eine Rahmung aus Backstein und reliefhafte Backsteinornamente zwischen den Fenstern fassen diese zu vertikalen Bändern zusammen. Vor allem die Häuser Dahlweg/Timmerscheidstraße lassen Charakteristika des Neuen Bauens erkennen. So werden die durch Ziegelrahmen und -streifen zu Bändern zusammengefassten Fenster um die Gebäudekanten herumgeführt. An der Straßenecke ist der Baukörper zu einem eingeschossigen Ladenlokal heruntergestaffelt. Wie im ersten Bauabschnitt bieten Grünanlagen in den Höfen Raum für Spiel und Erholung. Die Mieten in einigen Wohnblocks waren nach dem Einkommen der Einwohner gestaffelt; ein sozialpolitisches Engagement, das bei manchen die Schreckensvision von „Moskauer Verhältnissen" heraufbeschwor.

Houses are simpler and more modern than 1st building phase; only window layout above a brick base divides rendered walls. Doors are accented by ribboned sections, stairwells project. Brick frames and relief-like brick decor between windows create vertical bands.
Dahlweg/Timmerscheidstraße displays traits of New Building: e.g. some windows continue around corners. Courtyards have play and recreation areas. Sliding-scale rent in some blocks was read as "Moscow conditions" in certain circles.

258
Ehem. Verwaltungsgebäude der Firma Stille

Dahlweg 87
1923
Rüschenschmidt & Schräder

Ansicht um 1930

Die Maschinenfabrik, deren Sitz Fritz Stille 1903 von Lengerich nach Münster verlegt hatte, erlebte in den ersten Jahrzehnten einen ständigen Aufschwung. Ihr Gelände erstreckte sich zwischen der Bahntrasse, zu der ein direkter Zugang bestand, und dem heutigen Alfred-Krupp-Weg. Nach dem Konkurs 1974 riss man die Anlagen ab. Erhalten hat sich nur das repräsentative, in deutlicher Anlehnung an münstersche Barockarchitektur errichtete Verwaltungsgebäude. Der über einem Sockel aus grob behauenen Werksteinen sitzende zweigeschossige und elfachsige Backsteinbau schließt mit einem Mansarddach. Die Fenster zeigen Kunststeinrahmungen. Lisenen und Blendfelder strukturieren die Wand. Die Attikazone des dreiachsigen Mittelrisalits bekrönt ein Segmentbogen, dessen Giebelfeld eine Kartusche mit dem Speichenrad, dem Signet der Firma Stille, schmückt. Den zentralen, ehemals rundbogigen Eingang hob ein von zwei Säulen getragener Altan mit steinerner Balustrade vor dem mittleren Obergeschossfenster hervor.

Stille's engineering works came to Münster in 1903 and boomed in early 20th century; complex from Bahntrasse to Alfred-Krupp-Weg. After bankrupty in 1974, it was razed except for representative admin building oriented on Münster Baroque. Brick on a base of rough stone, this has 2 floors, 11 axes, and mansard roof. Windows have artificial stone frames; façades divided by pilaster strips. Attic zone of central projection is crowned by segmental arch with a wheel in the pediment; company logo. Central door, gallery below upper floor window.

259
Büroturm
Hammer Straße 165
2001
Rainer M. Kresing

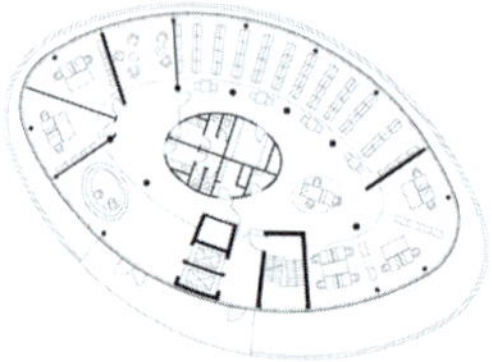

Der Büroturm an der Hammer Straße zählt zu einer neuen Generation von Hochhäusern in Münster. Mit einer Höhe von 42 Metern und seinen 12 Stockwerken markiert er den südlichen Stadteingang und ist von weitem sichtbar für Bahn- und Autofahrer. Der ovale Grundriss nimmt Bezug zum Straßenverlauf. Die ringförmig angeordneten Teambüros werden auf allen Ebenen durch geschosshohe Fensterelemente belichtet. Diese sind bündig in die Aluminiumfassade eingebaut und tragen zur angenehm geschlossenen Wirkung des Baukörpers bei. Die Konstruktion wird an keiner Stelle sichtbar, stattdessen gliedert ein komplexes Raster die Fassade. Alle Ebenen verfügen über die gleiche Geschosshöhe, mit Ausnahme des höheren Erdgeschosses und des obersten höheren Abschlussgeschosses. Dem Turm hätten an dieser Stelle weitere Geschosse gut zu Gesicht gestanden.

This striking office tower (12 storeys, 42 metres high) belongs to Münster's new generation of high-rise buildings.
Oval ground plan echoes the course of the road. Offices are arranged in a ring and lit by storey-height windows, flush with the aluminium façade. Construction is invisible; instead, a complex raster divides the façade. Storeys are same height, except higher ground and top floors.

260
Heilig-Geist-Kirche
Metzer Straße 35
1926–29
Walter Kremer

Ansicht vor 1945

1926 schrieb man seitens der Pfarrei St. Joseph einen Wettbewerb für den Neubau einer Kirche aus. Die Jury, der neben dem Pfarrer Bernhard Druffel auch Martin Wackernagel angehörte, setzte mit ihrer Entscheidung programmatisch auf Modernität.
Der Backsteinbau überzeugt vor allem durch seine konzeptionelle Klarheit. Das massive Hauptschiff flankieren niedrigere, etwas kürzere Seitenschiffe. Unter zurückspringenden Wandfeldern öffnen hohe Fenster mit hellen Betonlaibungen die Wände. Die vorkragenden Sohlbänke setzen dagegen einen horizontalen Akzent. Den Eingangbereich im Westen markiert ein eingeschossiger Vorbau mit Pfeilerhalle. Auf jeder Seite des freistehenden Turmes leitet eine Reihe kleiner Öffnungen den Blick zu den vier halbrunden Schalllöchern. Ein Kreuz auf einem asymmetrisch positionierten Aufsatz bekrönt den Bau. Die eine Ecke überfangende „Kommandobrücke" bildet ein typisches Element des Neuen Bauens. Das 1929 fertig gestellte Gebäude empfanden viele als provozierend nüchtern und tauften es „Druffels Pütt". Doch hatte der Architekt keineswegs mit der Tradition gebrochen, sondern den im Mittelalter geläufigen Typus der Pseudobasilika mit vorgelagertem Portikus aufgegriffen und in eine moderne Formensprache übersetzt. Kremer selbst berief sich auf die Gotik: was diese „mit den Mitteln ihrer Zeit vollbrachte, erreicht der Baumeister unserer Zeit, in gleicher Weise durch die modernen Konstruktionen, die Eisenbeton oder Eisen ermöglichen."

In a competition for a new church launched by St. Joseph's parish in 1926, the jury looked for programmatic modernity. Massive nave is flanked by lower side bays. Walls have high windows with light concrete jambs and jutting ledges to set a horizontal emphasis. Porch with pillared hall by W. entrance area. A row of vents on the tower leads to 4 semicircular acoustic openings. Building is crowned by an asymmetric cap with cross. "Commando bridge" around one corner is typical of New Building. Many found the church provocative, but Kremer had not broken with tradition; he adopted the pseudo-basilica of mediaeval times, translating it into modern formal language.

261
Geistschule
Grevingstraße 24
1929
Karl Schirmeyer, Felix Sittel

Ansicht vor 1945

Für die Bewohner der neuen Wohnsiedlungen, die auf der Geist entstanden waren, benötigte man auch eine Schule. Der unterkellerte, dreigeschossige Klinkerbau gliedert sich in zwei elfachsige Seitenflügel, deren Erscheinungsbild das gleichmäßige Raster der hochrechteckigen Klassenzimmerfenster bestimmt. Sie grenzen an zwei Risalite, die das vertikale Band der Treppenhausfenster öffnet, deren senkrechte Streben zinnenartig über die Traufe hinausragen. Diese „Türme" flankieren den sechsachsigen Mittelteil, der sich im Eingangsbereich zu einer dreiteiligen Loggia öffnet, zu der eine breite Treppe hinaufführt. Obwohl die Aufteilung streng funktionalen Gesichtspunkten folgt, wirkt sie durchaus monumental, was die sparsam an den Gebäudekanten und dem Eingang verwendeten, reliefhaften expressionistischen Zierverbände unterstreichen. Die Treppenhausfenster wiederholen sich an den Schmalseiten des Gebäudes. Auf der Rückseite führt ein Arkadengang über den Schulhof zur Turnhalle, die an Stelle des kriegszerstörten „Badehauses" errichtet wurde.

The 3-storey brick school is divided into 2 wings of 11 axes, defined by pattern of classroom windows. 2 central projections are opened by stairwell window bands; struts extend beyond the eaves like crenulations. The "towers" flank a middle section of 6 axes, opening into a 3-part loggia at top of steps. Sparing bands of Expressionist décor underline the monumental impression.
At back, an arcade leads via schoolyard to gym built on site of "Badehaus" razed in WW2.

262
Wohnhaus
Weißenburgstraße 63
2010–14
Nicolas Martinko (e4architekten)

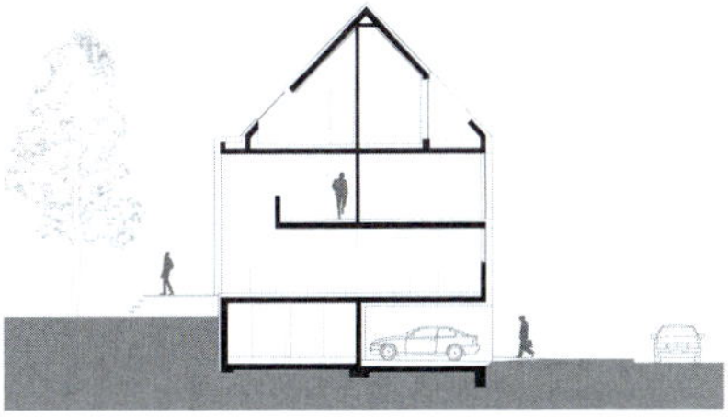

Die Häuserzeile mit schlichten dreigeschossigen Bauten in der Weißenburgstraße schließt direkt an die zweitälteste Gartensiedlung des Münsteraner Südens an, die der Architekt Franz Mönig 1920 für die Münstersche Heimstätten-AG errichtet hatte (Nr. 250). In der Nachkriegszeit hatte das Haus Nr. 63 eine Ziegelverkleidung erhalten, die sich unvorteilhaft von den benachbarten Putzbauten abhob. Martinko entschloss sich, das sanierungsbedürftige Haus abzureißen, und errichtete einen Neubau, bei dem er die weiße Putzfassade mit zwei unterschiedlich breiten dunklen Vertikalen bildhaft graphisch gliederte. Rechts sind Eingangstür und zwei Fenster zu einem schmalen Streifen zusammengefasst, dem ein quadratisches Dachfenster korrespondiert. Links gibt die Garagenöffnung die Breite vor, wobei eine dunkle Fläche, die die unterschiedlichen Fensterformate des ersten und zweiten Stocks zusammenfasst, optisch die Achse bis zu dem Balkon des Dachgeschosses fortführt. Die Architektursprache harmoniert mit dem traditionellen Formenvokabular der Nachbarbauten und gibt ein Musterbeispiel dafür, dass „Bauen im Bestand" viel mit Respekt und Gespür für Proportionen und Formen zu tun hat.

Houses on Weißenburgstraße adjoin 2nd oldest garden settlement in south Münster, built by Mönig in 1920 (no. 250). After WW2, no. 63 clad in brick, making it ugly in context. Martinko razed it to build a new house: white rendered façade divided by 2 darker verticals. Door + 2 windows create narrow strip to dormer on right. Garage doors on left make a wider area uniting various window formats, continuing visually to top-floor balcony. Modern, clear architecture echoes nearby houses' traditional forms to exemplify respectful "new building among existing structures".

263

Gartenstadt Habichtshöhe

Habichtshöhe/Grüner Grund
1924–31
Gustav Wolf, Eugen Lauffer

Brunnen und Habichtsdenkmal

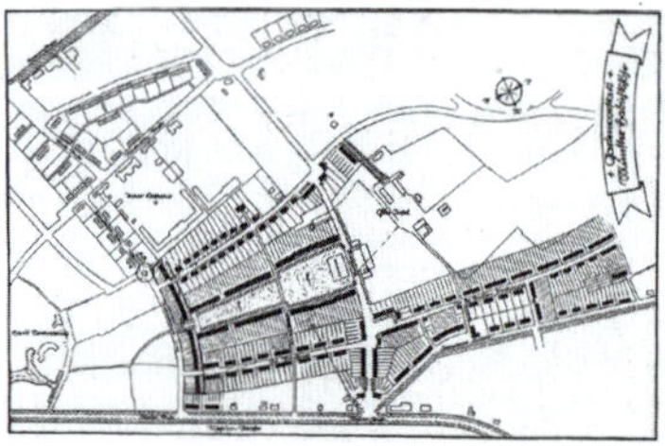

Lageplan

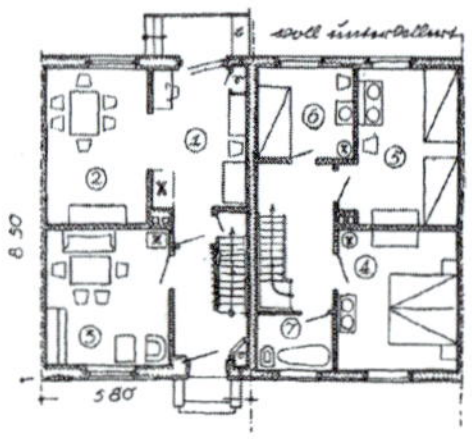

Typengrundriss Reihenhaus

Das spektakulärste Projekt genossenschaftlichen Wohnens in Münster entstand in den zwanziger Jahren des vergangenen Jahrhunderts im Süden der Stadt. Hier hatte 1920 der Stadtvermessungsdirektor Clemens Brand mit dem Bebauungsplan Geist ein Konzept vorgestellt, das ein ausgewogenes und gleichberechtigtes Verhältnis von Grünflächen und Baugrund vorsah. Die in Nord-Südrichtung verlaufende, lang gestreckte Grünzone entspricht in ihrem nördlichen Teil dem heutigen Grünen Grund. Als 1924 die „Westfälische Heimstätte" ihren leitenden Architekten Gustav Wolf mit der Planung einer Siedlung beauftragte, entstand hier ein städtebaulich markantes Ensemble, das die Prinzipien der englischen Gartenstadtbewegung auf münstersche Verhältnisse anzuwenden suchte.
Um die an einen Dorfanger erinnernde große Grünfläche reihten sich zweigeschossige Ein- und Mehrfamilienhäuser mit typisierten Grund- und Aufrissen, so dass Arbeiter und Angestellte unterschiedlicher Einkommensgruppen und Ansprüche hier Wohnraum finden konnten. Insgesamt erscheinen die Fassaden schmucklos, jedoch nicht eintönig. Bei den Einfamilienhäusern sind die Eingänge paarweise zusammengelegt. Rundbogige und solche mit geradem Sturz wechseln sich ab, auch setzen über Eck gestellte Erker Akzente. Die Mehrfamilienhäuser lassen sich leicht an den schmalen, langen Treppenhausfenstern über den Eingängen erkennen. Die Geschlossenheit der Anlage entstand durch die aus der Flucht vorspringenden Kopfbauten mit einem von Pfeilern getragenen Durchgang im Straßenbereich, die wie Torhäuser Ein- und Ausgang markierten.
Die in zwei Abschnitten ausgeführte Siedlung erfuhr 1928 mit der Brunnenanlage des Bildhauers Albert Mazzotti eine repräsentative Aufwertung. Der Habicht auf der Stele nimmt Bezug auf die alte Flurbezeichnung „Hawkeshöchte", der Brunnen wurde zum Tummelplatz der dort wohnenden Kinder, wurde jedoch 1975 aus hygienischen Gründen abgebrochen. Die zugehörigen Gärten waren vor allem als Nutzgärten zur begrenzten Selbstversorgung konzipiert.
Weitere Mietshauszeilen am Sentmaringer Weg, am Inselbogen, Grünem Hang und Grünem Winkel ergänzen die Anlage. Gehobenen Ansprüchen genügen die Wohnhäuser Habichtshöhe mit expressionistischen Details an Fenstern und Türen.

Münster's most spectacular cooperative housing: city surveyor Brand planned a mix of building and green areas in 1920; northern part of N.-S. green stretch is now Grüner Grund. "Westfälische Heimstätte" commissioned G. Wolf to plan housing in 1924; his striking ensemble adapted ideas of English garden city movement for Münster.
Range of single-family homes and apartment blocks was set on a "village green". Façades simple but not monotonous, e.g. doors of single-family houses have alternating round-arch and straight lintels. Complex is self-contained; head buildings with passage on pillars mark the entrance like gatehouses. The hawk of Mazzotti's fountain (1928) referred to the plot name "Hawkeshöchte"; played in by children, it was removed for hygienic reasons in 1975. Complex also includes rows on Sentmaringer Weg, am Inselbogen, Grünem Hang and Grünem Winkel. Sparing but effective Expressionist details made Habichtshöhe an upmarket area.

264
Wasserturm
Am Wasserturm 15
1901–03
Ernst Merkens (Stadtbaurat), Drießen (Stadtbaumeister)

Ansicht 1907

Nach Inbetriebnahme der ersten Pumpstation an der Mecklenbecker Straße stieg der Bedarf schnell, so dass man 1901 auf der Geist mit dem Bau eines monumentalen Wasserturms begann, der zu den größten und modernsten Deutschlands zählte. Aus demselben Jahr stammt auch das für die Abwasserentsorgung zuständige Pumpenhaus an der Kanalstraße (Nr. 177). 1906 nahm man das moderne Pumpwerk Hohe Ward (Nr. 395) in Betrieb. Die neoromanische Formensprache des Turmes fand im Industriebau um 1900 häufig Verwendung. Innovative Technik gab sich so traditionsbewusst und Vertrauen erweckend. Über einem polygonalen Sockel erhebt sich der dreigeschossige, massiv aus Ziegeln aufgemauerte und mit Tuffstein verkleidete Schaft, der mit einem wuchtigen Konsolgesims abschließt. Es trägt das auskragende, an einen Wehrgang erinnernde Hauptgeschoss. Eine relativ dünne Tuffsteinschicht verbirgt den stählernen Wasserbehälter. Ein Zinnenkranz verdeckt den Ansatz des Daches, das ein Aufsatz mit abschließender, von vier Türmchen flankierter Spitze bekrönt.
Hinter den rundbogigen Doppelfenstern befindet sich eine Wohnung, die wohl nötig war, weil der Turm damals außerhalb der Stadt auf freiem Feld stand. Den Zweiten Weltkrieg überstand der Turm unbeschadet, da man ihn mit einer Langhausattrappe als Kirche getarnt hatte. Bis heute ist er das markanteste Bauwerk des Geistviertels und fungiert weithin sichtbar als sein Wahrzeichen.

First pump station was on Mecklenbecker Straße, but demand grew rapidly and a monumental water tower was built on the Geist in 1901, as well as a sewage pump house on Kanalstraße.
Tower is neo-Romanesque; common industrial building style ca. 1900. Over a polygonal base, the brick-built, tuffstone-clad shaft is terminated by a console bearing the projecting main floor. Steel tank is concealed under a thin layer of tuffstone, roof crowned by a spire and 4 small turrets.
Round-arch windows belong to custodian's apartment; tower was in an open field outside the city. It survived WW2 disguised as a church.

265
Wohnhaus
Kriegerweg 45 a
2007
hehnpohl architekten

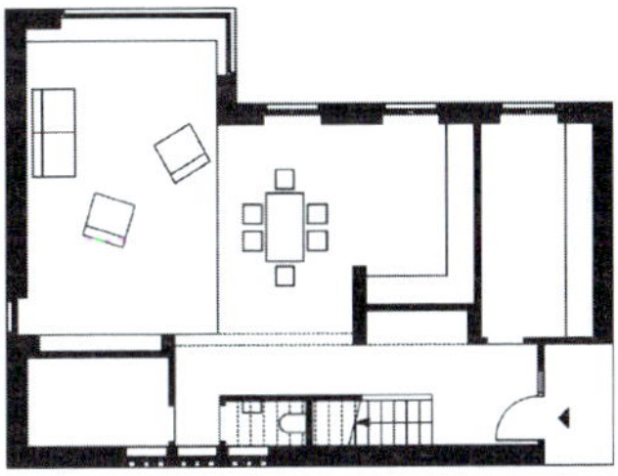

Das Gelände am Kriegerweg wurde in Zeiten größter Wohnungsnot um 1920 von der Stadt Kriegsheimkehrern zur Verfügung gestellt, die dort individuell Häuser errichteten, deren Gärten der Selbstversorgung dienten. Seit den 1980er Jahren begann man, die Gärten zu bebauen. Auf einem solchen Grundstück steht auch das zweigeschossige Wohnhaus, das zur Straße als geschlossener Backsteinkubus erscheint, aus dem einzelne Bereiche „herausgeschnitten" sind, so der an der Nordwest-Ecke liegende Eingang oder der verglaste Galeriebereich im Obergeschoss. Erst auf den zweiten Blick erkennt man die gitterartig gelochten Fensterpartien. Zum Garten hin jedoch öffnen sich große Fenster; ein schmaler, eingeschossiger Anbau erweitert den großzügigen Wohnbereich; sein Dach dient als Terrasse für das Obergeschoss.

Those returning from war in 1920 were granted land on Kriegerweg to build individual houses, with gardens for self-sufficiency. New building in gardens since 1980s, incl. 2-storey house appearing as brick cube to street, with „cut-out" areas, e.g. door on NW corner. Windows here are grid-like perforations. Big windows to garden; one-storey extension, its roof used as terrace.

266
Matthäuskirche
Antoniusstraße 36
1957/58
Bernhard Hopp, Rudolf Jäger

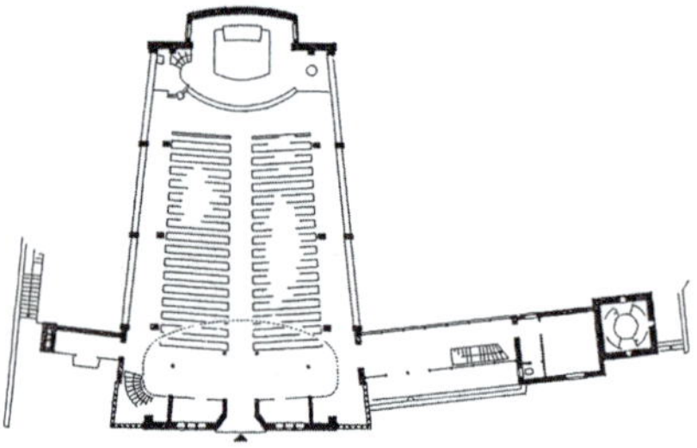

Seit 1951 plante man den Bau einer evangelischen Kirche in Münsters Südviertel, da die Trinitatiskirche in den ersten Nachkriegsjahren mit 13.000 Gemeindemitgliedern überlastet war. Durch Tausch gelangte die Gemeinde an das heutige Grundstück, das bis zum Krieg als Sandgrube, später als Feuerlöschteich diente und einen für Münster unüblichen Geländeabfall von sechs Metern aufweist. Mehrere Entwürfe scheiterten zunächst an den Bedingungen des Grundstücks, so dass statt einer geosteten Kirche ein Bau mit Nord-Süd-Ausrichtung im rechten Winkel zur Straße ausgeführt wurde. Der konisch zum Altarraum zulaufende Stahlbetonbau wurde mit gelblich holländischen Klinkern verblendet. Sakristei und ein 37 Meter hoher, markanter Kirchturm mit Posaunengalerie und schräg abstrahlendem Schalldeckel stehen separat und werden durch einen Verbindungsgang an die Kirche angegliedert. Dieser führt auch über eine Treppe auf die tiefer liegende Gartenebene und erschließt die von den Architekten geschickt platzierten Gemeinderäume im Unterbau der Kirche.

A protestant church had been planned in Münster's Südviertel since 1951; Trinitatis parish was overburdened with ca. 13,000 members. The site – unusual in Münster – slopes 6 metres. Several designs failed as a result; finally the church was realised from North to South, at right angles to the road. Reinforced concrete structure is clad in yellowish Dutch brick. Sacristy and tower are separate; corridor links them to church. Steps from here lead down to garden level and give access to parish hall below church.

267
Schwerpunkt der Stadt Münster
Von-Kluck-Straße 34/36
1997
Karin Sander

Die Überlegung, dass sich mit der Ausdehnung der Stadt auch das Verhältnis von Zentrum und Peripherie ändern müsse, brachte Sander anlässlich der Skulptur Projekte auf die Idee, mit Hilfe mathematischer Berechnungen auf der Grundlage von geodätischen Ausgangsdaten den Schwerpunkt der Stadt ermitteln zu lassen. Mit einem leuchtend roten Kreis von 130 cm Durchmesser markierte sie den errechneten Punkt an der Grenze zur Marienschule in der Von-Kluck-Straße.

For the Sculpture Projects, Sander highlighted the shift of centre and periphery caused by city expansion; he determined the city's barycentre mathematically, marking it with a red, 130 cm diameter circle by the Marienschule in Von-Kluck-Straße.

268
Gartenhaus
Josefstraße 2
1749
Johann Conrad Schlaun

Ansicht 1900

Gartenhäuser gehörten zu den außerhalb des eigentlichen Stadtgebietes liegenden Anwesen, die teils als Nutz-, teils als Lustgarten dienten. Von Schlaun finden sich im Landesmuseum mehrere Pläne solcher Kleinarchitekturen. Das einzige erhaltene ausgeführte Beispiel eines Schlaunschen Gartenhauses in Münster besitzt zwei Geschosse und ein pavillonartig geschwungenes Dach. Die abgerundeten Ecken, die Wandgliederung mit Lisenen und der an Fenstern und Türen verwendete Baumberger Sandstein geben dem Ziegelbau eine gewisse Eleganz. Den Eingang betont eine geschwungene Tafel mit den Initialen APOV, wohl die Auftraggeber, und der Jahreszahl MDCCIC. Das Gebäude stand früher in der Nähe des Mauritztores in der Karlstraße 1. In den Garten des St. Josephs-Hauses gelangte es 1911, wobei man den später hinzugefügten Anbau fortließ und ein Fenster im Erdgeschoss einfügte.

Garden houses were outside the city boundary; some were only for pleasure, others functional. Landesmuseum holds plans for several by Schlaun; rounded corners, pilaster strips, sandstone window framing etc. lend elegance to this, the only surviving example. Initials APOV, probably the first owner, and date MDCCIC accentuate the door. Built at Karlstraße 1; moved to garden of St. Joseph's House in 1911.

269
St. Antonius
Weseler Straße 33
1914–17; 1949–52
Ludwig Becker; Dominikus und Gottfried Böhm

Ansicht vor 1945

Obwohl man zunächst an einen neoromanischen Bau gedacht hatte, entschied man sich für eine Kirche in neobarockem Stil mit ausladendem Querhaus und mächtiger Vierungskuppel. Wandflächen aus roten Ziegeln und architektonische Gliederungselemete in Sandstein bestimmten den äußerst repräsentativen Eindruck. Im Zweiten Weltkrieg wurde die Kirche bis auf die Türme und die Umfassungsmauern zerstört. Man dachte zunächst an den Abriss, beauftragte dann aber das Büro Böhm mit dem Wiederaufbau. Die Architekten ließen, zum Teil auch aus Kostengründen, die Fassade und das Außenmauerwerk weitgehend unangetastet, verzichteten jedoch auf das Querhaus und schlossen den Chor mit einer einfachen, seitlich von je einer Dreiergruppe wandhoher, rundbogiger Fenster belichteten Apsis. Über dem Haupteingang öffneten sie zudem die Fassade in einem hohen steinernen Sprossenfenster (Glasmalerei: Vincenz Pieper).
Den Innenraum rhythmisieren wandhohe Konchen mit rundbogigen Durchgängen. Den Anschluss bildet eine nach oben in der Mitte geknickte Decke mit rot gestrichenen, eng liegenden Rippen, die über dem Raum zu schweben scheinen. Die rechts an der Wand angebrachte, runde Kanzel setzt einen zurückhaltenden Akzent, ohne den Blick von dem einige Stufen erhöht stehenden Altar zu lenken.

St. Antonius parish separated from St. Lamberti in 1909. Mainz cathedral architect Becker designed its neo-Baroque church with transept and crossing dome. Red-brick walls with sandstone elements underlined the representative impact.
Razed in WW2, apart from towers and enclosing walls. Böhm's reconstruction left façade and outer masonry largely untouched, but abandoned transept, terminating quire by simple apse with 3 round-arch windows. Astragal window (stained glass: V. Pieper) opens façade over main door. Interior is strikingly clear; semicupolas with round arches lend rhythm to white walls. Centre-folded ceiling with red, apparently floating ribs. Round pulpit sets a modest emphasis without distracting from raised altar.

270
Rincklake van Endert

Weseler Straße 253
1972–74; 2001
Hans Ostermann, Bernt Droste; Bernt Droste, Werner Voscort, Hans Neuenhaus

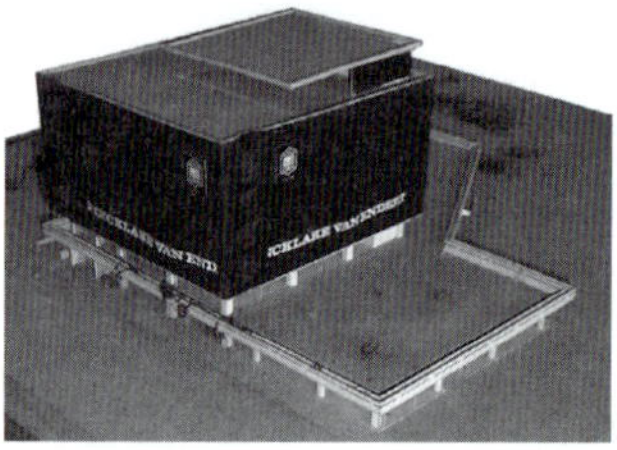

Modell

Zunächst als Ergänzung zu den beiden Innenstadthäusern (Nr. 44/45) und später als deren Ersatz investierte Gregor van Endert ab 1954 in ein neues Werkstattgebäude an der Weseler Straße 228, der heutigen Adresse der Sparkassenzentrale (Nr. 271). Zusammen mit Ostermann verfolgte das Möbelunternehmen schon bald auch die Idee, den neuen Standort um ein großzügiges Ausstellungs- und Magazingebäude auf dem gegenüberliegenden Grundstück, welches bis dahin von einer Gärtnerei genutzt wurde, zu erweitern. Umgesetzt werden konnte der Plan erst Anfang der 1970er-Jahre. Wer das Haus betrat, erlebte zwei Atmosphären: die helle Ausstellungswelt im verglasten Eingangs- und Obergeschoss mit ihren Schaufensterpassagen und in den oberen vier Etagen die Kunstlichtwelt eines fensterlosen Magazins. Der dunkle Kubus und die verglasten Basisgeschosse steigern sich gegenseitig in ihrer optischen Wirkung. Eine markante, umlaufende Betonbrüstung betont nochmals die Leichtigkeit des Eingangsgeschosses. 2001 wurden die bislang fensterlosen Obergeschosse mittels neuer Fensteröffnungen und Innenhof zu Büroetagen umgebaut.

Replacing 2 inner-city houses (nos. 44/45), in 1954 van Endert built a new workshop at Weseler Straße 228 – now Sparkasse headquarters (no. 271). His furniture company also planned an exhibition building and store opposite, not realised until early 1970s. It had 2 distinct atmospheres: a light, glazed exhibition area on ground and first floors, and windowless store with artificial light on top 4 floors. Optical effect of the dark cube and glazed floors was mutually heightening. Windows added, upper floors made into offices in 2001.

271
Sparkassenzentrale Münsterland Ost

Weseler Straße 230
1997–2001
Dieter G. Baumewerd

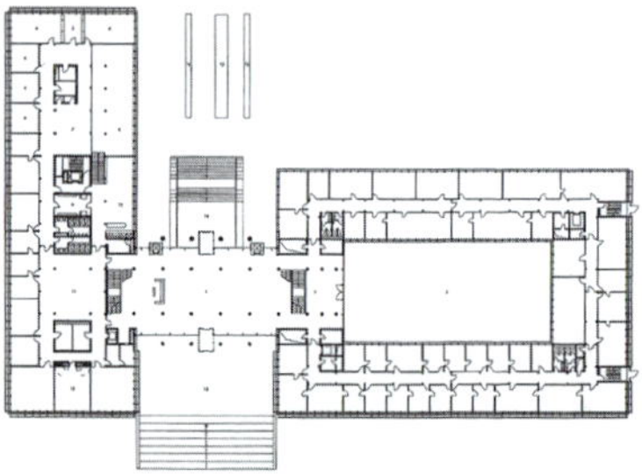

Die Sparkassenzentrale war über Jahrzehnte in der Innenstadt zwischen Ludgeri- und Königsstraße ansässig und sah gleichsam mit der Planung der Münster Arkaden ebenfalls die Chance gekommen, sich geschäftlich wie architektonisch neu aufzustellen. Wie andere ehemals innerstädtische Unternehmen auch, zog es sie aus der Enge der Altstadt zur Weseler Straße, die dadurch einmal mehr ihren Charakter als Dienstleistungsmeile unterstreichen kann. 1996 setzte sich Baumewerd in einem Wettbewerb gegen 44 Entwürfe durch. Das Gebäude besteht aus drei Baukörpern: zwei viergeschossigen Bürotrakten für Vorstand und Verwaltung sowie einer gläsernen, leicht erhöht und zurückgesetzt liegenden Empfangshalle, die Mitarbeiter und Kunden tempelartig empfängt. Die warme Terrakotta-Fassade, die aus Lärm- und Emissionsschutzgründen straßenseitig aus zwei Schichten besteht, wird gleichförmig durch Fenstertürreihen rhythmisiert. Der raffinierte Gegensatz von horizontaler Riffelung der Keramikplatten und hochrechteckigen Fenstern belebt zwar im Detail, kann jedoch den insgesamt artifiziellen Gesamteindruck des Ensembles nicht aufwiegen.

For decades, the Sparkasse headquarters was between Ludgeri- and Königsstraße; plans for Münster Arcades were seen as chance to move – like many firms – to Weseler Straße, underlining its character as a service area. Baumewerd's design was selected in a competition (1996). It consists of 3 volumes: 2 office tracts and a glazed, slightly raised reception hall with "temple" character. Continuous rows of windows lend rhythm to a terracotta façade, and the ceramic panels' horizontal fluting presents an ingenious contrast.

272
WL Bank

Sentmaringer Weg 1
1972–78
Herbert Remmert, Herta-Maria Witzemann, Wolfgang Stadelmaier

Als sich 1970 eine Reihe von westfälischen und rheinländischen Bankinstituten zu einem Spitzeninstitut, der Westdeutschen Genossenschafts-Zentralbank (WGZ), zusammenschlossen, entstand auch der Wunsch nach einem Zentralgebäude in Münster. Man errichtete es gemeinsam mit dem selbstständigen Rechenzentrum der Bank (GAD) auf einem zuvor als Verkehrskindergarten genutzten Eckgrundstück zwischen dem Park Sentmaring und den Siedlungsbauten des Grünen Grunds. Mit seinen 15 Stockwerken, von denen zwei Tiefgeschosse als Parkgarage genutzt werden, und einer Höhe von 51 Metern zählt das Haus zu den höchsten profanen Bauwerken der Stadt und ermöglicht weite Panoramablicke. Der Eingang erfolgt über ein tiefer liegendes Zugangsgeschoss, es folgen drei Basisgeschosse mit Windflügel-Grundriss (62 x 62 Meter) für gemeinsame Einrichtungen (Kasino, Cafeteria, Sitzungssäle) und Großraumbüros sowie neun Turmetagen (24 x 24 Meter) mit flexibler Nutzung. Die geschosshohe Vorhangfassade mit goldbedampften Glasscheiben ist als Pfosten- und Riegelkonstruktion ausgebildet. Seit 2004 ist das Gebäude im Besitz der WL BANK, einem Tochterunternehmen der WGZ.

In 1970, many local and regional banks merged into a major institute, the Westdeutsche Genossenschafts-Zentralbank (WGZ). Headquarters in Münster were built together with bank's computer centre (GAD) on a corner site between Sentmaring Park and Grüner Grund. Its 15 floors (2 parking) and height of 51m make it one of Münster's highest secular buildings. Entry via lower floor; 3 base floors on windmill-shaped ground plan with services (cafeteria etc.) and offices, 9 tower floors for flexible usage. Building has been used by WL Bank since 2004.

273
West Lotto

Weseler Straße 108–112
1958–60; 1978; 1994
Harald Deilmann

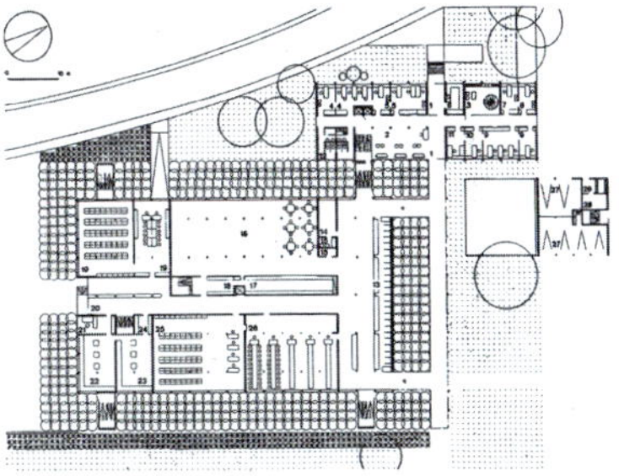

Die spannungsreiche Gebäudegruppe wurde für die 1955 neu gegründete Landes-Lotteriegesellschaft förmlich auf der grünen Wiese errichtet. Sie besteht aus drei unterschiedlich großen und hohen Quadern: einem Betriebsgebäude entlang der Weseler Straße, einem fünfgeschossigen Verwaltungsgebäude sowie – direkt neben dem Eingangsbereich – einem Wohnwürfel mit Dienstwohnungen samt Garagen. Die Gebäude sind von großzügigen Rasen- und Beetflächen umgeben und durch überdachte Zugangswege verbunden. Zur Weseler Straße ergibt sich ein öffentlicher Eingangshof mit künstlerischen Arbeiten von Bernhard Heiliger und Kenneth Snelson. Als Ordnungsprinzip der Anlage dient das Quadrat, aus dem Deilmann nicht nur den Städtebau und die Fassaden, sondern auch Einbaumöbel und Bodenfliesen souverän wie lebendig entwickelt. Die ehemaligen Auswertungssäle zur Weseler Straße nutzt man heute für Veranstaltungen und Ausstellungen. 1978 entstand das ebenso sehenswerte Turmgebäude, 1994 die Aufstockung des Verwaltungsgebäude mit neuem Treppenturm.

Built for state lottery company in 1955, the ensemble consists of service building on Weseler Straße, 5-storey offices, and caretaker's apartment. Key details are black glazed bricks and aluminium-framed windows. Lottery tickets were once evaluated by employees on service building's striking top floor, now an events area. Technical progress and economic change led to many interventions, incl. extension and conversion by same architect (1978 and 1994), which detract from the original clarity.

274
LVM-Versicherung

Kolde-Ring/Von-Stauffenberg-Straße
1967 (Hochhausscheibe), 1975–77 (Erweiterung): Wilhelm und Martin Baldus
1985–89 (Rundbau), 1994 (Rechenzentrum), 1996–99 (Aufstockung u. Turm): Hentrich, Petschnigg & Partner; 2005 (Seminarbau): bau.werk architekten; 2005–07 (Bürogebäude Sperlichstraße), 2015 („Kristall"-Turm): Duk-Kyu Ryang (mit HPP)

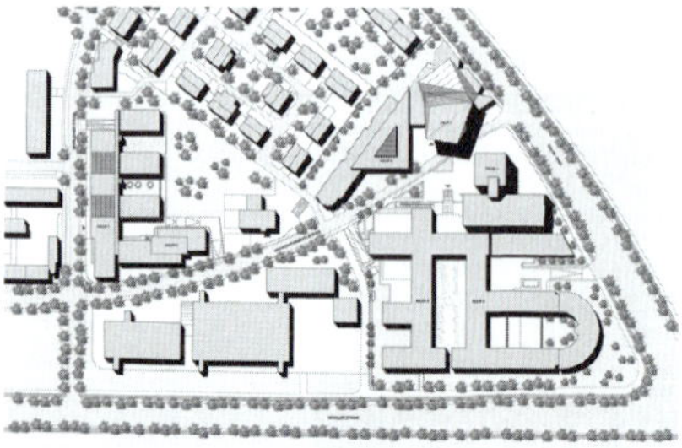

Der 1896 von westfälischen Landwirten gegründete Versicherungsverein schützte anfänglich ausschließlich Landwirte vor Risiken und erschloss erst ab 1964 auch andere Kundengruppen. Mit dem geschäftlichen Erfolg wuchs der Raumbedarf, so dass der Konzern 1967 von der Südstraße (dort seit 1928, zuvor in der Landwirtschaftskammer, Schorlemerstraße) seinen Sitz zum Kolde-Ring verlagerte. Am Kreuzungspunkt von Ringstraße und Autobahnzubringer entstand über Jahrzehnte eine „LVM-City". Eine Hochhausscheibe von Wilhelm Baldus markierte ab 1967 den Anfang. Mit ihren zehn Stockwerken demonstrierte sie auch optisch den geschäftlichen Aufbruch. Ein silberner Verwaltungsbau mit großer Eingangshalle folgte 1977 als Erweiterung. Der weiße, postmoderne Rundbau nach Plänen von HPP ergänzt das Areal seit 1989 sichtbar zur Weseler Straße. Bedingt durch die zentralisierte Verwaltung und die Ausweitung des Geschäftsgebietes in die neuen Länder wuchs der Raumbedarf kontinuierlich. Als auch zwischenzeitlich hinzugewonnene Nachbarbauten den Bedarf nicht deckten, beschloss das Unternehmen zu Beginn der 1990er-Jahre, die Zentrale mit mehr als 2.500 Mitarbeitern ins Zentrum Nord (Nr. 360) zu verlegen, was jedoch unrealisiert blieb. Stattdessen wurde nach Plänen von HPP der bestehende Standort nochmals optimiert, indem die vorhandene Scheibe um vier Etagen auf 13 aufgestockt und durch einen 70 Meter hohen Glasturm mit 20 Etagen – dem damit höchsten Verwaltungsgebäude der Stadt – ergänzt wurde. Auch beidseitig der Von-Stauffenberg-Straße entstanden weitere Bauten: 1994 ein Rechenzentrum, 2005 ein kühnes Seminargebäude und an der Sperlichstraße ein farbig gestaltetes Bürogebäude in Kammstruktur. Das auffälligste Gebäude stellt jedoch der nach Plänen von Duk-Kyu Ryang gestaltete „Kristall"-Turm dar, der sich dem bestehenden Hochhaus zuneigt. Mit einer Höhe von 62 Metern fällt dieser leicht niedriger aus. Eine Ganzglasbrücke verbindet auf der elften Etage beide Türme. Im Sockel des expressiven Neubaus liegen Veranstaltungs- und Schulungsflächen, in der 15.–17. Etage Konferenz- und Empfangssäle. Die Ebenen dazwischen bieten offen gestaltete Büroflächen für 450 Mitarbeiter. Ein 1965 nach Plänen von Max von Hausen und Ortwin Rave errichtetes Bürogebäude („Rote Erde") musste für den Neubau 2011 weichen.

Founded 1896 as agricultural insurance company; other clients accepted as from 1964. Expansion required more space; 1967, move from Südstraße to Kolde-Ring. "LVM-City" develops at junction of Ringstraße + motorway exit over next decades. First came 10-storey high-rise by W. Baldus in 1967; silver office building in 1977; white, postmodern, round building by HPP in 1989. In early 1990s a planned move to Zentrum Nord (no. 360) was not realized. Instead, HPP designed enhancements to existing location; adding 4 storeys to first block and 70-metre, 20-storey glass tower – then city's highest offices. More on both sides of Von-Stauffenberg-Straße: data centre 1994, bold seminar building 2005, coloured ridge-shaped office block on Sperlichstraße. Most striking is Duk-Kyu Ryang's „Crystal tower", built 2011, facing existing tower and linked to it by glass bridge. Base of expressive new building for events + training; 15th–17th floors conference + reception rooms; open-plan offices in between.

275
Fachwerkkotten mit Anbau
Weseler Straße 66
Um 1820/30; Anbau 2014
Sven Winkelmann

Wie versunken steht der eingeschossige traufständige Kotten mit Satteldach neben dem Gelände eines Schnellrestaurants und lässt so das Straßenniveau vom Anfang des 19. Jahrhunderts erkennen. Solche Fachwerkhäuser prägten früher das Bild der Münsteraner Ausfallstraßen. Auf seiner Rückseite erhielt das Haus 2014 einen modernen zweigeschossigen Anbau. Mit seinen kubischen Formen, seiner Verkleidung aus Corten-Stahl und den hohen Fenstern bildet er einen spannungsvollen Kontrast zu dem Fachwerkhaus, nimmt jedoch dessen Proportionen auf, ohne es zu dominieren.

Eaves-fronted, timber-framed cottages with pitched roofs once characterized Munster's arterial streets. 2-storey extension from 2014 at back: cubic forms, steel cladding and tall windows make exciting contrast to original house but still adopt traditional proportions.

276
Wohnhaus
Lühnstiege 10/10a
2004
Andreas Bodem

Die unscheinbare Lühnstiege verbindet die vielbefahrene Weseler Straße mit der zum Aasee führenden Körnerstraße. Wer in sie einbiegt, wird vom steilen Gefälle der Straße überrascht. Noch bis zum 18. Jh. war das hochliegende Areal von Kornmühlen geprägt. Die Architektur des Neubaus spielt mit diesem Höhenunterschied. Der 26 Meter breite Baukörper des Mehrfamilienhauses steigt in vier gleichen Stufen von West (dreigeschossig) nach Ost (sechsgeschossig) an und gewinnt dabei jeweils ein Geschoss, das mit einem Satteldach abschließt. Obwohl die modulhafte, quadratisch gegliederte Klinkerfassade bisweilen additiv erscheint, vermittelt sich das „Vier-Stufen-Haus" durch seine Staffelung als maßvoll und angenehm proportioniert. Die insgesamt 19 Wohnungen werden über zwei Eingänge straßenseitig erschlossen und verfügen über Loggien oder Terrassen.

Remarkably steep, Lühnstiege links the busy Weseler Straße to Körnerstraße, which leads to the Aasee. Windmills featured on high ground pre-18th century. Playing with different levels, house rises in 4 equal steps from West (3 floors) to East (6 floors). Modular brick façade appears additive in places, but graduation creates fine overall proportions. 19 apartments with loggias or terraces accessed via 2 doors to street.

277

Ehem. Israelitisches Lehrerseminar der Marks-Haindorfschen Stiftung

Am Kanonengraben 4
1884/85

Zeichnung von 1886

Der Mediziner Alexander Haindorf gründete 1825 einen Verein, die spätere Marks-Haindorfsche Stiftung, zu deren Zielen zum einen die Unterstützung von jüdischen Handwerkern und zum anderen die Gründung einer Schule gehörte, an der arme und verwaiste jüdische Kinder Unterricht erhielten und zugleich Schullehrer ausgebildet werden sollten. Die überaus erfolgreiche, vom preußischen Staat geförderte Stiftung bestand bis zu ihrer Auflösung durch die Nationalsozialisten 1940. Im Haus der Stiftung hatten sie schon 1939 eines der 14 Münsteraner „Judenhäuser“, Sammelstellen für die Deportation, eingerichtet. Das zweigeschossige Gebäude in gelbem und rotem Ziegel hält sich gestalterisch zurück. Den Hauptakzent setzen der dreiachsige Mittelrisalit und die Ädikularahmung mit rundbogenfries-verziertem Dreieckgiebel für das zentrale Portal, dessen Oberlichtverglasung den Davidstern zeigt. Der ursprünglich den Risalit bekrönende Zwerchgiebel ist nicht erhalten.

In 1852 physician v. Haindorf created a foundation to help Jewish craftsmen, incl. school for poor + orphaned Jewish children, and teacher training. Closed down by Nazis in 1940: in 1939 it became a collection point for Jews before deportation. Modest 2-storey, yellow + red brick building, key features: central projection of 3 axes, framing aedicula and gable with frieze over main door (cf. Star of David). Dormer gable over projection now lost.

278

Büro- und Wohnbebauung

Scharnhorststraße 2
2002–05
Kleihues+Kleihues

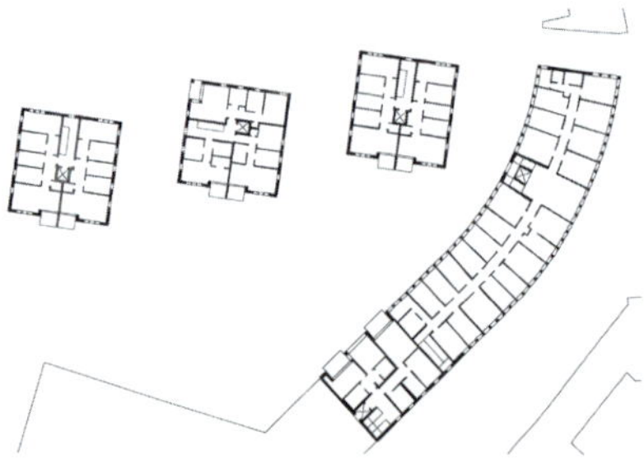

Nahezu 150 Jahre prägte ein neuromanisches Klarissenkloster (1862/63) des Architekten Emil von Manger den Ort. Im Jahr 2001 wurde das Kloster mangels Nachwuchs aufgegeben und abgetragen. Der Eigentümer Graf Droste zu Vischering entschied stattdessen, das zentrale und in Aaseenähe gelegene Grundstück zu einer neuen Büro- und Wohnadresse zu entwickeln. Zur verkehrsreichen Straße hin wird der Block durch einen bogenförmigen viergeschossigen Büroriegel geschlossen, so dass sich ein ruhiger Innenhof ergibt. In diesen wurden drei solitäre, nach Süden ausgerichtete Stadtvillen platziert – mit 28 behinderten- und familienfreundlichen Wohnungen. Die gesamte Bebauung verfügt über eine Tiefgarage mit 65 Stellplätzen. Bemerkenswert erscheint insbesondere die feine Linienführung der geschwungenen Bürofassade aus Torfbrandziegeln.

Neo-Romanesque convent (E. von Manger 1862/63) stood here; closed and demolished in 2001. Plot – central and near the Aasee – was then developed for offices and housing. Block is closed to busy street by a 4-storey, curved office building, creating a quiet courtyard. Here, 3 urban villas face south; 28 apartments suitable for disabled and families. Underground parking. Peat-fired bricks lend vibrancy to office façade.

279
Mietshausanlage
Scharnhorststraße 11–15/Brunnenstraße 12–14
1930
Alfred Hensen

Die beiden Flügel der viergeschossigen Mietshausanlage stoßen an der Kreuzung mit der hinteren Gebäudekante an einen höheren, einachsigen in Backstein ausgeführten Treppenhausturm und bilden so einen kleinen Vorplatz aus. Trotz der Satteldächer signalisiert das Ensemble Modernität. Die Fassaden bestimmt der Wechsel von hellen und dunklen horizontalen, sich über die die ganze Blocklänge erstreckenden Streifen. Breites Backsteinmauerwerk trennt die Geschosse, während helle Putzflächen zwischen den Fenstern diese zu Bändern zusammenfassen. Auch die um die Gebäudekanten gezogenen Fenster sind ein charakteristisches Element des Neuen Bauens. Über den schlichten Eingängen setzen die schmalen, geschossübergreifenden Treppenhausfenster zurückhaltende, vertikale Akzente.

4-storey block's 2 wings meet at a stairwell tower, making a small forecourt. Ensemble shows modernity despite saddle roofs. Façades defined by alternating light + dark horizontal stripes. Brickwork between floors, light rendering between windows forming bands, which continue around corners in style of Neues Bauen. Vertical accents created by tall stairwell windows.

280
Wohnhaus Mangels
Bismarckallee 15/17
1936
Dominikus Böhm

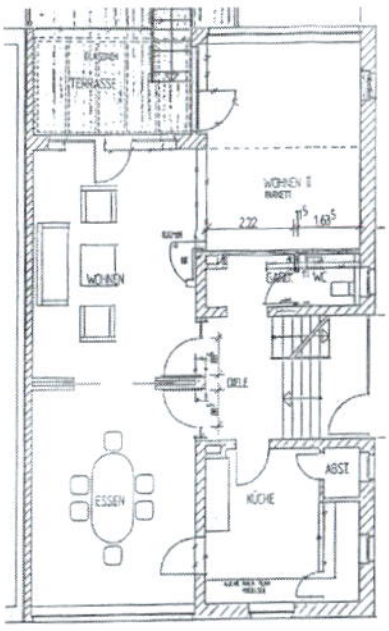

Die Bauherren Heinrich und Bernhard Mangels hatten ursprünglich wohl zwei übereinander liegende Wohnungen geplant, doch Böhm schlug eine Lösung vor, nach der jede Familie eine Hälfte des Hauses bewohnen sollte. Die Eingänge liegen jeweils an den Schmalseiten, während die Fassade des schlichten, weiß verputzten Gebäudes unterschiedlich große, harmonisch gruppierte Fenster in symmetrischer Anordnung bestimmen. Die dunkelgrünen Rahmen lassen diese optisch zurücktreten. Die weißen Mittelstützen und die schmalen weißen Profile sichern ihnen trotzdem große Bedeutung für die Rhythmisierung der Wandfläche. An der Gartenseite ist die Symmetrie aufgehoben und man erkennt deutlicher, dass es sich um zwei ganz unterschiedlich aufgeteilte Wohnungen handelt. Böhm beriet insbesondere Heinrich und Lisa Mangels nicht nur bei der Gestaltung der Räume, sondern auch bei den Anpflanzungen im Vorgarten. Sie sollten die Symmetrie der Fassade aufnehmen. Am überraschendsten liest sich jedoch die Anweisung, am Haus den oft als „Architektentrost" verspotteten japanischen Wein zu pflanzen, dessen rote Blätter die landschaftliche Einbindung des Hauses bewirkten.

Clients H. and B. Mangels requested 2 apartments above each other, but Böhm suggested a layout of 2 halves. Doors at the ends; white-rendered façade is defined by symmetrical groups of windows. These recede optically due to dark green frames, but white profiles and central bars mean they still contribute to rhythm of wall. Garden side is asymmetric; varying apartment layouts more obvious. Böhm also advised Mangels on the garden design; it echoes the façade's symmetry.

281
Wohnanlage mit Studentenwohnheim und Hotel

Bismarckallee 47–51
Umbau 2005–08
behet bondzio lin architekten

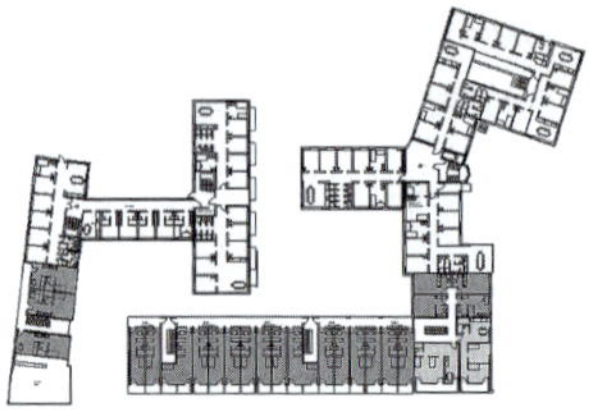

Das Ensemble aus den 1960er Jahren besteht aus drei zu unterschiedlichen Zeiten errichteten Gebäudeteilen, die sich um zwei Innenhöfe gruppieren. Den niedrigen, viergeschossigen Querriegel zum Aasee flankieren senkrecht dazu angelegte, dreiflügelige Bauten, die eine Höhe von sechs Stockwerken erreichen. Bei dem Umbau wurde das Hotel (Bismarckallee 47) nicht nur um ein Geschoss erhöht, sondern es erhielt auch einen Kopfbau, mit Café und Terrasse. Den anschließenden Querriegel öffnen zum See hin Loggien; die beiden Obergeschosse teilte man durch breite Einschnitte in zwei separate Komplexe und zwei Dachterrassen. Die rechte der beiden liegt über dem Durchgang zum anschließenden Studentenwohnheim. Diese drei Abschnitte, Café, Wohnanlage und Studentenwohnheim erhielten zum Aasee hin eine Fassadenverkleidung aus HPL-Platten mit Echtholzfurnier und erscheinen so optisch als Einheit. Die Fenster treten mit ihren schwarzen Rahmungen aus der Fassade hervor oder sind etwas zurückgesetzt und bilden ein lebendiges Relief. Das Holzfurnier erscheint auch an den hinteren Gebäudeteilen etwa zur Eckbetonung oder am Gesims und bindet den ehemals heterogenen Komplex zu einer Einheit zusammen.

1960s ensemble around 2 courtyards. Low, 4-storey block to Aasee flanked by 3-wing structures with up to 6 floors. Conversion added a floor to hotel (Bismarckallee 47) and extension with café + terrace. Loggias face over lake; 2 upper floors made into 2 separate complexes, roof terraces. Terrace on right over entry to student hostel. Façades of the 3 parts-café, housing, hostel–clad on lake side in wood-veneer HPL panels. Windows emphasized by black frames or recede to create dynamic relief. Veneer also used on details at rear, unifying once heterogenous complex.

282
Ehem. Pädagogische Akademie

Scharnhorststraße 100–116
1955–58
Günter Behnisch, Bruno Lambart

Gartenansicht 1960

Mit ihrem 1955 prämierten Entwurf betraten die Architekten Neuland. Die Herausforderung bestand darin, den angehenden Lehrern nicht nur Wissen, sondern auch Wege der Wissensvermittlung aufzuzeigen. Ein passendes Gebäude musste demnach über ein vielfältiges Raumangebot verfügen. So besteht die Anlage denn auch aus mehreren Hauptkörpern. In einem fünfgeschossigen Hörsaal- und Seminartrakt parallel zur Scharnhorststraße boten Werkstätten, Zeichen-, Musik- und Lesesäle Vertiefungsmöglichkeiten, im Dachgeschoss befand sich sogar ein Planetarium. Ein Verbindungsgang führt von hier zum freistehenden, mit Schiefer verkleideten Aulagebäude am Aasee mit über 800 Plätzen auf ansteigendem Gestühl. Weitere Baukörper, wie eine Schwimmhalle und ein Raum der Stille, vervollständigen die moderne Anlage. Die Raumsprache gewährt bereits einen Ausblick in die Architektur der 1960er-Jahre. Wichtige Details und Raumelemente wurden jedoch durch jüngst erfolgte Umbauten unkenntlich gemacht.

Prize-winning design for the pedagogic academy (1955) responded to a need for spatial diversity: 5-storey tract parallel to Scharnhorststraße held workshops, art, music and reading rooms, even planetarium on top floor. Corridor leads to a slate-clad hall beside the Aasee, seating 800. Other sections, e.g. swimming pool, silent room, completed a modern complex already anticipating 60s architecture. Sadly, recent alterations have made some details unrecognisable.

283
Aaseestadt

Gebiet zwischen Kolde-Ring/Weseler Straße/
Mecklenbecker Straße/Bischopinkstraße
1959–65
Wilhelm Wortmann (Stadtplanung), Karl-Friedrich Sommer (Hochhäuser), Heinz Kuhl, (Aaseemarkt)

Luftbild

Das erste neu angelegte Wohngebiet der Nachkriegszeit wurde auf Grundlage des Leitplanes von Wortmann vom Stadtplanungsamt zusammen mit der städtischen Wohnungsbaugesellschaft Deutsches Heim entwickelt. Um einen aufgelockerten Siedlungscharakter zu erreichen, errichtete man die insgesamt 1.720 Wohnungen, die überwiegend von Neubürgern angemietet wurden, in Zeilen-, Staffel- oder Gruppenbauweise. Städtebaulich markant mit ihren 13 Etagen sind insbesondere die drei Wohnhochhäuser am Kolde-Ring, die ersten ihrer Art in Münster. Es folgen mehrheitlich drei- bis viergeschossige Mehrfamilienhäuser im Norden, im Osten gestaffelte und gereihte Geschossbauten. Im Süden und Westen schließen sich überwiegend Einfamilienhäuser an. Das etwa 70 ha große Gebiet wird über eine großzügige Innenschleife mit abzweigenden Wohnwegen, Anlieger- und Sammelstraßen erschlossen. Auch entstanden Schulen, Jugendheim und Sportanlagen sowie 1965 als Nahversorgungszentrum der Aaseemarkt, eine über Rampen und Treppen erschlossene Plattform mit rund 30 Geschäften, von denen ein südlicher Teil 1999 von Pries & Pries zu Wohnungen umgewandelt wurde.

First post-war housing estate in Münster (1.720 homes) was planned by Wortmann (Urban Planning Dept.), built by Deutsches Heim. There are 3 striking 13-storey blocks on Kolde-Ring, the first of the kind in Münster. 3- to 4-storey apartment houses follow in North, terraces in East, and mainly detached homes in South and West. Ca. 70 hectares are accessed via streets radiating from an inner loop; including schools, youth club, sport facilities, and Aasee market with 30 shops. Pries & Pries converted a part into apartments in 1999.

284
St. Stephanus

Stephanuskirchplatz 1–4
1963–65
Hans Schilling

Die Kirche St. Stephanus entstand als eine der ersten modernen Kirchen im Bistum nach dem Zweiten Vatikanischen Konzil. Zusammen mit Pfarrhaus, Bücherei, Pfarr- und Jugendheim und Kindergarten bildet das Gotteshaus im Grundriss ein unregelmäßiges Fünfeck. Der sich ergebende, leicht erhöht liegende Kirchhof dient neben dem sakralen Raum so selbst als wichtiger Kommunikationsort der Gemeinde. Auch der Kirchengrundriss entspricht dieser Fünfeckform, erweitert durch ein herausgezogenes parabolisches Chorhaus, womit Schilling, einer der profiliertesten Kirchenbaumeister der Nachkriegszeit, den „heiligen Wurf" von Rudolf Schwarz aufgreift. Der Chorraum der Kirche ragt mit 23 Meter Höhe wie ein Schiffsbug in den Himmel. Die konchenförmig geschwungene Außenwand ist schlicht und ungegliedert, bis auf ein schmales, farbiges Fensterband unterhalb der Dachtraufe. Auf der Hofseite erhebt sich ein kompakt anmutender Glockenturm. Mit seinem architektonischen Schwung fand der Bau weit über Münsters Grenzen hinaus Beachtung.

St. Stephen's Church was one of the first modern churches in the bishopric after the second Vatican Council. Ground plan with presbytery, library, youth club etc. is an irregular pentagon. Church body is extended by an elongated parabolic quire; Schilling takes up R. Schwarz' "holy sling". Quire is 23m high and recalls a ship's prow. Curving exterior wall is simple, divided by a band of coloured windows below roof. Compact bell tower to the courtyard. A much-acclaimed design.

285
Aaseeterrassen
Adenauerallee/Annette-Allee
2004–08
Peter Bastian

Bereits 1888 schlug der legendäre Zoodirektor Hermann Landois vor, die Münstersche Aa „nach dem Muster der Alster in Hamburg" in einem Bassin aufzustauen. Einerseits sollte die Hochwassergefahr für die Altstadt gebannt und Trinkwasser gewonnen werden, andererseits sollte der neue Stausee Wassersport ermöglichen und zur Verschönerung der Stadt beitragen. Ein erster Teil bis zur Torminbrücke wurde jedoch erst im Zeitraum 1914–34 geschaffen, eine Erweiterung bis hin zum Allwetterzoo (Nr. 292) in den Jahren 1972–76. Mit einer Länge von 2,3 km, einer Breite bis zu 400 m und 90 ha umgebenden Grünanlagen stellt das Naherholungsgebiet heute eine Frischluftschneise für die Innenstadt dar.
Schon zur Eröffnung 1934 wurde das stadtnahe nördliche Ufer vor dem ehemaligen Aegidiitor als Aufenthaltsort gestaltet. Ab 1949 siedelte sich eine Segelschule an, die auch heute noch besteht. Ein bescheidenes Restaurant-Gebäude entstand um 1950 nach Plänen von Peter Strupp und Franz Mönig.
Mit der Zeit wurden wiederholt Ideen zur funktionalen und gestalterischen Aufwertung entwickelt, zuletzt die eines Luxushotels. Um das stadtnahe Ufer kulturell, gastronomisch und sportlich neu zu fassen, lobte die Stadt schließlich 2004 einen Wettbewerb aus, den der Architekt Peter Bastian gewann.
Sein streng lineares Gesamtkonzept gliedert den Uferbereich in Orte unterschiedlicher Öffentlichkeit: Im Westen erinnert ein Park an eine erste Windmühlenbastion, gefolgt von einem Segelclubheim, dessen Fassadenbänderung elegant zu den Stufen einer großen Freitreppe überleitet. Diese bildet das Zentrum der Anlage und bietet zusammen mit einer vorgelagerten Seebühne auch Platz für Open-Air-Veranstaltungen. Unterhalb der Treppe überwintern die Boote des Clubs in einer Bootsgarage. Das größte Element stellt ein zwei- bis viergeschossiger Restaurantriegel entlang der Adenauerallee dar. In beiden Köpfen sind Restaurants auf bis zu vier Ebenen unterbracht, eine dazwischen liegende Terrasse auf Straßenniveau verbindet optisch den weiten Blick vom Park der LBS (Nr. 323) zum Aasee.
Zur Querfinanzierung des öffentlichen Uferbereichs entstand nördlich der Annette-Allee auf einem ehemaligen städtischen Parkplatz eine Wohnanlage mit drei quaderförmigen Wohnbauten (Nr. 10 Léon Wohlhage Wernik, Nr. 8 Eisenberg Architekten, Nr. 6 Peter Bastian). Ein Bürogebäude (Nr. 4) von Allmann Sattler Wappner schließt diese Reihe ab. Dem exponierten Umfeld öffnet es sich durch drei zylinderförmige Einschnitte. Die von West 8 gestaltete Freifläche nimmt diese Schwünge auf.

Zoo director Hermann Landois first suggested damming Münster's river Aa to form a lake in 1888. First part to Torminbrücke created 1914–34, extension to zoo (no. 292) in 1972–76. Lake is 2.3 km long; up to 400 m wide.
In 1934, north bank landscaped as leisure area. Sailing school added after 1949. Modest restaurant by Strupp and Mönig built 1950. In 2004 competition launched to upgrade north bank's cultural, restaurant and sport facilities: won by P. Bastian.
Linear concept divides bank into sections: park in west followed by sailing club-house with elegant divided façade, steps to water. A stage provides space for open-air events. 2- to 4-storey restaurant building along Adenauerallee: two sections with restaurants linked by terrace at street level, visual link from Aasee to LBS park (no. 323).
North of Annette-Allee, 3 housing blocks (no. 10 Léon Wohlhage Wernik, no. 8 Eisenberg, no. 6 Bastian). Offices (no. 4) by Allmann Sattler Wappner complete row. Opened to grounds by 3 cylinder-shape recesses. Landscape design by West 8 echoes those curves.

286
Giant Pool Balls
Aaseeterrassen, südlich der Adenauerallee
1977
Claes Oldenburg

Die erste Begegnung mit Münster weckte bei Oldenburg ganz verschiedenartige Assoziationen. Ihn reizte die Idee, die ganze Stadt als Ausstellungsort zur Verfügung zu haben. Die Kanonenkugel in der sog. Lipperschen Mauer als Zeugnis von Münsters kriegerischer Vergangenheit faszinierte ihn ebenso wie die Ballonfahrer und die Luftbildfotographie. So entstand zunächst der Plan, das Stadtgebiet als riesigen „Billardtisch" zu betrachten, auf dem die entsprechend vergrößerten Kugeln dem „Spielverlauf" entsprechend positioniert werden sollten. Zur Ausführung kam ein „Ausschnitt" des Spielfeldes: drei Kugeln am Aasee, wobei die fehlenden als außer Sichtweite befindlich gedacht waren und später ergänzt werden könnten. Ein entsprechender Plan 1987 kam jedoch nicht zur Ausführung. Die abstrakte Form der Objekte stimuliert die Phantasie des Betrachters, der sowohl Farben und Zahlen als auch die Bewegung ergänzt und so ein imaginäres Spiel in Gang bringt.
Oldenburg hatte einkalkuliert, dass die Kugeln auch als Fremdkörper im Park empfunden werden würden und interessierte sich für die Reaktionen, die sie auslösten. Nachdem sich in der Tat zunächst viele bis hin zu Handgreiflichkeiten provoziert fühlten, sind die Kugeln inzwischen zu einem Wahrzeichen der Stadt avanciert, was wiederum Oldenburg veranlasste zu überlegen, ihnen den Status eines Kunstwerks abzuerkennen.

Münster has varying associations for Oldenburg; he is fascinated by the cannonballs of the "Lippersche Mauer" – signs of a martial past –, balloonists, and aerial photography. He imagined the city as a "pool table" with huge balls to reveal the "state of play". Only a small section was realised: 3 balls by the Aasee. Their abstract form stimulates the viewer to add colours and movement in his mind, so creating the "game".
Oldenburg knew the balls would be seen as foreign objects and was interested in the response. After some initial rejection, they have become a city hallmark, prompting Oldenburg to reconsider their art status.

287
Pier
Aaseeufer, südlich der Annette-Allee
1997
Jorge Pardo

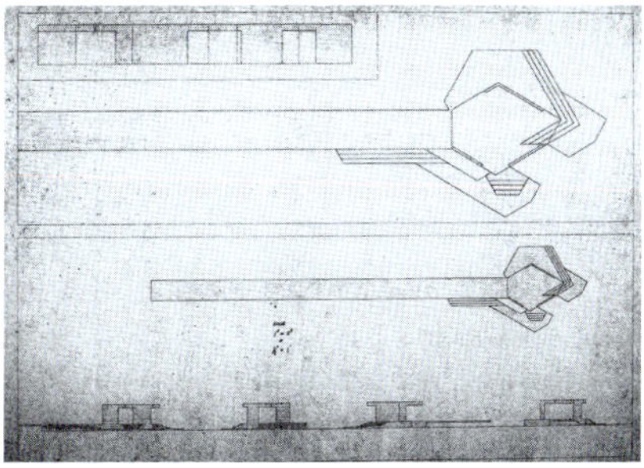

Künstlerisches Handeln als soziale Tätigkeit bildet ein zentrales Thema der späten neunziger Jahre. Die „soziale Plastik", wie sie etwa Joseph Beuys verstanden hatte, wird nun zur konkreten Dienstleistung. Pardo entwarf für die Skulpturenausstellung eine sechseckige Aussichtsplattform aus kalifornischem Redwood. Sie liegt im Aasee und ist über einen Steg mit dem Ufer verbunden. Eine Art Unterstand bietet gegebenenfalls Schutz vor Sonne und Regen. Die Plattform dient als Ruheort und bietet einen wunderbaren Blick auf den See, die Uferlandschaft und die Silhouette der Stadt. Nicht der Pier selbst ist das „Kunstwerk", sondern die Summe der Möglichkeiten, die er den Benutzern eröffnet.

Art as a social activity was a key theme in the late 90s. The "social sculpture", as it had been understood by Beuys e.g., became a concrete service. Pardo designed a platform of Californian redwood in the Aasee, offering a fine view over the lake and city. The pier itself is not an artwork, but the sum of its possibilities for users.

288
Blickst Du hinauf und liest die Worte
Aaseewiesen, östlich des Kardinal-von-Galen-Rings
1997
Ilya Kabakov

Direkt am Aasee errichtete Kabakov eine Art Sendemast von 15 Metern Höhe, der von gespannten Metallseilen gehalten wird. An seinem oberen Ende halten zwei Rohre 22 waagerechte, in regelmäßigen Abständen parallel angeordnete „Antennen" unterschiedlicher Länge, die zusammengenommen eine ovale Fläche ergeben. Blickt man unter dem Mast stehend nach oben, entdeckt man silbrig flirrende Buchstaben, die sich auf den „Antennen"-Zeilen zu einer Ansprache fügen, dem Leser den Augenblick ins Bewusstsein rufen und ihn zugleich darüber hinaus führen: „Mein Lieber! Du liegst im Grase ...". Die Antenne, die sonst immense Informationsmengen verbreiten oder empfangenen kann, dient hier als Übermittler eines ganz einfachen Hinweises auf die persönliche Wahrnehmungsfähigkeit und die Möglichkeit, in einem Moment Schönheit und Glück zu empfinden. Kabakov verstand seine Arbeit einerseits als ironischen Kommentar zum Thema Kommunikation, doch nimmt er andererseits ausdrücklich Bezug auf die benachbarte Arbeit von Donald Judd (Nr. 291), die für ihn eine Verbindung von Himmel und Erde schafft.

Kabakov's "transmitter mast" is by the Aasee: 22 "antennas" create an oval shape at the top. Looking up, silver lettering makes the reader aware of the moment: "Mein Lieber! Du liegst im Grase ..." (My dear, you are lying on the grass...).
Simply, Kabakov thus points out possible individual perceptions and an experience of beauty and happiness. He sees his work as an ironic comment on communication, but also a reference to Judd's nearby work (no. 291), which he interprets as a link between earth and sky.

289
Wewerka-Pavillon
Kardinal-von-Galen-Ring/Aaseegelände
1987 (Kassel), 1989 (Münster)
Stefan Wewerka

Der Pavillon wurde ursprünglich für die documenta 8 in Kassel vom Architekten und Künstler Stefan Wewerka (Berlin/Köln) entworfen und von der Firma TECTA ausgeführt. Daraufhin wurde der Pavillon als Leihgabe des Eigentümers Axel Bruchhäuser durch die Initiative der Ideenschmiede/ Ulrich Krüger und dem Unternehmen Zumnorde nach Münster gebracht und nahe des Aasees auf einem parkähnlichen Grundstück platziert. Die Idee eines urbaneren Standortes an der Engelenschanze musste verworfen werden. Das Bauwerk zeigt sich gleichermaßen als Architektur und Skulptur und ist „Ausstellungsort und Ausstellungsstück in einem", wie Manfred Schneckenburger, ehem. Rektor der Kunstakademie und künstlerischer Leiter der documenta 6 und 8, treffend beschreibt. Die Konstruktion besteht aus einer flachrunden, bauchigen Lichtdecke, die auf ihren Längsseiten von raumhohen Metallträgern in Zickzack-Form getragen wird. Seine Balance findet das Tragwerk durch vier weit in das Gelände gestelzte Metallbeine an den Eckpunkten. Der sich ergebende Ausstellungsraum ist rundherum verglast, in der Regel nicht betretbar und wird von Beginn an von der Kunstakademie Münster für öffentliche Ausstellungen genutzt.

Pavilion was designed for documenta 8 by artist-architect S. Wewerka (Berlin/Cologne), realised by TECTA. Owned by Axel Bruchhäuser, it was brought to the Aasee on the initiative of U. Krüger and the Zumnorde concern. "Exhibition location and exhibit in one" (M. Schneckenburger, artistic director of documenta 6 and 8), it consists of a flattened glass sphere resting on a zigzag frame of metal supports. Long metal "legs" at the corners balance the construction. Fully glazed exhibition space is used by Münster Art Academy.

290

Less Sauvage than Others

Aaseeufer, westlich des Kardinal-von-Galen-Rings
2007
Rosemarie Trockel

The lost reflection

Torminbrücke
2007
Susan Philipsz

Modell

Der Titel der Arbeit verweist auf eine ganze Gruppe von Trockels Werken, die sich mit dem Thema des Verharrens in einer Bewegung oder einem Prozess befassen. Hier sind es die Eibenbüsche, die dem Betrachter Stillstand suggerieren, jedoch in ihrem langsamen Wachstum eine kaum merkliche Veränderung der Arbeit mit sich bringen.
Die beiden, leicht schräg zueinander stehenden Hecken wirken wie zwei dunkelgrüne Quader mit unregelmäßigen Flächen und Kanten. Ihre Massigkeit lässt weniger an traditionelle Gartenskulptur als an bildhauerische Konzepte etwa eines Ulrich Rückriem (Nr. 29) denken. Entsprechend ist auch der Durchblick nicht als Sichtachse konzipiert, sondern als Raum, der eine bestimmte Spannung zwischen den Blöcken verdeutlicht.
In unmittelbarer Nähe, unter der Torminbrücke, installierte Susan Philipsz beidseitig Lautsprecher, aus denen die „Barcarole" aus Jaques Offenbachs „Hoffmanns Erzählungen" erklingt und so die Spaziergänger in ihrer Phantasie fort von der düsteren Unterführung zu einer Reise nach Venedig einlädt.

Title refers to a work group by Trockel focusing on pauses in movement or processes. The yews suggest standstill, but growth also causes minimal changes. 2 hedges at slight angles resemble cubes with irregular edges. Their mass evokes sculptural concepts like Rückriem's (no. 29) rather than traditional garden sculpture. "Vista" is thus a space heightening the tension between the blocks.

291

Ohne Titel

Aaseewiesen, westlich des Kardinal-von-Galen-Rings
1977
Donald Judd

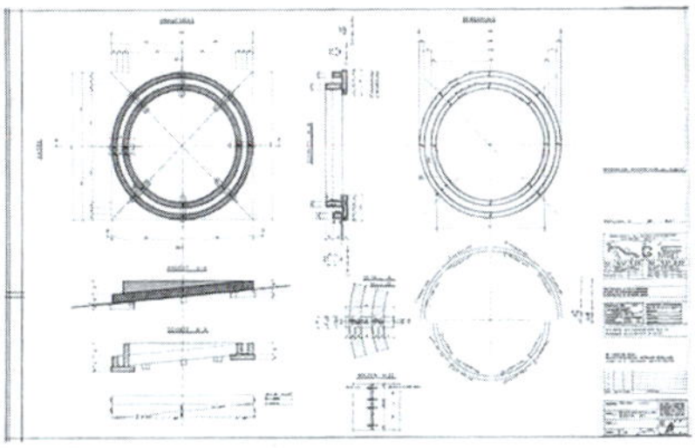

Als Vertreter der Minimal Art versuchte Judd seine Arbeiten nach rationalen, mathematisch-geometrischen Prinzipien zu gestalten und alle Andeutung einer subjektiven künstlerischen Handschrift zu vermeiden. Konsequenterweise betonte er 1977 anlässlich seiner Einladung zur Skulpturenausstellung, dass er sowohl den traditionellen Begriff des Denkmals ablehne, als auch die Frage des ‚öffentlichen Raumes' für unerheblich halte. Alles, was er brauche, sei ein ausladendes, offenes Gelände und ein sanftes Gefälle. Die Skulptur an einer zum Aasee abfallenden Wiese besteht aus zwei ineinander gestellten Betonringen. Der äußere ist gleichmäßig 90 cm hoch und folgt daher mit seiner oberen Kante der Neigung des Hanges. Der innere Ring gleicht das Gefälle aus, indem er von 90 cm auf 210 cm Höhe ansteigt, so dass seine Oberkante waagerecht erscheint, parallel zur Wasseroberfläche.
Auch wenn Judd den spezifischen Ortsbezug seiner Arbeit leugnete, erscheint ihre Qualität durch das Zusammenspiel mit der Landschaft wesentlich gesteigert.

A representative of Minimal Art, Judd's work followed mathematic-geometric principles, avoiding any hint of artistic signature. In 1977, he thus rejected the traditional concept of the monument or any concern with 'public space'. On a slope down to the Aasee, his work consists of 2 concrete rings. Outer ring is 90cm high and follows the slope; inner ring increases in height from 90 cm to 210 cm and so compensates for the slope. Its edge appears horizontal, parallel to the water. Judd denied the site-specific nature of his work, but its interplay with the landscape is striking.

292
Allwetterzoo

Sentruper Straße 315
1968–71; 1972–74
Harald Deilmann mit Günther Grzimek (Außenanlagen); Kösters und Balke, Hans Ostendorf mit Bödeker, Boyer, Wagenfeld (Außenanlagen)

Innengehege der Elefanten 1974

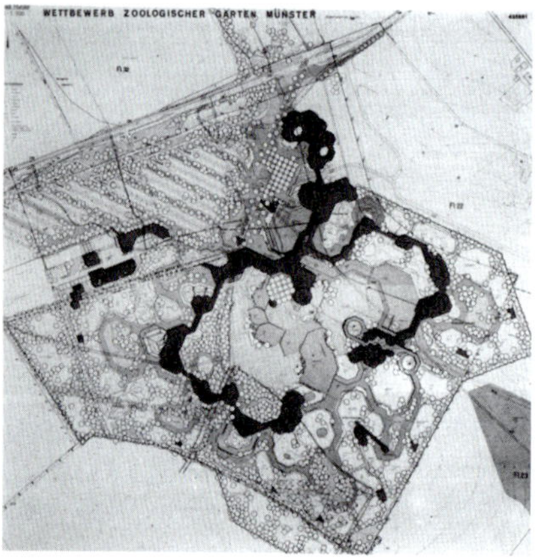

Wettbewerbsplan 1968

Durch den Neubau der West LB (Nr. 293) ergab sich die Möglichkeit, den 1875 gegründeten Zoologischen Garten in 4 1/2-facher Größe auf einem bewaldeten Areal an der Sentruper Höhe in Aaseenähe neu zu errichten. Deilmann und Grzimek, der zeitgleich auch den Olympiapark München (1968–72) ausführte, entwarfen die Tierhäuser in einer ringförmigen Baustruktur aus Beton und verbanden sie mit gedeckten Hauptgängen zu einem „Allwetterzoo". Den Räumen und Außenanlagen liegt eine achteckige Form zugrunde. Auf störende Zäune und Gitter konnte durch geschickt angelegte Wassergräben und Plattformen verzichtet werden. Seinerzeit in der Fachwelt viel beachtet, wurde das Zookonzept zwischenzeitlich umgestaltet und hat so an architektonischer Klarheit verloren.

Building of West LB (no. 293) forced Münster's zoo (1875) from its historic site. Bigger, modern zoo was built in an area near the Aasee. Winning design by Deilmann and landscape planner Grzimek (1967): enclosures in a concrete ring structure, linked by covered walks to an "all-weather zoo". Basic ground plan is octagonal. Fences avoided by using trenches and platforms. Much-acclaimed at the time, zoo has lost architectonic clarity due to alterations since.

293
Akademie Franz Hitze Haus

Kardinal-von-Galen-Ring 50–52
1959; 1976–78; 2000/2012
Alfons Boklage; Michael Knoche; Rainer M. Kresing

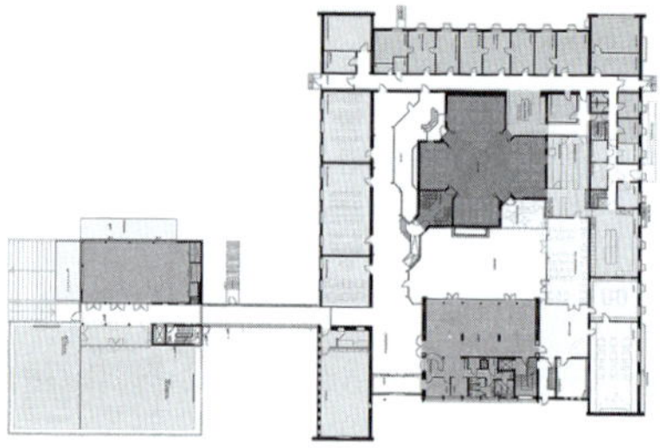

Grundriss mit Erweiterungsbau

Benannt nach dem ersten Professor für christliche Sozialwissenschaft der Universität Münster, Franz Hitze (1851–1921), versteht sich die vom Bistum finanzierte katholisch-soziale Akademie seit 1952 als Treffpunkt moderner Erwachsenenbildung. 1959 errichtet Alfons Boklage, der von 1950 bis 1973 Diözesanbaudirektor war, ein erstes Ensemble von unterschiedlichen Baukörpern mit Wohn-, Arbeits- und Freizeitbereichen. Charakteristisch tritt besonders der siebengeschossige Wohnwürfel mit seinen quadratischen Fensterfeldern in Erscheinung. Wie für Boklage typisch, zeigen die mit hellem Ziegelstein verkleideten Fassaden hochwertige Details. Insbesondere die unterschiedlich ausgeführten Mauerwerksverbände lohnen den nahen Blick. Innen wie außen belebt der Ziegel die abwechslungsreichen Raumfolgen von Hallen, Foyers und Höfen. Auch Kresing übernimmt den Duktus der Bautenfolge und ergänzt diese durch einen Neubau mit großem Veranstaltungssaal. Durch den Dialog von moderner Ergänzung und Bestandsbauten hat die Anlage an Ausdruckskraft gewonnen.

Hitze (1851–1921) was first Christian social science professor at Münster University; Catholic academy established in 1952. Boklage's ensemble (1959) consisted of volumes for living, work and leisure. Striking 7-storey housing block with square window fields; light brick façades with quality details typical of Boklage, e.g varying masonry bonds. Kresing's 3-storey extension (2000) has ground floor admin area, guest rooms (upper floors) and glazed connecting corridor. Dialogue of original and extension adds to ensemble's impact.

294
Wohnhaus Schilgen
Tondernstraße 10
1950/51
Dominikus Böhm

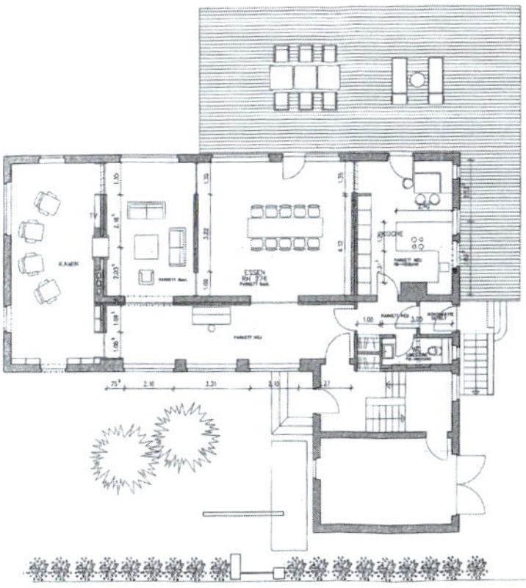

Nach dem Zweiten Weltkrieg musste die Familie Schilgen ihr von Böhm gebautes Haus an der Annette-Allee (Nr. 325) verlassen und beauftragte den Architekten erneut mit der Planung eines Neubaus in dem hinter den Universitätskliniken entstehenden Villenviertel. Das zweigeschossige, weiß verputzte Gebäude mit abgeschlepptem Satteldach gibt sich zurückhaltend und zeigt in der Beschränkung die charakteristischen Qualitäten der Böhmschen Wohnhaus-Architektur. So sind die Fenster unregelmäßig über die Fassade verteilt und nicht axial aufeinander bezogen. Der Eindruck von Geschlossenheit und Harmonie entsteht durch Böhms sicheres Gespür für Proportionen. Dabei spielen die unterteilten Fenster mit dunkelgrünen Rahmen und Sprossen sowie hellen Innenprofilen eine entscheidende Rolle. Vor allem gilt dies für die Eingangsseite im Nordwesten, wo Türen und Fenster unterschiedlicher Größe die asymmetrische Wandfläche in perfektem Gleichgewicht halten.

After WW2, Schilgens had to leave the house on Annette-Allee (no. 325) and commissioned Böhm again; to build in the area behind the University clinics. White rendered villa is characteristic of Böhm's reduced architecture. Fine proportions and windows with dark-green frames and light-coloured inner profiles help give an impression of cohesion and harmony, esp. NW front, where different-sized doors and windows maintain the balance of an asymmetric façade.

295
Wohnhaus Allendorf
Eupener Weg 10
1934
Hermann Kötter

Der Eupener Weg gehörte zu dem Gebiet, auf dem 1931 Münsteraner Architekten modellhaft Beispiele für das „Einfamilienhaus des Mittelstandes" errichten wollten. Das zweigeschossige Einfamilienhaus, das sich der Postoberinspektor A. Allendorf hier bauen ließ, verkörpert in seinen klaren Formen mit den abgerundeten Kanten mustergültig die dort aufgestellten Richtlinien. Ein hoher Backsteinsockel reicht bis an die Sohlbänke der Erdgeschossfenster, an der Gartenseite sogar bis auf die Höhe des Fenstersturzes. Darüber ist die Wand weiß verputzt. Auf allen Seiten lockern Vorbauten die blockhafte Grundform auf. Im Norden tritt der Eingangsbereich als Mittelrisalit, mit wandhohem Rundbogenfenster über dem Vordach, in Erscheinung, im Süden setzt eine Art kurzer Flügel an, den viertelkreisförmige Balkone mit dem Kernbau verklammern. Zum Garten bekrönt den halbrunden Wintergarten die weiße Brüstung der darüber liegenden Terrasse. An der Straßenseite bringt der flache Erdgeschosserker mit dem deutlich akzentuierten Dachgesims das leicht aus der Mittelachse nach rechts versetzte Rundfenster im Obergeschoss in perfektes Gleichgewicht. Hier signalisieren auch die plastisch gemauerten Backsteinstreifen, die um die Ecke greifend die jeweiligen Fensterpaare verbinden, Modernität.

In 1931, Münster architects set out to design "model homes for the middle classes". The house on Eupener Weg embodies their guidelines with its clear forms and rounded corners. Brick base to ground-floor window ledges; wall above rendered in white. Projections break up the block form; round-arch window above porch to the North, short "wings" frame S. balconies. Rear conservatory is crowned by white balustrade of terrace above.
To street, ground-floor bay with jutting cornice balances a round upper-floor window. Brick strips connect windows around corners, also signalising modernity.

296
Wohnhaus Bruck
Waldeyerstraße 31
1927
Johannes Reiche

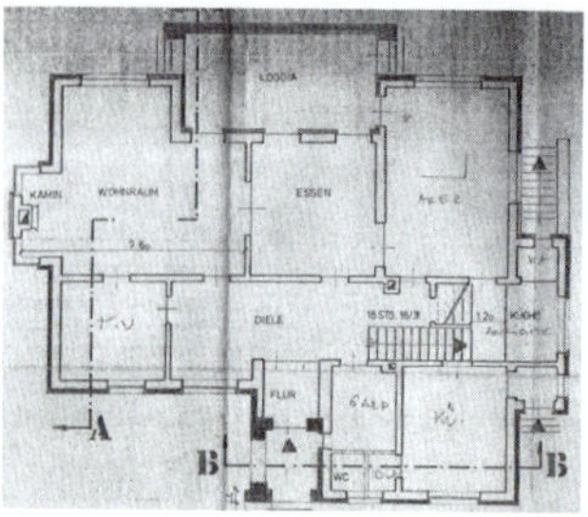

In Zusammenhang mit dem Ausbau des Klinikums erschloss man auch angrenzende Gebiete, um den dort Beschäftigten angemessenen Wohnraum zu schaffen. Das großzügig dimensionierte Anwesen gehört zu den ersten Beispielen dieses geplanten Villenvororts, der jedoch erst nach dem Zweiten Weltkrieg in größerem Stil zur Ausführung kam.
Der zweigeschossige Backsteinbau besitzt ein tief bis zum Erdgeschoss heruntergezogenes Satteldach mit Schleppgauben. Ein Querbau mit eigenem Satteldach steht mit dem Giebel zur Straße. Hier öffnet sich an der Ecke zu zwei Seiten die rundbogige Eingangshalle.
Vor der östlichen Giebelseite steht ein Vorbau, den über Eck gestellte Fenster öffnen, die den Kamin flankieren, dessen Schornstein an der Wand bis über den First hinaufreicht. Zur Gartenseite ist dem Haus eine Loggia vorgebaut, die den Balkon des Obergeschosses trägt.
Reiche gelang mit diesem vielgliedrigen Backsteinbau ein schönes Beispiel für den „Heimatstil", indem er gehobene, repräsentative Ansprüche des Bauherrn mit Elementen des ländlichen Bauens zu verbinden wusste.

When extending the clinic, nearby areas were developed to build housing for its employees. This was one of the first villas in the suburb, which was not realised fully until after WW2. Brick-built, it has a steep saddle roof with shed dormers. Wing with separate roof and gable to street; round-arch corner entrance opens on 2 sides.
Loggia facing the garden carries top-floor balcony. Fine example of the "Heimatstil", successfully combining the client's representative demands with elements of rural building.

297
Maria Heil der Kranken
Waldeyerstraße 14 a
1957/58
Heselhaus & Richter

Die Kirche wurde für die Patienten und das Personal der Universitätskliniken errichtet. Man betritt sie über einen niedrigen, über die Gebäudebreite reichenden Portikus auf schmalen Stützen, über dem die Westwand mit dem quadratischen Fensterraster aufragt. Das leicht ansteigende Dach leitet den Blick auf das Querhaus mit den großen Fenstern zu beiden Seiten, deren Ikonographie die „Werke der Barmherzigkeit" anhand biblischer Themen behandelt. Im Innern entsteht, bedingt durch die Proportion der Querarme, ein einheitlicher Raum, in dem die Aufmerksamkeit der Gemeinde auf die halbrunde Apsis gerichtet ist, an der ein Mosaik die Aufnahme Marias in den Himmel zeigt. Mosaik und Fenster entstanden nach Entwürfen von der Benediktinerin Erentrud Trost.
Der rechts an den Portikus schließende Glockenturm besteht aus zwei ziegelverblendeten Wänden, die mittig ein Betongitter aus versetzten Halbkreisen verbindet. Bei aller Modernität zielt die Formensprache der Architektur auf Bildhaftigkeit. Entspricht der Grundriss einem lateinischen Kreuz, lässt das Tropfenmotiv der Querhausfenster an Tränen denken.

Built for clinic patients and personnel. Portico full width of building; square window grid in W. wall above. Transept windows show biblical "deeds of mercy". Interior proportions create unified space, congregation's attention directed to mosaic of Mary's Ascension in apse. Mosaic and window designs by Benedictine nun Erentrud Trost.
Brick-clad walls of bell tower joined by grid of concrete semicircles. Though modern, architectural forms are symbolic; ground plan echoes a Latin cross, drop motif of transept windows evokes tears.

298
Haus Emmerich
Josef-Pieper-Straße 14
2001–03
Dieter G. Baumewerd

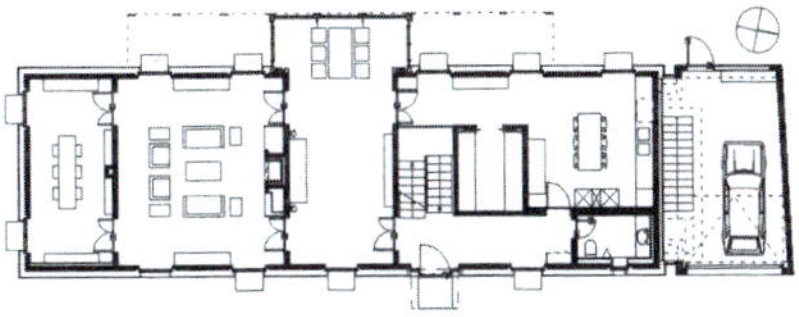

Das Haus steht am Rande eines neu angelegten Baugebiets auf der Sentruper Höhe mit freiem Blick zur Landschaft. Im Gegensatz zur Nachbarbebauung zeigt sich das zweigeschossige Einfamilienhaus abstrakt und rational. Der bündige Abschluss des flachen Satteldaches, die gleichförmige Ordnung der geschosshohen, schmalen Fenster sowie das fein linierte Relief der keramischen Fassadenelemente tragen zu diesem Eindruck bei. Der Zugang erfolgt straßenseitig über die Längsseite. Um den zentralen Wohnraum in maximaler Tiefe bis zu einem rückwärtigen Wintergarten zu nutzen, wurde die Eingangstür außermittig angeordnet. Das äußere Bild entspricht dem disziplinierten Grundriss, in dem die Innenräume nebeneinander gereiht liegen und spannungsvolle Enfiladen ergeben. Bauherr und Architekt zeichneten auch gemeinsam verantwortlich für den Neubau der Sparkassenzentrale (Nr. 271), deren Architektursprache dem Wohnhaus ähnelt. Ein ähnlich strenges Konzept realisierte Baumewerd beim Wohnhaus Fiege (Annette-Allee 21).

On edge of new building on Sentruper Höhe, the house appears abstract and rational e.g. due to regular layout of narrow windows and fine-lined relief of ceramic elements. Central living area; door set to one side to exploit full depth of house. Exterior echoes disciplined ground plan with sequence of adjoining rooms. Client and architect also responsible for Sparkasse headquarters (no. 260); architectural language is similar.

299
Lukaskirche
Coesfelder Kreuz
1960/61
Heinrich Otto Vogel

Wenngleich etwas zurückgesetzt an einer unübersichtlichen Kreuzung stehend, wirkt der aus klaren, geometrischen Grundformen zusammengesetzte Backsteinbau als Blickfang. Die Seitenwände unter dem Satteldach sind, bis auf ein aus fünf Fensterquadraten zusammengesetztes Kreuz im Südosten, geschlossen. Neun symmetrisch über die Wand verteilte, rundbogige Fensternischen setzten dagegen einen plastischen Akzent. Sie flankieren zwei unterschiedlich große zylindrische Anbauten. Das schräge Flachdach des kleineren, rechten geht nahtlos in das Satteldach des Schiffs über. Der linke bildet den Glockenturm, den über einem doppelten Zickzackband ein hoher, spitzer, polygonaler Helm bekront. Die Apsis wölbt sich im Osten aus der Bauflucht. Im Innern ziert sie ein Mosaik, das den zum Himmel entrückten Christus den Mühseligen und Beladenen zeigt (Matth. 11, 28–30). Die Wahl des Themas entspricht der Doppelfunktion der Kirche als Gotteshaus für Gemeinde und Klinik.

Set back at busy crossroads, the brick building is still striking. Side walls closed except a cross of 5 windows in SE. 9 symmetrically laid out, round-arch niches create a plastic emphasis at front, flanked by 2 cylindrical annexes; roof of smaller one merges into nave's saddle roof. Bell tower has polygonal spire over double zigzag band.
Convex apse in East; interior mosaic illustrating Matthew 11, 28–30. Choice of passage reflects double function as parish and clinic church.

300
Alte Universitätskliniken
Rishon-Le-Zion-Ring/Domagkstraße
1914–25
Max Schindowski, Georg Thür, Otto Weißgerber

Westring um 1925

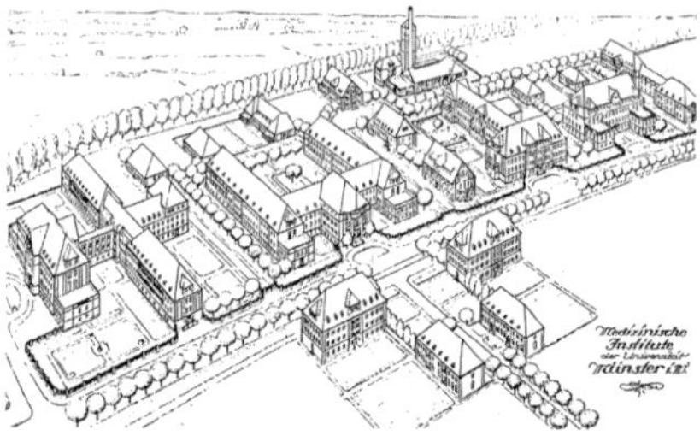

Isometrie um 1925

Die Anlage der Universitätskliniken wurde im Westen der Stadt auf freiem Feld geplant. Die Schauseite des Ensembles richtete sich zur Domagkstraße, die ursprünglich als westlicher Teil der Ringstraße konzipiert war. Der Besucher sollte sich den Kliniken im Idealfall von der Sertürner Straße nähern, wo er zunächst zwei traufständige Dozentenhäuser passierte, dann an zwei größeren Institutsgebäuden vorbei den Westring (= Domagkstraße) überquerte und vor dem Mittelrisalit der Medizinischen Klinik stand, deren kurze seitliche Flügel niedrigere Vorbauten mit Dachterrassen besaßen. Der eigentliche, von drei Flügeln eingefasste Ehrenhof befand sich auf der Rückseite. Richtung Norden folgten die Frauenklinik und die Augenklinik, von denen letztere das Motiv der Pavillons mit Terrassen wiederholt. Richtung Süden bildete die kreuzförmige Anlage mit repräsentativem Kopfbau für HNO-Medizin und Chirurgie den Abschluss. Die Struktur der Anlage und ihre städtebauliche Konzeption lassen sich heute, nachdem die Trasse des Rings verlegt und ein Teil der vorgelagerten Gebäude abgebrochen wurde, kaum noch nachvollziehen.

The university clinics were planned in the city's West. Show façade on Domagkstraße; ideally, visitors were to approach from Sertürner Straße, passing 2 eaves-fronted lecturers' houses, 2 bigger institutes (pharmacology, hygiene), then cross Domagkstraße to face the central projection of the medical clinic, where short side wings have porches with roof terraces. Cour d'honneur at the rear. Gynaecological and eye clinics were in the North, a cross-shaped complex with otolaryngology and surgical clinics to the South.

301
Zentralklinikum
Albert-Schweitzer-Straße 33
1972–83; ab 2013 Modernisierung
Weber, Brand und Partner; Kleihues+Kleihues

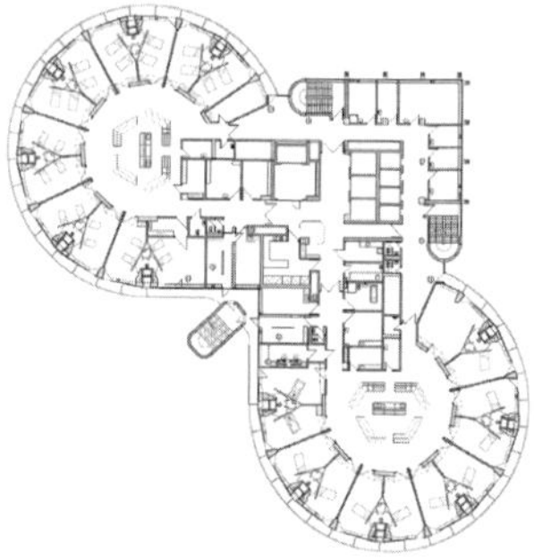

Grundriss nach Sanierung

Nachdem sich die alten Kliniken als räumlich unzureichend erwiesen hatten, fasste die Universität 1957 den Beschluss, sämtliche Kliniken in einem Neubaukomplex zu vereinigen. Die Architekten, die zeitgleich auch das Universitätsklinikum in Aachen (1972–85) errichteten, sahen in ihrem Wettbewerbsentwurf von 1963 zunächst vier Doppeltürme vor, ausgeführt wurden jedoch nur zwei. Diese erheben sich über einem sechsgeschossigen Sockel für Untersuchungs-, Behandlungs- und Forschungseinrichtungen. Die beiden 62 m hohen Bettentürme sind von weitem sichtbar und prägen die Silhouette der Stadt. In ihnen verteilen sich auf zehn Etagen die Patientenzimmer ringförmig um eine Mittelzone, so dass nahezu allen 1000 Betten ein Panoramablick über Stadt und Landschaft möglich ist. Vorläufer für die Rundbauweise gab es bereits Ende des 19. Jh. und in moderner Form ab 1950 in den USA (Rochester, San Francisco, Houston). Nach Plänen von Kleihues+Kleihues, die sich 2013 in einem Wettbewerb durchsetzen konnten, wird die Fassade der „Bettentürme" seit 2016 abschnittsweise saniert und energetisch ertüchtigt. Die Zimmer werden hierbei leicht vergrößert.

In 1957, the university built a new complex for its clinics, now located in two round towers. Wards on 10 floors in ring round central zone; most beds have panorama view. There are late 19th century forerunners to round construction; modern forms in USA post-1950 (e.g. San Francisco, Houston). Façade being restored in stages; plans by Kleihues+Kleihues.

302

Ehem. Standortlazarett Universitäts-Hautklinik

Von-Esmarch-Straße 56–58
1935–38
Gettschlich, Marx, Hans Ostermann

Ansicht 1939

Das Backsteingebäude mit einer Frontlänge von 250 Metern gliedert sich in einen viergeschossigen Mittelbau und zwei weit hinter diesen zurückspringende Flügelbauten, die an ihrem Ende rechtwinklig abknicken. Ein weiterer Flügel geht senkrecht von der Rückseite des Mittelbaus ab. Als auffallendstes Charakteristikum erscheint die völlig gleichförmige Reihung der Fenster über den gesamten Komplex. Die Gestaltung versucht zwei konträre Ansprüche auszugleichen, einerseits die Forderung der Heeresbauverwaltung nach normierten Bauten, andererseits der Anspruch auf ‚landschaftsverbundenes' Bauen. Letzteres suchte man durch die Wahl der Materialien, Ziegelmauerwerk und Sandstein für die architektonischen Gliederungselemente, zu erreichen. Für die Fassade des Mittelrisalits schrieb man unter Münsteraner Architekten einen Wettbewerb aus, den Ostermann gewann. Er gestaltete sie wie eine Tempelfront mit toskanischen Pilastern auf hohen Postamenten, die ein Gebälk mit Dreieckgiebel tragen. Die Figuren des Tympanons schuf Hermann Kissenkötter.

Divided into 4-storey central block and 2 wings. 3rd wing extends from rear façade. Absolutely regular window rows over the full complex are a key feature. Design sought to balance contrary demands; standardisation and a relation to the region's architecture expressed in brick and sandstone materials. Ostermann won competition among Münster architects, designing the projection as temple front with Tuscan pilasters, entablature and triangular pediment. Tympanum figures by H. Kissenkötter.

303

Max-Planck-Institut für molekulare Biomedizin

Röntgenstraße 20
2004–06
Rainer M. Kresing

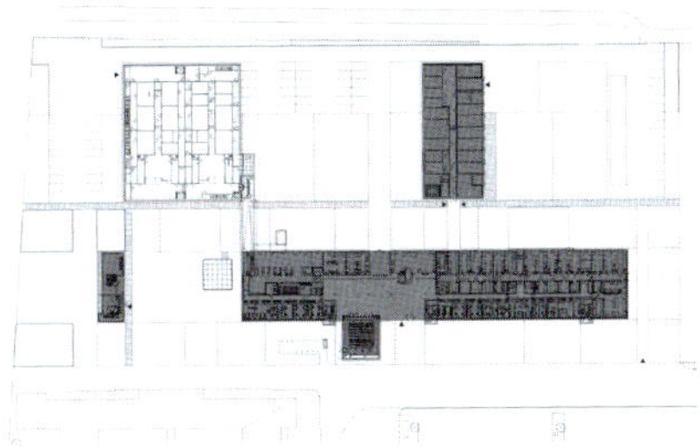

Das 2001 in Münster gegründete Institut ist eines von 80 Forschungsinstituten der Max-Planck-Gesellschaft in Deutschland. Bereits im Wettbewerbsentwurf (2001) konzipiert Kresing die Anlage als Wissenschaftspark und verteilt fünf Baukörper mit einer Hauptnutzfläche von 6.000 Quadratmeter auf einer gerasterten Feldfläche. Entsprechend dem Planck'schen Ideal der Einheit von Wissenschaft und Natur versucht er, die Architektur mit ihren Außenanlagen (Themengärten, Wasserflächen, Wege, Höfe) vielfältig durch Sicht- und Materialbezüge zu verweben. Zur Röntgenstraße nimmt ein 120 Meter langer, dreigeschossiger Glasriegel die Laborräume von drei Instituten (u. a. Stammzellenforschung) auf. Etwas versetzt schließt sich ein Gästehaus mit sechs Apartments auf gleicher Höhe an. Im nördlichen Bereich komplettieren ein quadratisches, dreigeschossiges Funktionsgebäude („Tierhaus"), ein Ver- und Entsorgungszentrum sowie eine Autogarage das Ensemble. Als Fassadenmaterial kommen großflächige grünlich gefärbte Glas- und Aluminiumelemente sowie weißes Bauprofilglas zum Einsatz. Neben dem Eingang bietet ein hervortretender weißer Kubus Platz für einen Hörsaal.

One of Max Planck Society's 80 research institutes in Germany (2001). Kresing's science complex comprises 5 volumes totalling 6,000 m². Following Planck's ideal, the unity of science and nature, he interwove architecture and grounds using visual and material references. On Röntgenstraße, glazed block of labs for 3 institutes abuts a guest house. Functional building ("animal house"), services centre and garage complete ensemble in North. Façades are greenish glass, aluminium and white figured glass. Lecture hall in cube by entrance.

304
Nano-Bioanalytik-Zentrum NBZ
Mendelstraße 17
2010–13
Staab Architekten

Die Nanotechnologie als stark wachsende Technologie wird in Münster als wichtiges Zukunftsfeld gesehen. Bereits 2003 eröffnete eines der europaweit ersten Zentren für Nanotechnologie (CeNTech) für Forscher und Existenzgründer.
Mit dem benachbarten NBZ folgte wenig später ein Pendant für kleine und mittlere Unternehmen, die innovative Methoden und Geräte für die Nanobioanalytik pionierhaft entwickeln. Der 2010 aus einem Wettbewerb hervorgegangene Siegerentwurf von Staab Architekten versteht sich denn auch als dynamisches Auftaktgebäude des Wissenschaftsparks. Von weitem ist er als innovatives Laborgebäude sichtbar. Mit seiner leicht geometrischen Verformung samt auskragender Deckenplatten scheint der dreigeschossige, silbermatte Baukörper selbst zu vibrieren. Die flexiblen Labor- und Bürobereiche (jeweils ca. 300 qm) im Inneren sind straff organisiert. Eine gemeinsame Verwaltung, Treffpunkte und Konferenzräume im 1. OG fördern die Kommunikation zwischen den unterschiedlichen Unternehmen im Gebäude. Sehenswert ist auch das offene, mehrfach geknickte Treppenhaus, das alle Ebenen verbindet.

Nanotechnology seen as key future field in Münster. In 2003 one of first European centres opened here (CeNTech) for researchers + entrepreneurs. NBZ is pendant for small or middle-sized firms creating innovative solutions in nanobioanalytics. 2010 design competition won by Staab. Striking 3-storey silver-matt volume with projecting roof panels. Flexible lab and office areas (each c. 300 m2). Shared 1st floor conference rooms etc. All levels linked by interesting open stairwell.

305
Technologiehof
Mendelstraße 11
1990–93
Bolles-Wilson und Partner

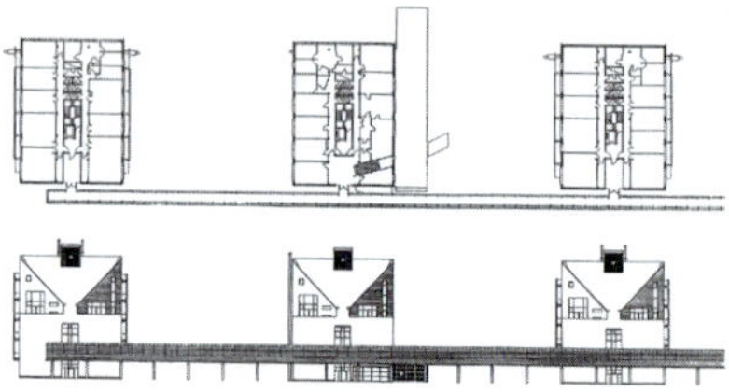

Der Technologiehof entstand als Pionierbau für einen neuen Wissenschafts- und Technologiepark auf der grünen Wiese nahe der Universität. Als Gründungs- und Servicezentrum von Universität, Stadt, Wirtschaft und Kammern konzipiert, können hier Existenzgründer fünf Jahre lang ihre Ideen und ersten Produkte aus dem Bereich Life Science und Kommunikationstechnologie entwickeln. Die Architekten gliederten das Gebäude in drei gleich große, sechsgeschossige Kuben, die jeweils die Büro- und Laborräume eines Forschungsschwerpunktes aufnehmen. Verbunden werden diese durch einen hochgelegenen Brückengang, der Begegnung sowie den Zugang zu den zentralen Konferenz-, Ausstellungs- und Bistroräumen im Erdgeschoss des mittleren Kubus ermöglicht. Während die Aluminiumfassaden das zukunftsorientierte, technologische und industrielle Wesen des Bauwerks unterstreichen, wurde das Gebäudeumfeld der Natur zurückgegeben: es ist heute wieder als Wiese mit Apfelbäumen erlebbar – und zitiert die einst unberührte westfälische Landschaft.

Pioneer building for new science park; conceived as founders' and service centre for university, city, trade and professional associations. 3 equal-sized, 6-storey cubes contain specialist offices and labs. Cubes linked by high bridge, also providing access to conference, exhibition and bistro area on ground floor of middle cube. Aluminium façades underline building's technological purpose, but grounds cite once untouched Westphalian landscape – a field with apple trees.

306
Square Depression
Wilhelm-Klemm-Straße
1977/2007
Bruce Nauman

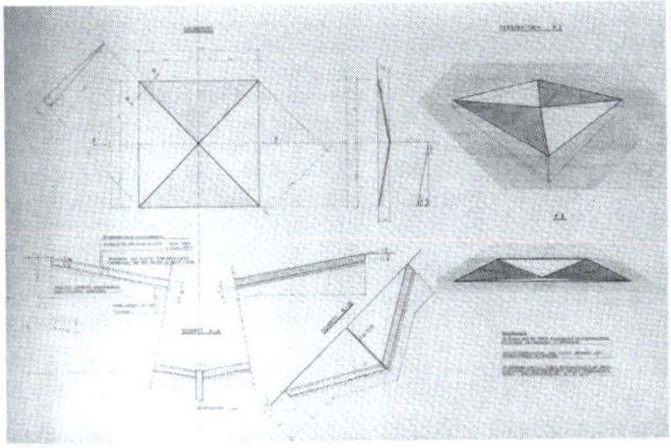

Bei der Arbeit handelt es sich gewissermaßen um das Negativ einer Skulptur, ein Thema, das Nauman verschiedentlich beschäftigt hat. Die strahlend weiße Pyramide aus vier gleichschenkligen Dreiecken erhebt sich nicht in die Höhe, sondern senkt sich 2,30 Meter so in den Boden, dass die Spitze den tiefsten Punkt bildet. Der Betrachter sieht sie also nicht von außen, sondern von innen.
Zugleich bezieht diese umgekehrte Pyramide die Betrachter auf eigentümliche Art ein. Sie müssen ihre „Auftritte" auf den schrägen Flächen wie auf einer Bühne organisieren. Ihre jeweiligen Positionen dienen zudem als Anhaltspunkte für die maßstäbliche Erfassung des „Innenraumes", den sie deutlich anders erfahren als den „normalen" Raum der Umgebung. Der Versuch, diese Desorientierung zu überwinden und eine Balance wiederzugewinnen, gehört zu den Effekten, die Nauman provoziert, um die Passivität der Betrachter zu überwinden. „Ein Bewusstsein seiner selbst", so Nauman in einem 1971 publizierten Interview, „gewinnt man nur durch ein gewisses Maß an Aktivität und nicht, indem man nur über sich selbst nachdenkt."

Like various works by Nauman, this is quasi the negative of a sculpture. The pyramid is not raised, but set into the ground with the summit as its deepest point. Visitors thus see it from the inside.
The reverse pyramid also involves them in a strange way; they make "appearances" on its slopes as if on a stage. Their positions are a guide to the scale of the interior, which is experienced in a different way to "normal" space. Attempts to overcome disorientation are provoked in order to conquer the viewer's passivity.

307
Schiff für Münster
Horstmarer Landweg
1987
Ludger Gerdes

Sein „Schiff" hat Gerdes dort platziert, wo die Stadt in den ländlichen Bereich übergeht. In seiner Gestaltung, eine Insel in Form eines Schiffes, darauf ein Tempelchen und zwei Pappeln, entspricht es dem traditionellen Repertoire der Gartenskulptur. Wie diese will er den Spaziergänger zu Betrachtungen anregen. Die Assoziation „Rousseau-Insel" ist ebenso erlaubt, wie die Anspielung auf die von Gräften umschlossenen Wasserschlösser der Region. Auch die Metapher des „Lebenschiffes" bietet sich an, mit welcher der Künstler nach eigener Aussage an Hans Blumenbergs „Schiffbruch mit Zuschauer" anknüpft. Mit diesem reichen Beziehungsgeflecht widerspricht Gerdes aber auch Donald Judd, der für seine Skulptur (Nr. 291) jeden spezifischen Ortsbezug geleugnet hatte. Gerdes geht noch einen Schritt weiter. Seine Skulptur konstruiert einen „genius loci", der eine Geschichte erzählt und damit Identität stiften will.

Gerdes' "ship" is on the rural city perimeter. It complies with the traditional repertoire of garden sculpture; a ship-shaped island, temple and 2 poplars. One thinks of "Rousseau Island" or the region's moated castles. The "ship of life" metaphor also springs to mind. But the wealth of association also contradicts D. Judd, who denied his sculpture's (no. 291) site reference. Gerdes goes further, constructing *genius loci* by storytelling, so creating identity.

308
Leonardo-Campus
Ehem. Kavalleriekaserne

Steinfurter Straße
1898–1901
Schmedding, Hermann Rokohl, Otto Graebner (Königl. Kriegsministerium)

1996–2001 (Kunstakademie): Günther Domenig mit Raimund Beckmann;
1998–2000 (Umbau Kaserne für FB Architektur): Raimund Beckmann;
2005–08 (FB Design): Glass Kramer Löbbert;
2009 (Bibliothek): Planungsgemeinschaft zauberscho(e)n: Mathias Horstmann (Mitarbeit Entwurf), Andreas Schüring, Stephan Weber / Bühler und Bühler

Fachbereich Architektur

Bibliothek

Fachbereich Design

Kunstakademie

Nachdem die Quartiere in der Innenstadt nicht mehr ausreichten, wurden ab 1870 neue Kasernen vor den Toren der Stadt erforderlich, so auch die 1901 fertiggestellte Kavalleriekaserne, die seitdem das Bild der Stadteinfahrt mit ihren roten Backsteinfassaden an der Steinfurter Straße prägt. Zur Straße lagen die Mannschaftsgebäude, dahinter ein langgestreckter Exerzierplatz. In zweiter Reihe rahmten Reithallen, ein Wirtschaftsgebäude und Stallungen symmetrisch einen großen rechteckigen zentralen Reitplatz. Ab 1948 bezog die Westfälische Reit- und Fahrschule das Areal und nutzte es als Ausbildungsstätte, auch kam später die Bundeswehr hinzu.
Dank der Unterstützung von lokalen Kunstfreunden nahm 1994 die Idee eines Kunstcampus Gestalt an: Die Bereiche Architektur, Design, Kunst und Musik sollten hier vereinigt werden. Für den Neubau einer Kunstakademie im hinteren Bereich konnte Günther Domenig (Graz) sich 1996 im Wettbewerb gegen Reichen & Robert (Paris) sowie Wiel Arets (Amsterdam) durchsetzen. Seinen skulpturalen Akademiebau (Umsetzung mit Raimund Beckmann) versieht er mit einer mehrschichtigen Axialität: So liegt der Haupteingang in der Achse der Kaserne, doch eine gestenreiche Öffnung erfolgt seitlich zum neuen benachbarten Technologiepark – und betont den offenen Charakter der bislang verschlossenen Kaserne. Im Inneren lassen sich Foyer und Hörsaal verbinden. Für die Architekturschule (MSA I Münster School of Architecture) wurden straßenseitige Mannschaftsgebäude hergerichtet sowie die Reithallen zu Hörsälen, ein Wirtschaftsgebäude zur Mensa umgebaut. Die Designer bezogen 2009 gegenüber einen monolithischen Neubau – mit lichtem Foyer.

Im Schnittfeld der Einrichtungen liegt die vielfach ausgezeichnete Bibliothek für Architektur, Design und Kunst. Entworfen wurde sie von Architekturstudenten alternativ zu einer behördlichen Planung. Sie ergänzten die bestehende Bibliothek nach vorne durch einen Glasbau und banden die historische Außenwand eines Pferdestalls kunstvoll im Inneren mit ein. Die nahezu schwebenden Stützen zitieren Studien des Fotopioniers E. Muybridge, der nachwies, dass sich beim galoppierenden Pferd zeitweise alle vier Beine in der Luft befinden. Eine Devise, die der revitalisierten Reiterkaserne gut zu Gesicht steht. Das ehemalige Offizierkasino liegt außerhalb auf der gegenüberliegenden Straßenseite.

From 1870, new barracks needed outside city, incl. for cavalry with red-brick façades on Steinfurter Straße (1901). Soldiers' quarters faced street. Central riding area framed by riding halls, outbuildings, stables. From 1948, used by Westfälische Reit- und Fahrschule, later Bundeswehr. Complex redundant after fall of Berlin Wall.
Local sponsors helped to develop art campus idea uniting architecture, design, art + music. G. Domenig (Graz) won competition for new Art Academy, 1996: sculptural structure (realization with R. Beckmann). Main entrance in barracks but expressive side gate leads to new technology park – accentuating open character of once closed barracks. Münster School of Architecture in converted soldiers' quarters; riding halls now lecture halls, outbuildings student canteen. Design housed in monolithic building opposite (2009).
Prize-winning library for architecture, design and art planned by architecture students: glass extension to front of existing library; historic stable wall incorporated. Near floating supports cite Muybridge's studies of galloping horses. Former officers' casino on opposite side of road.

309
Orthopädieschuhtechnik Möller
Johann-Krane-Weg 40
2004/05
Peter Bastian

Als Ergänzung des Technologiehofareals entstand ab 1997 der Technologiepark. Er dient als Standort für Firmen, die dem „Brutkasten" Technologiehof (Nr. 305) entwachsen sind und sich in Münster etablieren wollen. Zu den ersten Unternehmen im Parkgelände zählt das bereits 1899 in Ottmarsbocholt gegründete Familienunternehmen Orthopädieschuhtechnik Möller, das in enger Zusammenarbeit mit Medizinern und Biomechanikern von münsterschen Kliniken und Instituten Technik und Material wissenschaftlich entwickelt. Das dreigeschossige, weiß verkleidete Gebäude wird durch über Eck verlaufende fassadenbündige Fensterbänder gegliedert und überrascht auf der Rückseite mit geschossweisen Rücksprüngen. Genau diese Abtreppung macht das fein detailierte Gebäude so spezifisch und lässt es souverän in seinem heterogenen Umfeld erscheinen. Im Erdgeschoss wird der zentrale Verkaufsraum durch Räume für Gang- und Laufbandanalysen sowie eine Schau-Werkstatt ergänzt.

In 1997, the technology park (no. 305) was founded as a location for firms wishing to settle in Münster. One of the first was Möller orthopaedic shoe company, founded in Ottmarsbocholt in 1899. Technology and materials are developed together with doctors and biomechanics at Münster clinics. White-rendered building is divided by bands of windows around corners, flush with façade. Striking recesses at back. Salesroom, rooms for analysis and demonstration workshop on ground floor.

310
Kindertagesstätte Chamäleon
Rudolf-Harbig-Weg 38a
2007
Hartig Wömpner

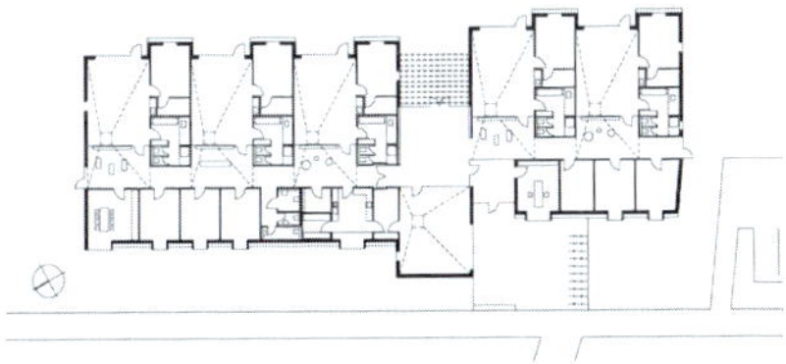

Der eingeschossige Gebäudekomplex des Kindergartens liegt am Rande einer Wohnsiedlung im Umfeld von zahlreichen Hochschuleinrichtungen. Von weitem erinnert der Spiel- und Lernort an eine heitere Zeltlandschaft. Gebildet wird die markante Silhouette aus sechs Zeltdächern mit aufgesetzten Glaskuben. Diese sorgen in den darunter liegenden fünf Gruppenräumen, im zentralen Foyer sowie im flexiblen Mehrzweckraum für einen großzügigen, hellen und luftigen Eindruck. Auch die einheitliche Gebäudehülle aus unbehandeltem Holz (Douglasie) unterstreicht die skulpturale Qualität des Gebäudes. Ein klarer, funktionaler Grundriss ermöglicht in dem fünfzügigen Kindergarten leicht Orientierung. Um eine kurze Bauzeit von nur sieben Monaten zu gewährleisten, wurden Wand- und Deckenelemente vorgefertigt. Die Gesamtkonzeption entspricht den kindlichen Proportionen und bezieht den mit Spielteppichen gestalteten Außenraum raffiniert mit ein. Die Einrichtung sieht neben Plätzen für Kinder von Beschäftigten der Uni in der Hauptsache Plätze für den Bedarf von Studierenden und des Wohnumfeldes vor.

Single-storey complex at edge of housing estate near university institutes. First impression is of tents: 6 striking tented roofs with glass cubes maximize light in 5 group rooms, foyer and hall. Façades clad in wood, underlining sculptural quality. Kindergarten's clear, functional ground plan aids orientation. Built from prefabricated parts in only 7 months. Outside area with play mats incorporated in design. Places mainly for children of university staff, local residents, students.

311
Wohnhaus Deilmann
Jessingstraße 11–13
1956
Harald Deilmann

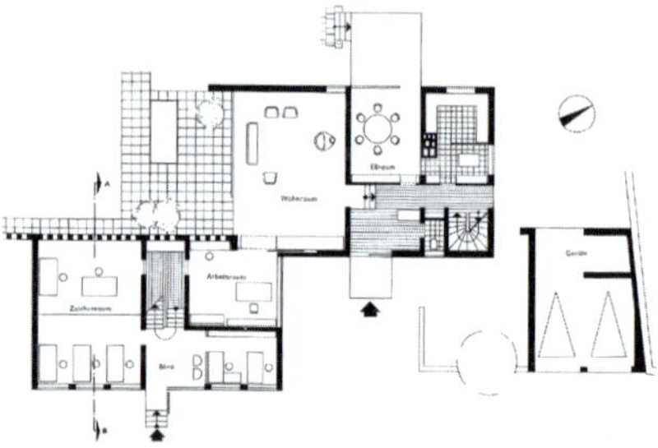

Obwohl Deilmann „nichts schwieriger, anstrengender und undankbarer für einen Architekten" fand, „als in eigener Sache auftreten zu müssen", entschloss er sich ein Jahr nach Gründung eines eigenen Büros, für sich und seine Familie ein Haus zu bauen. Zwar war für jeden Neubau in der Wohnsiedlung nahe dem Universitätsklinikum ein Satteldach vorgeschrieben, doch Deilmann fasste diese Vorgabe spielerisch auf. Er entwarf ein Dach mit geneigten Seiten, die jedoch unterschiedlich in der Neigung sind: zur Straße hin flach und langgezogen, zum Garten hin kurz und steil. Das so ansteigende Raumvolumen versteht er im Innern geschickt für versetzte Geschosse zu nutzen. Deutlich ist der Hausgrundriss gegliedert in einen straßenseitigen Bürotrakt und einen hinteren, zum Garten orientierten Wohnbereich. An der Verbindungsstelle liegt das Arbeitszimmer des Chefs. Der Schreibtisch ist nur durch eine Schiebetür vom familiären Wohnraum getrennt. Hauptbaustoffe sind roter Backstein, Sichtbeton, Holz und Schiefer. Elemente der modernen Architektur werden mit traditionellen Mitteln verquickt.

Though disinclined to design his own house, a year after founding his offices, Deilmann chose to build for his family. Saddle roofs were prescribed for new building near the university clinic, but Deilmann created a playful version with varying gradients: flat and long to the street, steep to the garden. Ground plan is divided into an office tract to the street, living space to the garden. Materials are red brick, exposed concrete, wood and slate. Combining elements of modern architecture and traditional materials, the design is characteristic of Deilmann.

312
Professorenhaus
Hittorfstraße 46
1926
Gustav Wolf

Ansicht um 1930

In Nachbarschaft zu den Universitätskliniken ließ die „Gemeinnützige Beamten-Wohnstättengesellschaft" vier Professorenwohnungen errichten. In der Fassadengestaltung des zweigeschossigen Riegels, ähnlich schlicht wie bei seinen Siedlungsbauten (vgl. Nr. 156, 243), erreicht Wolf hier den repräsentativeren Eindruck durch das Farbspiel der unregelmäßigen Ziegel, die Quaderung an den Gebäudekanten und das relativ steile, schiefergedeckte Walmdach mit Erkeraufbauten und Gauben. Der Eingang liegt im Zentrum. Direkt über der Tür belichtet ein großes Fenster das Treppenhaus, das sich ansonsten nicht an der Fassade abzeichnet. Eine Betonung des Zentrums ergibt sich nur durch die kleinen, die Mittelachse in beiden Geschossen flankierenden, diagonal vergitterten Fensterchen. Im Südwesten und auf der Rückseite schließt je ein Wintergarten mit darüberliegender Terrasse an und variiert so die einheitlichen Wohnungsgrundrisse. Das rechtwinklig zu dem „Professorenhaus" stehende Gebäude errichtete Regierungsbaurat Johannes Reiche 1927 ebenfalls für die „Gemeinnützige Beamten-Wohnstättengesellschaft", die hier vier Wohnungen für Arztfamilien vorsah. Reiche orientierte sich sowohl in der Fassaden- als auch in der Grundrissgestaltung an Wolfs Vorgaben. Zu dem Ensemble gehörte ursprünglich ein alter Birnbaum, der bei der Planung ausdrücklich erhalten werden sollte.

Wolf built the professors' apartments close to the university clinics. Simple façade, like his estate housing (cf. nos. 156, 243); representative impression is created by coloured bricks, corner ashlars, and slate-clad hip roof. Central entrance axis is accented by small, diagonal grid windows on both floors. Winter gardens and terraces in SW and at rear. In 1927, Reiche built 4 doctors' apartments at a right angle to the "professors' house". Façade and ground-plan were oriented on Wolf's work. Ensemble included an old pear tree; plans stipulated its preservation.

313
Wohnhaus Brentzel
Hittorfstraße 28
1912
Richard Brentzel (?)

Das zweigeschossige, giebelständige Wohnhaus gehört zu den ältesten und originellsten Gebäuden der Hittorfstraße. Über einem Backsteinsockel setzt die verputzte Wandfläche an, von der sich Fenster und Türen in Backsteinrahmungen kontrastreich absetzen. Der Effekt wird noch dadurch gesteigert, dass im Erdgeschoss die Fensterbrüstung in die Rahmung einbezogen und in drei Felder geteilt wird, während die beiden mittleren Fenster von Ober- und Dachgeschoss durch ein radial geachteltes Feld verbunden werden. Die Fenstersprossen im Erdgeschoss variieren dieses Motiv. Der Eingang mit gestuftem Gewände liegt links. Den Eindruck komplettiert die Linie des bis zu den Obergeschossfensterbänken heruntergezogenen Daches, die zunächst steil geführt wird und dann über den Fenstern abknickt.
Im Verzicht auf historisierende Formen bei gleichzeitiger graphisch-dekorativ komponierter Fassade kann das Haus stilistisch ebenso gut dem Reformstil wie dem Jugendstil zugerechnet werden. Der Entwurf geht wohl auf den Oberlehrer und Architekten Brentzel selbst zurück, dem das Haus gehörte.

Among the oldest, most unusual houses on Hittorfstraße: rendered walls over brick base, with contrasting brick window and door frames. Ground-floor wall below windows is included in this frame and 2 central windows of upper and gable floors are linked by a striking, radially divided brick field. Door has stepped jambs.
Avoiding historicising forms, the façade is graphically decorative and attributable to Reform or Art Nouveau style. Design probably by owner Brentzel.

314
Wohnhaus Müller
Hittorfstraße 8
1931
Georg Diening & Söhne

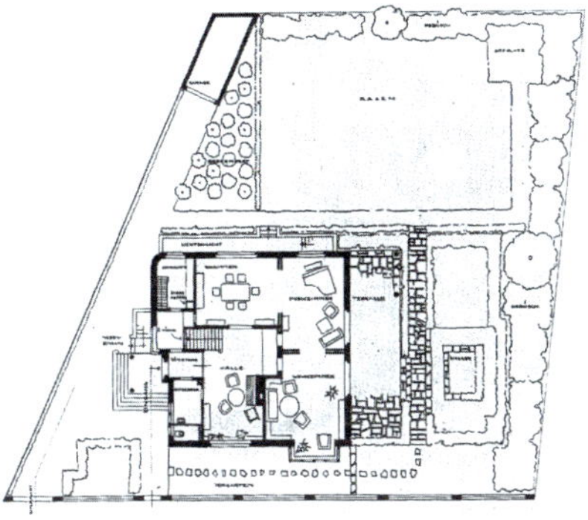

Nahezu unverändert hat sich, zumindest im Außenbau, das Wohnhaus erhalten, das Diening in unmittelbarer Nachbarschaft zum neu geschaffenen Universitätsviertel für den Zahnmediziner Prof. Dr. Rudolf Müller errichtete. Der flach gedeckte zweigeschossige Klinkerbau besaß eine großzügige Dachterrassse vor einem weiteren, etwas niedrigeren Geschoss. Dieser Höhenstaffelung entsprechen auf drei Seiten ein Erker, dessen obere Hälfte ursprünglich ein um die Ecken gezogenes Sprossenfenster akzentuierte, ein von zwei Stützen getragener Balkon und der überdachte Eingangsbereich mit dem verglasten, vorspringenden Treppenhaus. Zu Recht rühmte ein Zeitgenosse die „kubische Harmonie" der Dieningschen Bauten, die zugleich die räumliche Organisation des Hauses widerspiegelt. Die großzügigen, durch Schiebetüren variabel gestaltbaren Räume haben sich freilich nicht erhalten, da das Haus heute von mehreren Mietparteien genutzt wird.

Exterior of the house built for dentist Prof. R. Müller is almost unchanged: flat-roofed brick structure with roof terrace and a third, lower storey. This height graduation is repeated in a bay, balcony, and entrance area with glazed, projecting stairwell. Diening was justly praised for the "cubic harmony" of his buildings. It was once mirrored by large, variable rooms (sliding doors), but the house is now subdivided.

315
Ehem. Universitäts-Kinderklinik
Robert-Koch-Straße 31
1910/11
Alfred Hensen

Gartenansicht um 1900

Als Bauherr dieser für Münster beispielhaften Krankenhausanlage fungierte der katholische Fürsorgeverein. In einer ersten Phase entstand der nordöstliche Teil, ein zweigeschossiger Bau mit hohem Mansarddach, das ein weiteres Geschoss beherbergte. Ursprünglich sollte der fünfachsige, durch Erker rhythmisierte Risalit das Zentrum betonen, während dreiachsige Pavillons, von denen zunächst nur der eine ausgeführt wurde, den seitlichen Abschluss gebildet hätten. Während die durch den Wechsel von Lisenen und Fenstern gegliederte Straßenfront relativ geschlossen wirkt, öffnete sich die nach Südosten liegende Rückseite mit den Patientenzimmern in Loggien.
Der Erweiterungsbau von 1926/27 ergänzte jedoch nicht, wie vorgesehen, die Anlage in östlicher Richtung, sondern setzte im Westen an. Der als Abschluss gedachte Pavillon mutierte zum Mittelrisalit, während der als solcher konzipierte Baukörper nun den Abschluss bildete und ein in veränderten Formen ausgeführtes Pendant im Westen erhielt. Das Ergebnis vermag nur bedingt zu überzeugen.

Built for the Catholic Aid Association; first building phase was the NE section of 2 floors with mansard roof. Originally, a projection of 5 axes was to highlight the centre, with pavilions of 3 axes (one realised) at each side. Pilaster strips and windows divide the street front; loggias open up rear façade.
Not extended to the East in 1926/27 as planned, but westwards. Pavilion mutated into a central projection, and the part planned as such received a pendant in the West.

316
PAN-Zentrum
Vesaliusweg 2–4
1953/54; 2010–14
Friedrich Knolle; Wörner Traxler Richter

Der in enger Zusammenarbeit mit dem damaligen Institutsdirektor Hellmut Becher errichtete Altbau gliedert sich in einen hohen zweigeschossigen Haupttrakt mit Walmdach, von dem versetzt niedrigere Flügelbauten abgingen. Von dem repräsentativen Anspruch zeugt die Fassade mit den fünf hohen, sandsteingerahmten Fenstern im Hauptgeschoss und dem dreiteiligen Eingang, durch den man in eine großzügige Halle mit Treppenaufgang und Galerie gelangt. Das mittlere der fünf von Vincenz Pieper gestalteten Glasfenster zeigt die Schritte der Evolution von den chemischen Elementen in der untersten Reihe bis zu dem Menschenpaar unter dem hellen, abschließenden Himmelsstreifen.
2010 beschloss man, die Institute für Pathologie, Anatomie und Neuropathologie zum PAN-Zentrum zusammenzufassen. Dazu plante man zwei neue U-förmige zweigeschossige Anbauten, deren helle Klinkerverkleidung wechselweise glatt und im Bereich der Fenster horizontal gebändert ist. Eine eingeschossige Halle verbindet Alt- und Neubau; die vorgelagerte Treppen- und Rampenanlage verklammert sie auch optisch. Hier hat die helle Cafeteria ihren Platz, in der die Decke mit den kreisrunden Hängeelementen und Leuchtkörpern einen dekorativen Akzent setzt.

Old building erected in cooperation with institute director H. Becher: 2-storey main block with hip roof, and lower wings. Fine façade with 5 stone-framed windows and 3-part doorway to spacious hall. Stained glass by V. Pieper: centre window shows evolution from chemical elements to mankind under strip of sky. Pathology, anatomy + neuropathology amalgamated 2010: 2 u-shaped extensions built, clad in light brick, smooth with horizontal bands in window areas. Hall links old and new buildings; steps bracket them visually. Striking ceiling with suspended elements in cafeteria.

317
Ehem. Hotel und Café Schnellmann
Hüfferstraße 75
1930/31
Rüschenschmidt & Schräder

Ansicht 1934

Die Architekten gliederten das Gebäudes so, dass sich nach außen die einzelnen Bereiche gut ablesen lassen. Das Hotel befand sich in dem schmucklosen, dreigeschossigen, siebenachsigen Ziegelbau. Die Fenster besitzen einfache Kunststeinrahmen, zu denen im obersten Stockwerk gerade Fensterverdachungen hinzukommen. Das Café befand sich in dem werksteinverkleideten, eingeschossigen Vorbau, der sich an der Straße und der westlichen Schmalseite um das Gebäude legt. Die darüberliegende Terrasse begrenzt ein schlichtes Geländer. Die Treppenhäuser im Osten und Süden treten deutlich als Risalite hervor. Die Dominante bildet der westliche Turm mit den die Stockwerke übergreifenden, dreiteiligen, rundbogig schließenden Fenstern. Eine Fahnenstange sorgte zusätzlich dafür, dass das Hotel schon von weitem zu sehen war. Das Ensemble bietet ein gutes Beispiel für das Neue Bauen in Münster, bei dem sich moderne und traditionalistische Elemente verbinden. 1949 erweiterte man den Vorbau an der Straßenfront. Nachdem 1973 der Hotelbetrieb eingestellt wurde, nutzte eine Zeit lang die Universität das Gebäude.

Hotel was a brick, 3-storey structure with 7 axes, simple artificial stone window frames and top-floor weather moulding. Café was the ashlar-clad, single-storey structure in front of hotel. Striking West tower has 3-part, round-arch windows over all floors. A good example of "New Building" in Münster, the ensemble combines modern and traditional elements. Café extended in 1949. Hotel closed in 1973 and the university took it over briefly.

318
Alexander-von-Humboldt Haus
Hüfferstraße 61
1981–84
Günter Altstetter, Hans Ulrich Roesler

Das Gästehaus der Universität ist ein Ensemble aus zwei Zeilen gestaffelter drei- bis viergeschossiger Appartementhäuser, einem quer dazu liegenden Block mit Wohnungen und Gemeinschaftsräumen sowie einem Vortragssaal. Ins Auge fallen die kubisch verschachtelten Appartementhäuser mit den ziegelverkleideten Erdgeschossen, über denen das helle Brüstungsband der Loggien einen kräftigen Kontrast zu den dunklen Holzschindelwänden der oberen Stockwerke bilden. Rote Rahmen der zum Teil über die Ecken geführten Fenster und vor allem die freistehende rote Wendeltreppe mit der hellen Betonspindel betonen die bildhaft-skulpturalen Qualitäten der Architektur. Zwischen den beiden gestaffelten Zeilen ergibt sich ein Innenhof. Hier liegen Laubengänge, über die ein Teil der Ein- bis Sechs-Zimmerwohnungen erschlossen wird; Brücken verbinden sowohl die Zeilen als auch den Querriegel. Während hier der Wohnbereich ebenfalls mit Holzschindeln verkleidet ist, kennzeichnet Ziegelmauerwerk die Gemeinschaftseinrichtungen. Der anschließende Vortragssaal wird über die Ecke diagonal erschlossen. Das rundbogige, rot gefasste Vordach hängt an den Enden des dreieckig vorkragenden Betontragwerks.

University guesthouse comprises 2 rows of 3 to 4-storey apartment blocks, crossways block of apartments + communal rooms, and lecture hall. Cubic blocks are striking: brick-clad ground floors with light balustrades, contrasting wood shingle walls on upper floors. Red window frames and open spiral staircase underline ensemble's sculptural quality. Courtyard between the 2 graduated rows, outside galleries accessing apartments; bridges link building's sections. Diagonal entry to hall across corner; porch roof suspended from projecting concrete frame.

319
Ehem. Orthopädische Heilanstalt der Hüffer-Stiftung
Hüfferstraße 27
1901–03
Alexander Cazin

Für das Eckgrundstück entwarf Cazin eine unregelmäßige, über einem Kellersockel dreigeschossige Dreiflügelanlage, wobei er wirkungsvoll die Ecke als Sichtmarke ausbildete. Hier flankieren zwei Türme den dreiachsigen Risalit, den ein hoher Schaugiebel bekrönt. Das Erdgeschoss mit zentralem Portal und Rundbogenfenstern schließt eine von Turm zu Turm verlaufende Balustrade. Ein weiterer Balkon betont im dritten Geschoss die Mittelachse, ebenso wie die gestufte Fenstergruppe im Giebel und der Dachreiter.
Während bei dieser Schauseite Sandstein als Material dominiert, mauerte man die Flügel in Ziegel und verwendete Sandstein nur für Fensterrahmungen, Gesimse und Gebäudekanten. Das Gleichgewicht zwischen den beiden Trakten stellen die beiden übergiebelten Risalite her, wobei der an der Hüfferstraße den Abschluss des gerade zwei Achsen langen Abschnitts bildet, während der an der Robert-Koch-Straße asymmetrisch den Baukörper rhythmisiert. Den Abschluss dieses Flügels bildet die Kapelle, die mit den hohen Rundbogenfenstern und dem Mansarddach mit geschweifter Gaube einen Stilwechsel von der Neorenaissance zum münsterschen Neobarock vollzieht.
Schon 1914 erfolgte ein stilistisch angeglichener Erweiterungsbau, während die 1930/31 anschließenden Gebäude eine betont sachliche Formensprache zeigen und nur in der Wahl der Materialien an den Ursprungsbau anschließen. Das Gebäude wird heute von der Fachhochschule genutzt.

Cazin designed an irregular, 3-wing complex; 2 corner towers flank a central, gabled projection. Balustrade links towers on ground floor. 3rd floor balcony, gable windows and ridge turret emphasise central axis.
Sandstone dominates this main façade; 2 wings in brick with sandstone window frames, edging, etc. Gabled central projections create balance between them. Wing on Robert-Koch-Straße terminates in chapel; round-arch windows and mansard roof with dormer make it neo-Baroque rather than neo-Renaissance.
Matching extension 1914; later additions (1930/31) emphatically functional, but materials echo the original.

320
Tuckesburg
Hüfferstraße 18 a
1892

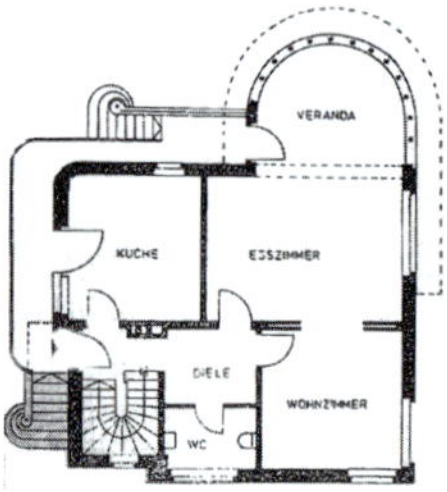

Hermann Landois, als Gründer des Münsteraner Zoos ebenso bekannt wie als Original, ließ sich im nördlichen Bereich des ehemaligen Zoogeländes ein Wohnhaus im Stil einer Ritterburg errichten. Den Namen wählte er nach einer dort im 13. Jh. belegten Burg, die er auf einer „Kreuzigung“ Hermann tom Rings, heute im Kapitelsaal des Domes, abgebildet sehen wollte. Es handelt sich um ein zweigeschossiges Gebäude mit Satteldach, an dessen östliche Giebelseite ein Turm anschließt, der mit „Söller“ und angedeutetem Wehrgang an mittelalterliche Architektur erinnern möchte. Eingemauert in die Wand erscheinen gusseiserne Ofenplatten und Spolien. Den malerischen Eindruck vervollständigt eine „ruinöse“ Toranlage im Westen.
Daran, dass das Gelände ursprünglich zu den Befestigungsanlagen der Stadt gehörte, erinnert der „Wasserbär“ im südlich anschließenden Parkgelände. Hier steht auch noch als letztes der ehemaligen Tiergehege der Eulenturm. Die anderen wurden, als der Zoo zum Jahresende 1973 schloss und an den heutigen Standort umzog, abgerissen.

H. Landois, founder of Münster's zoo, had an original house resembling a knight's castle built nearby. Name recalled a 13th-century castle on the site. 2-storey structure has a saddle roof with tower on E. gable front; here, "battlements" suggest mediaeval architecture. Cast-iron stove plates etc. are set into the wall. Picturesque impression is completed by a "ruined" gate in the West.
Last of animal enclosures (owl tower) is also here, others were razed when zoo moved (1973).

321
We are still and reflective
Himmelreichallee
2007
Martin Boyce

Arbres concretes, Jan und Joel Martel, Paris 1925

Das ehemalige Zoogelände und die, wie ihm schien, „brutale Interpretation gezähmter Landschaft" des neuen Zoos (Nr. 292) inspirierten Boyce zu seiner künstlerischen Reflexion über Natur, Natursurrogate, Zeit und Vergänglichkeit. Zum gestalterischen Ausgangsunkt wählte er die „arbres concretes", Bäume aus gegossenen Betonplatten, die Jan und Joel Martel 1925 für den Garten von Robert Mallet-Stevens auf der „Exposition Internationale des Arts Décoratifs et Industrielles Modernes" entworfen hatten. Allerdings wollte Boyce kein Objekt schaffen, sondern einen Ort, der keine eigene architektonische oder skulpturale Eigenschaft besäße, sondern diese in einem graphischen Musterrapport aus um einen ‚realen' Baum verlegten Betonplatten, gebildet aus dem Rumpfabschnitt der „arbres concretes", im Nachdenken des Betrachters wiederaufleben lassen könnte. Im Fugenraster der Platten ergeben sich Buchstabenfigurationen, die mit Messinglinien hervorgehoben werden und den titelgebenden Satz „We are still and reflective" bilden.

Old zoo and "brutal interpretation of tamed landscape" at the new zoo (no. 292) prompted Boyce to reflect on nature, its surrogate, time + transience. His inspiration was the "arbres concretes", Jan + Joel Martel's concrete trees (1925). Boyce aimed for a place with no architectural or sculptural qualities; resurrecting the "concrete trees" in a pattern of concrete slabs around a real tree. Grouting around slabs makes letters, accentuated with brass, spelling out the title, "We are still and reflective".

322
Ehem. Museum für Naturkunde
Westfälische Schule für Musik
Himmelreichallee 50
1889–91
Adolf Binder

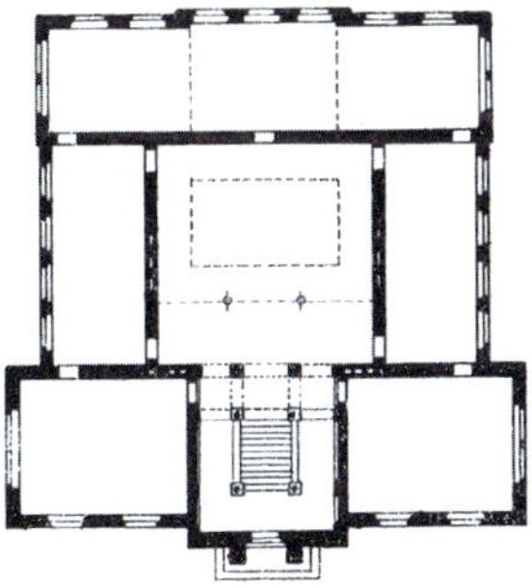

Zu dem 1875 eröffneten Zoo gehörte auch die naturkundliche Sammlung des Provinzialvereins für Wissenschaft und Kunst. Der repräsentative Backsteinbau mit Putzgliederung erhebt sich über einem Bruchsteinsockel, darüber schließt ein Hauptgeschoss mit einem markanten Kranzgesims. Das niedrigere und schlichtere Obergeschoss leitet mit einem Konsolgesims zum Dach, dessen Ansätze niedrige Attiken verdecken. Ein Aufbau dient zur Beleuchtung des zentralen Lichthofes. Die Hauptfassade richtet sich nicht zur Straße, sondern zum ehem. Zoogelände. Ein Mittelrisalit markierte den Eingangsbereich. 1922–24 erhielt das Gebäude ein Mansarddach, in dem ein weiteres Stockwerk Platz fand. Seine heutige Erscheinung verdankt sich dem Umbau von 1950.

Opened in 1875, the zoo had a natural history collection. Its brick/plaster building dates from 1889; quarrystone base, main floor terminating in a striking cornice. Console cornice above a simple upper floor. Structure over this lit the central atrium. Main façade to former zoo grounds. Central entrance area project.
Mansard roof with added storey built 1922–24. Today's appearance dates from 1950.

323
Ehem. West LB Landesbausparkasse LBS
Himmelreichallee 40
1969–75
Harald Deilmann

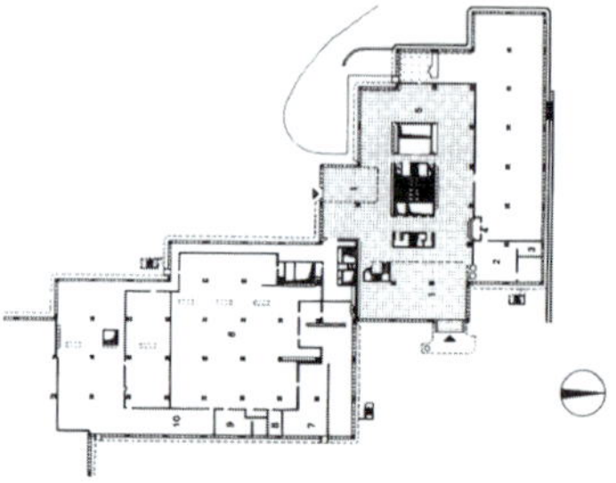

Als 1969 die West LB als größte deutsche Bank aus der Fusion diverser Landesbanken entstand, konkurrierten viele Städte in NRW um ihren Sitz. Dem Bauherrenwunsch nach einem stadtnahen, grünen Grundstück kam die Stadt Münster denn auch nach, indem sie das Gelände des Alten Zoos anbot. Der Zoo erfreute nach dem Krieg bereits wieder die Besucher, war jedoch sanierungsbedürftig und beengt, so dass das Angebot, einen neuen Zoo mit dem Grundstückserlös am Aasee (Nr. 292) zu finanzieren, mehrheitlich Zustimmung fand. Die Bank wurde in zwei Abschnitten gebaut: ein erster Bau (1969–72) für die Landesbausparkasse LBS und ein Rechenzentrum, ein zweiter (1972–75) für die West LB sowie die Kantine. Der über 20.000 Quadratmeter große Gebäudekomplex wurde als terrassierte Bürolandschaft in die Umgebung eingepasst: vier Geschosse liegen hierbei unter der Erde, bis zu sieben darüber. Charakteristisch sind die weißen Brüstungsbänder aus Beton, die das Gebäude optisch strecken und dynamisieren. Das Haus wurde 1994–99 durch die LBS im Innern grundlegend modernisiert.

Several banks fused to West LB in 1969. Münster offered the old zoo as a central, green site for its headquarters. Zoo was popular post-war, but shabby and small; an offer to fund new zoo near Aasee (no. 292) was thus approved. Bank built in 2 phases: Landesbausparkasse, computer centre (1969–72), and West LB, canteen (1972–75). Terraced office complex is integrated into surroundings: 4 floors below ground, up to 7 above. Characteristic white concrete aprons extend and energise the structure. Flexible ground plan redesigned 1994–99.

324
Ehem. Kötterhaus
Annette-Allee 50
Um 1800/50

Das eingeschossige Fachwerkhaus ist weitgehend in seiner originalen Form erhalten. Ständer und Riegel sind fast gleich stark und verbinden sich zu einem gleichmäßigen, querrechteckigen Gefache. Das Satteldach ist über dem Anbau, der über die ganze Gartenseite reicht, abgeschleppt. Die Giebelseiten sind verbrettert.
Der Maler Carl Busch, eines der prominentesten Mitglieder der Künstlervereinigung „Die Schanze“, ließ das Kötterhaus 1931/32 von Karl Diening zum Atelierhaus umbauen. Dazu ersetzte Diening das Dielentor an der Straßenseite durch Fenster. Weitere Fenster auf der Gartenseite kamen hinzu, auch wurde zeitweilig ein Teil des Daches abgedeckt.
Zur Zeit seiner Erbauung lag das Haus außerhalb der Stadt. Es bietet ein anschauliches Beispiel für die kleinbäuerlichen Wohnverhältnisse des Münsterlandes. Ein ähnlicher Kotten befindet sich an der Weseler Straße 66 (Nr. 275).

Single-storey house is largely as built, with regular timber-framing, saddle roof and boarded gables. Painter C. Busch, one of the must prominent members of the group "Die Schanze", had Diening convert it into a studio (1931/32). Gateway on street front was replaced by windows. Windows were added at garden side and house was at times partially unroofed.
Outside the city when built; fine example of rural living conditions in Münsterland. Weseler Straße 66 is similar (no. 275).

325
Wohnhaus Schilgen
Annette-Allee 41
1935–38
Dominikus Böhm

Gartenansicht 1939

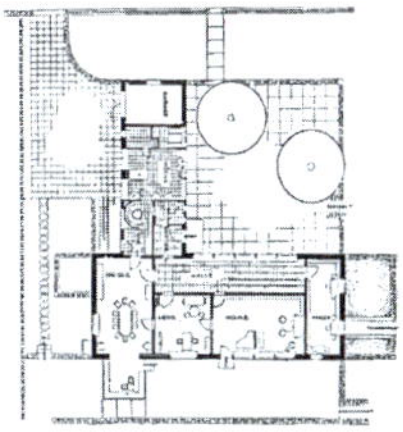

Böhm lernte den Münsteraner Frauenarzt Carl Maria Schilgen und seine Familie im September 1935 kennen. Nach ersten Entwürfen für ein Gartenhäuschen begannen schon bald die langwierigen Planungen für ein Haus am Aasee. Dabei galt es, Platz für die große Kinderschar zu schaffen und eine effiziente Haushaltsführung zu ermöglichen. Auch eine Bibliothek und Platz für die Sammlung von Bildern und Plastiken junger deutscher Künstler standen auf der Wunschliste. Zur Ausführung kam ein zweigeschossiger Putzbau auf L-förmigem Grundriss, der ebenso unprätentiös wie harmonisch erschien. Im zum See liegenden Wohntrakt öffnete sich rechts das Wohnzimmer im Erdgeschoss mit einem breiten Fensterband und einer anschließenden Tür auf die Terrasse. Links befindet sich ein Wintergarten, über dem der Schlafzimmerbalkon liegt. Die gleichförmige Fensterreihe im Obergeschoss gehörte zu den Zimmern der Söhne. In dem rechtwinklig anschließenden Flügel befanden sich die Küche und darüber die Töchterzimmer. Nach dem Zweiten Weltkrieg beschlagnahmten die Engländer das Gebäude, dann wurde es für Büros genutzt und umgebaut. Vor kurzem kam ein ovales Wohngebäude von Peter Bastian hinzu, das wenig Rücksicht auf das geschickt in das Terrain des Gartens eingepasste Ensemble nimmt.

Böhm met Schilgen in 1935 and began planning a house by the Aasee; client's wishes included room for his many children, library, and space for a collection of young German art. L-shaped, rendered house was built with accommodation to lake; living room with band of windows, door onto terrace. Veranda with bedroom balcony above. Row of windows to boys' rooms on top floor. Kitchen and girls' rooms in a wing at right angles. British requisitioned building after WW2, later used as offices. Oval-shaped house added recently.

326
Wohnhaus Rincklake
Badestraße 7
1922–24; 1950–52
Josef A. Feldmann

Ansicht zur Aa

Das zur Badestraße zwei- und zur Aa dreigeschossige Wohnhaus wurde seinerzeit für den als Kunsttischler und Schöngeist bekannten Theodor Rincklake (1880–1933), Inhaber des gleichnamigen Unternehmens, errichtet. Im Umfeld von Gericht (Nr. 327) und naher Badeanstalt (1863) erscheint die Lage des Wohnhauses am Einfluss der Aa zwar idyllisch, doch auch untypisch und konnte vermutlich nur dank einer Sondergenehmigung gebaut werden. Das unverputzte Backsteinmauerwerk weist im Sockelgeschoss, an Türen und Fenstern Werksteinverblendungen auf. Drei Achsen der fünfachsigen Fassade nimmt ein Mittelrisalit ein, welcher sich auf der Gartenseite in gewölbter Form wiederholt. Die beiden seitlichen Bereiche des Hauptflügels werden von Terrassen und Balkonen eingenommen. Die neobarocke, symmetrische Villa liegt parallel zur Aa. Passend zum herrschaftlichen Erscheinungsbild des Hauses, zeigte sich das Innere als „Schmuckkästchen mit wundervollen Holzarbeiten“ (Ludwig Humborg, 1956). Der nach Kriegszerstörung vorgenommene Wiederaufbau führte zu einigen wenigen baulichen Veränderungen, die den Charakter des Hauses jedoch nicht veränderten.

Facing Badestraße and parallel to the Aa this neo-Baroque villa was built for cabinet-maker, aesthete and businessman Rincklake (1880–1933). Site near court (no. 327) and public baths (1863) seems idyllic, but probably required special building permit. Brick with ashlar work on basement floor and around doors, windows. Central 3 axes project; garden side repeats this in convex form. Echoing the grand exterior, interior is a “treasure trove with beautiful wood-work” (L. Humborg, 1956). Post-war restoration retained the house's character.

327
Justizzentrum
Gerichtsstr. 2; Am Stadtgraben 10
1874–79; 1982–87; 1990–92
Eduard Kersten; Harald Deilmann

Ansicht vor 1945

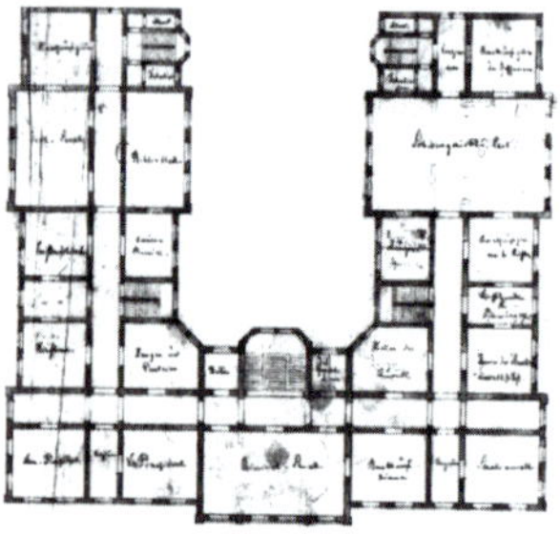

Als 1873 der Bau eines Kollegialgerichts geplant wurde, kam es zwischen der Stadt Münster und den obersten preußischen Baubehörden fast zum Streit, da sich der Magistrat bei den Planungen übergangen fühlte. Aus Berlin kamen genaue Vorgaben, nicht nur was die Raumplanung, sondern auch was die architektonische Gestaltung anging. Als Vorbilder hatte man Altona, Posen, Cottbus benannt. Kerstens ging von einer relativ großzügigen Raumplanung aus und orientierte das dreiflügelige Gebäude mit der Hauptfront nach dem Neuplatz. Die Fassade gliedert sich in drei fünfachsige Abschnitte, von denen der mittlere als Risalit ausgebildet ist. Ein breites Gesims trennt die durch Arkaden geöffnete Sockelzone von den beiden Obergeschossen, die durch den Wechsel von Lisenen und Blendfeldern mit Rundbogenfenstern bestimmt werden. Den Mittelrisalit akzentuieren die durch Pfeilervorlagen flankierten seitlichen Achsen. Das Hauptgeschoss ist als Arkade, das Obergeschoss als Zwerggalerie gebildet. Ein kräftiges Kranzgesims bildet den Abschluss, in der Attikazone führten zwei Figurengruppen den Risalit optisch fort. Sie stammten von dem Berliner Bildhauer Heinrich Pohlmann und versinnbildlichten „Recht" und „Gesetz". Der geheime Oberbaurat Herrmann konstatierte bei seiner abschließenden Begutachtung, „daß das Gebäude nach seiner Vollendung einen stattlichen monumentalen Eindruck machen und die Raumbedürfnisse der Justizverwaltung in jeder Beziehung befriedigen wird."

Das im Zweiten Weltkrieg schwer zerstörte Gebäude wurde bis 1951 wiederaufgebaut. Direkt daneben an der Gerichtsstraße entstand 1957 ein Gebäude für Amtsgericht und Staatsanwaltschaft. Anfang der siebziger Jahre begannen Planungen für einen Neubau des Landgerichts, bei denen sich Deilmann 1973 mit seinem Entwurf durchsetzen konnte. Zur Ausführung entschied man sich 1976 für das südlich des Altbaus gelegene Areal, wobei man nicht nur den Abriss der dort befindlichen Zweigstelle der JVA sondern auch den Abbruch von Kerstens Gerichtsgebäude vorsah. Als dieses jedoch zwei Jahre nach Baubeginn 1984 unter Denkmalschutz gestellt wurde, musste Deilmann seinen Entwurf entsprechend modifizieren. Das auf einer gekrümmten Grundrisslinie vierflügelige Gebäude bildet einen zum Stadtgraben geöffneten Platz aus, dessen Rückwand das in der Höhe von vier bis acht Stockwerke gestaffelte Ensemble bildet, das in dem knalligen Materialkontrast von hellroten Ziegeln und weißen Kunststoffelementen gegenüber dem preußischen Altbau auftrumpft. Im Erdgeschoss öffnet es sich in einer Pfeilerhalle, während links neben einem niedrigen ziegelroten Vorbau mit dem Schwurgerichtssaal der weiße Eingang mit der Zickzacksilhouette des Faltdachs einen dekorativen Akzent setzt.

When judges' court was planned in 1873, Berlin made stipulations, citing Altona or Cottbus as possible models. Kerstens made main frontage of 3-wing building face Neuplatz. Façade divided into 3 sections; central one projects. Wide cornice above basement level with arcades; 2 upper floors defined by pilasters and blind sections for round-arch windows. Central projection accentuated by arcade on main floor, gallery on upper floor with 2 figure groups above; "Justice" and "Law" by Berlin sculptor Pohlmann.
Badly damaged in WW2, rebuilt by 1951. On Gerichtsstraße, adjoining district court and public prosecutors' building from 1957. Deilmann's design for new regional court adopted in 1973. Choice of site south of old building meant demolition of Kerstens' court building, but 2 years after start of building in 1984, it was listed and Deilmann's design had to be modified. 4-wing structure on curved ground plan creates open area facing Stadtgraben, 4 to 8-storey graduated ensemble behind, with striking material contrasts: light red brick and white synthetic elements. Ground floor arcade, white entrance on left beside red brick projection; zigzag silhouette of multipitch roof creates decorative emphasis.

328
Brillux Hauptzentrale
Weseler Straße 401
1968 ff.; 2005; 2011
Fritz König; Rainer M. Kresing; Vervoorts & Schindler

Das 1889 gegründete Familienunternehmen, heute international unter dem Namen Brillux bekannt, verlagerte ab 1968 seinen Unternehmenssitz von der innerstädtischen ehemaligen Neustraße (Bispinghof) zur Weseler Straße. Auf einem langgestreckten Areal zwischen Umgehungs- und Bundesstraße sowie Autobahn errichtete der Farb- und Lackproduzent zahlreiche Bauten für Produktion, Lagerung und Verwaltung.
Mit der Zeit erhielten die horizontal liegenden kubischen Gebäude weiße Fassaden und einen schwarzen Attika- und Sockelabschluss – eine reduzierte wie wirkungsvolle Maßnahme, um ein geschlossenes Erscheinungsbild herzustellen, das auch konsequent an den anderen 170 Niederlassungen in Deutschland, Italien, den Niederlanden, Österreich, Polen und der Schweiz umgesetzt wurde. Jüngste Baumaßnahmen führten 2007 zu einem neuen Forschungs- und Entwicklungszentrum und 2008 zur Inbetriebnahme eines erweiterten Warenverteilzentrums. Städtebaulich wurde das Werksgelände durch zwei markante Turmbauten neu gefasst. Bereits 2005 entstand nach Plänen Kresings an der Spitze zur Innenstadt hin ein weithin sichtbares sechsgeschossiges Kundenzentrum (27 Meter Höhe) mit farbig gestalteter Ansicht zur Autobahn, das heute als Akademie genutzt wird, samt weißem Flachbau für den Malermarkt. An zentraler Stelle konnte zudem 2011 nach Plänen des Büros Vervoorts & Schindler die Bürozentrale als weiterer Turm (40 Meter Höhe) eröffnet werden. Aus dem vorhandenen Raster tritt dieser leicht nach vorne hervor und fungiert als neues Eingangsgebäude. Der Büroturm bietet auf neun Etagen über 4000 qm Nutzfläche für flexible Bürostrukturen. Das schwarze Attikaband wird als Motiv übernommen und rahmt den dreiseitig verglasten Baukörper.
Jenseits der Weseler Straße sind Atriumhäuser geplant, die künftig unter anderem ein Gästehaus sowie den Betriebskindergarten mit Apartments aufnehmen. Eine Fußgängerbrücke soll die Atriumhäuser mit dem Unternehmensareal verbinden.

Founded as family concern 1889, international Brillux company moved from Neustraße (Bispinghof) to Weseler Straße from 1968. Paint manufacturer built production, depot and admin. buildings between ring road + motorway.
White façades + black terminations added to cubic structures later – effective measure creating uniform look, then adopted at 170 branches in Germany + Europe. Latest builds in 2007: new R&D centre, 2008: bigger sales centre.
2 striking towers: 2005, Kresing built 6-storey customer centre (27 m high) with coloured façade to motorway, now academy, and low, white paint store. Central 40m tower (2011) by Vervoorts & Schindler is main offices. Set forward on site as new entrance building, with 4,000 m2 flexible office space. Black attic band adopted as motif, tower glazed on 3 sides. Atrium buildings planned beyond Weseler Straße; guest house, kindergarten. Pedestrian bridge link to main site.

329.1
Friedensschule

Echelmeyerstraße 19
1969–73
H. C. C. Hüffner (Bischöfliches Generalvikariat), Walter Kroner (Vorentwurf), Architektengruppe (W. Hoffmann, R. H. Brechler, W. Kiküm, Jan Bassenge, Kay Puhan-Schulz, Hasso Schreck)

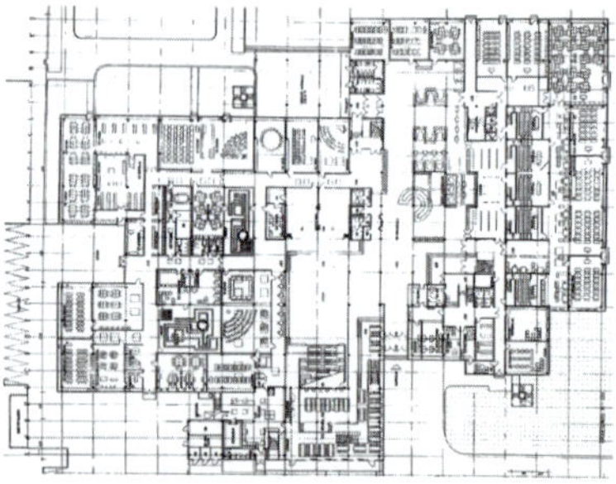

Die Friedensschule gilt als erste katholische Gesamtschule in der Bundesrepublik. Vom Bistum Münster wurde die Modellschule 1969 als ganztägige, koedukative Gesamtschule gegründet, ein Beirat entwickelte Lernziele und Organisationsformen. Schüler sollten individuell und möglichst unabhängig von ihrer sozialen Herkunft gefördert werden. Zu den Prämissen der „schülergerechten Schule" zählten unter anderem Ganztagesunterricht, 5-Tage-Woche sowie die Auflösung der Klassenverbände in Leistungs- und Neigungsgruppen. Der „bewegliche Unterricht" erforderte unkonventionelle, flexible Raumanordnungen, die Walter Kroner 1967/68 in einen Vorentwurf übersetzte. Im Austausch mit Bildungseinrichtungen in Dänemark, den Niederlanden, Großbritannien und den USA wurden Erfahrungen und Forschungsergebnisse in die weitere Bauplanung mit einbezogen. Errichtet wurde der Schulkomplex für 1.700 Schüler als gestaffelter Baukörper in vorgefertigter Bauweise mit weiten Stützenabständen. Ursprünglich gliederten gelbe Fensterbänder die Sichtbetonfassaden. Im Inneren stiften noch heute offene Kommunikationszonen eine gemeinschaftliche Atmosphäre.

First Catholic comprehensive school in FRG. Founded 1969 for boys and girls of any social background. Premises incl. all-day teaching, 5-day week, flexible groups rather than classes. Such "mobile teaching" needs unconventional spaces, designed by W. Kroner (Stutttgart) in 1967/68. Research + planning consultations with schools in Denmark, Netherlands, GB + USA. Complex for 1,700 pupils comprises graduated volume of prefabricated elements, exposed concrete façades.

329.2
Domsingschule

Boeselagerstraße 55
2010–13
greive.diflo.kuckert

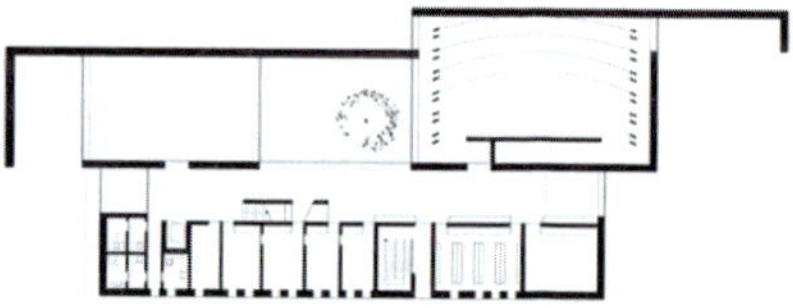

Die Domchormusik genießt im St. Paulus-Dom eine jahrhundertelange Tradition, beengte Probebedingungen im Dom seit dem Wiederaufbau jedoch ebenso. Bereits 1965 gab es Ideen für einen Neubau einer Domsingschule (1. Preis Harald Deilmann) auf dem Domplatz, die ein preußisches Statut von 1866, nach dem „der Domplatz auf immerwährende Zeiten ein freier, unbebauter Platz zu bleiben habe", verhinderte. Zum Bistumsjubiläum 2005 beschloss das Domkapitel sodann den Neubau einer Domsingschule. Um auch die Kinder- und Jugendchorarbeit am Dom zu intensivieren, wählte das Domkapitel den Bauplatz auf dem Gelände der bischöflichen Friedensschule (Nr. 329.1). Im eingeladenen Wettbewerb 2010 konnten sich Greive.Diflo.Kuckert gegen sieben weitere Büros mit ihrem Vorschlag durchsetzen, die Domsingschule an den rückwärtigen Schuleingang zu legen, den sie dadurch aufwerten. Der Neubau bietet rund 300 Sängerinnen und Sängern mit zwei Sälen, vielen Studierzimmern, Notenarchiv und Verwaltung ausreichend Platz. Zur verkehrsreichen Boeselagerstraße gibt sich das langgestreckte, zweigeschossige Volumen fensterlos, zur Schulhofseite dagegen offen. Die zurückhaltende Architektur überrascht im Inneren mit lebendigen Raumfolgen.

Rehearsal space was always limited for choir music in St. Paul's Cathedral. Deilmann won 1965 competition to design a cathedral song school; his plan to build on cathedral square thwarted by Prussian statute (1866). Chapter chose to build in 2005, on plot in grounds of Friedensschule (no. 329.1). 2010 competition won by Greive.Diflo.Kuckert with design for song school near rear entrance. New 2-storey building with 2 halls, study rooms, music archive and offices. No windows along Boeselager Straße but opens onto school yard. Reticent architecture with dynamic room layout.

330
Studentenwohnanlage Boeselagerstraße

Boeselagerstraße 69–75
2012–14
Rainer M. Kresing

Bereits 1974 errichtete das Land auf gleichem Grund eine große Wohnanlage für über 720 Bewohner. Eine Sanierung dieses Betonplattenbaus – im Volksmund „Boeselburg“ genannt – erschien nicht wirtschaftlich. Im Rahmen eines Landeswettbewerbs 2009 konnte sich Kresing mit seinem Entwurf für eine neue Wohnheimarchitektur durchsetzen. Diese besteht aus vier Baukörpern mit gleicher Grundform, doch asymmetrisch zueinander angeordnet. In dem heterogenen Umfeld von Siedlungshäusern, Schulen und großformatigen Verwaltungsgebäuden bildet das Ensemble so ein eigenes Stadtquartier mit Höfen, Plätzen und Durchgängen. Dazu tragen auch die qualitätvoll gestalteten Freiraumanlagen (RMP Stephan Lenzen, Bonn) bei. Die Gesamtanlage verfügt über 271 Wohnungen für über 535 Studierende. Wohnungen für Einzelpersonen als auch für studentische Paare, Familien und Wohngemeinschaften verteilen sich auf alle Einheiten. Durchgängig bodentiefe, leicht versetzte Fenster beleben die farbigen Fassaden. Auch in den Küchen und Bädern werden die jeweiligen Farbtöne weitergeführt.

State built housing for more than 720 on same plot in 1974; renovation not economical, so competition for new building in 2009. Winner Kresing's design comprises 4 asymmetrically laid out volumes. Ensemble forms a distinct quarter with courtyards, squares and passages in a heterogeneous area. Landscape design: RMP Stephan Lenzen, Bonn. 271 apartments for 535+ students: individuals, couples, families, sharers. Floor-length, offset windows enliven coloured façades.

331
Wohnhaus Naumann

Kerkheideweg 31
1962
Harald Deilmann

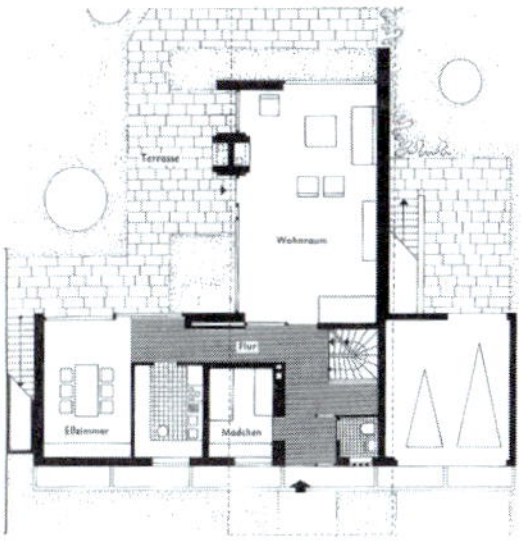

Deilmann entwarf vorwiegend im Zeitraum 1955–75 eine Vielzahl von privaten Wohnhäusern in Münster. Eines der ungewöhnlichsten errichtete er 1962 für die Familie eines Unternehmers in Mecklenbeck. Der umgebenden Satteldacharchitektur stellte er hierbei ein abstraktes Kubenhaus entgegen. Deilmann schließt die 20 Meter breite Baulücke im Erdgeschoss mit einem T-förmigen gemauerten Baukörper, der die Wohn- und Wirtschaftsräume aufnimmt, und legt auf diesen einen weiteren rechteckigen Baukörper, der die Schlafräume enthält, quer zur Straße auf. Durch die Verschränkung der beiden Quader ergeben sich im Inneren überraschende Raumdurchdringungen, deren Wirkung durch wandhohe Spiegel, Türen und Regale noch gesteigert wird. Ein konzeptionell ähnliches Haus hatten bereits Wassili und Hans Luckhardt mit Alfons Anker 1932 in Berlin-Lankwitz gebaut. Das Wohnhaus Naumann zeigt sich damals wie heute als zeitloser, einheitlicher und eleganter Entwurf und kann als Haus der Moderne in vierter Generation gelten.

Deilmann designed many Münster houses from 1955–75. This is among the most unusual; an abstract cube in contrast to the area's saddle roofs. T-shaped ground floor comprises living rooms. 2nd square block with bedrooms is set on top, at a 90 degree angle to street. This leads to unusual interlocking rooms, heightened by long mirrors. Echoes a house in Berlin-Lankwitz (1932, Wassili + Hans Luckhardt with A. Anker) and displays timeless elegance.

332
Paul-Schnitker-Haus
Demonstrationszentrum Bau und Energie
Franz-Meis-Straße 2
2002–04
Rainer M. Kresing

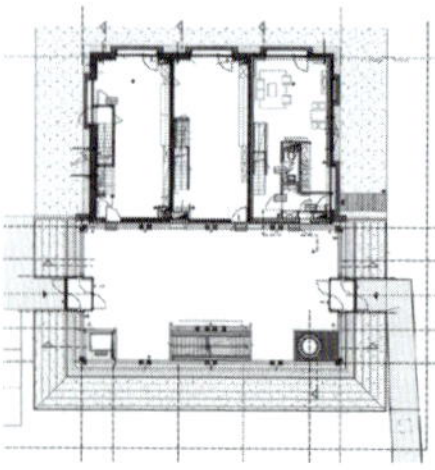

Das von der Handwerkskammer Münster errichtete Informations- und Kommunikationszentrum für energiesparendes Bauen ist als Anschauungsobjekt zur ganzheitlichen Gebäudeplanung konzipiert. Es umfasst mehrere unterschiedlich genutzte Gebäude mit verschiedenen Bau- und Energiestandards, die als Unterrichts- und Seminarräume des benachbarten Bildungszentrums der Handwerkskammer sowie als Büros und Apartments für Gäste genutzt werden. Im Hauptgebäude bietet eine viergeschossige Glashalle hinter diagonalem Holztragwerk Raum für Ausstellungen. Im rückwärtigen Bereich dieses Forums schließt sich ein dreispänniges Reihenhaus an, das verschiedene Energietechniken (Niedrigenergiehaus (1), Passivhaus (2), Niedrigstenergiehaus (3)) demonstriert. Das Gebäude wurde überwiegend aus nachwachsenden Rohstoffen gebaut. Bereits die Baustelle wurde als praxisnahes Schulungsseminar für Handwerker, Ingenieure, Architekten und künftige Bauherren genutzt.

The information centre for energy-saving construction was built by Münster Trade Corporation. It includes classrooms for corporation training centre, offices and guest apartments. Main building offers exhibition space in 4-storey glass hall with wooden, diagonal load-bearing structure. Behind it, 3 houses built from mainly regenerative materials demonstrate energy-saving technology (low energy (1), passive (2), minimal energy (3)).

333
Haus Kump
Mecklenbecker Straße 252
1549

Der um 1550 errichtete Speicher besitzt ein hohes, aus Bruchstein gemauertes Sockelgeschoss, über dem sich zwei Stockwerke in Fachwerk erheben. Das obere der beiden kragt weit vor; die Gefache sind zum Teil mit Zierverbänden gefüllt. Das Satteldach kragt wiederum über und bietet Lagerraum in zwei weiteren Geschossen. Lasten wurden über ein Aufzugsrad hinter der verbretterten Giebelseite hochgezogen. Eine hölzerne Treppe mit zwei Podesten, das obere mit einer ungewöhnlichen Hängeständerkonstruktion, ermöglichte von außen den Zugang zu den Lagerräumen. Deutlich auszumachen sind auch der Kamin, Hängeaborte und Wasserausguss.
Die aufwendige Gestaltung des Speichers erklärt sich daraus, dass das Haus Kump als Zehnthof erheblichen Raumbedarf zum Lagern der Abgaben und zur Erledigung der Verwaltungsaufgaben besaß. Um 1660, als Sturm- und Hochwasserschäden das Haupthaus unbewohnbar gemacht hatten, erfolgte ein größerer Umbau. Um 1870 brach man die Außentreppe ab und fügte einen Vorbau an. 1979 erfolgte eine umfassende Rekonstruktion des ältesten erhaltenen Speichers im Stadtgebiet Münsters. Seit 2006 dient Haus Kump als Bildungs- und Tagungszentrum der Handwerkskammer Münster.

The storehouse (ca. 1550) has a broken stone base with 2 timber-frame floors above. Top floor projects; filling with decorative bonds. Projecting saddle roof with 2 more storage levels. Loads were lifted by a wheel-hoist behind the wooden gable. Access was via an outside wooden stair and 2 platforms, the upper one with a rare suspended post construction. Main house uninhabitable after flood damage ca. 1660; alterations followed. Stair dismantled ca. 1870, but Münster's oldest storehouse was reconstructed in its original state in 1979.

334
St. Anna
Dingbängerweg 61
1966–72
Harald Deilmann

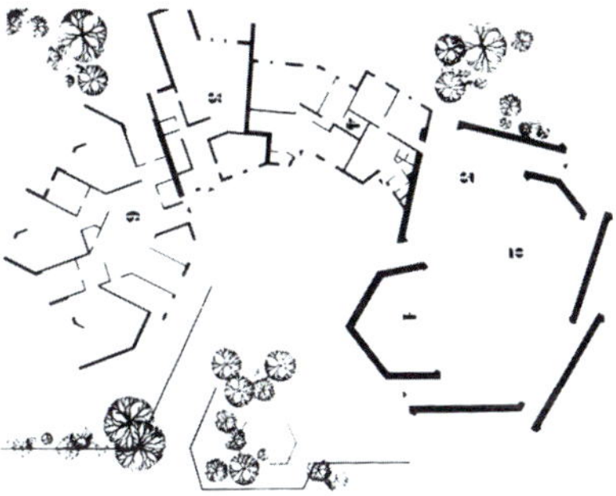

1845 entstand an der heutigen Kreuzung Dingbänger Weg/Mecklenbecker Straße eine erste backsteinerne Kapelle. Trotz mehrfacher Vergrößerung (1886 Hanemann, 1935 Gellenbeck) erwies sich die Kirche für den wachsenden Stadtteil als zu klein und musste schließlich dem Verkehr weichen. Als Ersatz entstand ab 1965 die neue Kirche buchstäblich auf der grünen Wiese. Um dem neuen Ort Signifikanz zu verleihen, ordnete Deilmann Kirche und Pfarrzentrum (Kindergarten, Pfarrhaus und Bücherei) in Form eines stufenförmig gestaffelten Halbkreises an. Der asymmetrische, freie Grundriss der Kirche wird gebildet aus freistehenden Wänden und Raumwinkeln in unterschiedlicher Höhe. Der rot verklinkerte Baukörper mit seiner kubischen Flächenhaftigkeit steigt spiralförmig auf bis zur höchsten Kante des turmartig überhöhten Altarbereichs (22 Meter). Hohe, schmale Fensterflächen lassen Licht nur parallel zu den Wandflächen in den Innenraum. Dessen rohe Sichtbetonwände bilden einen reizvollen Kontrast zu der teilweise von der Vorgängerkirche übernommenen Ausstattung.

First brick-built chapel dated from 1845. Extended twice (1886 Hanemann, 1935 Gellenbeck). Dielmann planned new St. Anna's Church from 1965, laying out church and parish buildings in a rough semicircle. Church is clad in red brick; its cubic forms spiral up to a highest (22 m) tower-like point over the altar. Exposed concrete interior contrasts to furnishings.

335
Martin-Luther-Kirche
Mecklenbecker Straße 435
1966/67
Karl-Heinz Schwabenbauer

Als Vorbild für die Martin-Luther-Kirche fungiert die St. Michaelskirche in Hammelburg (Franken), die als letztes Werk des renommierten Architekten O. A. Gulbransson (1916–61) gilt. Nach seinem plötzlichen Unfalltod übernahm Karl-Heinz Schwabenbauer, ein langjähriger Mitarbeiter, das Büro. Ganz im Geist Gulbrandsson wurden die begonnenen Projekte vollendet sowie neue Kirchenbauprojekte im gesamten Bundesgebiet geplant, darunter auch die 1967 fertig gestellte Martin-Luther-Kirche. Sie zeigt sich als offene Zeltstruktur und ist geprägt vom Spiel mit geometrischen Grundformen sowie der zentralen Anordnung von Altar, Kanzel und Taufbecken. Über quadratischem Grundriss (16 x 16 Meter) erhebt sich die geschwungene Dachform eines hyperbolischen Paraboloids, dessen höchste Ecken Eingang und Altarraum markieren. Eine hell lasierte durchschwingende Holzdecke und das geschlemmte Mauerwerk erzeugen im Innern einen weiten, ruhigen Raumeindruck und steigern die Lichtwirkung der Farbfenster. Ein ursprünglich geplanter, skulpturaler Glockenturm blieb unrealisiert. Stattdessen erfolgte 1975 der Bau eines Turms in Fertigbauweise.

Martin Luther Church is based on St. Michael's in Hammelburg (Franconia), last work of O. A. Gulbransson (1916–61). Schwabenbauer took over his office and built churches in Gulbrandsson's spirit. Square ground plan with central altar, font and pulpit; roof is hyperbolic parabola with highest points over altar, door. Wood ceiling and white-wash walls create quiet impression and accentuate stained glass. Prefabricated tower from 1975.

336
Wohnsiedlung Am Dill
Am Dill/Mecklenbecker Straße
1986–92
Görres + Schmitz, Gruppe Münster-Nord,
Heinz Behrendt, Arbeitsgemeinschaft Pantenius

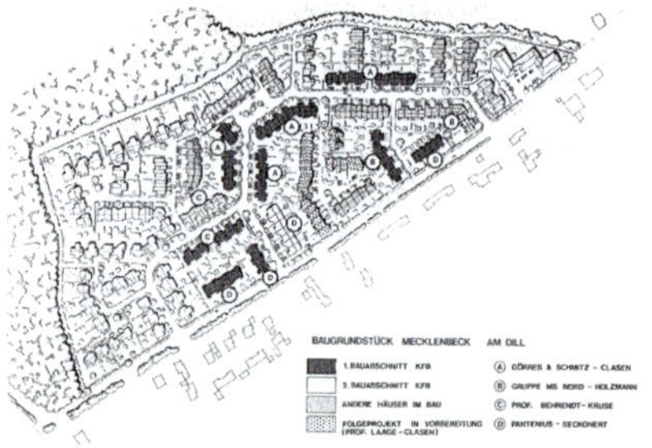

Die Siedlung Am Dill erstreckt sich zwischen einer Waldzone und der Mecklenbecker Straße in Mecklenbeck. Sie umfasst 270 Wohnhäuser, von denen 98 als Musterhäuser im Rahmen eines städtischen Pilotprojektes zum kosten- und flächensparenden Bauen entstanden. 1984 erfolgte ein Architekten- und Bauträgerwettbewerb, aus dem mehrere prämierte Entwürfe hervorgingen, die anschließend in unterschiedlicher Anzahl realisiert wurden: Görres + Schmitz (42 Häuser), Gruppe Münster-Nord (19 Häuser), Heinz Behrendt (15 Häuser), Arbeitsgemeinschaft Pantenius (22 Häuser). Der Preis der speziell für dieses Wohngebiet entwickelten Häuser wurde im Vorfeld festgelegt. Dank überwiegend flexiblen statischen Systemen konnte die innere Raumaufteilung zumeist individuell gestaltet werden. Das Resultat überzeugt durch eine kostengünstige Gesamtlösung, kurze Bauzeiten und viele Grundrissvarianten. Im Gegensatz zu anderen Wohnsiedlungen konnte in dem stark durchgrünten Quartier zudem ein städtebaulich einheitliches Straßenbild mit hohem Wohnwert erreicht werden.

"Am Dill" (with 270 houses) stretches from a wooded area to Mecklenbecker Straße in Mecklenbeck. 98 model homes are part of a pilot project in money- and space-saving construction. Competition winners (1984) were realised in different numbers: Görres + Schmitz (42 houses), Gruppe Münster-Nord (19), H. Behrendt (15), Pantenius (22). Results were economical, building times short, and ground plans varied. Unity of urban planning is coupled with housing quality.

337
Hofhäuser
Kleine Breikamp
2006/07
greive.diflo.kuckert

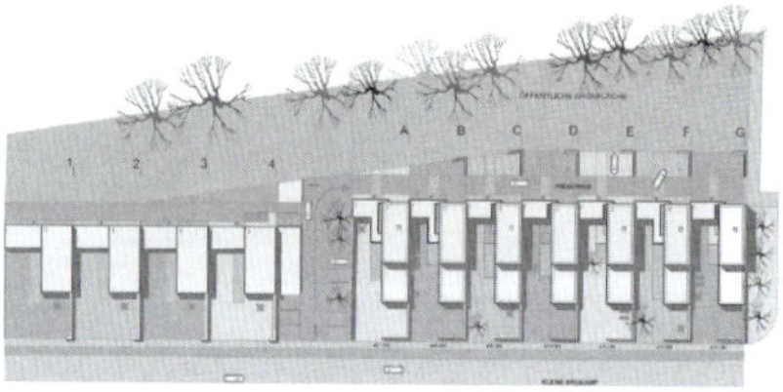

Das Projekt liegt in einem typischen Baugebiet von Münster in schöner Randlage zur Landschaft. Die Wohnanlage besteht aus derzeit drei aneinanderliegenden Häusern, eine Erweiterung auf insgesamt elf Häuser ist vorgesehen. Um die Grundstücke optimal auszunutzen, wurden die Gebäude jeweils grenzständig angeordnet. Hierbei rahmen der L-förmige Grundriss des Wohntraktes und eine raumhohe Mauer einen sich nach Süden öffnenden Gartenraum. Die lebendigen Ziegelfassaden werden durch ein helles horizontal verlaufendes Band gegliedert und durch über Eck verlaufende Fensterbänder dynamisiert. Anders als die umgebenden Neubauhäuser zeichnet sich diese Anlage durch einen großzügigen Gesamtgedanken und wohltuende Ruhe aus.

In a typical building area on Münster's edge, the complex now comprises a row of 3 homes; 11 are planned. Buildings are on plot boundaries. L-shaped ground plans, high walls create south-facing gardens. A light horizontal band divides brick façades, windows round corners add dynamism. Housing characterised by spacious planning and a quiet aura.

338
Autobahnkapelle Roxel
Rasthof Münsterland Ost (A1)
1969/70
Hubert Teschlade

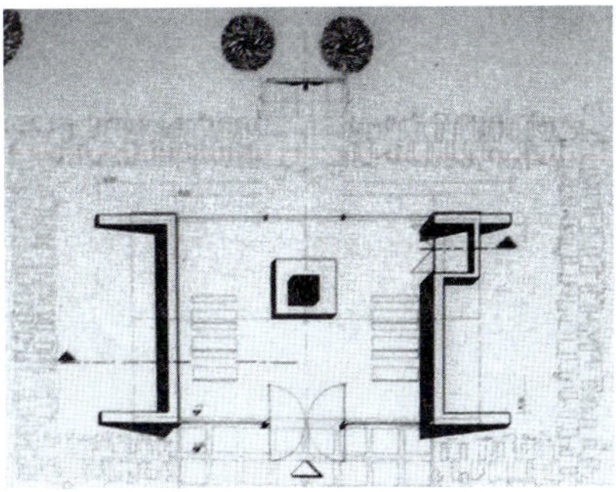

Den Anstoß zur Errichtung der Kapelle gab die Schenkung der Baufläche durch einen Bauern. Sie wurde ausschließlich durch private Spenden und Zuschüsse finanziert und durch den Bildhauer und Architekten Hubert Teschlade am nördlichen Ende des Rasthofes vor einer Waldkulisse errichtet. Als Raum der Ruhe und Besinnung steht sie jedem Reisenden und Fußgänger zur Verfügung. Der zeltartige Andachtsraum wird aus zwei Satteldachflächen gebildet, die nahezu auf den Boden reichen. Während der Betonbau von vorne und innen dunkel gestaltet ist, eröffnet die raumhohe Glasfront der Rückseite den Blick auf eine große Christusfigur und den dahinterliegenden Wald. Der Raum ist mit vier Kirchenbänken sowie einem kleinen Altar ausgestattet. In seiner einfachen und klaren Raumsprache wirkt das Bauwerk weithin als Schutzhütte. Der Andachtsraum stellt nach der Autobahnkirche in Adelsried (1958) sowie einer Kapelle am Rasthaus Dammer Berge (1970) eine der ersten modernen Wegekapellen in Deutschland dar. Für Fußgänger ist sie über Feldwege zu erreichen.

Funded by private donations, Münster sculptor and architect Teschlade built the chapel on a plot given by a local farmer. It is open to all travellers. A deep saddle roof forms the tent-like space. Concrete structure's front and interior are dark; glazed rear façade reveals woods and huge Christ figure. Furnished with 4 benches, small altar. One of FRG's earliest modern wayside chapels, after motorway church Adelsried (1958) and Dammer Berge service station chapel (1970).

339
Haus Brock
Haus Brock 27
1623

Torhaus

Eckpavillon

Die schon im 14. Jh. urkundlich nachweisbare, in einer Gräftenanlage auf zwei Inseln gelegene Wasserburg wurde Anfang des 17. Jh. von Grund auf neu errichtet. Von dem im 19. Jh. abgerissenen Herrenhaus haben sich ein Eckpavillon und das Torhaus erhalten. Letzteres, ein zweigeschossiger Ziegelbau mit Steinpfostenfenstern und Satteldach, lässt deutlich den repräsentativen Anspruch der Anlage erkennen. Darauf deuten die in Sandstein ausgeführten Gesimse, Eckeinfassung und Rahmungen ebenso wie der Wappenstein über der rundbogigen Durchfahrt und die Maueranker. Der Zugbrückenrahmen um das Tor erinnert daran, dass ursprünglich an der Westseite des Hauses die Gräfte entlang führte. Die rundbogige Tür auf der Südseite und die Ladeluken zeigen, dass das mit einem Gewölbekeller versehene Gebäude weniger fortifikatorischen als wirtschaftlichen Zwecken diente. Der zweigeschossige Eckpavillon des einstigen Herrenhauses ist über einem Bruchsteinsockel in Baumberger Sandstein gemauert und besitzt einen Dreistaffelgiebel.

14th-century manor on the same site was rebuilt in early 17th century. Demolished in 19th century, except corner pavilion and gatehouse. Brick gatehouse has stone cross windows and saddle roof. Coat of arms above gateway, sandstone edging etc. show the manor's past prestige, while visible drawbridge frame recalls the moat. Surviving corner pavilion is Baumberg sandstone over rough stone base; 3-stepped gable.

340
St. Pantaleon
Annette-von-Droste-Hülshoff-Straße 18
Ende d. 12. Jh.; 1898–1901
Architekturbüro Hertel

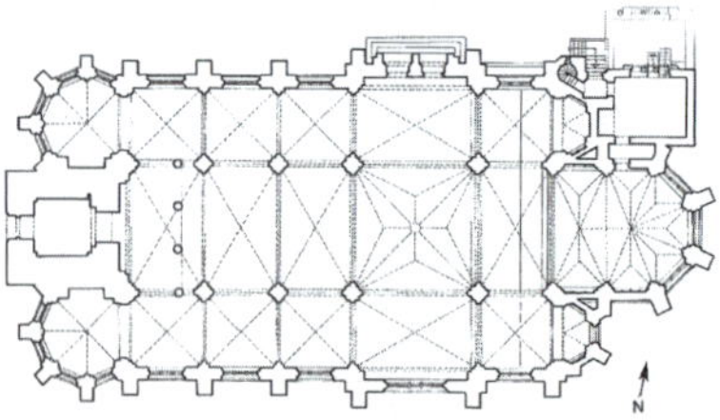

Von der romanischen Kirche hat sich der Turm erhalten. Die gotische Kirche stammte aus der Mitte des 14. Jh. und erhielt um 1500 einen Chor mit 5/8 Schluss. Nachdem Hilger Hertel d. Ä. bereits 1889 das Westportal im Turm entworfen hatte, übertrug man 1897 seinem Büro die Planung eines Neubaus mit der Auflage, den Turm zu bewahren und die erhaltenswerten Zierstücke zu verwenden. Hertel schuf eine dreischiffige, dreijochige Hallenkirche mit Querhaus und einer breiten, über alle Schiffe reichenden Choranlage. Diese schließt mit zwei kleinen Apsidiolen, die die Hauptapsis mit Vorjoch und 5/8 Schluss flankieren. Der neogotische Neubau grenzt direkt an den romanischen Turm und „umklammert" ihn mit polygonalen Apsiden. Im Innern tragen kantonierte Pfeiler mit Blattwerk-Kämpfern das Kreuzrippengewölbe. Das wichtigste Ausstattungsstück ist der romanische Taufstein vom Ende des 12. Jh., der den segnenden Christus, die Evangelistensymbole und einen Bischof, wahrscheinlich den hl. Ludger, zeigt.

Tower is Romanesque. Gothic church built mid 14th century; its quire ca. 1500. West door by H. Hertel the Elder (1889); in 1897 his office was commissioned to build a new church, keeping tower. 3-nave hall church with transept; quire spans all naves. Neo-Gothic building abuts onto Romanesque tower, "embracing" it with polygonal apses. Interior: quadripartite vault on pillars with foliage abutments. Damaged in WW2, restored in 60s. Romanesque font (late 12th century) shows Christ, symbols of Evangelists, and a bishop – St. Ludger?

341
Hof Schulze-Höping
Pantaleonplatz 15/17, 9/11
1857; 1920
Rüschenschmidt & Schräder

Wohnhaus

Speicher

Die ehemalige Hofanlage bestand aus U-förmig angeordneten Wirtschaftsgebäuden, an die das Wohnhaus mit einer Schmalseite unmittelbar anschloss. Während erstere 1977 abgebrochen wurden, bildet letzteres den architektonischen Höhepunkt des Roxeler Stadtzentrums. Es handelt sich um einen kubischen, zweigeschossigen Ziegelbau mit Rahmungen und Gesimsen aus Werkstein, den ein Walmdach abschließt. Ein Dreiecksgiebel bekrönt die drei mittleren, risalitartig vortretenden Achsen, denen zudem ein Altan vorgelagert ist, der mit seinen dorischen Säulen eine Vorhalle bildet, zu der eine Freitreppe hinaufführt.
Zu der Hofanlage gehörte auch der heute zu Wohnzwecken genutzte ehemalige Speicher Pantaleonplatz 15/17. Der zweigeschossige Ziegelbau besitzt noch das Dachhäuschen mit Kranbalken und Ladeluke. Das große, verglaste Tor wurde später eingebaut.

Former court consisted of U-shaped service buildings and main house. First razed in 1977, the latter – cubic, brick structure with ashlar décor and hip roof – is now a highlight of Roxel centre. A triangular pediment crowns projecting central axes; gallery on Doric columns also forms a porch.
Complex includes former storehouse at Pantaleonplatz 15/17, now housing. 2-storey brick building has visible hoist and loading hatch; glass entrance added later.

342
Haus Elmar
Roxeler Straße 394a
1899

Ansicht 1907

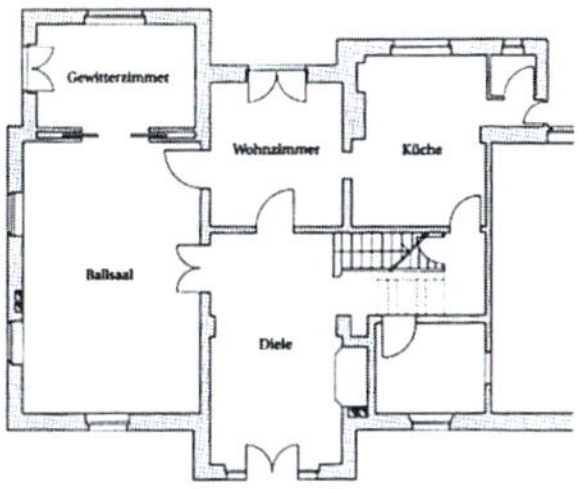

Haupthaus
Erdgeschoss

Das Haus wurde für Wilhelm Hüffer (1859–1906), dem Neffen des gleichnamigen Gründers der Hüfferstiftung (Nr. 319), der er auch als Kuratoriumsmitglied angehörte, im Jahre 1899 als Sommersitz der Familie errichtet. Das Anwesen besteht aus einem Wohnhaus, einem Kutscherhaus sowie einem kleinen Gartenpavillon. Das villenartige Wohnhaus wurde dabei an ein bestehendes Bauernhaus angefügt. Beide Bauteile erhielten eine einheitliche Putzfassade mit vorgeblendetem Fachwerk im oberen Geschoss. Zur Gestaltung des Außenbaus wurde auf Stilelemente der Neorenaissance und der Spätgotik (Eingangsportal) zurückgegriffen. Auf der nordöstlichen Giebelseite findet sich ein Wappenschild mit der Initiale des Eigentümers. Repräsentative Erdgeschossräume wie ein großer Saal, ein Garten- und ein Herrenzimmer zeugen von großbürgerlich-adeligen Wohnverhältnissen. Im Obergeschoss folgen die Schlafzimmer, im Dachgeschoss die Dienstmädchenzimmer. Ausstattung und Möblierung sind größtenteils erhalten und heute in Privatbesitz. Die Kutschen im Kutschenhaus dienten beispielsweise der sonntäglichen Fahrt nach Münster zur Messe in der Überwasserkirche.

Summer home of W. Hüffer, nephew of founder of the Hüffer Foundation (no. 319); site comprises house, coach house and garden pavilion. House was built onto existing farmhouse; both rendered with some timber facing. Neo-Renaissance and late-Gothic (door) styles. Shield with owner's initials on NE gable. Representative ground-floor rooms incl. hall, bedrooms above, servants' rooms in attic. Many original furnishings are now owned privately. Coaches were kept e. g. for Sunday drives to church in Münster.

343
Freiherr-vom-Stein-Gymnasium
Dieckmannstraße 141
2004–06
Rainer M. Kresing

Im Jahr 2000 beschloss der Rat der Stadt Münster, das Stein-Gymnasium von seinem 1957 bezogenen Ort am Hindenburgplatz in das stark wachsende Auenviertel nach Gievenbeck zu verlegen. Aus einem 2002 durchgeführten Wettbewerb ging zunächst ein Entwurf von Enno Schneider (Detmold) als 1. Preis hervor, im weiteren Verlauf konnte sich jedoch Kresing als Zweitplatzierter durchsetzen. Er versteht die Anlage als Bildungsgarten und ordnet die Gebäudevolumen von Unterrichtsgebäude, Sporthalle wie Außenanlagen in einem breiten Band an. Das dreigeschossige Hauptgebäude umrahmt dabei einen zentralen rechteckigen Schulhof und verfügt neben Unterrichtsräumen für 830 Schüler auch über eine zweigeschossige Aula, Speiseräume sowie eine Mediathek samt Lesegarten. Die räumliche Qualität des Gebäudes besticht vor allem durch das raffinierte Spiel der Ebenen. So laden großzügige Außentreppen, Galerien und versteckte Dachgärten die Schüler zur Entdeckungsreise ein. Der gesamte Schulbau wurde in Grüntönen gestaltet und im September 2006 eingeweiht.

In 2000, the city decided to move the school from Hindenburgplatz to the expanding Gievenbeck area. E. Schneider (Detmold) won competition in 2002, but Kresing's 2nd place design was realised. Seeing the complex as a garden of education, he laid out a wide band of green-painted buildings. Main block encloses a central yard and includes classrooms, hall, dining rooms and media library. Design accentuates different levels with galleries and roof gardens. Opened September 2006.

344
Reihenhausanlage
Holtbeck 2–10
2003–05
greive.diflo.kuckert

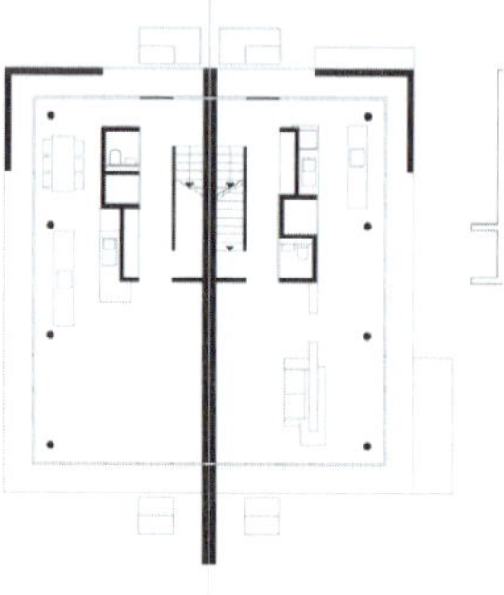

Das Projekt wurde im Auenviertel in Münster-Gievenbeck erstellt. Es besteht aus 9 Hauseinheiten, einem Doppelhaus und zwei Reihenhäusern. Die zweigeschossigen Häuser sind aufgrund ihrer kontrastreichen Erscheinungsweise bereits von weitem sichtbar. Das leicht erhöht liegende, vollverglaste Erdgeschoss zeigt sich tagsüber eher dunkel, das auskragende Obergeschoss mit weißer Putzfassade strahlend hell. Markantestes Element stellt ein umlaufendes Fensterband im Obergeschoss dar. Die Mittelhäuser werden über hausbreite Oberlichter bis in den Keller natürlich belichtet. Während Keller und Erdgeschoss massiv errichtet wurden, erfolgte das Obergeschoss in Holztafelbauweise. Unverkennbar zitiert das Projekt die Sprache Le Corbusiers. Die Bandfenster erinnern an die Villa Savoye, der Schwarm von Fensteröffnungen im Obergeschoss des größten Reihenhauses an die Wallfahrtskirche Ronchamp. Die Anlage beeindruckt durch ihre einheitliche Architektursprache und ragt konzeptionell weit aus ihrem nachbarschaftlichen Umfeld heraus.

The project comprises 9 units; semi-detached house and 2 terraces. Glazed ground floors seem dark in daytime, and jutting top floors contrast with their white rendering. Striking element is the band of top-floor windows. Middle houses are lit by skylights. Cellars and ground floors are massive, top floors wood panel construction. Houses clearly cite Le Corbusier; window bands echo Villa Savoye, cluster of windows on top floor of biggest terrace house recalls Ronchamp.

345
St. Michael
Enschedeweg 2
1965–70
Harald Deilmann

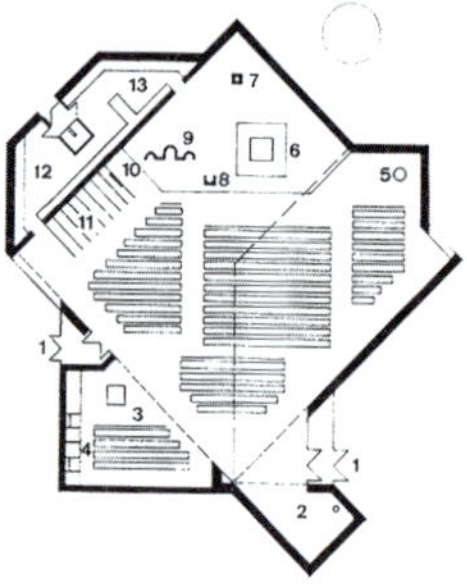

Mit dem Ausbau des nahegelegenen Universitätsviertels wurden in Gievenbeck Ende der sechziger Jahre großflächige Gebiete zur Bebauung freigegeben. Eine 1936 errichtete kleine Holzkirche erwies sich als zu klein, so dass die wachsende Gemeinde einen Neubau an gleicher Stelle beschloss. Deilmann, der zeitgleich auch die Herz-Jesu-Kirche in Bad Homburg (1969) ausführte, wählt für seine erste Kirche in Münster einen quadratischen Hauptraum und lässt diesen zeltartig aufsteigen. Seitliche Aufweitungen für Kapellen, Taufe, Sakristei und Glockenturm führen zu einer vielfach geknickten, differenzierten Decken- und Dachlandschaft. Außen wie innen, wo die Wände reliefartig aufgebrochen sind, zeigt sich der heimische rötliche Backstein als lebendiges Material. Die Kirche mit ihren ergänzenden Einrichtungen wie Pfarrhaus, Kindergarten und einzelnen Wohnungen gilt bis heute in ihrer kräftigen Gesamtform als Merkzeichen des Ortszentrums.

As Gievenbeck expanded, its small wooden church (1936) became too small and a new one was built on site. Deilmann's first Münster church has a basically square ground plan, from which it rises like a tent. Side bays for chapels, baptistery, sacristy, and tower create an angular, differentiated layout of roofs. Red brick inside and out, today it is a striking feature of the district centre.

346
Bildungs- und Wissenschaftszentrum der Bundesfinanzverwaltung
Gescherweg 100
1983–87
Eckhard Gerber

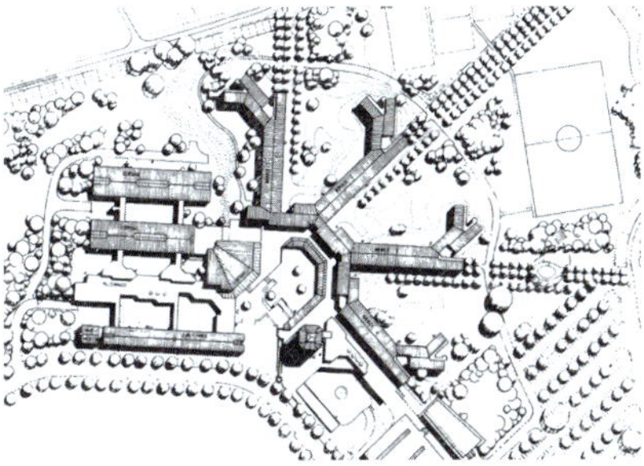

Das Bildungszentrum Münster ist eine zentrale Einrichtung der Bundesfinanzverwaltung und dem Bundesministerium direkt unterstellt. Der Standort Toppheide war gewählt worden, weil hier die Bundesvermögensverwaltung Eigentümerin eines ehemaligen Militärlagers war und eine gute Anbindung zur Autobahn bestand. Bereits 1976 wurde ein Wettbewerb durchgeführt, den das Büro Gerber und Partner gewann. Realisiert wurde die Anlage jedoch erst 1983–87. Sie besteht aus einer fächerförmigen Gebäudestruktur und bezieht sich damit auf die leicht gekrümmte Zuwegung des Gescherweges. An seinem Knickpunkt entstand eine Platzmitte, an der ringförmig zentrale Einrichtungen (Mensa etc.) liegen. Auch die vier viergeschossigen Wohntrakte werden von einem oberen Ring des Platzes erschlossen. Wie Finger zeigen sie in den westfälischen Landschaftsraum. Lehrsäle, Pausenhalle und ein Lehrertrakt wurden hinter der Mensa orthogonal angeordnet. Am Gescherweg selbst markiert ein achteckiger Turm das Forum. Der in rotem Ziegelmauerwerk verkleidete Campus bietet Platz für 750 Studierende.

The campus is the main training centre of the Federal Treasury Offices. Competition for a design was 1976, but fan-shaped winning entry by Gerber + Partner not built until 1983–87. Key services (e.g. canteen) curve round a central square. Accommodation blocks are also accessed from the square's top edge, extending finger-like into the surrounding country. Lecture halls, teacher's block are behind the canteen. 8-storey tower faces Gescherweg. Clad in red brick, centre accommodates 750 students.

347
Kindergarten
Legdenweg 142
1997/98; 2013
Manfred Bukowski

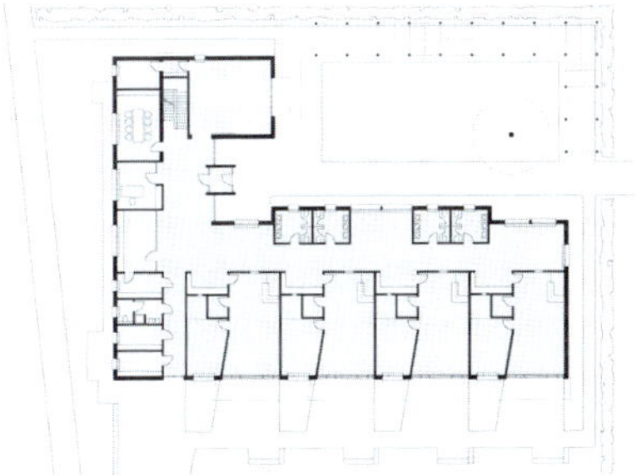

Die Stadt Münster führte 1994 einen offenen Realisierungswettbewerb zum kostengünstigen Bau von Kindertagesstätten durch. In mehreren Stadtteilen war die Nachfrage aufgrund neuer Baugebiete inzwischen gestiegen. Der winkelförmig angelegte Baukörper im Neubaugebiet Gievenbeck-Toppheide bildet nach Norden einen Hofraum, von dem auch der Zugang erfolgt. Vom Eingangsbereich sind unmittelbar die Nebenräume wie Küche, Leiterinnenzimmer und ein Mehrzweckraum zugänglich. Dieser verfügt als einziger Raum über ein Obergeschoss, in dem ein Schlafraum liegt, und stellt damit einen baulichen Schwerpunkt dar. Im südlichen Gebäudeteil befinden sich vier Gruppenräume, die sich über große Fenster zur Landschaft öffnen. Vier aufsteigende Pultdächer über den Räumen betonen diese Geste. Die Architektur zielt auf Einprägsamkeit und Unverwechselbarkeit und plädiert anstelle von niedlichem oder kindgerechtem Bauen für eine „erwachsene Kinderwelt". Das Haus wurde in Holztafelbauweise in Kombination mit Porenbetonplatten für die Außenwände ausgeführt. 2013 folgte ein zweigeschossiger Anbau.

Bukowski's kindergarten in Toppheide emerged from a city-wide competition for cost-saving designs in 1994. Angled structure creates a yard to the north. Here, entry is to auxiliary rooms incl. an all-purpose room. Sleeping area is above; the only upper floor. 4 group rooms in south have big windows facing open country. Jutting single-pitch roofs echo this idea. Rejects child-oriented building, favouring an "adult world for children". Costs cut by wood panel construction with concrete outer walls.

348
Haus Rüschhaus
Am Rüschhaus 81
1745–49
Johann Conrad Schlaun

Dialog mit Johann Conrad Schlaun
1997
Richard Serra

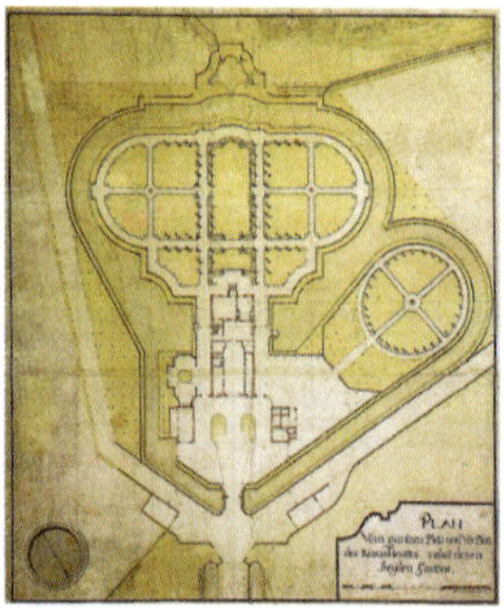

Gesamtplan Schlaun 1745

Projekt Serra

Nachdem Schlaun 1743 das Gelände erworben und 1745 die Belehnung durch Clemens August erhalten hatte, begann er mit dem Bau. Das zweigeschossige Haupthaus flankieren eingeschossige, mit diesem durch eine Mauer verbundene Nebengebäude. Die Fassaden, gegliedert durch über die gesamte Fläche geführte, geschwungene Wandfelder mit deutlich akzentuierten Rahmen und Sandsteinkartuschen, schließen sich zu einem Ensemble zusammen, das an palladianische Villen denken lässt, eine westfälische Version der Villa Thiene in Cigogna. An münsterländische Bauernhäuser erinnert nicht nur das hohe Hoftor, sondern auch die Raumdisposition mit Deele, Ställen und Küche im Erdgeschoss. Seinen repräsentativen Charakter entfaltet das Haus auf der Gartenseite. Die Mittelachse betonen die zum Gartensaal führende Freitreppe und das Doppelwappen über der Tür, die ein Sandsteinrahmen mit dem darüberliegenden Rundbogenfenster verbindet, über dem ein geschweifter Giebel den Blick zu dem Krüppelwalmdach und der Wetterfahne führt. Der Saal dient nicht nur der festlichen Repräsentation, sondern lässt sich durch Öffnen einer Scheintür in eine Kapelle verwandeln. Seit 1826 lebte Annette von Droste-Hülshoff für 20 Jahre in Rüschhaus. Die Inneneinrichtung geht zum großen Teil auf diese Zeit zurück. Zu erwähnen ist vor allem das „italienische Zimmer" mit der sepiafarbenen Bildertapete „Vue d'Italie" aus der Pariser Manufaktur Dufour.

In all seinen Projekten, die Serra für die ersten drei Skulpturenausstellungen in Münster konzipierte, setzte er sich mit Schlaun auseinander. Am Beginn der Allee positionierte er einen Kubus mit quadratischer Grundfläche von 1,5 Metern Kantenlänge und einer Höhe von 2 Metern, der in den Boden abgesenkt ist und sich in einem Winkel von ca. 7 Grad dem Schlaunschen Ensemble zuneigt. Die Maße übernahm Serra von dessen großem Tor. Serra rückt so mit seiner Skulptur die für das Verständnis der Anlage wesentliche Allee ins Bewusstsein, die durch die heutigen Zugangswege marginalisiert worden war.

Schlaun began to build in 1745. Main house is flanked by auxiliary buildings. Façades divided by curving fields with accentuated frames and cartouches. Ensemble echoes Palladio's Villa Thiene. High gate and layout of rooms are typical of Münsterland farms. Garden side is more impressive; central axis accentuated by stairs and double coat of arms. Curving pediment leads to half-hipped roof. Representative hall faces the garden. Annette v. Droste-Hülshoff lived for 20 years from 1826. Most of interior from that time, e.g. "Italian room" with wallpaper "Vue d'Italie" (Dufour, Paris). Serra's first 3 sculpture projects concerned Schlaun. Here, a cube with the gateway's dimensions is set at the avenue's end, inclined slightly to the house. It highlights the avenue, which is vital to the ensemble but marginalised by today's access.

349
Haus Vögeding
Haus Vögeding 20
Um 1600

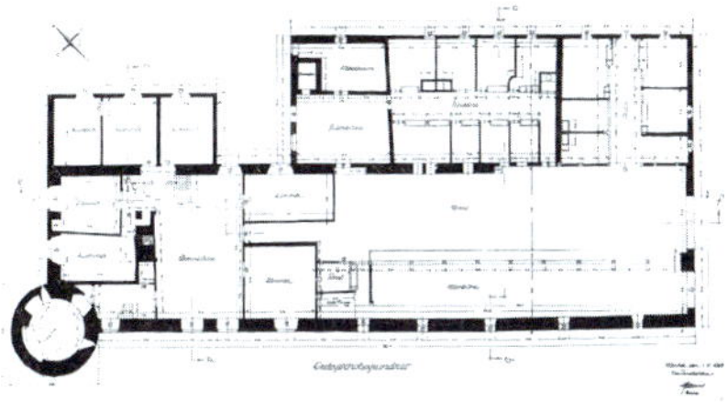

Grundriss 1949

Von der ehemaligen Wasserburg hat sich der zweigeschossige Backsteinbau mit Satteldach erhalten. Die in ihrem heutigen Erscheinungsbild asymmetrisch gegliederte Nordwestfassade schließt mit einem Staffelgiebel. An ihrer rechten Seite überfängt die Gebäudekante ein hoher Rundturm mit Kegeldach und Schießscharten. Letztere sind aus Baumberger Sandstein gefertigt. Das gilt auch für die Fenster und die teils profilierten, teils in Zahnschnitt ausgeführten Gesimse.
Die Traufseiten lassen von dem originalen Zustand kaum noch etwas erkennen. Der südöstliche Giebel wurde durch Sturmschäden 1940 und durch Brand 1969 schwer beschädigt. Das Gebäude, das 1827 in den Besitz der Familie von Droste-Hülshoff gelangt war, diente seinen adligen Besitzern ursprünglich als Hallenhaus mit Wohnbereich und Ställen. Heute wird es gänzlich für Wohnzwecke genutzt.

2-storey, brick structure is part of former manor with moat. Stepped gable in NW; round tower with conical roof, sandstone embrasures on right. Windows and cornices (moulded and dentil) are also sandstone.
Eaves fronts no longer resemble original state. SE gable damaged in storm 1940, again by fire in 1969. Acquired by Droste-Hülshoff family in 1827; originally living area and barn, now used only as house.

350
St. Sebastian
Sebastianstraße
12. Jh., 1499; 1957/58
Eberhard M. Kleffner (Umbau)

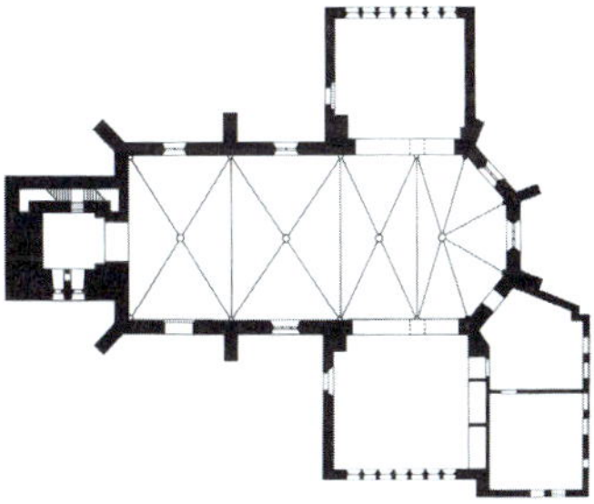

An den massigen, romanischen Westturm mit Biforien in den Obergeschossen schließt sich ein dreijochiger, kreuzgratgewölbter Saal mit polygonaler Chorapsis. Die Datierung überliefert der Schlussstein des Chorgewölbes. Das Maßwerk der Fenster erinnert an die Münsteraner Servatiikirche, ebenso wie die figürlichen Konsolen im Chorbereich.
Im 19. Jh. baute man in den Turm eine Taufkapelle. Aus dieser Zeit stammen die Rundbogenfenster im Erdgeschoss und der Okulus. 1957/58 erweiterte man die Kirche um eine Art Querschiff, zwei Räume auf quadratischem Grundriss, die im Norden und Süden an das Chorjoch anschließen, wobei die Wände vollständig geöffnet wurden. Den Durchgang markiert nun ein Korbbogen, an dessen Scheitel die Konsole sitzt, auf der die Grate des Gewölbes auftreffen. Darüber erscheinen die Zwickel als spitzbogiger Durchblick. Die Stirnwände der Anbauten öffnen zweibahnige Gitterraster quadratischer Fenster. Vor die Eingänge stellte man außen schreinartige Vorbauten, die mit ihren Bronzereliefs an Reliquienkästen erinnern.

3-bay hall with polygonal quire apse is adjoined to Romanesque W. tower. Capstone of quire's vaulting gives date. Window tracery and figurative consoles in quire resemble Servatiikirche.
Baptistery built into tower in 19th century; round-arch windows, oculus added at same time. Form of transept was added in 1957/58; 2 square rooms set onto opened-up N. and S. walls of quire bay. Shrine-like porches with bronze reliefs suggest reliquaries.

351
Speicher auf Hof Farwick-Hüntrup
Hanseller Straße 350
1550

Speicher

Während das Haupthaus des Hofes nach einem Brand 1884 in gelbem Backstein neu errichtet wurde, stammt der massiv gemauerte, dreigeschossige Speicher mit Gliederungselementen aus Baumberger Sandstein aus dem 16. Jahrhundert. Er gehört damit zu den ältesten Gebäuden seiner Art im Münsteraner Stadtgebiet. Sein Untergeschoss aus dickwandigem Bruchsteinmauerwerk lässt noch schießschartenartige Öffnungen erkennen, was darauf deutet, dass ihn die Hofbewohner gegebenenfalls als Fluchtturm für ihre Verteidigung nutzten.
Im Innern nimmt die Wandstärke von Stockwerk zu Stockwerk ab. Auch belichten größere Fenster die Räume der Obergeschosse. Der erhaltene Kaminblock mit in der Wand verlaufendem Zug lässt erkennen, dass das erste Stockwerk als Wohnraum diente. Tatsächlich ist seine Funktion als Altenteilwohnung dokumentarisch belegt.
1860 nahm man bauliche Veränderungen vor, die wieder eine effizientere Nutzung als Speicher zum Ziel hatten. Bei dieser Gelegenheit hob man die Kellerdecke an, entfernte die Steinkreuzfenster und brachte Ladeluken und Kranbalken an der westlichen Gielbelseite an.

Main farmhouse rebuilt after fire (1884). Barn dates from 16th century, among oldest of its kind in Münster. Rough stone basement has embrasure-like openings perhaps used for defence.
Wall-thickness decreases to roof; upper floors also have bigger windows. Fireplace evidences 1st floor living space – for retired farmer, as records show.
Storehouse function improved in 1860: cellar ceiling raised, windows removed, and hatches, hoists added to W. gable wall.

352
Bauernhof Große Deitermann
Schmitthausweg 64
1663; 1838; Anf. 20. Jh.

Scheune

Speicher

Von den heute bestehenden Gebäuden ist das Haupthaus das älteste. Der Dreiständer-Fachwerkbau wurde 1663 als Fleetdielenhaus mit nördlicher Kübbung errichtet. 1838 erfolgte ein Umbau zum Vierständerbau mit Wohn- und Wirtschaftstrakt.
Der Fachwerkspeicher stammt vom Beginn des 19. Jh. Das Sockelgeschoss ist massiv in Backstein errichtet; Fenster und Türen besitzen Werksteinrahmen. Das Obergeschoss mit Satteldach führte man in Fachwerk aus. An der nördlichen Giebelseite haben sich die Ladeluken und der Kranbalken sowie im Innern das Reeprad erhalten. Die Backsteinscheune schließlich kam Anfang des 20. Jh. zu dem Ensemble hinzu. An den Giebelseiten erscheinen die Fenster zu Dreiergruppen zusammengefasst.
Die Binnengliederung des Giebelfeldes erinnert an das nahe gelegene Haus Rüschhaus (Nr. 348) und stellt so ein Beispiel der an der Barockarchitektur Schlauns orientierten Form des münsterschen Heimatstils dar.

Main house is oldest building; timber-framed structure (1663) extended from 3 to 4 posts in 1838.
Early-19th century storehouse has brick basement, windows with ashlar frames. Upper floor with saddle roof is timbered. N. gable's loading hatches, hoist and inside pulley have survived.
Early 20th century, simple brick barn; gable division echoes nearby Rüschhaus (no. 348), making it Münster "Heimatstil" oriented on Schlaun's work.

353
Schloss Wilkinghege
Steinfurter Straße 374
1571–91, 1719
Lubbert Hagen (?)

Die Anlage der schon im 14. Jh. erwähnten Wasserburg erhielt im letzten Viertel des 16. Jh. ihre Disposition einer von Gräften umgebenen Zweiinselanlage. Von dem damaligen Herrenhaus existiert noch der Keller mit seinen Kreuzgratgewölben. Auch an der Rückfront und im Westen haben sich Relikte wie Steinkreuzfenster und Kaffgesimse erhalten. Das heutige Erscheinungsbild verdankt sich im Wesentlichen dem Umbau durch den Bentheimer Baumeister Lubbert Hagen von 1719. Die Fassade des über einem Bruchsteinsockel zweigeschossigen Ziegelbaus bestimmt die Reihung der großen, werksteingerahmten Fenster. Im dreiachsigen, von Pilastern flankierten und von einem Rundbogengiebel bekrönten Mittelrisalit liegt der über eine Freitreppe zu erreichende Haupteingang mit Wappenkartusche. Im Innern hat man im Erdgeschoss die Stuckdecken und den Kamin der barocken Repräsentationsräume bewahrt.
Die achteckige Kapelle mit welscher Haube im Südwesten ersetzte 1898 einen spätmittelalterlichen Turm. Verwendete man am Außenbau in Anlehnung an das Haupthaus neobarocke Formen, gestaltete man ihr Inneres im für Sakralbauten beliebten, neogotischen Stil, ein Musterbeispiel für das eklektische Konzept historistischer Architektur. Seit 1959 wird die Anlage als Hotel genutzt.

First house recorded in 14th century; moated manor built in 16th century. Main house's cellar with cross vault and stone windows at back and in West are from that date.
1719 conversion defines present 2-storey brick structure on rough stone base. 3 central axes project, flanked by pilasters. Coat of arms in cartouche over door. Baroque stucco work and fireplace survive inside.
Octagonal chapel (1898) replaced a late mediaeval tower. Exterior is neo-Baroque like house but interior is neo-Gothic; typical of eclectic historicist architecture.

354
St. Josef und Lazarushäuschen
Kinderhaus 14
1449; 1672; 1953/54
Bernd Kösters, Herbert Balke

In Kinderhaus fanden im Mittelalter Leprakranke Aufnahme, deren Betreuung Geistliche übernahmen. Die erste Kapelle des 14. Jh. ersetzte 1449 ein gotischer Saalbau, der der heiligen Gertrud, der Schutzpatronin der Aussätzigen, geweiht war. Er bildet heute das südliche Kirchenschiff. Fürstbischof Christoph Bernhard von Galen ließ 1672 den Chor und einen Turm anbauen, der das fürstbischöfliche Wappen trägt. 1953/54 erfolgte eine grundlegende Erweiterung durch Kösters und Balke. Sie brachen den barocken Chor ab, gestalteten den Ostteil mit Querhaus und Chor neu und fügten ein neues breites Seitenschiff im Norden an. Das 1618 westlich der Kirche errichtete Lazarushäuschen diente als Andachtskapelle und als Opferstock für das Leprosorium. Im Innern befinden sich die Statuen der heiligen Gertrud sowie Lazarus mit Bettelnapf und Klapper.

Priests cared for the lepers. 14th-century chapel was replaced by the Gothic church of St. Gertrude, patron saint of lepers, in 1449. Bishop v. Galen (cf. coat of arms) had the quire and tower added in 1672. 2nd N. bay built in 1922; gable front with small tracery window. Baroque quire was razed 1953/54 and eastern part redesigned with transept and quire. W. of church was a small structure (1618) used as chapel and offertory box for the lepers. Inside are statues of St. Gertrude and Lazarus.

355
Ehem. Leprosenhaus
Kinderhaus 15
1600/50

Lepramuseum

Fachwerkbau

Die Stiftung des münsterschen Erbmannes Udo von der Tinnen ermöglichte 1326 auf dem Gut Idenbrock die Errichtung eines Hauses für die an Lepra erkrankten ‚siechen Kinder Gottes', die dem sich später hier entwickelnden Stadtteil den Namen gaben. Von der ursprünglich aus mehreren Häusern bestehenden Anlage hat sich nur ein Gebäudeabschnitt mit gemauertem Erdgeschoss aus der Zeit um 1600 erhalten. An diesen schließt sich heute ein zweigeschossiger langgestreckter Fachwerkbau aus der Zeit um 1650 an. Nachdem im 17. Jahrhundert die Lepra in Mitteleuropa nicht mehr vorkam, ließ Fürstbischof Christian Bernhard von Galen im Kinderhaus ein Wohn- und Werkhaus für verwahrloste Jugendliche einrichten. Später nutzte man das Ensemble als Siechenhaus und als Altersheim. Heute befindet sich in dem ältesten Bauabschnitt das Lepramuseum.

Münster donor Udo von der Tinnen initiated a home for lepers here in 1326. Then several houses, only a small part from ca. 1600 has survived. Adjacent 2-storey, timber-framed structure (ca. 1650) belonged to a new centre for neglected children founded by Prince Bishop von Galen; leprosy had been eradicated in Central Europe by 17th century. Later an infirmary and old people's home; oldest part is now a leprosy museum.

356
Waldschule Kinderhaus
Große Wiese 14
1932–35, 1973, 2004; 2005
Friedrich Schmeißer; Reinhard Martin; Carsten Schlattmeier

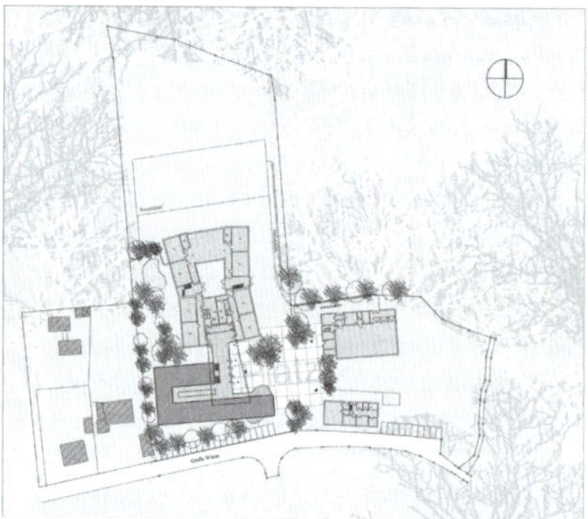

Der Ort zählt zu den ältesten des Stadtteils Kinderhaus. Seit 1673 existiert hier am Rande des idyllischen Landschaftsschutzgebietes „Kinderbach" ein kleines Schulgebäude, das erst 1935 durch einen U-förmigen, zweigeschossigen Neubau im Heimatschutzstil abgelöst wurde. 1973 erfolgte ein Anbau, der den bestehenden Grundriss aufnimmt und ihn zur Waldseite spiegelt, so dass im Grundriss ein X-förmiges Gebäude entsteht. 2004 wurde dieser Bestandsbau durch Reinhard Martin saniert. Hierbei entstand an der Schulhofseite ein großzügiger Versammlungsraum. Um weitere Fachräume zu erhalten, wurde die Anlage 2005 durch einen Erweiterungsbau ergänzt. Dieser U-förmige Neubau liegt quer zum Altbau und markiert den neuen Haupteingang. Es entsteht ein gefasster Vorplatz, der als Verteiler dient und nach dem Vorbild einer Gehöftanlage die unterschiedlichen Gebäude um sich herum gruppiert. Ein ovaler Glasbaukörper für die Mensa als Teil des Neubaus und das historische Schulgebäude von 1673 liegen sich so nun kontrastreich gegenüber.

One of oldest sites in the area Kinderhaus; small school built here in 1673 finally replaced by new, U-shaped, 2-storey building (1935). 1973 extension repeats ground plan towards woods to form an X-shaped structure. In 2004, R. Martin's restoration created big assembly hall. U-shaped extension built in 2005, at right angle to old building. Buildings are now grouped round a forecourt. Across it, oval glazed canteen and historic school present a striking contrast.

357
Villa Schulte
Brüningheide 90
1921
Johannes Nellissen

Die weiß verputzte Villa wurde 1921 nach Plänen von Johannes Nellissen als Landsitz vor der Stadt errichtet. Auftraggeber war Eduard Schulte, der aus dem Sauerland stammend schon früh nach Amerika ausgewandert und dort zu Geld gekommen war. Das Haus bewohnte er jeweils nur für wenige Monate – vermutlich aus Heimweh. Die zweigeschossige, unterkellerte Villa entstand in Massivbauweise auf fast quadratischem Grundriss unter flachem Walmdach. Der Eingang mit Stufen und Portikus weist zur Straße Brüningheide hin und erweckt einen herrschaftlichen Eindruck. Die dezenten Stuckaturen greifen auf barockes und klassizistisches Formenrepertoire zurück. Die Nebenfassaden fallen, wie in dieser Zeit typisch, einfacher aus. Auf dem Grundstück zeugt noch ein Wasserbecken von der einstigen Parklandschaft. In der Bauernschaft stieß der exotische „Fremdling" mit dem luxuriösen Haus nur auf wenig Sympathien. Er hat es bereits 1923 verkauft. Von 1926–80 durch die Familie Roberg bewohnt. Im Anschluss diente das „Weiße Haus" als privates Kinderheim und wird heute wieder privat genutzt.

Nellissen built the white rendered house (1921) for E. Schulte from Sauerland, who had emigrated to the USA. Homesick, he spent some months here occasionally, but sold in 1927. Villa has an almost square ground plan and flattish hip roof. Door with steps and portico creates a grand impression. Stucco of main façade adopts Baroque and Classicist forms; other façades v. simple. Pool evidences once park-like gardens. "White House" is now part of a private children's home.

358
Nordwestschleife Kinderhaus
Brüningheide
1972–78; 1986–92
Friedrich Spengelin; Wolfgang Kantorski

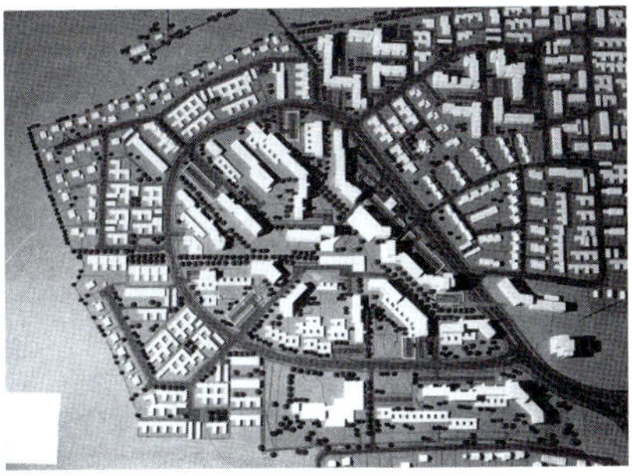

Dem Leitbild der gegliederten und aufgelockerten Stadt folgte ab 1970 das Leitbild „Urbanität durch Dichte". Auch Kinderhaus sollte nun noch mehr wachsen. Die Prognose erhöhte man von 16.000 auf 35.000 Bewohner.
Die Großsiedlung Brüningheide, die nach ihrer schleifenförmigen Erschließungsstraße auch bald den Namen „Nordwestschleife" erhielt, war Kernstück dieses Plans. Konzipiert 1970 von Friedrich Spengelin folgte er der Idee, ein vom Fahrverkehr getrenntes Fußwegesystem zu erstellen und dies auf ein Hauptzentrum (Sprickmannplatz) mit Versorgungseinrichtungen auszurichten. Auf Wunsch der Bauträger wurde der Plan mehrfach auf zuletzt 1700 Wohneinheiten nachverdichtet. Realisiert wurden die Wohnungen später größtenteils in zwölfgeschossigen Mehrfamilienhäusern mit einer Länge von bis zu 210 Metern und schwarzen Eternitfassaden. Kritik aufgrund der Monotonie und Anonymität setzte schon während des Baus ein. 1986–92 wurden zusammen mit den Eigentümern und Bewohnern Umplanungen durchgeführt, die zu einer deutlichen Verbesserung der Wohnsituation führten.

After 1970, the lean city model gave way to "urbanity through density". In Kinderhaus, the population was to rise from 16,000 to 35,000; the key being Brüningheide estate, based on a concept by F. Spengelin. Plans foresaw a system of footpaths oriented on a services centre (Sprickmannplatz). Most apartments were in 12-storey blocks with black eternit façades – their monotony already criticised during building. Alterations 1986–92 made some improvement.

359
Synclasticon
Langebusch
1976/77
James Reineking

Der in München lebende amerikanische Künstler thematisiert in seinem Werk häufig das Verhältnis von Fläche und Raum, indem er ein Stahlblech nach bestimmten Vorgaben teilt, biegt und zu einer neuen räumlichen Figur zusammenfügt. Auf dieses Verfahren spielt auch der Titel der anlässlich der ersten „Skulptur Projekte" gezeigten Arbeit an. Reinking nahm ein 2 x 7 m messendes Blech, umschrieb es mit einem Kreis und nutzte diesen Zirkelschlag, um auf den Abschnitten des im Verhältnis 5:7 unterteilten Blechs zwei gegenläufige Kreissegmente einzuzeichnen. Entlang der so entstandenen „Kurvenfolge" schnitt Reinking das Stahlblech auseinander. Die geraden Seiten dienen als Standfläche; das jeweils „negative" Bogensegment wurde entsprechend dem Verlauf des umschreibenden Kreises gebogen und die Bleche in einem Winkel von 60° geknickt. Die beiden Winkel stellte er Spitze an Spitze so zusammen, dass sich die beiden gebogenen Schenkel zu einem Kreissegment und die beiden geraden Schenkel zu einer Linie ergänzen. Analog zu dieser Grundrissfigur fügen sich die oberen Schnittkanten zu einem konvexen und einem konkaven Bogen, so dass die zerteilten Flächen zu einer harmonischen, geometrisch klaren, räumlichen Einheit zusammenwachsen.

American artist lives in Munich: he investigates 2- and 3-dimensional space by cutting, bending and reshaping steel plates. Title of this work at first "Sculpture Projects" refers to that process. Reinking took sheet metal 2 x 7 m, measured a circle around it, and drew in 2 opposite segments, cut along the curves. Long, straight edges function as stands; "negative" arc segments bent, folded at 60° angle. 2 angles set point to point, making a circle segment + a line. In analogy, long edges form convex and concave curves; creating a harmonious geometric whole.

360
Wohnstadt Coerde
Königsberger Straße
1958, 1964–70
Ewald Baumeister, Dieter G. Baumewerd, Heinz Esser

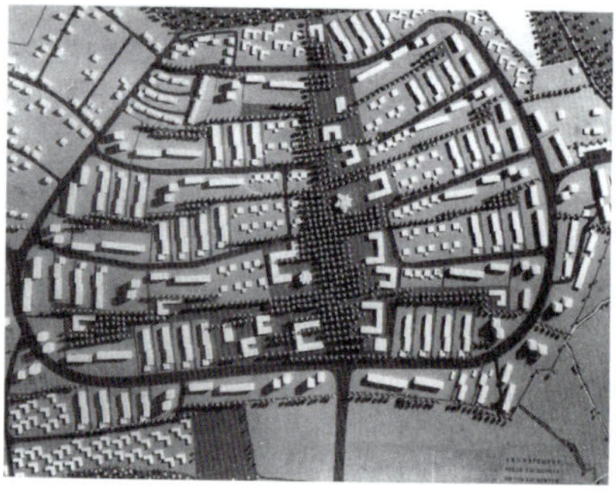

Wettbewerbsmodell 1958

Der Stadtteil Coerde ist neben der Aaseestadt (Nr. 283) der erste neu geplante Stadtteil Münsters nach 1945. 1956 beschloss die Stadt die „Coerheide" einzugemeinden und das rund 58 ha umfassende Gebiet für 6.000 Menschen zu entwickeln. In einem ambitionierten Wettbewerb konnten sich 1958 die Architekten Baumeister, Baumewerd und Esser durchsetzen. Ganz im Geiste des Leitbildes der gegliederten und aufgelockerten Stadt schlugen sie zur Funktionstrennung ein getrenntes Wegesystem vor: einen äußeren Straßenring für den Autoverkehr und eine zentrale Grünachse mit Wohnwegen für die Fußgänger. Die typologisch vielfältige Bebauung reichte von eingeschossigen Flachdachbauten (Görlitzer Straße, u.a.) über Reihenhäuser, Mehrfamilienhäusern bis hin zu zwölfgeschossigen Wohnhochhäusern am Siedlungsrand. Die Fachwelt nahm den Coerde-Plan als bedeutsames Wohnprojekt wahr, die Umsetzung erfolgte 1964–70 als Demonstrativbauvorhaben des Landes Nordrhein-Westfalen. Um eine höhere Anzahl von Wohnungen zu erlangen, wurde der Städtebau nochmals auf 7.500 Wohneinheiten verdichtet. Die Ausführung übernahmen Trägergesellschaften ohne Beteiligung der ursprünglichen Architekten. Einzelne Bauten entstanden in vorgefertigter Bauweise. An der „Grünen Mitte", bis heute der zentrale Fußgängerbereich der Wohnstadt, lagern Kirchen und Schulen ebenso an wie der 1966 eröffnete „Coerdemarkt" (Architekten: Helmut Schuppert, Bruno Korte) als Service- und

Coerdemarkt mit Café 1966

Stadtteilzentrum. Wie der gesamte Stadtteil wurde auch das Einkaufszentrum aus einem Guss gestaltet: Flachgedeckte Geschäftszonen werden kombiniert mit aufgeständerten zweigeschossigen Kuben für Büros und Praxen; Backstein- und Waschbetonfassaden wechseln mit großzügigen Glasfronten für die Ladengeschäfte ab. Zur ganzheitlichen orthogonalen Platz- und Wegegestaltung zählt auch ein Spielbrunnen (1973) von Werner Schoemen. Ergänzt durch mehrere Neubaugebiete zählt der Stadtteil heute über 10.000 Einwohner – und wird aufgrund seiner Nähe zur Landschaft und zum Kanal von den Bewohnern geschätzt.

Coerde, and Aaseestadt (no. 283), were Münster's first newly planned districts after 1945; developed by city from 1956 to house 6,000. Competition 1958 won by Baumeister, Baumewerd + Esser, who planned functional division with outer ring for traffic, central green axis of residential streets for pedestrians. Building ranges from single-storey, flat roofed houses (e.g. Görlitzer Straße) to terraces, apartment blocks, + 12-storey high-rises. Coerde Plan acclaimed by experts; realization 1964–70 as state housing project, implemented by holding companies without initial architects. "Green Centre" with churches + schools and "Coerdemarkt" (by H. Schuppert, B. Korte, 1966) – services + community centre. Uniform design: flat-roofed shop areas combined with raised 2-storey cubes for offices, med. practices; brick + concrete façades alternate with glazed fronts. Orthogonal path design incl. fountain (1973) by W. Schoemen. Coerde now has 10,000 plus residents

361
Andreaskirche

Breslauer Straße 152–158
1970–82
Lothar Kallmeyer

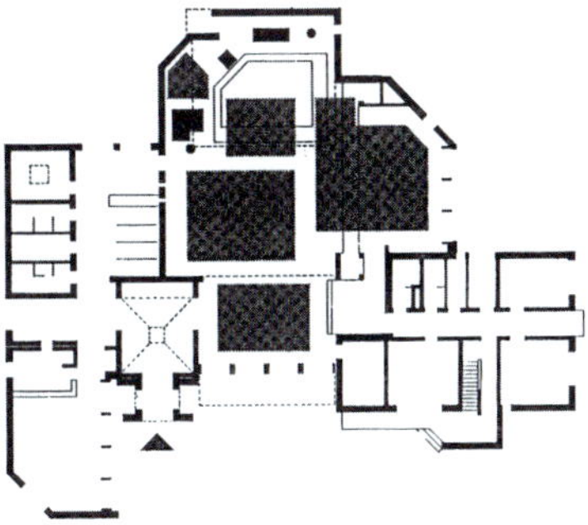

Die evangelische Andreaskirche ist der Mittelpunkt eines Bauensembles, das Gemeinderaume, ein Jugendheim und einen Kindergarten umfasst. Ganz im Sinne der um 1970 geführten Fachdebatte wurde das Kirchenzentrum nicht mehr aufgeteilt in sakrale und profane Bereiche, sondern als Mehrzweckgebäude konzipiert. Gewünscht wurde ein Kapellenraum von 80 Plätzen, der bis auf 400 Plätze erweiterungsfähig sein sollte. In seinem Wettbewerbsentwurf fasst Kallmeyer, der seinerzeit auch am renommierten Institut für Kirchenbau der Universität Marburg lehrte, vier Raumteile zu einem Cluster von Versammlungsräumen zusammen. Diese sind nach Decken- und Fußbodenhöhen differenziert und zeigen einen sakralen Gesamtcharakter. Als Besonderheit kann eine Kuhle vor dem Altar gelten, der diesen Raum verschieden erfahrbar macht. Die vielfach gestuften, flachen Baukörper sind mit rotem Mauerwerk verblendet. Von Werner Habig stammt die Frontwand, in der ein schlichtes Kreuz als Wandrelief dargestellt ist.

St. Andrew's Church is the centre of an ensemble incl. parish hall and kindergarten. Religious and lay areas are not separate, but conceived as a multipurpose complex. Kallmeyer's design creates a cluster of 4 meeting areas with ceilings and floors of varying heights. An unusual depression in front of the altar makes it possible to experience the space in a variety of ways. Graduated, flat volumes are faced in red brick, front wall with inset cross by W. Habig.

362
Speicherstadt

An den Speichern 2–15
1936–39; 2002–09; 2011–13
Schoeps & Schlüter (Sanierung und Umbau); Scape Landschaftsarchitekten

Luftbild 1938

Zu den Großprojekten, mit denen die Nationalsozialisten den Zweiten Weltkrieg logistisch vorbereiteten, gehört auch der Bau des Heeresverpflegungsamtes auf einem 11,5 ha großen Gelände für die in Norddeutschland stationierten Truppenverbände. Die neun langgestreckten Speicher (sieben Bodenspeicher und zwei höhere, an den Langseiten fensterlose Silospeicher) bilden zwei parallele Zeilen. In den Stahlbetonskelettbauten sorgte modernste Technik, die sich zum Teil bis heute funktionstüchtig erhalten hat, für die Lagerung des Getreides. In der zugehörigen Bäckerei konnten täglich bis zu 70.000 Brotlaibe gebacken werden.
Neben den Bauten zur Abwicklung der Verwaltungsaufgaben gab es Garagen und Pferdeställe, ein Lazarett für die Pferde sowie Unterkünfte für Pförtner und Wachpersonal. Torhäuschen und Pfeiler in Haustein markieren den leicht nach Westen versetzten Eingangsbereich.
Da das Gelände im Krieg (wohl bewusst) nicht bombardiert worden war, konnten die Engländer es in der Nachkriegszeit als Versorgungs- und Militärstützpunkt unter dem Namen Winterbourne Barracks nutzen. Ende der 90er-Jahre begann man, ein neues Nutzungskonzept zu erarbeiten, das die denkmalgerechte Umwandlung der Speicherstadt in ein modernes Dienstleistungszentrum vorsah. Dabei gelang es auch dort, wo stärkere Eingriffe nötig schienen, die Balance zwischen Alt und Neu zu halten. So erhielt der ehemalige Bodenspeicher 9 an der südlichen Giebelschmalseite eine Glasfassade, während die ursprünglich geschlossenen Traufseiten der Silospeicher durch vertikale Fensterbänder geöffnet wurden. In den architektonisch geschickt für die neuen Bedürfnisse hergerichteten Bauten haben Institutionen wie das Stadtarchiv oder das Zentralmagazin des Amtes für Bodendenkmalpflege, aber auch private Unternehmen ihren Sitz. Auch bei der Gestaltung der Außenanlagen achtete man darauf, dass die ursprüngliche Struktur erkennbar blieb. So erstreckt sich zwischen den Gebäudezeilen eine von Wegen durchschnittene, geneigte Rasenfläche, eingefasst mit Cortenstahlbändern und bepflanzt mit Reihen von Zierkirschen. Der Platz mit Uhrturm vor der zentralen ehemaligen Bäckerei kann für Veranstaltungen genutzt werden.

Set up by Nazis before WW2 as army catering centre for troops in N. Germany. 9 depots (7 warehouses + 2 silos) form 2 parallel rows. Reinforced concrete skeleton structures with modern technology for storage of corn. Bakery produced up to 70,000 loaves daily.
Also offices, nearby garages + stables, horse clinic, and housing for porter and guards. Cut stone gatehouses + pillars mark entrance.
Site not bombed, so British could use it as military base in post-war era (Winterbourne Barracks). New concept for use as modern services centre in listed buildings in late 90s. Balance kept between old and new: e.g. warehouse 9 given glass façade at gable end, silos' frontages opened with vertical window bands. Now houses e.g. city archives but also private companies. Original structure echoed in landscaping as well: e.g. lawn between buildings, framed by corten steel bands, planted with flowering cherries. Clock tower area by former bakery is events venue.

363
Zentrum Nord
Gartenstraße/Nevinghoff/Kanalstraße
1973
S.A.L.-Planungsgruppe, Max von Hausen, Ortwin Rave

Planwerk 1973

Bereits zu Beginn der 1960er-Jahre wurden erste Überlegungen seitens der Stadt angestellt, die City von Verwaltungseinrichtungen durch den Bau einer separaten Bürostadt am Rande der nördlichen Innenstadt zu entlasten. Nach dem Vorbild der Hamburger City Nord sollten neben Großverwaltungen zunächst auch Gewerbe- und Wohnbauten sowie ein Freizeitpark mit einem „zweiten Aasee" entstehen. Ein 1973 von der S.A.L.-Planungsgruppe sowie den Architekten Max von Hausen und Ortwin Rave vorgelegtes mehrteiliges Planwerk konnte aufgrund von Eigentumsfragen nicht umgesetzt werden. Auch besaß die Stadt durch die 1975 erfolgte Gebietsreform ein Überangebot an Wohnbauland, so dass man sich entschied, das 174 ha umfassende Areal fortan nur noch als Reserveland für größere Verwaltungsprojekte vorzuhalten. 1978 bezog die Landwirtschaftskammer ein erstes Gebäude, weitere folgten. Ab den 1990er-Jahren wuchs das Gebiet um weitere Unternehmensadressen, überwiegend aus der Versicherungs-, Banken- und Computerbranche. Da Baugrund in der Innenstadt knapp wird, gibt es seit 2015 auch wieder Planungen für Wohnbebauungen.

Idea to transfer admin from centre to city's N. edge arose in 60s. S.A.L. group and architects M. von Hausen and O. Rave (1973) planned offices, businesses, housing and a park with lake – based on Hamburg's City Nord – but they remained unrealised due to unclear ownership. 1975 reforms gave city more housing land, so the 174 hectares were reserved for big admin projects. Chamber of Agriculture was the first in 1978. In the 90s, insurance, banks, computing also settled here. Butterfly, a Z-shaped high-rise by R. M. Kresing, is designed create a new centre in the future.

364
Sparda-Bank Münster
Joseph-König-Straße 3
1998/99
Rainer M. Kresing

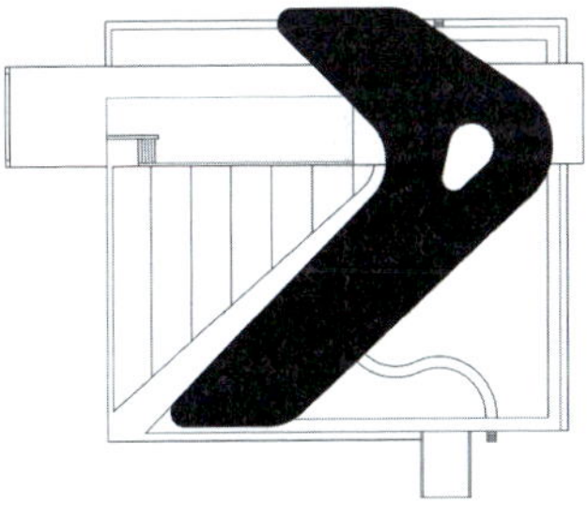

Der Neubau im Zentrum-Nord besteht aus einem großen geschwungenen Glaskörper und einem darunterliegenden schwarzen, keilförmigen Basisgebäude. Der dreigeschossige, gläserne Bogen ruht auf im Erdgeschoss sichtbaren Stahlbetonstützen und deutet mit seiner öffnenden Geste zur Landschaft. Horizontale Bänder verleihen der Glasfassade Dynamik. Im Bereich des Ausblicks zur Landschaft wurde eine ruhigere zweischalige Außenhaut gewählt. Während dieser Bauteil die Räume der Verwaltung aufnimmt, liegen im Erdgeschoss die Räume der Kundenbetreuung, ein Sitzungssaal sowie eine Kantine. Der Ort, an dem sich beide Großformen durchdringen, überrascht mit einem im Grundriss tropfenförmigen Treppenhaus und sich kreuzenden Glastreppen. Die gesamte Anlage liegt leicht erhöht auf einem Geländepodest. Die umgebenden, teilweise exotischen Außenanlagen korrespondieren mit dem offenen, fließenden Gebäudegrundriss und lassen eine eigene poetische Welt im ansonsten überwiegend nüchternen Büroparkareal entstehen.

New bank consists of a curved glass volume on a black, wedge-shaped base. 3-storey glass structure rests on concrete pillars. Horizontal bands lend dynamism to the glass façade. Admin is here; ground floor is customer service, conference room and canteen. 2 volumes meet in striking stairwell with drop-shaped ground plan and crossing glass stairs. Whole complex is slightly raised; grounds echo building's curves, bringing poetry to a sober commercial area.

365
Haus Dyckburg
Dyckburgstraße 220
1735–40
Johann Conrad Schlaun

Wirtschaftsgebäude 1936

Kapelle

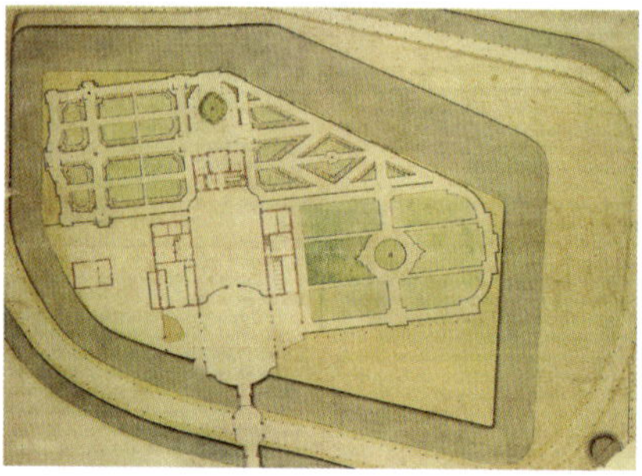

Plan der Gesamtanlage um 1735

Der Domprobst Friedrich Christian Graf von Plettenberg-Marhülsen erteilte um 1735 Johann Conrad Schlaun den Auftrag, die auf einer von einem zweifachen Gräftenring umgebenen Insel gelegene Wasserburg zu einer „Maison de Plaisance“, einem Landsitz nach französischer Mode, umzugestalten. Schlauns Planungen haben sich nur in einer Zeichnung erhalten, die aber deutlich erkennen lässt, wie der Architekt den in der französischen Traktatliteratur der ersten Hälfte des 18. Jh. entwickelten zentralen Anforderungen an diesen Bautyp Rechnung trug. Die „Beauté“ der Anlage erreichte er durch die deutliche Akzentuierung der Mittelachse, die das Gelände und die Dreiflügelanlage mit Herrenhaus sowie die flankierenden Stall- und Wirtschaftsgebäude durchschneidet. Etwas versetzt links und rechts liegen die beiden Gartenpartien. Die „Commodité“ ergibt sich aus dem Grundriss des relativ klein proportionierten Herrenhauses mit dem „Appartement Double“. Die „Convenance“, also die Angemessenheit der Gestaltung, lässt sich im Grundriss vielleicht aus der eher bescheidenen Dimensionierung ablesen.
Der Plan wurde, vermutlich aus Geldmangel, nicht ausgeführt. Von den beiden Wirtschaftsgebäuden mit den charakteristischen Krüppelwalmdächern lässt das linke wenigstens an der Stirnseite mit dem großen Dielentor noch die ursprüngliche Gliederung mit Ställen im Erdgeschoss und darüberliegenden Wohnräumen erkennen. Reste des Gräftensystems haben sich jenseits eines Tores hinter den Bauten erhalten. Fünf Jahre später errichtete Schlaun vor den beiden Wirtschaftsgebäuden, im rechten Winkel dazu stehend eine kleine Loreto-Kapelle aus Backstein. 1894 ließ Bonifatius Graf von Hatzfeld-Trachenberg der Kapelle einen oktogonalen Kuppelbau anfügen, dessen zweijochiger tonnengewölbter Chor den Schlaunschen Vorgänger paraphrasiert. Die Autorschaft Wilhelm Rincklakes, vorgeschlagen aus stilistischen Gründen, ist nicht gesichert. Den insgesamt wenig glücklichen Eindruck dieser Erweiterung steigern der 1914 angebaute Turm und eine Grabkapelle sowie schließlich das Pfarrhaus des Architekten Weinmann.

Count von Plettenberg-Marhülsen, cathedral dean, commissioned Schlaun to convert an existing manor into a French-style "maison de plaisance" ca. 1735. Only a drawing of Schlaun's plan survives, but he clearly studied relevant 18th-century French tracts. He achieved "beauté" by accentuating a central axis through grounds and 3-wing ensemble. Gardens lend symmetry to an irregular site. "Commodité" emerges from house's ground plan.
Plan was never realised. End façade of left-hand service building, with batten gate, betrays original layout – ground floor animal sheds and living area above. Coat of arms lends a representative touch.
5 years later, Schlaun built Loreto Chapel in brick. Bonifatius, Count von Hatzfeld-Trachenberg added a domed structure. Attributed to Rincklake, its 2-bay quire with barrel vault paraphrases Schlaun. The rather unfortunate effect was increased by tower (1914), chapel and presbytery.

366
Ehem. Vorsehungskloster Gymnasium St. Mauritz

Wersebeckmannweg 81
1896/97
Franz Wucherpfennig d. Ä.

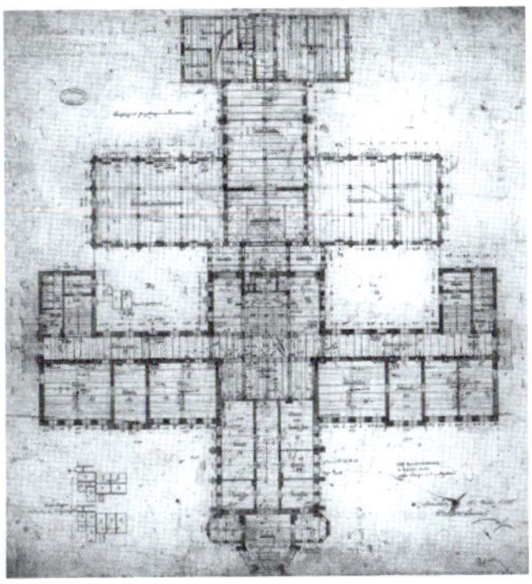

Ursprünglicher Zustand

Errichtet für die Schwestern der Göttlichen Vorsehung diente das Gebäude als Pensionat und Ausbildungsstätte für angehende Lehrerinnen, bis die Lehrerinnenausbildung 1926 den pädagogischen Akademien übertragen wurde. Nach dem Zweiten Weltkrieg richtete man hier ein Mädchengymnasium ein, heute gehört das Gebäude zum Gymnasium St. Mauritz. Der aus roten Ziegelsteinen errichtete Komplex auf doppelkreuzförmigem Grundriss erhebt sich in drei Stockwerken über einem Kellergeschoss. Gleichförmig gereihte Fenster bestimmen die Fassaden. Der südliche Querbau fungiert als Hauptfassade. 1903 und 1910 wurde diese um Anbauten im Osten und Westen erweitert, so dass sich der Eindruck einer Dreiflügelanlage ergibt. Der Eingang liegt in der Mittelachse im Erdgeschoss des Kapellenvorbaus. Das Chorpolygon öffnet sich hier zu einer Vorhalle, durch die der Besucher über einige Stufen das Gebäude betritt. Die Kapelle selbst erkennt man an den spitzbogigen Maßwerkfenstern und dem Dachreiter.

Built as a nunnery; college for teachers until pedagogic academies took over teacher-training in 1926. Became girls' grammar school after WW2; now part of St. Mauritz' Grammar. Red-brick complex on double cross ground plan, regular façades with sparing décor, e.g. arched mouldings below roof. S. cross building is main façade; its E. and W. extensions date from 1903, 1910. Visitors' entrance is via ground floor of chapel (tracery windows and roof spire), where polygonal quire opens onto a porch.

367
St. Petronilla

Petronillaplatz 1
1699/1700; 1910–13; 1976/77
Rudolf Henting; Hans Ostermann, Bernt Droste

Zwar reicht die Geschichte der Handorfer Petronilla-Pfarrei bis ins 13. Jh. zurück, doch hat sich von der romanischen Kirche bis auf zwei Säulchen und den Taufstein aus dem zweiten Viertel des 13. Jh. nichts erhalten. Um 1700 war das hölzerne Kirchenschiff so baufällig geworden, dass man es abbrach und durch einen Saal mit Kreuzrippengewölbe ersetzte. Im Gewölbe erinnert ein Wappen mit Inschrift an die Weihe durch den Münsteraner Bischof.
Die wachsende Bevölkerung machte 1910 eine Erweiterung nötig. Man riss den romanischen Chor ab und fügte ein Querhaus sowie einen neuen Chor mit Sakristei in gemäßigten mittelalterlich-historisierenden Formen an. Der Turm musste 1942 wegen der Nähe zum Militärflugplatz abgerissen werden. Erst 1976 errichteten Ostermann und Droste ihn in seiner heutigen Gestalt anlässlich einer umfassenden Renovierung neu. Bei dieser Gelegenheit erweiterte man das Querhaus nach Norden hin und gestaltete das Innere nach den Leitlinien des 2. Vatikanums neu.

Handorf parish dates from 13th century; 2 pillars and font survive from first Romanesque church. Ruinous wooden nave replaced ca. 1700 by quadripartite vault with coat of arms marking consecration by Bishop of Münster.
Extended 1910; old quire was demolished, transept and new quire built in historicising mediaeval style. Tower razed for military reasons (1942).
Present impression dates from 1976, when transept was enlarged and interior altered.

368.1
Prozessionsweg

Der Weg führt vom Mauritz-Lindenweg in nordöstlicher Richtung teils als Straße, teils als Fußweg Richtung Telgte. Das Jahr 1609, als Lehrer und Schüler des Gymnasiums Paulinum zum Telgter Gnadenbild der „Schmerzhaften Mutter Gottes" pilgerten, gilt als Beginn der Wallfahrten, die ab 1651 regelmäßig stattfanden und besonders durch den Fürstbischof Christoph Bernhard von Galen gefördert wurden, der nicht nur 1654 die Telgter Gnadenkapelle, sondern auch 1658–63 Stationsbilder für den Prozessionsweg stiftete. Diese haben sich nicht erhalten; aus der Frühzeit existiert zwischen Kanal und Umgehungsstraße lediglich das sogenannte „Weiße Kreuz", ein (Ast-) Gabelkreuz von Johann Wilhelm Gröninger, das dieser 1708 nach dem Modell des Coesfelder Kreuzes aus dem 14. Jahrhundert geschaffen hatte (Assistenzfiguren 19. Jh.). Neben einem Relief von Johann Adam Ney von 1848 markieren seit 1958 Kreuzwegstationen von Heinrich Gerhard Bücker den Weg, der von einer „Initiative Prozessionsweg St. Mauritz" betreut wird.

Part road, part footpath, processional route leads NE from Mauritz-Lindenweg to Telgte. In 1609, members of Gymnasium Paulinum went on pilgrimage to "Dolorous Virgin" in Telgte; regular pilgrimages as from 1651, promoted by Bishop Christoph B. von Galen, donor of chapel in 1654. Earliest feature is so-called "White Cross", between canal + ring road, made by J. W. Gröninger in 1708 after 14th century Coesfeld Cross. (Figures 19th century additions). Relief by J. A. Ney from 1848; stations of cross by H. G. Bücker now mark route.

368.2
Wohnhaus Meyhöfener
Prozessionsweg 421
1928
Hugo Steinbach

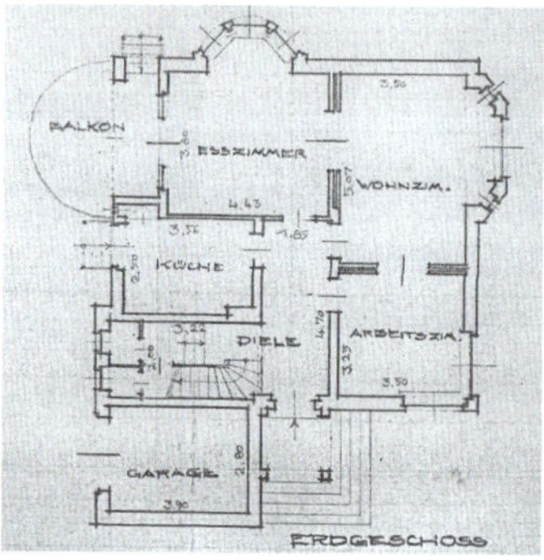

Mit dem zweigeschossigen Bau, dessen ursprüngliches Flachdach heute ein leicht geneigtes Dach ersetzt, schuf der in Dortmund mit Büro- und Geschäftshäusern im Reformstil hervorgetretene Steinbach ein bemerkenswertes Wohnhaus am Prozessionsweg. Den Eindruck bestimmen die kubischen Formen der unterschiedlich hohen Baukörper von Treppenhaus, Wohnbereich und Eingang, dessen Vordach ein sich nach unten verjüngender Backsteinpfeiler stützt und so einen expressionistischen Akzent setzt. Die Betonung der Horizontalen ergibt sich durch den Wechsel von Backstein und Putzflächen im Wohnbereich, die durch umlaufende, plastisch vortretende Backsteinbänder abgegrenzt werden. Zusätzlich tritt der Mörtel in den waagerechten Fugen plastisch hervor, während die senkrechten durch einen roten Anstrich optisch zurückgenommen sind. Vor allem aber die über Eck gestellten Fenster zeigen, dass der Architekt sich an der Formensprache des Neuen Bauens orientierte und so ein Gebäude schuf, das sich deutlich von den eher traditionellen Villen in diesem Bereich des Prozessionswegs unterschied.

Dortmund-based architect Steinbach designed striking 2-storey building, originally flat-roofed (now slight slope). Cubic volumes house stairwell, living area and entrance; Expressionist feature in porch roof on brick pillars narrowing to ground. Horizontal emphasis from alternating brick + rendering, separated by projecting brick bands. Mortar in horizontal grouting contrasts, vertical grouting painted red, optically less obvious. Windows around corners show orientation on Neues Bauen.

369
Wohnhäuser Lückertz und Hüffer
Pleistermühlenweg 103/105
1962
Klaus und Elfriede Gonser

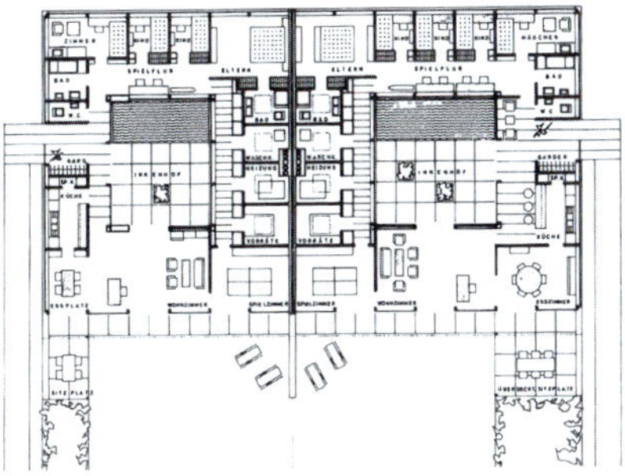

Die eingeschossige, flachgedeckte Wohnanlage wurde als Atrium-Doppelhaus konzipiert. Die aneinanderliegenden Häuser nutzen jeweils die gesamte Breite ihres Grundstücks aus. Der Zugang erfolgt seitlich. Sämtliche Räume sind um einen Innenhof mit Schwimmbad angeordnet, die Wohnräume öffnen sich zudem zum südlichen Garten. Der Grundriss basiert auf einem durchgängigen Konstruktionsraster. Das rechte Haus verfügt über eine Grundfläche von 17 x 17 Metern, das linke ist mit 14 Metern um ein Achsenfeld schmaler. Das Architektenpaar war nicht nur zuständig für den Bau der Häuser, sondern auch für die Inneneinrichtung und Ausstattung. Bereits acht Jahre nach Fertigstellung wurde das Doppelhaus aufgrund seines innovativen Wohnkonzeptes unter Denkmalschutz gestellt.

The single-storey, flat-roofed ensemble was planned as a semi-detached house with atrium. Entrances at each side. All rooms are set around an inner courtyard with pool; living rooms open onto garden in South. Architects were also responsible for interior design. Listed for its innovative living concept only 8 years after building.

370
Haus Richter
Maikottenhöhe 19
1965
Heinz Richter

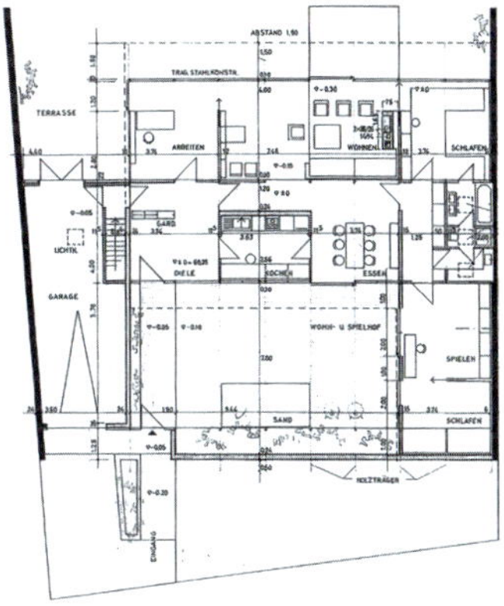

Die Maikottenhöhe wurde aus dem Aushub des nahen Dortmund-Ems-Kanals um 1900 geschaffen. Erst nach 1945 begann man, dieses Areal mit seinen für Münster reizvollen Hanggrundstücken zu bebauen. Das eingeschossige, flachgedeckte Haus Richter nimmt die gesamte Grundstücksbreite von 20 Metern ein. Zur Straße zeigt es sich nur mit dem Eingangsbereich und einer langgestreckten, rötlichen Ziegelwand. Es schließt sich ein Atriumhof mit Wasserflächen an, der sodann zum eigentlichen Wohnbereich überleitet. Dieser ist auf zwei leicht versetzten Ebenen organisiert und öffnet sich in seiner gesamten verglasten Breite zu einem gestuften Garten. So konsequent wie das durchgehende Konstruktionsraster wurden auch die Materialien eingebracht, so beispielsweise ein vom Eingang bis in den Garten durchlaufender Waschbetonboden. Das Haus zeugt von großer Klarheit und bietet in seiner Reduktion spannungsvolle Raumsituationen. Die Gestaltung des Gartens übernahm der Gartenarchitekt Heinz-Günther Schulten.

Maikottenhöhe (hill) is made of earth dug for the Dortmund-Ems canal ca. 1900; sought-after address after WW2. Street front of this, flat-roof is no more than entrance and house brick wall. Behind it, an atrium leads to the living area. Windows face a garden on graduated levels. House displays timeless clarity and a consistent use of materials, e.g. scrubbed concrete floor from door to garden by Heinz-Günther Schulten.

371
Wohnsiedlung Merschkamp
Merschkamp
2005–06
Ortner & Ortner

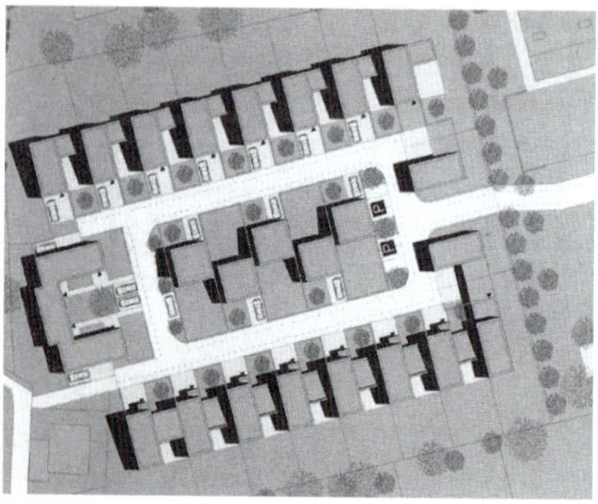

Wettbewerbsentwurf 2003

Die Siedlung entstand auf einem bislang als Sportfläche genutzten Areal nahe des Dortmund-Ems-Kanals inmitten einer bestehenden Wohnsiedlung. Einen entsprechenden Wettbewerb konnte das Büro Ortner & Ortner nach einer Überarbeitungsphase für sich entscheiden. Die Gartensiedlung besteht aus 27 Häusern in 7 Haustypen mit Wohnflächen von 106 bis 174 Quadratmeter. Zwei Häuser eröffnen – einem Tor gleich – das vom Backstein geprägte Ensemble. Rechts und links flankieren Gartenhofhäuser die Siedlung, am nördlichen Ende bilden drei Häuser eine hofähnliche Situation. In der Mitte liegen fünf zueinander gestellte Gartenhäuser mit ihren durch Mauern und Hecken gesäumten Gartenflächen. Nur wenige Materialien wurden im Außenbereich verwendet: Ziegelstein, Werksteinelemente, begrünte Pultdächer. Gerade die Formensprache des geknickten Pultdaches erweist sich als belebendes Instrument. Eindrucksvoll stellt die „Siedlung in der Stadt" dar, wie auch eine Reihe von Hausvarianten zu einem einheitlichen Gesamtbild führen können.

Within an existing housing estate, this site is near the Dortmund-Ems canal. Ortner & Ortner won competition, designing a garden ensemble of 27 houses; 7 types and varying sizes. 2 houses by entry suggest a gate, 3 form a "courtyard" at N. end. Façades are limited to brick with ashlar elements; single-pitch roofs with plants/grass. A striking example of how varying house types can create a unified overall picture.

372
Ehem. Luftschutzhaus Wolbecker Straße Margaretenschule
Brentanoweg 18
1939/40; 1952–55
F. Meyer (Stadtbaumeister); Clemens Witken (Stadtbaumeister)

Seit 1937 entwickelten die GAGFAH und die Westfälische Heimstätte zusammen mit der Stadt nördlich der Wolbecker Straße ein neues „agrarromantisches" Siedlungsgebiet für die Beschäftigten der nahen Hansen-Werke. Mit Kriegsbeginn entstand auf einer zentralen Teilfläche ein Luftschutzhaus. Der eingeschossige Betonbau gliedert sich in zwei Flügel. Vorgesetzte Treppentürme mit von Werkstein umrahmten Eingängen unterstreichen die wehrhafte Wirkung. In Friedenszeiten sollte der Bunker in ein Jugendheim umgewandelt werden. Ab 1949 diente der unbeschädigte Bau aufgrund städtischer Schulraumnot als „Bunkerschule" und wurde ab 1952 ausgebaut. Der Komplex erhielt ein zusätzliches Obergeschoss mit Walmdach. Während im nachträglich befensterten Erdgeschoss Werk- und Sanitärräume Platz fanden, liegen im Obergeschoss Klassenräume, Zeichensaal sowie eine Aula. Erstmals führten die Treppentürme nun auch bis nach oben. Der Bau veranschaulicht prägnant den Wechsel von Architekturauffassungen: die 1930er-Jahre in traditioneller, monumentaler Bildsprache und die leichte, offene Architektur der 1950er-Jahre lagern übereinander. 1966/67 erfolgte die Erweiterung um einen weiteren Flügel.

From 1937, housing developed north of Wolbecker Straße for workers at Hansen. Bunker built at centre when war started: singe-storey, 2-wing concrete block with stairwell towers. Used as school from 1949, converted for purpose after 1952. Upper floor added with hip roof. Windows set into ground floor, where there are wetrooms + workshops; classrooms, art room, and hall on top floor. Hall decor + drinking fountain (1957) by A. Schlick. Epitomizes changing architectural attitudes: 30s traditional, monumental style; light, open structures in 50s. New wing 1966/67.

373
Fernmeldeturm
Hegerskamp
1985/86
Gerhard Kreisel, Günter H. Müller

Der Fernmeldeturm Münster stellt einen Nachbau des 1975 fertig gestellten Fernmeldeturms in Kiel dar. Auch in Bremen (1986) und Cuxhaven (1991) wurde ein nahezu baugleicher Turm errichtet. Münsters höchstes Bauwerk zählt mit seinen 229,5 Metern auch zu den 15 höchsten Fernsehtürmen Deutschlands. Er steht im Stadtbezirk St. Mauritz nahe dem Kreuzungsbereich von Umgehungsstraße und Wolbecker Straße. Der Turm verfügt über vier Antennen-Plattformen sowie über eine Turmkanzel in 108 Metern Höhe mit einem Durchmesser von 38 Metern. Der Außendurchmesser des Schaftes am Fuß beträgt 13,5 Meter, am obersten Abschluss zwei Meter. Mittlerweile wird der von der Deutschen Bundespost erbaute Turm von der Telekom-Tochter Deutsche Funkturm (DFMG) betrieben. Er ist nicht für die Öffentlichkeit zugänglich. Ein Vorgängerturm von 1961 wurde 1993 gesprengt.

Münster's telecommunications tower is a replica of that in Kiel (1975). Bremen (1986), Cuxhaven (1991) also have near identical towers. Münster's highest building (229.5 m) has 4 antenna platforms and a control 'cockpit' at 108 m. Ground-level diameter of shaft is 13.5 m, top 2 m. Built by German P.O., the officially named "Münster 42" is now operated by Deutsche Funkturm (DFMG). Not open to the public.

374
Feuerwehrgerätehaus Werse-Laer
Wolbecker Straße 404
2003/04
bau.werk

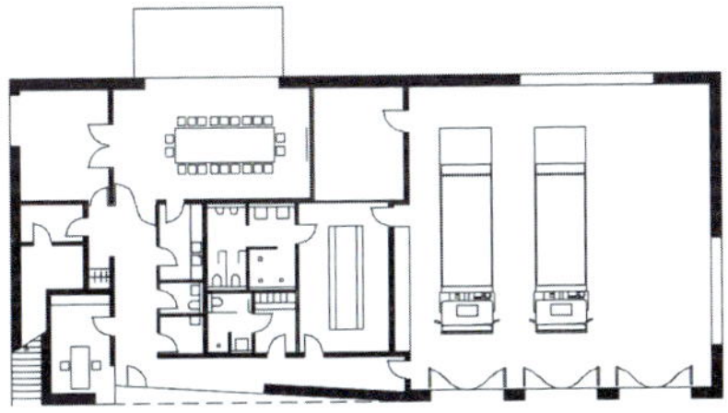

Eine neue Generation von Einsatzfahrzeugen, die gestiegene Zahl von Einsätzen und nicht zuletzt die räumliche Enge des bestehenden Gebäudes machten den Neubau eines Feuerwehrgerätehauses an der Wolbecker Straße erforderlich. Der lang gestreckte Baukörper erscheint durch die einheitliche Verwendung des Ziegelmauerwerks als kraftvoller Solitär. Der Grundriss ist klar in die Funktionsgruppen Alarmbereich, Sozialbereich und Wohnbereich gegliedert. Am deutlichsten ablesbar ist die Fahrzeughalle mit ihren drei großen Falttoren, im Anschluss folgt der Sozialbereich. Die Wohnung im Obergeschoss wird über eine seitliche Außentreppe erschlossen. Ein Mauerabschnitt im Erdgeschoss weicht elegant zurück, so dass sich ein Vordach in der Eingangszone ergibt.

New fire station's uniform brick lends a powerful impact to the long building on Wolbecker Straße. Ground plan is clearly divided into alarm, social and living zones. Engine garage with 3 folding doors is easily discernible; social area abuts it. Top-floor apartment accessed via outside steps. Part of ground-floor wall recedes elegantly to form a porch over the door.

375
Haus Lütkenbeck
Lütkenbecker Weg 100
1697–1720; 2012–13
Gottfried Laurenz Pictorius, Lambert Friedrich Corfey (zugeschrieben); Bock Neuhaus Partner

Nachdem Heidenreich Ludwig Droste zu Vischering 1695 die weitgehend ruinöse, ehemalige Wasserburg erworben hatte, entschloss er sich zu einem völligen Neubau. Als erstes entstand die Vorburg, zunächst die Wirtschaftshäuser, dann die Kapelle und als Gegenstück das Gerichtshaus. In einem späteren Schritt verband man diese durch viertelkreisförmige Arkaden mit den Wirtschaftsgebäuden. So ergab sich eine symmetrische Anlage, deren repräsentativer Charakter auch in der Gestaltung des von schwarzen Klinkern durchsetzten Ziegelmauerwerks und der in Sandstein ausgeführten Kapitelle und Pilaster zum Ausdruck kommt. Ursprünglich waren beide Häuser zweigeschossig, besaßen zweiachsige Eckrisalite mit einem großen Einfahrtstor und einen sandsteinverblendeten, einachsigen Mittelrisalit mit dem Wappen des Besitzers. Auch in den Arkaden betonte ein Risalit mit Dreiecksgiebel die Mittelachse. Das nördliche Haus brannte 1847 ab und wurde verändert wieder aufgebaut. Die Tore in den Eckrisaliten sind vermauert. Die Zuschreibung an Corfey geht auf seine Stiftung einer Glocke für die Kapelle zurück, lässt sich aber weder dokumentarisch noch stilistisch belegen. Hinzu kommt, dass Corfey um 1700 nicht in Münster, sondern in Italien weilte.
Die Autorschaft von G. L. Pictorius für das eigentliche Herrenhaus ist zwar gesichert, doch brannte der Bau kurz nach der Fertigstellung vollständig ab. Jedoch kann die nach den Restaurierungen der vergangenen Jahre deutlich zutage tretende architektonische Qualität der Vorburg eine Ahnung von der Schönheit der Gesamtanlage vermitteln.
Nachdem das nördliche Wirtschaftsgebäude baufällig geworden war, beschloss man 2012 den Abriss. Der Plan für das Mehrfamilienhaus entstand auf Grundlage eines Wettbewerbs für junge Absolventen (Sieger: Marc Masseck). Der dreigeschossige, langgestreckte, traufständige Ziegelbau mit Satteldach entspricht in seiner Kubatur dem gegenüberliegenden Zehnthaus, verzichtet jedoch auf historisierende Elemente. Die Straßenfront und die Giebelseiten erscheinen blockhaft geschlossen. Im Kontrast dazu ist die südliche Gartenseite verglast, wobei bewegliche, waagerechte Lamellen als Sicht- und Sonnenschutz dienen.

H. L. Droste zu Vischering acquired castle ruin in 1695 and chose to rebuild completely. Outer bailey with outbuildings, chapel and court-house facing. Later, all connected by arcades. Result was symmetrical with brickwork masonry and contrasting sandstone capitals + pilasters. Both buildings had 2 storeys with corner projections, large gateway, and sandstone-clad central projection bearing owner's crest. N. side burnt down 1847; reconstructed with changes, e.g. bricked-in corner gateways. Attributed to Corfey, who donated a chapel bell, but unproven – around 1700 Corfey was in Italy.
Original hall attributed to G. L. Pictorius but burnt down soon after finishing: recent restoration uncovers bailey's architectural quality, conveying sense of fine estate.
N. estate building razed 2012: replaced by 3-storey house, brick with pitched roof. Echoes structure opposite but avoids historicizing. Front and gable ends closed, garden aspect glazed with horizontal slat blinds.

376
Kläranlage/Pumpenhaus
Willy-Brandt-Weg
2000/01
Bolles+Wilson

Das Pumpenhaus steht in einer Übergangslandschaft. Einst Landeplatz für Zeppeline war die Loddenheide in der Nazi-Zeit Sammelstelle für die Deportation der Münsteraner Juden, später britische Armeebasis. An diese Nutzung erinnert noch die nahe Friedenskapelle, die ehemalige englische Garnisonskirche. In den späten 1990er-Jahren begann die Stadt, das Areal zu einem Gewerbegebiet zu entwickeln. Einzelne anonyme Gebäude sind entstanden. Das Pumpenhaus reagiert auf diesen Kontext und zeigt sich als abstrakte, solitäre Anlage auf grüner Wiese. Der Hauptbaukörper stellt eine Vitrine aus Industrieglas für Pumpen und Technik da. Daneben befindet sich ein kreisrundes Wasserbecken mit Zaun. Beide sind unterirdisch miteinander verbunden. Formal ist der Entwurf auf zwei geometrische Elemente – Quader und Kreis – reduziert. Die Wasserfilterungsanlage stimmt den Betrachter neugierig und zeigt, wie technisches Gerät als begreifbarer Teil der Umwelt aussehen kann, ohne stupider Zweckerfüllung zu verfallen.

In the Nazi era, Münster's Jews were deported from Loddenheide. Later it was a British Army base; former garrison church remains (nearby white chapel). Developed as an industrial area in late 1990s, when various anonymous buildings were built. Reacting to the context, the sewage station is an abstract, solitary complex, the main building a glass machinery case with underground link to an adjacent water basin. Striking design comprises 2 geometric elements – cuboid and circle.

377
Apothekerverband Westfalen-Lippe
Willy-Brandt-Weg 11
2015
Schnoklake Betz Architekten

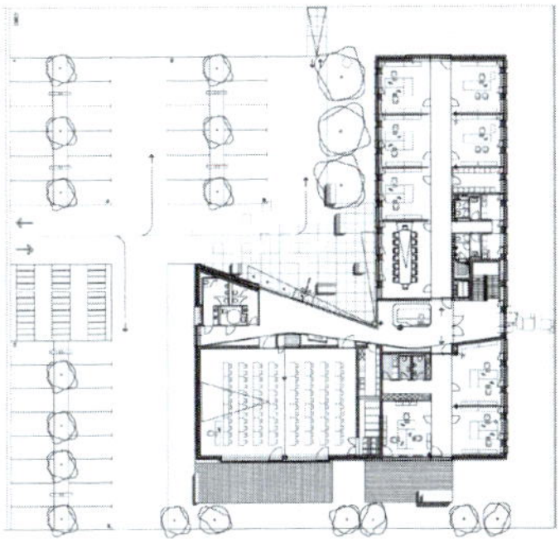

Das Büro- und Seminargebäude liegt inmitten des Gewerbegebietes Loddenheide, in zweiter Reihe zum Albersloher Weg. Gemessen an seinen Nachbarbauten zählt das Verbandshaus eher zu den kleineren Volumen – tritt jedoch durch seine architektonisch charaktervolle Gestalt hervor. Es besteht aus einem viergeschossigen Büroriegel sowie einem flachen Seminartrakt mit markant ansteigendem Dach. Der Büroriegel bietet unterschiedlichen Bürotypen Platz. Während die beiden oberen Geschosse mit klassischen Bürozellen und transparenten Empfangs- und Konferenzräumen vom Verband selbst genutzt werden, stehen die unteren beiden flexibel einteilbaren Ebenen Mietern zur Verfügung. Für ein lebendiges Fassadenbild sorgen rötliche Wasserstrichklinker und eloxierte Aluminiumbauteile sowie bodentiefe Fensteröffnungen, die etagenweise gegeneinander verschoben sind. Zusätzliche Dynamik erhält der Eingangshof durch die perspektivisch fluchtenden Formen von Vordach und Loggia. Die präzise Platz- und Wegegestaltung mit Sitzbänken unterstreicht den hohen Anspruch.

Office and seminar building in Loddenheide, set back on Albersloher Weg. Small by comparison to its neighbours – but architecturally striking. Comprises 4-storey office block, low seminar wing with steep roof. Top 2 floors are classic offices with transparent reception + conference rooms used by association; 2 lower floors are units to let. Lively façade with reddish water-struck brick + aluminium, staggered windows. Entrance area dynamized by perspectively aligned porch roof and loggia.

378
Siedlung Schlesienstraße
Schlesienstraße
1963–65
Max von Hausen, Ortwin Rave

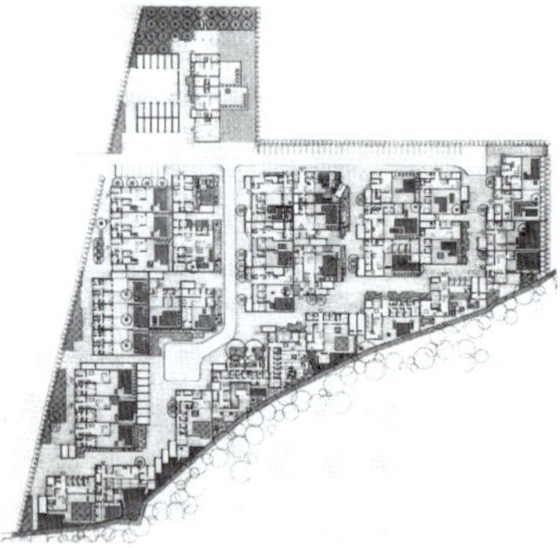

Nach nordischem Vorbild begannen einige junge Architekten auch in Münster Anfang der 1960er-Jahre mit neuen verdichteten Wohnformen zu experimentieren. Max von Hausen und Ortwin Rave gelang es, in Hiltrup die Siedlung Schlesienstraße (1963–65) und zusammen mit Harald Deilmann die Siedlung Parkallee (1965–70) im Osten der Stadt zu realisieren. Die Wohnsiedlung Schlesienstraße besteht aus 36 flachgedeckten Gartenhofhäusern, darunter neun zweigeschossigen sowie einem viergeschossigen, das auch die Gemeinschaftsheizung enthält. Von außen zeigen sich die Häuser zumeist nur mit ihren weißverputzten Umgebungsmauern und abschließender anthrazitfarbener Attika. Aufgrund vieler Grundrissvarianten überrascht vielfach das Innere. Insbesondere die Häuser zum Waldrand verfügen über lebendige Grundrisse. Die Siedlung entstand damals für Familien mit Kindern und kleinem Budget. Musterhaft ermöglicht die Siedlung sowohl Gemeinschaftsbildung als auch Privatheit.

Young Münster architects experimented with dense housing forms in 60s; v. Hausen and Rave realised Schlesienstraße (Hiltrup, 1963–65) and Parkallee in city's East (with H. Deilmann). Schlesienstraße comprises 36 flat-roofed houses; white-rendered walls and anthracite parapets are often all that is visible outside the garden courts. Light construction method led to energy and acoustical problems, but the architectonic diversity is admired.

379
St. Agatha
Kirchplatz 2
Um 1200

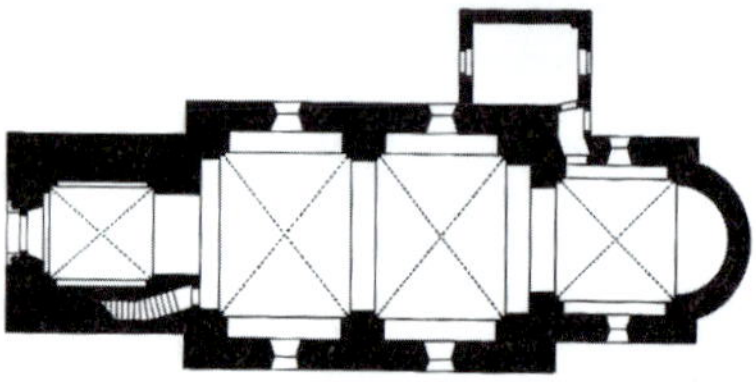

Die im alten Ortskern von Angelmodde gelegene Saalkirche erscheint von außen als Folge von vier in der Höhe abnehmenden Baukörpern. An den Westturm mit Biforienfenstern und Pyramidendach schließen der zweijochige Saal und der Chor jeweils mit rundbogigen Fenstern und Satteldach. Den Abschluss bildet die halbrunde Apsis. Der Eingang im Westen führt in die kreuzgratgewölbte Vorhalle und von dort in den Saal. Hier trennen die Joche gedrückte korbbogenförmige Gurtbögen, die auf breiten Wandvorlagen aufruhen. Von den nur an den Ecken sichtbaren Kernpfeilern gehen die Grate der Gewölbe aus. Nur im Langhaus, nicht aber im Chor, vermitteln Kämpfergesimse mit attischem Profil bzw. Klötzchenfries zwischen Wand und Wölbung.
Den spätromanischen Taufstein mit dem plastischen, aus gedrehten und eingerollten Blattranken gebildeten Fries fand man 1897 zerschlagen und in der Nordwand der Kirche vermauert wieder. Er befindet sich heute im Landesmuseum. Die Fenster stammen von Vincenz Pieper.
Von dem an die Kirche anschließenden Friedhof hat sich nur das steinerne Kruzifix erhalten, das zum Grab der Fürstin Amalie von Gallitzin gehörte.

Church in Angelmodde is a sequence of 4 decreasing volumes. W. tower abuts a 2-bay hall, followed by quire (both with round-arch windows, saddle roofs) and finally a semicircular apse. W. entrance leads to porch with rib-vault, then to the hall.
Late Romanesque font with foliage frieze was found in 1897, badly damaged and built into church's N. wall; now in State Museum of Westphalia.
Only one stone crucifix remains in the churchyard; from the grave of Princess Amalie v. Gallitzin.

380

Wohnhaus Götting

Twenhövenweg 36
1938/39
Heinrich Benteler, Albert Wörmann

Für die geplante Künstlerkolonie fand sich nur noch ein weiteres Mitglied, der Kunsthändler und Maler Heinrich Götting. Benteler entwarf für ihn einen zweigeschossigen Ziegelbau, der hell geschlämmt wurde. Auffälligstes Element ist das bis ins Erdgeschoss herabgezogene, steile Satteldach, das seitlich auf Konsolen aufsitzt, wobei die hintere gemauert ist, während die vordere, zur Straße zeigende in Sandstein ausgeführt ist. Die Giebelseiten erscheinen fast identisch, mit zwei großen, mit Schlagläden versehenen Öffnungen im Unter- und vier schmalen Fenstern im Obergeschoss. Auf der Gartenseite erscheinen jene als Terrassentüren unter einem Altan. Ein kleines, halbrundes Fenster setzt einen abschließenden Akzent im Giebelfeld. Für die Rahmung der an der nördlichen Traufseite liegenden Eingangstür verwendete man Sandstein; ebenso für die Eckeinfassung des niedrigeren Anbaus. Die Inneneinrichtung stammte übrigens von Edmund Scharf, dem Architekten des Bunkers an der Lazarettstraße (Nr. 121).

The only other member found for an artists' colony was art dealer and painter Götting. Benteler designed his house in brick painted in light slurry. Strikingly steep saddle roof rests on side consoles. Gable fronts seem identical; 2 big ground-floor windows with shutters, 4 narrow windows above. Door on N. eaves front is framed in sandstone, like edging of lower outbuilding. Interior by E. Scharf, architect of bunker on Lazarettstraße (no. 121).

381

Wohnhaus Kissenkoetter

Twenhövenweg 40
1937
Hans Ostermann

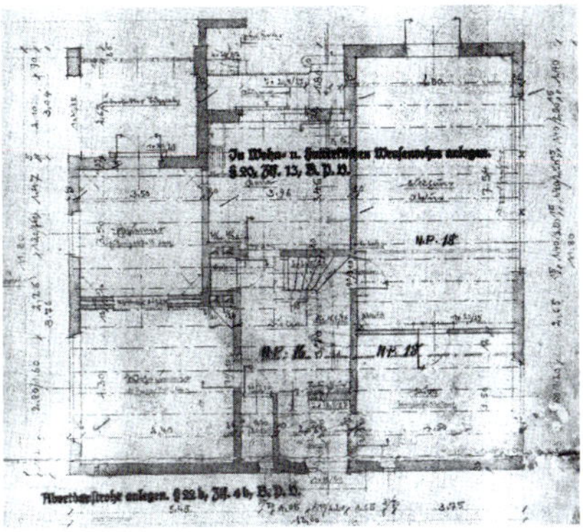

Mit dem Honorar für das Tympanonrelief des Standortlazaretts an der Von-Esmarch-Straße (Nr. 302) erwarb der Bildhauer Hermann Kissenkötter das Grundstück an der Werse und ließ dort Ostermann, von dem der Entwurf für den Mittelrisalit des Lazaretts stammt, sein Atelierhaus errichten. Die malerische Lage des Dorfes Angelmodde schien wie geschaffen, eine Künstlerkolonie zu gründen.
Das Haus fügt sich mit Krüppelwalmdach und Fachwerkobergeschoss ganz im Sinne des landschaftsverbundenen Bauens in die Umgebung ein; auch die Terrasse mit Sitzplatz unter dem abgeschleppten Dach lässt sich in diese Tradition einordnen. Der Eingang erhielt eine Rahmung mit Natursteinen, bekrönt von einer Art Wappenschild mit den Initialen des Bauherrn. Die nördliche Giebelseite dominieren die großen Fenster des Ateliers, dessen Fußboden abgesenkt wurde, um Raumhöhe zu gewinnen. Im Erdgeschoss befanden sich auch Küche, Ess- und Wohnzimmer, während die privateren Räume das Obergeschoss einnahmen.

Kissenkötter bought the site with his fee for a tympanum relief (military hospital, no. 302) and commissioned Ostermann to design a studio/house. Picturesque village of Angelmodde seemed ideal for an artists' colony. Half-hipped roof and timber-framing mean the house fits well into the local area. Door framed by natural stones; "heraldic shield" with owner's initials above. Big studio windows on N. gable; floor lowered here to add height.

382
Haus P
Kissenkötterweg 6
2011–12
Bolles+Wilson

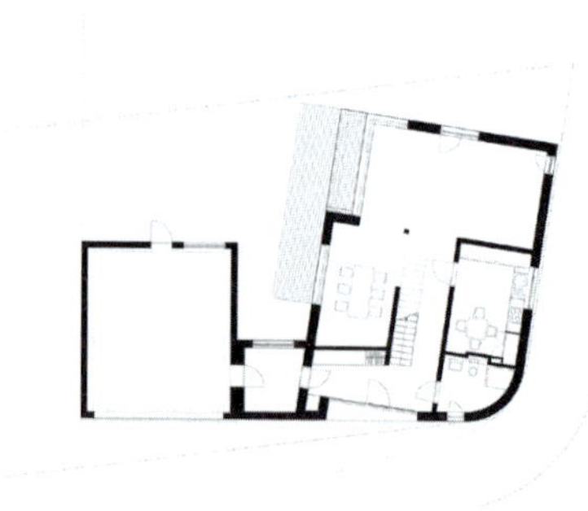

In der unspektakulären Umgebung des Neubaugebiets setzt das zweigeschossige Wohnhaus mit Flachdach einen erfreulichen Akzent. Zur Straße hin spannt sich die Wandfläche um die abgerundete Ecke und setzt sich ab dem zurückgesetzten Eingangsbereich eingeschossig und leicht abfallend zum Garagenanbau fort. Achsial gesetzte, hochrechteckige, schmale Öffnungen rhythmisieren die Fläche, doch das meiste Licht erhalten die Räume von den zum Garten liegenden Fenstern. Während sich im Erdgeschoss, neben Diele, Sanitärbereich und Küche, ein unregelmäßig geschnittener großer Raum zur Terrasse öffnet, ist das Obergeschoss in kleinere Schlaf- und Wohnräume unterteilt.

Striking 2-storey house with flat roof. Facing street, wall runs over rounded corner and on to a receding entrance, finally to adjoining garage. Rhythm created by layout of tall, narrow openings; light mainly from windows to garden. Most ground-floor space consists of big irregular room to terrace; smaller rooms + bedrooms on 1st floor.

383
Haus Dahl
Hiltruper Straße 85
1713

Die Geschichte von Haus Dahl lässt sich bis ins 16. Jh. zurückverfolgen. Von den Baulichkeiten aus dieser Zeit hat sich jedoch nichts erhalten; nur der Gräftenring hinter dem Haus stammt noch aus dieser Zeit.
Der in Backstein gemauerte Barockpavillon auf rechteckigem Grundriss besitzt über einem Sockel zwei Geschosse; ein Walmdach bildet den Abschluss. Lisenen trennen die Achsen und fassen die Kanten des Gebäudes ein. Zwischen den Fenstern jeder Achse, drei auf den Lang-, zwei auf den Schmalseiten, befindet sich ein Blendfeld. Über dem zentralen, sonst nicht weiter hervorgehobenen Eingang erscheint darin das Allianzwappen der Familien Merveldt-Westerholt eingelassen. Hier liest man auch das Datum 1713, während die Türschwelle die Inschrift „Anno 1778" trägt. An den Pavillon fügte man im 19. Jh. einen eingeschossigen Fachwerkflügel an.

History of Haus Dahl began in 16th century, but only water-trenches behind house date from that period.
Baroque, brick-built pavilion has 2 storeys and hip roof. Pilaster strips divide axes with blind fields in-between. Merveldt-Westerholt families' allied coats of arms and date 1713 above a central door; step is inscribed "Anno 1778". Timber-framed, single-storey wing added in 19th century.

384
Drostenhof
Am Steintor 5
1545–57

Torhaus mit Erker

Treppenturm

Giebel des Herrenhauses

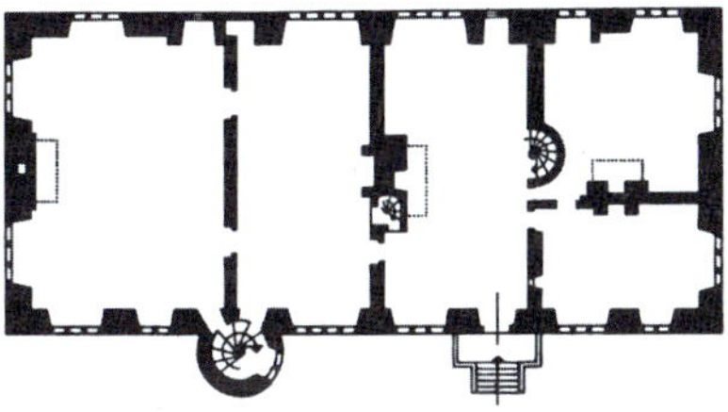
Ursprünglicher Grundriss des Herrenhauses

Der einzig erhaltene aus einer Reihe von Burgmannshöfen, die zur Befestigungsanlage der Residenz Wolbeck gehörten, wurde für die Familie von Merveldt errichtet, wie die Inschrift über dem Portal besagt.
Das 1545–47 errichtete Torhaus aus Backstein mit Fialengiebel übernimmt das in Münster charakteristische Motiv des gotischen Erkers. Dessen Dekoration mit Kopfmedaillons und Wappen verwendet jedoch bereits Renaissanceformen, während die Profile der Türgewände gotische Kehlen und Stabwerk zeigen. Das schlichte Wirtschaftsgebäude passt sich der Architektur des Torhauses an.
Im Backsteinmauerwerk des zehn Jahre später vollendeten Herrenhauses wechseln rötliche und glasierte, hellere Backsteine so, dass sich ein aus Rauten gebildetes Dekorationssystem ergibt. Dreiteilige Maßwerkfenster mit Mittelbrücke in den Geschossen und stockwerkweise versetzte Kreuzsprossenfenster im Giebel entsprechen zwar noch traditionellen Formen, doch vor allem bei der Dekoration des Giebels orientierte man sich an den Formen der französischen Renaissancearchitektur. Auf Konsolen ruhende Lisenen und verkröpfte Simse bilden einen plastischen Kontrast zu den glatten Backsteinflächen. Die sieben von Halbkreisrosetten mit Kugeln bekrönten Staffeln greifen ein Dekorationselement der Weserrenaissance auf und hatten Vorbildwirkung für mehrere Münsteraner Bauten. Aus Frankreich übernahm man die Lukarne, das früheste Beispiel für dieses Architekturmotiv in Münster und Umgebung. Einen Blickfang bildet auch der Treppenturm mit seinen schräg geschnittenen Fenstern und den glasierten Ziegeln. In seinem Innern findet die Spindel der Wendeltreppe ihren Abschluss in einer mit Laubwerk geschmückten, balusterförmigen Säule, die wiederum den Schlussstein des Kreuzrippengewölbes trägt.
Die komfortable Disposition der Innenräume zeigt eine an französischen Vorbildern orientierte Wohnkultur. Neben zwei prächtigen Kaminen haben sich Teile einer Stuckdecke aus dem Jahr 1650 erhalten.

One surviving court of the Wolbeck Residence, built for Merveldt family (cf. inscription over door).
Brick gatehouse (1545–47) has Gothic bay typical of Münster. Its décor of medallions and coats of arms displays Renaissance forms; Gothic grooves and mullions on jambs. Simple service building echoes gatehouse. Main house built ten years later; red and glazed, light-coloured bricks create diamond patterning. Tracery windows are traditional, but gable décor oriented on French Renaissance architecture. Pilasters and cornices contrast with smooth brick areas. 7 gable steps crowned by rosettes are typical of Weser Renaissance; model for other Münster buildings. Lucarne adopted from France; oldest example in Münster area. Striking stairwell with oblique windows.
Room layout oriented on the French model. 2 fine fireplaces and part of stucco ceiling (1650) have survived.

385
St. Nikolaus
Herrenstraße
Um 1300/50

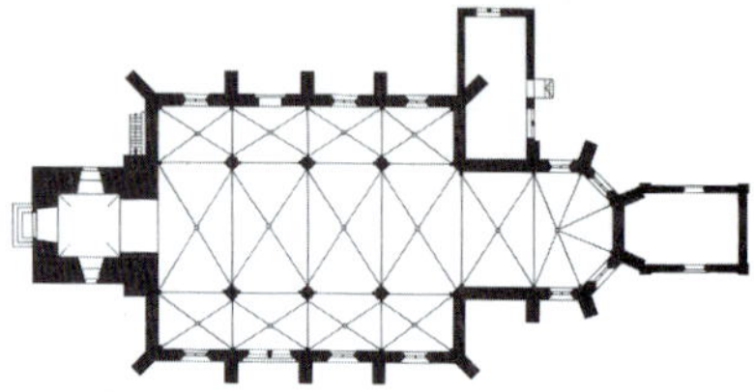

An die dreischiffige, vierjochige Hallenkirche schließt ein um die Breite der Seitenschiffe eingezogener Chor mit 5/8-Schluss. Die Wände gliedern zweibahnige Maßwerkfenster mit Vierpässen und Strebepfeiler mit pultdachartigen Schrägen und Wasserschlägen. Im Westen ist ihr ein romanischer Turm aus Bruchsteinmauerwerk vorgelagert. Das Obergeschoss fiel möglicherweise dem Brand von 1662 zum Opfer und wurde in Ziegelmauerwerk mit einer barocken Haube erneuert. Im Osten baute man im 18. Jh. an den Chor die Merveldtsche Grabkapelle an.
Im Innern tragen gedrungene, kantonierte Pfeiler die Kreuzrippengewölbe, wobei in den Seitenschiffen Wanddienste die Rippen auffangen. Alle Dienste besitzen glatte Kelchkapitelle, wobei die Wulste ebenso wie die Profile der Kämpfer um Kernpfeiler und Dienste herumgeführt werden. Die Rippen besitzen einen einfachen, gekehlten Querschnitt mit Mittelgrat, vergleichbar dem der Apostelkirche (Nr. 105). Zu dieser bestehen auch sonst zahlreiche Übereinstimmungen, etwa in der Gestaltung der Maßwerkfester, so dass man St. Nikolaus als Nachfolgebau der ehem. Minoritenkirche betrachten kann. Im Chor befindet sich seit 1936 der von Johann Conrad Schlaun entworfene Hochaltar der Merveldtschen Grabkapelle.

3-nave, 4-bay hall church; quire with 5/8 termination. Walls divided by quatrefoil tracery windows and buttresses. Romanesque W. tower built in rough stone. Top floor razed by fire (1662), replaced in brick with Baroque cap. 18th-century Merveldt funeral chapel abuts quire in East.
Quadripartite vault is borne by squat pillars. Simple, fluted cross-section with central rib, comparable to Apostelkirche (no. 105); many other similarities, incl. design of tracery windows. High altar (by Schlaun) of Merveldt funeral chapel has been in quire since 1936.

386
Ehem. Fürstbischöflicher Jagdpavillon
Tiergarten 4
1712

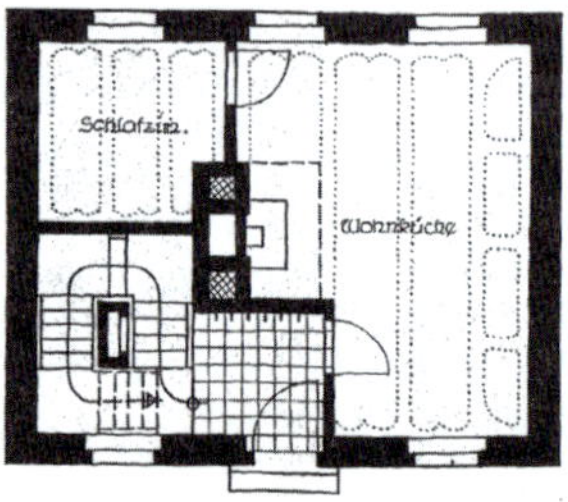

Etwas außerhalb von Wolbeck liegt der ehemalige Tiergarten, den Fürstbischof Clemens August als leidenschaftlicher Jäger zur Sicherung des Wildbestandes einfrieden ließ. Das zugehörige Schloss wurde 1767 im Siebenjährigen Krieg zerstört. Erhalten hat sich jedoch der 1712 errichtete zweigeschossige Jagdpavillon auf annähernd quadratischem Grundriss, ein Ziegelbau mit Werksteinrahmungen für die Öffnungen. Die drei östlichen, heute vermauerten Fenster im Obergeschoss dienten bei den Treibjagden als Anstand. Über der Tür befindet sich das Wappen des Bauherrn, Franz Arnold von Wolff-Metternich. Der Fachwerkanbau mit Krüppelwalmdach stammt aus späterer Zeit.

Former deer park of Prince Bishop Clemens August is just outside Wolbeck. A palace here was destroyed in Seven Years' War (1767); 2-storey, brick and ashlar hunting pavilion (1712) survived. Owner Franz Arnold von Wolff-Metternich's coat of arms above door. Later timber-frame extension with half-hipped roof.

387
Gut Fronhof

Alverskirchener Straße 10–12
1890; 1910

Villa

Ställe

Auf dem Gelände eines seit dem Mittelalter bezeugten Vorgängerbaus, auf den die teilweise erhaltene Gräftenanlage zurückgeht, ließ der aus dem Ruhrgebiet stammende Unternehmer Wilhelm Bischoff ein Gut anlegen, auf dem er Grubenpferde für den Kohlebergbau züchtete. Die Stallungen bilden eine Dreiflügelanlage. Auf den schlichten, weiß verputzten Fassaden setzen die backsteinsichtigen Rahmungen und Überfangbögen Akzente. Demgegenüber zeugt das zweigeschossige Herrenhaus in historistischen Formen vom Wohlstand seines Besitzers. Der um 1910 von Bischoffs Sohn Ewald angefügte östliche Erweiterungsbau lässt sich an der Fassade kaum ablesen. Vom Ziegelmauerwerk der Wände setzen sich die weißen Gliederungselemente wie Gesimse und Fensterrahmungen deutlich ab. Roll- und Beschlagwerkornamente verweisen auf den Formenfundus der Neorenaissance. Vorbauten, eine Terrasse und ein runder, überkuppelter Treppenhausrisalit lockern den Baukörper auf. Eine Freitreppe führt zum Eingang, den ein prächtiges Vordach mit schmiedeeisernem Rahmen in Jugendstilformen überfängt.

On the site of a mediaeval house, businessman Bischoff established his estate to breed pit ponies. 3-wing stable complex has white-rendered façades and contrasting brick frames and arches. Opposite this is 2-storey, historicist manor (later E. extension). Brick with white sills and frames, neo-Renaissance style scroll- and strapwork décor. Porches, terrace and projecting stairwell break up the architectural volume. Fine wrought-iron porch with Art Nouveau frame.

388
Alt St. Clemens

Alter Kirchplatz 1
Um 1150; um 1520

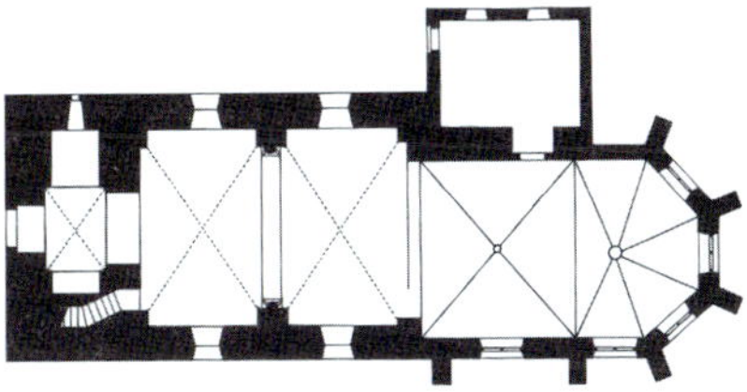

Das bis auf zwei Rundbogenfenster ungegliederte romanische Langhaus begrenzt im Westen ein Turm, der sich an allen vier Seiten in Biforien öffnet. Im Innern bildet er eine Vorhalle, in deren dicke Mauern seitlich tonnengewölbte Nischen eingeschnitten sind. Die nördliche durchmisst mit ihrem fast quadratischen Grundriss fast die gesamte Mauertiefe und erhält Licht durch einen Fensterschlitz. Da sich Reste eines romanischen Taufsteins fanden (der jetzige, spätgotische stammt aus St. Lamberti), handelte es sich möglicherweise um eine Taufkapelle. Eine Treppe in der Südseite führt in das flach gedeckte, ähnlich gegliederte Obergeschoss, das sich mit zwei, ursprünglich gleichen Biforien zum Langhaus öffnet und vielleicht als Kapelle des Grundherrn fungierte. Die zwei kreuzgratgewölbten Joche des Langhauses trennt ein breiter Gurtbogen auf Wandvorlagen mit Würfelkapitellen und Schachbrettkämpfern. Bei der Erneuerung des Chores um 1520 behielt man die Nordwand des Vorgängers bei, während man im Süden die Breite bis an die Flucht der Langhauswand ausdehnte. Die dünnen Kreuzrippen des Gewölbes laufen an der Wand in Keilen aus.

Romanesque nave is abutted by W. tower. Inside, this forms porch with niches in thick walls. Remains of Romanesque font found in N. niche (present late Gothic font from St. Lamberti); it may have been a baptistery. Stairs in S. side lead to floor with similar layout and windows to nave – the founder's chapel? Nave's 2 bays are divided by wide arch on wall projections with block capitals and checkerboard imposts. During restoration ca. 1520, quire was widened in South.

389
St. Clemens
Hohe Geest 1
1913
Ludwig Becker

Innenansicht 1913

Im Zuge der Industrialisierung wuchs auch in Hiltrup die Bevölkerung so stark, dass die romanische Clemenskirche der Gemeinde nicht mehr genügte. Der Mainzer Dombaumeister Ludwig Becker griff in seinem Neubau die neoromanischen Formen und den hell durchfensterten Chor auf. Der Münsteraner Maler Werner Sommer besorgte die Ausmalung, die in dem die ganze Wandfläche überziehenden Figurenprogramm des Chores ihren Höhepunkt fand. 1967 gestaltete man den Kirchenraum im Sinne der Liturgierform des 2. Vatikanums um. Die Chorschranken fielen weg und der Altar erhielt seinen Platz in der Vierung. Auch ließ man Altar, Tabernakel, Ambo und Apostelleuchter als einheitliches Ensemble neu anfertigen. 2001 erfolgte eine erneute Renovierung, geleitet von dem Architekten Werner Nopto. Wände und Gewölbe erhielten einen schlichten weißen Anstrich, vor dem sich insbesondere die aus der Gründungszeit stammenden, farbig gefassten Apostelfiguren im Chor wirkungsvoll abheben.

Hiltrup's population rose with industrialisation; St. Clemens lacked space. Becker's new church adopts neo-Romanesque forms. Münster artist W. Sommer painted murals, incl. striking figures covering walls of quire. Redesigned in 1967 after liturgical reform; rood screen removed, altar moved to crossing. Restored by Nopto, 2001. Walls and vaults painted white; now a contrast to quire's apostle figures, which date from foundation.

390
Wohnhaus Cesarz
Max-Winkelmann-Straße 10
1932
Bernhard Tönies

Ansicht 1933

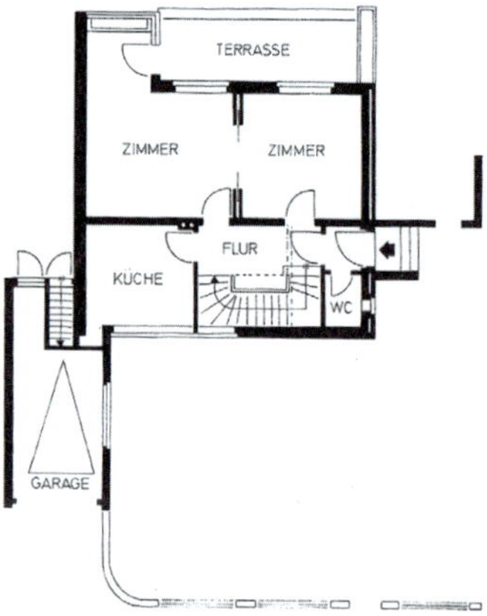

In der Straße mit für die Region typischen Backsteinvillen fällt der weiß verputzte Bau zwar als „Ausreißer" auf, fügt sich aber in seiner kubischen Form durchaus in das umgebende Ensemble. Bernhard Tönies, der in Düsseldorf bei Fahrenkamp, einem exponierten Vertreter des Neuen Bauens, studiert hatte, entwarf das Haus für den Oberwaffenmeister a. D. Franz Cesarz. Die vorgesetzte ehemalige Garage und der rundbogige Durchgang zum Garten geben dem Kubus Halt und Spannung. Ähnlich betonen die für das Neue Bauen charakteristischen Fensterbänder die Flächigkeit der Fassade, indem sie nicht Achsenbeziehungen herstellen, sondern wie graphische Elemente die Fläche rhythmisieren.

White-rendered building is striking on a street of brick villas typical of Münster, but its cubic form fits into the surroundings. Architect Tönies studied under Fahrenkamp, a key representative of New Building. Window bands typical of New Building emphasise two-dimensionality of façade, creating rhythm like graphic elements.

391
Missionskloster und Krankenhaus der Genossenschaft der Schwestern vom Heiligen Herzen Jesu
Westfalenstraße 109
1925–30
Carl Brocker

Der expressionistische Backsteinbau wurde ab 1925 neben dem neogotischen Gebäude Franz Wucherpfennigs errichtet. Die gebogene Hauptfassade akzentuieren zwei Türme, die ursprünglich beide mit einem Zackenkranz und vier mächtigen Engelskulpturen an den Ecken abschließen sollten. Den linken Turm schmückt zudem ein kolossales Kruzifix. Sie flankieren die im Zentrum liegende Kapelle, die nach außen durch die hohen, zwei Stockwerke übergreifenden Fenster deutlich zu erkennen ist. Den Haupteingang markiert eine Treppenanlage mit kleiner Eingangshalle aus Granit. Die Seitenflügel erheben sich in drei Stockwerken über einem Sockelgeschoss; Gesimse und Fensterrahmungen heben sich hell von dem rötlichen Mauerwerk ab. Ein seitlich zweifach, im Zentrum dreifach gestuftes Dach bildet den oberen Abschluss. Die Rückfront präsentiert sich in zwei Höfen weniger einheitlich. Dem Bereich der Kirche ist eine Treppenanlage mit Loggia vorgelagert. Die Kapellenwand markiert eine Art Gitter aus monumentalen Quadern. In dem anderen Hof liegt eine kleinere Treppe vor einem risalitartigen Vorbau mit Giebel, wobei den Eingangsbereich schwarze Platten hervorheben.

Expressionist brick building (1925) is beside neo-Gothic structure by Wucherpfennig. Curved main façade accentuated by 2 towers. Windows extending over 2 floors mark chapel between them. Main entrance with steps and granite lobby. 3-storey side wings have contrasting sills and window frames. Roof is stepped (2 steps at sides, 3 in centre). Rear façades (2 courts) are less unified, cf. chapel wall with monumental quader stones. In 2nd courtyard, steps lead to projecting porch with pediment; black slabs mark entrance area.

392
Ehem. Herz-Jesu-Missionshaus
Westfalenstraße 213
1896/97
Franz Wucherpfennig d. Ä.

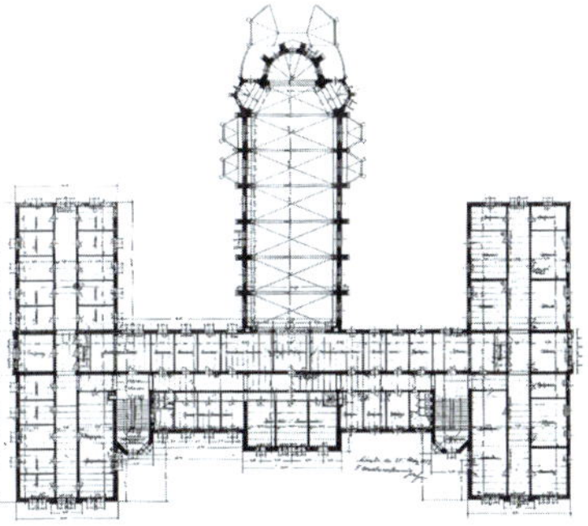

Zustand 1896/97

Die Schaufassade gliedert sich in einen dreiachsigen, übergiebelten Mittelrisalit mit Rosettenfenster und übergiebelter Eingangshalle, an den seitlich je vier Fensterachsen anschließen. Polygonale Treppentürmchen mit Spitzbogenfenstern vermitteln zu dreiachsigen Stirnseiten der Seitenflügel, die wie Eckpavillons vortreten. Sie zeigen im Erdgeschoss hohe Öffnungen mit angedeutetem Spitzbogen und in den Obergeschossen paarweise zusammengefasste, rundbogig schließende Fenster. Die Mittelachse betont ein flach aufgelegter Erker. Die vertikale Gliederung übernehmen Ornamentstreifen mit helleren Ziegeln und umlaufende Gesimse aus Formsteinen. Die Formenvielfalt der Dachlandschaft zerstörte man in den fünfziger Jahren aus wirtschaftlichen Erwägungen. Ein weiterer gravierender Eingriff erfolgte 1984, als die Stadt Münster, in deren Besitz das Gebäude sich inzwischen befand, das Kloster an einen Investor verkaufte, der es in ein Studentenheim umwandelte und dabei die neogotische Kapelle, die rückseitig in Verlängerung des Eingangsbereichs in den Hof hineinragte, abbrechen ließ.

Main façade is divided into central projection (3 axes) with rosette windows and 4 axes on each side. Polygonal stairwells with pointed-arch windows abut side wings, which project like corner pavilions, their central axes accentuated by flat bays. Ornamental strips of light brick and shaped-stone cornices divide fronts. Roof landscape was destroyed in 50s. Investors bought the convent from the city in 1984; during conversion to students' residence, neo-Gothic chapel behind entrance was razed.

393
Kommunikationszentrum BASF Coatings
Glasuritstraße 1
1908; 2001
Pfeiffer · Ellermann · Preckel

Forum

Die 1888 von Max Winkelmann in Hamburg gegründete Lackfabrik wurde 1903 durch eine Zweigstelle in Hiltrup erweitert und als Glasurit-Werk zur Weltfirma. 1965 erwarb BASF das Unternehmen. Der Gebäudebestand auf dem heutigen Werksgelände zwischen Dortmund-Ems-Kanal und Glasuritstraße zeugt denn auch von dieser Geschichte. Einzelne der rund 140 Produktions- und Verwaltungsgebäude verfügen über herausragende architektonische Qualitäten, so ein historischer Wasserturm sowie Lagerhallen aus den 1950er-Jahren mit geschwungenen Dächern. Um im Gebiet einen neuen Mittelpunkt für Mitarbeiter, Kunden und Gäste zu schaffen, wurde im Jahr 2001 eine 1908 erbaute und 1986 stillgelegte Fertigungshalle zum Ort für Betriebsversammlungen, Kundengespräche und Ausstellungen umgebaut. Die zweigeschossige Backsteinhalle mit Stufengiebeln wurde dabei bis auf ihr Stahlbetonskelett entkernt und an der Südseite mit einer Stahl-Glas-Fassade ergänzt. Diese öffnet sich einem neugeschaffenen, erhöhten Platz, der im Sommer nahezu südländisch anmutet. Vom gleichen Büro stammt auch das größte Werksgebäude, ein neues Distributionszentrum (2004) an der Glasuritstraße.

Winkelmann's Hamburg paint factory (1888) opened a branch here in 1903, making its name as Glasurit. Taken over by BASF in 1965. Today's site between Dortmund-Ems canal and Glasuritstraße reflects that history. Architecturally interesting buildings incl. water tower, warehouses with curved roofs (1950s). A brick factory hall (1908) was converted into a business and exhibition centre (2001); gutted to reinforced concrete skeleton and steel-glass south façade added. Architects also built new distribution centre (2004) on Glasuritstraße.

394
Polizei-Führungsakademie
Zum Roten Berge
Um 1940
Quehl (Hochbauabteilung d. Preuß. Finanzministeriums, Berlin), Löhr, Hövel (Preußische Staatsneubauleitung, Münster)

Eingangstor um 1940

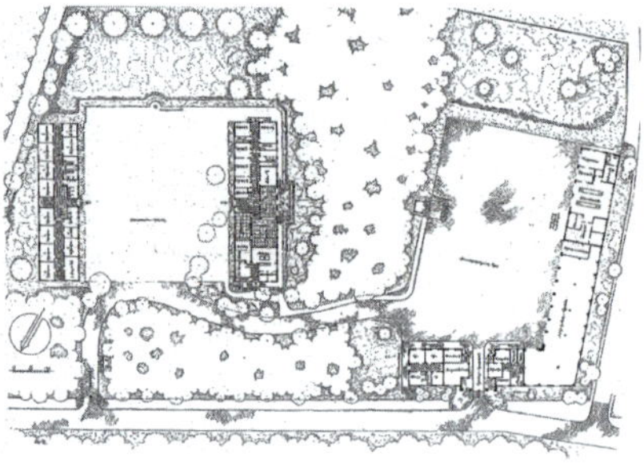

Für die Formation der motorisierten Gendarmerie errichtete man am Stadtrand eine Unterkunft, die ideologisch aufgeladen war. In der Wahl der Materialien sowie der architektonischen Formensprache orientierte man sich an der „im Münsterland heimischen, lebendigen Bautradition". So entspricht zwar das Torgebäude dem von den Nationalsozialisten bevorzugten monumentalen, kantigen Klassizismus, gibt sich jedoch zugleich mit dem, wie es in einer zeitgenössischen Beschreibung heißt, „behäbigen Ziegeldach" und dem Tor aus Eichenbohlen Vertrauen erweckend solide. Über einen leicht geschwungenen Weg waren zwei einander gegenüberliegende Häuser für die Unterkünfte sowie für Verwaltung, Schulungs- und Gemeinschaftsräume zu erreichen. Die Kantine besaß einen offenen Kamin mit einem Wandbild, das einen „Geleitsreiter im mittelalterlichen Münster" zeigte. Die schon genannte Beschreibung betont die Widerstandsfähigkeit der Ausstattung gegen den „rauen Betrieb" und verklärt zugleich das „kameradschaftliche Beisammensein" an „langen Winterabenden".

Accommodation for the gendarmerie was built on city periphery, ideologically charged. Materials and architectonic forms oriented on "local, vital building tradition". Gatehouse thus accords with Nazis' preferred monumental Classicism, but a tile roof and oak gate make it appear solid and reliable, Curving path led to 2 main buildings; accommodation, admin, classrooms and common rooms.

395
Pumpwerk V
Hohe Ward
1905/06
Sebastian Bender

Ansicht um 1907

Zur Verbesserung der Münsteraner Trinkwasserqualität nahm man 1880 die erste Pumpstation in Betrieb, der bald weitere folgten. Anfang des 20. Jh. entstand nicht nur das Pumpwerk V, sondern auch der Wasserturm auf der Geist (Nr. 264) und das Abwasserpumpwerk in der Gartenstraße (Nr. 177), die zusammen in bemerkenswerter architektonischer Qualität das damals hochmoderne Wasserversorgungssystem der Stadt bildeten. Das Pumpwerk V ist in einem zwölfeckigen, verputzten Zentralbau mit Backsteingliederungselementen untergebracht. Große Rundbögen, ein zentraler Eingang und elf dreigeteilte Fenster wechseln mit ziegelgemauerten Strebepfeilern, die historisierend mit Wasserschlägen und Fialen verziert sind. Darüber fasst ein Fries mit Ziegelmauerwerk die Wandfelder zusammen. Die Dachkonstruktion aus Stahlträgern bekrönt eine Laterne mit von außen über eine Stahltreppe zu erreichendem Umgang. Eine Welsche Haube mit Kugelaufsatz bildet den Abschluss. Über die Eingangstür gelangt man auf einen Umgang, der den Blick auf die sechs Meter tiefer liegende Maschinenhalle erlaubt. Eine Treppe führt hinab zur Schaltstation und weiter zu den Pumpen. Im Zentrum befindet sich der Brunnen, der auch als Auflager und Achse für den Kran dient.

First pump station began operating in 1880. Pump works V, water tower on the Geist (no. 264), and sewage works in Gartenstraße (no. 177) were all built with striking architectonic quality in early 20th century. Pump works are in a 12-cornered, rendered building with brick elements. Central door, 3-part windows alternate with brick buttresses; historicising dripstones, pinnacles. Roof of steel girders is crowned by turret with encircling gallery. Gallery inside provides a view down to machinery hall; steps down to switching station and pumps, well at centre.

396
Gut Heidhorn
Westfalenstraße 480
2. H. 18. Jh.; um 1850; 1904

Torgebäude

Speicher

Nachdem Josef Hötte 1844 den schon im 13. Jh. bezeugten Gräftenhof erworben hatte, ließ er ein großzügiges Herrenhaus mit Parkanlage errichten. Erhalten hat sich von den alten Gebäuden vor allem das malerische Torhaus aus dem Jahr 1904. Es besteht links aus einem niedrigeren Trakt mit rundbogigem Durchgang und einer höheren, rundbogigen Einfahrt. Nach rechts schließt sich ein zweigeschossiges Wohnhaus an, das mit einem halbrunden Turm abschließt. Das Erd- und ein Teil vom Obergeschoss sind in Sandstein gemauert, darüber erhebt sich eine Fachwerkkonstruktion, die für die Bauteile separate Krüppelwalmdächer, ein Sattel- und ein Kegeldach abschließen. Ursprünglich ergänzte noch ein Dachreiter das Ensemble. Im südlichen Bereich der Hofanlage befindet sich ein zweigeschossiger Fachwerkspeicher. Die lang gestreckte Scheune mit Satteldach aus dem 19. Jh. öffnet sich an den Traufseiten in großen zweiflügeligen Toren.

Hötte bought farm (13th-century site) in 1850, building a large manor house. Picturesque gatehouse (1904) survives. Left-hand section has pedestrian gate, higher round-arch gateway on right. Abutting house has semicircular tower; ground floor and part of upper floor are sandstone. Timber-frame section above is topped by half-hipped, saddle and conical roofs. Timber-frame store is late 18th century, long barn with saddle roof 19th century.

397
St. Sebastian
Zum Häpper 7
Um 1400; 1893

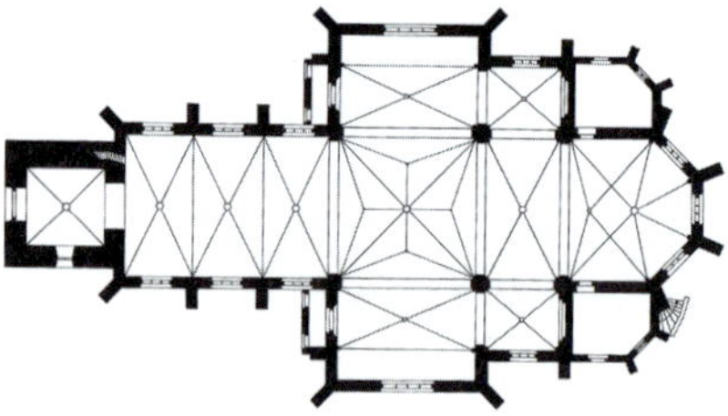

Da für die Zeit des Mittelalters keine Daten überliefert sind und der gotische Chor durch den Anbau von 1893 zerstört wurde, lässt sich die Baugeschichte nur annähernd klären. Der romanische Saal, der sich an den Westturm anschloss, erhielt wohl in gotischer Zeit einen neuen Chor. In einem zweiten Schritt erneuerte man das Langhaus, dessen drei Joche mit Kreuzrippengewölbe deutlich höher als der Chor ausfielen. In dieser Zeit überarbeitete man wohl auch den Turm an den Gesimsen und Fenstern. Auch stockte man ihn um ein Geschoss auf. Im Innern laufen die Kreuzrippen der Gewölbe des 15. Jh. in spitzen Keilen aus. Die Raumwirkung dominiert jedoch der neugotische Anbau mit ausladendem Querhaus, Vierung und poligonal geschlossenem Chor. Nur Lavabo- und Sakramentsnische stammen noch aus dem Vorgängerbau. Der große, zur Ausstattung der Kirche gehörende Flügelaltar befindet sich heute im Landesmuseum. Die Hintergrundlandschaft der von Johann Koerbecke und seiner Werkstatt geschaffenen Kreuzigungsszene der Mitteltafel zeigt eine Stadtansicht Münsters.

Gothic quire was ruined by extension (1893) and mediaeval records lost, meaning church's history is vague. New quire was prob. added to a Romanesque hall in Gothic era. Tower may also have been made higher. 15th-century vaulting. Overall effect is dominated by neo-Gothic addition with transept, crossing and quire (polygonal termination). Only lavabo and sacrament niche were kept. Altarpiece is now in State Museum of Westphalia: crucifixion scene by J. Koerbecke with background of Münster.

398
Haus Loevelingloh
Loevelingloh 88
1880; 1922
Rüschenschmidt & Schräder

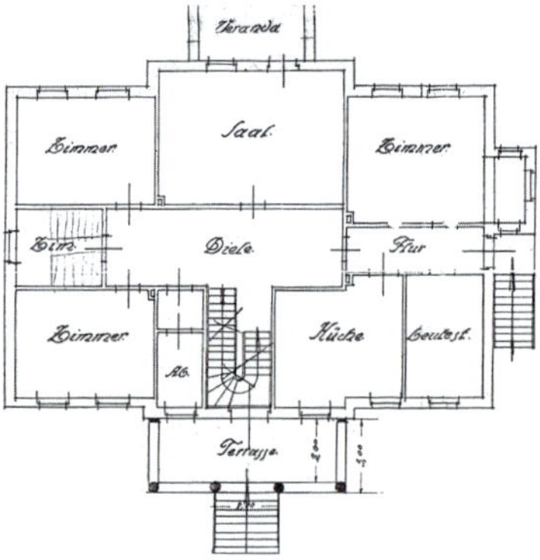

Zwar geht die Gräftenanlage auf den schon im 13. Jh. genannten Amtshof des Domkapitels zurück, doch stammen die heute erhaltenen Gebäude alle aus dem 19. und 20. Jh. Das zweigeschossige Herrenhaus von 1880 bauten Rüschenschmidt & Schräder 1922 in neobarockem Stil um. Der Backsteinbau erhielt ein Mansarddach und an den Langseiten jeweils einen dreigeschossigen, übergiebelten Mittelrisalit. Ihm vorgelagert ist ein Portikus mit dorischen Säulen. Eine Freitreppe bildet den Zugang. Den repräsentativen Eindruck unterstreicht auch die Zugbrücke über die Gräfte, die die Schauseite geschickt in Szene setzt. Auch das Verwalterhaus an der Hofzufahrt gestalteten Rüschenschmidt & Schräder um. Es erscheint an den Traufseiten als eingeschossiger Backsteinbau mit Mansarddach, an den Schmalseiten jedoch zweigeschossig, da von dem Mansarddach nur die Fußwalmansätze angegeben sind. Ein hoher Mittelrisalit mit Knickgiebel markiert den Eingang, wo über der zurückgesetzten Tür ein Allianzwappen erscheint.

Site has been used since 13th century, but remaining buildings are 19th or 20th century. Rüschenschmidt & Schräder converted existing 2-storey manor house (1880) in neo-Baroque style in 1922. Brick building was given a mansard roof and central projections with pediments, porticos with Doric columns.
Architects also redesigned the manager's house beside the drive, adding a high central projection with bent gable. Alliance coat of arms over door.

399
Haus Looz
Kappenberger Damm 263
Nach 1869

Die Hofanlage lässt sich zwar bis ins 14. Jh. zurückverfolgen, doch entstanden die erhaltenen Bauten sämtlich, nachdem Gräfin Rosa von Looz-Corswaren das Gut für ihren Schwiegersohn erworben hatte. Seit dieser Zeit trägt der umliegende Bezirk die Bezeichnung „Grafschaft". Ab der Mitte des 19. Jh. setzte sich eine deutliche Trennung von Wohn- und Wirtschaftsgebäuden durch. Entsprechend finden sich auch hier die eingeschossigen Remisen und Stallgebäude U-förmig im Osten um einen Hof gruppiert, an den westlich das Herrenhaus mit einer Parkanlage anschließt.
Das an den Traufseiten siebenachsige kubische Gebäude gliedert sich in ein hohes Erdgeschoss mit einer Enfilade von Repräsentationsräumen und ein niedrigeres Obergeschoss. Die verputzten Fassaden zeigen nur äußerst sparsames klassizistisches Dekor wie die Ecklisenen oder das umlaufende Gesimsband. Über einem Klötzchenfries bildet ein Walmdach mit breitem Überstand den Abschluss. Der Eingang liegt asymmetrisch nach rechts versetzt zur Hofseite. Jedoch charakterisieren Putzrahmen um die Fenster und plastische Stürze im Obergeschoss die Gartenfassade als repräsentative Schauseite. Ihr war zudem eine Terrasse vorgelagert, von der eine Freitreppe in den Garten führte. 1925 gestaltete man sie in einen Wintergarten um.

First farm on site was 14th century, but surviving buildings post-date mid 19th century, when house and farm were strictly divided. Single-storey outbuildings are set around yard in East; manor house with park in West.
Cubic structure comprises a high ground floor with representative enfilade and lower top floor. Rendered façades have sparing classicist décor, e.g. corner pilasters and cornice; jutting hip roof. Door onto farmyard, but main façade is garden front with moulded top-floor lintels and window frames. Garden terrace converted to veranda in 1925.

400
Stadtteil Berg Fidel
Am Berg Fidel
1969–76
Jochen Kuhn

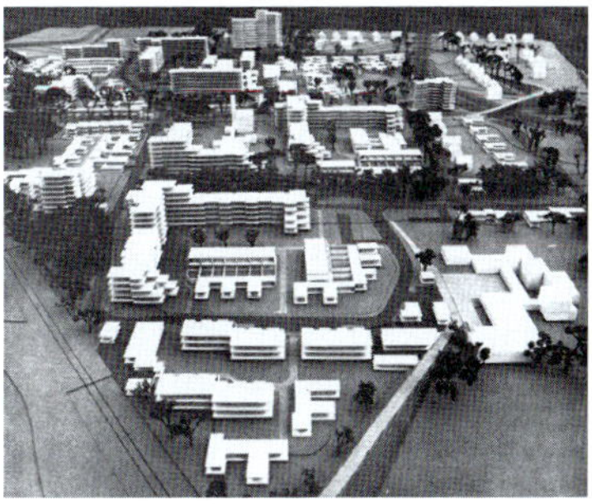

Ursprünglich sollte das Areal Berg Fidel als Werkssiedlung einer neuen AEG-Niederlassung dienen. Nachdem sich der Plan zerschlug, wurde das Gebiet zugunsten des öffentlichen Wohnungsbaus umgewidmet und gänzlich neu geplant. 1964 erfolgte ein Wettbewerb mit der Maßgabe, auf einer Fläche von 32 ha rund 800 Wohneinheiten, ein Einkaufszentrum, zwei Kirchen und eine Schule zu errichten. Im Gegensatz zur Aaseestadt (Nr. 256) und Coerde (Nr. 331) war der Siegerentwurf des Düsseldorfer Architekten Kuhn von Anfang an durch das Motiv Urbanität durch Dichte geleitet. Massive, gestaffelte Geschossbauten wechseln mit Flachbauten als Reihen- und Atriumhäuser. Das Rückgrat der Siedlung bilden zwei Fußgängerachsen, die auch die zentralen Einrichtungen erschließen. Um die Einheitlichkeit des Konzepts zu gewährleisten, konnte Kuhn durchsetzen, dass alle Vorentwürfe der acht Bauträger ihm vorgelegt werden. Gebaut wurden aus wirtschaftlichen Gründen am Ende 1250 Wohnungen. Mit allein 113 Wohneinheiten und 20 Geschossen bildet das weiße Hochhaus (Ewald Baumeister, 1975), auch der „Weiße Riese" genannt, den Hauptakzent des Gebietes.

The area Berg Fidel was to be AEG company housing, but that idea was scratched and the site earmarked for public housing; 1964 competition stipulated 800 units, shops, 2 churches and a school. Unlike Aaseestadt (no. 256) and Coerde (no. 331), Kuhn's winning design was based on the idea 'urbanity via density'; massive, graduated blocks alternate with low terraces. 2 pedestrian axes access central services. For financial reasons, 1250 units were actually built; key feature is 20-storey "white giant" (E. Baumeister, 1975).

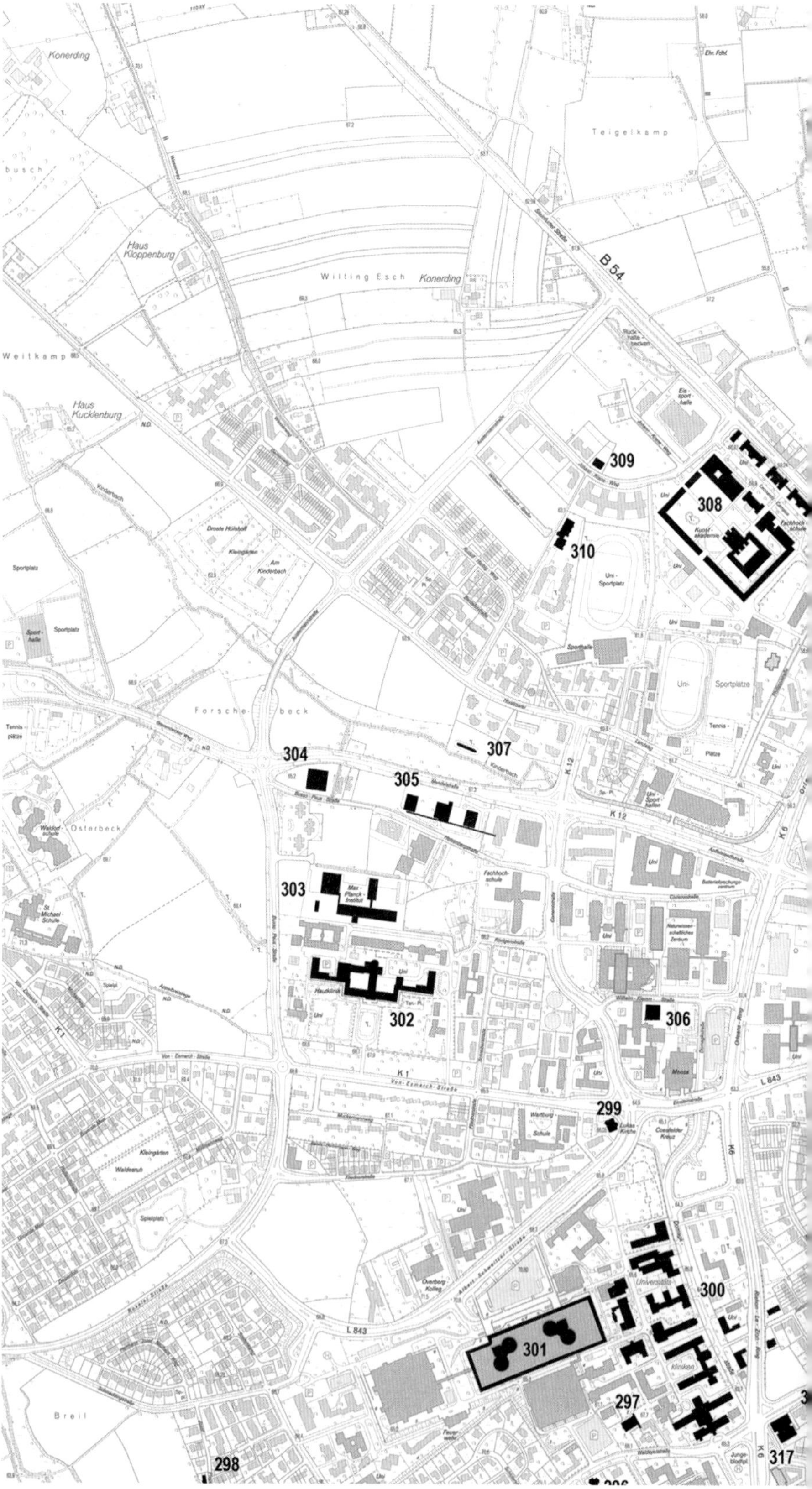
Konerding
busch
Haus Kloppenburg
Willing Esch
Konerding
Teigelkamp
B 54
Weitkamp
Haus Kucklenburg
Eissporthalle
309
308
Kunstakademie
Fachhochschule
310
Uni-Sportplatz
Sportplatz
Sporthalle
Uni-Sportplätze
Tennisplätze
Forsche beck
304
305
307
K 12
K 6
Waldorfschule
Osterbeck
303
Max-Planck-Institut
Fachhochschule
Naturwissenschaftliches Zentrum
St. Michael-Schule
Hautklinik
302
306
Mensa
K 1
Von-Esmarch-Straße
L 843
299
Lukas-Kirche
Coesfelder Kreuz
Wartburg-Schule
Kleingärten
Waldesruh
Overberg-Kolleg
Universitäts-Kliniken
300
301
297
Breil
Feuerwehr
298
317

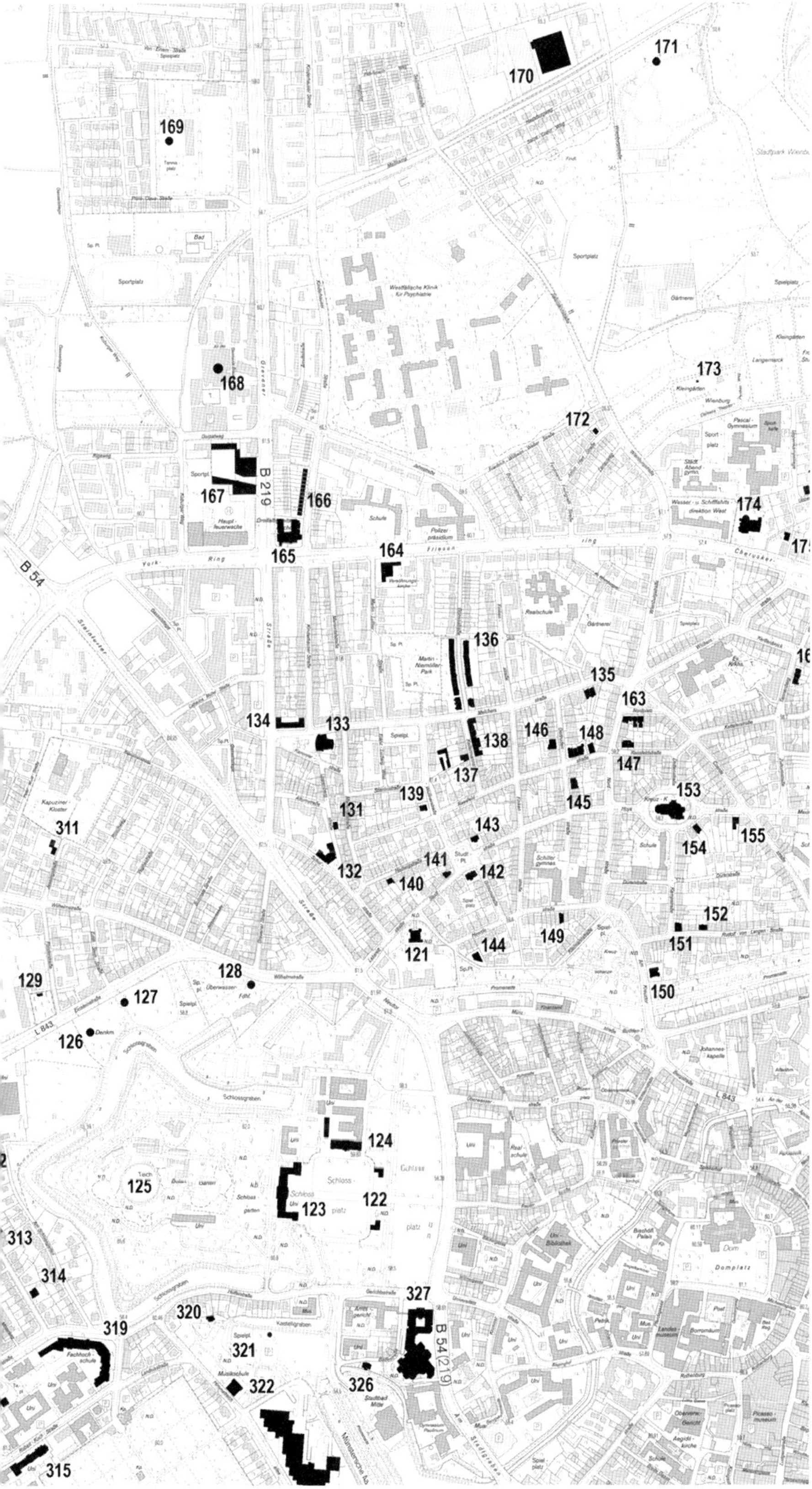
170
171
169
173
168
172
167
B 219
166
174
165
164
B 54
136
135
163
134
133
146
148
138
137
147
139
145
153
131
143
155
311
154
141
142
132
140
152
151
149
121
144
128
129
127
150
L 843
126
124
125
122
123
313
314
327
320
319
B 54(219)
321
322
326
315

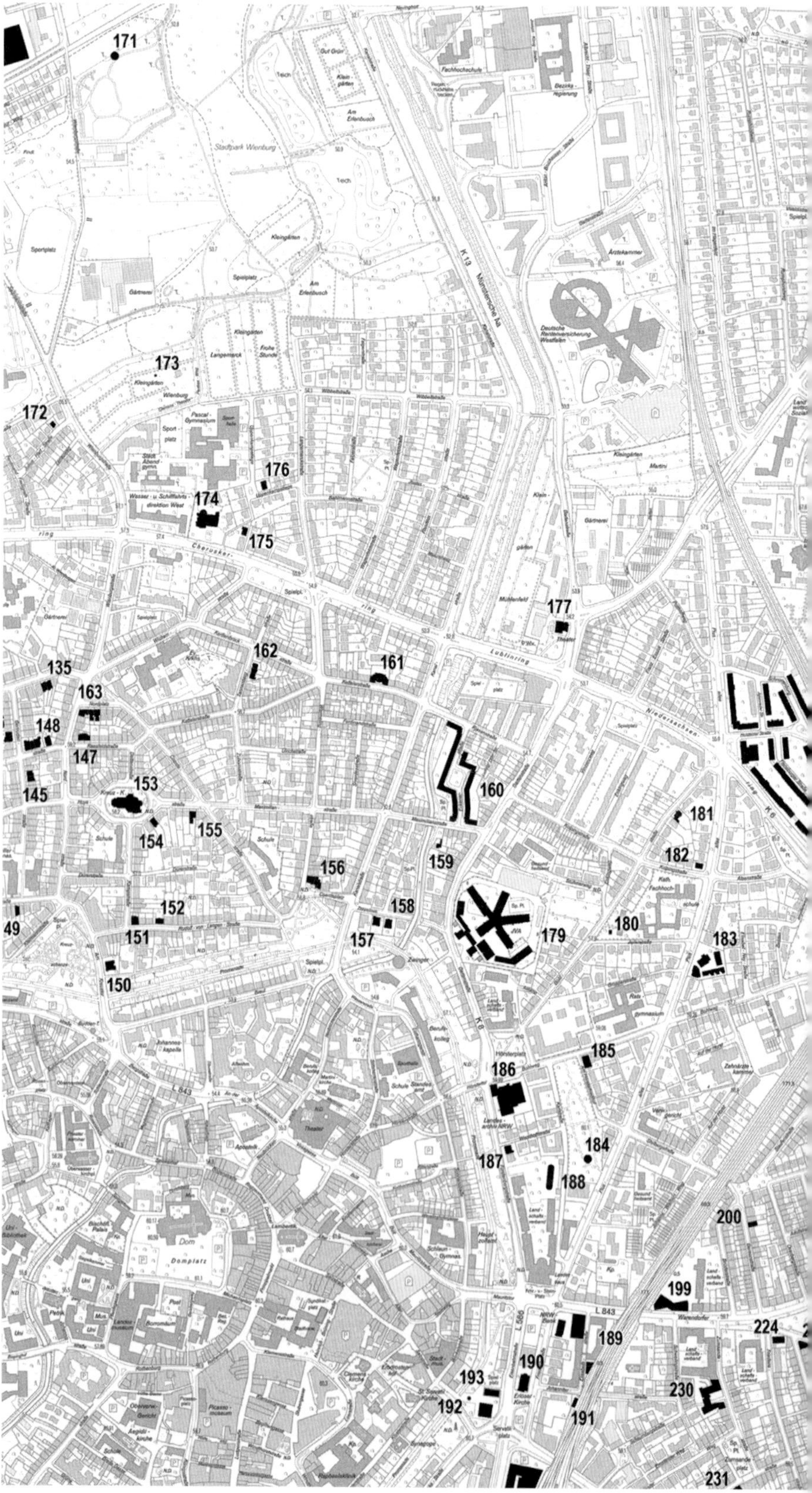
171
173
172
176
174
175
177
162
161
135
163
148
147
153
145
155
154
160
181
182
159
156
158
152
157
179
180
183
49
151
150
185
186
184
187
188
200
199
224
189
190
193
230
192
191
231
Stadtpark Wienburg
K 13 Münstersche Aa
Fachhochschule
Ärztekammer
Deutsche Rentenversicherung Westfalen
Pascal-Gymnasium
Cherusker-ring
Lublinring
Niedersachsen-ring
Theater
Dom
Domplatz

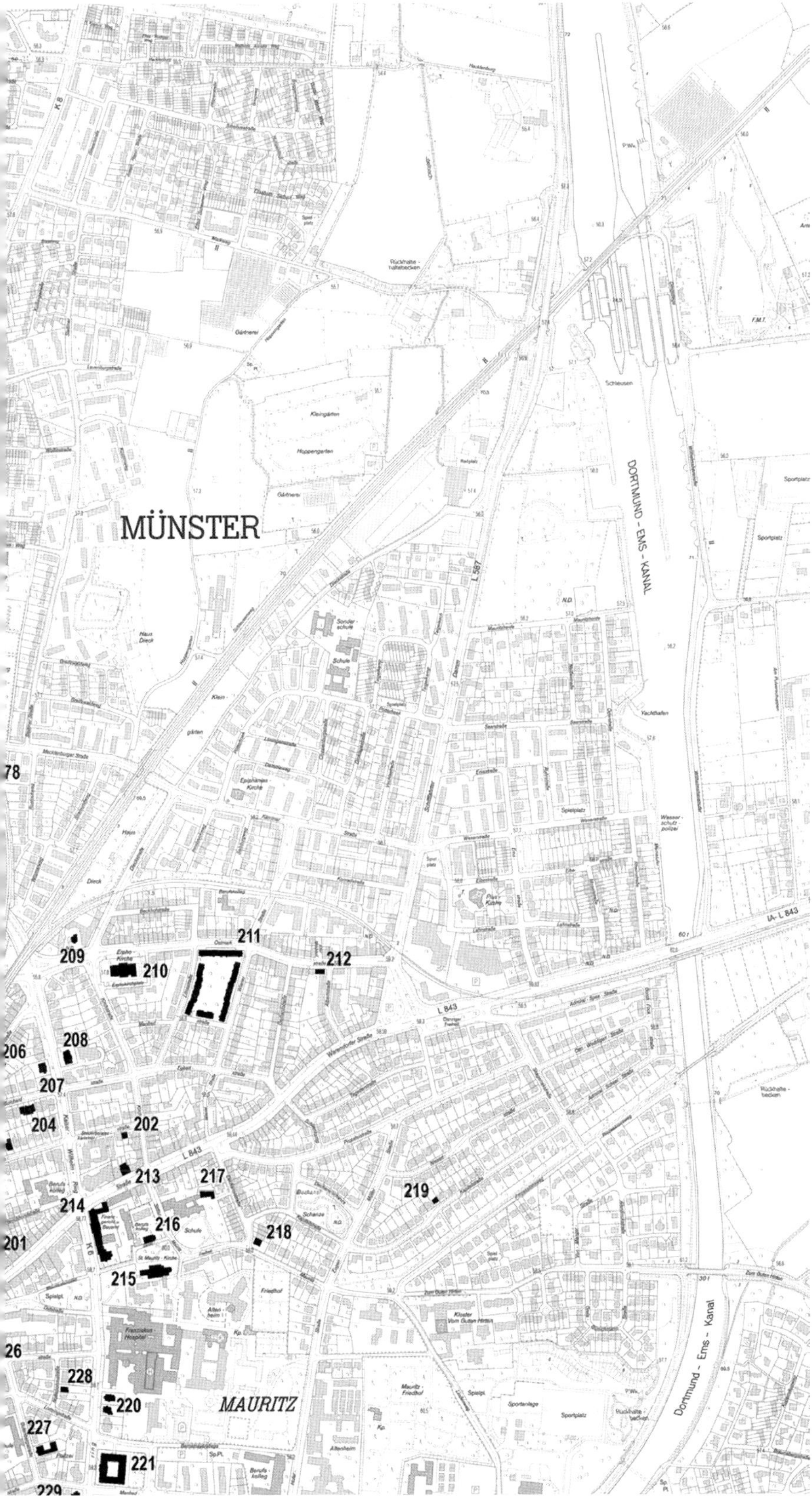
MÜNSTER
MAURITZ
DORTMUND - EMS - KANAL
Dortmund - Ems - Kanal
L 587
L 843
IA- L 843
K 8
Schleusen
Sportplatz
Kleingärten
Hoppengarten
Gärtnerei
Haus Dieck
Sonderschule
Schule
Epiphanias-Kirche
Yachthafen
Wasserschutzpolizei
Spielplatz
Franziskus-Hospital
Friedhof
Mauritz-Friedhof
Kloster Vom Guten Hirten
Sportanlage
Rückhaltebecken
178
201
202
204
206
207
208
209
210
211
212
213
214
215
216
217
218
219
220
221
226
227
228
229

298
296
294
295
293
Franz-Hitze-Haus
317
290
291
292
Esch
Draumkämpe
Aasee
Allwetterzoo
Kiesekampbusch
Heitkamp
Haus Kump
Sportpark Sentruper Höhe
Freilichtmuseum Mühlenhof
Westf. Museum f. Naturkunde u. Planetarium
Hippomax Museum
Delphinarium
Teich
Bootshafen
Anlegestelle
Denkm.
Sportplatz
Sporthalle
Tennisplatz
Reitplatz
Reithalle
Handwerkskammer
Bildungszentrum
Friedensschule (Gesamtschule)
Theresia-Kirche
Universitätskliniken
Kleingärten Uhlenhorst
IA-K2

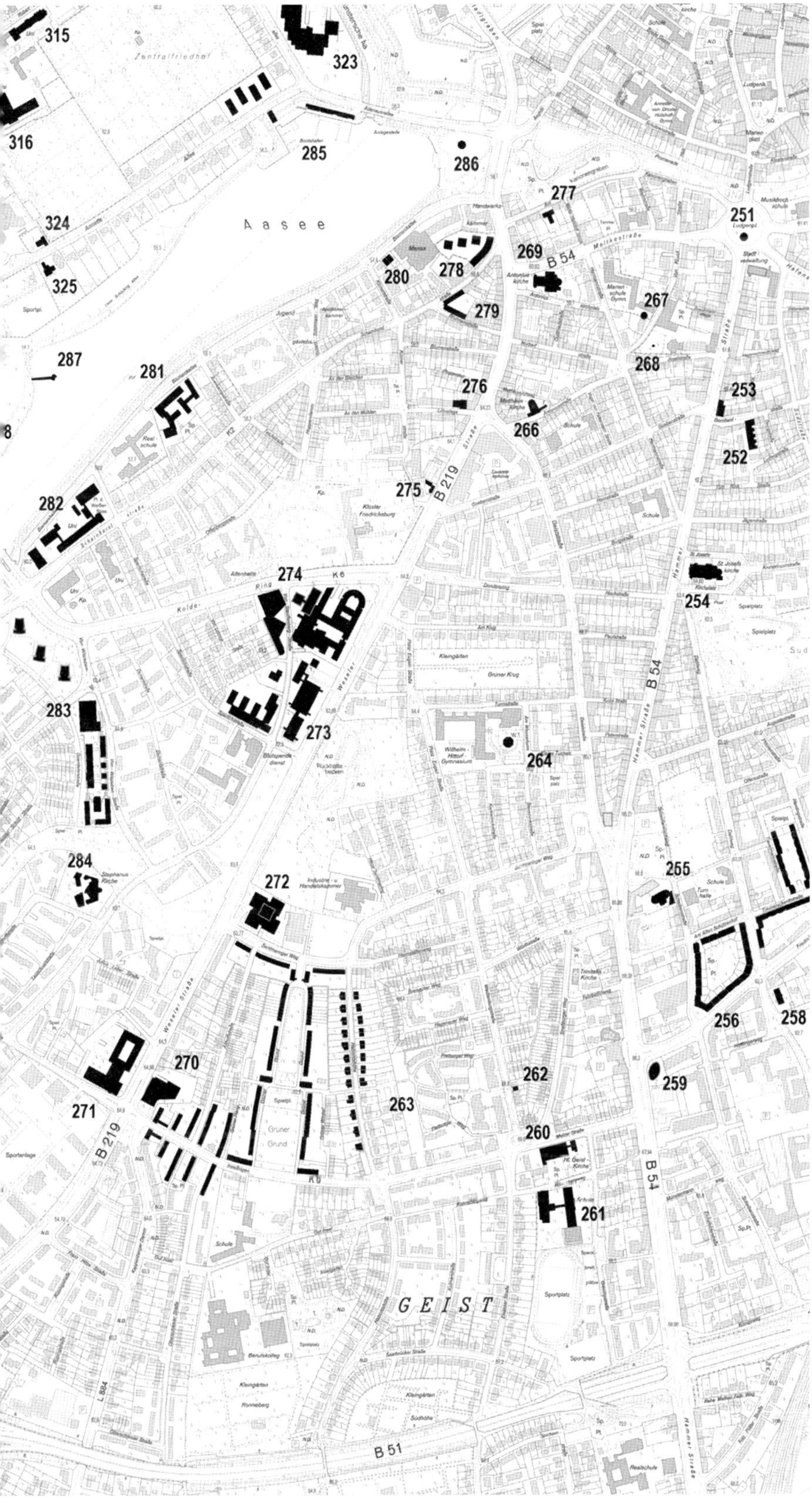
315
323
316
285
286
Aasee
277
251
324
269
B 54
325
280
278
279
267
268
287
281
276
253
266
252
8
275
B 219
282
274
K 6
Kolde-
Ring
254
283
273
264
Wilhelm-Hittorf-Gymnasium
284
255
272
256
258
270
262
259
271
263
260
261
GEIST
B 54
L 884
B 51

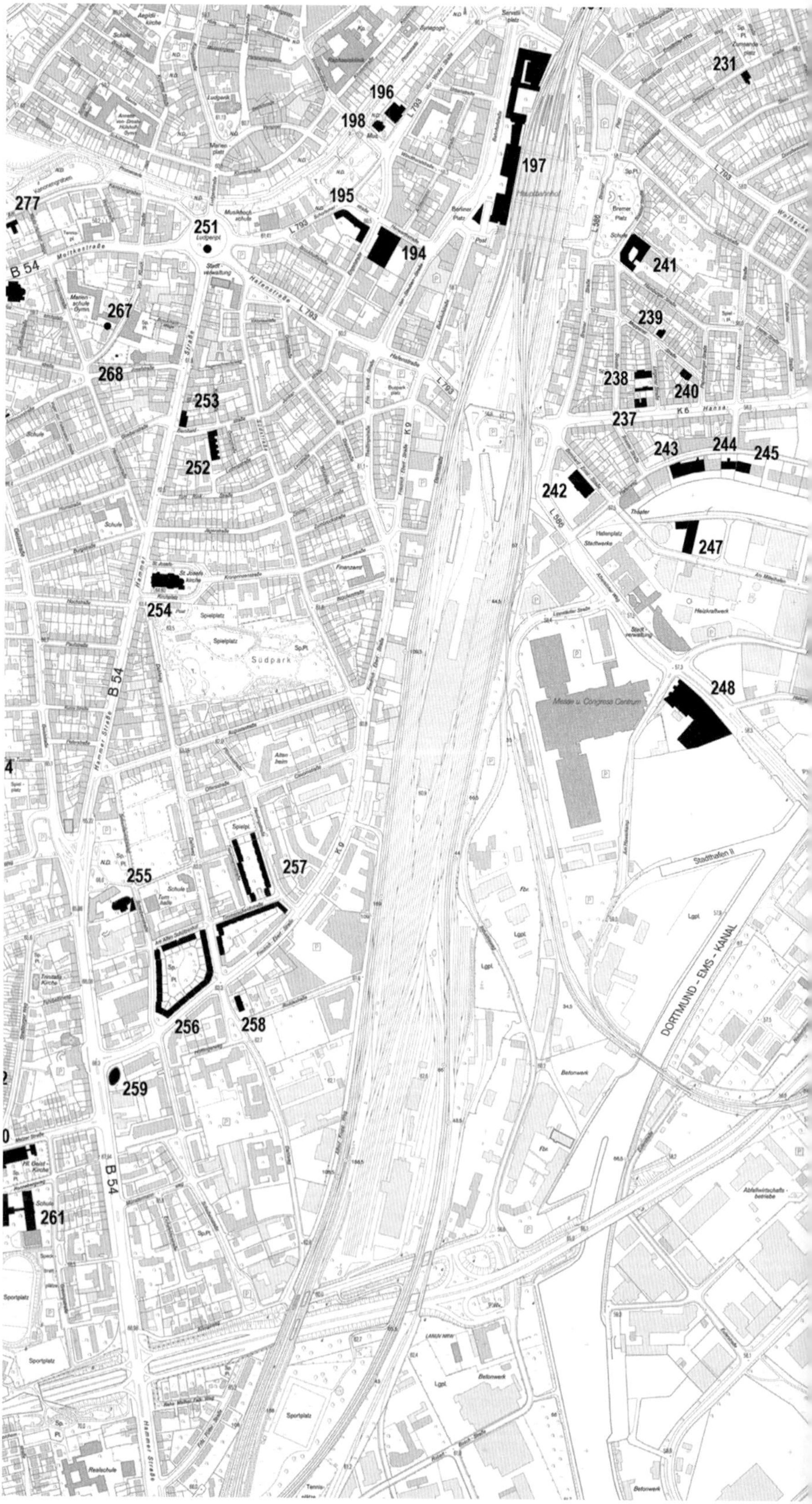
231
196
198
197
195
194
277
251
B 54
Moltkestraße
Hafenstraße
L 793
241
239
267
268
238
240
253
237
243
244
245
252
242
247
K 9
254
Südpark
248
Messe u. Congress Centrum
Hammer Straße
257
255
Stadthafen II
256
258
DORTMUND - EMS - KANAL
259
261

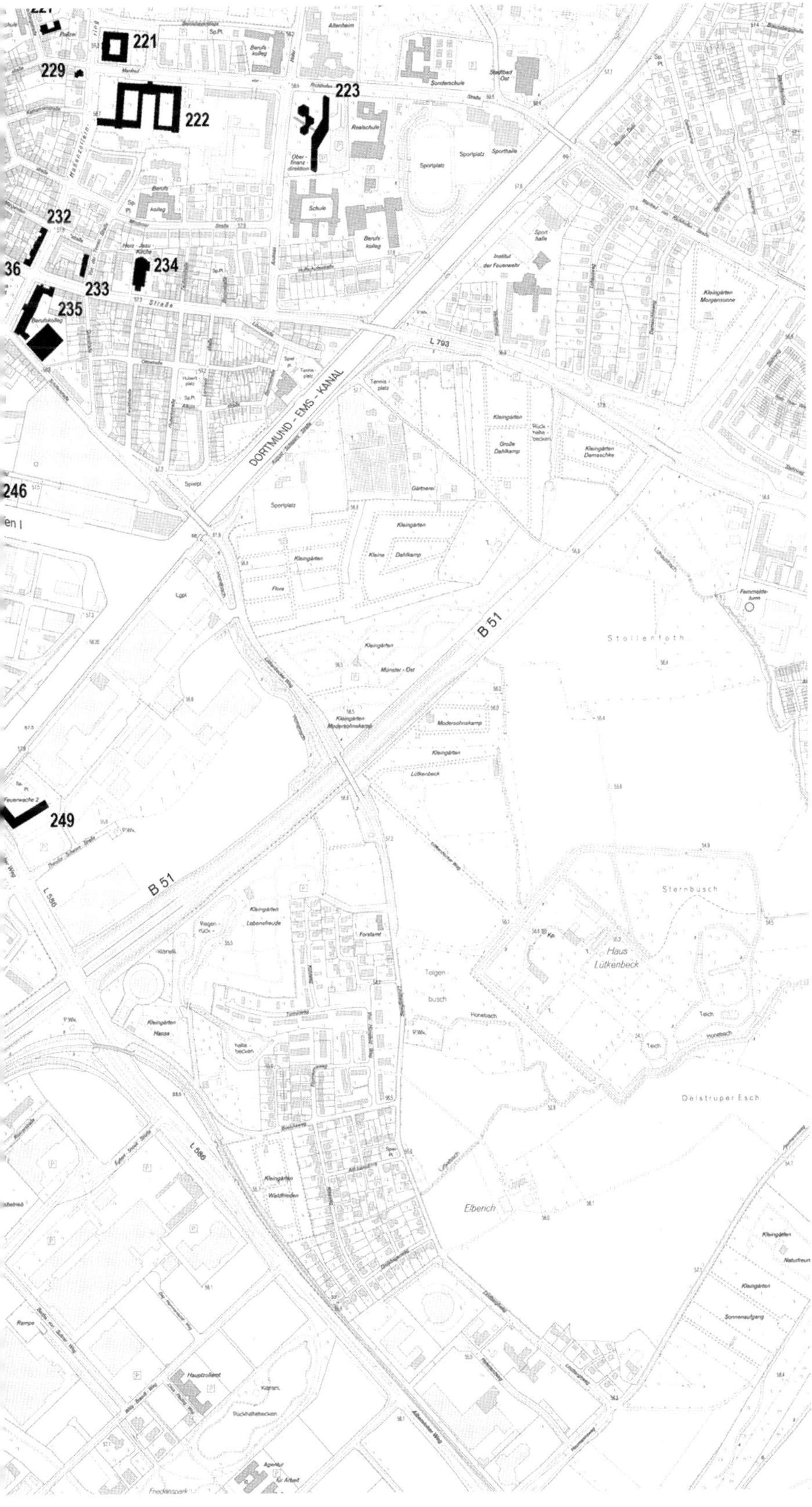
221
229
222
223
232
234
36
233
235
246
249
DORTMUND - EMS - KANAL
L 793
B 51
B 51
L 586
L 586
Sportplatz
Kleingärten
Stollenfoth
Sternbusch
Haus Lütkenbeck
Delstruper Esch
Elberich

Sprakel
Häger
Gelmer
Nienberge
Kinderhaus
Coerde
Handorf
Gievenbeck
Roxel
St. Mauritz
Mecklenbeck
Gremmendorf
Albachten
Angel-
modde
Wolbeck
Hiltrup
Amelsbüren
Anschluss Münster-Nord
Autobahnkreuz Münster-Süd
Anschluss Münster-Hiltrup
Dortmund-Ems-Kanal
KM

Architektenbiografien

B

Bartmann, Heinrich (1898–1982)
Geboren in Köln, aufgewachsen in Münster, studierte Bartmann nach zuvor erfolgtem zweijährigem Kriegsdienst von 1919–22 an der RWTH Aachen und an der TH München Architektur. Nach Mitarbeit bei der Chicago Plan Commission (1924–25) kehrte er zurück, um im Büro des Kölner Stadtbaudirektors Adolf Abel an den Planungen für die neuen Rheinhallen (Pressa) mitzuwirken. 1929–39 errichtete er als freischaffender Architekt mit Büros in Köln und Münster zahlreiche Einfamilienhäuser, Fabriken und Umbauten im landschaftsgebundenen Stil der 1930er-Jahre. In der Zeit 1941–44 arbeitete er als freier Architekt unter Konstanty Gutschow in Hamburg. 1945–48 wirkte er als Stadtbaurat in Münster und erarbeitete die Grundlagen des Wiederaufbaus. Im Anschluss war er als freier Architekt in Münster tätig. 1951 wechselte er als Professor für Gebäudekunde zur TH Darmstadt, blieb aber einzelnen Projekten in Münster über eine Sozietät mit Harald Deilmann verbunden. (SR)

Bartning, Otto (1883–1959)
Bartning studierte ab 1902 an der TH Berlin-Charlottenburg, später an der heimischen TH Karlsruhe Architektur. Reisen und erste Kirchbauaufträge drängten ihn, das Studium nicht abzuschließen, sondern sogleich 1905 ein eigenes Büro in Berlin zu gründen. Verschont vom Kriegsdienst während des Ersten Weltkrieges, beschäftigte er sich mit architekturtheoretischen Fragen zum Kirchenbau. Während der Weimarer Republik zählte er zu den wichtigsten Kirchenarchitekten und Vertretern des Neuen Bauens. Nach 1945 entwickelte er für die evangelische Kirche ein Notkirchenprogramm, in dessen Rahmen auch die Erlöserkirche (Nr. 190) in Münster entstand. Als Leiter des Planungsausschusses für die Berliner Interbau 1957 nahm er maßgeblichen Einfluss auf die Entwicklung der westdeutschen Nachkriegsarchitektur. (SR)

Baumewerd, Dieter Georg (*1932–2015)
Nach der Lehre im väterlichen Architekturbüro, studierte Baumewerd ab 1955 an der Kunstakademie Düsseldorf bei Hans Schwippert und Rudolf Schwarz, in dessen Büro er auch als Student mitarbeitete. 1962 machte er sich selbstständig und realisierte erste Bauten, darunter die Heilig-Geist-Kirche in Emmerich und in Münster das Oberverwaltungsgericht (Nr. 42), das Wohnhaus Kemper (Nr. 104) sowie Wohnbauten an der Ostmarkstraße. Von 1971–96 verschrieb er sich der Hochschullehre, zunächst an der Werkkunstschule Dortmund, später an der Fachhochschule Dortmund. Insbesondere nach seiner Emeritierung entstand eine Reihe von eindrucksvollen Projekten, darunter die Apostolische Nuntiatur in Berlin (2001), die Deutsche Botschaft in Santiago de Chile (2002) und die Sparkasse Münsterland Ost (Nr. 271). (SR)

Becker, Ludwig (1855–1940)
In Köln als Sohn des dortigen Werkmeisters und Dombaukontrolleurs geboren, machte Becker an der Kölner Dombauhütte eine Ausbildung als Steinmetz und Bildhauer. Ab 1873 studierte er an der TH Aachen Architektur. In Mainz, wo er sich für den Rest seines Lebens niederließ, teilte er sich sein Büro zunächst mit Anton Falkowski. 1884 bekleidete er das Amt des Kirchenbaumeisters, ab 1909 das des Dombaumeisters. In seinem umfangreichen Œuvre finden sich auch zwei Kirchen in Münster. St. Clemens in Hiltrup (Nr. 389) entstand 1913 als einer seiner letzten Bauten in neoromanischem Stil, St. Antonius (Nr. 269) zeigt sich bereits in neobarocker Formensprache, die nach dem Ersten Weltkrieg seinen Stil kennzeichnet. Erst ab den dreißiger Jahren finden auch expressionistische Elemente Eingang in sein Schaffen. (SH)

Bender, Sebastian
Als Stadtbaumeister hat Sebastian Bender am Ende des 19. Jh. das Wachstum und die Infrastruktur Münsters geprägt. Seine Planwerke bildeten die Grundlage für die Anlage der Ringstraße und die Erschließung der Erweiterungsgebiete. Außerdem fielen die Bauten für die Wasserver- und -entsorgung in seinen Zuständigkeitsbereich. Bei der Gestaltung bediente er sich eklektisch aus dem Fundus von Historismus und Heimatstil. So bildet das Abwasserpumpwerk (Nr. 177) ein malerisch-ländliches Ensemble, während die 1910/11 errichtete ehem. Volksschule im Überwasserviertel (Nr. 23) ein Beispiel für die beginnende Schlaunrezeption darstellt. Das Wohnhaus Hassenkamp (Nr. 58) wiederum orientiert sich relativ summarisch an den Renaissancegiebelhäusern der Stadt. (SH)

Benteler, Heinrich (1892–1975)
Nach Kriegsende setzte Benteler seine in Münster begonnene Ausbildung in München fort, wo er an der TU Architektur und bis 1923 an der Kunstgewerbeschule u.a. bei Richard Riemerschmid Malerei und Graphik studierte. Zurück in Münster, arbeitete er im Büro von Alfred Hensen und wurde Mitglied der Künstlervereinigung „Schanze". Er befasste sich zunächst mit dekorativen Arbeiten und entwarf beispielsweise gusseiserne Ausleger für Gaststätten und Geschäfte. 1925 gründete er zusammen mit Albert Wörmann ein eigenes Büro. Zeigt das Wohnhaus Drangenberg (Nr. 157) dekorativ eingesetzte, expressionistische Elemente, so kennzeichnet das Wohnhaus Engelmeyer (Nr. 181) eine sachlich moderne Haltung. Bentelers Kirchenbauten, wie beispielsweise die Dreifaltigkeitskirche (Nr. 165), besitzen

eine gewisse Wuchtigkeit, die formal an Bauten von Dominikus Böhm erinnert, variieren jedoch relativ schematisch ein begrenztes Motivrepertoire. Nach dem Zweiten Weltkrieg übertrug man Benteler den Wiederaufbau des Rathauses (Nr. 69) und des Domes (Nr. 3). Auch errichtete er mehrere Gaststätten (Kruse Baimken, Pinkus, Leve (Nr. 90), Kiepenkerl), deren altertümelnder Stil eher nostalgische als architektonische Qualitäten erkennen lässt. (SH)

Böhm, Dominikus (1880–1955)
Nach der Ausbildung an der Baugewerkschule in Augsburg arbeitete er im Baugeschäft der Familie, das von seinem Bruder Clemens geführt wurde. Er sammelte als Bautechniker Erfahrung und lernte Theodor Fischer kennen, der ihn tief beeindruckte. Er verdiente sein Geld als Zeichenlehrer in Bingen und Offenbach, kam 1915 in Kontakt mit der Liturgiereformbewegung und baute 1919 seine erste Kirche, die Notkirche in Offenbach. 1926–34 lehrte er als Professor an den Kölner Werkschulen und wurde neben Rudolf Schwarz der bedeutendste Kirchenbaumeister seiner Zeit in Deutschland. In Münster beteiligte er sich an mehreren Wettbewerben und übernahm mit seinem Sohn Gottfried den Wiederaufbau der Antoniuskirche (Nr. 269). Zudem schuf er drei Wohnhäuser (Nr. 280, 294, 325), die in ihrer zurückhaltenden, klaren Formensprache diesen weniger bekannten Aspekt des Böhmschen Schaffens repräsentieren. (SH)

Boklage, Alfons (1911–2003)
Über den Werdegang des in Dinklage / Oldenburg geborenen Boklage ist nicht viel bekannt. Bereits 1948 bis 1951 errichtet er drei kleine Kirchen in der Umgebung von Rietberg (Anreppen, Mühlenheide, Liemke). Diese können als Musterbeispiele für eine in Material, Baukörper und Dachform an die Gegebenheiten der Kulturlandschaft angepasste Bauweise gelten. Sie verstehen sich als Gegenentwurf zum historistischen Kirchenbau des 19. Jahrhunderts. Er betonte bei seinen Projekten, keine „sogenannte Zeitschriftenkirche" bauen zu wollen. Diese Haltung empfiehlt ihn vermutlich auch in den Dienst des Bistums Münster, wo er von 1953 bis 1973 als Diözesanbaudirektor maßgeblich den Bau kirchlicher Gebäude bestimmt. So kennzeichnen nach romanischem Vorbild klar gegliederte Baukörper, Materialgerechtigkeit und Schlichtheit auch seine eigenen über 35 Kirchen, Schulen und Wohnheime im Bistum Münster.
Zu seinen frühen Bauten in Münster zählen im Wiederaufbau die Kapelle des Borromäums (Nr. 5) und das Priesterseminar (Nr. 12), als Neubauten das Franz-Hitze-Haus (Nr. 293), die Marienschule (1954) und die Hildegardisschule (Nr. 109). In Berlin-Charlottenburg realisierte er 1964–66 in moderner Form und Konstruktion die Mariae-Himmelfahrt-Kirche. (SR)

Bolles-Wilson, Julia (*1948)/**Wilson, Peter** (*1950)
In Münster geboren, studierte Bolles-Wilson Architektur von 1968–76 an der Universität Karlsruhe bei Egon Eiermann und Ottokar Uhl. Ab 1976 Mitarbeit bei Karl-Heinz Götz. 1978 erhielt sie ein DAAD-Stipendium für ein Postgraduierten-Studium bei Elia Zenghelis und Rem Koolhaas an der Architectural Association in London. 1981–86 war sie Dozentin für Architectural Studies an der Chelsea School of Art London, parallel dazu erfolgten erste gemeinsame, internationale Projekte mit Peter Wilson. 1996–2014 war sie Professorin an der FH Münster/ MSA Münster School of Architecture.
Wilson studierte von 1969–71 an der heimischen University of Melbourne und arbeitete im Büro von Robin Boyd, bevor er sein Studium an der Architectural Association in London (1972–74) mit dem AA Diploma Prize abschloss. Anschließend war er Assistent von Elia Zenghelis und bis 1988 Diploma Unit Master an der AA. Gastprofessuren führten ihn zur Kunsthochschule Berlin-Weißensee (1994–96) und nach Mendrisio (2006–07). Aufgrund des gewonnenen Wettbewerbs zur Stadtbücherei (Nr. 86) verlagerte sich der Schwerpunkt des international arbeitenden Büros Bolles+Wilson 1989 nach Münster, bis 1993 in Partnerschaft mit E. Kleffner. Mit einer Reihe unterschiedlichster Bauten gelang es ihnen seitdem auch in Münster, neue Orte zu generieren. Leben in Münster. (SR)

Brocker, Carl (1878–1959)
Geboren und aufgewachsen in Duisburg, studierte Brocker an den Technischen Hochschulen in Karlsruhe und Berlin-Charlottenburg. Ab 1903 wirkte er als Regierungsbaumeister im Staatsdienst. 1910 ließ er sich in Düsseldorf als selbstständiger Architekt nieder. Gemeinsam mit seinem Vater, Johann Brocker, Inhaber eines Baugeschäfts, führte er 1911–13 das „Mercatorhaus" in Duisburg aus. Mit dem Münsteraner Collegium Borromäum (Nr. 5) empfahl er sich zeitgleich der katholischen Kirche. Folgten nach dem Ersten Weltkrieg zunächst Siedlungsbauten (Phönix A.G., Düsseldorf), spezialisierte Brocker sich ab den späten 1920er-Jahren auf Krankenhausbauten. Beeindruckende expressionistische Anlagen entstanden in Duisburg, Düsseldorf, Nordhorn, Althundem, Kleve, Recklinghausen und Münster (Nr. 99, 391). Bauten nach 1935 sind nicht überliefert. Brocker verstarb 1959 in Bad Honnef. (SR)

Busse, Carl Ferdinand (1802–68)
Der aus Prillwitz stammende Busse hatte zunächst in Stargard, dann 1822 an der Berliner Bauakademie studiert und 1823 seine Prüfung als Feldmesser abgelegt. Als sich seine Hoffnungen auf eine Stelle in Schinkels Atelier zerschlugen, setzte er 1825 sein Studium fort, das er 1827 mit der Baumeisterprüfung abschloss. Nach einem Jahr als Bauinspektor in Swinemünde erhielt er eine Stelle als Assessor in der Berliner Oberbaudeputation, stieg zum Oberbaurat auf und war zuständig für die Landbauten in Schlesien, Westfalen und im Rheinland. Zum eigentlichen Spezialgebiet Busses entwickelte sich der Gefängnisbau. Um die europäischen Standards kennenzulernen, unternahm er 1839 und 1841 verschiedene Reisen. Vor allem mit dem Gefängnis in Berlin-Moabit, einer kreuzförmigen Anlage nach

dem Vorbild des Londoner Mustergefängnisses zu Pentonville, erregte er überregional Aufsehen. Auch das Münsteraner Gefängnis (Nr. 179) folgt diesem Modell. (SH)

C

Cazin, Alexander (1857–1944)
In Münster geboren, übersiedelte Cazin 1880 nach dem Tod seiner Mutter mit seinen Brüdern nach Amerika zu seinem bereits 1867 ausgewanderten Vater. Seine möglicherweise bereits in Münster begonnene Ausbildung setzte er in Denver bei Robert S. Roeschlaub fort. Von 1884–94 arbeitete er in Denver mit wechselnden Partnern zusammen. Als die Wirtschaftslage sich verschlechterte, kehrte er um 1895 nach Münster zurück und machte sich 1902 selbstständig.
Zu seinen ersten Münsteraner Bauten gehört das Mietshaus Alter Fischmarkt 1 (Nr. 81), das noch deutlich historistische Züge aufweist. Lässt die orthopädische Klinik der Hüfferstiftung (Nr. 319) von 1901–03 vage Anklänge an die regionale Renaissance-Architektur erkennen, griff Cazin für die Villa Terfloth (Nr. 150) auf seine amerikanischen Erfahrungen zurück. Ohne Stilzitate kommt schließlich das in Zusammenarbeit mit Alfred Hensen entstandene Gebäude des Aschendorff-Verlags (Nr. 241) aus. Anfang der dreißiger Jahre schließlich war er an Wohnungsbauprojekten der Stadt beteiligt. (SH)

Corfey, Lambert Friedrich (1668–1733)
Als Sohn des Chefs der münsterschen Artillerie und Kommandanten von Warendorf schlug Corfey erfolgreich eine militärische Karriere ein. Prägend für seine architektonische Ausbildung dürfte vor allem eine zweijährige Reise in die Niederlande sowie nach Italien und Frankreich gewesen sein, deren Eindrücke er in einem Tagebuch festhielt. Obwohl er als Baumeister Autodidakt war, bat man ihn wohl aufgrund seiner Erfahrungen häufig, als Berater oder Gutachter bei Projekten tätig zu werden, deren Ausführung unter anderem die Brüder Pictorius übernahmen. 1704 baute er für Johann Matthias von der Recke das Schloss in Drensteinfurt. Während es sich bei diesem Bau ebenso wie bei der Kettlerschen Kurie (Nr. 4) und der ehem. Domdechanei (Nr. 2) um Ziegelbauten mit Gliederungselementen in Sandstein handelt, setzte Corfey bei der Sandsteinfassade der Dominikanerkirche (Nr. 95) seine Eindrücke aus Paris und Rom direkt um. In dieser Kirche ist Corfey auch bestattet. Sein Epitaph schuf Johann Christoph Manskirch nach einem Entwurf von Johann Conrad Schlaun. (SH)

D

Deilmann, Harald (1920–2008)
Nach dem Abitur 1938 in Münster folgte zunächst der Kriegsdienst, der Deilmann nach Polen, Frankreich, Russland und Nordafrika und zuletzt als Kriegsgefangenen 1942–45 in die USA führte. Im Lager erstes Selbststudium der Architektur, auf das er nach der Entlassung durch ein zweijähriges Architekturstudium (1946–48) an der TH Stuttgart aufbaute. Nach dem Diplom bei Rolf Gutbrod sammelte er erste Berufspraxis in Münster (Werkplanung Bischöflicher Hof) (Nr. 2), parallel wirkte er als wissenschaftlicher Assistent an der TH Stuttgart bei Günter Wilhelm. In verschiedenen Sozietäten, zunächst mit Heinrich Bartmann (1951–53), später mit Max von Hausen, Ortwin Rave und Werner Ruhnau (1953–55), entwarf und realisierte er erste Bauten, darunter auch das Stadttheater Münster (Nr. 107.1). 1955 erfolgte die Gründung des eigenen Büros in Münster. Als Hochschullehrer wirkte Deilmann 1963–69 an der TH Stuttgart, ab 1969 an der neu gegründeten Universität Dortmund, für die er das Konzept einer integrierten Architekten- und Ingenieurausbildung („Dortmunder Modell") entwickelte. Nach seiner Emeritierung 1985 verstärkte er die freiberuflichen Aktivitäten im eigenen Büro, das im Verlauf von fünf Jahrzehnten über 1.600 Projekte weltweit entwickelte, davon eine Vielzahl die Zeit prägende Bauten im heimatlichen Münster. (SR)

Diening, Georg & Söhne
Das Werk Georg Dienings lässt sich nur ansatzweise fassen. Sein Sohn Carl (1901–45) lernte in Stuttgart bei Paul Schmitthenner und Paul Bonatz, während Kurt (1907–77) in Münster bei Paul Grieser, in Bielefeld bei Schreck sowie in Stuttgart, Dessau und Berlin studierte. Eine kleine, 1932 erschienene Monographie über das Büro Georg Diening & Söhne spricht von einem 35-jährigen Schaffen, bildet jedoch vor allem Bauten aus den späten zwanziger Jahren ab, die einerseits Vertrautheit mit dem Werk Schmitthenners oder Tessenows verraten, andererseits jedoch mit Flachdächern und einer harmonischen Gruppierung der kubischen Massen den Vorstellungen des Neuen Bauens entsprachen. In den meisten Fällen handelt es sich um Backsteinbauten; nur das Eingangsgebäude zum Münsteraner Zoo erscheint als weißer Putzbau. Das Büro Diening hatte Niederlassungen in Nordhorn und Münster; neben Wohnhäusern entstanden auch Siedlungsbauten und Hotels. Nach dem Zweiten Weltkrieg war Kurt Diening zusammen mit Hans Rohling u.a. maßgeblich am Wiederaufbau des Prinzipalmarktes beteiligt. (SH)

Dierksmeier, Theodor (1908–79)
Nach dem Architekturstudium an den Technischen Hochschulen in Danzig und Hannover, wo er 1931 diplomierte, absolvierte er 1935 sein Staatsexamen zum Regierungsbaumeister und wurde beim Preußischen Finanzministerium in Berlin eingestellt, ab 1936 in der Bauabteilung des Reichsverkehrsministeriums. Im gleichen Jahr erzielte er den 1. Preis im Wettbewerb für ein Haus des Fremdenverkehrs, das als Teil der Germania-Planung unter Albert Speer ab 1938 am Runden Platz der Nord-Süd-Achse entstand. Ebenso plante er monumentale Bahnhofsbauten, darunter den sogenannten Mussolini-Bahnhof und den Nordbahnhof. Nach 1945 zog es ihn nach Westfalen, zunächst nach Bielefeld, und ab 1949 in seine Geburtsstadt Münster. Unter seiner

Leitung entstanden der Hauptbahnhof (Nr. 197) sowie einzelne Wohnbauten. Auch übernahm er die künstlerische Oberleitung für den Neubau des Stadthauses (Nr. 96) an der Klemensstraße. Im Zeitraum 1953–73 war er als Chefarchitekt der Deutschen Bundesbahn von Frankfurt/M. aus für die Planung sämtlicher Bahnhöfe im gesamten Bundesgebiet zuständig. (SR)

E

Endell, Karl Friedrich (1843–91)
Seine Ausbildung und erste berufliche Erfahrungen absolvierte Endell in Stettin. Ab 1876 war er für das Ministerium der öffentlichen Arbeiten in Berlin tätig. Als Vorsteher des technischen Büros nahm er ab 1878 Einfluss auf zahlreiche Gerichts- und Gefängnisbauten, etwa in Köln, Frankfurt/M., Bochum oder Potsdam. In Münster betreute er nicht nur das Staatsarchiv (Nr. 186), sondern auch das 1890 errichtete (und 1965 abgetragene) Regierungsgebäude am Domplatz. Die von ihm mitbegründete „Zeitschrift für Bauwesen", der er bis 1883 als Redakteur angehörte, dokumentiert ausführlich die Bauprojekte der preußischen Regierung. (SH)

H

Hasak, Max (1856–1934)
Von 1876–80 studierte Hasak Architektur an der Bauakademie in Berlin, bestand 1883 das Baumeisterexamen und wurde Regierungsbaumeister, ab 1874 bei der Reichsbank. Bis 1905 entwarf und betreute Hasak über 36 Bankgebäude im gesamten Deutschen Reich, darunter auch das Gebäude der Reichsbank (Nr. 9) am Domplatz. Parallel wirkte er bei einzelnen Krankenhäusern und Museen (Bodemuseum, Berlin) mit. 1906 verließ er den Staatsdienst und wendete sich verstärkt dem Bau von Kirchenbauten zu. Auch trat er durch zahlreiche Aufsätze in Kunst- und Fachzeitschriften sowie Monographien über den Kölner Dom und das Münster in Straßburg als Architekturschriftsteller und Kunsthistoriker hervor. (SR)

Hausen, Max Clemens von (1919–95)/
Rave, Ortwin (1921–92)
Von Hausen besuchte, aufbauend auf einer Maurerausbildung im elterlichen Bauunternehmen, die Staatsbauschule Münster mit Seminaren bei Gustav Wolf und Hugo Kükelhaus. Nach seinem Kriegsdienst in Russland und schwerer Verwundung studierte er 1947–49 Architektur an der TH Karlsruhe bei Egon Eiermann, der ihn nach den Erfahrungen im Dritten Reich entscheidend im Zugang zu einer neuen, lebendigeren Architektur prägte. 1950 konnte er erste Projekte im heimischen Münster realisieren, so auch das unkonventionelle Wohnhaus des Studienrates Klockenbusch (Nr. 219), der den jungen Architekten auch zu einem Gegenentwurf für ein neues Theater (Nr. 107.1) ermunterte. Von Hausen schloss sich daraufhin 1952–55 mit Harald Deilmann, Ortwin Rave und Werner Ruhnau zum Architektenteam zusammen. Nach erfolgreicher Ausführung gelang es dem Team, auch den Wettbewerb zum Neubau des Stadttheaters Gelsenkirchen zu gewinnen, den später federführend Ruhnau umsetzte. Während Deilmann und Ruhnau eigene Büros gründeten, entwickelte sich ab 1959 zwischen Rave, der in Braunschweig studiert hatte, und von Hausen eine lebenslange Büropartnerschaft, in der sie bis 1987 zahlreiche Profan- und Sakralbauten sowie Entwürfe für Möbel und Skulpturen ausführten, darunter auch das Kleine Haus (Nr. 107.2), Kirchen, verschiedene Wohn- und Bürobauten sowie Siedlungen. Von 1972–89 lehrte von Hausen an den Kunstakademien Düsseldorf und Münster. (SR)

Hensen, Alfred (1869–1931)
Der wichtigste und produktivste Architekt der ersten Jahrzehnte des 20. Jahrhunderts in Münster wurde in Osnabrück als Sohn des dortigen Dombaumeisters geboren und studierte bis 1897 an den Technischen Universitäten von Hannover und Berlin. Zu seinen wichtigsten Lehrern zählte Karl Schäfer. Als die Stadt Münster eine auf zweieinhalb Jahre befristete Stelle für den Bau des Stadthauses ausschrieb, bewarb sich Hensen und trat im August 1901 seinen Dienst an. Da die Städtische Sparkasse 1905 einen repräsentativen Neubau plante, konnte Hensen auch das Gegenüber des Stadthauses nach seinen Vorstellungen gestalten. Da die Stadtverwaltung keine Veranlassung sah, ihn in eine feste Anstellung zu übernehmen und ihm die Erlaubnis, weitere private Aufträge zu übernehmen, verweigerte, kündigte er und machte sich selbstständig. Ermutigt durch seine Bekanntschaft mit Engelbert von Kerckering zu Borg, der einen spezifisch münsterschen Heimatstil propagierte, griff Hensen für die Kreissparkasse in der Königstraße (Nr. 65.2) erstmals auch in der Wahl der Materialien, Ziegelmauerwerk und Sandstein, auf Schlaun zurück. Dass Hensen immer auch die Strömungen zeitgenössischer Architektur im Blick hatte, kann vor allem die expressionistische Betonkonstruktion der alten Torminbrücke (1926–33, 1988 abgebrochen) belegen. (SH)

Baumeisterfamilie Hertel
Hilger Hertel d. Ä. (1831–90) erhielt seine Ausbildung als Steinmetz und Maurermeister in Köln an der Dombauhütte, arbeitete später im Atelier des ehem. Domwerkmeisters Vincenz Statz und ließ sich als freier Architekt in Kevelaer nieder. 1857 berief ihn Bischof Johann Georg Müller als Dombaumeister nach Münster, doch scheint Hertel erst um 1860 diesem Ruf gefolgt zu sein. Neben zahlreichen Kirchen, nicht nur in Münster, sondern auch in Dänemark, Polen, Schweden und den USA, errichtete er zahlreiche Profanbauten und fertigte kunstgewerbliche Gegenstände, vorwiegend für den kirchlichen Gebrauch. Die von ihm erbaute „Neue Akademie" in Münster am Domplatz wurde im Zweiten Weltkrieg zerstört. Der von ihm entworfene Turm der Lambertikirche (Nr. 83) wurde von seinen Söhnen fertig gestellt.

Hilger Hertel d. J. (1860–1918) und Bernhard (1862–1927) absolvierten zunächst eine Ausbildung als Maurer und Steinmetz und studierten dann in München und Berlin. Nach dem Tod ihres Vaters führten sie acht Jahre lang das Büro gemeinsam, bis Bernhard 1899 in den Staatsdienst trat, was ihn erst nach Ruhrort und dann nach Berlin führte. Dort habilitierte er sich an der TH Berlin, gab jedoch die wissenschaftliche Laufbahn auf, als er 1903 zum Dombaumeister von Köln berufen wurde. (SH)

Hülse, Anton (1637–1712)
Der gelernte Zimmermann trat 1656 in den Jesuitenorden ein. Bis zu seinem Tod war er an allen Bauprojekten des Ordens in der niederrheinischen Provinz beteiligt. Während seines Aufenthalts im Kölner Jesuitenkolleg studierte er die damalige Ordenskirche St. Mariä Himmelfahrt, deren Gestaltung sein eigenes Werk vielfach beeinflusst hat. Das gilt für die Marktpfarrkirche in Paderborn (1682–96) ebenso wie für St. Ignatius in Coesfeld (1673–92) und Mariä Himmelfahrt in Siegen (1702–24). Sie alle verbindet die Verwendung gotisierender Elemente, insbesondere bei den Gewölben und den Lanzettfenstern, die das dominierende Element der Westfassaden bilden. In Münster schuf Hülse für den Bettelorden der Franziskaner-Observanten die dem heiligen Antonius von Padua geweihte Kirche (Nr. 15), die sich stilistisch mit dem aus vier Lanzetten gebildeten Rundbogenfenster der Westfassade in diese Reihe einordnet. (SH)

J

Jung, Wilhelm (1880–1965)
Der in Gießen geborene Sohn eines Schlossers besuchte in Münster die Baugewerkschule. Über eine Anstellung bei der Landesversicherungsanstalt Westfalen kam er zum Beamtenwohnungsverein, dessen Vorstand er seit 1912 angehörte. Als nach dem Ersten Weltkrieg die Mitgliederzahl sprunghaft anstieg, entwarf Jung Wohnsiedlungen, die stilistisch eine konservative Haltung zeigen und Paul Schmitthenners Gartenstadt Staaken nahe stehen. Doch zeigt etwa sein Entwurf für die Siedlung Schnorrenburg (Nr. 178) seine Auseinandersetzung mit städtebaulichen Ideen des Neuen Bauens und insbesondere Bruno Tauts. So war für ihn mit der Machtergreifung der Nationalsozialisten kein Platz mehr. Er trat 1933 als Vorstand zurück und verließ 1937 Münster. Ob er bis zu seinem Tod 1965 in Gießen weiter als Architekt tätig war, ist bislang nicht bekannt. (SH)

K

Kleihues, Josef Paul (1933–2004)
1955–59 studierte Kleihues Architektur an den Technischen Universitäten in Stuttgart und Berlin, ein Stipendium führte ihn 1958–60 zur École Nationale Supérieure des Beaux-Arts nach Paris. In Berlin machte er sich 1962 selbstständig, bis 1967 in Partnerschaft mit H. H. Moldenschardt, ab 1973 mit einem Zweitbüro im westfälischen Dülmen/Rorup. Aufbauend auf verschiedene von ihm initiierte Stadtforschungsprojekte, wurde er 1979 zum Planungsdirektor für die Neubaugebiete der Internationalen Bauausstellung (IBA) 1987 in Berlin ernannt. Nach 1990 wirkte Kleihues als maßgeblicher Initiator, Architekt und Berater beim Bau des neuen Berlins mit, dessen Architektur er mit dem Begriff der „Kritischen Rekonstruktion" prägte. Im heimatnahen Münster realisierte er erst in seiner letzten Schaffensphase zusammen mit Norbert Hensel einzelne Projekte, darunter das Atelierhaus am Hafen (Nr. 244), die Wohnbebauung Scharnhorststraße (Nr. 278) und die Münster Arkaden (Nr. 49). Seit 2004 führen Sohn Jan Kleihues und Norbert Hensel das Büro fort. (SR)

Kösters, Bernd (1911–2003)
Geprägt durch Paul Schmitthenner, bei dem er 1934 an der TH Stuttgart diplomierte und als Assistent arbeitete, wechselte Kösters 1940 für zwei Jahre als Dozent nach Weimar. Unter Paul Schultze-Naumburg hatte sich die ehemalige Bauhaus-Schule als Hochschule für Baukunst und bildende Künste bereits wieder traditionalistisch ausgerichtet und bezog Stellung gegen die Moderne. Während der sich anschließenden Soldatenzeit und Kriegsgefangenschaft lernte er Herbert Balke kennen, mit dem er 1947 ein eigenes Büro gründete, das bis zum Ende seines Bestehens 1984 eine große Zahl von Projekten vorwiegend in Münster und Westfalen ausführte. Bis zuletzt waren seine handwerklich präzisen Bauten traditionalistisch geprägt und standen damit im Kontrast zu neueren Architekturtendenzen (s. Wohnhaus Kemper, Nr. 104). (SR)

Kraemer, Friedrich Wilhelm (1907–90)
Sein Architekturstudium absolvierte Kraemer 1926–29 an der TU Braunschweig unter anderem bei Carl Mühlenpfordt, dem er nach dem Diplom als Büromitarbeiter wie als Lehrstuhlassistent bis 1934 verbunden blieb. Nach Kriegsdienst und schwerer Verwundung wirkte er 1945/46 als städtischer Oberbaurat in Braunschweig und wurde 1946 als Professor für Gebäudelehre und Entwerfen an die TU Braunschweig berufen. Hier legte er den Grundstein zum Phänomen der „Braunschweiger Schule", die in der Wiederaufbauzeit eine ganze Generation von Architekten durch einen funktionalen, konstruktiven Ansatz prägte. In Partnerschaft mit Ernst Sieverts und Günter Pfennig realisierte sein Büro mit Sitz in Braunschweig und Köln ab 1960 eine Vielzahl von Projekten, darunter eine Reihe großmaßstäblicher Verwaltungsbauten. Auch in Münster setzte sein Büro jeweils am Rand der Altstadt Zeichen: zum einen mit dem Iduna-Hochhaus (Nr. 193), zum anderen mit dem Hörsaalgebäude (Nr. 25). (SR)

Kremer, Walter
Über die Biographie des 1894 in Duisburg geborenen Kremer ist nur wenig bekannt. In den zwanziger Jahren gehörte er zu den Architekten des Neuen Bauens. Davon zeugt nicht nur die Münsteraner

Heilig-Geist-Kirche (Nr. 260), sondern auch die sogenannte Einschornsteinsiedlung in Duisburg-Neudorf, die er 1928–30 zusammen mit Johannes Kramer konzipierte. Die 1952 in Greven errichtete Maria-Himmelfahrt-Kirche nimmt sich mit ihrem Satteldach und dem gedrungenen Turm dagegen deutlich konservativer aus. (SH)

Kresing, Rainer Maria (*1952)
Sein Studium der Architektur begann Kresing 1973 bei Hermann Hertzberger an der TH Delft. Er wechselte später an die TU München, schließlich an die RWTH Aachen, an der er 1979 bei Wolfgang Döring und Gottfried Böhm diplomierte. 1980 gründete er in Münster ein eigenes Büro, bis 1985 in Partnerschaft mit Günther Merckle. Seit den neunziger Jahren verlieh er durch eine Reihe von bemerkenswerten Neu- und Umbauten der Stadt ein zeitgenössischeres Erscheinungsbild. Zu den ausdruckstärksten Bauten zählen die Sparda-Bank (Nr. 361), ein Büroturm (Nr. 259) und das Max-Planck-Institut (Nr. 303). Seit 2010 führt er das Büro gemeinsam mit Sohn Kilian. (SR)

L

Lipper, Wilhelm Ferdinand (1733–1800)
Anders als seine Vorgänger und Zeitgenossen Pictorius, Schlaun und Corfey schlug Lipper keine militärische Laufbahn ein. Während der Ausbildung lernte er in Paris den unter Ludwig XVI. in Mode kommenden Klassizismus kennen, wovon die von ihm entworfene (nicht erhaltene) Innenausstattung des Münsteraner Schlosses zeugte. Nach Schlauns Tod übernahm Lipper das Amt des Oberbaudirektors und schuf eine Reihe bedeutender Bauten, von denen heute, bis auf die Wachhäuschen des Neutors (Nr. 120), keiner mehr steht. Die Pläne des 1772–75 errichteten und 1892 abgerissenen Theaters am Roggenmarkt haben sich im Stadtarchiv Münster erhalten. Von dem Romberger Hof, ab 1779 für den Freiherrn Friedrich Wilhelm von Heeremann errichtet, gibt nur noch die im Innenhof des Theaters (Nr. 107.1) stehende Ruine der Gartenfassade eine Ahnung. (SH)

M

Malwitz, Hans (1891–1987)
Der bei Tilsit in Ostpreußen geborene Malwitz studierte zunächst Philosophie in Königsberg und Berlin, wechselte dann ins Architekturfach zur TH München. Dort prägte ihn German Bestelmeyer, dessen Student, Mitarbeiter und Assistent er wurde. 1924 erfolgte die Ernennung zum Regierungsbaumeister. Als Referent in der Bauabteilung des Reichsfinanzministeriums wurde er 1937 im Rahmen der monumentalen Germania-Planung von Albert Speer mit dem Bau der Wehrtechnischen Fakultät der Technischen Hochschule in Berlin beauftragt. Geschult in Großprojekten und Wiederaufbaufragen gelangte er 1946 nach einjähriger Kriegsgefangenschaft an die Spitze des Staatsneubauamtes für Universitätsbauten in Münster, das er bis 1956 leitete. Zu seinen Aufgaben zählten der Wiederaufbau zerstörter Gebäude, wie das Schloss (Nr. 123) und die Petrikirche (Nr. 29), sowie Neubauten, wie z. B. das Juridicum (Nr. 28). (SR)

Manger, Emil von (1824–1902)
Über die Lehrzeit von Manger ist nur wenig bekannt. Er absolvierte eine Ausbildung als Maurermeister, heiratete 1849 und konvertierte kurz darauf zum Katholizismus. Ab 1852 lässt sich Mangers Tätigkeit für das Bistum Münster nachweisen, wo er bis 1865 als Diözesanbaumeister tätig war. Neben zahlreichen neugotischen Hallenkirchen im Bereich der Diözese baute er in Münster zunächst das Langhaus der St. Mauritzkirche (Nr. 201). Sein wichtigster Bau in der Stadt, das neoromanische Diözesanmuseum am Domplatz, überstand den Zweiten Weltkrieg, wurde jedoch 1965 abgerissen. Das ab 1866 errichtete Priesterseminar neben der Überwasserkirche ist restauriert und geschickt in den Neubau der Diözesanbibliothek (Nr. 12) einbezogen. (SH)

March, Werner (1894–1976)
Der Sohn des Architekten Otto March begann Werner March ab 1912 an der TH Dresden sein Architekturstudium, wechselte wenig später zur TH Berlin-Charlottenburg. Nach dem Kriegsdienst schloss er es 1919 mit Auszeichnung ab. Gefördert von German Bestelmeyer, seinem Lehrer und Vorbild, übernahm er im Anschluss an sein Studium bei verschiedenen Verwaltungsbauten in Berlin die Bauleitung, zuletzt im Baubüro der Reichsbank. 1925 gründete er ein eigenes Büro und gewann 1926 zusammen mit seinem Bruder Walter den Wettbewerb „Deutsches Sportforum", dessen Umsetzung in Zusammenarbeit mit Albert Speer auch den Bau des Berliner Olympiastadions sowie des Olympischen Dorfes zu den Olympischen Spielen 1936 zur Folge hatte. Nach dem Krieg lebte March zunächst in Minden, wo er den Wiederaufbau des Doms und des Rathauses leitete. In Münster errichtete er 1951/52 das neue Landeshaus für den Landschaftsverband Westfalen-Lippe in schlichter, biederer Form samt zeittypischem Garagenbau (Nr. 188). (SR)

Moritz, Carl (1863–1944)
Nach seinem Studium an der TH Berlin-Charlottenburg nahm Moritz zunächst eine Stelle als Stadtbauinspektor in Köln an, machte sich jedoch schon zwei Jahre später selbstständig. Bis 1914 schuf er zahlreiche Theater, die jedoch zumeist im Zweiten Weltkrieg zerstört wurden. Erhalten haben sich lediglich die Bauten in Kattowitz und Stralsund, die trotz unterschiedlicher Formensprache eine ähnlich monumentale Auffassung und additive Behandlung der Baukörper wie die Münsteraner Erphokirche (Nr. 210) zeigen. Die von ihm gegründeten Architekturbüros waren vor allem im Rheinland und in Westfalen höchst produktiv. Neben Wohnhäusern entstanden zahlreiche öffentliche Bauten und Verwaltungsgebäude, letztere insbesondere im Auftrag des Barmer Bankvereins. (SH)

N

Nellissen, Johannes
Über die Biographie von Nellissen ist so gut wie nichts bekannt, obwohl er in den zwanziger Jahren eine ganz Reihe bedeutender Bauten in Münster geschaffen hat. Er wurde 1879 geboren und war von 1917–26 für die Zentrumspartei Stadtverordneter. In der Salzstraße baute er 1921 das Wohn- und Geschäftshaus mit dem damals größten Münsteraner Kino, der ehem. Schauburg. Während sich die 1924/25 entstandenen Wohnhäuser am Hohenzollernring 64 und 66 (Nr. 220) noch traditionsbewusst dem Heimatstil und Vorbild Schlaun verpflichtet zeigen, wendet er sich fortan vorsichtig dem Neuen Bauen zu. Ab 1925 arbeitete er mit Hans Ostermann und Franz Wethmar für einige Jahre in einer Bürogemeinschaft. Der Erweiterungsbau des Franziskushospitals von 1927 gibt sich betont sachlich, während die dynamische Architektur des Kiffe-Werksgebäudes (Nr. 248) noch heute einen Blickfang am Albersloher Weg bildet. (SH)

O

Ostermann, Hans (1898–1990)
Nach seinem Studium in Hannover und an der TH Aachen hielt sich Ostermann 1923/24 in Detroit auf. Zurückgekehrt nach Münster, gründete er mit Franz Wethmar (und kurzzeitig mit Johannes Nellissen) eine Bürogemeinschaft, die bis 1933 bestand. Die nach dieser Zeit entstandenen, meist in Backstein errichteten Bauten sowie einzelne Wohnhäuser lassen eher eine konservative Haltung erkennen. Zu seinen offiziellen Aufträgen gehörten das Apollo-Theater (Nr. 59) sowie der Mittelrisalit des ehem. Standortlazaretts (Nr. 302), für das Hermann Kissenkötter das Tympanonrelief entwarf. Wie dieser Mitglied der Künstlergemeinschaft Schanze, baute er für ihn ein Wohn- und Atelierhaus (Nr. 381) als Teil einer geplanten Künstlerkolonie in Angelmodde. Nach dem Zweiten Weltkrieg beteiligte er sich maßgeblich am Wiederaufbau des Prinzipalmarktes. Zu seinen letzten Bauten gehört das Wohn- und Geschäftshaus Elisabeth zur Aa, das 1974–76 zusammen mit M. C. von Hausen, O. Rave und B. Droste entstand. (SH)

P

Pictorius, Gottfried Laurenz (1663–1729)
Als drittes Kind des Militäringenieurs Peter Pictorius d. Ä. in Coesfeld geboren, erhielt er wohl bei diesem seine Ausbildung und trat 1684 wie dieser eine militärische Laufbahn an, bei der er bis zum Obristleutnant aufstieg. 1686/88 befasste er sich mit der Verbesserung der Wälle der Münsteraner Zitadelle und deren Anschluss an die Stadtbefestigungsanlagen. Seine eigentliche Karriere als Architekt begann erst nach seiner Heirat 1697 mit Catharina Theodora Schücking. Ab 1699 plante und errichtete er für Fürstbischof Christian Friedrich von Plettenberg eine beeindruckende Wasserschlossanlage. Außerdem entwarf er auch in Nordkirchen kleinere Bauten wie das Armenhaus und die Pfarrkirche. In Münster errichtete er 1699–1702 für den Schwager des Fürstbischofs den Beverfoerder Hof (Nr. 62) sowie fast gleichzeitig den im Zweiten Weltkrieg zerstörten Hof des Reichsgrafen von Merveldt. Mit diesen beiden Bauten nach dem Muster eines Pariser „Hôtel entre cour et jardin" etablierte er wesentliche Elemente französischer Architektur in Münster. Im Vergleich dazu nimmt sich Pictorius' einziger, annähernd vollständig erhaltener Münsteraner Bau, die Landsbergsche Kurie von 1703 (Nr. 6), relativ bescheiden aus. Von Pictorius' viertem großen Stadtpalast, dem Schmiesinger Hof, hat nur das Gartenhaus (Nr. 115) den Krieg überstanden. Größere Reisen scheint Pictorius nicht unternommen zu haben, stattdessen nutzte er einschlägige Stichwerke und Publikationen als Anregung für seine Entwürfe, wobei ihn vor allem Fragen der Positionierung und Proportionierung der Baukörper interessierten. Im Detail dürfte häufig sein Bruder Peter (1673–1735) die Gestaltung übernommen haben. Da Peter Pictorius d. J. vielfach als Mitarbeiter seines Bruders Gottfried Laurenz tätig war und die Nachrichten über seine Tätigkeit als Architekt spärlich sind, lässt sich sein Werk nur schwer fassen. 1720 ließ er sich zum Priester weihen. Als Domvikar setzte man ihn 1735 auf dem Domherrenfriedhof bei. (SH)

Pinnau, Cäsar (1906–88)
Der gelernte Tischler Pinnau studierte zunächst Architektur und Innenarchitektur an der Kunstgewerbeschule in Berlin, ab 1927 an der Akademie für Angewandte Kunst in München bei Emil Preetorius, einem der bedeutendsten Bühnenbildner seiner Zeit. Als Mitarbeiter im Düsseldorfer Büro von Fritz August Breuhaus de Groot entwarf er im Anschluss für verschiedene Größen aus Wirtschaft und Partei repräsentative Villen. 1937–41 zeichnete Pinnau als Architekt unter Albert Speer für die Innenarchitektur der Neuen Reichskanzlei und der Japanischen Botschaft in Berlin sowie für den Entwurf eines Staatshotels am Tiergarten verantwortlich. Nach 1945 führte er sein Büro in Hamburg und Frankfurt/M. weiter und entwarf für zahlreiche Persönlichkeiten, darunter Joachim Fest, Aristoteles Onassis und Rudolf A. Oetker, Villen, Boote und Unternehmenszentralen im In- und Ausland. Auch in Münster realisierte er eine Reihe von Projekten, die wie aus der Zeit gefallen scheinen: darunter ein monumentales Bürogebäude für die Rheinisch Westfälische Bauindustrie am Bröderichweg (1978–80) und das neoklassizistische Bankhaus Lampe (Nr. 10). (SR)

R

Rincklake, Wilhelm (1851–1927) und **August** (1843–1915)
Seine berufliche Laufbahn begann Wilhelm Rincklake 1870 als Zeichner und Bauführer im Düsseldorfer Büro seines älteren Bruders August, dem er 1876

nach Braunschweig folgte. Daneben gab er die seine Geburtsstadt Münster betreffende Abteilung aus A. Ortweins einflussreichem Mappenwerk „Deutsche Renaissance“ (1876) heraus. 1883 kehrte er nach Münster zurück, wo man ihn zunächst mit Restaurierungen und Umbaumaßnahmen von Kirchen betraute und ihm ab 1886 auch eigene Aufträge übertrug, von denen St. Ludgerus in Billerbeck sicher der bedeutendste ist. Mit dem Bau der Herz-Jesu-Kirche in Münster (Nr. 234) begann man 1895, ein Jahr bevor Rincklake in das Benediktinerkloster in Maria Laach eintrat. Auch als Pater Ludgerus setzte er seine Tätigkeit als Architekt, nun vor allem im Auftrag des Benediktinerordens, fort.
August Rincklake zog 1896 nach Münster, um die begonnenen Arbeiten seines Bruders weiterzuführen, vielleicht aber auch in der (vergeblichen) Hoffnung, seinen Entwurf für das Landeshaus zu realisieren. Augusts Sohn Paul wurde ebenfalls Architekt. Von ihm stammt die Villa Dalhoff in der Marktallee 54 in Hiltrup. (SH)

Rüschenschmidt & Schräder
Über das Münsteraner Architekturbüro Rüschenschmidt & Schräder ist leider nur wenig bekannt. Der Schwerpunkt des Schaffens in Münster und Umgebung lag wohl auf repräsentativen Villen und Wohnhäusern, die häufig in Backstein ausgeführt wurden. Stilistisch knüpfen sie an die münsterländische Architektur des 17. und 18. Jahrhunderts an und folgen damit dem von Engelbert von Kerckering zur Borg propagierten regionalen Heimatstil. Doch finden sich auch Mietshäuser (Zumsandeplatz), Schulen, Sparkassen- und Verwaltungsbauten oder ein Garagenhof (Ochtrup). Am Ende der zwanziger Jahre scheinen sich Rüschenschmidt & Schräder einer gemäßigten Moderne angenähert zu haben. Dafür sprechen das mit Franz Wethmar und Hans Ostermann errichtete Studentenheim (Nr. 106) und vor allem das ehem. Hotel Schnellmann (Nr. 317), das deutlich Elemente des Neuen Bauens verwendet. (SH)

Ruhnau, Werner (1922–2015)
Der in Königsberg geborene Ruhnau begann 1941 sein Studium der Architektur-, Kunst- und Baugeschichte an der TU Danzig, setzte es später in Braunschweig und Karlsruhe fort und schloss es 1950 mit dem Diplom ab. In Münster übernahm er die Projektleitung des Neubaus der Landwirtschaftskammer (Nr. 195), dem ersten modernen Bürobau der Stadt. Mit Deilmann, Rave und von Hausen bildete er im Anschluss das Team für den gefeierten Theaterbau (Nr. 107.1) in Münster. Nach dem Wettbewerbsgewinn des Theaterneubaus in Gelsenkirchen wechselte er 1956 nach Gelsenkirchen und schuf dort gemeinsam mit den Künstlern Yves Klein, Paul Adams, Paul Dierkes, Norbert Kricke und Jean Tinguely seine wichtigste Arbeit. In der Folge entstanden unkonventionelle Wohnhäuser, Firmengebäude, Bühnenszenarien und Schauspielorte (u.a. in Frankfurt/M., Essen, Stendal). (SR)

S

Scharf, Edmund (1896–1983)
Nach dem Ersten Weltkrieg arbeitete Scharf als Architekt in Düsseldorf und Elberfeld. 1936–38 war er in der Entwurfsabteilung Luftkreis IV u. a. für das Münsteraner Luftkreiskommando Ernst Sagebiels (Nr. 222) verantwortlich. In der Stadtverwaltung arbeitete er ab 1938 an den Entwürfen für die Universität und das Gauforum am Aasee und auf der Sentruper Höhe mit. Als „Entwurfsarchitekt für besondere Aufgaben“ plante er 1941 Luftschutzbunker (Nr. 139). Nach dem Zweiten Weltkrieg war er im Stadtplanungsamt u. a. für den Wiederaufbau der Altstadt und für den Innenausbau des Rathauses (Nr. 69) zuständig und legte 1950 den Bebauungsplan für die Besatzungswohnungen britischer Offiziere am Angelsachsenweg vor. (SH)

Schlaun, Johann Conrad (1695–1773)
Als Ferdinand von Plettenberg und Clemens August von Bayern die architektonische Begabung des jungen Leutnants der Infanterie, der zuvor schon in hannoverschen und Paderborner Diensten gestanden hatte, entdeckten, schickten sie ihn auf eine mehrmonatige Bildungsreise über Würzburg nach Rom und Paris, auf der er die gestalterischen Grundlagen für sein weiteres Schaffen erwarb. Nach dem Schloss in Brühl oder der Fertigstellung von Nordkirchen schuf er eine Fülle ganz unterschiedlicher Bauten vom Gartenhäuschen (Nr. 268) bis zur Münsteraner Residenz (Nr. 123). Zu seinen originellsten Schöpfungen gehört das Jagdschloss Clemenswerth (1738–40). Außerdem musste er als Ingenieur auch die militärischen Anlagen betreuen. Trotz der Kriegszerstörungen konnten in Münster unter anderem mit dem Erbdrostenhof (Nr. 94) oder der Aegidii- und Clemenskirche (Nr. 40, 100) sowie seinem Sommersitz Schloss Rüschhaus (Nr. 348) und der Residenz charakteristische Zeugnisse seines Schaffens wiederhergestellt werden. (SH)

Schwippert, Hans (1899–1973)
Sein Architekturstudium absolvierte er an den Technischen Hochschulen in Hannover, Darmstadt und Stuttgart, an der er bei Paul Schmitthenner diplomierte. Im Anschluss arbeitete er 1924–26 bei Erich Mendelsohn in Berlin, wo er auch Mies van der Rohe kennenlernte. Von Rudolf Schwarz berufen, lehrte Schwippert 1927–34 an der Kunstgewerbeschule in Aachen, später an der Technischen Hochschule, an der er 1943 auch promovierte. Für kurze Zeit übernahm er im Auftrag der amerikanischen Besatzungsbehörden ab 1945 die Verantwortung für den Wiederaufbau der Stadt, später der Provinz Nordrhein. Kurz darauf gründete er ein eigenes Büro in Düsseldorf und wurde zu einem der meistgefragten Architekten des Wiederaufbaus in Deutschland (Bundeshaus in Bonn (1949), Palais Schaumburg (1950) u.a.). Als Musterbeispiel für modernes Bauen errichtete er 1954 den Neubau der Industrie- und Handelskammer (Nr. 196) in Münster. Von 1956 bis zu seiner Emeritierung 1966 leitete er als Rektor die Kunstakademie in Düsseldorf. (SR)

Steinbach, Hugo (1873–?)
Geboren in Heimersheim, besuchte er bis 1893 die Baugewerkschule in Köln und arbeitete anschließend in verschiedenen Architekturbüros in Düsseldorf und Dortmund, bis er sich dort 1901 selbstständig machte und zusammen mit Paul Lutter (1873–1933) eines der wichtigsten Dortmunder Architekturbüros führte. Als Spezialist für Bank- und Industriebauten errichtete er u.a. das Gebäude der Hauptverwaltung der Hoesch-AG (1912–14) und das Büro- und Geschäftshaus der Stadtsparkasse (1921–24; heute Museum für Kunst- und Kulturgeschichte). Stilistisch in frühen Bauten wie dem Krüger-Haus (1912) einer historisierenden Formensprache verpflichtet, zeigen die späteren Gebäude (Entwurf für die Hoesch-Werke in Kassel, um 1922) eine sachliche, ausdrucksstarke Architektur, die eine Auseinandersetzung etwa mit Werken von Peter Behrens vermuten lässt. Neben den zahlreichen repräsentativen Dortmunder Villen bildet das schlichte, in kubischen Formen errichtete Münsteraner Backsteinhaus (Nr. 368.2) eine überraschende Ausnahme. (SH)

Strupp, Peter Wilhelm (1891–1992)
Nach einer Ausbildung zum Kunsttischler und dem Studium an der Kunstgewerbeschule in München bei Richard Riemerschmid sammelte Strupp erste berufliche Erfahrungen als Bauleiter in der Schweiz. Nach dem Ersten Weltkrieg arbeitete er in Münster als Innenarchitekt für die Firma Rincklake van Endert und richtete u.a. 1924 das erste westfälische Radiostudio ein. Seit 1925 unterrichtete er an der Münsteraner Kunstgewerbeschule und hatte außerdem 1926–32 zusammen mit Franz Mönig ein Architekturbüro, mit dem er u.a. in der Kriegerheimstättensiedlung am Düesberg (Nr. 250) tätig war. Zeigt das erste in diesem Büro geplante Haus in der Zeppelinstraße (Nr. 158) noch traditionelle Züge, gelangte mit dem Wohnhaus Wiedemann (Nr. 19) und dem (leider durch Umbauten entstellten) Doppelhaus Am Krug 25/27 das Neue Bauen nach Münster. Nach dem Zweiten Weltkrieg führte Strupp seine Lehrtätigkeit an der Werkschule Münster fort. Zu seinen letzten Bauten gehörten 1955 das Bootshafengebäude am Aasee und die Aaseeterassen, die 2007 abgetragen wurden. (SH)

T

Tönies, Bernhard (1906–65)
Tönies absolvierte sein Architekturstudium an der Kunstakademie in Düsseldorf bei Emil Fahrenkamp, in dessen Meisterklasse er mit den Tendenzen des Neuen Bauens vertraut wurde. 1930 ließ er sich als freischaffender Architekt in Münster nieder und wurde Mitglied der Künstlervereinigung Schanze. Mit dem Wohnhaus Cesarz in Hiltrup (Nr. 390) und dem Wohn- und Atelierhaus Bröker (Nr. 159) gelangen ihm gleich zu Beginn seiner Laufbahn zwei der außergewöhnlichsten, modernen Wohngebäude in Münster. Nach 1945 beteiligte er sich am Wiederaufbau mit weiteren, zumeist unscheinbaren Büro- und Wohnbauten (Haus Oase, Bahnhofsstraße; Freiherr-vom-Stein-Gymnasium). (SR)

V

Vogel, Heinrich Otto (1898–1994)
Da Vogel schon als Kind begeistert architektonische Ansichten kopierte, die er in der Lichtdruckerei seines Vaters in Darmstadt kennenlernte, meldete ihn dieser an der dortigen Landesbaugewerbeschule zum Studium an. Durch die Vermittlung seines Lehrers Arthur Wienkoop erhielt Vogel 1918 eine Anstellung bei der Ilse-Bergbau AG in der Niederlausitz. Nachdem er im Wettbewerb für den Neubau der Waldschule in Lauchhammer den 1. Preis gewonnen hatte, ließ er sich als freischaffender Architekt in Senftenberg nieder. 1935 wechselte er an das Städtische Hochbauamt in Trier. Nach dem Zweiten Weltkrieg engagierte er sich bis 1972 als freischaffender Architekt beim Wiederaufbau, wobei der Kirchenbau, sowohl der evangelische als auch der katholische, sein wichtigstes Tätigkeitsfeld bildete. In Münster errichtete er 1961 die Lukaskirche (Nr. 299) am Coesfelder Kreuz sowie die Christuskirche in Wolbeck (1965). (SH)

Vagedes, Clemens August von (1760–95)
Der Bruder des späteren Düsseldorfer Baudirektors Adolf von Vagedes (1777–1842) sollte zunächst eine juristische Laufbahn einschlagen, gehörte jedoch schon als Achtzehnjähriger zu den Mitarbeitern Wilhelm Ferdinand Lippers. 1790 empfahl ihn der Forstmeister von Kaas nach Bückeburg, wo ihn Juliane von Schaumburg Lippe in Dienst nahm. Zu seinen Aufgaben gehörte auch die Tätigkeit als Lehrer der geometrischen Zeichenkunst und der Grundsätze der Baukunst am dortigen Gymnasium. Sein erster selbstständiger Bau, der Druffelsche Hof (1784–88, Nr. 65.1), ist zugleich der einzige in Münster erhaltene. Einen Eindruck von seiner dem Klassizismus verpflichteten Architektursprache vermitteln vor allem die in Bückeburg verwahrten Pläne und Zeichnungen. Auch Adolph von Vagedes hat in Münster mehrere Bauten errichtet, die Geisberg überliefert, von denen sich jedoch keiner erhalten hat. (SH)

W

Wethmar, Franz (1895–1971)
Seine Ausbildung absolvierte Wethmar anfänglich an der Baugewerkschule in Münster, später an der TH Stuttgart bei Paul Bonatz. Dessen bei aller Sachlichkeit monumentale und ausdrucksstarke Architektur hat Wethmars Bauten deutlich geprägt. 1925 kehrte Wethmar nach Münster zurück und gründete mit Hans Ostermann ein Büro, dem für einige Jahre auch Johannes Nellissen angehörte. Ein Spezialgebiet bildeten Krankenhäuser, u.a. in Attendorn, Nordkirchen und Ahaus. Bonatz' Einfluss lässt das Studentenheim am Breul erkennen (Nr. 106), während die Wohnhäuser in Backstein mit Satteldach

wohl dem Geschmack der Bauherren entsprachen, die „moderne“ Elemente nur zögerlich zuließen. Entwürfe im Stil des Neuen Bauens blieben entweder Modell oder wurden außerhalb der Stadt als Wochenendhäuser realisiert. Nach dem Zweiten Weltkrieg arbeitete Wethmar beim Wiederaufbau des Prinzipalmarktes mit. Mit seinem Sohn Dieter entwarf er 1959 die Lupusheilstätte Haus Hornheide in Handorf. (SH)

Wolf, Gustav (1887–1963)
Nach der Ausbildung zum Zeichenlehrer an der Kunstschule Breslau und dem Architekturstudium bei Theodor Vischer in Stuttgart arbeitete Wolff bis 1916 bei Paul Schmitthenner an den Gartenstädten Staaken (Berlin) und Carlowitz (Breslau). Es folgten Jahre als Bezirksarchitekt beim Wiederaufbau Ostpreußens und als Kreisbaumeister in Merseburg. Von seiner Stelle als Baupfleger in Soest wechselte Wolf 1922 zur Leitung der Westfälischen Heimstätte nach Münster, für die er verschiedene Siedlungen entwarf, unter denen die Habichtshöhe (Nr. 263) schon in Qualität und Größe herausragt. 1927 übernahm Wolf die Leitung der Handwerker- und Kunstgewerbeschule in Breslau. Ab 1934 lehrte er an der Staatsbauschule in Berlin. Als man ihn 1938 entließ, gründete er das „Bauernhofbüro“ und gab das Sammelwerk „Haus und Hof deutscher Bauern“ heraus. 1939 wurde er Landesbaupfleger von Westfalen. 1949 gehörte er zu den Mitbegründern des „Arbeitskreises für deutsche Hausforschung“, ein Jahr später berief man ihn in den Forschungsbeirat des Wohnungsbauministeriums. Sein architektonisches Werk begleitete er mit einer großen Zahl von Aufsätzen. (SH)

Wucherpfennig d. Ä., Franz (1860–1909) **und Söhne**
Franz Wucherpfennig d. Ä. (1860–1909) trat besonders mit Bildungs- und Wohnbauten von katholischen Ordensgemeinschaften in Erscheinung. Zeitgleich errichtete er 1896/97 das Vorsehungskloster bei Handorf (Nr. 366) – das heutige Gymnasium St. Mauritz – und das Herz-Jesu-Missionshaus in Hiltrup (Nr. 392). Beide gleichen sich in ihrer neogotischen Formensprache. Direkt am Domplatz realisierte er 1901–03 das Collegium Ludgerianum (Nr. 7). Von seinen Kindern folgten Franz und Wilhelm ihm im Beruf.
Franz d. J. (1893–1968) übernahm nach 1945 den Wiederaufbau vieler Bauten in Münster (Borromäum (Nr. 5), St. Josef (Nr. 254), Verlagshaus Aschendorff (Nr. 241), u.a.). Sein Bruder Wilhelm (1894–1970) absolvierte 1914–18 an der Baugewerkschule eine Ausbildung. 1919 setzte er sein Studium in Stuttgart bei Bonatz und Schmitthenner fort. Nach Stationen in den Büros von Paul Bonatz, Peter Behrens, Gustav Wolf und Adolf Abel gründete er 1928 in Köln ein eigenes Büro. Von dort aus realisierte er auch das Wehrmacht-Gebäude am Neuplatz in Münster (1931/32). Ab 1940 arbeitete er bei Gerhard Graupner an den Neugestaltungsplänen in Düsseldorf, nach 1945 im Wiederaufbaustab in Köln. Franz d. J. und sein Sohn Hilger (1931–85) führten von 1962–68 eine Arbeitsgemeinschaft in Münster. (SR)

Einführende Literatur/Bibliography

Allgemeine Literatur/General literature

Dehio. Handbuch der Deutschen Kunstdenkmäler Nordrhein-Westfalen II, Westfalen, Berlin/München 2011.

Deutschlands Städtebau: Münster/Westf., Berlin-Halensee 1920.

Geisberg, Max: Die Stadt Münster, (Bau- und Kunstdenkmäler von Westfalen Bd. 41) 6 Bde., Münster 1932–1941. Reprint mit Marginalen [von Karl Heinz Kirchhoff] zur Kennzeichnung der 1977 noch erhaltenen Bauten, Münster 1977.

Grote, Udo/Karrenbrock, Reinhard (Hg.): Kirchenschätze. 1200 Jahre Bistum Münster, 1 Bd., Münster 2005.

Grote, Udo: Architektur (Geschichte original – am Beispiel der Stadt Münster 18), Münster 1992.

Hauff, Thomas / Heineberg, Heinz: Münster – Stadtentwicklung zwischen Tradition, Herausforderungen und Zukunftsperspektiven, Geographische Kommission für Westfalen, Münster 2011.

Haunfelder, Bernd: Münster. Geschichte in Bildern, Münster, 2007.

Heimstättenarbeit in Westfalen 1918–1928, Düsseldorf-Lohausen 1928

Humborg, Ludwig: Historischer Bummel durch Münsters Altstadt-Straßen, Münster 1973.

Jakobi, Franz-Josef (Hg.): Geschichte der Stadt Münster, 3 Bde., Münster 1993.

Jászai, Géza (Hg.): Imagination des Unsichtbaren. 1200 Jahre Bildende Kunst im Bistum Münster, Westfälisches Landesmuseum, Münster 1993.

Karliczek, Rainer: Münster will nach oben. 50 Jahre Planen und Bauen (1965–2015), Münster 2015.

Kaspar, Fred: Bauen und Wohnen, in: Stadtarchiv Münster (Hg.): 1200 Jahre Münster – Im Wandel der Zeit, Heft Nr. 4, Münster 2001, S. 83–102.

Kirchhoff, Karl-Heinz: Forschungen zur Geschichte von Stadt und Stift Münster. Ausgewählte Aufsätze und Schriftenverzeichnis, Hg. Franz Petri u. a., Warendorf 1988.

Lambacher, Hannes: Rundflug über das alte Münster. Fotografien aus den 20er und 30er Jahren, Gudensberg-Gleichen 2003.

Niemer, Jörg. Vom Domplatz zum Schloss. Die Baugeschichte der Universität Münster von der Gründung bis zum Abschluss des Wiederaufbaus nach dem Zweiten Weltkrieg, 2010.

Obermeyer, Erhard: Universität Münster. Ein Porträt, Münster 1992.

Obermeyer, Eberhard/Beyer, Burkhard: Baustelle Münster. Eine Stadt erfindet sich neu, Münster 2011.

Peterschröder, Olaf: Strategie der Verhinderung? Zur Partizipation des Neuen Bauens in der Provinz Westfalen (1918–1933), Karlsruhe 2012.

Poerscheke, Stephan, Heimstättenarbeit in Westfalen im Lichte 50jähriger staatlicher Wohnungspolitik, Münster 1952.

Pracht-Jörns, Elfi: Jüdisches Kulturerbe in Nordrhein-Westfalen IV: Regierungsbezirk Münster, Köln 2002.

Prinz, Joseph: Mimigernaford-Münster – Die Entstehungsgeschichte einer Stadt, Münster 1960.

Schlossplatz – Hindenburgplatz – Neuplatz in Münster. 350 Jahre viel Platz, Arbeitsheft der LWL-Denkmalpflege, Landschafts- und Baudenkmäler in Westfalen 11, Münster 2017.

Schmitz, Hermann: Münster (Berühmte Kunststätten, Band 53), Leipzig 1911.

Das schöne Münster, Verkehrsamt Münster (Hg.), 1,1929–13,1941; N.F. 1,1954–40,1963.

Siekmann, Mechthild (Hg.): Tatort Domplatz. Der Münster-Plan von 1609 und seine Geschichte(n). Dokumentation und Faksimile, Bielefeld. Bielefeld 2009.

Staatliches Bauamt Münster II (Hrsg.): 50 Jahre Hochschulbau in Münster – Die Menschen/Die Bauten, 2 Bd., Münster 2000.

Stadt Münster (Hg.): Spaziergänge zu Baudenkmälern Nr. 1–9, Konzeption: Bertold Degenkolbe, Alfred Pohlmann, Münster 1991.

Stadt Münster (Hg.): Spaziergänge zu Baudenkmälern Nr. 10–14, Konzeption: Bertold Degenkolbe, Gunnar Pick, Münster 1994.

Stadtmuseum (Hg.): Alte Friedhöfe in Münster, Ausst. Kat. Stadtmuseum Münster, Münster 1987.

Stein, Erwin (Hg.): Monographien deutscher Städte, Bd. 35: Münster i.W., Berlin 1930.

Termeer, Marcus: Münster als Marke. Die „lebenswerteste Stadt der Welt", die Ökonomie der Symbole und ihre Vorgeschichte, Münster 2010.

Einzelne Bautypen/Individual building types

Blümle, Claudia/Lazardzig, Jan (Hg.): Ruinierte Öffentlichkeit. Zur Politik von Theater, Architektur und Kunst in den 1950er Jahren, Zürich 2012.

Fehlauer, Michael/Rethfeld, Stefan: Hochbunker in Münster, Münster 2013.

Frings, Thomas: Gestaltete Umbrüche – Kirchen im Bistum Münster zwischen Neugestaltung und Umnutzung, Münster 2007.

Hagemann, Karl: Münster – Stadt der Kirchen. 70 Gotteshäuser und ihre Gemeinden im Porträt, Münster 1983.

Heinker, Margit: Die Architektur der deutschen Reichsbank 1876–1918, Münster 1998.

Hoffmann, Wolfgang: Rückblick auf ein Jahrhundert Genossenschaftlicher Bautätigkeit 1893–1993, Der Wohnungsverein Münster von 1893, Münster 1993.

Henningsen, Wiltrud: Die Entstehung des Kinos in Münster, Münster 1992.

Kirchhoff, Karl-Heinz: Der Bogengang am Prinzipalmarkt zu Münster, in: Beiträge zur westfälischen Stadtgeschichte, Friedrich Bernward Fahlbusch (Hg.), Warendorf 1992, S. 135–185.

Kirchhoff, Karl-Heinz: Die Erbmänner und ihre Höfe in Münster. Untersuchungen zur Sozial-Topographie einer Stadt im Mittelalter, in: Westfälische Zeitschrift 116, 1966, S. 3–26.

Knufinke, Ulrich: Bauwerke jüdischer Friedhöfe in Deutschland, Petersberg 2007.

Müller, Eugen: Die Adelshöfe der Stadt Münster, Münster 1930.

Mummenhoff, Karl E.: Die Profanbaukunst im Oberstift Münster von 1450–1650, Münster 1961.

Pieper, Roland: Historische Klöster in Westfalen-Lippe, Münster 2003.

Poeschke, Joachim/Syndikus, Candida/Weigel, Thomas: Mittelalterliche Kirchen in Münster, München 1993.

Ribbert, Uta: Unser Weg ins Paradies. Gartenhäuser in Münster und im Münsterland, Münster 2013.

Sagebiel, Martin D.: Preußische Verwaltungsbauten in Münster 1814–1918, Staatsarchiv, Münster 1992.

Sarrazin, Otto: Die Gademen – ein aus dem Stadtbild Münsters verschwundener Wohnhaustyp, in: Westfalen 49, 1971, S. 144–154.

Schäfer, Jost: Neues Bauen in Westfalen – Wohnhäuser der 20er Jahre, in: Westfalen 72, 1994, S. 489–519.

Wackernagel, Martin: Adelshöfe und Schloss in Münster, Berlin/München 1948.

Weiß, Gisela: Sinnstiftung in der Provinz. Westfälische Museen im Kaiserreich, Paderborn 2005.

Einzelne Epochen/Individual periods

Albers, Helene/Pfister, Ulrich (Hg.): Industrie in Münster 1870–1970. Lokale Rahmenbedingungen – Unternehmensstrategien – regionaler Kontext, Dortmund 2001.

Baupflegeamt für Westfalen (Hg.): Bauten in Westfalen 1945–1957, Münster 1958.

Bund Deutscher Architekten BDA (Hg.): Architekturführer Münster. Münsterland seit 1980, Köln 2005.

Daniel, Andreas; Kemper, Heinrich; Ringbeck, Brigitta: Heimstätten sind besser als Heilstätten. 100 Jahre Wohnungsbauförderung der Landesversicherungsanstalt Westfalen, Münster 1993.

Durth, Werner/Gutschow, Niels: Träume in Trümmern – Planungen zum Wiederaufbau zerstörter Städte im Westen Deutschlands 1940–1950, Braunschweig 1988.

Durth, Werner/Gutschow, Niels/Düwel, Jörn: 1945. Krieg. Zerstörung. Aufbau. Architektur und Stadtplanung 1940–1960, Berlin 1995.

Gieseking, Franz Klemens: Fünfzig Jahre Freie Künstlergemeinschaft Schanze 1919–1969, Münster 1969.

Gutschow, Niels/Pick, Gunnar: Bauen in Münster. Ein Architekturführer, Münster 1983.

Gutschow, Niels/Stiemer, Regine: Dokumentation Wiederaufbau der Stadt Münster 1945–1961, Münster 1982.

Gutschow, Niels/Stiemer, Regine: Dokumentation Wiederaufbau Münster, Materialsammlung, Münster 1980.

Hänsel, Sylvaine: Westfalens gepriesene Gartenstadt. Siedlungsbau in Münster nach dem Ersten Weltkrieg, in: Neue Tradition. Europäische Architektur im Zeichen von Traditionalismus und Regionalismus, Dresden 2012, S. 65–86.

Haunfelder, Bernd: Münster. Die Nachkriegszeit 1945–1965. Bilder und Chronik, Münster 1983.

Hermann, Ulrich (Hg.): basis bauhaus ... westfalen, Ausst.Kat., Westfälisches Museumsamt Münster, Bönen 1995.

Hoeken, Karl: Innenräume barocker Adelsbauten in Münster und im Münsterland. Ihre Gestalt und plastische Ausstattung, Westfälische Forschungen, Band III, Heft 2/3, Münster 1938.

Hüffner, H. C. C.: Münster in Schutt und Asche, Münster 1983.

Kauder-Steiniger, Rita: Die „Freie Künstlergemeinschaft Schanze" in Münster, in: Westfalen 74, 1996, S. 181–200.

Kerckerink zur Borg, Engelbert Frhr. von/Klapheck, Richard: Alt-Westfalen – Die Bauentwicklung Westfalens nach der Renaissance, Frankfurt 1912.

Krabbe, Wolfgang R.: Auf dem Weg zur modernen Großstadt. Münster um 1900 (Geschichte original – am Beispiel der Stadt Münster 17), Münster 1990.

Kratzsch, Gerhard: Engelbert Reichsfreiherr von Kerckerinck zur Borg. Westfälischer Adel zwischen Kaiserreich und Weimarer Republik, Münster 2004.

Kriegerheimstätten-Genossenschaft (Hg.): Kriegerheimstättengenossenschaft 50 [Jahre] 1919–1969, Münster 1969.

Lobbedey, Uwe: Romanik in Westfalen, Würzburg 1999.

Matzner, Florian/Schulze, Ulrich: Barock in Westfalen, Münster 1997.

Metzdorf, Jens (Hg.): Münster wird preußisch, Münster 1992.

Pehnt, Wolfgang: Deutsche Architektur seit 1900, München 2005.

Peterschroeder, Peter: Strategie der Verhinderung? Zur Partizipation des Neuen Bauens in der Provinz Westfalen (1918–1933), Karlsruhe 2012.

Pünder, Tilman: Georg Sperlich. Oberbürgermeister von Münster in der Weimarer Republik, Münster 2006.

Rauhut, Christoph/Lehmann, Niels: Fragments of Metropolis – Rhein & Ruhr. Das expressionistische Erbe an Rhein und Ruhr, München 2016.

Richard-Wiegandt, Ursula: Münster von der Provinzial- zur Gauhauptstadt. Siedlungsstrukturelle Entwicklung von 1815 bis 1939, Münster 1991.

Richard-Wiegandt, Ursula: Das neue Münster. 50 Jahre Wiederaufbau und Stadtentwicklung 1945–1995, Münster 1996.

Richard-Wiegandt, Ursula: Münster und seine Stadtteile. 30 Jahre Eingemeindung 1975–2005, Münster 2005.

Sagebiel, Martin D.: Das öffentliche Bauwesen in Westfalen zu Vinckes Zeit, in: Hans-Joachim Behr/ Jürgen Kloosterhuis (Hg.), Ludwig Freiherr Vincke. Ein westfälisches Profil zwischen Reform und Restauration in Preußen, Münster 1994, S. 365–388.

Schmidt, Christoph: Nationalsozialistische Kulturpolitik im Gau Westfalen-Nord, Paderborn 2006.

Schreiner, Ludwig: Architektur des 19. und 20. Jahrhunderts, in: Kohl, Wilhelm, Westfalen, Bd. 2: Das 19. und das 20. Jahrhundert. Politik und Kultur, Düsseldorf 1983, S. 431–518.

Schreiner, Ludwig: Westfalen (Karl Friedrich Schinkel. Lebenswerk, Bd. 13), München 1969.

Spohn, Thomas: Verdichtung und Individualisierung, Bauen und Wohnen, in: Westfalen in der Moderne, 1815–2015 Geschichte einer Region, Münster 2015, S. 601–624.

Spohn, Thomas: Die baulichen Spuren Preußens in Westfalen, in: Westfalen 73, 1995, S. 95–154.

Stadt Münster (Hg.): 10 Jahre Beirat für Stadtgestaltung Münster, Münster 2007.

Stadt Münster (Hg.): Münster auf dem Weg ins 21. Jahrhundert. Planen und Bauen, Münster 1998.

Stadt Münster (Hg.): Ungebautes in Münster, Münster 1988.

Stadtplanungsamt (Hg.): Wettbewerbe 1970–2005. 35 Jahre Wettbewerbe, Planungsinformation Nr. 100, Münster 2005.

Steinhagen, Christian: Münster im Dritten Reich. Ein Stadtführer, Münster 2013.

Weidner, Markus: Landadel in Münster 1600–1760, Stadtverfassung, Standesbehauptung und Fürstenhof, Münster 2000.

Einzelne Bauten/Individual buildings

Althöfer, Ulrich: Die ehemalige Villa Terfloth am Kreuztor – Anmerkungen zur Fassadengestaltung einer repräsentativen Unternehmervilla in Münster und ihrem Architekten, in: Jacobi, Franz-Josef (Hg.): Stadtgesellschaft im Wandel. Untersuchungen zur Sozialgeschichte Münsters im 19. und 20. Jahrhundert, Münster 1995, S. 395–419.

Böcker, Hans Josef: Die Marktpfarrkirche St. Lamberti zu Münster, Bonn 1989.

Bröcker, Monika/Pohlmann, Alfred: Das Rathaus, Münster 1988.

Feireiss, Kristin (Hg.): Stadtbücherei Münster, Ausst. Kat. Aedes, Berlin 1993.

Görtz, Franz Josef (Hg.): Ein Gadem in der Marievengasse. Die Geschichte eines Kleinhauses im alten Münster, Münster 2012.

Haunfelder, Bernd/Olliges, Ute: Die Promenade in Münster. Vom Festungsring zum Grüngürtel, Münster 1994.

Institut für vergleichende Städtegeschichte Münster / Angelika Oelgeklaus (Hg.): Die Speicherstadt Münster – Heeresverpflegungsamt und Reichstypenspeicher, Konversion und Denkmalschutz, Münster 2008.

Jaeger, Falk (Hg.): Kristall – Der Neubau der LVM-Versicherung in Münster, Berlin 2015.

Jakobi, Franz-Josef (Hg.): Das Krameramtshaus zu Münster 1589–1989. Zeugnis für 400 Jahre Stadtgeschichte, Stadtarchiv, Münster 1989.

Jászai, Géza: Dom und Domkammer in Münster, Königstein i. T. 1981.

Knorre, Alexander von: Turmvollendungen deutscher gotischer Kirchen im 19. Jahrhundert, Köln 1974.

Landschaftsverband Westfalen-Lippe (Hg.): Schloss – Hindenburgplatz – Neuplatz in Münster. 350 Jahre viel Platz, Münster 2012.

Luckhardt, Jochen: Die Dominikanerkirche des Lambert Friedrich Corfey zu Münster. Studien zu Geschichte, Form und Funktion einer Ordenskirche „um 1700", Münster 1978.

Meyhöfer, Dirk: Das öffentliche Bankhaus. Die NRW.BANK am Mauritztor in Münster/Westfalen, Hamburg, 2010.

Noehles, Gisela: Zum Bildprogramm des Landesmuseums in Münster von 1908, in: Westfalen 54, 1976, S. 167–203.

Oelgeklaus, Angelika: Das Gefängnis in Münster (1845–1853) von C. F. Busse, Magisterarbeit, Bonn.

Pieper, Jan: Ein unlizensierter Herrensitz. Haus Rüschhaus bei Münster von J. C. Schlaun, Daidalos, Heft 22, Gütersloh 1986, S. 68–71.

Pieper, Paul: Der Dom zu Münster, Münster 1965.

Rethfeld, Stefan: Ein Manifest des Neubeginns. Stadttheater Münster, in: Sonja Hnilica, Markus Jager, Wolfgang Sonne (Hg.): Auf den zweiten Blick. Architektur der Nachkriegszeit in Nordrhein-Westfalen, Bielefeld 2010, S. 132–139.

Rethfeld, Stefan: Schon wieder ein Riegel. Zur Erweiterung des Philosophikums am Domplatz, in: Bauwelt 20, 2011, S. 14–16.

Rethfeld, Stefan: Verwandlungskunst – Umbau Parkhaus Stubengasse, in: InformationsZentrum Beton (Hg.): Architekturpreis Beton 2011, Berlin/Tübingen 2011, S. 32–33.

Rethfeld, Stefan: WestLotto – Die Architektur, in: WestLotto Architektur und Kunst, Münster 2016, S. 4–5

Rinke, Jan: Frischzellenkur – Umbau der Landwirtschaftskammer Münster, in: Metamorphose – Bauen im Bestand 2008, Heft 1, S. 20–27.

Rommé, Barbara: Die Bedeutung des Gebäudes der Justizvollzugsanstalt Münster und die Wahl der Lage des Baugrundstücks, in: Denkmalpflege in Westfalen-Lippe 21, 2015, H. 2, S. 68 f.

Rosinski, Roswitha: Der Umgang mit der Geschichte beim Wiederaufbau des Prinzipalmarktes in Münster nach dem 2. Weltkrieg, Bonn 1987 (Diss. Marburg 1984).

Schäfer, Jost: Das ehemalige Luftkreiskommando IV in Münster von Ernst Sagebiel, in: Westfalen 76, 1998, S. 380–401.

Schäfer, Jost: Die heutige Justizvollzugsanstalt in Münster, in: Westfalen 90, Münster 2012, S. 5–38.

Schmitz, Patrick: Die Architektur des neuen Zuchthauses zu Münster, Magisterarbeit, Institut für Kunstgeschichte, Münster 2000.

Schreiner, Ludwig: Die Neueinrichtung der Apostelkirche zu Münster durch Karl Friedrich Schinkel 1818–1824, in: Westfalen 47, 1969, S. 170–201.

Schrörs, Tobias/Serries, Hans Bernd: Die Geschichte der Hauskapelle [des Borromäums] und ihrer Vorläufer, in: Serries, Hans Bernd (Hg.): Priesterausbildung konkret, Münster 2004, S. 52–73.

Schulze, Heiko K. L.: Das Westfälische Provinzialmuseum Münster. Planung, Entwürfe, Wettbewerbe 1879–1908, Westfälisches Landesmuseum für Kunst und Kulturgeschichte, Münster 1983.

Selle, Otto Ehrenfried: Rathaus und Friedenssaal zu Münster, mit Beiträgen von Karl-Heinz Kirchhoff/Géza Jázai/Bernd Haunfelder, Westfälische Kunststätten 93, Münster 2002.

Stadt Münster (Hg.): Der Zwinger in Münster 1528 – 1732 – 1945 – 1997, Ausst. Kat. Stadtmuseum Münster, Köln 2003.

Tiemann, Ulf: Der Neubau des Zuchthauses in Münster um 1850. Konzeption für einen modernen Strafvollzug, Münster 2002.

Vernekohl, Wilhelm (Hg.): Das neue Theater in Münster - Festschrift zur Eröffnung des Hauses, Münster 1956.

Weißgerber, Otto: Die Neubauten der Kliniken und medizinischen Institute der Universität Münster, Berlin 1927.

Einzelne Architekten/Individual architects

Akademie der Architektenkammer Nordrhein-Westfalen (Hg.): Hans Schwippert, Köln 1984.

Albrecht, Thorsten: Clemens August von Vagedes, 1760–1795. Architekt und Landbaumeister, Münster 1993.

Albrecht, Thorsten: Pläne und Bauten: C. A. von Vagedes. Architekt und schaumburg-lippischer Landbaumeister 1760–1795, Ausst. Kat., Niedersächsisches Staatsarchiv, Bückeburg 1995.

Bolles+Wilson. Neue Bauten und Projekte, Basel/Boston/Berlin 1997.

Busch, Hugo: Rüschenschmidt & Schräder. Architekturen, Düsseldorf 1926.

Bußkamp, Barbara: Johann Conrad Schlaun 1695–1773. Die Sakralbauten (Schlaunstudie V), Köln 1993.

Bußmann, Klaus/Matzner, Florian/Schulze, Ulrich (Hg.): Johann Conrad Schlaun 1695–1773. Architektur des Spätbarock in Europa, Ausst. Kat., Westfälisches Landesmuseum, Stuttgart 1995.

Bußmann, Klaus: Johann Conrad Schlaun 1695–1773. Ausstellung zu seinem 200. Todestag (Schlaunstudie I), Ausst. Kat., Westfälisches Landesmuseum, Münster 1973.

Bußmann, Klaus: Wilhelm Ferdinand Lipper, Münster 1972.

Corfey, Lambert Friedrich: Reisetagebuch 1698–1700, Helmut Lahrkamp (Hg.), Münster 1977.

Deilmann, Harald: Bauten und Projekte 1955–1965, in: Deutsche Bauzeitung 1965, Heft 8, S. 627–662.

Deilmann, Harald: Schriften zur Architektur, Bd.1–4, Münster 2004.

Diening, Georg: Georg Diening & Söhne, Münster i. W., Nordhorn (Hannover), Martin Richard Möbius (Einl.), Berlin/Leipzig 1932.

Diözese Linz (Hg.): Emil Steffann (1899–1968) – Werk Theorie Wirkung, Regensburg 1999.

Dittrich, Elke: Ernst Sagebiel (1892–1970). Leben und Werk, Berlin 2005.

Dondrup, Martin: Materialien zum Kirchenbau des 19. Jahrhunderts im Münsterland. Studien zu Bauten Hilger Hertels d. Ä., Münster 1981.

Durth, Werner: Deutsche Architekten – Biographische Verflechtungen 1900–1970, Braunschweig 1986.

Ferdinand-Uhde, Particia (Hg.): Werner Ruhnau (Baumeister im Ruhrgebiet, Bd.1), Bund Deutscher Architekten BDA Ruhrgebiet, Gelsenkirchen 2002.

Galen, Hans (Hg.): Wilhelm Salzenberg, Architekt des Historismus in Münster und Berlin, Ausst. Kat., Stadtmuseum Münster, Münster 1992.

Gruna, Klaus: Der Architekt Heinrich Benteler, Münster 1974.

Haucke, Karlheinz: August Reinking 1776–1819. Leben und Werk eines westfälischen Architekten und Offiziers, Münster 1991.

Heimeshoff, Jörg A.E.: Historistische Architektur in Theorie und Ausführung: Der Baumeister Emil von Manger (Denkmalpflege und Forschung in Westfalen 4), Bonn 1982.

Hüer, Hans: Fürstbischof Christoph Bernhard von Galen und sein Baumeister Pictorius, Münster 1923.

Hüsing, Christoph: Untersuchungen zu den Bauten des münsterschen Architekturbüros Mönig und Strupp, Magisterarbeit Universität Münster, Institut für Kunstgeschichte, 1996.

Hugo Steinbach Architekt BDA Dortmund. Vorwort von Otto Höver, Charlottenburg 1922.

Kordt, Walter: Adolph von Vagedes. Ein rheinisch-westfälischer Baumeister der Goethezeit, Ratingen 1961.

Kreis, Resi/Nordmann, Franz-Josef: Alfred Hensen 1867–1931, Abschlussarbeit FH Münster 1979/80.

Lahrkamp, Helmut: Beiträge zur Hofhaltung des Fürstbischofs Christoph Bernhard von Galen – mit einem Exkurs über Peter Pictorius d. Ä., in: Westfalen 71, 1993, S. 31–71.

Lahrkamp, Helmut: Corfey und Pictorius. Notizen zur Münsters 1700–1722, Westfalen 58, 1980, S.139–152.

Liesbrock, Heinz (Hg.): Bolles-Wilson. Projekte 1988/92, Ausst. Kat. Westfälischer Kunstverein, Münster 1994.

Maas, Claudia: Das Werk des Architekten Heinrich Otto Vogel – Neubau und Denkmalpflege unter dem Aspekt des „historischen Gedächtnisses", Saarbrücken 1993.

Markfort, Ursula: Die Sakralbauten der Baumeisterfamilie Hertel, Aachen/Mainz 1996.

Matzner, Florian/Schulze, Ulrich: Johann Conrad Schlaun (1695–1773) – Das Gesamtwerk, hg. von Klaus Bußmann, Stuttgart 1995.

Moritz, Carl: Kirchliche Bauten und Klöster (Architektur des 20. Jahrhundert, Sonderheft Nr. 7), Berlin 1910.

Mummenhoff, Karl E.: Beiträge zum architektonischen Œuvre des Lambert Friedrich Corfey, in: Westfalen 62, 1984, S. 93–128.

Mummenhoff, Karl E.: Bemerkungen zu Bauten Alfred Hensens in Münster, in: Westfalen 56, 1978, S. 193–212.

Neitzke, Martin: Gustav Wolf. Bauen für das Leben. Neues Bauen zwischen Tradition und Modern, Tübingen/Berlin 1993.

Niemer, Jörg, Der Baumeister Peter Pictorius d. Ä., in: Westfalen 77, 1999, S. 227–298.

Niemer, Jörg: Gottfried Laurenz Pictorius, Dissertation Universität Münster, Institut für Kunstgeschichte, Münster 2002.

Nuland, Gisela van/Hausen, Christoph von (Hg.): Max von Hausen – Architekt und Künstler 1919–1995, Münster 2006.

Peters, Klaus: Leben und Werk des Architekten Julius Carl Raschdorff (1823–1914), Hannover 2004.

Pinnau, Ruth/Fest, Joachim: Cäsar Pinnau, Architekt, Hamburg 1995.

Rave, Wilhelm: Die Architektenfamilie Piktorius-Lipper-Reinking, Sonderdruck aus „Westfalen", Dortmund 1932.

Rensing, Theodor/Kordt, Walter: Adolf von Vagedes, in: Westfalen 26, 1941, S. 243–290.

Rensing, Theodor: Clemens August von Vagedes. Ein Beitrag zur Geschichte der Kunst zur Zeit Fürstenbergs, in: Westfalen 39, 1961, S. 143–179.

Ribbrock, Gerhard: August und Wilhelm Rincklake, Bonn 1985.

Sarrazin, Otto: Regierungsbaumeister Alfred Hensen (1869–1931), in: Westfalen 56, 1978, S. 188–192.

Schildheuer, Sylvia: Der Münsteraner Architekt Alfred Hensen (1869–1931), Magisterarbeit Universität Münster, Institut für Kunstgeschichte, 1992.

Voigt, Wolfgang/Flagge, Ingeborg (Hg.): Dominikus Böhm 1880–1955, Ausst. Kat., Deutsches Architektur Museum Frankfurt/M., Tübingen/Berlin 2005.

Wethmar & Ostermann, Einleitung v. Martin Wakkernagel (Neue Werkkunst), Berlin/Leipzig/Wien 1931.

Wilhelm, Karin u. a. (Hg.): Gesetz und Freiheit – Der Architekt Friedrich Wilhelm Kraemer (1907–1990), Berlin 2007.

Zinnkann, Karin Elisabeth: Der Typ der Maison de Plaisance im Werke von Johann Conrad Schlaun (Schlaunstudie 4), Münster 1989.

Skulpturen/Sculptures

Bußmann, Klaus (Hg.): Skulptur. Ausstellung in Münster, Ausst. Kat. Westfälisches Landesmuseum, Münster 1977.

Bußmann, Klaus/König, Kasper (Hg.): Skulptur Projekte in Münster 1987, Ausst. Kat. Westfälisches Landesmuseum, Köln 1987.

Bußmann, Klaus/König, Kasper/Matzner, Florian (Hg.): Skulptur. Projekte in Münster 1997, Ausst. Kat. Westfälisches Landesmuseum, Ostfildern 1997.

Franzen, Brigitte/König, Kasper/Plath, Carina (Hg.): skulptur projekte münster 07, Ausst. Kat. Westfälisches Landesmuseum, Köln 2007.

Galen, Hans (Hg.): Zeitgenössische Skulptur im öffentlichen Raum: das Beispiel Münster, Ausst. Kat. Stadtmuseum Münster in Zusammenarbeit mit dem Institut für Kunstgeschichte der Westfälischen Wilhelms-Universität, Münster 1991.

Gusek, Anja/Poblotzki, Fritz von: Erinnern im öffentlichen Raum. Krieder – denkmäler – Ehrenmale – Mahnmale und Kriegergräberstätten in Münster. Münster 2013.

Meyer zur Capellen, Jürg/Winkelhaus-Elsing, Daniela/Pielken, Christine: Kunstraum Universität. Kunst an der Universität Münster, Münster 2003.

Glossar/Glossary

Achse	imaginäre vertikale oder horizontale Orientierungsgerade. Bei Fassaden bilden senkrecht übereinanderliegende Fenster (Fenster-)Achsen
Ädikula	rahmender architektonischer Aufbau um Portale, Fenster, Nischen, vollplastische Figuren, Reliefs oder Gemälde
Allee	von Baumreihen gesäumte, geradlinig auf das Schloss oder Blickpunkte ausgerichtete oder strahlenförmig in die Landschaft verlaufende Wege; auch zur Begrenzung und Gliederung von Freiräumen und im 19. Jh. umbauter Straßenraum im Stadtgebiet
Altan	balkonartiger, aber unterbauter Austritt der oberen Etagen; oft in Verbindung mit Freitreppen
Apsis	halbkreisförmiger oder polygonaler Raumabschluss / Chorabschluss einer Kirche
Architrav	horizontaler, den Oberbau tragender Steinbalken über Säulen oder Stützen
Arkade	Bogenreihe auf Stützen
Atrium	umgrenzter Innenhof eines Gebäudes, ursprünglich von Säulen umgeben
Attika	Stockwerk über dem Abschlussgesims, Brüstung, die Dachsteigung verdeckend
Ausfachung	Wandfüllung zwischen tragenden Teilen einer Skelettkonstruktion (ausgefacht)
Auslucht	vom Erdgeschoss aufsteigender, mehrgeschossiger Anbau oder Erker
Barock	Stil abendländischer Kunst im Zeitalter des Absolutismus
Basilika	drei- oder mehrschiffiger Kirchenbau, dessen mittlerer Teil überhöht und gesondert belichtet ist
Basis	unterer Teil eines Bauglieds, besonders profilierter Fuß einer Säule
Beletage	Hauptgeschoss eines Gebäudes mit den Repräsentationsräumen, meist das erste Obergeschoss
Belvedere	Aussichtspunkt; in einer Parkanlage gelegenes Lustschlösschen
Chor	vom Hauptschiff baulich abgetrennter Hochaltarraum einer Kirche
Chorschluss	Abschluss des > Chors, halbrund oder gerade. Einen polygonalen Schluss spezifiziert man als Teil des vollständigen Vielecks (z. B. 5/8 Schluss)
Corps de logis	im Schlossbau das Hauptgebäude mit den Wohnräumen
Couronnement	bekrönendes Maßwerk im Bogenfeld eines gotischen Fensters
Dachreiter	auf das Dach gesetzter kleiner Turm
Dienst	in der gotischen Architektur lange, dünne (Halb-)Säulchen, die Gewölberippen oder Bögen aufnehmen
Domikalgewölbe	kuppelartiges Kreuzrippengewölbe, dessen Scheitelpunkt höher liegt als derjenige der Gurt- und Scheitbögen
Dorische Ordnung	antike Säulenordnung mit kannelierten Säulen und einfachem Kapitell aus wulstartigem Kissen und quadratischer Deckplatte
Ehrenhof	von drei Seiten umschlossener Hof an der Stadtseite eines Barockschlosses
Eklektizismus	künstlerische Ausdrucksweise unter Verwendung bereits entwickelter Kunstleistungen
Expressionismus	Stilrichtung der Architektur (1910–1925), die versuchte, Gebäude über ihre Funktion hinaus als abstrakte und monumentale Plastiken zu entwickeln
Fialen	pyramidenförmige, schlanke Bekrönung von gotischen Strebepfeilern
First	obere, meist waagerechte Schnittlinie zweier geneigter Dachflächen
Fischblase	Teil des > Maßwerks, das dem Umriss der Schwimmblase eines Fisches ähnelt (Schneuß)
Fries	schmaler vertikaler Schmuckstreifen zur Um- und Abgrenzung, Gliederung und Dekorierung von Architekturteilen; Teil vom Gebälk
Funktionalismus	Stilrichtung der modernen Architektur, die Formen aus der Funktion des Gebäudes ableitet
Gadem	kleines, ein- oder zweigeschossiges, traufständiges Reihenhaus. Meist teilten sich zwei

	Häuser einen Kamin und einen Dachausbau mit Ladeluke
Gaube	in Querrichtung des Daches sitzender Aufbau mit senkrechter Fensteröffnung geböscht geneigt, abgeschrägt
gekuppelt	nebeneinander liegende, als Einheit aufgefasste Bauglieder (z. B. Säulen, Fenster)
Gesims	waagerechter profilierter, aus der Mauer hervortretender Streifen, der das Gebäude horizontal gliedert; giebelständig zur Straße ausgerichteter Abschluss eines Satteldaches
Gewände	abgeschrägte Mauerfläche (Laibung) seitlich eines Fensters oder einer Tür
giebelständig	mit der schmaleren Giebelseite zur Straße stehendes Gebäude
Gräfte	Wassergraben um einen Hof oder ein Wasserschloss
Gurtbogen	quer zur Längsachse eines mehr-jochigen Gewölbes verlaufender Bogen, der die einzelnen Joche trennt
Hallenkirche	Längsbau, aus mehreren gleich hohen, durch Stützen getrennten Schiffen bestehender Bau
Haustein	steinmetzmäßig bearbeiteter Naturstein
Herme	figürlicher Pfeileraufsatz bzw. Gebälkträger, urspr. mit dem Kopf des griech. Gottes Hermes
Historismus	im 19. Jh. entwickelte Stilhaltung, die versuchte, in der Nachahmung historischer Baustile ein eigenes Selbstverständnis zu finden
Holzbinder	Element eines hölzernen Dachtragwerks
Holzsprengwerk	für Dachkonstruktionen, aber auch beim Brückenbau angewandte Konstruktion, bei der ein waagerechter Balken von zwei schräg gegeneinander gelehnten Streben getragen wird. Zwischen den Streben kann bei größeren Weiten ein Spannriegel eingefügt werden
Holztafelbau	modulare Bauweise mit vorgefertigten Holztafeln
Immunität	rechtlich eigenständiges Gebiet
Internationaler Stil	in den USA geprägter Begriff für den Architekturstil des zweiten Viertels des 20. Jh., Kennzeichen: häufig asymmetrische Komposition, kubische Formen, horizontale Fensterbänder oder Glasfassaden; insgesamt große Betonung einer sachlich-abstrakten Gestaltung
Ionische Ordnung	antike Säulenordnung mit kannelierten Säulen und > Volutenkapitell
Joch	zwischen Hauptstützen eines Bauwerks liegender Abschnitt
Jugendstil	gegen > Historismus gewandter Baustil der abendländischen Kunst, Kennzeichen: pflanzliche, bewegte, abstrakte Formen
Kaffgesims	gebildet aus einer gekehlten Unterseite und einer abgeschrägten Deckplatte, dient es an gotischen Bauten der Wasserabweisung (> Wasserschlag)
Kämpfer	Auflager, z. B. eines Bogens
kantonierter Pfeiler	Pfeiler, denen in der Längs- und Querachse Dienste vorgelegt sind
Kapitell	der oberste, eigenständige Teil einer Säule, eines Pfeilers oder Pilasters
Kielbogen	Bogenform, bei der die beiden Seiten zunächst konvex, dann konkav aufsteigen und so im Scheitel eine Spitze bilden
Klassizismus	in der zweiten Hälfte des 18. Jh. entstandene Gegenbewegung zum > Barock, Kennzeichen: strenge Ordnung, sparsamer Dekor, Auseinandersetzung mit antiken Vorbildern
Klinker	bei hohen Temperaturen gebrannter, widerstandsfähiger Ziegel
Kolonnade	Stützenreihe mit abschließendem Gebälk
Kolossalordnung	Säulen oder Pilaster, die samt Sockel mehrere Geschosse einer Fassade zusammenfassen
Konche	halbrunder, überkuppelter Raum wie > Apsis, aber ohne Altar
Korbbogen	breiter, gedrückter Bogen
Korinthische Ordnung	Säulenordnung mit hohen akanthusblattbesetzten Kapitellen
Kötterhaus	meist eingeschossiges (Fachwerk-)Haus eines Kleinbauern (Kötter)
Kotten	einfaches Fachwerkbauernhaus
Krabbe	plastisches Blattornament an gotischen Bauten
Kranzgesims	stark ausladendes Dachgesims im Palastbau und konstruktives Teil der Außenwand
Kreuzgratgewölbe	Gewölbeform aus sich kreuzförmig durchdringenden Tonnen
Kreuzrippengewölbe	von sich kreuzenden Rippen unterfangene Gewölbeform

Krüppelwalmdach	Überdachung, bestehend aus > Satteldach in Verbindung mit teilweise abgewalmtem Giebel (Halbwalm; Sattelwalmdach)
Kübbung	der Raum zwischen Ständern und Wand, der als Stall für das Vieh dient
Laibung	meist abgeschrägte Begrenzung einer Maueröffnung (Fenster, Portale etc.)
Landschaftspark	auch Landschaftsgarten, engl. Garten; Parkgestaltung, die Mitte des 18. Jh. mit Naturformen und geschwungenen Wegführungen den regelmäßig-geometrisch geordneten Barockgarten ablöste
Laterne	der Beleuchtung dienender, verglaster Dachaufsatz
Laubengang	offener Gang an der Front eines Gebäudes
Lisene	schwach vortretender, vertikaler Wandstreifen ohne > Basis und > Kapitell
Liturgiereform	auf dem 2. vatikanischen Konzil 1962 beschlossene Reform, die eine stärkere Beteiligung der Gemeinde am Gottesdienst vorsah, z. B. indem der Priester das Messopfer mit Blick auf die Gemeinde zelebrierte. Dies erforderte baulich entscheidende Veränderungen, da nun z. B. der Altar aus dem Chorbereich herausgerückt werden musste
Loggia	gewölbter Bogengang oder Halle an der Front eines Gebäudes; offener Einschnitt in die Fassade
Lukarne	meist reich ausgestalteter Dacherker (> Zwerchhaus)
Lünette	halbrundes Fenster; kleines, auf Rahmung gesetztes Bogenfeld über Türen
Mansarddach	aus einem oberen flachen und einem unteren steilen Teil bestehende geknickte Dachform
Maßwerk	geometrisch konstruiertes Bauornament zur Aufteilung des Bogenfelds von Fenstern bzw. Wandflächen
Mezzaningeschoss	niedrige Halb- oder Zwischenetage
Mittelrisalit	Risalit in der Mitte eines Bauwerks
Mutulus	(pl. Mutuli) aus der dorischen Ordnung abgeleitetes Element; Platte mit „Tropfen“ an der Unterseite des Kranzgesimses
Netzgewölbe	Gewölbe mit maschenartig überkreuzten Rippen, zwischen denen rautenförmige Felder entstehen
Neues Bauen	programmatischer Begriff für vorwiegend deutsche Architekturströmung des Funktionalismus nach dem Ersten Weltkrieg, die sich gegen den wilhelminischen Historismus richtete
Obergaden	Fensterzone des Mittelschiffs einer > Basilika
Offener Grundriss	Raumvolumen wird als zusammenhängendes Kontinuum verstanden
Okulus	kleines Rundfenster („Auge“)
Orangerie	Gewächshaus innerhalb der Gartenanlage eines barocken Schlosses
Ortbeton	Beton, der auf der Baustelle eingebracht wird
Ortgang	Begrenzungslinie der Dachfläche am Giebel
Palladianische Architektur	Klassizistische Architektur, die sich vor allem an den Bauten des italienischen Architekten Andrea Palladio orientiert
Palladio-Motiv	> Serliana
Pass	Gotisches Maßwerkelement in Form eines Kreisbogens; in Kombination als Drei- oder Vierpass
Pfeiler	architektonisches Stützglied
Pilaster	Wandpfeiler mit > Basis und > Kapitell
Plinthe	Platte unter der Basis einer Säule oder eines Pfeilers
Polygon	Vieleck
Portikus	ein von Säulen oder Pfeilern getragener Vorbau an der Eingangsseite eines Gebäudes
Pultdach	aus einer geneigten Fläche bestehendes Dach
Pylon	freistehender, nach oben verjüngter monumentaler Pfeiler
Radfenster	Rundfenster mit speichenartiger Unterteilung
Radzinnen	halbrunde Bekrönung der Giebelstaffeln
Remise	Wagenschuppen
Renaissance	Rückbesinnung auf die Antike, Kennzeichen: Aufnahme antiker Säulenordnungen, klare Gliederung, einfache geometrische Grundformen
Riegel	waagerechter Balken zwischen Stützen
Rippengewölbe	Gewölbeform mit Kappen über Rippen
Risalit	in voller Gebäudehöhe hervortretender Bauteil, oft mit eigenem Giebel
Rocaille	muschelartiges Ornament des Spätbarock/Rokoko

Rokoko	Spätphase des Barock
Rollschicht	Mauerwerkschicht mit hochkant gestellten Steinen
Rotunde	Zentralbau mit kreisförmigem Grundriss
Rustika	Mauerwerk aus grob behauenen Quadern (rustiziert)
Saalkirche	rechteckige Bauform ohne innere Stützen
Satteldach	Dachform aus zwei schräg gegeneinander gestellten Dachflächen
Scharrierung	Steinbearbeitung mit Scharriereisen, wodurch schmale, parallele Rippen entstehen
Scheidbogen	Bogen, der zu einer Arkade gehört, die zwei Kirchenschiffe trennt
Schleppgaube	stehendes Dachfenster mit einer Anhebung der Dachhaut
Schleppdach	Dachfläche, die über einen Anbau herabgezogen (abgeschleppt) wird
Schlussstein	Stein im Scheitel eines Bogens oder eines Gewölbes
Segmentbogengiebel	Giebel in Form eines Kreissegments
Serliana	Wandöffnung, bei der eine auf Säulen oder Pfeilern stehende Bogenöffnung von zwei hochrechteckigen Öffnungen flankiert wird
Sichtbeton	sichtbar belassene, oft bearbeitete oder durch sorgfältige Schalung gestaltete Betonoberfläche
Skelettbau	Bauweise mit Tragsystem aus Beton, Eisen u. ä.
Sohlbank	Fensterbank; vorkragender, unterer Abschluss eines Fensters
Split-Level	Bauweise, ursprünglich für Häuser am Hang entwickelt. Die Stockwerke liegen nicht auf einer Ebene, sondern getreppt, in der Höhe versetzt. Statt durch Flure werden die Räumlichkeiten durch Treppen erschlossen.
Spolie	aus abgebrochenem Gebäude entnommenes Teil eines Stützglieds (Säulenschaft, Kapitell, Fries etc.)
Staffelgeschoss	oberes aus statischen oder optischen Gründen zurückspringendes Geschoss
Staffelgiebel	Giebel mit getreppter Kontur
Staffeln	vertikales Element des Staffelgiebels; Stufe
Stahlbeton	Verbundkörper aus Beton und einer Stahlbewehrung, die so ausgeführt ist, dass der Beton die Druckspannungen und der Stahl die Zugspannungen aufnimmt
Ständer	auf Boden, Stein etc. gesetzte, auch durch mehrere Geschosse reichende Stütze einer Fachwerkwand
Stichkappe	wird gebildet, wenn ein kleineres Gewölbe quer zur Achse eines Hauptgebäudes verläuft und sich mit diesem verschneidet
Strebepfeiler	Mauerzunge zur Verstärkung der Außenmauer und zum Abfangen des Gewölbeschubs
Strebewerk	konstruktives System aus Strebepfeilern und -bögen zur Ableitung des Gewölbeschubs
Stufengiebel	Giebel mit abgetreppter Kontur
Tabernakel	Schrein zur Aufbewahrung der Hostien
Tonnengewölbe	in eine Richtung gekrümmte, meist längsgerichtete, gemauerte Raumüberdeckung, meist mit halbkreisförmigem Querschnitt
Toskanische Ordnung	Säulenordnung mit Basis, schmucklosem Kapitell und Säulen ohne Kannelierung
Traufe	waagerechte Begrenzung der Dachfläche parallel zum First
traufständig	Gebäude, das mit Dachfirst und -traufe parallel zur Straße steht
Treppengiebel	stufenförmiger Abschluss eines Satteldaches
Triglyphen	hochrechteckige Zierplatte mit drei durch Stege voneinander abgesetzten senkrechten Rinnen
Tympanon	Giebelfeld eines antiken Tempels, bzw. Bogenfeld an romanischen oder gotischen Portalen
verkröpfen	Herumziehen eines Gebälks oder Gesimses um bestehende vertikale Bauglieder
Vestibül	Eingangsraum eines Hauses
Vierung	Kreuzfeld von Lang- und Querhaus einer Kirche
Volute	schneckenförmiges Ornament bzw. Werksteinstück
Volutengiebel	seitlich in Spiralen oder Schnecken auslaufender Giebel
Vorhangfassade	nichttragende Fassadenverkleidung, meist aus Metall oder Glas, die dem tragenden Skelett vorgehängt ist
Walmdach	nach allen Seiten gleichmäßig geneigtes Dach
Wandpfeilerkirche	einschiffige Kirche mit vor die Wand gestellten Pfeilern, zwischen denen Kapellen liegen
Wasserschlag	> Kaffgesims

Werkstein	behauener Naturstein
Westwerk	in der mittelalterlichen Architektur monumentaler, westlicher Kirchenvorbau, flankiert von zwei Türmen, der einer Empore Raum gab
Wimperg	giebelartige Bekrönung gotischer Portale und Fenster
Zwerchdach	quer zum Hauptdach verlaufende Dachkonstruktion
Zwerchhaus	über einer Fassade aufsteigender, nicht zurückgesetzter Dachaufbau mit eigenem Giebel und quer zum Hauptdach verlaufendem First
Zwillingsfenster	zwei Rundbogenfenster, die eng zusammengerückt und meist nur durch eine Säule getrennt sind (gekuppelte Fenster)

Architekten- und Künstlerregister/Index of architects and artists

Baugattungsregister/Index of building types

Freiraum / Landschaftsgestaltung

Kirchliche Bauten/Religious buildings

Kirchen

Kurien und kirchliche Verwaltungsbauten

Klöster

Militärbauten und Befestigungsanlagen/ Miltary structures

Schlösser und Adelshöfe/Castles and town palaces

Städtebauliche Strukturen/Urban ensembles

Wohnbauten/Residential buildings

Skulpturen/Sculptures

Historisches Register/Historical index

1918–1945

1945–1990

1990 bis heute

Skulpturen

1977

1987

1997

2007

Straßenregister/Index of streets

Objektregister/Index of objects

Autorenregister/Index of authors

Bildnachweis/Index of illustrations

A:AI Archiv für Architektur und Ingenieurbaukunst NRW, Nachlass Harald Deilmann 39.2, 60.2, 77.2, 273.2, 311.1, 311.2, 323.2, 331.2, 334.2, 345.2

agn Niederberghaus & Partner 174.2

Akademie der Architektenkammer NRW 183.2

Allmann Sattler Wappner Architekten 285.4

Andreas Heupel Architekten 182.1, 182.2

Architekturbüro Ubbenhorst 216.2

Architekturwerkstatt Münster 54.2, 144.2

Archiv Christoph von Hausen 107.2.1, 219.2

Bau- und Liegenschaftsbetrieb NRW 9.2, 13.2

Baumewerd Architekten 42.2, 68.2, 156.2, 271.2, 298.2

BauSanierung 3/98 (S. 21–25) 342.2

behet bondzio lin architekten 281.1, 281.2

Bernhard Fischer Luftbildfotografie 285.1

Bock Neuhaus Partner 375.4

Bodem, Andreas 276.2

Bolles+Wilson 86.2, 86.3, 87.2, 167.2, 170.3, 199.2, 230.2, 243.2, 252.2, 255.2, 305.2, 376.1, 376.2, 382.2

Borgmann, Roland 1.2, 1.3., 2.1, 3.1, 3.4, 4.1, 5.1, 6.1, 6.3, 9.1, 10.1, 13.1, 15.1, 17.1, 18.2, 19.1, 20.1, 24.1, 25.1, 26.1, 27.2, 27.3, 28.1, 29.1, 31.1, 32.1, 33.1, 34.1, 35.1, 36.1, 37.1, 40.1, 40.4, 41.1, 42.1, 43.1, 46.1, 47.1, 48.1, 51.1, 54.1, 57.1, 58.1, 59.1, 60.1, 61.1, 63.1, 64.1, 65.1.1, 66.1, 68.1, 69.1, 70.1, 71.1, 72.1, 73.1, 74.1, 75.1, 76.1, 77.1, 79.1, 81.1, 82.1, 83.1, 84.1, 85.1, 85.2, 88.1, 88.2, 89.1, 90.1, 92.1, 93.1, 94.1, 95.3, 96.1, 99.1, 101.1, 103.1, 104.1, 106.1, 108.1, 110.1, 111.1, 112.1, 113.1, 114.1, 115.1, 116.1, 117.3, 118.1, 122.1, 122.2, 123.1, 131.1, 132.1, 133.1, 134.1, 135.1, 137.2, 138.1, 140.1, 141.1, 142.1, 144.1, 145.1, 146.1, 147.1, 148.1, 149.1, 150.1, 152.1, 154.1, 155.1, 156.1, 160.1, 160.2, 162.1, 162.2, 163.1, 164.1, 166.1, 172.1, 174.1, 175.1, 176.1, 177.1, 178.2, 180.1, 181.1, 183.1, 186.1, 187.1, 188.1, 190.1, 191.1, 191.3, 193.1, 195.1, 196.1, 197.1, 198.1, 200.1, 202.1, 203.1, 204.1, 205.1, 206.1, 207.1, 208.1, 209.1, 210.1, 211.1, 212.1, 213.1, 214.1, 217.1, 218.1, 219.1, 220.1, 220.2, 222.1, 223.1, 224.1, 225.1, 226.1, 227.1, 228.1, 229.1, 231.1, 232.1, 233.1, 235.1, 236.1, 237.2, 239.1, 240.1, 241.1, 241.2, 242.1, 245.1, 246.1, 247.1, 248.1, 249.1, 250.1, 253.1, 258.1, 261.1, 263.1, 266.1, 268.1, 273.1, 276.1, 277.1, 279.1, 279.2, 280.1, 282.1, 284.1, 286.1, 291.1, 293.1, 295.1, 296.1, 298.1, 302.1, 303.1, 305.1, 308.1, 308.3., 308.4, 309.1, 313.1, 314.1, 315.2, 317.1, 318.1, 318.2, 319.1, 320.1, 321.1, 322.1, 323.1, 324.1, 331.1, 341.1, 341.2, 350.1, 361.1, 366.1, 367.1, 377.1, 383.1, 391.1, 391.2, 392.1, 398.1,

Brillux 328.1

Burhoff und Burhoff Architekten 201.2, 202.2

Brüggemann, Stefan 362.4

Bussmann, Klaus: Wilhelm Ferdinand Lipper, Münster 1972 (Abb. 121) 120.2

Centre des monumentes nationaux, Paris 321.2

Civilclub Münster 82.2

DB Station&Service AG – Deutsche Bahn AG 197.4

Dialogverlag 12.1, 368.1.2

e4 Architekten 262.1, 262.2

Eisfeld Engel Architekten 189.1, 189.2

Erbing, Guido 97.1

Espendiller + Gnegel 183.1, 183.2

Fischbrathalle Meyer 14.1, 14.2

Förderverein Botanischer Garten der Universität Münster e.V. 125.2

Frede Architektur 173.1, 173.2

Friedensschule Münster 329.1.1, 329.1.2

Friedrich Ernst Hübsch Verlag: Georg Diening & Söhne, Neue Werkkunst, Berlin/Leipzig 1932 253.2, 314.2

Fritzen + Müller-Giebeler Architekten 97.2

Frost, Sven 339.1, 339.2

Brillux ..mehr als Farbe
Schön, wenn man weiß, wo es gute Ideen gibt.
Proportionen sichtbar machen. Gebäudecharakter gestalten. Bauten ins Umfeld einfügen. Akzente setzen. Das alles kann Farbe in der Architektur leisten. Brillux aus Münster liefert dazu mehr als die hochwertigen Produkte: Farbgestaltungskonzepte für Fassade und Raum aus den bundesweit vertretenen Brillux Farbstudios. Und einen umfassenden Objektservice, der in allen über 170 Niederlassungen abrufbar ist.
info@brillux.de | www.brillux.de
Brillux
..mehr als Farbe

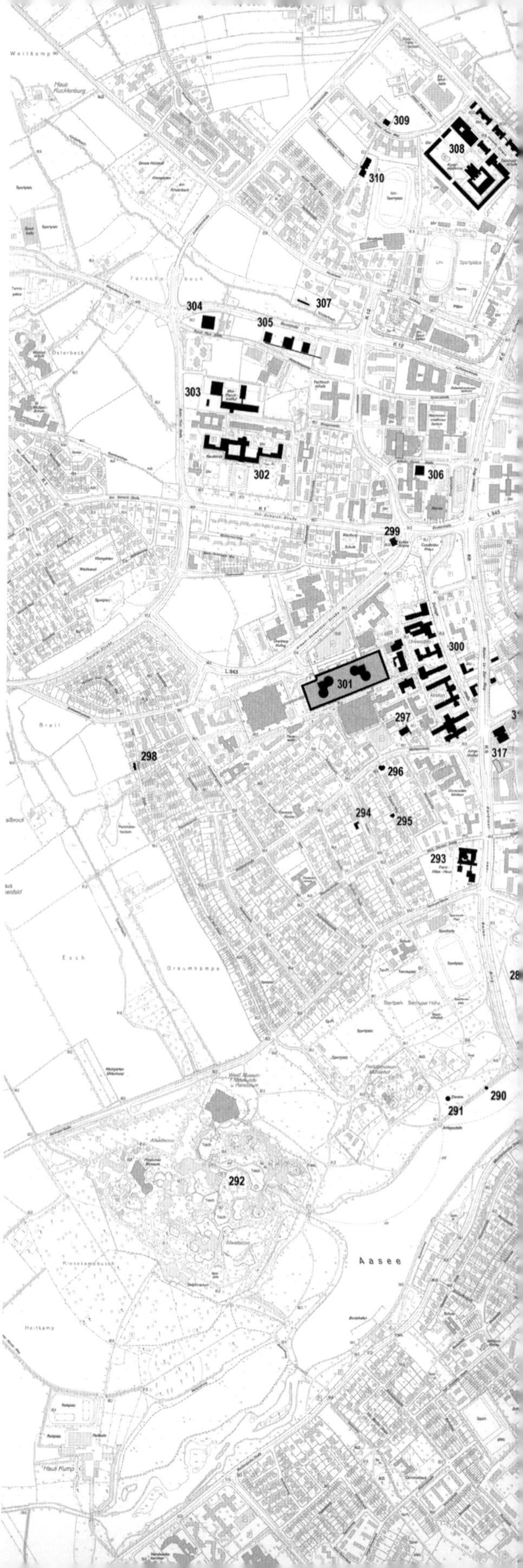
309
308
310
304
307
305
303
302
306
299
300
301
297
317
298
296
294
295
293
290
291
292
Aasee
Esch
Breil
L 843
K 12
K 1